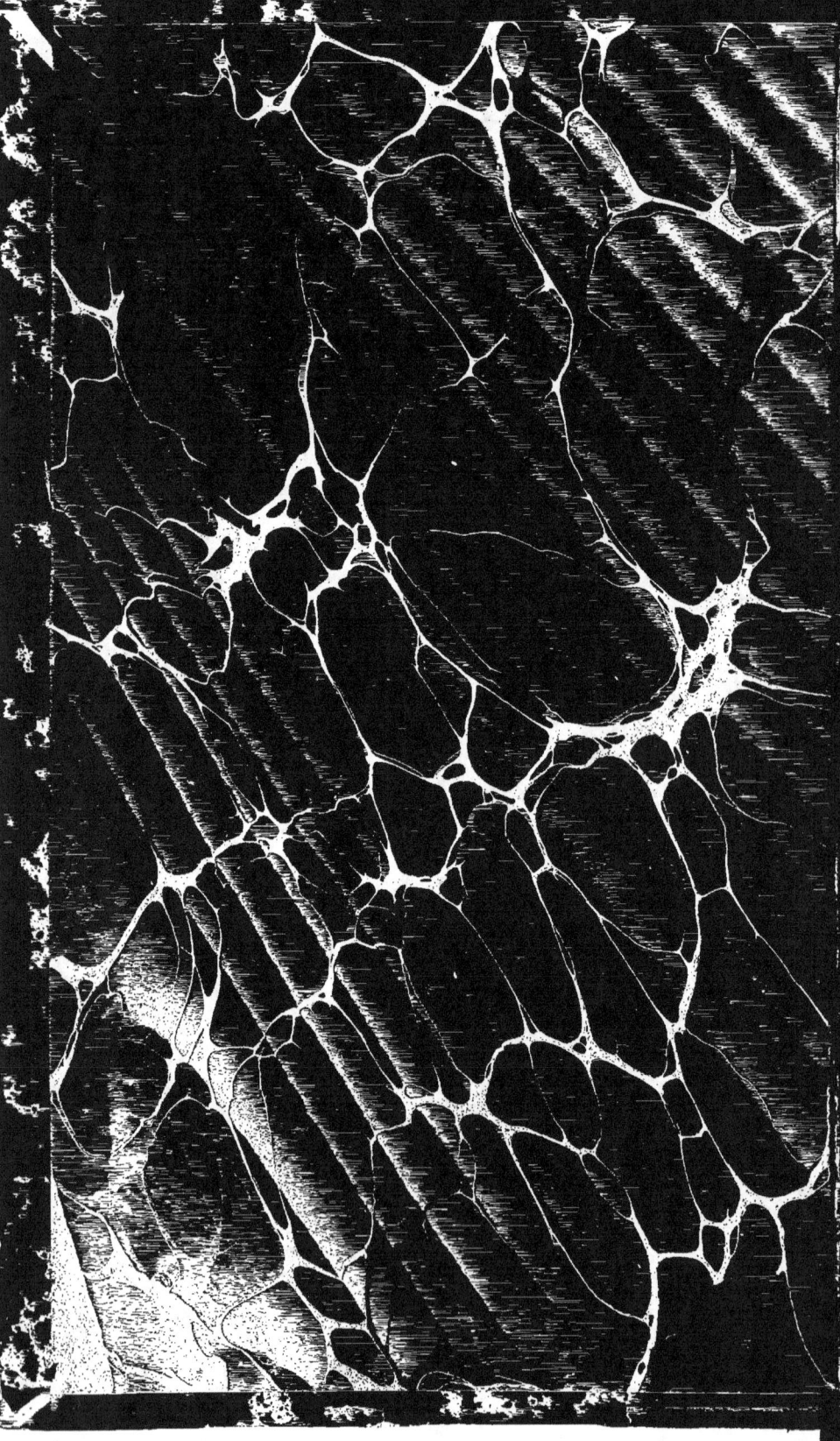

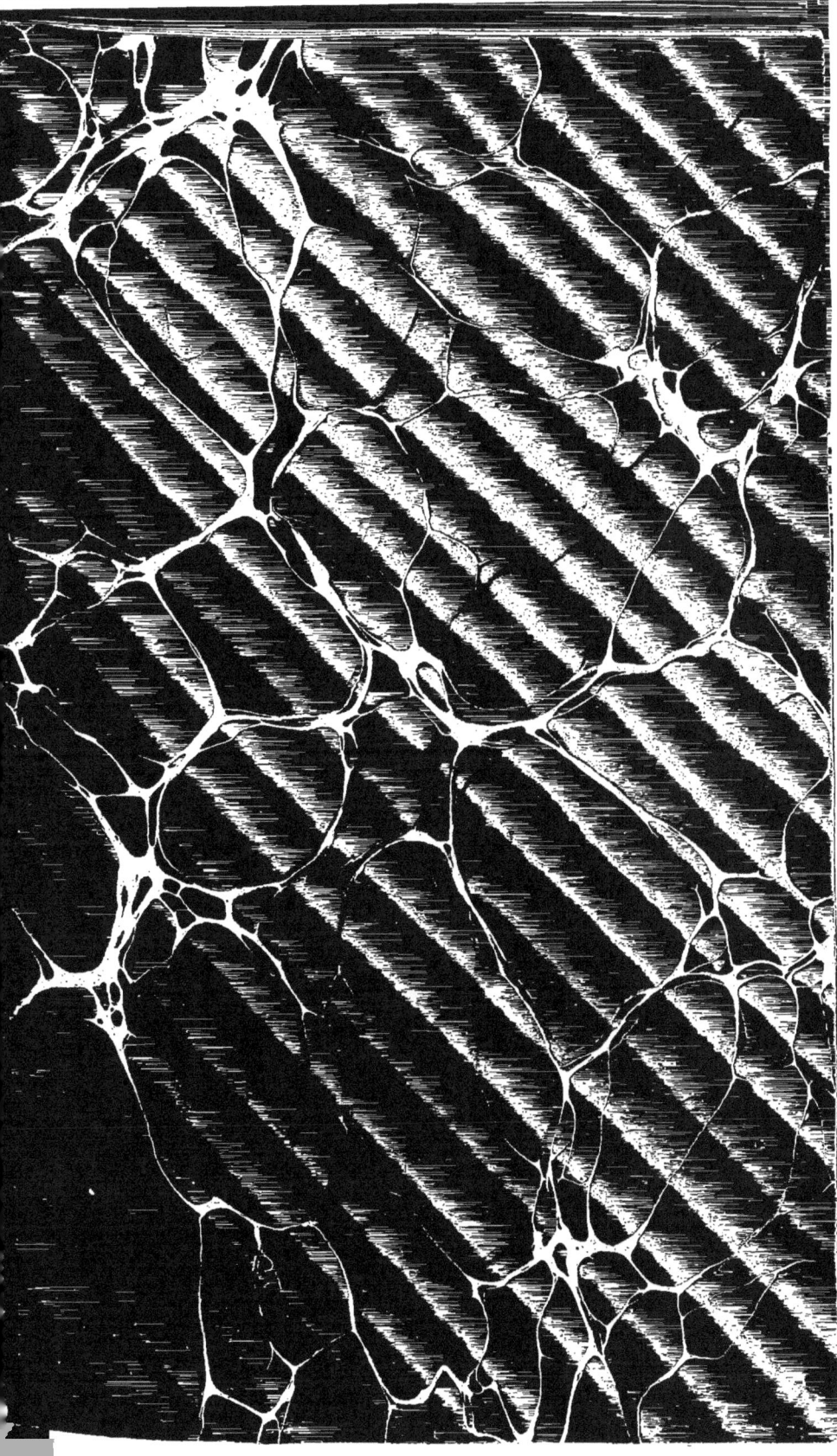

TRAITÉ
DE
L'EXPROPRIATION

POUR CAUSE D'UTILITÉ PUBLIQUE

Paris. — Imprimerie de COSSE et J. DUMAINE, rue Christine, 2.

TRAITÉ
DE
L'EXPROPRIATION
POUR CAUSE D'UTILITÉ PUBLIQUE

PAR

M. le Chevalier DE LALLEAU

AVOCAT A LA COUR DE PARIS, CHEVALIER DE LA LÉGION D'HONNEUR.

REFONDU ET AUGMENTÉ
PAR M. JOUSSELIN
AVOCAT AU CONSEIL D'ÉTAT ET A LA COUR DE CASSATION.

6ᵉ ÉDITION
Annotée de la Jurisprudence depuis 1858 jusqu'à ce jour

PAR M. Jules PÉRIN

AVOCAT A LA COUR IMPÉRIALE DE PARIS, DOCTEUR EN DROIT.

TOME PREMIER

PARIS
IMPRIMERIE ET LIBRAIRIE GÉNÉRALE DE JURISPRUDENCE.
COSSE, MARCHAL ET Cⁱᵉ, IMPRIMEURS-ÉDITEURS,
LIBRAIRES DE LA COUR DE CASSATION.
Place Dauphine, 27.

1866

AVERTISSEMENT

(SIXIÈME ÉDITION).

La cinquième Édition du *Traité de l'Expropriation pour cause d'utilité publique*, par feu M. le chevalier DE LALLEAU, publiée en 1858, étant épuisée, et cet important sujet ayant d'ailleurs reçu, depuis cette époque, un notable développement dans la législation et dans la jurisprudence, nous avons pensé qu'une Édition nouvelle, augmentée des documents intervenus depuis la publication de la précédente, serait accueillie favorablement.

La Cour de cassation, seule autorité devant laquelle un recours soit ouvert contre les jugements d'expropriation, les décisions du jury et les ordonnances du magistrat directeur, a fixé le sens des dispositions légales et statué sur une multitude de circonstances diverses dont l'exemple doit servir d'enseignement pour la conduite des affaires à venir.

Enfin, dans les hautes questions de compétence, le Conseil d'Etat a posé, relativement à des théories jusque-là controversées, mais progressivement éclaircies par la comparaison et par l'expérience, des principes dont les conséquences sont très-étendues.

La *nouvelle et sixième Édition* présente aujourd'hui tous ces éléments appliqués à chaque partie du Traité, dans l'ensemble de l'ouvrage. Elle a été *annotée de la jurisprudence* depuis août 1858, jusqu'à la fin de l'année judiciaire 1866, par M. Jules PÉRIN, avocat à la Cour impériale de Paris, docteur en droit, membre correspondant de l'Académie de législation de Toulouse.

Le premier volume contient tout ce qui concerne les expropriations forcées, d'après les dispositions générales de la loi du 3 mai 1841.

Le deuxième volume comprend les cessions amiables, les dispositions exceptionnelles ou accessoires, le Formulaire, l'Appendice et la Table générale alphabétique des matières.

COSSE, MARCHAL et Cⁿ.

TABLE

DES

CHAPITRES ET SECTIONS

CONTENUS DANS LE TOME PREMIER.

CHAPITRE PRÉLIMINAIRE.

Pages.
PRINCIPES GÉNÉRAUX. — Historique et ensemble de la législation. 1

CHAPITRE Ier.

Étude des projets et enquête préalable à la déclaration d'utilité publique................................. 23
SECT. Ire. — Études de projets................... 23
SECT. II. — Enquête préalable à l'adoption des projets...... 27

CHAPITRE II.

Déclaration de l'utilité publique.................. 34

CHAPITRE III.

Désignation des propriétés dont la cession est nécessaire.... 45
SECT. Ire. — Désignation des territoires sur lesquels les travaux doivent être dirigés....................... 48
SECT. II. — Désignation des propriétés particulières dont l'acquisition est nécessaire pour l'exécution des travaux......... 51
    § Ier. — Confection des plans parcellaires........ 52
    § II. — Publication du plan................ 58
    § III. — Réclamations et déclarations des propriétaires et autres intéressés................. 63
    § IV. — Commission chargée d'examiner les réclamations...................... 65
    § V. — Désignation définitive des terrains à acquérir. 71

CHAPITRE IV.

Expropriation pour cause d'utilité publique, et ses caractères distinctifs............................... 74

CHAPITRE V.

Jugement d'expropriation...................... 119
SECT. Ire. — Procédure en expropriation, et jugement...... 119
SECT. II. — Publication et notification du jugement d'expropriation................................. 137

Sect. III. — Recours contre le jugement qui prononce l'expropriation, ou qui refuse de la prononcer. 141
Sect. IV. — Conséquences de l'arrêt prononçant cassation. . . . 168

CHAPITRE VI.

Effets du jugement qui prononce l'expropriation. 173
Sect. Ire. — Effets du jugement à l'égard du propriétaire. 174
Sect. II. — Effets du jugement relativement aux droits d'usufruit, d'habitation, d'usage de servitude et de bail. 186
Sect. III. — Effets du jugement relativement aux actions en résolution, en revendication et à toutes autres actions réelles ou personnelles. 189
Sect. IV. — Effets du jugement relativement aux créanciers. . . . 195

CHAPITRE VII.

Indemnités diverses qui peuvent être réclamées par suite de l'expropriation. 204
Sect. Ire. — Indemnité due au propriétaire. 205
Sect. II. — Indemnité de l'usufruitier et de ceux qui peuvent réclamer un droit d'habitation, ou des droits d'usage, ou des servitudes. 259
Sect. III. — Indemnité des fermiers et locataires. 265
Sect. IV. — Indemnités dues à divers autres ayants droit. . . . 276

CHAPITRE VIII.

Règlement des indemnités par le jury spécial. 285
Sect. Ire. — Indication des ayants droit à l'indemnité. 308
Sect. II. — Offres à faire par l'administration aux propriétaires et autres intéressés. 339
Sect. III. — Acceptation ou refus des offres. 351
Sect. IV. — Formation annuelle des listes de jurés. 365
Sect. V. — Désignation des jurys spéciaux. 372
Sect. VI. — Jury de jugement et mode de ses opérations. . . . 389
Sect. VII. — Décision à rendre par le jury. 495
Sect. VIII. — Ordonnance d'exécution à rendre par le magistrat directeur. 536
Sect. IX. — Clôture des opérations du jury. 548
Sect. X. — Pourvoi en cassation. 551
Sect. XI. — Contestations renvoyées devant les tribunaux ordinaires. 565

FIN DE LA TABLE DES CHAPITRES ET SECTIONS DU TOME PREMIER.

TRAITÉ

DE

L'EXPROPRIATION

POUR

CAUSE D'UTILITÉ PUBLIQUE

CHAPITRE PRÉLIMINAIRE.

PRINCIPES GÉNÉRAUX.

HISTORIQUE ET ENSEMBLE DE LA LÉGISLATION.

1. — Principes de la cession, volontaire ou forcée, des propriétés privées nécessaires aux travaux d'utilité générale.
2. — Historique et ensemble de la législation, dans notre pays :
3. — Sous le régime antérieur à 1789, l'opération était entièrement administrative ; preuves.
4. — Dans les années qui ont suivi 1789, même caractère ; preuves.
5. — Loi du 4 avril 1793.
6. — Loi du 28 pluviôse an VIII.
7. — Code Nap., art. 545.
8. — Loi du 16 sept. 1807.
9. — Loi du 8 mars 1810.
10. — Loi du 17 juillet 1819.
11. — Loi du 15 avril 1829.
12. — Loi du 8 mars 1810, faussée dans son application : réformes indispensables.
13. — Première réforme pour un cas spécial : loi du 30 mars 1831.
14. — Réforme générale de la loi du 8 mars 1810 : loi du 7 juillet 1833.
15. — Loi du 21 mai 1836 : procédure plus simple et plus locale, pour les cas d'ouverture et de redressement de chemins vicinaux.
16. — Loi du 7 juillet 1833, revisée : la révision donne pour résultat la loi du 3 mai 1841.

CHAPITRE PRÉLIMINAIRE.

17. — Actes accessoires, législatifs et même constitutionnels, ou simplement réglementaires, promulgués depuis.
18. — Loi du 15 juillet 1845, sur la police des chemins de fer, art. 10.
19. — Décret du 3 mai 1848, relatif à la prolongation de la rue de Rivoli.
20. — Loi du 13 avril 1850, relative à l'assainissement des logements insalubres.
21. — Loi du 4 août 1851 : extension des actes précédents.
22. — Loi du 16 juin 1851, sur la constitution de la propriété en Algérie, art. 18 à 21.
23. — Loi du 10 juillet 1851, relative au classement des places de guerre, art. 1er.
24. — Décret du 25 mars 1852, sur la décentralisation administrative : l'expropriation, non déléguée.
25. — Décret du 26 mars 1852, relatif aux rues de Paris, susceptible d'être appliqué aux autres villes par décrets spéciaux.
26. — Sénatus-consulte du 12 décembre 1852 sur la dotation de la Couronne, et décret impérial du 14 du même mois sur son administration : effet, relativement à l'art. 13 de la loi du 3 mai 1841.
27. — Constitution du 14 janvier 1852, art. 1er et 26. Sénatus-consulte interprétatif du 25 décembre 1852, art. 4.
28. — Décret impérial du 10 août 1853, sur le classement des places de guerre : dispositions relatives aux dépossessions pour constructions nouvelles de places ou de postes de guerre.
29. — Décret impérial du 16 août 1853 : délimitation de la zone frontière : organisation de la commission mixte des travaux publics.
30. — Décret impérial du 15 novembre 1853, relatif au complément du dégagement des abords du Louvre et de la rue de Rivoli (art. 1er et 2).
31. — Loi du 10 juin 1854 sur le libre écoulement des eaux provenant du *drainage* ; expropriation : application des §§ 2 et suivants de l'art. 16 de la loi du 21 mai 1836.
32. — Loi du 22 juin 1854 : en cas de suppression de constructions, ou d'autres établissements déterminés, autour des magasins à poudre de la guerre et de la marine, expropriation conformément à la loi du 3 mai 1841.
33. — Loi du 22 juin 1854 relative aux terrains restant de l'ancien Promenoir de Chaillot, et à l'ouverture d'une route départementale entre la place de l'Etoile et la porte Dauphine du bois de Boulogne : disposition sur la plus-value.
34. — Chemins de fer *particuliers* d'embranchements, destinés à relier des établissements métallurgiques aux voies des grandes lignes de fer : application de la loi du 3 mai 1841 : exemples.
35. — La loi du 3 mai 1841 et les lois et décrets qui s'y rattachent sont l'objet principal du présent traité.

36. — Mais beaucoup d'autres mesures d'intérêt général opèrent dépossession des particuliers, sans les formalités prescrites par la loi du 3 mai 1841.
37. — Incorporation au domaine public sans les formalités :
38. — En matière de délimitation du domaine public ;
39. — En matière de curage des cours d'eau non navigables ni flottables ;
40. — En matière d'alignements ;
41. — Dans plusieurs autres cas de travaux publics exécutés en vertu de la loi du 16 septembre 1807, etc.
42. — Raison de ces distinctions.
43. — Du reste, la propriété n'est pas confisquée : l'indemnité subsiste, si le droit privé vient à être établi.
44. — Mais, dans ces mêmes cas, grave difficulté sur le mode de règlement des indemnités.
45. — Dépossession, en exécution de traités politiques.
46. — Urgence *de force majeure*, distincte de l'urgence réglée par la loi.
47. — Renvoi aux diverses parties du traité.

1. [Les merveilles auxquelles nous assistons depuis plusieurs années, par la rapide exécution des travaux publics et la magnifique transformation des villes, ne doivent pas faire perdre de vue la gravité de l'action que, dans tous les pays, le Gouvernement exerce sur un particulier, quand il l'oblige à céder, d'après les formes prescrites par les lois, et moyennant indemnité, une propriété privée dont l'acquisition est réclamée par l'utilité générale.

Il y a là deux grands principes à concilier :

L'un consiste dans le respect dû au droit de propriété, droit que les Gouvernements n'ont ni créé ni concédé, mais qui dérive de la nature même de l'homme et de l'usage de ses facultés libres, droit fondamental sur lequel toutes les institutions sociales reposent (1).

L'autre consiste dans le droit de la nation, de se conserver et de prospérer, et, par conséquent, de pourvoir à sa sécurité extérieure et intérieure, à son bien-être et à son perfectionnement, par tous les moyens que l'intelligence, l'industrie et les progrès des sciences et des arts mettent à sa disposition.

Lors donc qu'un travail utile à la nation rencontre, dans sa direction nécessaire, une propriété privée, et que le citoyen à

---

(1) Portalis, Exposé des motifs du titre *de la Propriété*, à la séance du Corps législatif du 26 niv. an VII (Locré, VIII, p. 169) ; M. Treilhard, Exposé des motifs, sur le titre *de la Distinction des biens* (Locré, VIII, p. 50).

CHAPITRE PRÉLIMINAIRE.

qui elle appartient refuse d'en faire la cession amiable à l'État, cette résistance particulière l'emportera-t-elle sur l'intérêt général? S'il en était ainsi, « les Gouvernements seraient dans l'im-
« puissance de rien entreprendre d'utile ou de grand pour l'État ;
« l'agriculture, le commerce, l'industrie et les arts, ne pourraient
« faire de progrès ; la nature serait abandonnée à elle-même, et
« les ressources des hommes s'affaibliraient bientôt au lieu de
« s'accroître » (1).

L'intérêt de la masse de la nation doit donc prévaloir, dans ce cas, sur l'intérêt d'un particulier.

Mais, comme il s'agit d'une dérogation à un principe qui est la base de toute société, il faut que cette dérogation ne soit pas arbitraire ; il faut que la cause en ait été constatée par des formes légales (2).

Et, comme la cession est un sacrifice fait à l'État ou imposé au nom de l'État; « que les charges de l'État doivent être sup-
« portées avec égalité et dans une juste proportion ; que toute
« égalité, toute proportion serait détruite, si un seul ou quel-
« ques-uns pouvaient jamais être soumis à faire des sacrifices
« auxquels les autres citoyens ne contribueraient pas » (3), le prix de la vente volontaire ou forcée est payé sur les contributions publiques.

Tels sont, d'après les illustres rédacteurs de nos Codes, les principes qui régissent la cession amiable ou forcée des propriétés privées nécessaires aux travaux d'utilité générale.

2. Voici maintenant l'historique et l'ensemble de la législation sur cette matière, dans notre pays :

3. Sous le régime antérieur à 1789, l'opération tout entière de l'exécution des travaux publics, ce qui comprend : la confection et l'approbation des projets, plans et devis, la mise de l'État en possession des terrains, la direction des travaux, la liquidation et le paiement des indemnités, toute cette marche fut administrative.

Le rapporteur de la commission l'a déclaré dans la séance du Corps législatif du 8 mars 1810 (4).

---

(1) Rapport fait au nom de la commission, par M. Riboud, dans la séance du Corps législatif du 8 mars 1810 ; Locré, IX, p. 745.
(2) Exposé des motifs, fait par M. le comte Berlier, dans la séance du Corps législatif du 1er mars 1810; Locré, IX. p. 733.
(3) Portalis, Exposé des motifs sur le titre *de la Propriété*, au C. Nap.; Locré, VIII, p. 157.
(4) Locré, IX, p. 746.

On en trouve, d'ailleurs, la preuve dans tous les actes de l'ancienne monarchie, relatifs à la construction des canaux ou à l'ouverture des grandes routes.

Je me bornerai à citer particulièrement ici,

En ce qui concerne les canaux :

L'édit de Louis XIV, en date d'octobre 1666, pour la construction du canal du Languedoc, portant : ... « Disons et ordonnons, « voulons et nous plaît qu'il soit incessamment procédé à la « construction du canal de navigation et communication des « deux mers Océane et Méditerranée, suivant et conformément au « devis fait par le chevalier de Clerville et *par nous arrêté, ci-attaché* « *sous le contre-scel de notre chancellerie ;* et qu'à cet effet, l'entre-« preneur puisse prendre toutes les terres et héritages néces-« saires pour la construction dudit canal, ensemble pour les rigo-« les de dérivation, magasins de réserve, bords, chaussées, éclu-« ses ; lesquels terres et héritages seront par nous payés aux « particuliers propriétaires, *suivant l'estimation qui en sera faite* « *par experts qui seront nommés par les commissaires qui seront* « *par nous députés ;* seront pareillement les seigneurs particuliers « des fiefs et justices, dans le ressort desquels lesdites terres et « héritages seront situés, par nous indemnisés des droits de jus-« tice et mouvance, et autres droits seigneuriaux qui leur appar-« tiendront sur lesdites terres et héritages, comme aussi de « toutes autres redevances, *suivant pareille estimation* qui sera « faite par experts et gens à ce connaissant..., » etc. (1);

L'édit en date de mars 1679, pour la construction du canal d'Orléans, portant... : « Art. 2. Et d'autant que, pour l'aligne-« ment et conduite desdits canaux, il sera nécessaire de pas-« ser dans les héritages appartenant à plusieurs particuliers et « communautés, nous avons permis et permettons à notredit « frère ou à ses ayants cause, de prendre les portions des héri-« tages dont ils auront besoin pour l'alignement et conduite des-« dits canaux, après toutefois avoir payé la valeur de ce qui sera « pris de gré à gré ou *suivant l'estimation qui en sera faite* sur les « titres des propriétaires qu'ils seront tenus de représenter par-« devant notre amé et féal conseiller en nos conseils, maître des « requêtes ordinaire de notre hôtel, commissaire départi en la « généralité d'Orléans, le sieur de Ménars, que nous avons com-« mis à cet effet. Voulons qu'avant que ledit canal puisse être

---

(1) Ravinet, *Code des ponts et chaussées*, I, p. 1.

« conduit dans les terres, il soit fait un arpentage exact des hé-
« ritages que les entrepreneurs voudront prendre, et que le prix
« du remboursement en soit réglé et fixé, et qu'il soit payé et
« consigné ès mains du receveur des consignations d'Orléans ou
« d'un notable bourgeois qui donnera caution et certificateur
« dont les parties intéressées conviendront, ou, à leur défaut,
« sera nommé d'office, par ledit sieur de Ménars, pour être les-
« dits deniers consignés payés aux propriétaires desdites terres,
« ou à leurs créanciers, en la manière accoutumée, dont notre-
« dit frère ou ses ayants cause demeureront bien et valablement
« déchargés en rapportant l'acte de leur consignation. Art. 3.
« Comme aussi pourra notredit frère faire le long et aux envi-
« rons duduit canal, rivières et ruisseaux, les étangs, réservoirs
« et retenues d'eau qu'il jugera à propos, prendre et détourner
« les eaux nécessaires, en dédommageant..., le tout de gré à
« gré, ou *suivant l'estimation et évaluation qui sera faite par ledit*
« *sieur de Ménars*, sur les titres qui seront représentés, moyen-
« nant quoi notredit frère ou ses ayants cause auront la pro-
« priété incommutable... Art. 5. Et, en cas qu'il soit nécessaire
« de faire des aqueducs pour la conduite des eaux, il leur sera
« loisible d'en faire faire la construction, soit sur des rivières, prai-
« ries ou autres héritages ou chemins, en dédommageant les
« propriétaires *comme ci-dessus...* » (1);

Les lettres patentes, en date de novembre 1719, pour la construction du canal de Loing (2), contenant des dispositions analogues (art. 6, 7, 10, 11);

L'arrêt du conseil, en date du 31 août 1728 (3), concernant le flottage de la rivière la Dordogne (art. 2);

Les lettres patentes, en date du 30 septembre 1770 (4), pour la construction du canal de Givors (art. 2 et 3);

L'arrêt du conseil, en date du 5 novembre 1776 (5), relatif à la construction d'un canal de navigation en Poitou (art. 3, 5, 6, 13, 16), et dont l'art. 30 est ainsi conçu : « Évoque S. M. *à soi*
« *et à son conseil toutes les contestations qui pourraient naître au su-*
« *jet de ladite entreprise, tant entre les entrepreneurs que celles des*
« *propriétaires entre eux ou autres circonstances ou dépendances*
« *d'icelles; renvoie par-devant ledit sieur intendant commissaire*
« *départi en la généralité de Tours, pour y être fait droit sur l'appel*

---

(1) Collection Pailliet, p. 47 et suiv.
(2) *Ibid.*, p. 132.
(3) *Ibid.*, p. 184.

(4) Coll. Pailliet, p. 431.
(5) *Ibid.*, p. 529.

« *du conseil, en attribuant à cet effet toute cour et juridiction; fai-*
« *sant défense à ses cours et autres juges d'en connaître et aux par-*
« *ties de se pourvoir ailleurs, à peine de cassation de procédure et*
« *de 500 livres d'amende, et de tous dépens, dommages et intérêts.*
« *Enjoint S. M. audit sieur intendant, commissaire départi, de*
« *tenir la main à l'exécution du présent arrêt...*, etc.; »

L'arrêt du conseil, en date du 23 juillet 1783 (1), portant règlement pour la navigation de la Loire (tit. 2, art. 14; tit. 3, art. 2, 4; tit. 4, art. 3);

En ce qui concerne l'ouverture des grandes routes :

L'arrêt du conseil, en date du 26 mai 1705 (2), dont le dispositif est ainsi conçu : ... « *Ouï le rapport du sieur Chamillart, con-*
« *seiller ordinaire au conseil royal, contrôleur général des finances,*
« *Sa Majesté*, en son conseil, a ordonné et ordonne que les ou-
« vrages de pavé qui se feront de nouveau *par ses ordres*, et les
« anciens qui seront relevés, seront conduits du plus droit ali-
« gnement que faire se pourra, *suivant qu'il sera ordonné par le*
« *trésorier de France à ce commis dans la généralité de Paris; et par*
« *les sieurs commissaires départis dans les autres généralités;* auquel
« effet il sera passé sans aucune distinction au travers des terres
« des particuliers, auxquels, pour leur dédommagement, sera
« délaissé le terrain des anciens chemins qui seront abandonnés,
« et en cas que le terrain desdits anciens chemins ne se trouvât
« pas contigu aux héritages des particuliers sur lesquels les
« nouveaux chemins passeront, ou que la portion de leurs héri-
« tages qui resterait fût trop peu considérable pour pouvoir être
« exploitée séparément, Veut Sa Majesté que les particuliers
« dont les héritages seront contigus, tant aux anciens chemins
« qui auront été abandonnés qu'aux chemins des héritages qui
« se trouveraient coupés par les nouveaux chemins, soient tenus
« du dédommagement de ceux sur lesquels les nouveaux che-
« mins passeront, *suivant l'estimation qui sera faite, par lesdits*
« *commissaires, de la valeur du terrain* qui leur sera abandonné;
« lequel dédommagement se fera en deniers, lorsque le prix
« desdites portions d'héritages n'excédera pas 200 livres; et
« lorsqu'il excédera ladite somme, il leur sera donné en échange,
« par lesdits propriétaires, des héritages de pareille valeur,
« *suivant l'évaluation qui en sera faite par lesdits commissaires*.....
« Enjoint Sa Majesté *auxdits sieurs commissaires départis et aux-*

---

(1) Coll. Pailliet, p. 633.
(2) *Ibid.*, p. 120, 121.

« *dits trésoriers de France, chacun en leur département, de tenir la*
« *main à l'exécution du présent arrêt, et de rendre toutes les ordon-*
« *nances nécessaires, lesquelles seront exécutées nonobstant opposition*
« *ou appellation quelconque; et, en cas d'appel, Sa Majesté s'en ré-*
« *serve à* Elle *et à* Son Conseil *la connaissance* (1) ; »

L'arrêt du conseil du 6 février 1776, dont l'article 1er porte :
« Toutes les routes construites à l'avenir, *par ordre du Roi,* pour
« servir de communication entre les provinces et les villes ou
« bourgs, seront distinguées en quatre classes ou ordres diffé-
« rents..., etc. (2) ; »

Enfin, un décret impérial rendu en Conseil d'État, au contentieux, le 19 mai 1853, qui mentionne dans ses Visa « *un état esti-*
« *matif des indemnités* à accorder aux propriétaires des maisons
« et autres bâtiments se trouvant compris dans l'emplacement
« du pont à construire sur la Loire, à Roanne, et de ses acces-
« soires, *ledit état signé, le* 1er *octobre* 1787*, par l'ingénieur des*
« *ponts et chaussées et l'intendant de la généralité de Lyon, et ap-*
« *prouvé, le 23 juin* 1788*, par le directeur général des ponts et*
« *chaussées, agissant par autorisation du contrôleur général des fi-*
« *nances...* »

4. Dans les années qui suivirent 1789, l'opération continua
d'être administrative. Le rapporteur de la commission au Corps
législatif l'a également constaté dans la séance du 8 mars
1810 (3).

En droit, cela résultait directement de la loi du 16-24 août 1790
(tit. 2, art. 13), qui déclare : « que les fonctions judiciaires sont
« distinctes et demeureront toujours séparées des fonctions ad-
« ministratives; et que les juges ne pourront, à peine de for-
« faiture, troubler, de quelque manière que ce soit, les opéra-
« tions des corps administratifs. » En effet, il est bien certain
que, par sa nature, la gestion des travaux publics ne peut appartenir au *Corps législatif;* c'est à faire des lois que le Corps législatif est appelé, non à les appliquer ni à décider des faits (4).
Elle n'appartient pas davantage au *pouvoir judiciaire,* qui n'a
mission que pour statuer sur les contestations privées entre citoyens, sur les relations particulières d'individu à individu (5).

---

(1) Collection Paillet, p. 420.
(2) *Ibid.*, p. 466.
(3) Locré, ix, p. 746.
(4) Procès-verbaux de l'Ass. nat., collection Baudoin, iii. n° 48 ; Disc. de M.
Sieyès, p. 4 ; — Même collection, xvi,
n° 244, Disc. de M. Du Port, p. 7 et
14.
(5) Même collection, ii, n° 38, Discours de M. Thouret, p. 34 ; — xvi, n°
244, Discours de M. Du Port, p. 5.

Elle appartient donc, par sa nature, au pouvoir exécutif, et à l'autorité administrative qui en est une dépendance ; et elle leur appartient avec ses conséquences, dans lesquelles sont comprises les réclamations que peuvent soulever les actes administratifs et les indemnités qui peuvent être demandées à raison de ces actes, puisqu'il est interdit « *aux juges de troubler, de* « *quelque manière que ce soit, les opérations des corps administra-* « *tifs.* »

En fait, l'Assemblée constituante, comme exerçant le pouvoir exécutif dont elle s'était emparée, accordait des concessions de travaux publics. Or, dans toutes ces concessions, elle réservait le règlement des indemnités pour acquisitions des terrains aux corps administratifs. La preuve en est : dans un décret des 19-21 octobre, 9 novembre 1790, 30 janvier 1791, qui autorise un sieur Brulée à construire un canal de navigation, et dont l'article 5 porte : « *Il acquerra les propriétés* nécessaires à l'exécution de « son canal et de ses dépendances, *suivant l'estimation faite par* « *des commissaires nommés par le directoire de département;* et *les* « *difficultés, s'il en survient à cette occasion, seront terminées par les* « *directoires de département* » (1) ; — dans un décret des 21-27 mars 1791, qui, en approuvant un projet d'arrosement des vallées d'Arc, Marignane et Marseille, proposé par les sieurs Fabre frères, les autorise à faire cet ouvrage à leurs frais, *sous l'inspection des directoires des districts* sur lesquels ce canal passera, et à prendre les terrains et matériaux nécessaires à la construction de tous les ouvrages dépendant du projet, à la charge par les entrepreneurs de payer *à dire d'experts* à ce connaissant et convenus, et à défaut, *nommés par l'administration*, tant lesdits terrains et matériaux que tous les dommages quelconques qu'ils pourront causer pour l'exécution desdits objets, *sauf au directoire du département à terminer les difficultés, s'il en survient, pour raison des acquisitions et des dommages résultant de ladite exécution* (2); — dans un décret du 4-12 juin 1791, qui, en autorisant les propriétaires du canal de Givors à exécuter les travaux *désignés dans un arrêté du directoire du département* de Rhône-et-Loire, *et conformément au plan y annexé*, déclare (art. 2) « qu'ils acquerront les « propriétés nécessaires à la confection de ces travaux, *d'après* « *l'estimation faite par des experts nommés par le directoire du dé-* « *partement*, et que les difficultés, s'il en survient, seront *portées*

---

(1) Procès-verbaux de l'Ass. nat., collection Baudoin, xxxiv, n° 446, p. 25.

(2) Même collection, LVI, n° 657, p. 1, 2, 3.

« *d'abord au directoire du district et terminées définitivement par*
« *celui du département* » (1) ; — dans un décret du 18 août 1791,
par lequel l'Assemblée, *ouïs le rapport du vœu des directoires intéressés, le rapport de l'ingénieur nommé par arrêt du conseil du 15 avril* 1789, *le rapport de l'administration centrale des ponts et chaussées,* autorise les sieurs Grignet, Gerdret, Jars et comp., à ouvrir, construire et rétablir la navigation de la rivière de Juine, et ordonne (art. 4) « qu'ils acquerront les propriétés nécessaires à
« cette entreprise ; que *l'estimation en sera faite par des experts*
« *nommés de gré à gré ou par le directoire des districts,* et que, s'il
« arrivait quelques difficultés à cette occasion, elles seront *termi-*
« *nées par les directoires des départements* » (2) ; — dans un projet de décret proposé en 1791 pour un canal de navigation qui devait procurer de nouvelles communications à la Seine par les rivières de Voire et d'Aube, et dont l'art. 6 reproduisait la disposition précitée de l'art. 4 du décret relatif à la navigation de la Juine (3).

Un seul texte, celui de l'art. 4 du décret des 7-11 septembre 1790, avait associé, en un point, l'autorité judiciaire aux autorités administratives, en déclarant que les demandes et contestations sur le règlement des indemnités dues aux particuliers, à raison des terrains pris ou fouillés pour la confection des chemins, canaux ou autres ouvrages publics, seraient portées, par voie de conciliation, devant le directoire de district, et pourraient l'être ensuite au directoire du département, lequel les terminerait en dernier ressort, conformément à l'estimation qui en serait faite par le juge de paix et ses assesseurs. Mais l'Assemblée elle-même avait abandonné ce décret, et elle le laissait sans exécution, d'après tous les actes ci-dessus rappelés. « Votre comité,
« disait en effet, à la séance du 21 mai 1791, le rapporteur du
« projet sur le canal de Givors, vous propose de faire terminer
« les difficultés relatives aux estimations, *par les corps adminis-*
« *tratifs, et il s'appuie sur les lois*. Votre décret sur l'organisation
« des corps administratifs porte qu'ils ne pourront être troublés
« dans l'exercice de leurs fonctions administratives par aucun
« acte du pouvoir judiciaire. L'instruction sur ce décret dit for-
« mellement que la Constitution serait violée, si le pouvoir judi-
« ciaire pouvait se mêler des choses d'administration. Enfin, les
« décrets sur l'ordre judiciaire, *ceux que vous rendez journellement,*

---

(1) Procès-verbaux de l'Ass. nat., coll. Baudoin, LVIII, n° 674, p. 35, 36.
(2) Même collection, LXVII, n° 739, p. 9 et suiv.
(3) Même collection, LXXIV, p. 46 et 47.

« *à l'occasion des travaux publics que vous autorisez, ordonnent que*
« *les difficultés relatives à leur exécution, et notamment aux estima-*
« *tions des terrains qui y seront employés, seront décidées par les*
« *corps administratifs.* On aurait donc tort de répéter que la pro-
« position de votre comité renverse l'ordre actuel des choses :
« *au contraire, elle tend à le maintenir* (1). »

Antérieurement même, et dès le 19 octobre 1790, un amendement avait été adopté en ces termes : « On a demandé sur l'art.
« 5 (du projet de canal du sieur Brulée), *qu'au lieu d'attribuer*
« *aux juges de paix la connaissance des indemnités* que le sieur Bru-
« lée aurait à payer pour les terrains qu'il serait forcé d'acqué-
« rir, *l'estimation en fût faite par des commissaires nommés par les*
« *directoires de département dans leurs territoires respectifs.* Cet
« amendement a été décrété de la manière suivante avec l'ar-
« ticle (2). » C'est l'art. 5 déjà transcrit ci-dessus, à l'occasion de
la concession faite au sieur Brulée (3).

A la même époque, la loi du 8-10 juillet 1791, tit. 4, art. 7,
déclarait : « que, toutes les fois qu'un terrain, appartenant à
« une municipalité ou à quelque particulier, serait nécessaire
« pour un établissement militaire, le département de la guerre
« en ferait l'acquisition de gré à gré ; *et que, dans le cas où le pro-*
« *priétaire refuserait de céder sa propriété, les directoires des corps*
« *administratifs seraient consultés et chargés de l'estimation de l'objet*
« *demandé.* »

5. Aux termes d'une loi en date du 4 avril 1793 (art. 13) :
« lorsque la Convention avait décrété l'acquisition, au nom de la
« nation (de maisons ou terrains appartenant à des particuliers),
« *l'évaluation devait en être faite par deux experts nommés, l'un par*
« *le propriétaire, et l'autre par le directoire de district* (4). »

6. La loi du 28 pluviôse an VIII, en chargeant les conseils de
préfecture de prononcer : « sur les demandes et contestations
« concernant les indemnités dues aux particuliers à raison des
« terrains *pris* ou fouillés pour la confection des chemins, canaux
« et autres ouvrages publics (art. 4), » a maintenu ces opérations
dans la sphère administrative. Ce n'était plus alors l'administration active proprement dite qui prononçait, c'était l'administration avec des formes contentieuses accordées pour la garantie des droits, mais c'était encore l'administration.

---

(1) Rapport de M. Poncin, collection Baudoin, LVI, n° 657, p. 9, 10.
(2) Collection Baudoin, XXXIV, n° 446, p. 24, 25.
(3) *Suprà*, p. 11.
(4) Ord. content., 17 déc. 1847.

7. Dans son *Titre de la Propriété*, promulgué le 6 février 1804, le Code Napoléon (Code civ.) contient cette déclaration solennelle : « Nul ne peut être contraint de céder sa propriété, si ce « n'est pour cause d'utilité publique et moyennant une juste et « préalable indemnité » (art. 545). Mais il n'a pas organisé l'application de ce principe. La raison en est que le Code *civil*, destiné à régler les relations *des citoyens entre eux*, devait naturellement laisser à une loi de droit public le soin de régler des relations entre les citoyens et le Gouvernement.

8. La loi du 16 septembre 1807 a commencé cette organisation. Le titre XI tout entier de cette importante loi est consacré « aux indemnités dues aux propriétaires pour occupation de terrains. » On y remarque, entre autres dispositions, l'art. 49, qui veut que les terrains nécessaires pour l'ouverture de canaux, de routes, de rues, la formation de places et autres travaux reconnus d'une utilité générale, soient payés à leurs propriétaires, et à dire d'experts ; l'art. 57, qui maintient encore la compétence du conseil de préfecture, en exigeant que le procès-verbal d'expertise lui soit soumis par le préfet ; l'art. 54, qui oppose en compensation jusqu'à concurrence, à l'indemnitaire, les avantages acquis à ses propriétés restantes.

9. Mais l'époque décisive, dans cette partie de notre législation, est celle de 1810. L'empereur Napoléon Ier avait résolu de donner à la propriété, dans ses rapports avec l'administration, des garanties qu'elle n'avait eues jusqu'alors sous aucun Gouvernement. La note célèbre, écrite à Schœnbrünn le 29 septembre 1809, en avait posé les bases : c'était avant tout, dans l'intérêt de la propriété, l'intervention *du tribunal*. Dès le 16 novembre, le Conseil d'État était réuni pour discuter le projet de loi ; l'Empereur présidait (1). Le ministre de l'intérieur fit observer : « que les formes judiciaires rendraient très-difficile la réfor- « mation des évaluations forcées ; qu'avec les recours qui sont « ouverts aux parties chaque affaire deviendrait interminable » (2). La section même du conseil, qui avait été chargée de la rédaction des articles, persista, pendant plusieurs séances, à présenter à l'Empereur une série de dispositions qui réservaient du moins à l'administration la première place. Mais l'Empereur voulait un principe *clair* (3). En conséquence, il renvoya

---

(1) Locré, IX, p. 66?.
(2) *Ibid.*, p. 672.

(3) *Ibid.*, p. 690.

cinq fois à la section, pour une rédaction nouvelle (1), et il ne donna son approbation au projet de loi que lorsqu'il y trouva l'expropriation, « *par l'autorité de la justice,* » occupant le premier rang dans l'art. 1ᵉʳ, comme expression du système entier de la loi. C'était là, en effet, ce que voulait l'Empereur; c'était l'idée qu'il voulait faire pénétrer dans l'esprit des populations : que l'on ne serait pas exproprié *par la préfecture* (2), et qu'un citoyen ne pourrait pas être contraint de céder sa propriété sans la permission *du tribunal,* constitué ainsi, en quelque sorte, gardien du foyer.

La loi du 8 mars 1810 créait deux innovations dans l'ordre judiciaire : le pouvoir conféré aux tribunaux de vérifier si l'utilité publique avait été constatée dans les formes légales, et celui d'opérer l'expropriation (art. 1 et 2). Dans l'ordre gouvernemental, par le même système de protection en faveur de la propriété et pour la garantir contre le libre arbitre des Services administratifs, elle concentrait dans le pouvoir suprême, inaccessible à tout mobile autre que le véritale intérêt général, en un mot, dans le chef de l'État *seul,* le droit de déclarer l'utilité publique (art. 3, 1°). Enfin, dans la procédure administrative, elle introduisait l'importante institution d'une commission, que l'Empereur appelait un jury (3), commission chargée de recevoir les demandes et les plaintes des particuliers qui soutiendraient que l'exécution des travaux n'entraîne pas la cession de leurs propriétés, et autorisée à appeler les propriétaires toutes les fois qu'elle le jugerait convenable (art. 8).

Du reste, la loi du 8 mars 1810 ne pouvait, pas plus qu'aucune autre loi, avoir d'effet rétroactif. En conséquence, un décret délibéré en Conseil d'État, le 18 août 1810, inséré au Bulletin des lois, porte : « que les décisions rendues par décrets
« antérieurs à la loi du 8 mars 1810, et prononçant l'expropria-
« tion, soit explicitement par la désignation des propriétés, soit
« implicitement par l'adoption des plans qui y sont annexés,
« recevront leur exécution, selon la loi du 16 septembre 1807,
« sans qu'il soit besoin de recourir aux tribunaux, conformé-
« ment à la loi du 8 mars 1810. » Ce décret interprétatif, bien

---

(1) Séances des 16 et 28 nov. 1809, 4, 9, 13 janv. 1810; Locré, ɪx, p. 680, 690, 701, 707, 714.
(2) Voy. la *Note,* Locré, p. 649,

650; Disc. au Cons. d'Etat, Locré, ɪx, p. 675, 676.
(3) Locré, ɪx, p. 675, 676.

que remontant à 1810, a encore son utilité aujourd'hui et reçoit son application (1).

10. La loi du 17 juillet 1819, relative aux servitudes imposées à la propriété pour la défense de l'État, a étendu, quant au mode de règlement des indemnités, la loi du 8 mars 1810, qui ne concerne que les transmissions de propriété (2), à de simples destructions, dégradations et dommages (art. 15 de la loi du 17 juillet 1819, et art. 24, 30, 31, 32, 33, 38, de la loi du 8-10 juillet 1791).

11. La loi du 15 avril 1829, relative à la pêche fluviale, a également étendu, quant au mode de règlement des indemnités, la loi du 8 mars 1810, qui ne concerne que la cession des immeubles proprement dits, à la privation d'un droit de pêche (art. 3).

12. D'un autre côté, la loi du 8 mars 1810 a été exagérée dans la manière dont elle a été appliquée. Les inconvénients prévus par le ministre de l'intérieur, dans la séance du Conseil d'État du 16 novembre 1809 (3), s'étaient réalisés. Des réformes devinrent indispensables (4).

13. Une réforme partielle eut lieu par la loi du 30 mars 1831, relative à l'expropriation et à l'occupation temporaire, *en cas d'urgence*, des propriétés privées nécessaires *aux travaux des fortifications*. Au moyen d'une déclaration *d'urgence* émanée du pouvoir exécutif, d'un transport de juge sur les lieux avec un expert nommé d'office par le tribunal, de la convocation des parties assistées de leurs experts, de plans parcellaires, d'un procès-verbal contenant toutes les indications de nature à fixer par écrit l'état exactement détaillé des propriétés, d'une indemnité approximative et provisionnelle de dépossession déterminée par le tribunal, sauf règlement ultérieur et définitif en les formes d'expropriation ordinaire, l'administration est autorisée, par jugement, à se mettre en possession dans ce cas spécial.

14. Deux années après, la législature entreprit une réforme générale de la loi du 8 mars 1810. La loi du 7 juillet 1833 abrogea celle de 1810 et réorganisa complètement la procédure d'expropriation ordinaire, sans préjudicier cependant au mode d'envoi en possession établi par la loi du 30 mars 1831, pour les

---

(1) Ord. content., 30 août 1847 ; 8 sept. 1839.
(2) Rapport de M. Riboud, séance du Corps législatif, 8 mars 1810.
(3) *Suprà*, p. 16.

(4) *V.* le discours de M. le baron Monnier (Ch. des pairs, 3 mai 1833), cité par MM. Gillon et Stourm. C, des Municip., *Expropriation*, introduction, p. 6, 7, 8.

travaux *de fortifications urgents*. Les parties à signaler dans la loi du 7 juillet 1833 sont : 1° celle qui confirme et développe l'empiétement que le pouvoir législatif avait commis, au moyen d'une disposition incidente dans la loi de finances de l'exercice 1832, sur le pouvoir exécutif, en lui enlevant le droit d'ordonner les *grands* travaux publics (1) ; et 2° celle qui substitue aux tribunaux civils un jury spécial, chargé de régler les indemnités (2).

15. La loi du 21 mai 1836 a organisé une procédure plus simple et plus locale, en matière de *chemins vicinaux*. Les travaux d'ouverture et de redressement de ces chemins sont autorisés par arrêté du préfet. Le nombre des jurés est réduit. Le juge de paix du canton peut être désigné pour présider et diriger le jury. Le recours en cassation a lieu dans les cas prévus et selon les formes déterminées par la loi du 7 juillet 1833 (3).

16. Mais cette loi du 7 juillet 1833 elle-même n'a pas été de longue durée. La pratique et la jurisprudence y avaient rencontré des imperfections (4). Entre autres abus, on avait vu des jurys accorder au propriétaire un prix double de celui qu'il avait demandé. La révision de la loi du 7 juillet 1833 a donné pour résultat la loi du 3 mai 1841. Cette loi a conservé : de la loi du 8 mars 1810, le principe de l'expropriation opérée par l'autorité de la justice (5) ; le pouvoir, conféré aux tribunaux, de vérifier si l'utilité a été constatée et déclarée dans les formes prescrites par la loi (6) ; la commission chargée de recevoir les observations des propriétaires qu'il s'agit d'exproprier (7) ; de la loi du 7 juillet 1833, l'usurpation, par le pouvoir législatif, du droit d'ordonner les *grands* travaux publics (8), et le règlement des indemnités par un jury spécial (9) ; elle a amélioré, d'après l'expérience acquise, les détails de plusieurs parties de la loi précédente ; enfin, sur le modèle et avec simplification même des formalités prescrites par la loi du 30 mars 1831, elle a introduit un *titre sur l'urgence* pour la prise de possession des terrains *non bâtis*.

17. A la loi du 3 mai 1841, qui remplace aujourd'hui celles

---

(1) Art. 40 de la loi de finances du 24 avr. 1832, et art. 3 de celle du 7 juill. 1833.
(2) Art. 29 et suiv. de la loi du 7 juillet 1833. V. MM. Gillon et Stourm, Introduction, p. 40, 44 et suiv.
(3) Loi du 21 mai 1836, art. 16.
(4) V. les observations de M. Duvergier, 1841, p. 121 et suiv.
(5) Art. 1er des deux lois.
(6) Art. 2 des deux lois.
(7) Art. 7 et 8 de la loi du 8 mars 1810. 8 et 9 de celle du 3 mai 1841.
(8) Art. 3 des deux lois.
(9) Art. 29 et suiv. des deux lois.

du 8 mars 1810 et du 7 juillet 1833, se rattachent, comme accessoires, divers actes législatifs et même constitutionnels, ou simplement réglementaires, promulgués depuis. Les voici dans leur ordre chronologique :

18. La loi du 15 juillet 1845, *sur la Police des chemins de fer* (art. 10), a étendu la *loi sur l'Expropriation*, en appliquant les titres 4 et suivants de la loi du 3 mai 1841 à des cas de suppression de constructions, sans transmission de la propriété foncière au domaine public.

19. Un décret du 3 mai 1848, relatif à la *prolongation de la rue de Rivoli*, autorise la ville de Paris à acquérir *en totalité* toutes les propriétés qui seront atteintes par le percement, et à revendre les portions qui resteront en dehors des alignements, en les lotissant pour la construction de maisons d'habitation *bien aérées*. Les expropriations doivent être poursuivies dans les formes tracées par la loi du 3 mai 1841.

20. Dans le même intérêt de la santé publique, une loi du 13 avril 1850, relative à l'*assainissement des logements* insalubres, autorise les communes, lorsque l'insalubrité est « le résultat de « causes extérieures et permanentes, ou lorsque ces causes ne « peuvent être détruites que par des travaux d'ensemble, à ac- « quérir, suivant les formes et après l'accomplissement des « formalités prescrites par la loi du 3 mai 1841, la totalité des « propriétés comprises dans le périmètre des travaux..., etc. « (art. 13). »

21. Une loi du 4 août 1851, relative à un *Emprunt de 50 millions par la ville de Paris,* et qui autorise la prolongation de la rue de Rivoli depuis le Louvre jusqu'à l'Hôtel de Ville, conformément à un plan annexé, déclare qu'il sera fait application du droit d'expropriation consacré par l'art. 13 de la loi du 13 avril 1850, aux parcelles de terrain restant en dehors de l'alignement, et qu'il sera également fait application des art. 52 et 53 de la loi du 16 septembre 1807 aux propriétés contiguës à ces parcelles, ainsi qu'aux maisons qui n'en seront séparées que par des voies publiques à supprimer.

22. La loi du 16 juin 1851, sur la *Constitution de la propriété en Algérie,* contient un titre de *l'Expropriation pour cause d'utilité publique* dans la colonie (art. 18 à 21). Elle maintient (art. 21), jusqu'à ce qu'une loi en ait autrement décidé, l'exécution de l'ordonnance royale du 1er octobre 1844, en ce qui touche les formes à suivre.

23. A l'imitation de l'Assemblée constituante de 1789, l'Assemblée législative de 1851 avait déclaré, par une loi du 10 juillet 1851, relative au *classement des places de guerre,* que nulle construction de nouvelles places de guerre ou de nouvelles enceintes fortifiées ne pourrait être ordonnée qu'après l'avis d'une commission de défense et *en vertu d'une loi.* Cette seconde usurpation, par le pouvoir législatif, d'une attribution qui a toujours appartenu, dans les temps réguliers, au pouvoir exécutif, a cessé par la promulgation de la constitution du 14 janvier 1852, et par le sénatus-consulte interprétatif, en date du 25 décembre 1852.

24. D'après les principes de la loi du 8 mars 1810, et pour conserver au Gouvernement seul, dans l'intérêt de la propriété privée, le droit de constater l'utilité générale (1), le décret du 25 mars 1852, sur la *Décentralisation administrative,* excepte des attributions déléguées *l'expropriation pour cause d'utilité publique,* sans préjudice toutefois des concessions déjà faites en faveur de l'autorité préfectorale par la loi du 21 mai 1836, relative aux chemins vicinaux.

25. Un décret du 26 mars 1852, relatif aux *rues de Paris,* mais susceptible (art. 9) d'être appliqué *à toutes les villes* qui en feront la demande, par des décrets spéciaux rendu dans la forme des règlements d'administration publique, donne à l'expropriation une extension considérable (2). Aux termes de ce décret, et toujours par le puissant intérêt de la santé publique, « dans tout projet d'expropriation pour l'élargissement, le redressement ou la formation des rues de Paris, l'administration a la faculté de comprendre la totalité des immeubles atteints, lorsqu'elle juge que les parties restantes ne sont pas d'une étendue ou d'une forme qui permette d'y élever des constructions salubres. Elle peut pareillement comprendre, dans l'expropriation, des immeubles en dehors des alignements, lorsque leur acquisition est nécessaire pour la suppression d'anciennes voies publiques jugées inutiles. Les parcelles de terrain acquises en dehors des alignements et non susceptibles de recevoir des constructions salubres, sont *réunies aux propriétés contiguës,* soit à l'amiable, soit par l'expropriation de ces propriétés, conformément à l'art. 53 de la loi du 16 septembre 1807..., etc. (3). »

---

(1) *Suprà,* p. 17.
(2) *V.* la savante dissertation de M. le premier avocat général Nicias Gaillard

(*Revue critique de législ. et de jurispr.,* janvier 1855).
(3) *Bull. des lois,* n° 611.

En exécution de l'art. 9 précité, ce décret législatif a déjà été appliqué, par des décrets spéciaux, à diverses villes de l'Empire (1).

26. Le sénatus-consulte du 12 décembre 1852, sur la *Dotation de la couronne*, et le décret impérial du 14 du même mois, qui en confie l'administration au ministre d'État, ont nécessairement modifié la disposition de la loi du 3 mai 1841 (art. 13), qui conférait au ministre des finances l'attribution de consentir à l'aliénation des biens faisant partie de la dotation de la couronne, d'après la loi du 2 mars 1832 (2-3).

---

(1) À la suite de ce décret se place celui du 27 décembre 1858-1er janvier 1859, portant règlement d'administration publique, pour l'exécution du décret du 26 mars 1852, relatif aux rues de Paris.

Napoléon, etc.

Art. 1er. Lorsque, dans un projet d'expropriation pour l'élargissement, le redressement ou la formation d'une rue, l'administration croit devoir comprendre, par application du § 1er de l'art. 2 du décret du 26 mars 1852, des parties d'immeubles situées en dehors des alignements et qu'elle juge impropres, à raison de leur étendue ou de leur forme, à recevoir des constructions salubres, l'indication de ces parties est faite sur le plan soumis à l'enquête prescrite par le titre II de la loi du 3 mai 1841, et il est fait mention du projet de l'administration dans l'avertissement donné conformément à l'art. 6 de ladite loi.

2. Dans le délai de huit jours, à partir de cet avertissement, les propriétaires doivent déclarer sur le procès-verbal d'enquête, s'ils s'opposent à l'expropriation, et faire connaître leurs motifs.

Dans ce cas, l'expropriation ne peut être autorisée que par un décret rendu en Conseil d'État.

Les oppositions formées ne font pas obstacle à ce que le préfet statue conformément aux art. 11 et 12 de la loi du 3 mai 1841, sur toutes les autres propriétés comprises dans l'expropriation.

3. Si l'administration le juge préférable, il est statué par un seul et même décret, tant sur l'utilité publique de l'élargissement, du redressement ou de la formation des rues projetées que sur l'autorisation d'exproprier les parcelles situées en dehors des alignements.

Dans ce cas, l'indication des parcelles à exproprier est faite sur le plan soumis à l'enquête, en vertu du titre Ier de la loi du 3 mai 1841 de l'ordonnance du 23 août 1835.

Mention est faite du projet de l'administration dans l'avertissement donné conformément à l'art. 3 de ladite ordonnance, et les oppositions des propriétaires intéressés sont consignées au registre de l'enquête.

4. Les formalités prescrites par l'art. ci-dessus, sont suivies par l'application du par. 2 de l'art. 2 du décret du 26 mars 1852.

5. Dans les cas prévus par le par. 3 du même art., le propriétaire du fonds auquel doivent être réunies les parcelles acquises en dehors des alignements, conformément à l'art. 52 de la loi du 16 septembre 1807, s'est mis en demeure, par acte extra-judiciaire, de déclarer, dans un délai de huit jours, s'il entend profiter de la faculté de s'avancer sur la voie publique en acquérant les parcelles riveraines.

En cas de refus ou de silence, il est procédé à l'expropriation dans les formes légales.

6. Dans tout projet pour l'élargissement, le redressement ou la formation des rues, le plan soumis à l'enquête qui précède la déclaration d'utilité publique, comprend un projet de nivellement. — (Dalloz, 59.4.2.)

(2) En ce sens, Déc. content., 18 janv. 1855.

(3) Aux termes du Sénatus-consulte

27. La constitution du 14 janvier 1852, en confirmant « les grands principes proclamés en 1789, » parmi lesquels la propriété était reconnue comme « un *droit naturel et imprescriptible* » (1), et en déclarant que « le Sénat s'oppose à la promulgation des « lois qui seraient contraires ou qui porteraient atteinte.... à « *l'inviolabilité* de la propriété » (2), a consacré de nouveau ce droit fondamental ; et le sénatus-consulte interprétatif du 25 décembre 1852, en reconnaissant au chef de l'État le pouvoir d'ordonner ou d'autoriser *tous* les travaux d'utilité publique, n'a fait que lui restituer une prérogative qui lui avait appartenu de tout temps en France, qui lui avait été maintenue par les lois du 16 septembre 1807 et du 8 mars 1810, et dont il n'avait été dépossédé, par la loi de finances du 21 avril 1832, et par les lois du 7 juillet 1833 et du 3 mai 1841, qu'à des époques d'empiétements successifs du Pouvoir parlementaire sur le Pouvoir exécutif (3).

28. Un décret impérial du 10 août 1853, rendu en exécution de l'art. 8 de la loi du 10 juillet 1851, règle tout ce qui concerne le classement des places de guerre (art. 1 à 4), et la construction de nouvelles places ou de nouvelles enceintes fortifiées (art. 35, 36, 37). Déjà, antérieurement à ce décret, le droit de classer les places existantes et d'ordonner la création de fortifications nouvelles avait passé du Pouvoir législatif (4) à l'Empereur. C'était la conséquence directe de la constitution du 14 janvier 1852, laquelle avait rendu (5) au chef de l'État le droit de commander les forces de terre et de mer, et de prendre toutes les mesures nécessaires à la défense du pays. Les dispositions de la loi du 10 juillet 1851, qui attribuaient aux assemblées législatives le pouvoir d'ordonner la création des places fortes et de les classer, avaient donc été abolies de plein droit par la constitution : le nouveau règlement n'a fait que constater ce changement (6).

---

du 23 avril 1856, interprétatif de l'art. 12 du Sénatus-consulte du 12 déc. 1852, l'administrateur de la dotation de la couronne a seul qualité, dans les cas prévus par les articles 13 et 26 de la loi du 3 mai 1841, pour consentir les expropriations et recevoir les indemnités, sous la condition de faire emploi desdites indemnités, soit en immeubles, soit en rentes sur l'État, sans toutefois que le débiteur soit tenu de surveiller le remploi. (Duvergier, 1856, p. 138.)

(1) Constitution du 3-14 sept. 1791, art. 2.
(2) Art. 1er et 26.
(3) *V.* l'Exposé des motifs présenté par MM. les commissaires du Gouvernement, et le Rapport fait par M. le président du Sénat ; Duvergier, 1852, p. 766, 773 et suiv.
(4) Loi du 10 juill. 1851, art. 1 et suiv.
(5) Art. 6.
(6) Instruction de M. le ministre de la guerre, du 27 août 1853.

29. Un décret impérial du 16 août 1853, rendu en exécution des art. 1 et suivants de la loi du 7 avril 1851, règle pareillement tout ce qui concerne la *délimitation de la zone frontière*, ainsi que l'organisation et les attributions de la *commission mixte des travaux publics*, commission qui doit toujours être consultée sur les travaux civils, militaires ou maritimes qui sont de sa compétence, avant que les projets de ces travaux soient définivement approuvés et que l'on puisse procéder à leur exécution (1). Le décret abroge toutes les dispositions antérieures contraires au nouveau règlement (2).

30. Aux termes du décret impérial du 15 novembre 1853, relatif au *complément du dégagement des abords du Louvre et de la rue de Rivoli*, les maisons à élever en regard de la colonnade du Louvre, sur la place du Louvre et en retour sur celle de Saint-Germain-l'Auxerrois, doivent être construites *suivant une décoration uniforme*.

31. La loi du 10 juin 1854, sur le *libre écoulement des eaux provenant du drainage*, permet que les travaux que voudraient exécuter les *associations syndicales*, les *communes* ou les *départements*, pour faciliter le drainage ou tout autre mode d'assèchement, soient déclarés d'utilité publique par décret rendu en Conseil d'État. Le règlement des indemnités dues pour expropriation est fait conformément aux paragraphes 2 et suivants de l'art. 16 de la loi du 21 mai 1836.

32. La loi du 22 juin 1854, qui établit, pour l'avenir, des *servitudes autour des magasins à poudre de la guerre et de la marine*, veut, en ce qui concerne les suppressions, que lorsqu'il s'agira de supprimer des constructions ou usines et établissements pourvus de foyers avec ou sans cheminées d'appel, qui existaient avant la loi nouvelle, *il soit procédé à l'expropriation, conformément à la loi du 3 mai 1841*.

33. Une loi du 22 juin 1854, relative aux *terrains restant de l'ancien promenoir de Chaillot*, et à *l'ouverture d'une route départementale entre la place de l'Etoile et la porte Dauphine du bois de Boulogne*, renvoie à un décret impérial, à l'effet de déterminer les dispositions de constructions et de clôtures qui devront être observées, ainsi que les genres d'industrie et de commerce dont l'exploitation sera interdite dans les maisons construites sur ces terrains. La même loi soumet les terrains joignant les parties

---

(1) Art. 9 et 7.
(2) Art. 44.

latérales de la route départementale dont il s'agit à diverses servitudes et aux prohibitions qui seront portées par le décret à intervenir. *Aucune plus-value ne pourra être demandée* aux propriétaires des terrains qui seront assujettis à ces servitudes. En cas de refus de les supporter, les propriétaires seront expropriés de leurs immeubles dans les formes du droit. La disposition précitée, qui dispense de la *plus-value*, soulève une question assez compliquée et sur laquelle la Cour de cassation a déjà rendu une décision (1).

34. Enfin, un grand nombre de décrets impériaux ont autorisé la création de chemins de fer *particuliers* d'embranchement, destinés à relier des établissements métallurgiques aux voies des grandes lignes de fer, avec privilége d'expropriation et application de la loi du 3 mai 1841, « ces entreprises étant d'utilité publique (2). »

35. La loi du 3 mai 1841, qui règle la cession volontaire ou forcée de la propriété, pour cause de travaux publics prévus et ordonnés par l'administration, et les lois et décrets qui s'y rattachent comme accessoires, sont donc l'objet principal de ce traité.

36. Mais ce serait une erreur de croire qu'il ne peut y avoir incorporation au domaine public, et qu'on ne peut être dépossédé de sa propriété, ou la perdre, par suite de mesures d'intérêt général, que selon les formes prescrites par la loi du 3 mai 1841, et sauf le mode de règlement d'indemnité qu'elle a établi; ou de croire qu'il n'y a d'exceptions à ses dispositions que celles déterminées par cette loi elle-même.

37. Car il y a incorporation au domaine public, sans les formalités prescrites par la loi du 3 mai 1841, et en dehors des exceptions prévues par cette loi, dans beaucoup de circonstances, dont voici quelques exemples :

38. En matière de délimitation du domaine public, lorsque des actes du chef du Gouvernement, des ministres ou des préfets, selon les cas, déterminent les limites du domaine militaire, du domaine maritime, des fleuves, des rivières et canaux navigables, des routes, des chemins vicinaux, et qu'un particulier se prétend atteint, dans sa propriété, par ces délimitations ;

---

(1) Arrêt du 24 janvier 1855.
(2) Entre autres, déc. imp. du 28 oct. 1854 (usine de Bourdon), art. 1, et cahier des charges annexé, art. 20 et 21 ; du 24 nov. 1854 (mines de Montieux); du 27 juillet 1853 (houillères de Sorhier, etc.)

39. En matière de cours d'eau non navigables ni flottables, lorsque le préfet a fait opérer un curage, et qu'un particulier prétend que l'opération a été exécutée sur un terrain dépendant de sa propriété riveraine;

40. En matière d'alignement, lorsqu'une permission de construire le long d'une voie publique est délivrée, soit d'après les plans généraux légalement approuvés, soit d'après les arrêtés spéciaux des autorités compétentes;

41. Dans plusieurs autres cas de travaux exécutés en vertu de la loi du 16 septembre 1807, etc., etc...

42. La raison de ces distinctions, c'est que la loi du 3 mai 1841 n'a, pas plus que celle du 8 mars 1810, entendu démolir d'un seul coup l'organisation administrative tout entière, en désarmant les services publics de tous leurs moyens d'action. Ainsi, elles n'ont pas aboli les lois qui « chargent les administrations de « département, sous l'autorité et l'inspection du chef de l'Etat, « de la conservation des propriétés publiques, de celle des ponts, « rivières, chemins et autres choses communes; » ou qui les chargent de maintenir et d'assurer le libre cours des eaux et de la navigation; ou qui leur ont conféré, pour des besoins urgents ou permanents, ou qu'il est impossible de régler à l'avance, des pouvoirs à la fois généraux et spéciaux. Toutes ces lois ont continué d'être exécutées sous la loi du 8 mars 1810, et elles doivent continuer à être exécutées sous la loi du 3 mai 1841, qui la remplace.

43. Du reste, dans ces cas d'incorporation au domaine public, la propriété n'est pas pour cela confisquée. Les questions de possession et de propriété, pour le temps où les terrains étaient susceptibles de possession et de propriété, sont intactes. Les contestations, s'il en existe, sont jugées par les tribunaux, d'après les titres et d'après les moyens ordinaires du droit civil. Seulement, lorsque la preuve de la propriété est établie, la propriété est résolue en indemnité.

44. Mais, dans ces mêmes cas, la grande difficulté est de savoir si, abstraction faite des formalités d'expropriation qui sont inapplicables, l'indemnité doit du moins être réglée d'après le mode établi par les titres 4 et suivants de la loi du 3 mai 1841. C'est une question très-délicate, au double point de vue des principes du droit et de la combinaison des procédures légales.

45. On peut encore, par suite d'une délimitation du territoire national, opérée en exécution de traités politiques, être dépossédé d'une propriété qui se trouve restituée à des communes dé-

pendantes d'une puissance limitrophe. La loi du 3 mai 1841 est complétement étrangère à de tels rapports (1).

46. Enfin, l'urgence *de force majeure* est nécessairement réservée. Je dis l'urgence *de force majeure*, pour la distinguer de *l'urgence de prendre possession des terrains non bâtis*, qui est une urgence encore susceptible d'être réglée par la loi. La guerre, l'incendie, l'inondation échappent, au contraire, à toutes les règles. A la suite de l'art. 545, dans la discussion du Code Napoléon au Conseil d'Etat, un article était proposé sur l'urgence ; il a été supprimé. « Mais, dit M. Malleville, personne ne doutera « probablement qu'en cas de guerre ou d'incendie, le Gouver- « nement ne puisse, pour la défense de la nation ou pour arrê- « ter un incendie, non-seulement occuper, mais changer la face « du sol, faire abattre un bâtiment, le tout *sans avoir besoin d'en « faire passer une loi.* » Ce que M. Malleville disait d'une *loi* est également vrai à dire des formalités ordinaires de la loi du 3 mai 1841, et de l'urgence régulière pour la prise de possession *des terrains non bâtis*, puisque cette urgence elle-même a besoin d'être déclarée par un acte solennel du chef de l'Etat.

47. Toutes ces questions seront traitées dans le cours des observations sur la loi du 3 mai 1841, ou dans les titres ou chapitres particuliers.]

CHAPITRE PREMIER.

DE L'ÉTUDE DES PROJETS, ET DE L'ENQUÊTE PRÉALABLE A LA DÉCLARATION D'UTILITÉ PUBLIQUE.

SECTION 1re. — *Études des projets.*

48. — Recommandations adressées par le Gouvernement à MM. les ingénieurs, sur le respect dû à la propriété privée.
49. — Obligation, de la part des propriétaires, de supporter ces opérations préparatoires sur leurs terrains.

---

(1) Ordonn. cont., 15 juin 1842, hospices de Strasbourg.

CHAPITRE PREMIER.

50. — L'occupation temporaire a besoin d'être autorisée, mais elle n'est pas soumise aux mêmes formalités que l'expropriation.
51. — Jurisprudence de la Cour de cassation et du Conseil d'Etat sur ces principes.
52. — Renvoi pour les détails.

48. [Autant le droit d'*expropriation pour cause d'utilité publique* est rigoureux, autant il importe de faire connaître, au début de la matière, les recommandations réitérées que le Gouvernement adresse à ses agents, sur le respect dû à la propriété, et sur l'obligation de ne lui demander que les sacrifices réellement exigés par l'intérêt général.

« Quel que soit (disait à MM. les ingénieurs le ministre de l'agriculture, du commerce et des travaux publics, dans une instruction en date du 24 octobre 1853, rappelant une précédente circulaire sur le même objet), « quel que soit l'intérêt exposé
« dans les études ou dans les travaux à entreprendre, quelque
« besoin qu'on ait d'en hâter l'exécution, il est toujours possible
« de procéder régulièrement, et l'on ne serait pas fondé aujour-
« d'hui à se plaindre des lenteurs de l'administration. Mais, dans
« le cas même où la stricte observation des règles devait ame-
« ner quelque retard, le respect du droit de propriété est un prin-
« cipe trop élevé pour qu'on le subordonne à une pareille con-
« sidération. Je recommande donc de nouveau, de la manière la
« plus expresse, aux ingénieurs, *de ne jamais agir sans s'être préa-
« lablement munis de toutes les autorisations nécessaires;* et s'ils trou-
« vent de la résistance, même alors qu'ils sont parfaitement en
« règle, de ne recourir aux voies de rigueur qu'après avoir
« épuisé tous les moyens de conciliation compatibles avec l'ac-
« complissement de leurs obligations de service.

« Je leur renouvelle également mes recommandations *sur la
« conduite qu'ils ont à tenir lorsqu'ils sont entrés dans les propriétés
« pour les occuper temporairement ou pour les traverser.* La résistance
« des propriétaires à laisser pénétrer chez eux tient souvent à la
« crainte d'y voir commettre des dégâts inutiles, et il y a là
« peut-être une cause d'irritation plus grande que dans l'occu-
« pation même de la propriété; l'indemnité pécuniaire n'est pas
« acceptée comme une réparation suffisante du mal moral causé
« par des dommages que ne motive pas une impérieuse néces-
« sité. Les ingénieurs doivent s'attacher à faire cesser de pareil-
« les craintes en donnant de bonnes directions à leurs agents,
« en s'abstenant avec le plus grand soin de tout ce qui pourrait

« nuire à la propriété sans utilité pour les opérations, en atté-
« nuant, autant qu'il dépendra d'eux, les dommages inévitables,
« en ménageant, en un mot, la propriété autant que le permet-
« tront les exigences réelles des études ou des travaux.

« Ces recommandations ne concernent pas seulement les in-
« génieurs de l'Etat, elles s'adressent également aux ingénieurs
« des compagnies concessionnaires de travaux publics et parti-
« culièrement de chemins de fer; les compagnies agissent comme
« délégataires de l'État, et si, en vertu de cette délégation, elles
« exercent les mêmes droits, elles sont aussi tenues aux mêmes
« obligations. »

« Je confie à MM. les préfets le soin de veiller à l'exécution
« franche et complète de mes prescriptions (1). »

Telles sont les règles sous l'inspiration desquelles MM. les ingénieurs doivent agir, dans les opérations préparatoires de nivellements, sondages et autres, et dans la confection des projets
et plans qui précèdent les décisions par lesquelles l'administration ordonne ou autorise les travaux d'utilité publique.

49. L'obligation, de la part des propriétaires, de supporter ces
opérations préparatoires sur leurs terrains, sauf indemnité, résulte des pouvoirs généraux de l'administration, de la loi du 28
pluviôse an VIII (art. 4), de la loi du 16 septembre 1808, des dispositions spéciales des lois sur l'expropriation, qui chargent les
ingénieurs ou autres gens de l'art de dresser les plans, enfin de
l'art. 438 du Code pénal.

50. Ces occupations temporaires ont besoin d'être autorisées
par l'administration ; mais cette autorisation n'est pas soumise à
la même solennité de formes que celle des occupations définitives pour l'établissement des travaux décrétés par le Gouvernement.

En effet, dans l'une des premières rédactions du projet de loi
du 8 mars 1810, un article, sous le n° 17, portait : « Les autori-
« sations et formalités requises par la présente loi pour l'*expro-
« priation ou cession de fonds* ne s'appliquent point à l'occupation
« momentanée d'un terrain ordonnée par une administration pour
« un service passager et nécessaire, ou pour y lever des plans
« ou y faire des sondes, tranchées ou autres opérations prépa-
« ratoires de cette nature, le tout sauf l'indemnité due au pro-
« priétaire (2). »

---

(1) *Annales des Ponts et Chaussées*, 1853, p. 394.

(2) Cons. d'Etat, séance 16 nov. 1809; Locré, IX, p. 670.

Bien que cette distinction ne se retrouve dans le texte exprès, ni de la loi du 8 mars 1810, ni de celle du 3 mai 1841 qui la remplace aujourd'hui, elle est implicitement dans ces deux lois elles-mêmes, puisque la *cession de fonds* est le seul objet de leurs dispositions.

51. Tout ce qui précède (c'est-à-dire l'obligation imposée aux propriétaires sauf indemnité, la nécessité d'une autorisation administrative, et la distinction entre les occupations momentanées et les occupations-cessions de propriété), est consacré par la jurisprudence :

Sur un pourvoi du ministère public contre un jugement rendu en faveur des sieurs Mayet et Paget, prévenus de s'être opposés avec voies de fait à la confection des travaux qu'un ingénieur des ponts et chaussées était chargé de faire pour le redressement d'une route, et d'avoir arraché des jalons plantés pour ces travaux sur leurs terrains, la Cour de cassation a statué en ces termes :]

« La Cour ; — Attendu que les dégradations dont se plaignait
« le ministère public consistaient dans la destruction de jalons
« placés momentanément sur des terrains appartenant aux pré-
« venus ; que ce fait ne saurait être assimilé à ceux que la dispo-
« sition de l'art. 257, C. pén., a prévus, et que dès lors il n'y
« avait pas lieu à l'application des peines portées par cet article ;
« — Attendu qu'il faut distinguer entre la déclaration d'utilité
« publique exigée par la loi du 8 mars 1810, qui ne peut émaner
« que du Gouvernement, et la confection des travaux *préparatoires*
« autorisés par l'administration, et destinés à l'éclairer sur la né-
« cessité de cette déclaration ; — Que, si la déclaration d'utilité
« publique doit toujours intervenir dans la forme d'une ordon-
« nance royale, il ne s'ensuit pas que les travaux préparatoires
« et d'étude doivent être autorisés avec la même solennité ; que
« le contraire résulte même de la différence qui existe entre les
« résultats de ces travaux et ceux de la déclaration d'utilité pu-
« blique ; qu'en effet, la déclaration d'utilité publique entraîne
« nécessairement l'expropriation des terrains auxquels elle s'ap-
« plique, tandis que les travaux dont il s'agit ne portent aucune
« atteinte aux droits de propriété ; — Qu'il s'ensuit de là que les
« agents de la direction générale des ponts et chaussées sont suf-
« fisamment autorisés à s'y livrer lorsqu'ils sont munis des ordres
« de leurs supérieurs et de l'autorité administrative compétente,
« sauf la réparation et l'indemnité des torts et dommages que ces
« travaux pourraient causer, et à la charge, par lesdits agents de

« la direction générale, de justifier de leur qualité et de leur
« mission aux propriétaires des terrains sur lesquels ils s'exécu-
« tent ; que toute opposition par voie de fait à des opérations de
« cette nature, entreprises par des ingénieurs des ponts et chaus-
« sées dûment autorisés par le préfet du département, serait pas-
« sible des peines déterminées dans l'art. 438, C. pén. ; — Mais
« que dans l'espèce il n'a point été prouvé devant les tribunaux
« que les prévenus eussent eu une connaissance officielle de l'au-
« torisation dont l'ingénieur de l'arrondissement de Lons-le-Saul-
« nier avait dû être muni pour pouvoir se livrer à des travaux
« de nivellement et autres sur des terrains dont ils étaient re-
« connus propriétaires ; que, le délit imputé auxdits prévenus
« n'étant pas légalement constaté, le jugement dénoncé n'a pu
« violer l'art. 438, C. pén., en ne prononçant pas contre eux les
« peines de cet article ; — Rejette ce premier moyen..., etc. » (1).

Le même système (en ce qui touche la qualité et les pouvoirs des agents autorisés) se trouve consacré par l'ordonnance royale rendue en Conseil d'État, au contentieux, dont voici les termes : — Considérant que les opérations du sieur Berthelot ont été faites en sa qualité de commissaire délégué par l'administration pour fixer l'emplacement de deux chemins publics dans la commune de Routot, et qu'il s'agissait d'opérations préparatoires qui n'engageaient en aucune manière la question de propriété ; considérant que nul n'a le droit de s'opposer par la voie judiciaire à ces sortes d'opérations, et que dès lors le tribunal de Pont-Audemer a excédé ses pouvoirs en interdisant la suite des opérations du sieur Berthelot » (2).

52. [Nous nous bornerons ici à poser ces principes, l'obligation dont il s'agit se rattachant plutôt à la législation générale sur les travaux publics qu'à l'objet spécial du présent Traité. Au surplus, nous nous référons, pour les détails, à ce qui a été dit sur ce sujet dans le *Traité des servitudes d'utilité publique* (3).]

Section II. — *Enquête préalable à l'adoption des projets.*

53. — Enquête préalable : addition à l'Enquête instituée par la loi du 8 mars 1810 en faveur des propriétaires des terrains désignés.
54. — Distinguer les deux enquêtes.

---

(1) C. crim., 4 mars 1825 ; autre arrêt dans le même sens, 3 mai 1834.
(2) 19 oct. 1825.
(3) II, p. 558 et suiv. ; 589 et suiv.

55. — Division.
56. — Bases de l'enquête préalable sur l'utilité générale du travail projeté. Ordonnance royale du 28 février 1831 ; loi du 7 juillet 1833 ; ordonnance royale du 18 février 1834 ; autre, du 15 février 1835 ; autre, du 23 août 1835 ; loi du 3 mai 1841.
57. — Ordonnance réglementaire du 18 février 1834. Dispositions claires par elles-mêmes. Pas de commentaire spécial.
58. — Un seul principe : la formalité préalable de l'enquête ; condition irritante et *sine quâ non*.
59. — Complément essentiel de l'instruction administrative, en ce qui concerne l'intérêt de la *défense militaire de l'Etat* : zone frontière et rayon des enceintes fortifiées ; ministre de la guerre ; commission mixte des travaux publics ; législation ; arrêt de la Cour de cassation. Aujourd'hui, décret impérial du 16 août 1853.

53. [A l'enquête instituée par la loi du 8 mars 1810, en faveur des propriétaires *qui soutiendraient que l'exécution des travaux n'entraîne pas la cession de leurs propriétés* (art. 8), une ordonnance royale du 28 février 1831, puis la loi du 7 juillet 1833, puis enfin celle du 3 mai 1841, ont ajouté une *enquête préalable sur l'utilité générale des projets.*]

54. Il importe de remarquer la différence qu'il y a entre cette enquête préparatoire, qui porte sur l'utilité des travaux et l'ensemble de la direction à adopter, et l'enquête par communes, dont parle le titre II de la loi. En 1833, à l'occasion d'un amendement de M. Jousselin qui tendait à réunir ces deux enquêtes, M. le commissaire du Gouvernement présenta les observations suivantes : « Ces deux questions ne sont pas de même nature : elles appartiennent à deux époques différentes..... La question de l'utilité publique d'une route, d'un canal, d'un chemin de fer, doit être placée dans une région élevée ; si vous l'abandonnez sans réserve à la controverse de tous les intérêts privés, je doute que vous arriviez dans beaucoup de cas à une solution heureuse... — Pour les enquêtes préparatoires, on n'exige pas ces plans partiels, ces nivellements détaillés que l'honorable M. Jousselin réclame. Il ne s'agit pas de savoir si la route ou le canal passera sur le terrain de tel ou tel particulier, mais s'il y a avantage général dans l'ouverture de la route ou du canal ; si l'on descendait dans de plus grands détails, si l'on appelait tout d'abord les propriétaires dont les terrains peuvent être entamés par les travaux, je craindrais, je l'avoue, que le sort de la question ne fût quelquefois compromis, et que l'intérêt géné-

ral ne succombât sous la masse des oppositions individuelles.....

« La question de savoir s'il est utile d'ouvrir une route ou un canal est autant d'abord une question d'économie politique qu'une question d'art : pour l'apprécier, il suffit de connaître la direction générale de la ligne qu'on veut suivre et les principaux obstacles qu'on peut rencontrer. A l'aide d'un projet, non tel que l'entend l'auteur de l'amendement, mais tel qu'il est facile de le concevoir, on pourra se rendre compte, et de la dépense des travaux, et des avantages qu'ils pourront procurer. On pourra ainsi établir la balance des frais et des produits. Mais s'il fallait, pour obtenir cette balance, lever des plans parcellaires, faire tous les nivellements généraux et particuliers, reconnaître par des sondes multipliées la nature des terrains, on se jetterait dans des frais énormes. — Sur quels fonds le Gouvernement les imputerait-il? Quelle serait la compagnie qui oserait s'engager dans cette carrière, avec la chance d'arriver après bien des peines, des soins et des sacrifices, à une déclaration négative de l'utilité publique?

« Lorsqu'au contraire cette utilité est déclarée, lorsque le Gouvernement s'est décidé à entreprendre l'opération, ou lorsqu'une compagnie consent à en exécuter les travaux à ses risques et périls, c'est alors seulement qu'on s'occupe de lever des plans parcellaires, c'est alors qu'on appelle les particuliers à présenter leurs observations sur la ligne définitive des travaux; à contester au besoin que, pour réaliser dans l'espèce le principe reconnu de l'utilité publique, il soit nécessaire de se diriger sur leurs terrains; que le tracé peut être, par exemple, facilement reporté à droite ou à gauche de la ligne projetée... (1). »

55. [L'enquête *en faveur des propriétaires* sera expliquée dans une des sections du chapitre III. La présente section du chapitre 1er n'a pour objet que l'enquête *sur l'utilité générale*, dont voici les bases :

56. Le rapport au Gouvernement sur l'ordonnance du 28 février 1834 expose ainsi le but de cette mesure : « La nécessité des enquêtes ne peut être mise en doute. Que les travaux d'une route, d'un canal ou d'un chemin de fer, s'exécutent aux frais de l'État, ou qu'ils deviennent l'objet de la spéculation d'une compagnie, il est toujours indispensable que l'utilité publique en soit bien établie. L'acte de l'autorité qui en ordonne ou qui

---

(1) V. aussi *Mon.*, 14 juin 1836.

en permet l'entreprise emporte avec lui le droit d'expropriation, et ce droit exorbitant ne peut, ne doit être exercé qu'autant qu'il est prouvé que les sacrifices imposés à la propriété particulière sont commandés et justifiés par un intérêt général... »

L'ordonnance du 28 février 1831 n'avait introduit l'enquête préalable que pour « les propositions d'ouvrir une route ou un « canal, de perfectionner ou de créer la navigation d'un fleuve « ou d'une rivière, de construire un chemin de fer. (art. 1.) »

La loi du 7 juillet 1833 avait appliqué la mesure à tous les travaux qui devaient entraîner expropriation, et elle avait ajouté que l'enquête aurait lieu dans les formes déterminées par un règlement d'administration publique.

Ce règlement se trouve dans une ordonnance royale du 18 février 1834 (2), complétée ou modifiée par une ordonnance du 15 février 1835, *pour le cas où la ligne des travaux relatifs à une entreprise d'utilité publique devra s'étendre sur le territoire de plus de deux départements* (1); et par une ordonnance du 23 août 1835, *pour les travaux d'intérêt purement communal ou même départemental* (2).

La loi du 3 mai 1841 a maintenu l'enquête administrative préalable, et elle reproduit (art. 3) la disposition de la loi du 7 juillet 1833 sur les formes à déterminer par un règlement d'administration publique. Ce règlement, déjà existant en exécution de la loi du 7 juillet 1833, a continué d'être appliqué.

Sous l'influence de la loi de finances du 21 avril 1832 (art. 10), et des lois du 7 juillet 1833 et du 3 mai 1841, par lesquelles le pouvoir parlementaire s'était attribué le droit exclusif d'ordonner les *grands* travaux publics, en ne laissant au pouvoir exécutif que la déclaration concernant les travaux de moindre importance, le règlement avait fait deux classes d'enquêtes préalables : l'une pour les travaux publics qui ne pouvaient alors être exécutés qu'en vertu d'une loi (art. 1er à 8); l'autre pour les travaux qui pouvaient être autorisés par un acte du chef du Gouvernement (art. 9 et 10). Aujourd'hui cette séparation a cessé, par la constitution du 14 février 1852 et par le sénatus-consulte interprétatif, du 25 décembre suivant, qui ont rétabli parmi les attributs du chef de l'État, la prérogative d'ordonner *tous* les travaux d'utilité publique. Néanmoins, comme le classement des formalités, dans le règlement, se rapporte plutôt, en réalité, à la nature

---

(1-2-3) V. à l'Appendice.

SECT. II.—ENQUÊTE PRÉALABLE A L'ADOPTION DES PROJETS.

des travaux qu'à la nature des pouvoirs, et que la nature des travaux, et, par conséquent, l'utilité des mesures, n'a pas changé, rien ne s'oppose à ce que les prescriptions du règlement continuent de recevoir leur exécution dans la main du chef de l'État.

57. Du reste, les dispositions de l'ordonnance réglementaire du 18 février 1834 sont claires par elles-mêmes, et elles n'ont pas besoin de commentaire spécial.

58. Il suffit de rappeler, en principe : « qu'aux termes de « l'art. 3 de la loi du 7 juillet 1833 (aujourd'hui de la loi du « 3 mai 1841), la formalité préalable d'une enquête administra-« tive est la condition irritante et *sine quâ non* de toute déclara-« tion d'utilité publique, et doit conséquemment précéder tout « acte déclaratif dont l'exécution peut entraîner l'expropria-« tion... (1). »

59. Mais l'attention doit se porter sur un complément considérable de l'instruction administrative intéressant la défense militaire de l'État, en ce qui concerne les travaux à exécuter *dans les limites de la zone frontière et dans le rayon des enceintes fortifiées :*]

Tous les travaux publics qui, dans l'intérieur du territoire, peuvent s'exécuter avec la seule autorisation des administrations civiles, sont en outre soumis à l'approbation du ministre de la guerre lorsqu'ils doivent être exécutés dans la zone des frontières (2), et ceux qui peuvent nuire à la défense du territoire sont rejetés. Les difficultés qui s'élèvent entre les deux (3) administrations sont soumises à une commission spéciale, nommée *commission mixte des travaux publics,* parce que ses membres sont pris en partie dans les diverses administrations intéressées à l'exécution des travaux dont la connaissance lui est dévolue, et en partie parmi les conseillers d'État. Un mode spécial d'instruction est établi pour les affaires de cette nature (4).

L'art. 10 de l'ordonnance du 28 février 1831 portait : « Si la « ligne des ouvrages doit traverser la zone de défense, l'avant-« projet soumis à l'enquête, ainsi que la partie du cahier des « charges relative aux travaux situés dans ladite zone, sera

---

(1) C. de cass., 13 janv. 1840.

(2) Ou dans le rayon des enceintes fortifiées (Voy. le *Traité des Servitudes d'utilité publique*, I, p. 124 et suiv., 124 et suiv.).

(3) Plutôt trois : les départements de la guerre, de la marine et des travaux publics.

(4) Voy. le *Traité des Servitudes établies pour la défense des places de guerre et de la zone frontière*, par M. de Lalleau, nos 524 à 577, et le *Traité des Servitudes d'utilité publique*, I, p. 86 et suiv.

« également soumis, avant toute concession, aux formalités
« prescrites par les ordonnances des 18 septembre 1816 et 28 dé-
« cembre 1828 pour les travaux mixtes. »

[Bien que cette disposition n'ait pas été spécialement reproduite dans l'ordonnance du 18 février 1834, le régime de la *commission mixte* n'a pas moins continué de subsister en vertu des lois générales qui le constituent, c'est-à-dire, en vertu de l'ordonnance du 31 décembre 1776 (art. 26 et 27), de la loi du 31 décembre 1790 (art. 6), des décrets impériaux du 20 juin 1810, du 4 août 1811, du 22 décembre 1812, des ordonnances royales du 27 février 1815, du 18 septembre 1816, du 28 décembre 1828, du 31 juillet 1841, du 29 octobre 1845. La preuve en est : 1° dans la loi du 16 juillet 1845, relative au chemin de fer de Paris à Lyon, et de Lyon à Avignon, et dans le cahier des charges, y annexé, dont l'art. 28 est ainsi conçu : « Les ouvrages qui se-
« raient situés dans le rayon des places et dans la zone des
« servitudes et qui, aux termes des règlements actuels, devraient
« être exécutés par les officiers du génie militaire, le seront par
« les agents de la compagnie, mais sous le contrôle et la sur-
« veillance de ces officiers, et conformément aux projets parti-
« culiers qui auront été préalablement approuvés par les minis-
« tres de la guerre et des travaux publics. La même faculté
« pourra être accordée, par exception, pour les travaux sur le
« terrain *militaire* occupé par les fortifications, toutes les fois
« que le ministre de la guerre jugera qu'il n'en peut résulter
« aucun inconvénient pour la défense; » — 2° dans la loi du 10 juin 1853, où ce même article est transcrit textuellement, comme disposition applicable *à tous* les chemins de fer.

Un grave débat, sur l'art. 28 précité du cahier des charges annexé à la loi du 16 juillet 1845, a été porté devant la Cour de cassation, dans une affaire du domaine militaire, contre la compagnie concessionnaire du chemin de fer de Paris à Lyon. Le tribunal civil de la Seine avait prononcé, par jugement en date du 17 octobre 1846, l'expropriation, au profit de cette compagnie, d'une portion des fortifications de Paris, laquelle était désignée en ces termes dans le tableau annexé au jugement dénoncé : « N° du plan parcellaire, 78 ; n° du cadastre, 94 ;
« nom du propriétaire, l'État; nature des propriétés, *fortifica-
« tions de Paris.* » Ainsi, une partie des fortifications se trouvait expropriée au profit d'une société anonyme, par un tribunal civil, *sans le consentement ni la participation du ministre de la guerre.* Chargé de la cause du domaine militaire, j'ai présenté

le moyen de cassation qui a été accueilli par l'arrêt dont voici le texte : « La Cour, vu l'article 13, titre I de la loi du 10 juillet 1791, 540, C. civ., et 537 du même Code ; — Vu l'art. 28 du cahier des charges annexé à la loi du 16 juillet 1845 ; — Vu l'art. 20 de la loi du 3 mai 1841, § 1 ; — Attendu que l'art. 13, titre I, de la loi du 10 juillet 1791, déclare propriétés nationales les terrains de fortification, et *en confie la conservation au ministre de la guerre, sous sa responsabilité ;* — Attendu que les fortifications sont attribuées au domaine public par l'art. 540, C. civ., et ne peuvent, aux termes de l'art. 537 du même Code, être aliénées que dans les formes et suivant les règles qui leur sont particulières ; — Attendu que la loi du 16 juillet 1845, qui autorise la concession du chemin de fer de Paris à Lyon, ne confère pas au Gouvernement la faculté d'aliéner une portion quelconque du domaine militaire de l'État ; — Attendu que l'art. 3 du cahier des charges annexé à ladite loi décide que le chemin de fer partira de l'intérieur de Paris, d'un point situé sur la rive droite de la Seine, près des bassins de la Bastille ; qu'il suit de là que le chemin devra traverser les fortifications de Paris, mais qu'il ne s'ensuit pas que la propriété du sol des fortifications, ainsi traversé, cessera de faire partie du domaine militaire ; — Attendu que l'art. 28 du même cahier des charges dit que les ouvrages qui seraient situés dans le rayon des places et dans la zone des servitudes seront exécutés conformément aux projets particuliers qui auront été préalablement approuvés par les ministres de la guerre et des travaux publics ; — Qu'il dit en outre que la même faculté pourra être accordée, par exception, pour les travaux sur le terrain *militaire* occupé par les fortifications, toutes les fois que le ministre de la guerre jugera qu'il n'en peut résulter aucun inconvénient pour la défense ; — Attendu que ces dispositions, loin de contenir aliénation du sol des fortifications traversé par le chemin, ou destiné à supporter des ouvrages ou travaux, lui conservent, au contraire, expressément sa dénomination de terrain *militaire ;* qu'il en conserve, par conséquent, la propriété au domaine militaire, en même temps qu'il *subordonne l'usage de ce sol à un concert préalable entre le ministre de la guerre et le ministre des travaux publics ;* — Attendu que, dans cet état de la législation générale et de la législation spéciale, il n'y a pas lieu à procéder par voie d'expropriation, et que l'autorité judiciaire était sans pouvoir à cet effet ; d'où il suit qu'en prononçant l'expropriation d'une partie du sol des fortifications de Paris, et en dépouillant définitivement le domaine militaire de tous ses droits à la propriété de ce sol, le jugement du tribunal civil de la Seine a excédé ses pouvoirs et expressément violé les lois précitées ; — Casse (1). »

Enfin, aujourd'hui, la délimitation de la zone frontière, l'organisation et les attributions de la commission mixte, sont réglées par le décret impérial du 16 août 1853, aux termes duquel (art. 9) : « La commission mixte est toujours consultée
« sur les travaux civils, militaires ou maritimes qui sont de sa
« compétence, avant que les projets de ces travaux soient défi-
« nitivement approuvés, et que l'on puisse procéder à leur
« exécution. »

CHAPITRE II.

DE LA DÉCLARATION DE L'UTILITÉ PUBLIQUE.

60. — Droit exercé de tout temps, en France, comme partie du pouvoir administratif.
61. — Maintenu par l'avis du Conseil d'Etat, du 1er août 1807, par la loi du 16 septembre 1807, par celle du 8 mars 1810.
62. — Observation spéciale sur cette dernière loi.
63. — Loi de finances du 21 avril 1832, lois du 7 juillet 1833 et du 3 mai 1841 : empiétements du pouvoir parlementaire.
64. — Ordre rétabli par le sénatus-consulte interprétatif, du 25 décembre 1852, art. 4 : *Tous* les travaux d'utilité publique sont autorisés par décrets de l'Empereur, rendus dans les formes prescrites pour les règlements d'administration publique. Combinaison avec les garanties financières nationales.
65. — Motifs développés dans le rapport de M. le Président du Sénat.
66. — Forme de l'acte : règlement d'administration publique.
67. — Point de départ de l'application de la législation actuelle : nulle rétroactivité.
68. — Quels recours, aujourd'hui, contre l'acte déclaratif? Principes et applications. Nul recours contre l'appréciation de l'utilité publique, au fond, sauf cependant la voie tracée par l'art. 40 du décret du 22 juillet 1806. Mais recours au contentieux pour

---

(1) 17 fév. 1847.—Un arrêt de la Cour de cassation, du 3 mars 1862, a consacré les mêmes principes (S. 62.1.468).

excès de pouvoirs et pour inexécution des formes prescrites par les lois ou par les règlements généraux. Raison.

69. — A quelle époque faut-il se pourvoir ?
70. — Dans quels cas on se pourvoit trop tôt.
71. — Dans quels, trop tard.
72. — Dans quels cas, sans intérêt.
73. — Autre série de questions : additions, rectifications ou modifications aux projets primitifs; dans quels cas une nouvelle autorisation est-elle indispensable ?
74 à 85. — Détails. Jurisprudence.
86. — La déclaration d'utilité publique ne porte aucune atteinte aux droits des propriétaires.

60. [De tout temps, en France, le droit d'ordonner ou d'autoriser les travaux d'utilité publique et l'acquisition des terrains nécessaires à leur exécution avait été exercé comme partie du pouvoir administratif (1).

61. Il avait été maintenu dans cette sphère par l'avis du conseil en date du 1ᵉʳ août 1807, fondé sur les principes de la division des pouvoirs publics (2) ; par la loi du 16 septembre 1807 (3); par celle du 8 mars 1810 (4).

62. Cette dernière loi avait même concentré dans les mains du chef de l'Etat *seul* le droit d'ordonner des travaux publics ou achats de terrains ou édifices destinés à des objets d'utilité publique, non dans le but de le transférer au chef de l'Etat qui l'avait déjà, mais dans le but de l'ôter à la préfecture et au service des ponts et chaussées (5) : c'était une garantie de plus qui était donnée à la propriété privée.

63. En 1832, par une disposition incidente dans une loi de budget, le pouvoir parlementaire s'attribua le droit de prononcer sur la création, aux frais de l'Etat, des routes, canaux, grands ponts, ouvrages importants dans les ports maritimes, édifices ou monuments publics (6). D'empiétement en empiétement, les lois du 7 juillet 1833 et du 3 mai 1841 étendirent cette immixtion à tous grands travaux publics entrepris par l'Etat, les départements et les communes ou par compagnies particulières (art. 3).

64. Mais l'ordre consacré par toutes les constitutions anté-

---

(1) Chap. prélim., *suprà*, p. 5 et suiv.
(2) Locré, IX, p. 764, et *Appendice* joint au présent Traité.
(3) Art. 7 et suiv.; 30, 33, 34, 35, 36, 38, 44, etc.
(4) Art. 3, 1°.
(5) Procès-verbaux, Locré, IX, p. 675, 676; Discours de M. Berlier, *ibid.*, p. 734.
(6) Loi de finances, 21 avril 1832, art. 10.

rieures, et résultant de la division régulière des pouvoirs publics, a été définitivement rétabli par le sénatus-consulte interprétatif, du 25 décembre 1852, dont l'art. 4 est ainsi conçu : « *Tous
« les travaux d'utilité publique*, notamment ceux désignés par
« l'art. 10 de la loi du 21 avril 1832 et l'art. 3 de la loi du 3 mai
« 1841, *toutes* les entreprises d'intérêt général, sont ordonnés
« ou autorisés *par décret de l'Empereur*. — Ces décrets sont ren-
« dus *dans les formes prescrites pour les règlements d'administra-
« tion publique.* — Néanmoins, si ces travaux et entreprises ont
« pour condition des engagements ou des subsides du Trésor,
« le crédit devra être accordé ou l'engagement ratifié par une
« loi avant la mise à exécution. — Lorsqu'il s'agit de travaux
« exécutés pour le compte de l'Etat, et qui ne sont pas de nature
« à devenir l'objet de concessions, les crédits peuvent être
« ouverts, en cas d'urgence, suivant les formes prescrites pour
« les crédits ordinaires : ces crédits seront soumis au Corps
« législatif dans sa plus prochaine session. »

65. Les principes sur lesquels cette interprétation est fondée, son explication historique, les dangers auxquels elle met un terme, la combinaison qu'elle établit entre les pouvoirs du chef de l'Etat et les garanties financières nationales au point de vue des voies et moyens, ont été éloquemment exposés dans le rapport de M. le Président du Sénat. Nous ne pouvons que nous référer à un document d'une aussi haute importance. M. Duvergier l'a publié en entier dans sa collection de Lois (1).

66. Pour ce qui constitue la forme de l'acte déclaratif, on sait que les mots : « Dans les formes prescrites pour les règlements d'administration publique, » signifient : le Conseil d'Etat entendu *nécessairement* (2).

67. Le point de départ de l'application de la législation actuelle est également certain :]

Les lois sur l'expropriation pour cause d'utilité publique ne peuvent, pas plus que d'autres, avoir d'effet rétroactif (Cod. civ., 2). En conséquence, les lois, décrets et ordonnances rendus sous une législation qui ne soumettait la déclaration d'utilité publique à aucune formalité spéciale, n'ont pas cessé d'avoir leur effet légal depuis le 7 juillet 1833, et ont continué à constituer un titre régulier pour une poursuite en expropriation.

[Il en est de même aujourd'hui, par rapport au décret inter-

---

(1) 1852, p. 773 et suiv.
(2) Décret organique sur le Conseil d'État, du 25 janv. 1852, art. 1er; Constitution du 22 frim. an VIII, art. 52.

prétatif du 25 décembre 1852, des déclarations d'utilité publique qui ont été données antérieurement, sans délibération ni avis du Conseil d'Etat. Elles doivent continuer à être exécutées, comme ayant été régulièrement prononcées à l'époque où elles ont été rendues ; on ne saurait reprocher aujourd'hui au Gouvernement de n'avoir pas accompli une formalité que la loi alors ne prescrivait pas.

68. Maintenant, lorsqu'un *décret de l'Empereur, rendu dans les formes prescrites pour les règlements d'administration publique*, a ordonné ou autorisé un travail d'intérêt général, existe-t-il, pour les parties intéressées, des voies de recours contre ce décret ?

D'abord, en ce qui concerne l'appréciation de l'utilité publique, c'est un acte de haute administration. Or, comme l'appréciation a été faite par le Conseil d'Etat et par le chef de l'Etat, et qu'il n'y a personne au-dessus du Conseil d'Etat et du chef de l'Etat, en matière administrative, il s'ensuit que, sous le rapport de la hiérarchie, il n'y a aucune autorité devant laquelle on puisse former recours contre le décret. D'un autre côté, comme l'utilité publique n'est déterminée dans ses éléments d'ensemble ou de détail par aucune loi, et que, dès lors, l'appréciation faite ne viole aucune loi ni aucun droit, il s'ensuit qu'il n'y a pas ouverture à recours devant le chef de l'Etat lui-même, en son Conseil d'Etat, par la voie contentieuse (1).

Toutefois, en matière de déclaration d'utilité publique, comme en toute autre matière, *même non contentieuse*, où une partie se croit lésée *dans ses droits ou sa propriété*, une requête peut être présentée à l'Empereur, pour, sur le rapport qui en sera fait au chef de l'Etat, être l'affaire renvoyée, s'il y a lieu, soit à une section du Conseil d'Etat, soit à une commission (2).

Mais l'acte déclaratif d'utilité publique, quoique non contentieux de sa nature, est susceptible d'être attaqué devant le chef de l'État, en son conseil, par la voie contentieuse, pour excès de pouvoirs, ou pour inexécution des formes prescrites par les lois ou par les règlements généraux : la raison en est que, dans ces circonstances, il y a violation d'un droit, d'une garantie, d'une loi ou d'un règlement équivalent à une loi ; de là naît le contentieux (3) — (A).

---

(1) Cons. d'Etat, 1er juin 1849 ; ord. content., 26 avril 1847.

(2) Art. 40 du décret impérial du 22 juill. 1806 ; ord. content., 30 nov. 1830.

(3) Cons. d'Etat, content., 10 mai 1851 ; décret du Gouv. provis., 31 mars 1848.

Additions.

(A) Le décret impérial qui autorise une

69. Dans les limites qui viennent d'être déterminées, à quelle époque faut-il se pourvoir?

70. On se pourvoit trop tôt, d'après la jurisprudence, lorsque l'acte du Gouvernement ne prescrit que des mesures générales, dont l'application ne pourra avoir lieu que conformément aux lois, et qui ne font pas obstacle à ce que, pour contester l'application qui leur en serait faite, les intéressés se pourvoient, s'ils s'y croient fondés, devant l'autorité compétente (1).

71. Une commune se pourvoit trop tard, lorsqu'elle ne dépose son recours que *plus de trois mois après la publication constatée* de l'acte déclaratif d'utilité publique et du plan parcellaire indiquant les parcelles de terrains nécessaires aux travaux, dans la commune, conformément à la loi du 3 mai 1841 : cette publication est considérée comme constituant une notification suffisante de l'acte du Gouvernement (2).

L'insertion au *Bulletin des lois* et la promulgation font aussi courir le délai contre les particuliers (3).

A plus forte raison en est-il de même de la mise à exécution (4).

72. Au surplus, lorsque l'acte du Gouvernement n'a formellement autorisé une ouverture de rue que sur les terrains de personnes dénommées, et qu'ainsi la déclaration d'utilité publique qu'il contient ne s'applique en aucune manière à la propriété d'un tiers, ce dernier est sans droit et sans qualité pour recourir devant le chef du Gouvernement en son Conseil d'État (5) — (A).

73. Une autre série de questions se présente en ce qui touche les additions, rectifications ou modifications aux projets

---

ville, pour cause d'utilité publique, à dériver une partie des eaux d'un canal navigable pour l'approvisionnement de ses fontaines publiques, alors qu'il a été rendu dans les limites des pouvoirs conférés au chef de l'Etat par l'art. 3 de la loi du 3 mai 1841, après l'accomplissement des formalités prescrites par cet article et sous la réserve expresse des droits des tiers, ne fait pas obstacle à ce que les concessionnaires du canal fassent valoir les droits qui pourraient résulter pour eux de la propriété dudit canal. Dès lors, ces concessionnaires ne sont pas recevables à attaquer ce décret devant le Conseil d'Etat par la voie contentieuse (Cons. d'Etat, 8 mai 1856, S. 57.2.310).

(1) Déc. content., 15 déc. 1853.
(2) Cons. d'Etat, cont., 14 déc. 1850.
(3) Cons. d'Etat, cont., 9 juin 1849; ord. cont., 1er juill. 1839.
(4) Cons. d'Etat, cont., 9 juin 1849.
(5) Ord. content., 2 juin 1832.

Additions.

(A) Une commune a qualité pour intervenir sur le pourvoi formé par des particuliers contre le décret qui déclare d'utilité publique la translation de son cimetière, et qui l'autorise à exproprier les terrains nécessaires à cet effet. (Cons. d'État, 28 janv. 1858, S. 59.2.147.)

primitifs : dans quels cas une nouvelle autorisation est-elle indispensable ?]

74. L'acte qui déclare l'utilité publique d'un travail autorise implicitement toutes les expropriations nécessaires pour la complète exécution de ce travail. C'est ce que M. le commissaire du Gouvernement fit remarquer à la Chambre des pairs : « Il faut qu'il soit bien reconnu que, lorsqu'une loi ou ordonnance aura autorisé l'ouverture d'une route, l'établissement d'un canal, tous les travaux dépendant de cette route ou de ce canal sont par là même autorisés implicitement, et que des déclarations partielles d'utilité publique ne sont pas exigées (1). » La première déclaration prouve que l'intérêt public réclame la réalisation de l'entreprise qu'elle sanctionne. Si l'on reconnaît ultérieurement que les projets d'abord adoptés ne peuvent conduire au résultat désiré, force est de les modifier ; il y a nécessairement utilité publique dans les projets modifiés comme dans les projets primitifs. Tout ce qui est nécessaire pour la réalisation du travail approuvé est implicitement compris dans la déclaration de l'utilité publique de ce travail.

Cependant si, quand l'entreprise primitive a été complétement réalisée, on voulait ultérieurement y faire des améliorations, il faudrait que ces améliorations fussent autorisées dans les formes légales. Mais nous devons faire remarquer qu'il y a toujours, en pareilles circonstances, une question de fait importante à vérifier : c'est celle de savoir si les ouvrages nouvellement entrepris sont la suite et le complément du premier travail autorisé, ou si c'est un travail nouveau ; les renseignements fournis par l'administration peuvent seuls donner la solution de cette question.

« La question de savoir si le second travail est ou n'est pas indépendant du premier n'est pas, dit M. Herson, n° 24, de la compétence du tribunal civil, mais de l'administration. » MM. Caudaveine et Théry, n° 37, au contraire, combattent notre opinion, parce que, disent-ils, « les tribunaux auxquels une loi est présentée peuvent examiner si la loi s'applique ou non aux travaux pour lesquels l'expropriation a été sollicitée. » Oui, lorsque cela peut se faire sans modifier les actes administratifs ; mais quand l'administration a déclaré qu'elle poursuivait l'expropriation des terrains pour arriver à l'exécution de *tel* travail autorisé par *telle* loi, comment le tribunal pourrait-il déclarer

---

(1) *Mon.*, 5 mai 1833, p. 1248.

que ce n'est pas là le but de l'expropriation, sans s'immiscer dans les actes de l'administration (1)?

75. Ainsi, lorsqu'un décret impérial a classé une route de N... à V..., sans désignation des localités intermédiaires, il faut reconnaître que ce décret a déclaré l'existence de cette route, *dans la direction qu'elle avait alors* et qu'elle a conservée jusqu'à présent. Mais, comme l'a jugé la Cour de cassation, par son arrêt du 11 juillet 1838, le *redressement* projeté de cette route sur une direction nouvelle était un nouvel œuvre à exécuter, tout à fait en dehors de la route existante, et qui ne pouvait s'effectuer (sous le régime de la loi du 7 juillet 1833), qu'en vertu d'une ordonnance royale précédée d'une enquête administrative. Cela ne pouvait faire de difficulté, parce qu'il était reconnu qu'il s'agissait de modifier le travail autorisé par le décret de 1813.

76. De même, bien qu'une loi ait ordonné l'exécution d'un canal, s'il est allégué et *non méconnu* que ce canal est achevé depuis plusieurs années, cette loi ne peut être considérée comme un nouvel œuvre tout à fait en dehors du canal. L'exécution de ce chemin n'étant ni expressément ni implicitement comprise dans la loi, une nouvelle déclaration d'utilité publique, précédée des solennités requises, serait nécessaire. Cette décision, rendue par la Cour de cassation le 13 janvier 1840, nous paraît tout à fait conforme aux principes, d'après les faits constatés par l'arrêt, et surtout d'après cette circonstance qu'il était reconnu que le canal était achevé depuis plusieurs années, de manière que la déclaration d'utilité publique avait reçu son entière exécution avant que le chemin fût entrepris.

77. Mais la Cour de cassation a maintenu, le 8 avril 1835, un jugement par lequel le tribunal de Vouziers avait décidé que la loi du 5 août 1821, qui a autorisé l'exécution du canal des Ardennes, ne pouvait être considérée comme l'acte déclaratif de l'utilité publique d'un redressement entrepris dans la commune d'Attigny, où le canal était parachevé depuis plusieurs années, parce que cette loi n'avait nullement prévu ce redressement, dont le projet était indépendant de la construction de ce même canal. Il est difficile de savoir comment le tribunal de Vouziers

---

(1) [*A fortiori*, dans l'état actuel de la législation, depuis qu'aux termes du sénatus-consulte interprétatif du 25 déc. 1852, art. 4, tous les travaux d'utilité publique sont ordonnés ou autorisés par *décrets de l'Empereur*, rendus *dans les formes prescrites pour les règlements d'administration publique.*]

avait pu reconnaître que ce redressement n'était pas prévu par la loi du 5 août 1821, et que c'était un projet indépendant de la construction du canal, quand l'administration déclarait le contraire. Il nous semble qu'en rendant une pareille décision, le tribunal avait empiété sur les attributions de l'autorité administrative. Le canal des Ardennes n'était point achevé ni reçu. A la vérité, une portion du canal avait été ouverte dans la commune d'Attigny ; mais, ce travail n'atteignant pas le but que l'on s'était proposé, il fallait rectifier le premier projet en ouvrant le canal sur un autre point. Ces nouveaux travaux n'avaient certes pas d'autre objet que d'arriver à l'entière exécution de la loi du 5 août 1821.

78. Un arrêt de la même Cour, du 21 novembre 1836, décide qu'un décret qui constate l'utilité de l'élargissement d'une route royale que traverse un ruisseau ne suffit pas pour autoriser l'expropriation des terrains nécessaires pour le redressement du lit de ce ruisseau. Cependant l'administration déclarait que l'élargissement de la route entraînait la construction d'un pont et, par suite, le redressement du cours de la rivière en aval et en amont de ce pont pour en assurer la solidité. Dans ces circonstances, déclarer que le redressement du cours de la rivière n'était pas autorisé par le décret qui prescrivait l'élargissement de la route, n'est-ce pas s'immiscer dans l'examen d'un acte d'administration ? D'ailleurs, rétablir des communications interrompues, rendre un libre cours aux eaux, sont des obligations essentielles pour l'administration ou pour les concessionnaires mis à ses droits. Quand le Gouvernement ordonne l'exécution d'un canal ou d'un chemin de fer, il sait que ces travaux interrompront des communications existantes ; mais il suppose nécessairement que ces communications seront établies, car l'utilité, nous pouvons même dire la nécessité de ce rétablissement, ne peut être mise en doute. Est-il raisonnable d'exiger qu'on ouvre une enquête sur la nécessité de rétablir le cours des eaux ou les communications existantes ? Il ne peut s'élever de question que sur le choix de l'emplacement à adopter pour les nouvelles communications, et c'est là l'objet de la seconde enquête, celle du titre II de la loi, qui doit être suivie d'un arrêté du préfet, et non d'un acte du Gouvernement.

Le législateur a tellement admis ce système, que les cahiers des charges annexés aux lois de concession obligent les compagnies à acquérir les terrains nécessaires, non-seulement à l'emplacement des travaux, mais aussi au rétablissement des communications déplacées ou interrompues, et des nouveaux lits de cours d'eau (Voir notamment L. 11 juin 1842, cah. des ch., art. 22). On n'admet donc pas qu'une nouvelle déclaration d'utilité publique devra autoriser le rétablissement de l'ancien état des lieux ; ce rétablissement est une conséquence implicite de toute entreprise d'utilité publique.

79. Ainsi la difficulté consiste à décider si le travail est nouveau, ou s'il a été, soit régulièrement désigné, soit implicitement compris dans l'autorisation primitive. Voici plusieurs autres espèces plus récentes, dans lesquelles la question a été diversement jugée, suivant les circonstances :

80. D'abord, lorsqu'il résulte des faits que la déclaration d'utilité publique, exigée par l'art. 2 de la loi du 3 mai 1841, a été donnée par un décret rendu dans les formes prescrites pour les règlements d'administration publique, et s'étend aux terrains en litige, il n'y a pas lieu à une nouvelle autorisation, et le tribunal, en prononçant l'expropriation de ces terrains, ne viole pas l'art. 2 de la loi du 3 mai 1841 (1).

81. De même, lorsqu'un terrain se trouve compris dans ceux originairement expropriés pour l'établissement d'un chemin de fer et ses dépendances, l'arrêté préfectoral et l'arrêté ministériel approbatif, qui autorisent la compagnie du chemin de fer à établir des voies nouvelles sur ce terrain, sont des actes de pure administration qui ne sont pas susceptibles d'être attaqués par la voie contentieuse (2).

82. Il a été reconnu aussi que la disposition de l'art. 3 de la loi du 3 mai 1841 relative aux routes n'a pas eu pour effet de rétroagir contre les classements antérieurs régulièrement ordonnés, ni de soumettre à de nouvelles déclarations d'utilité publique les travaux d'alignement et d'élargissement conformes aux plans anciens de ces routes (3) — (A).

---

(1) C. de cass., 27 déc. 1852.
(2) Arr. du Cons., sect. du content., 12 déc. 1851.
(3) C. de cass., 5 août 1844.

Additions.

(A) Il a été jugé aussi que, encore que le décret qui prononce l'expropriation pour cause d'utilité publique ait lui-même désigné les localités ou territoires sur lesquels les travaux devront avoir lieu, et que des plans annexés audit décret indiquent le tracé suivant sur lequel lesdits travaux seront exécutés, l'autorité administrative peut, moyennant l'accomplissement de toutes les formalités prescrites par l'art. 2, 2°, et par le titre II de la loi du 3 mai 1841, modifier le tracé que le décret avait indiqué, et cela sans qu'il soit nécessaire d'un nouveau décret rendu dans les formes des décrets déclaratifs d'utilité publique. Les modifications apportées ainsi, par un arrêté préfectoral, aux indications du décret d'expropriation, ont

83. Mais il a été jugé, à l'égard d'une compagnie de chemin de fer à qui appartient « la faculté, en cours d'exécution, de proposer les modifications qu'elle pourrait juger utile d'introduire, modifications qui ne pouvaient être exécutées que moyennant l'approbation préalable et le consentement formel de l'administration supérieure, » que la décision ministérielle approbative, intervenue seulement après l'expiration des délais fixés par le cahier des charges pour l'achèvement des travaux, était tardive, et que les pouvoirs conférés à la compagnie, à l'effet de provoquer des expropriations pour cause d'utilité publique relative à la confection des travaux dont elle était chargée, avaient pris fin lorsque le tribunal avait prononcé l'expropriation des terrains objet du litige. En conséquence le jugement d'expropriation a été cassé (1).

84. Dans le même sens limitatif, il a été décidé qu'une compagnie, adjudicataire de l'exploitation d'une ligne principale de chemin de fer, qui lui est livrée toute construite par l'État, avec gare et accessoires, et de la construction d'embranchements qui viennent s'y rattacher, ne peut appliquer à l'augmentation de la gare de la ligne principale le droit d'exproprier qui lui a été concédé seulement pour la construction des embranchements....., alors même que les sociétés, originairement distinctes, de la ligne principale et des embranchements, auraient été réunies en une seule (2) — (A).

été régulièrement opérées, et l'autorité judiciaire ne peut se refuser à prononcer l'expropriation, conformément à cet arrêté, si d'ailleurs ledit arrêté a été, comme le veut le titre II de la loi de mai 1841, suivi d'une enquête et d'un arrêté de cessibilité. Cass. civ., 6 déc. 1864 (S. 65.1.142).

(1) Cass., 10 mai 1847.
(2) Cass., 27 fév. 1849 (S. 49.1.215).

Additions.

(A) Nous citerons encore l'arrêt suivant qui a décidé que : Au cas d'expropriation pour l'établissement d'une rue, l'immeuble situé en dehors de l'alignement de cette rue et qui ne se trouve compris ni dans le plan des parcelles expropriées, ni dans le jugement d'expropriation, ne peut être exproprié en vertu d'un nouveau plan du préfet en désaccord avec le décret déclaratif d'utilité publique. Cet immeuble n'étant pas même atteint en partie par les travaux à exécuter, et, d'autre part, ces travaux n'ayant pas pour objet la suppression d'une ancienne voie publique jugée inutile, l'expropriation dudit immeuble ne peut non plus se justifier par application des dispositions de l'art. 2 du décret du 26 mars 1852, qui donnent à l'administration la faculté soit de comprendre dans l'expropriation la totalité des immeubles atteints, lorsqu'elle juge que les parties restantes ne sont pas propres à recevoir des constructions salubres, soit de comprendre dans l'expropriation des immeubles en dehors des alignements tracés, si l'acquisition en est nécessaire pour la suppression d'anciennes voies publiques jugées inutiles. Cass., 27 janv. 1864 (S. 64.1.507).

85. Le Conseil d'État s'est montré non moins rigoureux, dans une affaire concernant le canal de Bourgogne. Le ministre des travaux publics soutenait que tous les travaux nécessaires pour la complète exécution de cette grande voie de navigation avaient été incontestablement autorisés en principe par les actes législatifs qui ont ordonné l'établissement même du canal, et que dès lors, la construction de *maisons de gardes* sur les bords du canal étant une conséquence naturelle des travaux autorisés, il n'était pas possible de prétendre que l'expropriation des terrains nécessaires pour cet objet n'eût pas été prononcée par les décrets antérieurs à la loi du 8 mars 1810. — La décision suivante a été rendue : « Considérant qu'il n'est pas établi par l'instruction que « les terrains nécessaires pour l'établissement de maisons de « gardes sur le canal de Bourgogne aient été, soit régulièrement « désignés, *soit implicitement compris* dans l'adoption de plans « annexés au décret impérial, antérieur à la loi du 8 mars 1810, « qui a autorisé l'exécution dudit canal ; que, dès lors, ils ne « se trouvent pas au nombre des propriétés dont l'expropriation « a été réservée à l'autorité administrative par le décret du 18 « août 1810 (1) ».

86. Un dernier mot sur l'effet légal des actes déclaratifs.]

La déclaration de l'utilité publique n'a d'autre objet que de constater que les travaux dont il s'agit sont réclamés par l'intérêt public. Cette décision rendra l'expropriation de certains terrains inévitable, mais elle ne prononce pas cette expropriation. L'art. 1er des lois de 1833 et 1841 déclare formellement, comme le faisait l'art. 1er de la loi de 1810, que l'expropriation ne s'opère que par l'autorité de la justice ; et, d'après l'art. 2, l'acte qui constate l'utilité publique n'est qu'une mesure préalable à l'expropriation. Cependant, sous la loi du 8 mars 1810, on a vu le préfet de la Seine soutenir que, dès que l'acte déclaratif existait, l'expropriation était censée prononcée, et que les propriétaires ne pouvaient plus disposer de leur propriété comme ils l'entendaient. Ce système avait été proscrit par un arrêt de la Cour royale de Paris, du 4 mars 1824 (2). C'est ce qu'on déciderait encore aujourd'hui, lors même que l'acte déclaratif indiquerait les terrains qui doivent être pris pour l'exécution des travaux autorisés. — (A).

---

(1) Ord. content., 30 août 1847.
(2) S. 24.2.350.

Additions.

(A) Ajoutons avec l'arrêt et le jugement suivant que : le locataire, dont le bail a

CHAPITRE III.

DE LA DÉSIGNATION DES PROPRIÉTÉS DONT LA CESSION EST NÉCESSAIRE.

87. — L'administration détermine la direction des travaux, sous les garanties créées en faveur des propriétaires par le législateur de 1810.
88. — Elle décide si la cession peut être soumise à des restrictions.

87. Lors de la discussion de la loi du 8 mars 1810 au Conseil d'État, on demanda quelle était l'autorité qui devait déterminer la direction des travaux et indiquer les propriétés auxquelles l'expropriation était applicable. Cette question fit naître beaucoup de débats. On voulait donner à la propriété la plus entière garantie, mais on était arrêté par la crainte d'entraver la marche de l'administration (1).

[C'est à ce moment de la discussion que le procès-verbal (2)

été renouvelé sur sa demande, après le décret qui avait déclaré d'utilité publique l'expropriation de la maison à lui louée, mais avant l'arrêté de cessibilité, n'est pas fondé à se plaindre de ce qu'un arrêt lui a refusé toute indemnité pour privation de jouissance, lorsque l'expropriation vient à se réaliser au cours de la prolongation de bail, si, d'une part, il a déjà obtenu une indemnité de déplacement indépendante de cette prolongation de jouissance, et si, d'un autre côté, il est déclaré en fait que, lorsqu'il a fait ce renouvellement, il ne pouvait ignorer que l'expropriation était imminente et que, connaissant le dommage dont il était menacé, dans un délai rapproché, il s'y était volontairement exposé. Le refus d'indemnité se justifie encore lorsque, indépendamment de ces circonstances, il est constaté par les juges de la cause que la prolongation de jouissance n'avait été stipulée qu'à tout événement, et que le locataire lui-même ne comptait pas sur les effets de cette convention. Cass. req. 14 mars 1860 (S. 60.1.847). — L'expropriant ou ses concessionnaires ne peuvent signifier un congé pour cause d'expropriation, avant le jugement qui prononce l'expropriation au profit de l'expropriant, et à plus forte raison avant le décret qui déclare d'utilité publique; un tel congé étant donné avant que l'expropriant lui-même ait aucun droit acquis pour le faire, serait nul. On ne saurait en effet, sans méconnaître tous les principes, prétendre qu'en vue d'une expropriation qui peut tarder plus ou moins, ou même ne pas avoir lieu, l'expropriant ou ses ayants cause, puissent avant qu'aucun droit de propriété leur eût été conféré sur l'immeuble, faire cesser par anticipation la jouissance des locations ou imposer un terme à cette jouissance. Tr. civ. Seine, 3ᵉ ch., 13 janv. 1863.

(1) Locré, *Proc.-verb.*, IX, p. 672 et suiv.
(2) *Ibid.*, p. 673.

porte : « *Napoléon* voudrait que le plan arrêté *en jury formé sur* « *les lieux* en déterminât l'application, *après avoir entendu les pro-* « *priétaires*. On pourrait charger de ces fonctions les auditeurs « attachés aux ponts et chaussées, auxquels on adjoindrait les « autorités locales : on pourrait aussi en charger le conseil de « préfecture. » Et comme le ministre de l'intérieur revendiquait cette fonction pour le préfet, le procès-verbal ajoute : « *Napoléon* « dit que le mode qu'il propose est assurément préférable. D'un « côté, il empêche les réclamations d'intervenir pendant le cours « des travaux. De l'autre, il assure mieux la justice qui est due « aux propriétaires... »

Ainsi l'idée créatrice de la commission en faveur de la propriété est, comme celle de l'expropriation prononcée par le tribunal, due à l'empereur Napoléon 1er; car il n'en existe aucun germe dans le projet de loi présenté par M. Berlier au nom de la section de l'intérieur, au commencement de la séance (1).

Voici maintenant en quels termes élevés M. Berlier s'est rendu l'interprète de l'idée de l'Empereur, dans son Exposé de motifs, à la séance du Corps législatif du 1er mars 1810 :

« S'agit-il de désigner les départements, les arrondissements, « les communes, sur lesquels seront dirigés les travaux (lorsque « cette désignation n'a pas été faite par le décret même), l'on « conçoit qu'un tel soin regarde exclusivement l'administration, « qui seule possède les éléments propres à une telle opération. Il « est également sensible qu'à l'administration seule peut appar- « tenir le droit de déterminer les propriétés particulières aux- « quelles devra s'appliquer la cession pour cause d'utilité publi- « que ; mais c'est ici que doit commencer pour les propriétaires « l'exercice de tous les droits propres à les garantir, soit du des- « potisme des gens de l'art, soit des décisions irréfléchies ou « injustes de l'autorité même.

« Sans doute ces droits ne s'étendent pas jusqu'à la critique « du décret qui aura ordonné la construction d'une digue, l'ou- « verture d'une route ou d'autres ouvrages de cette nature ; ces « questions de haute administration ne peuvent devenir le sujet « d'un débat entre un simple particulier et l'autorité publique « qui s'est éclairée avant de prononcer, et dont l'acte solennel « n'appelle plus que l'obéissance.

---

(1) Séance du 16 nov. 1809, Locré, IX, p. 666, 667.

« Mais si, dans l'exécution même du décret, il se présente des
« propriétaires qui soutiennent que cette exécution n'entraîne
« point la cession de leur fonds ; qu'il serait plus expédient et
« moins coûteux de passer ailleurs que sur leurs héritages ; que
« la direction, projetée par ménagements ou complaisances pour
« les uns, dégénérerait en vexations pour les autres, toutes ces
« questions de fait peuvent devenir l'objet d'une discussion légi-
« time ; et, loin qu'il convienne d'écarter de tels éclaircissements,
« on doit les appeler ; c'est en éclairant l'administration publique
« qu'on empêche les froissements particuliers.

« Dans ces vues, le projet qui vous est soumis établit des règles
« propres à atteindre ce but.

« Lorsque des travaux publics ont été ordonnés, et avant d'en
« entreprendre l'exécution, il devra être dressé un plan terrier
« des fonds dont ils entraînent la cession.

« Ce plan sera déposé entre les mains du maire de la com-
« mune ; il y restera assez longtemps pour que les propriétaires
« désignés dans le plan, et avertis par des proclamations publi-
« ques, puissent prendre les communications qu'ils jugeront
« utiles.

« Si ces propriétaires, ou quelques-uns d'entre eux, ont des
« demandes ou plaintes à former, elles seront reçues par une
« commission composée du sous-préfet, de deux membres du
« conseil d'arrondissement, du maire de la commune et d'un
« ingénieur.

« L'on doit attendre les plus heureux résultats d'opérations
« confiées à des commissions composées d'éléments aussi pater-
« nels ; sans doute il en sortira peu d'affaires sur lesquelles on
« ne se soit pas mis d'accord, et s'il en est autrement à l'égard
« de quelques-unes, le recours aux autorités supérieures n'est
« ravi à personne (1). »

En résumé donc, c'est l'administration qui désigne les terrains
à exproprier, sous les garanties créées par le législateur de 1810,
et que les lois modernes ont maintenues.]

88. Par une conséquence de ces principes, c'est à l'administration qu'il appartient de déterminer l'étendue et les limites
de l'expropriation qu'elle requiert, et de décider si elle doit être
absolue, ou si elle peut être restreinte par des servitudes favorables aux fonds des particuliers. C'est ce qui est déclaré for-

---

(1) Locré, IX, p. 734 et suiv.

mellement par une ordonnance rendue en Conseil d'État, au contentieux, le 19 octobre 1825, à l'occasion de la demande faite par les sieur et dame Goblet, que les arbres qui seraient plantés en face de leur maison d'habitation et sur les terrains par eux cédés fussent étêtés ou ébranchés tous les cinq ans. « Il appartient à l'administration, porte l'ordonnance, de déterminer, dans les formes prescrites par les titres I et II de la loi du 8 mars 1810, l'étendue et les limites de l'expropriation qu'elle requiert, et de décider si elle doit être absolue, ou *si elle peut être restreinte par des servitudes* ou des constructions *favorables aux fonds qui restent dans la possession des particuliers.* » Les mêmes principes seraient encore suivis aujourd'hui.

Section Ire. — *De la désignation des territoires sur lesquels les travaux doivent être dirigés.*

89. — La désignation des territoires est faite par le préfet lorsqu'elle ne résulte pas de l'acte déclaratif.
90. — Cet arrêté est distinct de celui qui désigne les propriétés.
91. — Il est basé sur les plans approuvés par le ministre.
92. — Il est utile qu'il soit publié.

89. Avant de déterminer les propriétés dont l'exécution des travaux nécessitera l'acquisition, il faut fixer invariablement la direction des travaux, et pour cela indiquer les communes ou localités sur lesquelles ils devront avoir lieu. Lorsque l'acte déclaratif autorise des travaux qui ne doivent pas occuper une grande étendue de terrain, tels qu'un pont, une rue, etc., il indique nécessairement en même temps le territoire sur lequel ils doivent avoir lieu. Cette désignation se rencontre encore quelquefois dans les autorisations relativement à des travaux plus étendus, tels qu'un canal, une route, etc. Mais il arrive souvent que l'acte du Gouvernement qui prescrit des travaux n'indique pas les communes où ils s'exécuteront. C'est ce qui a lieu, par exemple, pour les canaux, les chemins de fer et les routes d'une étendue un peu considérable ; l'art. 2 de la loi du 3 mai charge, dans ce cas, le préfet de désigner les localités ou territoires sur lesquels les travaux doivent être dirigés.

Les termes de la loi annoncent clairement que le préfet ne doit pas prendre d'arrêté pour désigner les territoires et localités, lorsque cette désignation se trouve même implicitement dans l'acte du Gouvernement qui autorise les travaux. C'est, du reste, ce qu'a reconnu la Cour de cassation dans son arrêt du 3 juillet 1839. Dans cette affaire, l'acte du Gouvernement autorisait à faire les travaux nécessaires pour amener des eaux à Besançon, et à acquérir la haute source d'Arcier, appartenant aux héritiers Bourgon; d'où l'arrêt a conclu qu'il était inutile qu'un arrêté du préfet déclarât que les travaux devraient avoir lieu sur le territoire d'Arcier, l'autorisation primitive l'indiquant clairement.

90. Cet arrêté doit être distinct de celui qui désigne les propriétés particulières dont l'expropriation est nécessaire. Le texte de l'art. 2 ne laisse aucun doute à cet égard; il porte : « Ces « formes consistent..... dans l'acte du préfet qui désigne les « *localités* ou *territoires* sur lesquels les travaux doivent avoir « lieu lorsque cette désignation ne résulte pas de l'ordonnance « même, et dans l'*arrêté ultérieur* par lequel le préfet détermine « les *propriétés* particulières auxquelles l'expropriation est ap-« plicable. » Il faut donc deux décisions du préfet, l'une pour désigner les territoires quand cela est nécessaire, l'autre pour indiquer les terrains ou parcelles de terrains dont l'expropriation est requise.

Cette opinion a été consacrée par un arrêt du 6 janvier 1836, qui déclare que le tribunal ne peut prononcer l'expropriation, si ce premier arrêté ne lui est pas représenté : « Attendu que la loi de concession du 1ᵉʳ juin 1834 *ne désignant pas* dans son texte *les localités ou territoires* sur lesquels les travaux doivent avoir lieu, il y avait nécessité de produire *deux actes* du préfet, savoir : 1° un acte désignant les localités et territoires; 2° un arrêté *ultérieur* portant détermination des propriétés particulières auxquelles l'expropriation était applicable; que le premier de ces actes n'est pas représenté; qu'il y a dans la cause absence de l'une des formes substantielles, sans lesquelles, suivant l'article cité, les tribunaux n'ont pas le pouvoir de prononcer l'expropriation (A).

91. La désignation des localités ou territoires n'est point laissée à l'arbitraire du préfet. Il ne peut prendre de décision à cet égard qu'après avoir reçu les plans du tracé définitif, revêtus

---

Additions.
(A) Elle a été consacrée de nouveau par arrêt de Cassation, 28 mai 1864 (S.64.1. 992).

de l'approbation de l'administration supérieure; et l'acte ou arrêté qu'il doit prendre sur cet objet se borne à reproduire les énonciations de territoires et de localités portées sur ces plans (A). L'indication des *localités* doit y être faite toutes les fois que le préfet jugera que la connaissance de ces localités peut intéresser les propriétaires ou le public. Par ce mot *localités*, on a sans doute entendu les hameaux, les sections d'une commune ou les quartiers d'une ville, qu'il est bon de faire connaître lorsque la nature des travaux permet de les exécuter également dans une partie du territoire ou dans une autre, dans tel quartier de la ville ou dans tel autre. La désignation des *territoires* est indispensable, parce que toutes les opérations ultérieures ont lieu par commune; mais la désignation des *localités* n'aura lieu que quand le préfet le jugera convenable, la connaissance de ces localités n'étant nécessaire pour l'exécution d'aucun article de la loi.

Quand les travaux sont exécutés par un concessionnaire, ses ingénieurs dressent les plans; mais il faut qu'ils aient été approuvés par le ministre avant que le préfet puisse en faire la base de son arrêté de désignation.

92. Cet acte du préfet perdrait une grande partie de son importance et de son utilité, s'il ne devait pas être rendu public. Cependant la loi, qui prescrit avec beaucoup de soin et de détail les formalités à remplir pour donner de la publicité à l'arrêté qui indique les héritages dont l'expropriation est nécessaire (art. 6), ne dit pas même que le premier arrêté devra être rendu public. Mais cette publicité est certainement dans l'esprit de la loi; elle ne présente aucun inconvénient, et nous sommes persuadés que, sans que la loi le prescrive, les préfets s'empresseront de porter les arrêtés de cette nature à la connaissance du public.

Additions.

(A) Le préfet ne peut, dans l'arrêté de cessibilité, s'écarter de ce que la loi ou le décret a décidé comprendre dans l'expropriation des terrains que cet acte n'y avait pas compris, et en exclure des terrains que cet acte y avait au contraire compris. Aussi, le jugement qui prononce l'expropriation conformément à un arrêté de cessibilité qui, sans qu'il y eût eu, dans les termes de l'art. 11, avis contraire de la commission et renvoi devant l'administration supérieure, s'est étendu à des parcelles auxquelles ne s'appliquaient pas les termes limitatifs de la loi ou du décret, contient un excès de pouvoir. Cass., ch. civ., 16 mai 1865 (*Gaz. trib.*, 17 mai 65).

Section II. — *De la désignation des propriétés particulières dont l'acquisition est nécessaire pour l'exécution des travaux.*

93. — Divisions de cette section.
94. — La désignation des propriétés est faite par le préfet.
95. — Elle ne pourrait être insérée dans l'acte qui autorise les travaux.

93. Lorsque les communes sur lesquelles les travaux doivent être dirigés sont énoncées dans le décret d'autorisation, ou lorsque le préfet a rendu l'arrêté relatif à la désignation des territoires, il reste à désigner particulièrement chacune des propriétés ou portions de propriété dont l'exécution des travaux va rendre l'acquisition nécessaire. Pour y parvenir il faut : 1° faire dresser un plan détaillé des propriétés que les gens de l'art jugent nécessaires à l'exécution des travaux ; 2° rendre ce plan public ; 3° recevoir les réclamations des propriétaires et autres intéressés ; 4° faire examiner ces réclamations par une commission spéciale ; 5° déterminer définitivement les propriétés dont la cession est nécessaire. Nous traiterons séparément de ces divers objets.

94. Par l'art. 2 de la loi du 4 mai 1841, le préfet est chargé de désigner les propriétés dont l'expropriation est nécessaire pour l'exécution des travaux autorisés ou ordonnés ; mais il ne peut le faire que dans les limites fixées par le décret déclaratif. Ainsi, si le décret autorisait à percer une rue, le préfet ne pourrait pas ordonner qu'il serait établi une place à l'une des extrémités de cette rue, puisque l'établissement de cette place n'aurait pas été déclaré un objet d'utilité publique. Le préfet ne pourrait pas non plus modifier la direction indiquée par les plans de tracé définitif approuvés par l'autorité supérieure ; il doit se borner à relever le tracé indiqué par ces plans.

95. Lorsqu'il s'agit de travaux peu considérables, et dont l'emplacement est déterminé par le but même de l'entreprise, ne pourrait-on pas comprendre dans le décret qui déclare l'utilité des travaux la désignation des propriétés dont ces travaux réclament la cession ? Non. Cette marche serait en opposition avec la disposition finale de l'art. 2 de la loi du 3 mai 1841, relative à la désignation des propriétés auxquelles l'expropriation est applicable, et portant que « cette application ne peut être « faite à aucune propriété particulière *qu'après que les parties in-* « *téressées ont été mises en état de fournir leurs contredits, selon les* « *règles exprimées au titre II de cette loi.* »

M. Gand est d'un avis contraire. « Si la loi, dit-il, n'a parlé de la dispense de l'arrêté du préfet que dans le cas du n° 2 (de l'art. 2), c'est parce qu'elle n'a pas prévu la possibilité d'une désignation parcellaire dans l'ordonnance qui dût dispenser encore de l'arrêté exigé par le n° 3 ; mais, *la raison étant la même, la décision doit être identique*. (P. 206.) » Nous ne pouvons admettre cette prétendue similitude. La désignation des territoires, n'étant soumise à aucune formalité, peut se trouver dans l'acte d'autorisation ou dans l'arrêté du préfet ; c'est pourquoi le législateur a prévu ces deux hypothèses. Mais, la désignation des propriétés particulières devant nécessairement être précédée de formalités qui toutes sont postérieures à l'acte déclaratif de l'utilité publique, le législateur ne pouvait admettre que la désignation de ces propriétés se trouverait quelquefois dans cet acte. Aussi a-t-il écarté cette hypothèse avec intention, et non par oubli. M. Gand invoque l'arrêt du 3 juillet 1839. Mais cette décision ne s'applique qu'à l'arrêté relatif à la désignation des territoires, et, comme nous venons de le dire, il n'y a pas d'analogie entre cet arrêté et celui qui désigne les propriétés dont la cession est nécessaire. — (A.)

§ Ier. — De la confection des plans parcellaires.

96. — Exécution des plans.
97. — Ils sont dressés par communes.
98. — Exception.
99. — Ils indiquent les terrains et les édifices.
100. — Ainsi que la contenance de chaque parcelle.
101. — Les propriétaires y sont désignés d'après la matrice de rôles.

96. La direction des travaux une fois fixée par le décret d'autorisation, ou par l'arrêté du préfet, les ingénieurs ou autres gens de l'art chargés de l'exécution des travaux doivent lever, *pour la partie qui s'étend sur chaque commune*, le plan parcellaire des terrains et des édifices dont la cession leur paraît nécessaire (Loi du 3 mai 1841, art. 4). Un honorable juriscon-

---

Additions.

(A) *L'arrêté de cessibilité* qui doit être pris par le préfet ne peut être suppléé par le décret d'autorisation des travaux, alors même que le décret indiquerait les propriétés à occuper et l'époque de la prise de possession. D'où il suit que l'année dans laquelle l'expropriation doit être poursuivie ne court, aux termes de l'art. 14 de la loi du 3 mai 1841, qu'à dater de l'arrêté, quelles que soient les indications contenues dans le décret. Cass., 2 mars 1857 (Dall. 57.1.127).

sulte suppose que ce plan doit s'accorder avec celui qui était annexé à l'avant-projet sur lequel est intervenue la déclaration d'utilité publique. Ce système avait déjà été soulevé devant la Cour de cassation, qui, dans son arrêt du 6 janvier 1836, ne s'est pas arrêtée à ce moyen. Les plans qui précèdent la déclaration de l'utilité publique ne sont que des plans d'ensemble destinés à indiquer la direction générale des travaux. Il serait souvent impossible de reconnaître sur ces plans quelles sont les propriétés particulières auxquelles l'expropriation est applicable, et ils doivent d'ailleurs presque toujours être modifiés lorsqu'on en vient à l'exécution. C'est aux plans du tracé définitif que les plans parcellaires doivent être conformes, et non à ceux de l'avant-projet.

97. Quand le législateur a dit que les ingénieurs lèveraient un plan parcellaire des propriétés *pour la partie qui s'étend sur chaque commune*, il a voulu exprimer que l'on ne comprendrait dans chacun de ces plans que des propriétés situées dans la même commune, afin que les intéressés pussent plus facilement reconnaître si leurs propriétés étaient atteintes par les travaux. On devra, toutes les fois que cela sera possible, comprendre dans le même plan toutes les parcelles situées sur la même commune qui seront jugées nécessaires pour les travaux, car cette marche simplifie et accélère les opérations. Mais l'on peut aussi, au besoin, ne porter sur le plan que les propriétés reconnues nécessaires aux travaux au moment où le plan se rédige, et surseoir à réclamer l'expropriation des autres jusqu'au moment où l'on pourra les désigner avec certitude. Cette marche peut seule être suivie dans certains cas, par exemple, s'il s'agit de travaux à faire pour amener souterrainement d'un point à un autre l'eau d'une source dont le gisement est incertain. On peut alors poursuivre l'expropriation du terrain où la source prend naissance avant celle des terrains sur lesquels les eaux devront passer pour être conduites à leur destination ultérieure. C'est ce qu'a reconnu un arrêt de la Cour de cassation, du 3 juillet 1839.

98. On dresse ordinairement un plan spécial des terrains dont l'acquisition est présumée nécessaire. Lorsque des travaux de redressement ou d'élargissement obligent à poursuivre l'acquisition de nouvelles parcelles de terrain, il convient de dresser un nouveau plan désignant ces parcelles. Cependant la Cour de cassation a jugé avec raison que le plan dressé pour les premiers travaux d'une route peut servir pour des travaux posté-

rieurs de redressement de cette route, lorsque l'on a eu soin d'indiquer nettement sur ce plan les parcelles dont l'expropriation est demandée, à l'aide de deux lignes ajoutées au plan primitif et diversement coloriées. Arrêt du 10 août 1841.

On a déjà prétendu que ces plans parcellaires devaient être conformes aux plans parcellaires du cadastre; mais il n'y a rien dans la loi qui autorise cette prétention, à laquelle du reste la Cour de cassation ne s'est jamais arrêtée (1). Depuis la confection du cadastre, les limites des propriétés ont pu changer, des constructions s'élever, d'autres disparaître, et le terrain subir diverses modifications. Or, ce n'est pas d'après l'ancien état de la propriété, mais d'après son état actuel, que le jury devra fixer l'indemnité et que l'administration devra faire ses offres. Il est bon que le plan parcellaire se rapproche autant que possible du plan cadastral, mais cela n'est pas indispensable.

99. Le projet de la loi de 1810 ne parlait que du plan des *terrains;* la commission du Corps législatif fit observer que ce mot n'était pas suffisant pour désigner les diverses espèces de propriétés qui peuvent se trouver dans le cas d'être cédées pour l'utilité publique; que le mot *terrain* n'indique qu'une surface nue, et que, comme il peut se rencontrer des édifices sur ce terrain, il serait à propos de mettre le mot *édifices* après celui *terrains* (M. Locré, IX, p. 719). Cette addition fut adoptée par l'art. 3 de la loi du 8 mars 1810, et ces deux expressions se retrouvent dans l'art. 4 de la loi du 3 mai 1841. D'après cela, le plan doit indiquer non-seulement le terrain dont on demande la cession, mais aussi les édifices qui doivent être compris dans cette cession. Cette désignation est même d'un grand intérêt, si l'on ne doit prendre qu'une partie des bâtiments qui existent sur la propriété, et le plan doit alors indiquer les bâtiments dont la cession est nécessaire avec une exactitude telle, que le propriétaire ne puisse avoir aucune incertitude sur l'étendue du préjudice qu'il éprouvera. Cette connaissance lui est nécessaire pour le guider dans les réclamations qu'il pourrait avoir l'intention de former contre la direction proposée, ainsi que dans l'exercice du droit, que lui accorde l'art. 50 de la loi du 3 mai, d'exiger l'acquisition de la totalité des bâtiments. Il est important de toujours former des parcelles distinctes pour les terrains bâtis, lors même qu'ils appartiendraient au même propriétaire

---

(1) 27 mars 1843.

que des terrains contigus qui ne renfermeraient aucun édifice. Souvent les propriétaires consentent à la prise de possession des immeubles sous la condition que l'administration ne touchera pas aux terrains bâtis. Cette mesure n'offre aucune difficulté, si le plan forme, pour chaque nature de propriété, des parcelles séparées. En cas d'urgence, l'art. 65 de la loi du 3ᵉ mai 1841 autorise la prise de possession des terrains non bâtis; il est donc utile que le plan désigne, comme parcelle distincte, tout terrain auquel cette disposition devrait au besoin être appliquée.

100. Ce plan devant servir de base au jugement d'expropriation, il est important qu'il indique la nature et la contenance exacte des terrains dont on veut poursuivre la dépossession. Il ne suffit pas en effet aux propriétaires de savoir que les travaux exigeront la cession d'une partie de leur immeuble; il leur importe encore de connaître positivement quelle est l'étendue de terrain qu'on leur prend. La contenance de chaque parcelle doit être désignée sur le plan ou dans un état ou tableau y annexé. Il ne suffirait pas non plus qu'une échelle tracée sur le plan mît à même de trouver cette contenance. Le terrain peut être d'une forme très-irrégulière, et peu de propriétaires seraient en état de faire les opérations et les calculs nécessaires pour connaître exactement l'étendue du terrain, d'après les indications portées sur le plan. L'intention du législateur n'a pu être de les obliger, pour acquérir cette connaissance, à recourir au ministère d'un arpenteur. Cette désignation a d'ailleurs l'avantage d'empêcher qu'au moment de l'exécution les gens de l'art ne modifient encore à leur gré la direction arrêtée.

Il a été jugé que le propriétaire qui n'a pas réclamé, sur le procès-verbal ouvert à la mairie, contre la contenance attribuée au terrain dont il est exproprié, n'est plus recevable à élever cette réclamation devant le jury (1).

Dans ce même cas, le magistrat directeur n'excède pas ses pouvoirs en décernant à l'exproprié acte de ses réserves, ce qui n'empêche pas que l'indemnité fixée par le jury, d'après la contenance indiquée au jugement d'expropriation, ne reste définitive (2) — (A).

---

(1) Cass., 9 fév. 1846.
(2) Même arrêt (S. 46.1.224).

Additions.

(A) L'expropriation prononcée par le tribunal comprend tout le terrain désigné au plan administratif, alors même qu'il y aurait eu erreur dans l'indication de la contenance, sauf à la partie expropriée à réclamer un supplément de prix, si la con-

CHAP. III. — DÉSIGNATION DES PROPRIÉTÉS

L'art. 50, § 2, de la loi du 3 mai, permet au propriétaire d'un terrain morcelé de demander l'acquisition de toute parcelle qui, par suite des travaux, se trouve réduite au quart de sa contenance totale, et au-dessous de dix ares, si toutefois il ne possède aucune propriété immédiatement contiguë. Pour qu'il ne puisse s'élever aucun débat sur l'exercice de ce droit, le plan pourra indiquer la contenance exacte de toutes les parcelles qui, par suite de morcellement, se trouveront réduites à environ dix ares, et, lorsque la contenance sera inférieure à dix ares, faire connaître si le propriétaire possède quelque terrain contigu.

101. Le plan doit indiquer chaque propriété séparément, et mentionner pour chacune d'elles les noms des propriétaires (L. 3 mai, art. 5). Il serait impossible à l'administration de connaître exactement les noms des propriétaires de chacune des parcelles portées au plan, et pour empêcher que les erreurs qui pourraient se commettre à cet égard ne soient considérées par le tribunal ou par les propriétaires comme une cause de nullité ou une irrégularité, le législateur a décidé que les noms des propriétaires seraient indiqués sur le plan *tels qu'ils sont inscrits sur la matrice des rôles* (1). D'après l'art. 12 de la loi du 22 frim. an VII, la mutation de la propriété d'un immeuble se présume d'après l'inscription des noms au rôle de la contribution foncière et les paiements faits d'après ce rôle par l'individu y dénommé. L'inscription sur ces rôles est donc, aux yeux du législateur, une présomption *juris* de propriété; et cette présomption est la base de plusieurs des dispositions de la loi du 3 mai : car, dans l'exécution des divers articles de cette loi, les propriétaires sont toujours désignés comme ils le sont sur la matrice des rôles (A). Il est donc important que le plan parcel-

---

tenance réelle excède d'un vingtième celle indiquée dans le jugement d'expropriation, et qui seule a servi de base à la fixation de l'indemnité. L'action de cette partie doit, par application de l'art. 1622 du C. Nap., être formée, à peine de déchéance, dans l'année à compter du jugement d'expropriation. Cass., 24 fév. 1863 (S. 65.1.143).

(1) *V.* à l'*Appendice.*

Additions.

(A) Aussi l'administration poursuit-elle valablement l'expropriation et le règlement de l'indemnité sur la personne indiquée à la matrice des rôles, sans qu'elle ait à rechercher si la personne ainsi indiquée était bien le véritable et le seul propriétaire. Cass., civ., 16 fév. 1864 (*Gaz. trib.*, 18 fév. 64).

Ainsi, bien que le terrain exproprié appartienne en réalité à la femme, le mari a été régulièrement cité, et il a été régulièrement procédé avec lui à la formation du jury, lorsque c'était le nom du mari qui figurait à la matrice cadastrale. Cass., civ., 26 août 1863 (*Gaz. trib.*, 27 août 63); C. Lyon, 14 déc. 1863 (*Gaz. trib.*, 24 janv. 64); Cass. req., 16 août 1865 *Gaz. trib.*, 16 août 65).

laire reproduise avec une grande exactitude les énonciations de la matrice des rôles (1). Les ingénieurs ou autres gens de l'art qui dressent les plans parcellaires peuvent s'adresser au directeur des contributions directes, qui leur fera donner par les employés de son administration tous les renseignements dont ils auront besoin.

On a d'abord admis que sous l'empire de la loi de 1833, les ingénieurs pouvaient, comme sous celle de 1810, signaler dans une colonne d'*observations* les erreurs qu'ils croyaient exister dans les énonciations de la matrice des rôles. Mais il a été reconnu que ces rectifications plus ou moins exactes étaient contraires au vœu de la loi du 7 juillet, et surtout de celle du 3 mai, qui veut que l'administration se règle toujours sur les énonciations de la matrice des rôles. La double indication d'un propriétaire présumé par la loi et d'un autre propriétaire signalé par l'ingénieur apporte des embarras notables dans l'exécution des diverses prescriptions de la loi. L'ingénieur doit tenir note de tous les renseignements qui lui sont donnés, et les communiquer à l'administration; mais il ne faut pas les consigner sur le plan officiel — (A).

Le ministre des finances a déclaré, le 20 octobre 1838, que les extraits de la matrice des rôles délivrés par les agents des contributions directes aux ingénieurs chargés de lever et de diriger les plans parcellaires devraient être visés pour timbre *gratis*, même lorsque les travaux sont exécutés par des concession-

---

(1) [Néanmoins, il a été jugé, sur un moyen de cassation pris de ce que le plan aurait dû énoncer les noms des propriétaires tels qu'ils sont inscrits sur la matrice des rôles, que le plan déposé contenant la désignation particulière de chaque parcelle des propriétés que frappait l'expropriation, avec mention du nom du propriétaire, de la section dans laquelle la propriété était assise, et du numéro du plan cadastral, l'ensemble de ces indications ne laissait aucun doute sur l'identité des propriétés soumises à l'expropriation, et le moyen a été rejeté. Cass., 14 déc. 1842].

Additions.

(A) Bien que le propriétaire dont le nom est porté sur la matrice cadastrale soit décédé, l'expropriation peut être valablement prononcée contre lui; mais si, au lieu d'être poursuivie et requise contre le défunt, l'expropriation l'a été contre l'un seulement de ses héritiers indivis, les autres héritiers ont le droit d'attaquer, pour excès de pouvoir, le jugement d'expropriation. Ce droit persiste pour eux, même après l'expiration des délais ordinaires du pourvoi, même après règlement de l'indemnité par le jury, puisqu'à aucune époque, ni les poursuites d'expropriation, ni le jugement n'ont été portés à leur connaissance. Et la cassation profite, à raison de l'indivision même, à celui des héritiers qui a été désigné au jugement d'expropriation. Cass. civ., 20 juin 1860 (*Gaz. trib.*, 22 juin 60).

naires, parce que cette pièce est nécessaire pour l'exécution d'une disposition impérative de la loi (Instr. adm. enreg., 31 décembre 1838, § 22).

§ II. — De la publication du plan.

102. — Dépôt du plan à la mairie.
103, 104. — Publications et affiches pour annoncer le dépôt.
105. — Si ces avertissements doivent énoncer les noms des propriétaires.
106. — Le maire certifie les publications et affiches.
107. — Insertion de l'avertissement dans un journal.
108. — Ces moyens de publicité ne peuvent être remplacés par un avertissement individuel.
109. — Le plan reste déposé à la mairie pendant huit jours.
110. — Il est ensuite remis à la sous-préfecture.

102. En vertu de l'arrêté dont nous donnons la formule (1), le plan des propriétés à acquérir, dressé de la manière que nous venons d'indiquer, est visé et signé par le préfet, et envoyé par lui au maire de la commune où les propriétés sont situées en lui recommandant de faire annoncer immédiatement par publications et affiches, que ce plan est déposé pour huit jours à la mairie de la commune. L'art. 5 de la loi dit que le dépôt du plan à la mairie a lieu *afin que chacun puisse en prendre connaissance.* Ce plan doit donc être communiqué sans déplacement à tous ceux qui désirent l'examiner, et sans qu'on puisse leur demander quel intérêt ils ont à en prendre connaissance.

Lorsqu'il n'existe pas de maison commune dans la localité où les biens sont situés, il est satisfait au vœu de la loi par le dépôt (2) du plan au secrétariat de la mairie, c'est-à-dire, au domicile du secrétaire greffier, où les parties peuvent également en prendre connaissance. C'est ce qu'a jugé la Cour de cassation par arrêt du 22 août 1838.

103. A la réception du plan, le maire prévient collectivement les parties intéressées d'en prendre communication à la mairie. Cet avertissement est publié à son de trompe ou de caisse dans la commune, et affiché tant à la principale porte de l'église du lieu qu'à celle de la maison commune (L. 3 mai, art. 6). Il est convenable que cet avertissement indique le lieu, le jour et

---

(1) V. à l'*Appendice, Arrêté du préfet ordonnant le dépôt du plan parcel-laire.*

(2) Annoncé à son de caisse.

l'heure de la première réunion de la commission mentionnée en l'art. 8 de la loi (1).

La loi ne dit pas que la publication aura lieu un jour de dimanche ou de fête, quoique dans plusieurs communes rurales les maires soient dans l'usage de ne faire de publications que ces jours-là. Le maire ne pourrait donc pas retarder jusqu'au dimanche qui suit la réception du plan la publication dont nous venons de parler. Il prolongerait par là des délais que le législateur a déjà trouvés fort longs. En vain il dirait que, si les publications ont lieu un jour ordinaire où les habitants sont généralement retenus dans les champs par leurs travaux, la plupart d'entre eux peuvent n'en avoir pas connaissance ; il doit faire faire la publication immédiatement, sauf à la réitérer le dimanche suivant.

104. L'avertissement doit être aussi affiché immédiatement à la principale porte de l'église du lieu, ainsi qu'à celle de la maison commune. S'il y a plusieurs églises dans la ville, l'affiche doit être placée à la porte de l'église principale. Lorsque la commune n'a point d'église, il nous semble que l'affiche doit être apposée à la principale porte de l'église dont la commune dépend sous le rapport du culte, quoique cette église soit située sur un autre territoire. Cette affiche serait alors placée par les soins du maire de la commune où l'église est située, et le procès-verbal d'apposition serait dressé par ce magistrat.

Dans l'usage, les affiches sont apposées, non-seulement aux deux endroits indiqués par la loi, mais aux autres lieux les plus apparents de la commune, surtout dans les villes et bourgs.

105. L'avertissement est donné COLLECTIVEMENT *aux parties intéressées,* dit l'art. 6, ce qui signifie, selon nous, que l'avertissement invite *toutes les parties intéressées* à prendre communication du plan, mais sans désigner nominativement les personnes qui peuvent se trouver intéressées à cette communication. Un commentateur de la loi de 1841 dit, au contraire, que cet avertissement devra indiquer les noms et demeures des propriétaires, tels qu'ils sont inscrits sur la matrice des rôles. Il nous oppose qu'en 1833 l'on avait demandé à la Chambre des députés qu'il fût donné des avertissements *individuels,* et que, si cette proposition fut rejetée (*Mon.,* 2 février et 7 juin 1833), tout le monde reconnut la nécessité d'un avertissement effectif, tandis qu'une

---

(1) V. à l'Appendice, *Avertissement à donner en exécution de l'art. 6 de la loi du 3 mai 1841.*

publication sans désignation des noms des intéressés peut fort bien, dit-il, être ignorée de ceux-ci. Ce système serait admissible, si la loi disait que l'avertissement sera donné *individuellement aux parties intéressées* par voie de publication et affiche; mais dire que l'avertissement par publication et affiche sera donné aux parties intéressées *collectivement*, c'est énoncer clairement, selon nous, que ces intéressés ne seront pas désignés individuellement.

Le même commentateur veut que l'on mentionne aussi dans l'avertissement les rectifications que les ingénieurs auraient cru devoir signaler en cas d'inexactitude de la matrice des rôles sur les noms des propriétaires. Nous repoussons également cette opinion, d'autant plus que nous pensons que ces rectifications ne doivent pas être signalées officiellement.

106. Le maire certifie les publications et affiches, soit au bas d'un exemplaire des affiches, soit par un certificat séparé (1). L'attestation de ces publications et affiches pourrait aussi former la première partie du procès-verbal que le maire doit dresser en vertu de l'art. 7 de la loi, et serait suivie de l'attestation que le plan est resté déposé à la mairie pendant huit jours (2). Mais on a prétendu que le maire devait nécessairement constater ces faits dans son procès-verbal, et cette prétention a été rejetée par arrêt de la Cour de cassation du 20 avril 1842.

Il convient que les certificats destinés à constater l'accomplissement de ces formalités soient délivrés peu de temps après qu'elles ont été remplies. Mais il n'y a aucune nullité, s'ils sont délivrés plus tard, car aucune disposition de loi ne statue sur la forme et la date de ces certificats. Cass. 11 août 1841.

107. Dans la première édition de cet ouvrage, on avait fait remarquer qu'il conviendrait d'ordonner que cet avertissement fût rendu public par la voie des journaux. C'est en effet le meilleur moyen pour que l'avertissement soit connu des propriétaires et autres intéressées qui ne résident pas dans la commune où les biens sont situés. L'art. 6 de la loi du 7 juillet a fait droit à cette observation, et avait même prescrit une double publication.

La loi du 3 mai 1841 veut que l'avertissement soit inséré dans l'un des journaux publiés dans l'arrondissement, ou, s'il n'en existe aucun, dans l'un des journaux du département (art. 6).

---

(1) V. à l'*Appendice, Certificat constatant les publications et affiches*; et C. Cass., 2 janv. 1844.

(2) V. à l'*Appendice, Proc.-verbal en exécut. de l'art.* 7.

La loi ne dit pas comment l'on justifiera de l'insertion dans le journal. Ce sera sans doute par la représentation d'un exemplaire de la feuille qui la contient. L'art. 683, Code proc., veut, dans un cas de publication pour expropriation par suite de saisie, que l'exemplaire représenté porte la signature de l'imprimeur, légalisée par le maire. Il serait bien de prendre cette précaution; mais, la loi n'exigeant pas cette formalité dans le cas qui nous occupe, nous ne pensons pas que le tribunal puisse repousser une feuille qui ne serait pas certifiée de cette manière.—(A).

108. Les moyens de publicité que le législateur a jugés suffisants pour mettre les intéressés en état de fournir leurs observations et réclamations ne sont pas moins efficaces lorsqu'un seul propriétaire est atteint par l'expropriation que lorsqu'elle doit en atteindre un plus grand nombre. Un tribunal qui reconnaît que tous les moyens de publicité prescrits par l'art. 6 ont été mis en usage ne peut donc refuser de prononcer l'expropriation requise, par le motif qu'un avertissement *individuel* n'a pas été donné à l'unique propriétaire contre lequel on voulait faire prononcer l'expropriation. C'est ce qu'a reconnu la Cour de cassation par son arrêt du 14 avril 1840.

Nous devons ajouter que l'administration ne pourrait, sans inconvénient, substituer un avertissement individuel aux moyens de publicité énoncés dans l'art. 6, parce que ces avertissements s'adressent, non-seulement aux propriétaires des immeubles à exproprier, mais aussi à tous les tiers intéressés à empêcher l'expropriation de l'immeuble. La Cour de cassation s'est prononcée en ce sens par son arrêt du 4 avril 1843, portant qu'un avertissement donné individuellement ne dispense point de la publication ordonnée, dans l'intérêt général, par l'art. 6 de la loi; par suite, la Cour a cassé un jugement d'expropriation rendu sur la seule justification de cet avertissement individuel.

109. Le plan doit rester déposé à la mairie de la commune *pendant huit jours*. La loi du 8 mars 1810 employait les mêmes termes, et il s'était élevé des doutes sur le point de savoir si la huitaine devait être franche. Pour faire cesser toute incertitude,

---

Additions.

(A) Cette insertion n'est pas valablement faite dans un journal publié au chef-lieu du département, bien que ce journal ait été désigné par le préfet pour recevoir les annonces judiciaires, s'il existe un journal publié dans l'arrondissement où sont situés les biens expropriés. Cass. 4 mai 1863 (S. 63.1.399). — *Contrà*, Metz, 15 janv. 1863 (S. 63.2.53).

la loi du 7 juillet 1833 déclara que le dépôt aurait lieu pendant huit jours *au moins*. Mais il résultait de cette rédaction que le maire pouvait garder le plan pendant plus de huit jours, si cela lui convenait, ce qui retardait d'autant l'accomplissement des formalités. Par suite, les parties intéressées qui désiraient consulter le plan après l'expiration de la huitaine ne pouvaient savoir s'il se trouvait à la mairie ou à la sous-préfecture. L'art. 5 de la loi de 1841 déclare donc que le plan restera déposé *pendant huit jours*, ni plus ni moins, de manière qu'à l'expiration de ces huit jours le maire doit clore son procès-verbal et le transmettre au sous-préfet avec le plan.

M. His demanda à la Chambre des députés si les huit jours devaient être francs. MM. Legrand, commissaire du Gouvernement, Gillon et Dufaure (rapporteur), répondirent, de la manière la plus positive, que le délai de huit jours ne commencerait que le lendemain du jour où toutes les formalités d'avertissement énoncées en l'art. 6 auraient été remplies (*Monit.*, 2 mars 1841, p. 508). La même interprétation fut donnée à la Chambre des pairs par M. le marquis de Cordoue au nom de la commission (*Monit.*, 23 avril 1841, p. 1083). En effet, l'art. 6 de la loi porte que le délai fixé en l'art. 5 *ne court qu'à dater de l'avertissement qui est donné*, etc.; puis, quand cet avertissement est accompli, huit jours entiers sont accordés pour présenter les réclamations. Ainsi, si les formalités sont accomplies le 10 janvier, les réclamations sont reçues jusqu'au 18 à minuit. Le maire clôt son procès-verbal le 19 au matin — (A).

110. Le délai de huitaine peut suffire aux propriétaires qui habitent la commune pour prendre communication du plan; mais beaucoup de propriétaires habitent hors de la commune où les biens sont situés, et quelquefois même à d'assez grandes distances; ceux-ci ne peuvent, dans un délai de huitaine, être informés du dépôt du plan et aller en prendre connaissance. C'est pourquoi plusieurs députés trouvaient que le délai de huitaine était trop court pour les propriétaires qui ne résident pas sur les lieux. Mais après le délai du dépôt à la mairie, le plan doit rester déposé à la sous-préfecture, où il est à la disposition

---

Additions.

(A) La Cour de cassation a depuis rendu un arrêt conforme.

Ce délai ne court qu'à partir de l'avertissement collectif donné aux intéressés. En conséquence, il y a nullité du jugement d'expropriation si le procès-verbal a été ouvert le jour même de l'avertissement, puis clos le huitième jour à compter de cette ouverture. Cass., 25 fév. 1856 (Dall. 56.1.244).

tant de la commission que de toutes les parties intéressées qui voudraient en prendre communication ; il serait en effet impossible aux propriétaires qui résident au loin de réclamer contre un plan dont ils ne pourraient plus avoir connaissance.

§ III. — Des réclamations et déclarations des propriétaires et autres intéressés.

111. — Origine de la commission instituée pour entendre les réclamations des intéressés.
112. — Le maire les mentionne dans son procès-verbal.
113. — Des déclarations des divers intéressés.
114. — Des élections de domicile.

111. [Nous avons déjà exposé (1) comment est née, dans l'esprit de l'Empereur, au milieu de la discussion sur la première rédaction du projet de la loi du 8 mars 1810, l'idée de la commission *en faveur de la propriété*. De cette discussion sont sortis les art. 7, 8, 9, 10 et 11 de la loi du 8 mars 1810, remplacés aujourd'hui par les art. 7, 8, 9, 10, 11 et 12, dans la loi du 3 mai 1841.]

112. Les propriétaires et autres intéressés qui croient avoir à former des réclamations contre la direction adoptée pour les travaux, ou contre l'emplacement des ports, gares, stations ou autres dépendances, doivent s'adresser au maire de la commune. « Le maire mentionne (dit l'art. 7 de la loi du 3 mai), sur un « procès-verbal qu'il ouvre à cet effet, et que les parties qui « comparaissent sont requises de signer, les déclarations et ré-« clamations qui lui ont été faites verbalement, et y annexe « celles qui lui sont transmises par écrit » (2). Au reste, le maire n'est pas juge de l'utilité, de l'importance ni de l'à-propos des réclamations ; il doit mentionner au procès-verbal toutes celles qui lui sont faites, sans même que ceux qui se présentent soient tenus de lui justifier de la qualité en laquelle ils disent agir.

La loi ne dit pas à quelle époque le maire devra clore le procès-verbal ; mais il est certain que dans l'intention du législateur la clôture doit en être faite à l'expiration de la huitaine accordée aux parties intéressées pour prendre communication du plan. Comme ce délai de huitaine ne peut commencer qu'après l'insertion au journal dont nous avons parlé ci-dessus,

---

(1) *Suprà*, p. 46.
(2) V. à l'*Appendice*, Proc.-verbal à dresser par le maire en exécution de l'art. 7.

le sous-préfet devra informer le maire du jour où cette insertion aura eu lieu, afin qu'à l'expiration de la huitaine ce magistrat puisse faire la clôture de son procès-verbal et l'adresser immédiatement au sous-préfet avec le plan qui lui avait été transmis.

113. Le législateur a voulu que l'on mentionnât au procès-verbal les *déclarations* des parties qui comparaissent, sans indiquer sur quels objets porteraient ces déclarations. Le maire doit donc énoncer au procès-verbal toutes celles qui lui sont faites ou transmises ; c'est à l'administration à faire de chacune d'elles l'usage qu'il conviendra (1). Ces déclarations signalent souvent des erreurs dans les énonciations de la matrice des rôles, quelquefois des erreurs matérielles ou de copistes, qu'il suffit d'indiquer pour que la rectification ne puisse en être refusée. D'autres fois on y réclame à tort ou à raison des indemnités pour tel ou tel objet, etc. « Il arrivera même, dit une circulaire ministérielle relative aux chemins vicinaux, que des propriétaires riverains, par des motifs honorables ou intéressés, consentiront quelquefois à des abandons gratuits de terrain. » Nul doute que le maire ne doive consigner les déclarations de cette nature sur son procès-verbal.

114. L'art. 15, §§ 2 et 3, de la loi du 3 mai, veut que les notifications à faire aux propriétaires aient lieu au domicile qu'ils auront élu dans l'arrondissement de la situation des biens, *par une déclaration faite à la mairie de la commune où les biens sont situés;* mais la loi n'indique point à quelle époque cette *déclaration* d'élection de domicile pourra être faite. Nous croyons que le maire doit ouvrir le registre destiné à recevoir les élections de domicile, en même temps que le procès-verbal relatif aux réclamations contre le plan parcellaire. Il est naturel que les parties fassent cette élection au moment où elles se sont transportées à la mairie pour s'occuper de l'expropriation dont on les menace ; ce serait les contrarier sans motif que de les obliger à s'y rendre une seconde fois pour faire cette déclaration. L'élection de domicile pourrait également être insérée au procès-verbal du maire, car l'art. 7 dit qu'on y mentionne les *déclarations* des intéressés, sans exclure celles qui ont pour objet une élection de domicile. De toute manière cependant un registre spécial devra être ouvert pour recevoir les élections de

---

(1) V. à l'*Appendice, Procès-verbal à dresser par le maire en exécution de l'art.* 7.

domicile qui ont lieu très-souvent après la clôture du procès-verbal mentionné en l'art. 7 (1).

§ IV. — De la commission qui examine les réclamations.

115. — Il y a une commission pour chaque commune.
116. — Composition de la commission.
117. — Chaque maire ne peut examiner que le plan relatif à sa commune.
118. — Remplacement du maire.
119. — Désignation de l'ingénieur.
120. — Des membres du conseil général ou du conseil d'arrondissement.
121. — Exclusion des propriétaires qu'il s'agit de déposséder.
122. — Lieu de réunion de la commission.
123. — Mode de convocation.
124. — Epoque de la réunion.
125. — Durée des opérations de la commission.
126. — La commission ne reste pas en permanence.
127. — Les réclamations ne doivent être relatives qu'à la direction des travaux.
128. — Limites des pouvoirs de la commission.
129. — La commission peut appeler les propriétaires devant elle.
130. — Nombre de membres nécessaire pour les délibérations.
131. — A l'expiration du délai de dix jours, trois hypothèses réglées par la loi.
132. — Transition au paragraphe suivant.

115. La commission devant opérer par commune, le préfet doit indiquer quels seront, pour chaque commune, les membres de la commission spéciale. Rien ne s'oppose toutefois à ce qu'il désigne les mêmes personnes pour faire partie de la commission pour plusieurs communes, et il est même à présumer qu'il en sera souvent ainsi. Nous devons cependant faire remarquer que la commission devra toujours faire pour chaque commune une opération distincte à laquelle le maire de cette commune prendra part, et en dresser un procès-verbal séparé (2).

116. La commission est présidée par le sous-préfet de l'arrondissement, et composée, en outre, de quatre membres du conseil général du département ou du conseil de l'arrondissement dé-

---

(1) V. à l'Appendice, Elections de domiciles.

(2) Cass., 6 janv. 1836.

signés par le préfet, du maire de la commune où les propriétés sont situées, et de l'un des ingénieurs chargés de l'exécution des travaux. (L. 3 mai, art. 8, § 2.)

« Cette commission, dit la Cour de cassation dans son arrêt du 3 juill. 1839, a été organisée et le nombre de ses membres a été calculé de telle sorte que les divers intérêts qu'il s'agit de concilier dans toute affaire d'expropriation y fussent représentés. Le sous-préfet et l'ingénieur stipulent dans l'intérêt de l'expropriation requise ; le maire de la commune dans l'intérêt de la localité, soit opposé, soit conforme à l'expropriation, et les quatre membres du conseil général ou du conseil d'arrondissement, dans l'intérêt sainement apprécié soit de la propriété privée, soit de l'utilité générale. »

117. Le maire de chaque commune ne peut prendre part qu'aux opérations qui concernent la commune qu'il administre. C'est ce que la Cour de cassation a reconnu par son arrêt du 6 janv. 1836.

118. Si le maire ne peut assister aux réunions de la commission, il doit y être suppléé par son adjoint : car c'est l'administrateur de la commune, l'homme de la localité, que l'on a voulu appeler dans la commission, où ses connaissances locales sont fort utiles. En cas d'absence ou d'empêchement du maire et des adjoints, ils sont remplacés par un membre du conseil municipal, d'après l'ordre du tableau dressé suivant le nombre des suffrages obtenus (L. 21 mars 1831, art. 5). Si le maire ne comparaît pas à la réunion de la commission, et si personne ne se présente pour le suppléer, la commission opère sans lui.

119. La loi appelle dans la commission *l'un des ingénieurs chargés de l'exécution des travaux*, et non pas spécialement l'ingénieur qui est chargé en chef de la direction de ces travaux. Si celui-ci ne peut se rendre aux réunions de la commission, il doit confier cette mission à celui des ingénieurs placés sous ses ordres qui peut participer à ces opérations sans entraver le service. Ce n'est pas le préfet qui doit désigner l'ingénieur, la loi ne lui confie que la désignation des membres du conseil général ou du conseil d'arrondissement.

On peut placer dans cette commission un ingénieur qui a été entendu dans la commission chargée d'examiner la question d'utilité publique ; sans cela, il y aurait contradiction entre l'art. 6 de l'ord. du 18 fév. 1834, qui suppose que la première commission pourra entendre *tous* les ingénieurs du département, et l'art. 8 de la loi du 3 mai, qui désigne pour la deuxième commission l'un des ingénieurs chargés des travaux (1). C'est comme fonctionnaire public que l'ingénieur est appelé à faire partie de la commission, et un fonctionnaire n'est pas tenu de s'abstenir parce qu'il aurait déjà émis son opinion sur une affaire. La même observation peut s'appliquer aux maires et au sous-préfet.

Quelques personnes pensaient que l'ingénieur ne devait avoir que voix consultative dans la commission ; mais M. Martin (du Nord), rapporteur de la Chambre des députés, répondit : « L'ingénieur est sans contredit le membre le plus essentiel de la commission par les lumières qu'il peut répandre sur la discussion : il ne faut pas lui donner une position secondaire et de suspicion ; personne d'ailleurs n'a plus que lui un intérêt d'honneur à ce que la meilleure direction soit adoptée. » (*Mon.* 27 janv. 1833, p. 210.)

120. Le préfet ne peut nommer les membres de la commission qu'après la confection et l'approbation du plan parcellaire de la commune. L'art. 8, § 3, veut qu'il n'appelle pas dans la commission les propriétaires qu'il s'agit d'exproprier, et la levée du plan peut seule les lui faire connaître ; mais il peut faire cette désignation au moment où il ordonne que ce plan sera soumis à l'enquête (2).

La rédaction de l'art. 8 permettrait de supposer que le préfet est tenu de prendre les quatre membres de la commission dans le conseil général, ou tous quatre dans le conseil d'arrondissement. Nous croyons que telle n'a pas été l'intention du législateur, et qu'on a voulu permettre au préfet de prendre quelques-uns des membres de la commission dans le conseil général, et les autres dans le conseil d'arrondissement, si cela lui paraissait plus convenable.

Rien ne s'oppose à ce que le préfet désigne pour faire partie de cette commission un membre du conseil général ou du conseil d'arrondissement qui aurait antérieurement fait partie de la commission d'enquête instituée en vertu de l'ordonnance du 18 fév. 1834, et en exécution de l'art. 3 de la loi (3).

Plusieurs préfets nomment un ou deux suppléants pour remplacer au besoin ceux des membres du conseil général ou d'ar-

---

(1) Cass., 10 août 1841 (S. 41.1.888).
(2) V. à l'*Appendice*, Arr. du préf.
ordonn. *le dépôt du plan parcellaire.*
(3) Cass., 10 août 1841, 14 déc. 1842.

rondissement qui ne pourraient accepter la commission à eux confiée.

121. « Les propriétaires qu'il s'agit d'exproprier ne peuvent « être appelés à faire partie de la commission » (art. 8, § 5).

122. L'art. 7 de la loi du 8 mars 1810 disait que la commission se réunirait *au local de la sous-préfecture*, de manière que tous les intéressés savaient où elle siégeait. L'article 8 de la loi de 1841 se borne à dire que la commission *se réunit au chef-lieu de la sous-préfecture*. Pour que les parties qui veulent se présenter devant elle sachent où la trouver, il convient donc que l'avertissement donné en vertu de l'art. 6 de la loi indique le *local* où la commission tiendra ses séances, lors surtout que ce ne sera pas en l'hôtel de la sous-préfecture.

123. La loi n'indique pas quel sera le mode de convocation des membres de la commission. Nous pensons que le sous-préfet, comme président de la commission, doit en convoquer les autres membres. Cette convocation pourra se faire par lettres, car c'est le mode habituellement employé par l'administration, et la loi n'en a pas ici prescrit d'autre.

124. L'art. 8 dit que la commission se réunira à l'expiration du délai de huitaine prescrit par l'art. 5 ; mais ce délai ne court que du jour où les trois formalités distinctes prescrites par l'art. 6 ont été accomplies : publications, affiches, insertion dans le journal. Les propriétaires ne pouvant connaître quel jour toutes ces formalités se sont trouvées remplies, il convient que l'avertissement indique le jour de la première réunion de la commission, et même l'heure de cette réunion.

125. [La loi du 7 juillet 1833 avait fixé à un mois le délai dans lequel les opérations de la commission devaient être terminées. La loi du 3 mai 1841 n'accorde que huit jours aux propriétaires pour présenter leurs observations, plus deux jours à la commission pour délibérer et rédiger son avis ; en tout dix jours (art. 9).

126. La commission n'est pas tenue de rester assemblée pendant ces dix jours. Mais il faut qu'elle conserve son existence, et qu'elle laisse aux propriétaires les huit premiers jours pour lui présenter leurs observations, puis, sur les deux jours suivants, qu'elle prenne elle-même le temps qui lui est nécessaire pour délibérer et rédiger son avis.

Elle ne peut donc pas ouvrir et fermer son procès-verbal le même jour. Mais elle peut, après avoir ouvert son procès-verbal, et avoir attendu les observations pendant huit jours, fermer son procès-verbal le neuvième jour (1).]

127. L'art. 8 de la loi du 8 mars 1810 avait indiqué en ces termes la nature des observations sur lesquelles la commission devait émettre son avis : « Cette commission recevra les de-
« mandes et les plaintes des propriétaires qui soutiendraient que
« l'exécution des travaux n'entraîne pas la cession de leurs pro-
« priétés. » Quoique cette disposition ne se retrouve pas dans les lois des 7 juillet 1833 et 3 mai 1841, les attributions de la commission n'en sont pas moins restées les mêmes.

128. [La commission ne peut faire porter ses informations et ses délibérations sur un tracé prescrit par l'acte d'autorisation et déclaré d'utilité publique ; s'il n'existe aucune réclamation sur l'application des alignements particuliers en exécution du tracé général, ses pouvoirs et sa mission sont épuisés (2).]

129. La commission peut appeler les propriétaires devant elle toutes les fois, dit l'art. 9, qu'elle le juge convenable. La loi n'indiquant pas le mode de cette convocation, elle sera sans doute faite par lettres, et par les soins du sous-préfet, président de la commission. Ces lettres seront adressées au domicile réel des propriétaires, ou au domicile qu'ils auront élu en vertu de l'art. 15, § 2, de la loi du 3 mai, ou au domicile des fermiers, locataires, gardiens ou régisseurs, car ce mode est admis par la loi pour les significations judiciaires, et peut à plus forte raison être employé pour les notifications administratives. Si le changement de direction devait intéresser un grand nombre de propriétaires, on pourrait faire des publications dans la commune. Comme il est de l'intérêt des propriétaires d'être présents aux discussions de la commission, il est certain qu'ils s'empresseront de se rendre à cette convocation dès qu'elle leur sera connue.

Si la commission jugeait utile de se transporter sur les lieux, cette faculté ne lui est certainement pas interdite par la loi.

130. [« La commission donne son avis » (art. 9 de la loi du 3 mai 1841).

Composée de sept membres, cette commission ne peut délibérer *valablement* qu'autant que cinq de ses membres au moins sont présents (art. 8). Une délibération prise par un nombre de membres insuffisant devient, contre le vœu de la loi, un élément imparfait de la décision définitive qu'il appartient à l'ad-

---

(1) Cass., 14 déc. 1842 ; 21 juin 1842.
(2) Cass., 14 déc. 1842 (S. 43.1.68).

ministration de prendre sur le vu de cet avis, lorsqu'il a été rendu et qu'il lui est adressé ; un avis rendu par moins de cinq membres est donc nul, et sa nullité entraîne celle de l'expropriation qui en a été la suite (1).

Si le nombre des membres est de six, et qu'il y ait partage d'opinions, la voix du président est prépondérante (art. 8, § 4).

131. A l'expiration du délai de dix jours, dans lequel les opérations de la commission doivent être terminées (art. 9), la loi règle trois hypothèses :

1° Si la commission, dans son avis, ne propose aucun changement dans le tracé indiqué par les ingénieurs, son procès-verbal est adressé immédiatement par le sous-préfet au préfet (art. 9, § 3);

2° Si la commission propose quelques changements au tracé indiqué par les ingénieurs, le sous-préfet doit, dans la forme indiquée par l'art. 6, en donner immédiatement avis aux propriétaires que ces changements pourront intéresser. Pendant huitaine, à dater de cet avertissement, le procès-verbal et les pièces restent déposés à la sous-préfecture ; les parties intéressées peuvent en prendre communication sans déplacement et sans frais, et fournir leurs observations écrites. Dans les trois jours suivants, le sous-préfet transmet toutes les pièces à la préfecture (art. 10);

3° Si les opérations de la commission n'ont pas été mises à fin dans le délai de dix jours (art. 9, § 3), le sous-préfet doit, dans les trois jours, transmettre au préfet son procès-verbal et les documents recueillis (art. 9, § 4). Il était impossible, au reste, qu'un refus, ou un retard indéfini, de la part de la commission, empêchassent l'exécution des travaux. Alors on passe outre (2), et l'on juge avec les documents que l'on possède. Le législateur s'en est remis au patriotisme des membres de la commission, pour ce qui concerne l'accomplissement régulier de leur devoir.

132. Ainsi, de toute manière, à ce moment de l'instruction, le procès-verbal et les documents y annexés sont arrivés à la préfecture. Que reste-t-il à faire au préfet ? La loi nous le dit dans l'art. 11, et c'est l'objet de notre paragraphe suivant.]

---

(1) Cass., 24 août 1846 (S. 46.1.879).
(2) Cass., 20 avril 1842 (S. 52.1.422).

§ V. — Désignation définitive des terrains à acquérir

133. — Cette désignation est faite par un arrêté du préfet.
134. — En quels cas le préfet doit consulter l'administration supérieure.
135. — En quel mode le préfet statue. Ce que contient son arrêté.
136. — Sur la désignation des propriétés.
137. — Sur l'indication de l'époque à laquelle il sera nécessaire d'en prendre possession.
138. — Des recours contre l'arrêté du préfet.
139. — Renvoi pour les expropriations d'intérêt purement communal et les travaux d'ouverture ou de redressement de chemins vicinaux.

133. En 1810, en 1833 et en 1841, on reconnut que ce n'était pas assez d'avoir accordé aux parties intéressées les moyens de faire valoir leurs réclamations, et qu'il fallait déterminer par qui serait rendue la décision qui devait désigner définitivement les terrains dont la cession serait nécessaire. Dans ces trois circonstances, on reconnut que la désignation ne pouvait être faite que par un arrêté du préfet, mais les deux dernières lois ont déterminé les cas où ce magistrat devra consulter l'administration supérieure.

134. [Ici, la loi du 3 mai 1841 (art. 11) ne prévoit plus que deux des trois hypothèses précédemment énoncées (p. 85), la troisième se confondant avec la première.

1° Si la commission n'a proposé aucune modification au tracé présenté par les ingénieurs, le préfet prononce directement sur le vu du procès-verbal de la commission et des documents y annexés ;

3° Mais, s'il résulte de l'avis de la commission qu'il y aurait lieu de modifier le tracé des travaux ordonnés, le préfet doit surseoir, jusqu'à ce qu'il ait été prononcé par l'administration supérieure. Dans ce cas, l'administration supérieure peut, suivant les circonstances, ou statuer définitivement, ou ordonner qu'il soit procédé de nouveau à tout ou partie des formalités prescrites par les précédents articles du titre II (1).

135. Lorsque le préfet statue, soit directement, soit après la décision de l'administration supérieure, il prononce sur le vu du procès-verbal de la commission d'enquête et des documents

---

(1) *Monit.*, 20 juin 1840, suppl. B.

y annexés; son arrêté doit être motivé; il détermine les propriétés qui doivent être cédées, et indique l'époque à laquelle il sera nécessaire d'en prendre possession (art. 11, § 1ᵉʳ).]

136. Pour la désignation de ces propriétés, le préfet, lors même qu'il maintiendrait le tracé porté au plan parcellaire, ne doit pas se borner à déclarer que les propriétés indiquées sur ce plan sont réellement nécessaires aux travaux; il doit désigner chacune d'elles spécialement, car l'art. 14 dit que le tribunal doit prononcer l'expropriation des terrains ou bâtiments *indiqués dans l'arrêté du préfet*. L'art. 15 ajoute qu'un *extrait du jugement*, contenant *les noms des propriétaires*, les motifs et le dispositif du jugement, est publié et affiché dans la commune de la situation des biens, inséré dans les journaux, et notifié à chacun des propriétaires intéressés. Le jugement doit donc évidemment contenir toutes les désignations qui peuvent intéresser les propriétaires, et l'on ne pourrait renvoyer ceux-ci à un plan qu'on ne leur notifierait pas. Pour que ces énonciations se trouvent dans le jugement, il faut qu'elles soient insérées dans l'arrêté du préfet.

Pour compléter la désignation des propriétés dont la cession est nécessaire, l'arrêté doit indiquer la nature et la contenance de chacune d'elles, surtout en cas de morcellement : car, si ces désignations ne se trouvaient pas dans l'arrêté, elles ne seraient pas non plus dans le jugement du tribunal, et l'extrait de ce jugement, notifié aux propriétaires, leur serait à peu près inutile, s'il ne leur faisait pas connaître quelle est la nature et l'étendue de la parcelle dont l'Etat réclame la cession. Dans son arrêt du 5 février 1840, la Cour de cassation dit qu'il eût été désirable que l'arrêté du préfet eût désigné avec précision la portion de la maison du sieur Hébert que l'expropriation devait atteindre, mais que, l'irrégularité commise à cet égard n'ayant pas été relevée par ce propriétaire, il n'y avait pas lieu de casser le jugement intervenu sur cet arrêté (1). Cet arrêt reconnaît, comme on le voit, la nécessité des désignations que nous venons de rappeler.

Les noms des propriétaires doivent être mentionnés dans l'arrêté du préfet, comme ils le sont dans le plan parcellaire, c'est-à-dire *tels qu'ils sont inscrits à la matrice des rôles*. C'est la seule désignation que l'administration soit tenue de connaître;

---

(1) S. 40.1.162.

c'est celle que le législateur a voulu consacrer dans toute la procédure en expropriation, car il n'a jamais supposé qu'une autre pourrait être substituée à celle-là.

137. L'art. 11 ajoute que l'arrêté du préfet doit indiquer l'époque à laquelle il sera nécessaire de prendre possession des diverses propriétés. En effet, il s'écoule souvent un long intervalle entre la date de cet arrêté et l'époque à laquelle les travaux commenceront sur les propriétés qui y sont désignées. S'il s'agit de terres labourables, il importe au propriétaire ou à son fermier de savoir si l'administration veut ou non lui laisser le temps de faire la récolte des grains qu'il y a semés, et s'il doit, par suite, continuer à leur donner les soins qu'ils réclament. S'il s'agit d'une maison, boutique ou usine, le propriétaire a besoin de savoir s'il doit évacuer les lieux immédiatement, ou s'il a plusieurs mois de délai pour transporter ailleurs son habitation ou son commerce. Il est certain que ces circonstances influent sur le montant de l'indemnité que le propriétaire ou locataire est en droit de réclamer, et, comme l'art. 24 veut qu'il fasse connaître le montant de ses prétentions, il a besoin pour cela d'être fixé sur l'époque de sa dépossession. — (A).

138. [A défaut de dispositions spéciales, les recours contre l'arrêté du préfet, en cette matière, sont soumis aux principes généraux.

En conséquence, l'arrêté du préfet peut toujours, comme acte émané d'une autorité subordonnée, être déféré à l'autorité supérieure, c'est-à-dire au ministre. La décision ministérielle, acte de pure administration fait par le ministre, en ce qui concerne le fond, dans la limite de ses pouvoirs, ne sera pas susceptible, par sa nature, d'être déférée à l'Empereur en son conseil d'Etat par la voie contentieuse. Mais, ici encore, la voie contentieuse sera ouverte, si, par les circonstances de la cause, l'arrêté est attaqué, soit pour excès de pouvoirs ou incompétence,

---

Additions.

(A) Lorsque l'arrêté de cessibilité du préfet indique que la cession contiendra, pour une propriété sous laquelle se trouvent des mines, *la surface seulement, avec réserve du tréfonds,* cet arrêté doit s'entendre en ce sens que l'expropriation ne portera que sur la superficie, et non sur le droit à la redevance imposée au concessionnaire de la mine en faveur du propriétaire du sol. En conséquence, le tribunal, appelé à prononcer l'expropriation, ne doit la prononcer qu'avec cette restriction et dans les termes de l'arrêté. Si cet arrêté blesse les intérêts des propriétaires de la surface, ce n'est que par la voie administrative qu'ils peuvent en poursuivre la réformation. Cass., 10 mars 1858 (*Gaz. trib.*, 14 mars 58).

soit pour violation des formes prescrites par les lois ou par les règlements, en un mot, pour violation d'un droit quelconque garanti par la loi.

139. Une exception à la formation de la commission régie par les art. 8, 9 et 10 de la loi du 3 mai 1841, est établie par l'art. 12 de la même loi, en ce qui concerne les expropriations réclamées par une commune et dans un intérêt purement communal, et les travaux d'ouverture et de redressement de chemins vicinaux. L'examen de cette disposition est renvoyé aux deux matières des *expropriations communales* et des *chemins vicinaux*, qui font l'objet de deux chapitres particuliers du deuxième volume de ce Traité. Toutefois, il importe de constater dès à présent que, si l'art. 12 dispense de la formalité de la commission, les expropriations demandées par une commune et dans un intérêt purement communal, cette exception ne peut s'entendre autrement que comme se référant aux cas où l'expropriation intéresse uniquement la commune demanderesse ; mais que les termes aussi bien que l'esprit de la loi ne permettent pas de l'appliquer aux expropriations qui peuvent affecter à la fois les intérêts d'autres communes, alors surtout que celles-ci ne se sont pas jointes à la commune demanderesse. C'est ce que la Cour de cassation a jugé par arrêt du 13 mars 1848 (1).]

CHAPITRE IV.

DE L'EXPROPRIATION POUR CAUSE D'UTILITÉ PUBLIQUE, ET DE SES CARACTÈRES DISTINCTIFS.

140. — Atteintes diverses portées à la propriété immobilière par l'administration, dans l'exécution des travaux publics.
141. — Les lois spéciales sur l'expropriation ne s'appliquent pas à toutes ces atteintes.
142. — Intérêt de savoir quand il y a *expropriation*.
143. — Définition de l'expropriation, d'après les auteurs de la loi du 8 mars 1810.
144. — Confirmée par l'interprétation historique.

---

(1) S. 48.4.379.

ET DE SES CARACTÈRES DISTINCTIFS. 75

145. — Et par les textes du Code Napoléon et des lois spéciales.
146. — Principe posé par Proudhon.
147. — Et par M. le président Laplagne-Barris.
148. — Transition à l'analyse des diverses atteintes portées à la propriété par l'administration.
149. — Expropriation, en vertu des lois spéciales.
150. — Occupation définitive, par incorporation réelle au domaine public, sans accomplissement des formalités prescrites par les lois spéciales.
151. — Occupations indéfinies.
152. — Occupations temporaires ; dépréciations, détériorations.
153. — Destruction de bâtiments, de plantations, même de terrains, sans acquisition de la propriété du sol pour le domaine public.
154. — Création d'une servitude passive.
155. — Servitude passive aggravée.
156. — Servitude active supprimée.
157. — Location forcée.
158. — Cessation forcée d'une location.
159. — Suppression ou diminution de la force motrice des moulins et usines établis sur cours d'eau navigables ou non navigables.
160. — Démolition d'un pavillon établi sur un pont dépendant du domaine public.
161. — Trouble porté par un acte de l'administration à la jouissance du concessionnaire d'un canal.
162. — Rachat de concession.
163. — Perte d'une immeuble pour le particulier, sans acquisition pour l'Etat.
164. — Résumé. Première règle, en matière d'expropriation : il faut qu'il y ait transmission d'une propriété privée au domaine public.
165. — Seconde règle : les lois du 8 mars 1810, du 7 juillet 1833 et du 3 mai 1841, ne concernent que les immeubles proprement dits. Preuves.
166. — Conséquences.
167. — Les lois s'appliquent à tous les immeubles du territoire, même à ceux possédés par des étrangers.
168. — Sauf l'hôtel de l'ambassadeur étranger : indépendance de l'ambassadeur et franchise de son hôtel.
169. — Troisième règle : l'utilité publique, jamais l'utilité *privée* d'un particulier.
170. — Exemples.
171. — Dans les extensions du privilége, la garantie d'une autorisation émanée du chef de l'Etat lui-même est d'autant plus indispensable. Un arrêté du préfet est insuffisant.
172. — Quatrième règle : l'indemnité.

76   CHAP. IV. — DE L'EXPROPRIATION

173. — S'il s'agit, toutefois, d'une véritable expropriation, transmission de propriété privée au domaine public.
174. — Non, s'il s'agit de catastrophes de force majeure. Théorie de Vattel. Adoptée par Toullier. Loi du 10 juillet 1791, art. 36, 37, 38 : distinction entre état *de guerre* et état *de siége*. Jurisprudence conforme du Conseil d'Etat. Arrêt de la Cour de cassation, du 14 juillet 1846. Intervention du Pouvoir *législatif*, à l'effet d'accorder des indemnités pour des cas particuliers. Décret impérial du 10 août 1853, art. 38, 39.
175. — Autre exception : quand on a renoncé d'avance à l'indemnité.
176. — Jurisprudence. Détails.
177. — Clause de non-indemnité, pour les avantages résultant de l'autorisation, dans les règlements d'usines sur cours d'eau.
178. — Renvoi, pour les questions de déchéance, d'après les lois sur la liquidation de la dette publique.
179. — Dépossession *non prévue au moment des travaux*.
180. — Faut-il qu'il y ait des *travaux à exécuter ?*
181. — Des édifices placés sous la surveillance de l'administration.
182. — L'expropriation est-elle applicable aux biens du *Domaine public*; spécialement, en cas de *concession* du nouveau travail ? Art. 3 de la loi du 3 mai 1841. Mais les principes s'y opposent. Règles de *l'Affectation*, dans le régime intérieur du domaine public. Peu importe la concession ; le caractère du domaine public subsiste ; les concessionnaires n'ont pas la propriété *parfaite*, la propriété *privée*. Jurisprudence du Conseil d'Etat. Antérieurement, même principe établi par Proudhon ; passage remarquable. Application. Analyse, en cette partie, de la loi du 10 juin 1853, sur les concessions de chemins de fer. Conclusion : la loi du 3 mai 1841 n'a pu vouloir parler, dans son art. 3, que de l'aliénation du domaine de *l'Etat*.
183. — Transition à divers faits qui ne sont, par leur nature, que des dommages, mais que des dispositions expresses de lois ont renvoyés à l'autorité judiciaire comme s'ils constituaient une expropriation.
184. — Exemples.
185. — Inconvénients.

140. [Dans l'exécution des travaux publics, l'administration porte à la propriété immobilière, en faveur de l'utilité générale, des atteintes de diverses natures:

Tantôt elle réclame d'un particulier la cession volontaire ou forcée du fonds lui-même, la transmission de la pleine propriété du domaine privé au domaine public, en vertu des lois spéciales, et avec accomplissement des formalités qu'elles prescrivent;

Ou elle occupe définitivement une propriété, par incorporation réelle dans le domaine public, sans accomplissement des formalités prescrites par les lois spéciales ;

Ou elle l'occupe sans avoir l'intention d'en devenir propriétaire, mais d'un autre côté, sans déterminer l'époque à laquelle la jouissance d'un particulier redeviendra libre ;

Tantôt elle se borne à occuper temporairement un héritage, ou à y causer des dégâts, des détériorations ;

Tantôt elle détruit des bâtiments ou des plantations, sans occupation du sol ; ou même elle détruit matériellement le sol, mais elle ne requiert la cession d'aucun fonds au domaine public ;

Tantôt elle impose à la propriété privée une charge, une modification, un service quelconque ;

Ou elle aggrave une charge, une modification, un service préexistants ;

Ou elle supprime de fait, ou gêne dans son exercice, un avantage, un service dont jouissait un héritage ;

Tantôt elle requiert la location d'un immeuble appartenant à un particulier ;

Ou, soit en détruisant la chose louée, soit en la faisant passer dans le domaine public, elle rompt le cours d'un bail ;

Tantôt elle diminue ou supprime la force motrice des usines sur cours d'eau navigables ou non navigables, etc., etc.

141. Faudra-t-il, dans tous ces cas sans distinction, parce que la propriété est le droit de disposer et de jouir, que la jouissance est une partie de la propriété, et que les tribunaux sont les juges des questions de propriété, recourir à la loi sur l'*expropriation*, aux formalités préalables, à la dépossession par les tribunaux, au règlement des indemnités par le jury, à l'indemnité antérieure à la prise de possession ? S'il en est ainsi, l'administration serait dans l'impuissance d'accomplir sa mission en tout ce qui concerne l'entretien, l'amélioration et la destination même des diverses parties du domaine public.

142. Il est, dès lors, d'un immense intérêt de savoir quand il y a *expropriation*, puisque, dans le sens légal, nommer l'*expropriation*, c'est indiquer l'application nécessaire de la loi du 3 mai 1841, et par conséquent, de toutes les formalités, garanties et dispositions ci-dessus énoncées, tandis qu'au contraire, là où ne se rencontrent pas tous les caractères légaux de l'*expropriation*, l'acte administratif et les réclamations qu'il peut soulever,

même les demandes d'indemnités, restent dans la sphère administrative (A).

143. Il s'agit donc d'abord de déterminer le sens du mot *expropriation*, dans l'opération prévue et réglée par la loi du 3 mai 1841, ou plutôt par celle du 8 mars 1810, qui est encore par son esprit et par ses principes la véritable base de toute la législation moderne en cette matière.

La définition du mot *expropriation*, dans le sens qu'y ont attaché les auteurs de cette loi, n'est pas difficile à trouver. Elle est tout entière dans les premières lignes du rapport fait au nom de la commission par M. Riboud, dans la séance du Corps législatif du 8 mars 1810. « Le projet de loi, dit le rapport, a pour
« but de concilier l'intérêt général et l'intérêt particulier, lors-
« que la *remise* de quelque propriété devient nécessaire pour
« l'utilité publique, et d'établir les règles justes, d'après les-
« quelles sa *cession* volontaire ou forcée doit être effectuée. En
« ce dernier cas, il s'agit d'opérer envers l'administration la
« *transmission* légale et authentique *de cette propriété*, c'est-à-dire
« d'en *exproprier* celui auquel elle appartient (1). » Ainsi, d'après les auteurs de la loi, comme d'après l'étymologie du mot lui-même, l'*expropriation* pour cause d'utilité publique est la *transmission de la propriété privée au domaine public*.

144. Cette définition (en ce qui touche le caractère « *transmission de la propriété* ») est en outre justifiée par l'interprétation historique. En effet sous les institutions antérieures, et jusqu'aux lois du 28 pluviôse an VIII et du 16 septembre 1807 inclusivement, les décisions sur les travaux publics à entreprendre, les ordres d'expropriations, les estimations de terrains, le règlement des indemnités, tout ce régime des travaux publics était dans les attributions administratives (2). La loi du 28 pluviôse an VIII, en chargeant, par son article 4, « les conseils de préfecture
« de prononcer sur les demandes et contestations concernant les
« indemnités dues aux particuliers à raison des terrains *pris* ou

---

(1) Locré, IX, p. 744.
(2) *Suprà*, p. 4 et suiv.

Additions.

(A) Lorsque le jury d'expropriation a fixé l'indemnité due à un propriétaire pour le terrain exproprié, et que ce propriétaire réclame une indemnité à raison de la *dépréciation causée par les travaux* à sa propriété, le conseil de préfecture doit se déclarer incompétent si le requérant ne justifie pas que toutes les causes de dépréciation n'aient pas été prises en considération par le jury, et s'il n'allègue pas de préjudice postérieur à la décision du jury. C. d'Etat, 7 mai 1857 (Lebon, *Recueil*, 57, p. 358).

« fouillés pour la confection des chemins, canaux et autres ou-
« vrages publics, » et celle du 16 septembre 1807, en soumettant à leur délibération (art. 57) les expertises relatives à toutes
les *occupations de terrains* comprises dans son titre XI (art. 48 à
57), n'ont donc pas transporté à l'autorité administrative des
fonctions qui eussent jamais appartenu, en France, à l'ordre judiciaire. Elles les ont trouvées existant de tout temps dans l'ordre
administratif, qu'elles ont seulement assujetti, en cette partie,
et pour donner une garantie de plus à la propriété, à certaines
formes empruntées à la procédure judiciaire. En cet état, qu'a
fait la loi du 8 mars 1810 ? Elle a détaché de l'ensemble des
attributions administratives, parmi les atteintes que l'utilité publique porte à la propriété privée, la plus grave de toutes ces
atteintes : celle qui consiste dans la *transmission de la propriété
elle-même à l'État*. Toutes les autres atteintes et les réparations
qui leur sont dues sont restées dans la ligne administrative,
parce qu'elles lui appartiennent de leur nature ; que, de plus,
elles lui appartenaient en vertu de dispositions expresses ; et
qu'aucune loi spéciale ne les en a pas séparées, puisque la
seule loi spéciale, la seule loi dérogatoire aux pouvoirs généraux de l'administration, la loi du 8 mars 1810, n'en a détaché
que les expropriations « *cessions de fonds, transmission de propriété.* » Quant aux lois des 7 juillet 1833 et 3 mai 1841, en
modifiant les conditions et les formes de l'expropriation pour
cause d'utilité publique, et en instituant, sous la direction d'un
membre du tribunal, un jury chargé d'évaluer les indemnités,
ces lois n'ont point étendu la limite de la compétence des tribunaux, ni enlevé à l'autorité administrative les fonctions qu'elle
n'a point cessé d'exercer sous le régime de la loi de 1810 :
la position respective des deux autorités administrative et judiciaire est restée la même à cet égard.

145. Enfin le caractère de « *transmission de propriété* » est
écrit dans tous les textes des lois sur la matière. En effet, le
Code Napoléon lui-même avait déjà exprimé l'idée d'*expropriation* par les mots « *cession de la propriété* » (art. 545). La loi du
8 mars 1810 traite, dans son article 3, des actes qui ordonnent
l'achat de terrains ou édifices destinés à des objets d'utilité publique ; dans son article 4, des terrains ou édifices dont la *cession*
serait reconnue nécessaire ; dans son article 8, des demandes et
plaintes des *propriétaires* qui soutiendraient que l'exécution des
travaux n'entraîne pas *la cession de leurs propriétés ;* dans son article 11, du prix des *fonds à céder ;* dans son article 12, des *pro-*

priétaires qui souscriront à la *cession* qui leur sera demandée ; dans son article 13, des *propriétés cessibles*, et de la déclaration par laquelle le tribunal autorise le préfet *à se mettre en possession ;* dans son article 20, du *propriétaire dépossédé*, etc. Les lois des 7 juillet 1833 et 3 mai 1841 ont maintenu à l'expropriation ce même caractère par les expressions suivantes : *cession* (art. 4, 13, 14) ; *aliénation* (art. 13) ; *envoi en possession de la propriété* (art. 41, 67) ; *prise de possession* (art. 53, 65, 70, 73) ; terrains acquis (art. 56, 58, 60, 62) ; terrains que l'administration est dans le cas de *revendre* (art. 61) ; dont les anciens propriétaires veulent *réacquérir la propriété* (même article) ; contrat de *rachat* (même article) ; portion *cédée* (art. 64) ; *remise de la propriété* (même article).

146. Parmi les jurisconsultes, Proudhon a, l'un des premiers, signalé comme l'élément essentiel et nécessaire de l'expropriation la *mutation de propriété*. Il commence par poser le principe en ces termes : « La loi du 8 mars 1810 a *dérogé* au système « (des lois antérieures) en ce qui touche aux expropriations « d'héritages, qui doivent être faites aujourd'hui par autorité « de justice ; et *comme on ne doit pas étendre la dérogation au delà* « *du cas dans lequel elle est arrêtée*, il en résulte que, pour toutes « espèces d'indemnités autres que celle qui est due pour expro- « priations de fonds, l'expertise en doit être encore faite par- « devant les conseils de préfecture. » Puis, arrivant à une question spéciale, celle de l'établissement des chemins de halage : « Ces chemins, ajoute Proudhon, ne sont pas des chemins de « servitude : par conséquent, *le sol sur lequel ils sont assis res-* « *tant toujours dans les mains d'un autre maître, il serait impossible* « *de concevoir comment il y aurait expropriation là ou il n'y a pas* « *mutation de propriété :* d'où il faut nécessairement conclure « qu'il ne doit pas y avoir lieu à faire ici l'application des lois « sur les expropriations de fonds pour cause d'utilité publi- « que » (1).

147. M. le président Laplagne-Barris a établi le même principe dans la discussion du projet de loi du 15 juillet 1845, sur la police des chemins de fer : « La loi du 3 mai 1841, a dit l'émi- « nent magistrat, n'a pour objet *que l'expropriation ;* et l'on « appelle expropriation le *transfert d'une propriété d'une tête sur* « *une autre*, tandis qu'ici la propriété reste sur la tête de l'an-

---

(1) *Domaine public*, n° 837.

« cien propriétaire... » (1). « Je ne sache pas, je le répète, une
« seule juridiction qui ait osé appliquer la loi de 1841 à un
« dommage causé indépendamment de toute expropriation » (2).

148. Examinons maintenant les conséquences légales de cette
doctrine, en analysant les diverses natures d'atteintes que l'utilité générale porte à la propriété immobilière dans l'exécution
des travaux publics. Nous suivrons l'énumération déjà indiquée
ci-dessus (3).

149. 1° *Expropriation*. Lorsque l'administration requiert et
fait prononcer le transfert de la propriété privée au domaine
public, nul doute : c'est précisément le cas prévu par les lois du
8 mars 1810, du 7 juillet 1833 et du 3 mai 1841.

Peu importe que l'expropriation soit totale ou partielle, c'est-à-dire qu'elle frappe la totalité ou seulement une partie de l'héritage. Si petite que soit cette partie, il suffit que la vente forcée
l'ait mise dans le domaine public pour qu'il y ait expropriation
de cette partie. Au contraire, si aucune partie du fonds n'a été
cédée au domaine public, la dépréciation, si grande qu'elle soit,
quand même elle s'étendrait sur la totalité de l'héritage, ne
constitue pas une expropriation dans le sens des lois spéciales.

Il n'y a donc, pour distinguer le cas d'expropriation qu'une
seule question à poser : Qui est *propriétaire?* Si l'État est devenu
propriétaire à la place d'un particulier, il y a expropriation.
Mais, s'il n'y a aucune partie de l'héritage dont on puisse dire
qu'elle a cessé d'être la propriété de l'un et est devenue la propriété de l'autre, il n'y a pas expropriation, puisque le propriétaire est toujours le même.

150. 2° *Occupation définitive, par incorporation réelle dans le
domaine public, sans accomplissement des formalités prescrites par
les lois spéciales*. — Quelquefois des propriétés privées se trouvent incorporées de fait, dans le domaine public, sans que les
formalités prescrites par les lois spéciales d'expropriation aient
été accomplies, tantôt parce qu'il s'agit de cas auxquels ces
formalités ne sont pas applicables, tantôt parce que l'administration a omis de les accomplir. Quand l'incorporation dans le
domaine public est ainsi consommée, il n'y a plus à s'occuper
des formalités préalables ; mais il y a encore à régler l'indemnité. La jurisprudence décide généralement que, dans ces circonstances, l'indemnité doit être appréciée comme en matière

---

(1) Discussion à la Ch. des Pairs, *Monit.*, 1844, p. 840.

(2) *Ibid.*, p. 893.
(3) *Ibid.*, p. 93.

d'expropriation régulière, c'est-à-dire conformément aux titres IV et suivants de la loi du 3 mai 1841.

La Cour de cassation l'a jugé, à l'occasion de l'occupation d'une partie de propriété par le tracé du nouveau lit d'une rivière non navigable (1).

La jurisprudence administrative contentieuse et le tribunal des conflits également ont admis ce résultat :—dans l'espèce de l'extraction d'un rocher appartenant à un particulier dans le lit d'une rivière navigable (2) ; — dans celle de terrains pris en 1811, par le génie militaire, pour l'extension des fortifications de la place du Havre (3) ; — dans celle de terrains dont l'administration s'était emparée pour y construire un pont et un abreuvoir public (4) ; — dans celle d'une demande en dommages-intérêts réclamés à raison de la prise de possession de terrains occupés pour le redressement d'un chemin avant l'accomplissement des formalités légales (5) ; — dans celle d'une indemnité prétendue par des particuliers, à raison de l'occupation définitive, par l'administration, de terrains et rochers (6) ; — dans les questions de délimitation du domaine public (7), etc. — (A).

151. 3° *Occupations indéfinies*. — Cette expression n'existe pas, à notre connaissance, dans les lois. Elle a été créée par la juris-

---

(1) 3 fév. 1851 (S. 51.1.190).
(2) Ord. content., 3 mai 1839.
(3) Ord. sur confl., 1er fév. 1844.
(4) Arr. du Gouv. sur confl., 20 juin 1848.
(5) Déc. sur confl., 25 mars 1832.
(6) Décr. content., 28 mai 1852 et 15 mars 1855.
(7) Arr. de la sect. du content., 14 mai 1850 ; décis. du trib. des confl., du 15 mars 1850, du 22 nov. 1851 ; décr. sur confl., 26 juin 1852, 1er déc. 1853.

Additions.

(A) Lorsqu'un tunnel de chemin de fer est creusé au travers d'une carrière qui, au moyen d'une vente de tréfonds précédemment faite par le propriétaire de la surface, constitue une propriété distincte de celle de la surface, l'appréciation de l'indemnité n'est pas de la compétence administrative. Le tunnel faisant partie du chemin de fer, la portion de propriété qui a servi à l'établir se trouve incorporée à la voie publique, et de cette incorporation il résulte une dépossession définitive au préjudice du propriétaire de la carrière, lequel a droit à une indemnité réglée conformément à la loi de 1841. Cons. d'État, 15 avril 1857 (Lebon, *Rec.*, 1857, p. 272).

Les préfets n'ont le droit d'ordonner l'élargissement d'un cours d'eau que dans le cas où cette mesure n'entraîne pas l'expropriation des propriétés riveraines. S'il est nécessaire pour cet élargissement de prendre une portion des terrains riverains, il y a lieu de recourir à la voie de l'expropriation pour cause d'utilité publique ; et dans ce cas, le préfet excède ses pouvoirs en prescrivant l'exécution par les riverains ou d'office à leurs frais, des travaux d'élargissement sur les portions de propriété à acquérir. Cons. d'État, 1er déc. 1859 (S. 60.2.395) ; Cons. d'État, 30 nov. 1863 (S. 63.2.72).

prudence administrative contentieuse, dans un esprit libéral et de bienveillance, pour désigner des occupations d'une durée indéterminée et les assimiler à l'expropriation, du moins quant au mode de règlement des indemnités. C'est ce que le conseil d'Etat a décidé : 1° à l'occasion d'un fossé creusé par ordre du préfet sur une propriété privée, pour faire suite à l'aqueduc d'une route (1); 2° à l'occasion d'une crique pratiquée sur le terrain d'un particulier, aussi pour l'écoulement des eaux d'une route, et quoique le Ministre ne demandât l'ouverture de la crique que jusqu'à ce qu'il en fût autrement ordonné (2) ; 3° dans le cas d'un terrain envahi par suite de l'exhaussement d'un étang dépendant d'un canal de navigation, et que du reste le préfet *reconnaissait devoir être acquis par l'Etat* (3). Le conseil a déclaré, dans ces trois circonstances, que le règlement de l'indemnité devait être fait par le jury spécial, conformément à la loi du 3 mai 1841.

Cependant le conseil d'État a refusé d'appliquer ce système : — au cas d'inondation permanente d'un terrain, par suite de la construction d'un canal (4) ; — et au cas de déversement d'eaux douces dans un étang salé, déversement qui dénaturait les eaux de l'étang et en paralysait ainsi toute l'utilité entre les mains du propriétaire (5). Ces faits ont été déclarés simples dommages, et le règlement des indemnités réclamées a été réservé à l'autorité administrative.

Par sa nature, l'occupation indéfinie ne me paraît pas, en principe, constituer une expropriation, du moins quand rien ne constate, ni explicitement, ni matériellement, la transmission de la propriété, l'incorporation dans le domaine public. Si le fait n'implique pas par lui-même une incorporation dans le domaine public; si l'on peut concevoir le particulier restant toujours propriétaire, sauf la charge qui grève la superficie pendant l'occupation, et, au moment où l'occupation vient à cesser, retrouvant sa propriété libre, sans avoir besoin de la *réacquérir* (6), il en résulte que, la propriété n'ayant pas changé de main, la compétence administrative subsiste.

Quant aux intentions de l'administration dans cette classe de faits, je crois que la juridiction administrative contentieuse est tenue de s'en rapporter aux déclarations du ministre. Quand le

---

(1) Ord. sur confl., 6 déc. 1844.
(2) Ib., 5 sept. 1836.
(3) Ib., 25 août 1841.
(4) Ib., 20 avril et 23 oct. 1835.

(5) Arr. du Gouv. au content., 10 avril 1848.
(6) Loi, 3 mai 1841, art. 60.

ministre des travaux publics pense qu'il n'est pas nécessaire d'acquérir le terrain à perpétuité, personne ne peut forcer l'Etat à acquérir, à devenir propriétaire malgré lui. Cela n'a lieu que dans les cas spécialement prévus par les lois. Ainsi, la loi du 16 septembre 1807, art 51, veut que « les maisons et bâtiments dont il « serait nécessaire de faire démolir et d'enlever une portion pour « cause d'utilité publique légalement reconnue *soient acquis en* « *entier*, si le propriétaire l'exige. » La loi du 21 avril 1810, sur les mines, veut (art. 43 et 44) : « que lorsque l'occupation des « terrains pour les recherches ou les travaux des mines prive les « propriétaires du sol de la jouissance du revenu au delà du « temps d'une année, les propriétaires du sol puissent *exiger des* « *propriétaires des mines l'acquisition des terrains* à l'usage de l'ex- « ploitation. » Mais, pour les occupations autorisées en vertu des lois du 28 pluviôse an VIII et du 16 septembre 1807, nulle disposition ne détermine la *durée* qu'elles ne pourront dépasser. On voit même que, dans sa théorie sur les caractères de l'expropriation vraie, le conseil d'État oppose l'expropriation totale ou partielle aux dommages, quelles que soient d'ailleurs leur nature, leur importance ou leur *durée* (1). Lors donc que l'administration supérieure déclare, par suite de la combinaison de projets qui peuvent amener la cessation de l'occupation, que l'acquisition à perpétuité n'est pas nécessaire, je crois que la juridiction administrative contentieuse doit laisser le ministre agir sous sa responsabilité. A défaut de limite déterminée par la loi, c'est au ministre seul à apprécier si une occupation plus ou moins prolongée, sans expropriation, ne serait pas contraire à l'esprit de la loi, contraire aussi aux intentions protectrices du Gouvernement, et si elle peut être maintenue au delà d'une durée équitable. D'un autre côté, c'est au Conseil d'État à statuer en dernier ressort sur le dommage et à allouer une indemnité complète. Mais l'appréciation même de la durée, surtout à l'avance, ne rentre pas, à mon avis, dans le contentieux. Ces principes, du reste, me paraissent résulter : 1° de la décision du tribunal des conflits, du 17 juillet 1850, fondée sur les motifs qui suivent : « Considérant *qu'il est déclaré par le préfet* du départe- « ment et par le *ministre des travaux publics* que le régime d'ali- « mentation du canal du Berry n'est pas encore définitivement « arrêté par l'administration ; que certains travaux tendant à

---

(1) Ord. content., 17 mai 1844; ord. sur confl., 17 déc. 1847 ; arr. sect. content., 13 août 1851.

« modifier ce régime sont à l'étude pour être prochainement
« exécutés, et que ces travaux auraient pour effet de restituer
« au cours de la Marmande tout ou partie des eaux aujourd'hui
« empruntées; que *dès lors, et en l'état*, il n'y a pas lieu de re-
« chercher si c'est à l'autorité administrative ou à l'autorité ju-
« diciaire qu'il appartient de constater la dépréciation qui serait
« apportée à une usine légalement établie par l'enlèvement dé-
« finitif de tout ou partie des eaux de la rivière employées à
« son exploitation, et de fixer le chiffre de l'indemnité; que
« jusqu'au règlement définitif de l'alimentation du canal du
« Berry et à l'achèvement des travaux qui doivent l'assurer en
« cette partie, les dommages éprouvés par suite de prises d'eau,
« et les indemnités auxquelles elles donnent lieu, *ne peuvent être*
« *appréciés que relativement à chaque chômage, et doivent être cal-*
« *culés d'après sa durée, son importance, et le préjudice réel éprouvé*,
« et que c'est avec raison que le préfet a revendiqué *pour l'au-*
« *torité administrative* la connaissance du litige (1); » — 2° du
décret, sur conflit, du 14 septembre 1852, conçu en ces termes :
« Considérant... que, dans l'arrêté par lequel il a élevé le con-
« flit, *le préfet de la Seine persiste à déclarer*, comme il l'avait
« fait dans son déclinatoire, que la question de savoir si les pa-
« villons seront reconstruits ou non n'est pas encore résolue;
« que dès lors les dommages dont se plaint la dame Tremery
« doivent *d'après les lois des* 28 *pluviôse an VIII et* 16 *septembre*
« 1807, *être appréciés par l'autorité administrative;* l'arrêté de
« conflit est confirmé (2) ».

152. 4° *Occupations temporaires, dégradations, détériorations.*
— Les divergences d'opinions qui ont existé longtemps sur ce
point n'appartiennent plus maintenant qu'au passé de la jurisprudence. Aujourd'hui, toutes les juridictions sont d'accord.

Voici néanmoins, pour l'intelligence de la théorie tout entière, le résumé des principaux éléments du débat, dans cette
partie de la question :

La loi du 28 pluviôse an VIII, art 4, charge les conseils de
préfecture de « prononcer sur les demandes et contestations
« concernant les indemnités dues aux particuliers, à raison des
« terrains *pris ou fouillés* pour la confection des chemins, ca-
« naux et autres ouvrages publics. » En combinant cette dispo-

---

(1) Rec., 1850, p. 689.
(2) *Ib.*, 1852, p. 422.

sition avec la loi du 8 mars 1810 et autres, qui attribuent la déclaration d'expropriation et le règlement des indemnités d'expropriation à l'autorité judiciaire, les tribunaux civils n'ont voulu appliquer l'art. 4 de la loi du 28 pluviôse an VIII qu'aux dommages qu'ils ont appelés *temporaires*, tels que les destructions de récoltes ou les privations purement momentanées de jouissance, qui ne changent pas l'état de l'immeuble. Mais quant aux dommages qui attaquent l'état ou la substance même de l'immeuble, la jurisprudence judiciaire, les qualifiant de *permanents*, les a considérés comme constituant une espèce d'expropriation. « La propriété, a-t-elle dit, est le droit de *jouir*
« et de disposer des choses de la manière la plus absolue ; et
« nul ne peut être contraint de céder sa propriété, si ce
« n'est pour cause d'utilité publique et moyennant une juste
« et préalable indemnité. Or, puisque la *jouissance* est une
« portion essentielle de la propriété, la modification ou l'alté-
« ration permanente et perpétuelle de la jouissance modifie ou
« altère évidemment la propriété ; d'où résulte le droit du pro-
« priétaire à une indemnité, *comme s'il subissait une expropriation*
« *réelle d'une partie du sol.* » Par exemple : 1° les travaux d'exhaussement du sol d'une rue ont enfoui en partie une maison riveraine, les fenêtres et portes du rez-de-chaussée sont enterrées ; le rez-de-chaussée est devenu une cave ; 2° les propriétés riveraines d'un canal sont endommagées par l'infiltration des eaux. La jurisprudence judiciaire a vu dans ces circonstances, et dans beaucoup d'autres cas analogues, des dommages équivalents à une expropriation, et elle leur a appliqué, en ce qui concerne le règlement des indemnités, la juridiction des tribunaux civils, d'après la loi du 8 mars 1810, sauf discussion sur le point de savoir si, d'après l'économie générale et les dispositions particulières des lois du 7 juillet 1833 et du 3 mai 1841, le jury spécial constitué par ces lois n'est appelé à connaître que du règlement de l'indemnité *préalable*, en d'autres termes, sauf la question de savoir si la compétence a été ou non transportée des tribunaux ordinaires au jury spécial pour les cas dont il s'agit (1).

La jurisprudence administrative, après quelques hésitations dans les premiers temps, avait fini par adopter une règle fixe. Elle n'admettait pas la distinction entre les dommages tempo-

---

(1) Cass., 30 avril 1838 ; C. Lyon, 1er mars 1838 ; même C., 9 déc. 1840 (S.38.1. 456 ; 39.2.470 ; 41.2.257).

raires et les dommages permanents, Elle jugeait, par le seul motif « que les travaux n'avaient donné lieu à *l'expropriation d'aucune partie de la propriété,* » que, dès lors, l'autorité administrative était seule compétente, aux termes de l'art. 4 de la loi du 28 pluviôse an VIII, pour statuer sur l'action intentée contre l'administration (1).

Tel était l'état des choses lorsque le tribunal des Conflits a été organisé par la loi du 4 février 1850. Cette haute juridiction ne pouvait pas tarder à être saisie de la question des dommages permanents, qui était l'une des occasions les plus fréquentes et les plus considérables des revendications solennelles exercées par le Gouvernement en faveur de l'autorité administrative vis-à-vis de l'autorité judiciaire. En moins d'une année, la question s'est présentée neuf fois devant le tribunal, qui, par des décisions uniformes, l'a résolue dans le sens de la juridiction administrative. Le haut tribunal s'est fondé sur ces motifs : « que les lois
« des 28 pluviôse an VIII et 16 septembre 1807 ont chargé l'au-
« torité administrative de prononcer sur les réclamations des
« particuliers pour tous les torts et dommages résultant de
« l'exécution des travaux publics, *jusques et y compris l'expro-*
« *priation des immeubles;* que les lois des 8 mars 1810, 7 juillet
« 1833 et 3 mai 1841, *n'ont enlevé à l'autorité administrative* que
« la connaissance des actions en indemnité *pour cause d'expro-*
« *priation totale ou partielle.* » En conséquence, toutes les fois que « les travaux exécutés n'avaient occasionné *l'expropriation*
« *d'aucune partie de la propriété des particuliers,* » le tribunal a confirmé les arrêtés de conflit et dessaisi l'autorité judiciaire (2).

Depuis, la Cour de cassation a consacré définitivement cette doctrine. Sur un pourvoi présenté au nom du domaine de l'État en Algérie, la Cour a rendu, à la date du 29 mars 1852, l'arrêt suivant : « Vu les art. 13, tit. 2, de la loi des 16-24 août 1790,
« et 4, tit. 1er, de la loi du 28 pluviôse an VIII; attendu, en droit,
« que l'attribution de compétence qui résulte de ces disposi-
« tions en faveur de l'administration relativement aux récla-
« mations des particuliers pour les torts et dommages prove-
« nant de l'exécution de travaux publics s'applique, hors les

---

(1) Ord. content., 17 mai 1844; 17 déc. 1847 ; arr. du Gouy., en Cons. d'Etat, du 20 juin 1848 ; décr. content., 14 fév. 1849 ; 27 fév. 1849, etc.

(2) Décis. du 29 mars 1850 ; autre du même jour ; 3 avril 1850 ; 8 mai 1850; 3 juill. 1850 ; et deux autres du même jour ; 17 juill. 1850;18 nov. 1850; 24 juill. 1851.

« cas d'expropriation, à toute espèce de dommages résultant, soit
« du fait ou de la faute de l'administration elle-même, sans qu'il y
« ait lieu de distinguer entre les dommages purement temporai-
« res et les dommages permanents ; que *les lois des 8 mars 1810,*
« *7 juillet 1833 et 3 mai 1841 n'ont enlevé, en effet, au contentieux*
« *administratif, pour l'attribuer à l'autorité judiciaire, que la con-*
« *naissance des actions en indemnité pour expropriation totale ou*
« *partielle ;*
« Attendu, en fait, que la réclamation de la défenderesse a eu
« pour objet, dans l'espèce, non une indemnité pour expropria-
« tion de tout ou partie de sa propriété, mais la réparation du
« préjudice causé à cette propriété, soit par la détérioration des
« tuyaux de conduite des eaux de la ville de Blidah et par la
« prétendue négligence de l'administration à pourvoir à cet
« état de choses, soit par le vice des travaux exécutés pour
« y porter remède ; — D'où il suit que, en se déclarant compé-
« tente pour prononcer sur cette réclamation, sous le prétexte
« qu'il se serait agi de dommages permanents et non de dom-
« mages temporaires, la Cour d'Alger a expressément violé les
« dispositions ci-dessus visées ; — Casse (1). »

Bien plus, un arrêt tout récent a jugé, dans le cas d'une
expropriation, « quant au chef relatif aux dommages qu'un par-
« ticulier aurait soufferts dans son bâtiment d'exploitation (par
« suite de l'expropriation du terrain voisin appartenant au
« même particulier), que, si une indemnité pouvait lui être due,
« il appartenait au conseil de préfecture *seul* de prononcer sur
« sa prétention (2) ».

En résumé donc, aujourd'hui, et de l'accord unanime des
juridictions, toutes les fois qu'il n'y a pas expropriation totale
ou partielle, par aliénation d'une partie quelconque du fonds,
par substitution, pour une partie quelconque de l'héritage, d'un
propriétaire à un autre, les occupations temporaires, les détériorations ou dépréciations résultant de l'exécution de travaux
publics, sont restées, quelles que soient d'ailleurs leur nature,
leur importance et leur durée, dans la compétence des conseils
de préfecture, aux termes des lois des 28 pluviôse an VIII, 16 septembre 1807, 8 mars 1810, 17 juillet 1833 et 3 mai 1841. — (A).

---

(1) 29 mars 1852 (S. 52.1.440).
(2) Cass., 14 août 1854 (S. 55. 1. 142).

Additions.
(A) Cette règle s'applique notamment quand il s'agit de statuer :
Sur l'action d'une commune contre la

153. 5° *Destruction de bâtiments, de plantations, même de terrains, sans acquisition de la propriété du sol pour le domaine public.* — Pour qu'il y ait expropriation, il faut qu'il y ait prise de posses-

compagnie concessionnaire d'un chemin de fer, à raison de ce que celle-ci aurait dépossédé la commune, en vertu de décisions administratives, et sans que les formalités légales d'expropriation aient été remplies, d'une portion de chemin vicinal, réunie à la voie ferrée. Cons. d'Etat, 15 mai 1858 (S. 59.2.265);

Sur le dommage résultant de l'occupation d'une parcelle voisine pour le dépôt ou le transport des matériaux provenant du terrain exproprié. Cass. civ., 23 juin 1862 (*Gaz. trib.*, 25 juin 62);

Sur le dommage résultant de travaux publics exécutés par l'administration, et par exemple, à raison de la non-jouissance de la partie non expropriée de sa propriété pendant la durée des travaux exécutés par le génie militaire.

Mais au jury seul appartient d'apprécier les dommages devant résulter d'une manière directe et certaine, pour la portion de la propriété non expropriée, des travaux en vue desquels a été prononcée l'expropriation. Cass., 23 juin, 8 juill. 1862 (S. 62.1.1069).

Elle s'applique encore à la demande formée par un propriétaire à l'effet d'obtenir la discontinuation de travaux publics, tels que ceux d'ouverture d'un chemin vicinal de grande communication, commencés sur son terrain sans qu'il y ait eu ni expropriation régulière, ni cession amiable. Cons. d'Etat, 15 déc. 1858 (S. 59.2.462).

Mais il a été jugé aussi par le Conseil d'État que les tribunaux ne peuvent, sans excès de pouvoirs, ordonner la destruction des travaux illégalement exécutés et le rétablissement des lieux dans leur ancien état. Cons. d'Etat, 13 déc. 1845 (S.59.2.265).

C'est aux autorités instituées par la loi du 3 mai 1841, qu'il appartient de régler les indemnités dues pour l'établissement, dans une propriété privée, d'une conduite souterraine destinée à amener les eaux de diverses sources à une station de chemin de fer. Cons. d'État. 3 févr. 1859 (Lebon, *Rec.*, 1859, p. 107).

Un propriétaire a été partiellement exproprié pour l'établissement d'un chemin de fer, et les indemnités à lui dues ont été réglées suivant les formes prescrites par la loi du 3 mai 1841. Devant le jury d'expropriation il a fait des réserves, dont il lui a été donné acte, relativement au droit qu'il aurait de réclamer telle nouvelle indemnité qu'il appartiendrait pour le cas où, par suite des travaux de l'établissement du chemin de fer, les eaux dont jouissait la partie non expropriée de son domaine viendraient à être taries. Dix-huit ans après, ce propriétaire forme une demande tendant à obtenir une indemnité nouvelle, à raison du préjudice que lui causerait la perte des eaux dont profitait son domaine, et qui auraient été interceptées par suite des travaux exécutés pour l'établissement du chemin de fer; Cette demande appartient à la compétence administrative.

Des réserves mêmes il résulte que la perte des eaux, dont l'éventualité était subordonnée à l'exécution des travaux, ne constituait pas une suite certaine et nécessaire de l'expropriation ; il s'agit donc d'apprécier un dommage qui, n'étant ni certain ni connu lors de l'expropriation, serait résulté des travaux ultérieurement exécutés pour l'établissement du chemin de fer. C'est au conseil de préfecture qu'il appartient d'en connaître en vertu des lois des 28 pluviôse an VIII et 16 septembre 1807. Cons. d'Etat, 24 février 1865 (Lebon, 1865, p. 244).

Au contraire, l'incompétence de l'autorité administrative existe, quand il s'agit de prononcer sur la demande en dommages-intérêts formée par une commune contre la compagnie concessionnaire d'un chemin de fer, à raison de ce que la compagnie aurait pris possession du sol d'un chemin non vicinal, sans avoir accompli les formalités légales ; cette demande ne peut être appréciée que par l'autorité judiciaire, conformément à la loi du 3 mai 1841. Cons. d'État, 1er mai 1858 (S. 59. 2.188);

sion au nom de l'Etat, a titre de propriétaire, ce qui n'est pas le cas de ces espèces.

C'est en ces termes qu'a prononcé le tribunal des conflits

Sur la réclamation d'un propriétaire dont la cour a été en partie occupée définitivement pour la construction du nouveau remblai d'une route. La déclaration d'incompétence dans ce cas doit porter non-seulement sur le dommage causé par la prise de possession de la partie de cour, mais sur tous ceux des dommages allégués par le propriétaire, qui peuvent être considérés comme une conséquence de cette prise de possession. Cons. d'État, 7 janv. 1864 (Lebon, 1864, p. 18).

Le Conseil de préfecture est encore compétent pour interpréter et appliquer des conventions de droit civil et des engagements résultant de conventions prises devant le jury d'expropriation. Cons. d'Etat, 29 mars 1860 (Lebon, 1860, p. 274); 13 janv. 1859 (Lebon, 1859, p. 29);

Pour statuer sur la demande en indemnité formée par le propriétaire d'un terrain exproprié partiellement, pour cause d'utilité publique, à raison du préjudice qu'il aurait éprouvé par suite de la non-exécution de l'engagement pris par l'administration, devant le jury d'expropriation, de créer ou rétablir des rues sur la partie non expropriée. Cons. d'État, 29 mars 1860 (S. 60.2.508);

Pour connaître des dommages résultant de l'exécution de travaux publics, lorsque ces dommages sont la conséquence actuelle et nécessaire d'une expropriation pour cause d'utilité publique. En ce cas, c'est au jury d'expropriation qu'il appartient de fixer l'indemnité due pour ces dommages, comme pour l'immeuble exproprié. Cass., 23 juin 1863 (S. 63.1.549);

Si, par suite de l'établissement d'un pont composé de deux volées, mobiles chacune autour d'une pile construite au bord de la rivière, et afin d'assurer le mouvement d'une de ces volées, les deux étages supérieurs d'une maison venaient à être démolis pour livrer passage au contrepoids de cette volée, et si le propriétaire privé de partie de sa propriété, répondait à l'offre qui lui a été faite d'une indemnité, par une demande tendant à ce que,

par application de l'art. 50 de la loi du 3 mai 1841, sa maison fût expropriée en entier, le Conseil de préfecture serait incompétent pour statuer sur le règlement de l'indemnité. Cons. d'Etat, 27 déc. 1860 (Lebon, 1860, p. 824). Cons. d'Etat, 9 fév. 1865 (Lebon, 1865, p. 178);

Lorsqu'un jury d'expropriation a accordé aux propriétaires riverains d'une ruelle sur le sol de laquelle un chemin de fer a été établi, une indemnité sous la réserve qu'ils justifieraient de leur droit de propriété sur le sol de la ruelle, et a, accessoirement, en fixant l'indemnité relative au sol de la ruelle, tenu compte des dommages causés aux maisons par l'exécution du chemin de fer, si un jugement du tribunal civil vient à décider que ces propriétaires n'ont pas de droit de propriété sur le sol de la ruelle, la décision du jury d'expropriation ne fait point obstacle à ce que les propriétaires portent devant le Conseil de préfecture, la demande d'indemnité relative aux dommages causés à leurs maisons par l'exécution du chemin de fer. L'attribution d'une indemnité relative aux dommages, ayant été subordonnée par le jury à une condition qui ne s'est pas réalisée, est devenue sans effet. Cons. d'Etat, 15 juin 1864. (Lebon, 1864, p. 524.)

Dans le cas où soit le préfet, soit le ministre aurait autorisé à titre d'occupation temporaire l'équivalent d'une véritable expropriation, il appartiendrait au Conseil d'État, statuant au contentieux, de caractériser l'occupation indéfinie, et de décider qu'elle constitue une dépossession, que, par suite, le règlement de l'indemnité appartient, non pas au Conseil de préfecture, mais aux autorités instituées par les lois des 7 juill. 1833 et 3 mai 1841. Cons. d'État, 7 janv. 1864. (Lebon, 1864, p. 25.)

Lorsqu'un concessionnaire de travaux publics, auquel on réclame une indemnité pour dommage causé par l'abaissement de voies publiques, oppose au propriétaire, devant le Conseil de préfecture, une fin de non-recevoir tirée d'un acte dont l'ob-

dans une instance où il était allégué que par l'effet de travaux exécutés sur le Lot par l'administration, et à la suite d'une crue extraordinaire de cette rivière, des terrains appartenant à un particulier avaient été en partie envahis par les eaux, et en partie convertis en graviers (1).

Le conseil d'État avait déjà statué dans le même sens : — au sujet de murs renversés par l'effet de remblais exécutés sur une grand'route(2);— au sujet d'une maison dont la solidité avait été tellement diminuée par l'exécution de travaux publics, que le propriétaire se trouvait obligé de refaire l'un des murs, et forcé de le reculer pour se conformer à l'alignement, etc. (3). — (A).

154. 6° *Création d'une servitude passive.* — Une servitude, n'étant qu'une charge imposée sur un héritage et n'entraînant aucune cession du fonds lui-même, ne constitue pas une expropriation.

Le conseil d'État l'a décidé : — à l'égard de la servitude de chemin de halage (4) ; — à l'égard des servitudes établies pour

---

jet principal avait été une cession de terrain par le propriétaire à lui concessionnaire, et dont une clause spéciale avait alloué une certaine somme pour morcellement et préjudice causé à la propriété, et que de son côté le propriétaire soutient que lors du règlement amiable de cette indemnité, le travail d'abaissement des voies publiques n'était pas même projeté, qu'ainsi le préjudice causé par ce travail n'a pu être compris dans l'indemnité, le Conseil de préfecture, en présence de cette constatation doit surseoir à statuer jusqu'à ce que l'autorité judiciaire, seule compétente pour interpréter les contrats de droit civil, ait interprété l'acte dont il s'agit. Cons. d'État, 20 janv. 1865. (Lebon, 1865, p. 844.)

Le Conseil de préfecture est compétent, aux termes de l'art. 4 de la loi du 28 pluv. an VIII et de l'art. 48 de la loi du 16 sept. 1807, pour statuer sur les indemnités réclamées pour dommages causés par l'exécution de travaux publics ; mais il ne lui appartient ni d'apprécier les droits que la ville prétend résulter pour elle de l'expropriation prononcée à son profit, *ni de* déterminer en vertu des art. 644 et suivants, les droits soit de la ville, soit des propriétaires sur les eaux des sources, *ni* de connaître de l'existence et des effets des réserves que les propriétaires allèguent avoir faites devant le jury à l'époque de l'expropriation. Ces questions sont de la compétence de l'autorité judiciaire. Cons. d'Etat, 9 fév. 1865. (Lebon, 1865, p. 175.)

(1) 2 juill. 1851.
(2) Ord. content., 24 oct. 1821 ; arr. du Gouv., sur confl., 9 janv. 1849.
(3) Ord. content., 22 avr. 1842.
(4) Ord. content., 4 juill. 1827, 25 août 1835, 2 janv. 1838, 25 août 1844.

Additions.

(A) Il a décidé encore que lorsqu'une compagnie de chemin de fer a acquis une portion du sol d'une rue d'une ville par expropriation pour utilité publique, et que l'indemnité due à la ville a été réglée par décision du jury d'expropriation, la compagnie ne peut être condamnée par le Conseil de préfecture, à payer des indemnités aux propriétaires riverains à raison du dommage qui serait résulté pour eux du rétrécissement de la rue. Cons. d'Etat, 8 déc. 1859 (Lebon, 1859, p. 717). Cons. d'Etat, 14 fév. 1861 (Lebon, 1861, p. 144).

la défense des places de guerre (1) : en cette matière spéciale les motifs du conseil sont : « que jusqu'à l'époque de la loi « du 17 juillet 1819, le ministre de la guerre a été seul com- « pétent pour prononcer sur les demandes d'indemnités pour « dommages causés aux particuliers par l'établissement des « places fortes et autres moyens défensifs du royaume ; que « l'article 45 de cette loi ne renvoie aux tribunaux que les de- « mandes en indemnités relatives aux expropriations, aux pri- « vations de jouissance ou aux dommages matériels ; d'où il « suit, aux termes de l'art. 16 de la même loi, que le ministre « de la guerre est resté investi du droit de statuer en première « instance, et sauf recours au chef de l'État en son conseil, sur « les demandes en indemnités pour les autres cas non prévus « dans la loi. »

155. 7° *Servitude passive, aggravée.* — Si la création d'une servitude n'est pas une expropriation, à plus forte raison ce caractère ne peut-il appartenir à la simple aggravation d'une servitude préexistante. L'administration n'opérant, alors, aucune dépossession, et ne faisant aucune incorporation de terrain privé au domaine public, la loi du 3 mai 1841, relative à l'expropriation pour cause d'utilité publique, ne reçoit dans ce cas aucune application (2).

156. 8° *Servitude active, supprimée.* — La suppression d'une servitude active, n'entraînant, pas plus que la création d'une servitude passive, une cession de fonds, ne constitue pas davantage une expropriation.

Le conseil d'État l'avait jugé dès le 22 janvier 1823, dans l'affaire de la dame de Gourgues, à l'occasion de la suppression de canaux servant à conduire dans un fleuve les eaux de terres naturellement humides et marécageuses. Les motifs de l'ordonnance ont une grande portée doctrinale : « Considérant (y est-il « dit) qu'il s'agit, dans l'espèce, d'apprécier les effets et les « conséquences d'un travail d'utilité publique, *entrepris sur un* « *fleuve qui fait partie du domaine de l'État, laquelle entreprise ne* « *nécessite pas une expropriation forcée;* qu'ainsi, il n'y a pas lieu « d'invoquer l'application de la loi du 8 mars 1810, ni le renvoi « de la demande devant l'autorité judiciaire ; considérant qu'il

---

(1) Ord. content., 21 déc. 1825, 15 juin 1832, 7 avr. 1835 ; décr. content., 14 août 1852.

(2) Trib. des conflits, 21 déc. 1850, 28 mai 1851 ; Cass. 2 déc. 1863 (*Gaz. trib.*, 3 déc. 63).

« s'agit seulement de dépréciation ou dommages qui ne peu-
« vent être constatés et évalués que conformément aux disposi-
« tions prescrites par la loi du 16 septembre 1807 ; l'arrêté de
« conflit est approuvé. » Ultérieurement, le conseil a statué
dans le même sens : — au sujet de la suppression de droits de
jour, d'issue et de passage régulièrement établis sur une voie
publique (1) ; — au sujet de l'exhaussement d'une digue grevée,
au profit d'une maison voisine, de la servitude *altiùs non tol-
lendi*, etc. (2).

Cette jurisprudence a été sanctionnée par le tribunal des
conflits, qui a déclaré, sur la demande du sieur Guillot, tendante à obtenir de l'État le rétablissement d'une prise d'eau et
d'un aqueduc, supprimés par suite de travaux de rectification
d'une route, et, à défaut de ce rétablissement, une indemnité
pour le préjudice qu'il prétendait avoir souffert par ladite suppression, qu'il appartient exclusivement à l'autorité administrative de prononcer sur les torts et dommages provenant de travaux publics et sur les indemnités qui peuvent être dues *par
suite de ces travaux*, et qu'en conséquence l'arrêté de conflit était
confirmé en tant qu'il revendiquait pour l'autorité administrative les questions de savoir : 1° si l'État devait rétablir la prise
d'eau et l'aqueduc dont il s'agit ; 2° à défaut de rétablissement,
quelle serait l'indemnité due à Guillot réclamant (3).

Toutefois les décisions qui précèdent, en matière de *servitudes
actives supprimées*, ont été rendues dans des causes où l'administration se trouvait en rapport directement et exclusivement
avec des ayants droit à une servitude, sans aucun mélange
d'expropriation du fonds. Dans les cas de déclaration d'utilité
publique et d'expropriation soumise à la loi du 3 mai 1841, il
est certain, au contraire, que, si l'administration est dans la
nécessité, par l'effet de la résistance du propriétaire, de suivre
à son égard toute la série des formalités, l'indemnité due pour
la servitude supprimée est jointe, comme accessoire et con-
nexe, à l'indemnité due au propriétaire pour la cession du
fonds, et que toutes deux sont réglées par le jury spécial : c'est
ce que prescrivent les articles 21 et suivants de la loi du 3 mai
1841. Mais, si le propriétaire vient à s'effacer, parce qu'il aura
traité à l'amiable avec l'administration, et qu'il n'y ait plus de

---

(1) Ord content., 15 juin 1842.
(2) Ord. sur confl., 17 mai 1844.

(3) 12 juin 1850.

demande d'indemnité que de la part de l'ayant droit à la servitude, comment devra-t-on procéder ? L'administration sera-t-elle obligée de continuer l'accomplissement des dispositions de la loi du 3 mai 1841 à l'égard de cet ayant droit dont le sort reste à régler, ou pourra-t-elle lui opposer que, ne transmettant personnellement aucune portion de propriété, il ne peut invoquer, de son chef, la loi spéciale, et que son indemnité, la seule chose qui soit en débat, doit être réglée, selon sa nature propre, comme un simple dommage ? Le conseil d'État a décidé que :
« si, par un acte de cession amiable, postérieur à l'ordonnance
« déclarative d'utilité publique, l'administration avait pu acheter
« les terrains sans être obligée d'accomplir à l'égard du pro-
« priétaire les formalités de la loi du 3 mai 1841 relative à
« l'expropriation pour cause d'utilité publique, cette circons-
« tance ne pouvait la dispenser de remplir lesdites formalités à
« l'égard des parties auxquelles appartenaient, sur l'immeuble
« vendu, quelques-uns des droits prévus par les art. 21 et 39
« de la loi précitée et qui ne consentiraient pas à l'abandon de
« ces droits (1). »

Le tribunal des conflits s'est peut-être conformé plus rigoureusement aux principes, en décidant, par rapport à une réclamation d'indemnité pour servitude active supprimée, qui se présentait seule, quoiqu'elle eût été précédée de déclaration d'utilité publique, et d'acquisition de fonds : qu'après la décision préjudicielle à rendre par les tribunaux civils sur la question de savoir si le réclamant avait encouru la déchéance de son droit par application des dispositions de la loi du 3 mai 1841 (art. 21), l'indemnité qui pourrait être due pour le dommage causé devrait être appréciée, s'il y avait lieu, par l'autorité administrative, aux termes des lois des 28 pluviôse an VIII et 16 septembre 1807. La règle nettement posée, à ce sujet, par le haut tribunal, c'est que la loi du 3 mai 1841 n'a organisé l'expropriation, pour cause d'utilité publique, des servitudes actives, *qu'accessoirement à l'expropriation de l'immeuble* (2), qui doit être livré à l'administration, pour l'exécution des travaux publics, purgé de tous droits immobiliers (3) — (A).

---

(1) Arr. de la sect. du content., 19 janv. 1850.
(2) 16 déc. 1850.
(3) Comp. avec ord. content., 17 mai 1844, 17 déc. 1847.

Additions.
(A) La suppression, par suite des travaux de rectification d'un chemin de fer, d'une servitude de passage qui avait été concédée à un riverain exproprié lors de l'établissement du chemin, constitue la

157. 9° *Location forcée*. — La location n'enlève aucune portion de la propriété ; le propriétaire ne peut pas, quand la location de son immeuble est requise, se prétendre exproprié.

Le conseil d'Etat a cependant hésité longtemps sur cette question, dans la matière spéciale de la location forcée des halles anciennes, au profit des communes, en vertu de la loi du 15 mars 1790, art. 19 (1). Aujourd'hui la jurisprudence est fixée dans le sens de la compétence administrative, à l'effet de statuer sur les contestations élevées entre un particulier et une commune, relativement au prix de location d'une halle dont ce particulier reste propriétaire (2).

Le conseil a aussi varié sur la question, en ce qui concerne le prix de la location forcée des salles de spectacle : par décisions en date du 8 mars 1811 et du 10 avril 1818, il s'est prononcé en faveur de la juridiction administrative ; mais, par décisions en date du 4 juillet 1815 et du 25 juin 1819, il a renvoyé le litige devant l'autorité judiciaire.

Depuis, M. le Ministre de l'intérieur a déclaré, au sujet d'une contestation entre un directeur de théâtre et le propriétaire d'une salle de spectacle : que l'administration ne pouvait imposer au propriétaire un prix pour la location de sa propriété,

---

dépossession d'un droit réel dont il n'appartient qu'aux tribunaux ordinaires de connaître, à l'exclusion soit de l'autorité administrative, ne s'agissant pas d'un simple dommage à la propriété du riverain, soit du jury d'expropriation, la suppression n'étant pas la conséquence de l'expropriation primitive, ni d'une expropriation spéciale pour cause d'utilité publique. Cass. ch. civ., 2 fév. 1859 (S.60.1.267.)

L'autorité judiciaire est encore seule compétente pour prononcer sur l'existence de servitudes prétendues supprimées par suite de l'exécution de travaux publics. Cons. d'État, 18 avr. 1861 (S.62.2.444.)

C'est au jury d'expropriation et non au Conseil de préfecture, qu'il appartient de régler l'indemnité due à un propriétaire pour la suppression d'une servitude d'arrosage et d'abreuvage sur l'étang de son voisin, alors que cette suppression procède des travaux en vue desquels a été prononcée l'expropriation pour cause d'utilité publique, et que ces mêmes travaux d'utilité publique enlèvent audit propriétaire une portion quelconque de sa propriété. Cass. ch. civ., 23 juin 1863 (*Gaz. trib.*, 24 juin 63).

La suppression d'une servitude existant au contraire au profit d'un immeuble, suppression occasionnée par des travaux publics qui ne touchent pas à l'immeuble lui-même, ne constitue pas une expropriation pour cause d'utilité publique, à laquelle serait applicable la loi du 3 mai 1841, mais un simple dommage permanent, dont la réparation est de la compétence des tribunaux administratifs. (Lois des 28 pluv. an VIII et 16 sept. 1807.) Cass. ch. civ., 26 avril 1865 (*Gaz. trib.*, 27 avril 65).

(1) *Traité des Servitudes d'utilité publique*, I, p. 445 et suiv.

(2) Avis du Cons. d'État du 20 juin 1836 ; ord. content., 24 août 1840, 10 mars 1843 ; 15 sept. 1843.

et que les lois sur l'expropriation pour cause d'utilité publique ne sauraient trouver dans un tel cas leur application (1).

158. 10° *Cessation forcée d'une location.* — Le locataire n'ayant aucun droit dans la propriété, la cessation forcée de son bail ne transmet aucune propriété à l'Etat. Même dans le cas de suppression de baraques et constructions que le locataire aurait établies sur le terrain loué, comme aucune partie du fonds n'est cédée, il n'y a pas expropriation (2).

Toutefois, ici, comme en matière de servitudes actives supprimées (3), dans une espèce où les travaux pour l'exécution desquels l'administration avait mis des particuliers en demeure de délaisser la maison qu'ils occupaient à titre de locataires avaient été précédés d'une déclaration d'utilité publique, le conseil d'Etat a décidé : « que si, par un acte de cession volontaire ho-
« mologué par un jugement, l'administration avait acheté la
« maison sans accomplir à l'égard du propriétaire les formalités
« de la loi du 3 mai 1841, cette circonstance ne pouvait la dis-
« penser d'accomplir ces formalités à l'égard des locataires qui
« ne consentaient pas à une résiliation amiable, et que, dans ce
« cas, il y avait lieu d'appliquer l'art. 1er de la loi du 3 mai 1841,
« aux termes duquel l'expropriation pour utilité publique s'opère
« par autorité de justice (4). » Le ministre des travaux publics avait présenté, dans l'instruction de l'affaire dont il s'agit (5), des considérations très-graves contre le système qui a été admis par le conseil d'Etat, et nous croyons que ce système ne s'accorde pas avec la décision précitée, du tribunal des conflits, en date du 16 décembre 1850 (6). Nous le croyons même difficile à concilier, sinon avec le dispositif, du moins avec le *considérant*, d'un décret postérieur, sur conflit, du 14 septembre 1852, dans lequel il est dit : « que, *même dans le cas d'expropriation d'im-*
« *meubles, d'après la loi du 3 mai* 1841, le règlement des indem-
« nités dues aux locataires ne peut avoir lieu devant les tribu-
« naux civils et le jury spécial, *qu'accessoirement à celui des*
« *indemnités afférentes aux propriétaires expropriés* » : d'où il suivrait directement que, même dans une expropriation commencée

---

(1) *Rec. arrêts Conseil*, 1833, p. 293.
(2) Ord. sur confl., 6 sept. 1843.
(3) *Suprà*, p. 94.
(4) Arr. de la sect. du content., 18 août 1849. Dans le même sens, 29 mars 1851.

(5) *Rec. arrêts Conseil*, 1849, p. 529, 530. — V. aussi, sur les principes, les observations de M. le ministre, dans son rapport, *Rec. arrêts Conseil*, 1843, p. 519, 540.
(6) *Suprà*, p. 94.

en vertu de la loi du 3 mai 1841, si le propriétaire, et avec lui la cause *principale*, viennent à disparaître du débat, comme il n'y a plus alors *d'accessoire* possible, l'indemnité du locataire, resté seul, n'est plus attirée à l'autorité judiciaire, et qu'elle continue, d'après sa nature propre, d'appartenir à la juridiction administrative.

159. 11° *Suppression ou diminution de la force motrice des moulins et usines établis sur cours d'eau navigables ou non navigables, et perte d'autres objets non susceptibles de propriété privée.* — Puisqu'il faut avoir été propriétaire pour pouvoir se dire exproprié, il s'ensuit que la perte des objets *non suceptibles de propriété privée* ne peut être qualifiée d'expropriation.

Après avoir souvent jugé que la suppression totale ou partielle de la force motrice d'une usine établie sur un cours d'eau constituait une véritable expropriation, et qu'en conséquence l'indemnité devait être réglée dans les formes établies par la loi du 8 mars 1810 (1), le conseil s'est fixé, à partir de 1844, dans le sens opposé. Les motifs de la jurisprudence actuelle sont que : « la pente des cours d'eau *n'étant pas susceptible de propriété « privée*, la suppression totale ou partielle, par suite de l'exé- « cution de travaux publics, de la force motrice résultant de « l'emploi de cette pente, ne constitue qu'un dommage dont la « connaissance appartient aux conseils de préfecture en vertu « des lois du 28 pluviôse an VIII et 16 septembre 1807 (2). »

Cette grave question a été discutée à la séance publique du tribunal des conflits du 17 juillet 1850, dans l'affaire de M. le duc de Mortemart. Le savant commissaire du Gouvernement (3) y a soutenu avec une conviction éloquente le système de la *propriété privée* des forces motrices utilisées au profit des usines sur

---

(1) Ord. content., 17 août 1825; 5 mai 1830; 10 juill. 1833; 17 avr. 1834; 18 avr. 1835, etc.

(2) Décr. content., 28 mai 1852; arr. de la sect. du content., 13 août 1851; Anal. : ord. content., 17 mai 1844; ord. sur confl., 17 déc. 1847; arr. de la sect. du cont., 29 mars 1854; décr. content., 18 nov. 1852; décr. sur confl., 15 déc. 1853. — J'ai publié un travail sur cette matière, dans la *Revue critique de Jurispr.*, janv. 1852 (Cons. d'État, 16 mai 1858 (*Gaz. trib.*, 18 juin 58). — *Contrà*, Caen, 28 janv. 1858 (*Gaz.*, *ibid.*). — Jugé encore que : au cas où un canal, bien qu'affecté à perpétuité au service public de la navigation, constitue, d'après les actes de concession, une propriété privée entre les mains du concessionnaire, lorsque celui-ci vient à être dépossédé pour l'exécution de travaux publics, c'est au jury d'expropriation et non au Conseil de préfecture qu'il appartient de fixer l'indemnité qui peut lui être due. Cons. d'État, 10 avril 1860 (S.60.2.572).

(3) M. Rouland, alors avocat général à la Cour de Cassation.

cours d'eau non navigables ni flottables. Mais un point de vue spécial du litige (1) a dispensé le tribunal des conflits de se prononcer sur cette importante théorie (2).

Quant au principe, ci-dessus énoncé, de la jurisprudence actuelle du conseil d'État, il est bien précis, puisque, dans le même établissement, dans la même usine, le conseil distingue entre l'indemnité relative à la dépossession des bâtiments, prés, terrains et rochers dépendants de l'usine, et celle relative à la privation de la force motrice, pour attribuer le règlement de la première seulement à l'autorité judiciaire, et réserver le règlement de la seconde à l'autorité administrative (3).

Le principe du conseil d'État s'applique, d'ailleurs, aux rivières non navigables ni flottables (4), comme aux rivières navigables.

Je dois toutefois reconnaître que, sur toute cette série de questions, la Cour de cassation vient de se prononcer en faveur du système contraire, même par rapport aux rivières navigables. C'est ce qui résulterait d'un arrêt en date du 21 mai 1855, dont le sommaire a été inséré dans la *Gazette des Tribunaux* en ces termes : « Lorsque dans l'intérêt de la navigation, l'administration a jugé nécessaire la suppression d'un moulin ou usine situé sur une rivière navigable, c'est à l'autorité judiciaire, juge des questions de propriété soulevées au sujet des travaux publics, et non à l'autorité administrative, qu'il appartient de décider si l'établissement du moulin ou de l'usine est légal ; si, spécialement, l'établissement de ce moulin ou usine est antérieur à 1566, et si, par suite, le propriétaire a droit à une indemnité (5). — (A). »

---

(1) *Suprà*, p. 84.

(2) 17 juill. 1850 (Lebon, *Rec*., p. 689).

(3) Arr. de la sect. du cont., 29 mars 1851 ; décr. cont., 28 mai 1852 ; Anal., décr. sur confl., 15 déc. 1853.

(4) Ord. sur confl., 17 déc. 1847 ; décr cont., 18 nov. 1852 ; décr. sur confl., 15 déc. 1853, et observations de M. le Ministre des travaux publics, sur le conflit, dans l'affaire de M. le duc de Mortemart (Lebon, *Rec*., 1850, p. 691, 692).

(5) *Gaz. trib*., 22 mai 1855.

Additions.

(A) Lorsque la *suppression d'un barrage* établi dans le lit d'une rivière navigable, a pour effet de supprimer en même temps la force motrice et les bâtiments de l'usine, laquelle a été construite sur le barrage même et vendue nationalement, l'autorité administrative n'est pas compétente pour régler intégralement l'indemnité, y compris la portion afférente aux bâtiments détruits ; le jury d'expropriation ne l'est pas davantage pour fixer toute l'indemnité, même en ce qui concerne la perte de la force motrice. La question d'indemnité doit être divisée de telle sorte que le règlement de l'indemnité pour suppression de la force motrice soit réservé à l'administration, le jury devant au contraire connaître du règlement de l'indemnité pour prise de possession par l'État

160. Je crois que c'est par la raison, ci-dessus indiquée, d'objet *non susceptible de propriété privée*, qu'un pavillon établi sur le *Pont-Neuf*, à Paris, a pu être démoli autrement que par voie d'expropriation, pour cause d'utilité publique (1) : il n'y avait pas expropriation, puisque le pont public était inaliénable et imprescriptible, et non susceptible de propriété privée.

161. C'est par la même raison aussi qu'a été rejeté le recours du sieur Daviaud, concessionnaire, pour une durée de 44 ans à partir de 1824, du canal de Luçon. La ville de Luçon ayant été autorisée par une ordonnance royale du 2 juillet 1845 à établir une gare sur la rive droite de ce canal, le sieur Daviaud se prétendait *exproprié*, et il demandait que son indemnité fût réglée conformément à la loi du 3 mai 1841. Le conseil d'État a décidé : qu'il résultait de l'instruction que la jouissance gratuite et révocable accordée par l'État à la ville de Luçon d'une portion de digue dépendant du canal de Luçon dont la concession avait été adjugée pour 44 ans au sieur Daviaud, *ne constituait pas une expropriation* au préjudice de ce concessionnaire, mais un simple trouble dans sa jouissance pouvant donner droit à une indemnité en sa faveur ; que dès lors, le conseil de préfecture était compétent pour statuer sur la quotité du dommage causé audit sieur Daviaud et le chiffre d'une indemnité due (2).

162. C'est par la même raison encore qu'il a été procédé par d'autres voies que celle de la loi du 3 mai 1841 au rachat par l'État pour cause d'utilité publique : 1° des droits attribués par la loi du 14 août 1822 à la compagnie des *Quatre-Canaux* (3) ; 2° au rachat de la concession du havre de Courseulles (4), etc.

163. Enfin, une transmission, cession ou aliénation, se com-

---

des bâtiments et du matériel qui y est attaché comme immeuble par destination. Cons. d'État, 27 août 1857 (Lebon, *Rec.*, 1857, p. 696).

L'État ne doit pas d'indemnité à raison du *préjudice causé à un moulin à vent*, par la construction (sur une parcelle détachée, par expropriation pour cause d'utilité publique, de la propriété sur laquelle le moulin était construit), de fortifications qui, en interceptant les courants d'air, privent ce moulin de sa force motrice, alors même que le moulin aurait été construit antérieurement aux lettres patentes du 13 août 1776 et que son propriétaire pourrait invoquer l'art. 31 de la rubrique 13 de la coutume de Bergues, relatif aux moulins à vent. Cons. d'État, 10 janv. 1856 (Lebon, *Rec.*, 1856, p. 33).

La *suppression d'un étang*, en vertu de la loi du 11 sept. 1792, constitue-t-elle une expropriation donnant lieu à indemnité préalable ? Voir Cons. d'État, 15 avril 1857 (Lebon, *Rec.*, 1857, p. 257).

(1) Décr. sur confl., 14 sept. 1852.
(2) Décr. cont., 16 avril 1852.
(3) Loi du 29 mai 1845 ; décr. du 21 janv. 1852.
(4) Loi du 3 juill. 1846 ; ord. royale du 20 octobre suivant.

pose de deux éléments : dessaisissement d'un côté, et acquisition de l'autre. Si l'État n'acquiert pas, il n'y a pas plus expropriation que si le particulier n'est pas dessaisi. De là, la décision du conseil d'État, dans l'affaire jugée le 15 juin 1842, où les hospices de Strasbourg perdaient bien leur propriété, mais où l'Etat n'avait rien acquis (1).

164. En résumé, donc, d'après tout ce qui précède, la première règle, la règle fondamentale de la matière, c'est que, pour qu'il y ait *expropriation* et, par suite, lieu à l'application des dispositions de la loi du 3 mai 1841, il faut qu'il y ait *transmission d'une propriété privée au domaine public*.

165. Une seconde règle à constater, c'est que les lois spéciales du 8 mars 1810, du 8 juillet 1833 et du 3 mai 1841, ne sont relatives qu'aux *immeubles* proprements dits. C'est le *terrain* que l'administration demande, car, lorsqu'il est couvert de constructions, l'administration ne les paie ordinairement que pour les démolir. Le Code Napoléon, au titre *de la Propriété* (art. 545), a sans doute consacré au profit de la nation, le droit de cession, moyennnant une juste et préalable indemnité, de tous les objets susceptibles de propriété privée ; mais les lois spéciales précitées ne s'appliquent qu'aux *immeubles*.

Voici, sur ce point, les autorités :

« La loi du 8 mars est applicable seulement, ainsi que cela
« résulte des art. 3, 6, 9, 16, 25, aux *biens immobiliers proprement dits* (2). »

« Loi du 7 juillet 1833, en prescrivant que l'expropriation
« pour cause d'utilité publique s'opère par autorité de justice,
« n'a pour objet que l'expropriation *foncière en matière de travaux publics* (3). »

« Les lois des 8 mars 1810, 7 juillet 1833, et 3 mai 1841,
« n'ont enlevé à la juridiction administrative que la connais-
« sance des contestations relatives à l'*expropriation totale ou partielle des immeubles* (4). »

« Les lois du 8 mars 1810, du 7 juillet 1833, et du 3 mai 1841,
« ne sont applicables qu'à la *dépossession des biens immobiliers*
« *proprement dits* (5). »

---

(1) Lebon, *Rec.*, 1842, p. 297.
(2) Ord. cont., 17 mai 1844 ; 17 déc. 1847 ; arr. de la sect. du cont., 13 août 1851.
(3) Ord. cont., 26 août 1835.
(4) Décr. du trib. des confl.
(5) Décr. cont. 12 août 1854 ; aussi, implicitement, 25 mars 1854.

166. En conséquence, il n'y a pas lieu de procéder conformément à ces lois, dans le cas d'indemnités réclamées :

Pour cessation d'établissements d'industrie prohibés par des dispositions législatives (1);

Pour suppression ou diminution de la force motrice des usines établies sur cours d'eau (2);

Pour privation d'une prise d'eau nécessaire à l'alimentation de l'usine d'un particulier (3);

Pour dérivation et emprunt des eaux appartenant à une association (4);

Pour le préjudice que le Gouvernement causerait à des concessionnaires en réduisant, contre leur volonté, la perception des droits de navigation sur les canaux par eux exécutés (5). Et l'acte du Gouvernement qui, en se fondant sur l'intérêt général, a rompu le contrat, n'est pas susceptible d'être annulé par la voie contentieuse. On ne comprendrait pas, en effet, que, dans le service public des communications, comme dans toutes les autres parties des services publics, par exemple, dans le service de l'armée ou de la défense militaire, l'Etat pût être tellement lié par une convention, qu'il fût obligé de l'exécuter en nature, au risque de laisser périr l'armée, la défense militaire, ou une voie de communication. Il faut donc que la convention soit résiliée. Toutefois, comme il faut aussi que personne ne perde, l'acte du Gouvernement qui résilie la convention ne fait pas obstacle à ce que la partie intéressée porte devant la juridiction compétente toutes réclamations relatives au sens et à l'exécution de son traité (6)—(A).

---

(1) Ord. cont. précitée, 26 août 1835.
(2) Ord. cont. précitées, 17 mai 1844, 17 déc. 1847; arr. de la sect. du cont., 13 août 1851; déc. du trib. des confl.; décr. cont., 12 août 1854.
(3) Décr. cont., 15 déc. 1853.
(4) Décr. cont., 23 mars 1854.
(5) Ord. cont., 30 août 1847.
(6) Décr. cont., 16 juin 1853.

Additions.

(A) Cependant, lorsqu'une compagnie ayant été déclarée adjudicataire des travaux à entreprendre pour la construction d'un canal de navigation, moyennant le paiement d'une certaine somme et la concession pendant 99 ans de la jouissance du canal, des travaux entrepris par l'administration dans le cours de la jouissance de la compagnie ont seulement pour objet de modifier l'état du canal en vue des nécessités du service public, et auront pour résultat, non pas de priver les concessionnaires d'une manière définitive et absolue du droit qui fait l'objet de leur concession, mais seulement de modifier l'exercice de ce droit et de changer les conditions de leur jouissance, on ne peut prétendre que les travaux ne peuvent être entrepris sans l'accomplissement préalable des formalités exigées par la loi du 3 mai 1841 sur l'expropriation pour utilité pu-

167. Les lois spéciales sur l'expropriation ne s'appliquent qu'aux immeubles; mais elles s'appliquent à tous les immeubles du territoire. En effet, c'est le terrain proprement dit qui est nécessaire à l'administration, pour y établir l'assiette de ses travaux. Peu importe, dès lors, la qualité du possesseur (1), même la qualité d'étranger.

« Les immeubles, même ceux possédés par des étrangers, « sont régis par la loi française. » (Cod. civ., art. 3.)

168. Sauf pourtant l'hôtel de l'ambassadeur étranger, en vertu des principes qui ont consacré l'indépendance de l'ambassadeur et la franchise de son hôtel, lequel est toujours censé situé en pays étranger, et est inaccessible aux ministres ordinaires de la justice du territoire (2). Si donc, pour l'ouverture ou le prolongement d'une rue, à Paris, l'acquisition de l'hôtel d'un ambassadeur étranger devenait nécessaire, l'expropriation ne pourrait pas être prononcée par le tribunal civil de la Seine. Ce serait l'objet d'une transaction diplomatique (3).

169. Une troisième règle de notre sujet consiste dans le caractère *d'utilité publique*. L'expropriation dont il s'agit ne peut être autorisée pour cause d'intérêt général, jamais pour l'intérêt privé d'un particulier.

170. Du reste, l'utilité publique n'est pas renfermée dans les seules entreprises de l'État, des départements et des communes. Elle s'étend aux travaux entrepris par des associations d'individus, associations volontaires ou forcées, constituées par les lois, dans des conditions déterminées, pour l'exécution de certains ouvrages d'intérêt collectif, qui aboutissent à un véritable intérêt public, spécialement en matière de desséchements, d'irrigations, de digues et chaussées contre les fleuves, rivières

---

blique. Cons. d'État, 1ᵉʳ mars 1860 (Lebon, 1860, p. 182).

Les troubles qui peuvent résulter de la suppression d'une rue, comme de tous travaux opérés sur la voie publique, ne constituent pas une expropriation. Le jury est incompétent pour allouer une indemnité de ce chef; c'est aux tribunaux administratifs seuls qu'il appartient de statuer. Trib. de la Seine, 23 janv. 1862 (*Gaz. trib.*, 14 févr. 62).

L'interdiction de distiller des céréales prononcée par le décret du 26 oct. 1854, ne rentre pas dans les cas d'expropriation pour cause d'utilité publique, et ne peut, à ce titre, donner lieu à une indemnité au profit des propriétaires des distilleries atteintes par cette interdiction. Cons. d'État, 26 févr. 1857 (S. 58.2.57).

(1) Loi du 3 mai 1841, art. 13.
(2) Vattel, liv. II, chap. 9, § 117.
(3) *Traité des Servitudes d'utilité publique*, II, p. 64, et, en outre, la loi du 3 mars 1794, relative aux envoyés des gouvernements étrangers; et discours au Conseil d'État, C. civ., II, p. 45, 46.

et torrents navigables ou non navigables, d'inondations des mines, etc. (1).

L'utilité publique peut même s'étendre à un établissement particulier. Toutefois, ce qu'il faut, alors, c'est que le privilége de l'expropriation soit conféré à ceux qui le reçoivent, non dans leur intérêt privé, non pour l'augmentation de leur fortune personnelle, mais dans les rapports de l'établissement dont il s'agit avec l'intérêt public, par exemple, pour faciliter, dans l'intérêt de l'industrie, du commerce et de l'agriculture, l'exploitation ou la distribution des produits d'un établissement métallurgique. C'est ainsi que nous avons déjà montré le privilége d'expropriation pour cause d'utilité publique conféré pour la construction d'un chemin de fer *particulier* d'embranchement destiné à relier une usine aux voies d'une grande ligne de chemin de fer (2).

171. Enfin, à plus forte raison dans ces extensions du privilége, la haute garantie d'un acte du chef de l'État est indispensable. Un préfet excéderait ses pouvoirs en autorisant des concessionnaires de mines à construire un chemin de fer sur les parcelles de terrains situées en dehors du périmètre de leur concession : aux termes de l'art. 3 de la loi du 3 mai 1841, combiné aujourd'hui avec l'art. 4 du sénatus-consulte interprétatif, du 25 décembre 1852, aucun chemin de fer ne peut être exécuté qu'en vertu d'une autorisation par décret impérial rendu dans les formes prescrites pour les règlements d'administration publique (3).

172. Une quatrième règle, en cas d'expropriation, est celle de l'indemnité, et même de l'indemnité *préalable*.]

Sans indemnité, il y aurait *confiscation*.

173. [Toutefois, pour qu'il y ait lieu à indemnité, il faut qu'il s'agisse d'une véritable expropriation, *transmission de propriété privée au domaine public* — (A).

---

(1) *Traité des Servitudes d'utilité publique*, II, p. 556 et suiv., 600 et suiv.

(2) Décr. impérial du 28 oct. 1854; préambule et art. 1er du décret, et art. 4, 20 et 21 du cahier des charges ; et autres exemples, *suprà*, p. 26.

(3) Arr. de la sect. du cont., 8 mars 1851.

Additions.

(A) Aussi, une compagnie de chemin de fer qui, a établi ses travaux sur un terrain dépendant du lit d'un fleuve, ne peut être condamnée à une indemnité d'expropriation. Le chemin de fer, faisant lui-même partie du domaine public, la parcelle qu'il emprunte au domaine fluvial doit être considérée comme changeant seulement d'affectation et non pas comme faisant l'objet d'une mutation de propriété, qui pourrait seule justifier le paiement d'une indemnité d'expropriation. Cass. req., 6 janv. 1864 (*Gaz. trib.*, 7 janv. 64).

174. Car, s'il s'agit de ces catastrophes dans lesquelles la nation ne s'enrichit pas aux dépens d'un particulier, dans lesquelles tout le monde perd, dans lesquelles la nation n'a pas opéré librement, et où elle n'a lutté que pour écarter de plus grands malheurs, alors les dommages sont des cas de force majeure, et la nation ne doit pas d'indemnité, en droit strict.

Voici comment s'exprime, à cet égard, Vattel : « L'État doit-
« il dédommager les particuliers des pertes qu'ils ont souffertes
« dans la guerre? Il faut distinguer ici deux sortes de dom-
« mages, ceux que cause l'État ou le souverain lui-même, et
« ceux que fait l'ennemi.

« De la première espèce, les uns sont causés librement et par
« précaution, comme quand on prend le champ, la maison ou
« le jardin d'un particulier, pour y construire le rempart d'une
« ville, ou quelque autre pièce de fortification ; quand on dé-
« truit ses moissons ou ses magasins, dans la crainte que l'en-
« nemi n'en profite. L'État doit payer ces sortes de dommages
« au particulier, qui n'en doit supporter que sa *quote-part*.

« Mais d'autres dommages sont causés par une nécessité
« inévitable : tels sont, par exemple, les ravages de l'artillerie,
« dans une ville que l'on reprend sur l'ennemi. — Ceux-ci sont
« des incidents, des maux de la fortune, pour les propriétaires
« sur qui ils tombent. — Le souverain doit équitablement y
« avoir égard, si l'état de ses affaires le lui permet; mais on n'a
« point d'action contre l'État pour des malheurs de cette nature,
« pour des pertes qu'il n'a point causées librement, mais par
« accident, en usant de ses droits.

« J'en dis autant des dommages causés par l'ennemi. Tous
« les sujets sont exposés à ces dommages; malheur à ceux sur
« qui ils tombent !

« On peut bien, dans une société, courir ce risque pour les
« biens, puisqu'on le court pour la vie.

« Si l'État devait à la rigueur dédommager tous ceux qui
« perdent de cette manière, les finances publiques seraient
« bientôt épuisées, il faudrait que chacun contribuât du sien,
« dans une juste proportion, ce qui serait impraticable. D'ail-
« leurs ces dédommagements seraient sujets à mille abus et
« d'un détail effrayant. Il est donc à présumer que ce n'a ja-
« mais été l'intention de ceux qui se sont unis en société.

« Mais il est très-conforme aux devoirs de l'État et du souve-
« rain, et très-équitable, par conséquent très-juste même, de

« soulager autant qu'il se peut les infortunés que les ravages de
« la guerre ont ruinés, de même que de prendre soin d'une
« famille dont le chef et le soutien a perdu la vie pour le ser-
« vice de l'État. Il est bien des dettes sacrées pour qui connaît
« ses devoirs, quoiqu'elles ne donnent point d'action contre
« lui » (liv. III, chap. XV, § 232).

Toullier enseigne la même distinction en ces termes : « Au
« reste, les dispositions de la loi du 8 mars 1810 ne peuvent s'ap-
« pliquer aux mesures que commandent les événements extraor-
« dinaires ou fortuits, tels que la rupture d'une digue, la
« submersion d'une route, le siége d'une ville, un incendie, un
« naufrage imminent. On ne peut appliquer à ces cas d'autre
« règle que la loi suprême, *salus populi suprema lex esto*. La
« dure nécessité commande alors souvent le sacrifice des pro-
« priétés particulières, sans indemnité préalable (1).

Dans le même esprit, la loi du 10 juillet 1791 (art. 36, 37, 38), a accordé des indemnités, aux frais du Trésor public, pour la démolition des bâtiments ou clôtures qu'il deviendrait nécessaire de détruire dans les places « en état de guerre : » 1° lorsque ces démolitions ont eu lieu en vertu d'un ordre exprès du Chef de l'État ; 2° lorsque, l'urgence ne permettant pas d'atteindre ces ordres, le conseil de guerre, assemblé par le commandant des troupes, a délibéré sur l'état de la place et de la défense de ses environs, et a autorisé la prompte exécution des dispositions nécessaires à sa défense. Mais, lorsque les places de guerre et postes militaires sont « *en état de siége*, » cas dans lequel « toute l'autorité, dont les officiers civils sont revêtus par
« la constitution pour le maintien de l'ordre et de la police
« intérieure, passe au commandant militaire, qui l'exerce
« exclusivement, sous sa responsabilité personnelle », la loi ne parle plus d'indemnités.

Aussi, en dehors des cas de simple *état de siége légal*, dans les cas de guerre proprement dits, de guerre en action, de combat, le conseil n'a-t-il jamais accordé d'indemnités au contentieux : « Considérant (porte une ordonnance contentieuse,
« en date du 26 mars 1823), que les travaux de défense qui
« donnent lieu aux réclamations des demandeurs ont eu pour
« objet de s'opposer à l'envahissement du territoire français ;
« qu'ils ont été exécutés, *tandis que l'armée manœuvrait en pré-*

---

(1) III, p. 379, n° 280.

« *sence de l'ennemi ;* que par conséquent ils constituent un fait
« ordinaire de guerre qui, *d'après les principes du droit commun,*
« ne peut donner lieu à aucune indemnité ; que la loi du 10
« juillet 1791, sur la défense des places fortes, n'est pas appli-
« cable à l'espèce ; » — « Considérant (porte une autre ordon-
« nance contentieuse) que la loi du 10 juillet 1791, par les
« art. 36, 37 et 38 du titre 1ᵉʳ, n'accorde d'indemnités que pour
« les démolitions qui ont lieu dans *l'état de guerre, en vertu des*
« *ordres du Roi, ou d'une délibération du conseil de défense ;* que,
« dans l'espèce, cette indemnité n'est due que pour le mur de
« clôture, démoli avant l'état de siége, et seulement jusqu'à
« concurrence de la somme de 413 fr. 15 c. ; que le reste des
« démolitions a eu lieu pendant l'état de siége, *lorsque l'ennemi*
« *était établi devant* la place et travaillait à ses tranchées et bat-
« teries ; que, dès lors, ces démolitions constituaient *un fait de*
« *guerre,* qui ne pouvait donner lieu à aucune indemnité (1) » ;
— Enfin, pour le fait de conquête, une ordonnance contentieuse, du 30 août 1842, statue en ces termes : « Considérant
« qu'il résulte de l'instruction que la prise de possession de la
« maison du sieur Roux est un *fait d'occupation militaire qui se*
« *rattache à la conquête de la défense d'Alger, en* 1830, *et qui ne*
« *pouvait, dès lors, ouvrir droit à indemnité ;* que si notre mi-
« nistre de la guerre a jugé convenable d'accorder une indem-
« nité, la fixation de celle qui a été réglée au profit du sieur
« Roux est un acte de haute administration fait par notre mi-
« nistre dans la limite de ses pouvoirs, et qui n'est pas de nature
« à nous être déféré par la voie contentieuse (2). »

C'étaient ces deux choses : d'un côté, l'état de guerre légal,
dans lequel les opérations sont encore soumises aux mesures
précautionnelles de défense, ordonnées avant l'apparition de
l'ennemi ; et, de l'autre, les faits de guerre ou de conquête,
l'arrivée de l'ennemi ; c'étaient ces deux choses que confondait
le sieur de Chazournes, dans son pourvoi en cassation, formé
contre un arrêt de la Cour de Lyon, du 18 janvier 1844. Le sieur
de Chazournes était propriétaire d'un pont en bois, établi sur la
Saône, à Lyon. L'incendie d'une partie de ce pont avait été ordonné et exécuté par l'autorité militaire, le 10 avril 1834, au
moment où l'insurrection de Lyon était dans sa plus grande in-

---

(1) 7 févr. 1834.
(2) 30 août 1842.

tensité, pour empêcher le passage des insurgés sur la rive gauche de la Saône et sauver l'arsenal. Sur la demande en indemnité dirigée par le sieur de Chazournes contre l'État, la tribunal civil et la Cour de Lyon avaient déclaré que l'appréciation du fait, considéré dans ses rapports avec les articles 1382, 1383, C. civ., n'était point dans les attributions du pouvoir judiciaire. Devant la Cour de cassation, le sieur de Chazournes fondait son pourvoi sur les art. 36, 37, 38, précités, de la loi du 10 juillet 1791, 15 de celle du 17 juillet 1819, et 10 mars 1810, relative à l'expropriation. En réponse à ces moyens, l'Administration de la guerre a invoqué la distinction de Vattel, reproduite par la loi du 10 juillet 1791, entre : d'une part, les précautions ou mesures préventives à prendre pour la défense de la place, et qui tantôt exigent un ordre exprès du Chef de l'Etat, tantôt dans le cas d'urgente nécessité qui ne permettrait pas d'attendre ces ordres, peuvent émaner d'un conseil de guerre assemblé à l'effet de délibérer sur l'état de la place et de la défense de ses environs, seules circonstances pour lesquelles la loi parle d'indemnités ; et, d'autre part, les ordres qui sont donnés au milieu du combat, sous le feu de l'ennemi, et dans un moment où le moindre retard, la moindre délibération ou hésitation peut compromettre le sort de la place, de l'armée et même de l'État, circonstances pour lesquelles la loi ne parle plus d'indemnités. Ce système a été adopté par la Cour de cassation, qui a prononcé en ces termes :

« La Cour, attendu que l'indemnité mentionnée par l'art. 15
« de la loi du 17 juillet 1819, comme devant être fixée dans
« les formes prescrites par la loi du 8 mars 1810, c'est-à-dire
« par les tribunaux, n'est accordée par les art. 36, 37 et 38 de
« la loi du 10 juillet 1791, que pour les démolitions et autres
« opérations préjudiciables aux propriétés et jouissances parti-
« culières, qui ont lieu dans l'état de guerre, en vertu des
« ordres du Roi ou d'une délibération du conseil de défense ;

« Attendu qu'il est déclaré, en fait, par l'arrêt attaqué, que
« les mesures dont l'exécution a motivé l'action du demandeur
« ont été prescrites et exécutées par l'autorité militaire au
« moment où l'insurrection de Lyon était dans sa plus grande
« intensité, pour empêcher le passage des insurgés sur la rive
« gauche de la Saône et sauver l'arsenal, ce qui présentait les
« caractères d'un cas de guerre ; — Attendu que l'art. 15 de la
« loi du 17 juillet 1819 démontre clairement que les articles
« précités de la loi du 10 juillet 1791 ne sont pas applicables dans

« l'espèce, puisque, en statuant que les indemnités prévues par
« lesdits articles sont fixées dans les formes prescrites par la loi
« alors en vigueur sur l'expropriation pour cause d'utilité
« publique, et il ajoute qu'elles seront *préalablement* acquittées
« conformément à l'art. 9 de la Charte constitutionnelle ; qu'en
« effet, dans l'état des faits déclarés par la Cour royale, il
« y aurait eu impossibilité matérielle de se conformer à cette
« dernière condition ; — Attendu, d'ailleurs, qu'il ne s'agit pas
« d'une expropriation pour cause d'utilité publique ; que les
« lois des 8 mars 1810, 30 mars 1831 et 7 juillet 1833 étaient
« inapplicables ; — Attendu, enfin, qu'aux termes de l'art.
« 13, titre 2, de la loi des 16-24 août 1790, et de la loi du
« 16 fructidor an III, les tribunaux ne peuvent connaître des
« actes d'administration ; — Attendu que de tout ce qui a été
« dit ci-dessus, il suit qu'en confirmant le jugement qui dé-
« clarait l'autorité judiciaire incompétente pour connaître des
« conséquences de la mesure ordonnée et exécutée le 10 avril
« 1834, par l'autorité militaire, relativement au pont du de-
« mandeur, et pour statuer sur l'action de celui-ci, l'arrêt atta-
« qué n'a pas violé les lois des 10 juillet 1791, 17 juillet 1819,
« 8 mars 1810, 30 mars 1831, 7 juillet 1833, l'art. 9 de la
« Charte constitutionnelle, l'art. 545, Cod. civ., ni aucune
« autre loi, et a fait une juste application des principes sur la
« séparation des pouvoirs judiciaire et administratif, et notam-
« ment de la loi du 16 fructidor an 3 ; — Rejette (1). »

En décidant que c'est *d'après les principes du droit commun* qu'un fait ordinaire de guerre ne peut donner lieu à aucune indemnité, le conseil d'État a employé, dans l'une des ordonnances qui précèdent, une expression très-exacte. Cela est si vrai que le *législateur* a, plusieurs fois, fait intervenir sa suprême puissance pour introduire des mesures réparatrices, par des dispositions *spéciales*. On peut citer les *lois* des 25 janvier, 14 février, 16 août 1793, 6-8 frimaire, 26 floréal, 16 messidor an 2, 23 vendémiaire an 4, 19 vendémiaire an 6, 5 prairial an 12, 22 messidor an 12, 29 mai 1815, 8 mai 1816, 30 août 1830, etc. Toutes ces *lois* ont décrété des indemnités *spéciales* en faveur de communes ou de particuliers qui avaient été victimes de la guerre : donc, la loi générale, *le droit commun*, n'en accordaient pas.

---

(1) Cass., 14 juill. 1846 (S. 46.1.735).

Enfin, la distinction vient d'être consacrée explicitement, en dernier lieu, par les textes du décret impérial du 10 août 1853, *Sur le classement des places de guerre et sur les servitudes imposées à la propriété autour des fortifications*. En effet, indépendamment des indemnités dues à raison de travaux exécutés pendant l'état de paix, indemnités qui n'ont jamais été sujettes à contestation, le décret impérial distingue formellement entre *l'état de guerre déclaré légalement* et *l'état de siége*. 1° En ce qui concerne *l'état de guerre déclaré*, l'art. 38 du décret porte : « Lorsqu'une
« place ou un poste est déclaré en état de guerre, les inonda-
« tions et les occupations de terrains nécessaires à sa défense
« ne peuvent avoir lieu qu'en vertu d'un décret, ou, dans le cas
« d'urgence, des ordres du gouverneur ou du commandant de
« place, sur l'avis du conseil de défense, après avoir fait cons-
« tater, autant que possible, l'état des lieux par des procès-ver-
« baux des gardes du génie ou des autorités locales. Il y a
« urgence dès que les troupes ennemies se rapprochent à moins
« de trois journées de marche de la place ou du poste. *L'indem-*
« *nité* pour les dommages causés par l'exécution de ces mesures
« de défense est réglée aussitôt que l'occupation a cessé. Les
« dispositions qui précèdent sont applicables, dans les mêmes
« circonstances, à la détérioration, à la destruction ou à la dé-
« molition de maisons, clôtures ou autres constructions situées
« sur le terrain militaire ou dans les zones de servitudes. Seu-
« lement, il n'est pas dressé d'état de lieux, et il n'est alloué
« d'*indemnité* qu'aux particuliers ayant préalablement justifié,
« sur titres, que ces constructions existaient, dans leur nature
« et leurs dimensions actuelles, avant que le sol sur lequel
« elles se trouvaient fût soumis aux servitudes défensives. L'*in-*
« *demnité* pour les démolitions faites dans les zones de servi-
« tudes ne se règle que sur la valeur des bâtisses, sans com-
« prendre l'estimation du sol qui n'est point acquis par l'État.
« Si cependant il s'agit d'un terrain couvert par des construc-
« tions ou affecté à leur exploitation, l'*indemnité* peut excep-
« tionnellement porter sur la valeur du sol, et alors l'État en
« devient propriétaire. L'état de guerre est déclaré par une loi
« ou par un décret, toutes les fois que les circonstances obligent
« à donner à la police militaire plus de force et d'action que
« pendant l'état de paix. Il résulte, en outre, de l'une des cir-
« constances suivantes : 1° en temps de guerre, lorsque la place
« ou le poste est en première ligne ou sur la côte, à moins de
« cinq journées de marche des places, camps ou positions occu-

« pés par l'ennemi; 2° en tout temps, quand on fait des travaux
« qui ouvrent une place ou un poste situé sur la côte ou en
« première ligne; 3° lorsque des rassemblements sont formés
« dans le rayon de cinq journées de marche sans l'autorisation
« des magistrats. » Mais il en est différemment en ce qui concerne *l'état de siége*, les faits de guerre et la présence de l'ennemi. Pour ces cas de force majeure, l'art. 39 du décret dispose
en ces termes : « Toute occupation, toute privation de jouis-
« sance, toute démolition, destruction et autre dommage résul-
« tant d'un fait de guerre ou d'une mesure de défense prise,
« soit par l'autorité militaire pendant l'état de siége, soit par un
« corps d'armée ou un détachement en face de l'ennemi, *n'ouvre*
« *aucun droit à l'indemnité*. L'état de siége d'une place ou d'un
« poste est déclaré par une loi ou par un décret. — Il résulte
« aussi de l'une des circonstances suivantes : l'investissement
« de la place ou du poste par des troupes ennemies qui inter-
« ceptent les communications du dehors au dedans et de dedans
« au dehors, à la distance de trois mille cinq mètres des fortifi-
« cations; une attaque de vive force ou par surprise; une
« sédition intérieure; enfin, des rassemblements formés dans le
« rayon d'investissement sans l'autorisation des magistrats.
« Dans le cas d'une attaque régulière, l'état de siége ne cesse
« qu'après que les travaux de l'ennemi ont été détruits et les
« brèches réparées ou mises en état de défense. »

175. Une autre exception à la règle de l'indemnité dérive
naturellement de l'abandon qu'on peut en avoir fait d'avance :
par exemple, dans une des clauses de l'acte par lequel on a
reçu, de l'État lui-même, la propriété ou le droit qui, plus tard,
viennent à être enlevés.

176. A cet égard, il a été jugé :

Qu'un acquéreur de domaines nationaux à qui, dans l'acte
de vente, l'administration a imposé l'obligation de souffrir sur
le terrain vendu, sans aucun recours ou indemnité contre l'État
vendeur, l'ouverture de nouvelles rues, sans en avoir déterminé
la largeur, n'est pas fondé à soutenir qu'elle est exorbitante
lorsqu'elle n'a été fixée qu'à trente-six pieds métriques, à Paris (1);

Qu'un acquéreur de domaines nationaux à qui l'acte de vente
a imposé *la charge de fournir le terrain nécessaire* pour l'ouverture

---

1) Ord. cont., 28 déc. 1825.

de nouvelles rues alors projetées, ne peut réclamer aucune indemnité à raison de la prise de ce terrain, en se fondant sur ce que l'acte de vente n'a pas ajouté « *sans indemnité* » (1); — mais, plus libéralement, « que, dans un cas où l'acquéreur s'était soumis à souffrir la privation de la propriété par démolition ou autrement, si la nécessité publique légalement constatée ou des embellissements que projetterait le Gouvernement venaient à l'exiger, et où il n'était pas stipulé que cette privation aurait lieu, le cas échéant, sans indemnité, *le droit d'indemnité subsisterait;* et que, en vertu de cette clause, l'administration ayant pu, pour l'exécution des travaux, opérer la démolition de la boutique vendue nationalement, sans l'accomplissement des formalités prescrites par la loi du 3 mai 1841, et sans le paiement d'une indemnité préalable, M. le Ministre des travaux publics n'était pas fondé à soutenir que la clause particulière de l'acte de vente ne produirait aucun effet, s'il était accordé à l'acquéreur ou à ses ayants cause une indemnité à raison de la démolition (2);

Que, dans une adjudication nationale, la clause portant: « L'alignement nécessaire *au rélargissement* de la rue sera pris « sans que l'adjudicataire puisse prétendre aucune indemnité, » était absolue; et qu'en conséquence, l'acquéreur était sans droit à soutenir qu'on ne pouvait pas lui prendre sans indemnité, en vertu d'un nouveau plan d'alignement dressé et approuvé postérieurement à l'adjudication, une largeur plus grande que celle du plan d'alignement existant à l'époque de son acquisition et sous la foi duquel il avait contracté (3); — mais que la clause: « L'adjudicataire sera tenu, dès qu'il en sera requis, de se con- « former *aux alignements arrêtés* par la commission des travaux « publics, et ce, sans indemnité, » se référait exclusivement aux alignements qui devaient résulter d'un plan dressé antérieurement à l'adjudication (4).

177. Les actes du Gouvernement qui règlent le régime des usines sur cours d'eau contiennent généralement une clause ainsi conçue: « Les permissionnaires ou leurs ayants cause ne « pourront prétendre aucune indemnité ni dédommagement « quelconque, si, à quelque époque que ce soit, l'administra- « tion, dans l'intérêt de la navigation, du commerce ou de l'in-

---

(1) Ord. cont., 20 mai 1829.
(2) Décr. cont., 8 juin 1854.
(3) Ord. cont., 15 mars 1826.

(4) Arr. de la sect. du cont., 7 juill. 1850.

« dustrie, juge convenable de faire des dispositions qui les pri-
« vent, en tout ou en partie, des avantages *résultant de la pré-
« sente autorisation ;* et dans ce cas, ils seront tenus de détruire à
« leur frais, à la première réquisition, les ouvrages qu'ils au-
« ront exécutés en vertu de ladite autorisation » Quelquefois
l'acte du Gouvernement ajoute : « *tous droits antérieurs réservés* »
Mais, même dans le premier cas, les mots : « avantages *résul-*
« *tant de la présente autorisation,* » suffisent pour démontrer que
la renonciation à l'indemnité est *spéciale* au cas où l'administration retirerait au permissionnaire ou à ses ayants cause les
avantages concédés par l'autorisation nouvelle, et qu'elle ne fait
pas obstacle à ce que, dans le cas de suppression totale ou partielle de l'usine dont il s'agit pour cause d'utilité publique, ils
fassent valoir les droits qu'ils pouvaient avoir antérieurement à
ladite autorisation (1).

178. Les questions de déchéance, d'après les lois sur la liquidation des dettes de l'État seront examinées dans un des
chapitres du deuxième volume de ce traité.

179. Le tribunal des conflits a introduit dans la jurisprudence,
en matière d'expropriation, un caractère qui n'y avait pas encore été indiqué expressément : c'est que, lors même que le
dommage consisterait dans la perte d'une partie de la propriété,
il faut, pour qu'il rentre dans la compétence judiciaire, « qu'il
constitue une dépossession *prévue au moment des travaux* et
donnant lieu à l'expropriation réglée par la loi du 3 mai
1841 (2). » Ce caractère a été adopté dans une décision postérieure du Conseil d'État (3).

180. On a discuté, depuis la loi du 3 mai 1841, la question de
savoir s'il est indispensable qu'il y ait *des travaux à exécuter.*

Cette question avait été soulevée dans la séance du Conseil
d'État du 4 janvier 1840, et elle y avait reçu la réponse suivante,
d'après le procès-verbal :

« M. le comte Regnault (de Saint-Jean-d'Angély) fait observer
« que tout ce qui vient d'être dit ne convient qu'au cas où il
« s'agit de travaux entrepris pour établir une route ou pour
« construire un canal, mais qu'il est possible que, hors ces cir-
« constances, l'utilité publique commande l'acquisition d'une
« propriété, d'un château, par exemple.

---

(1) Arr. du Gouvern., au cont., 6 mai 1848; arr. sect. du cont., 8 juin 1850; 22 mars 1851, etc.

(2) 23 déc. 1850.
(3) Décr. sur confl., 14 sept. 1852.

« Napoléon répond qu'*alors le décret désignera cette pro-*
« *priété* » (1).

Ainsi, l'acquisition d'un édifice appartenant à un particulier pourrait être déclarée d'utilité publique, quand même l'administration ne le réclamerait pas pour y exécuter des travaux, quand même elle n'aurait que l'intention de le conserver, d'empêcher sa destruction, pour des motifs d'intérêt général.

181. Mais, quand l'édifice appartient à un établissement public et qu'il est placé par les lois sous la surveillance du préfet et du ministre de l'intérieur, les décisions par lesquelles ce ministre s'oppose à l'exécution de travaux projetés par les administrateurs de l'établissement public et range l'édifice au nombre des monuments historiques, sur l'avis de la commission chargée de la conservation de ces monuments, ne sont que des actes de tutelle, qui ne sont même pas susceptibles d'être déférés au chef de l'État, en son conseil, par la voie contentieuse (2).

182. La solution qui précède nous conduit à la question plus générale de savoir si l'expropriation est applicable aux biens du *domaine public,* par exemple, si, lorsqu'un ouvrage nouveau doit passer sur une partie du domaine public, il est nécessaire d'exproprier le domaine public; spécialement lorsque l'ouvrage nouveau doit être exécuté par une compagnie concessionnaire.

Au premier abord, l'affirmative semblerait résulter de la lecture de l'art. 3 de la loi du 3 mai 1841, puisque l'article se sert de ces expressions : « avec ou sans aliénation du *domaine pu-*
« *blic.* »

Mais la négative formait un des moyens de cassation présentés pour le domaine militaire, contre le jugement du tribunal civil de la Seine, en date du 17 octobre 1846, qui avait exproprié une partie des fortifications de Paris, en faveur de la compagnie concessionnaire du chemin de fer de Lyon. Toutefois, la Cour a été dispensée, par un moyen préliminaire, de statuer sur cette question (3).

En principe, l'expropriation n'a pour objet que de faire entrer un immeuble dans le domaine public. Or, quand l'immeuble est déjà dans le domaine public, il n'y a pas besoin de l'y faire

---

(1) Locré, IX, p. 699.
(2) Ord. cont., 12 mai 1846.

(3) P. 32 et suiv.

entrer. L'expropriation est donc hors de propos à l'égard des biens du domaine public.

Si un immeuble dépendant d'un service public est nécessaire à un autre service, ou si le même immeuble est réclamé par deux services à la fois, ce n'est pas le cas de l'expropriation ; c'est simplement le cas de la *destination du père de famille* (1). En matière domaniale, la destination du père de famille s'appelle *affectation*. L'administrateur suprême du domaine public *affecte* les biens qui en dépendent aux divers services nationaux en faisant passer ces biens d'une classe à une autre, dans le régime intérieur du domaine public, sans les faire sortir, pour cela, de ce domaine (2).

Et l'effet est le même, soit que l'affectation ait lieu d'un département ministériel à un autre, soit qu'elle ait lieu en faveur d'une compagnie concessionnaire. La raison en est que la nature et le caractère de *domaine public* subsistent toujours. Le Conseil d'État l'a dit : « Ces affectations, dont la convenance et « les conditions sont essentiellement subordonnées à l'appré- « ciation du Gouvernement, ne créent *aucun droit privé* sur les « immeubles affectés, qui continuent d'être détenus et possédés « *au nom et aux droits de l'État*, en quelques mains qu'ils aient « été remis et *quel que soit le mode suivant lequel ce service doive* « *être exercé* (3). » Depuis longtemps même, l'illustre auteur du *Traité du Domaine public* avait devancé le Conseil d'État dans le magnifique morceau qui suit : « Si le Gouvernement aliénait un « fonds du domaine public, sans abolir et tout en maintenant « le service auquel il est affecté, la consécration civile qui lui « avait été imprimée n'étant pas levée, l'inaliénabilité resterait « comme un vice foncier affectant l'acte de concession et le « rendant inefficace pour le transport d'une propriété parfaite.

« Supposons, comme il y en a plus d'un exemple, que le Gou- « vernement ait purement et simplement aliéné un canal de « navigation intérieure au profit d'une ou de plusieurs per- « sonnes, et que les acquéreurs soient chargés d'entretenir le « cours de la navigabilité, pour la continuation du service pu- « blic de la société, cet acte de concession aura bien rendu

---

(1) C. Nap., art. 692.
(2) Ord. roy., règlem. du 14 juin 1833 ; décr. du 24 mars 1852, qui abroge l'art. 4 de la loi du 18 mai 1850 ; ord. cont., 13 janv. 1847. En outre, le *Bulletin des lois* contient, chaque année, un grand nombre de décrets portant affectation de bâtiments ou de terrains au service des divers départements ministériels.
(3) Ord. cont., 13 janv. 1847.

« les concessionnaires maîtres de percevoir, à leur profit, les
« revenus de l'octroi de navigation, conformément au tarif
« qui en aura été réglé ou approuvé par l'administration
« publique ; et ils percevront ce revenu sans être obligés d'en
« rendre compte à d'autres, ni d'en restituer une partie. Mais,
« quant à l'immeuble ou au fonds du canal, l'acte de con-
« cession ne les aura pas investis de l'incommutable propriété
« du sol. Sous ce point de vue, la concession, à quelque titre
« qu'elle ait été faite, ne sera qu'un acte d'engagement toujours
« révocable, et la possession du concessionnaire ne sera tou-
« jours exercée qu'à titre précaire vis-à-vis du Gouvernement.—
« Sans doute, on ne saurait les déposséder qu'en leur payant
« l'indemnité qui leur serait due d'après la nature des actes et
« des circonstances ; mais il n'y aurait toujours là que la réso-
« lution d'un acte de concession, et non pas un fait d'aliéna-
« tion soumis aux formalités nécessaires pour la régularité des
« aliénations forcées pour cause d'utilité publique (1).

C'est d'après ces principes que, dans les concessions de chemins de fer, lorsque la voie de fer doit traverser une route, une rivière, un canal, etc., il n'est procédé ni à une expropriation ni à une aliénation de cette partie du domaine public. La nouvelle voie, même entre les mains d'une compagnie concessionnaire, est seulement autorisée à emprunter la partie du domaine public qui lui est nécessaire, et qui se trouve, par là, affectée à deux services, au lieu d'un seul. Insistons, un moment, sur ce point :

L'art. 1er de la loi du 15 juillet 1845 dit que les chemins de fer construits *ou concédés* par l'Etat font partie de la *grande voirie*. Pourquoi, si ce n'est parce que les chemins de fer, même ceux *concédés* par l'Etat à des compagnies qui le représentent, font partie du domaine public (2), comme les objets désignés dans l'art. 538 du C. Nap., les chemins, routes et rues à la charge de l'Etat, et les fleuves et rivières navigables? Est-ce qu'ils n'auraient pas été désignés expressément dans l'art. 538, s'ils avaient existé à la date de la promulgation du *Titre de la Distinction des biens?* Est-ce qu'ils n'y sont pas désignés, même, dans le mot *routes?* Car ils sont des routes, des *routes de fer,* assurément les plus essentielles des routes.

---

(1) *Traité du domaine public*, I, p. 280 et suiv., n° 241.
(2) V. la discussion législative, sur l'art. 1er de la loi du 15 juill. 1845, dans la Collect. de M. Duvergier, 1845, p. 279 et suiv.

Dans la loi du 10 juin 1853, au titre : « Dispositions *générales* « applicables à *tous* les chemins de fer, » les art. 14 et suivants déterminent toutes les précautions à prendre lorsque le chemin de fer, à la rencontre des routes impériales ou départementales, ou d'un chemin vicinal, devra passer soit au-dessus soit au-dessous de ces voies publiques, lorsqu'il devra traverser une rivière, un canal ou un cours d'eau ; lorsqu'il y aura lieu de déplacer les routes existantes ; de construire des ponts, dans les cas où des routes impériales ou départementales, ou des chemins vicinaux, ruraux ou particuliers, seraient traversés à leur niveau par le chemin de fer : l'art. 23 prescrit les mesures nécessaires pour assurer le maintien des services de la navigation et du flottage sur les rivières et de la circulation sur les chemins publics, pendant l'exécution des travaux : aucune de ces dispositions n'indique l'expropriation ou l'aliénation des parties du domaine public civil qui se trouveront en contact avec la voie de fer. S'agit-il du domaine public militaire, l'art. 30, en accordant, par exception, toutes les fois que le ministre de la guerre jugera qu'il n'en peut résulter aucun inconvénient pour la défense, une faculté pour l'exécution des travaux par les agents de la compagnie, mais sous le contrôle et la surveillance des officiers du génie militaire, sur le terrain *occupé par les fortifications*, conserve expressément à ce terrain sa qualification de terrain « *militaire :* » donc il reste domaine public ; donc il n'est ni exproprié ni aliéné, même lorsque le chemin est concédé à une compagnie.

Ce qui fait proprement l'objet de la concession, Proudhon l'avait dit, et l'art. 44 de la loi du 10 juin 1853 ne fait que le répéter, c'est, « *pour un laps de temps fixé, l'autorisation de per-* « *cevoir les droits de péage et les prix de transport déterminés par* « *la convention.* »

L'art. 56 en est une nouvelle preuve ; à toute époque..., le Gouvernement aura la faculté de racheter, quoi ? le chemin de fer ? Non, mais *la concession* entière du chemin de fer. C'est, comme l'a dit encore M. Proudhon, la résolution du contrat, et non un fait d'aliénation.

Si, d'après l'art. 57, à l'époque fixée pour l'expiration de la concession, et par le fait seul de cette expiration, le Gouvernement est subrogé à tous les droits de la compagnie dans la *propriété* des terrains et des ouvrages désignés au plan cadastral mentionné dans l'art. 35 de la loi, il n'en résulte nullement que, *vis-à-vis du Gouvernement*, cette propriété soit une propriété *parfaite* (1), une propriété *privée* (2).

Le chemin de fer, même concédé, fait tellement partie du domaine public, que réciproquement, « dans le cas où le Gou« vernement ordonnerait ou autoriserait la construction de routes « impériales, départementales ou vicinales, de canaux ou de « chemins de fer qui *traverseraient* un chemin de fer *concédé*, la « compagnie ne pourrait mettre aucun obstacle à ces tra« versées; mais que toutes dispositions seraient prises pour « qu'il n'en résultât aucun obstacle à la construction ou au « service du chemin de fer, ni aucuns frais pour la compagnie » (art. 58 de la loi); et que « le Gouvernement se réserve expres« sément le droit d'accorder de nouvelles concessions de che« mins de fer s'embranchant sur le chemin concédé, ou qui se« raient établis en prolongement du même chemin, la compa« gnie ne pouvant mettre aucun obstacle à ces embranchements, « ni réclamer, à l'occasion de leur établissement, aucune in« demnité quelconque, pourvu qu'il n'en résulte aucun obstacle « à la circulation, ni aucuns frais particuliers pour la compa« gnie » (art. 60).

Il faut donc reconnaître que l'art. 3 de la loi du 3 mai 1841 ne peut pas s'entendre de l'aliénation du domaine public proprement dit; que cela serait trop contraire aux principes et aux art. 538 et 2226 du Cod. Nap., qui consacrent l'inaliénabilité et l'imprescriptibilité du *domaine public*. Les objets qui le composent ne deviennent aliénables que lorsqu'ils en ont été détachés par changement de nature et de destination, et qu'ils ont été remis aux corps administratifs pour faire partie des biens ordinaires et patrimoniaux de l'État, « changement de nature et de « destination qui ne peut résulter que de décisions ministérielles, « de procès-verbaux réguliers de remise, ou autres actes équipol« lents (3). » La conclusion est donc que les mots *domaine public* n'ont été introduits que par une confusion de noms dans l'art. 3 de la loi du 3 mai 1841, et que cette loi n'a voulu parler que du domaine de l'*État*, domaine ordinaire et privé, aliénable de sa nature, sauf les formalités de tutelle qui le concernent. Cette déduction est, du reste, confirmée par cette loi elle-même, qui, dans son art. 13, revient à l'expression plus juste, *biens de*

---

(1) Proudhon, *loc. cit.*
(2) Ord. cont., 13 janv. 1847, précitée.

(3) Cass., 3 mars 1828 (S. *Coll. nouv.* IX, p. 46; *Droit civil expliqué, Prescription*, I, n° 174).

l'*État*, et désigne, comme ayant pouvoir de consentir à l'aliénation, le seul ministre des finances, dans les mains duquel sont, pour la plus grande partie, les biens du domaine ordinaire et aliénable, tandis que les biens dépendants du domaine public sont dans les mains du ministre de la guerre, du ministre des travaux publics et du ministre de la marine — (A).

183. Dans tout ce qui précède, nous avons exposé les actes qui, *par leur nature*, rentrent ou ne rentrent pas sous l'application des lois spéciales d'expropriation. Nous terminons ce chapitre en indiquant diverses circonstances qui, par leur nature, ne constituent pas une expropriation, et qui, dès lors, auraient dû appartenir à la juridiction administrative, en vertu des lois du 28 pluviôse an VIII et du 16 septembre 1807, mais que des *textes formels de lois* ont renvoyées à l'autorité judiciaire, comme si elles constituaient des expropriations véritables.

184. C'est ainsi, entre autres, que la loi du 15 avril 1829 sur la pêche veut, art. 3 : que, « dans le cas où des cours d'eau se« raient rendus ou déclarés navigables ou flottables, les pro« priétaires qui seront privés du droit de pêche aient droit à « une indemnité préalable qui sera réglée *selon les formes pre« scrites par les art. 16, 17 et 18 de la loi du 8 mars* 1810. » La privation du droit dont il s'agit ne constitue certainement pas une cession d'immeuble : par conséquent elle est étrangère à la loi du 8 mars 1810, et, en réalité, elle ne forme qu'un dommage, qui devait rester sous la juridiction de l'autorité administrative.

Même observation à l'égard de la loi du 30 mars 1831, en ce qui concerne l'occupation *temporaire* pour travaux de fortifications urgents. Du moment qu'on sort de l'occupation définitive, il n'y a pas d'expropriation ; donc pas de compétence judiciaire, d'après les principes.

Même observation à l'égard de la loi du 15 juillet 1845, en ce qui concerne les *suppressions de constructions, sans transmission de la propriété du sol, simples dommages* que l'art. 10 fait néanmoins

---

Additions.

(A) Un terrain, qui était situé dans la première zone des servitudes de la Casbah d'Alger, s'est trouvé, par suite de la transformation et de l'agrandissement de cette ancienne citadelle, compris dans la zone des fortifications déterminée pour la nouvelle place. Lorsque plus tard l'Etat poursuit l'expropriation du terrain, il n'est pas fondé à soutenir que, en vertu de l'art. 22 du décret du 10 août 1853, ce terrain est grevé d'une servitude légale entraînant interdiction de bâtir et devant avoir pour effet de réduire le taux de l'indemnité due par l'Etat. Cons. d'Etat, 12 juill. 1864 (Lebon, *Rec.*, 64, p. 619).

régler conformément aux titres 4 et suivants de la loi du 3 mai 1841.

Même observation à l'égard de la loi du 16 juin 1851, sur la constitution de la propriété en Algérie, qui, en renvoyant (art. 21) à l'ordonnance royale du 1er octobre 1844, pour ce qui concerne l'occupation *temporaire*, fait régler par l'autorité judiciaire les indemnités dues pour ces *dommages*.

Même observation à l'égard de la loi du 22 juin 1854, sur les magasins à poudre de la guerre et de la marine, qui, pour des suppressions de constructions ou d'établissements dont le sol n'est pas réclamé par l'utilité publique, ordonne cependant (art. 3) qu'il sera procédé *à l'expropriation conformément aux dispositions de la loi du* 3 *mai* 1841.

185. Ces dérogations tiennent, soit à l'ancienne confusion entre les expropriations et les dommages permanents, soit à des considérations spéciales de bienveillance dans des circonstances données. Mais, dans tous les cas, elles ont l'inconvénient de diminuer l'autorité de la règle et de jeter le trouble dans les esprits, surtout dans ceux qui se dirigent plus par les textes que par les principes.]

CHAPITRE V.

DU JUGEMENT D'EXPROPRIATION.

Section Ire. — *De la procédure en expropriation et du jugement.*

186. — Alternative : ou le propriétaire consent; ou il ne consent pas.
187. — Renvoi, pour les cessions amiables.
188. — Si le propriétaire ne consent pas, intervention de l'autorité judiciaire.
189. — Sens des mots : l'expropriation s'opère par autorité de justice.
190. — Organisation de ce système, dans la pratique.
191. — Art. 13 : Pièces que le préfet transmet au procureur impérial.
192. — Art. 14 : Dans quel délai et sur quelle production le procureur impérial requiert et le tribunal prononce l'expropriation.
193. — Procureur impérial et tribunal *de la situation des biens* : conséquence.

120   CHAP. V. — DU JUGEMENT D'EXPROPRIATION.

194. — Pour les pièces que l'administration doit transmettre, art. 13 complété par l'art. 14.
195. — Détails.
196. — Les propriétaires ne sont pas appelés. Ils peuvent remettre des notes au tribunal.
197. — Du délai de trois jours.
198. — Réquisitoire du procureur impérial; conditions.
199. — Cas de dispense de jugement d'expropriation.
200. — Autre cas.
201. — Cas de jugement spécial.
202. — C'est toujours le procureur impérial qui requiert l'expropriation.
203. — Le jugement est rendu d'urgence.
204. — L'affaire est ordinairement jugée sur rapport.
205. — Le procureur impérial est entendu.
206. — Attributions du tribunal, déterminées par l'Empereur.
207. — Vérification que le tribunal est tenu de faire.
208. — Détails.
209. — Jurisprudence : applications diverses.
210. — La mission de vérifier entraîne l'obligation de *viser*.
211. — Jurisprudence.
212. — Le jugement doit être motivé.
213. — Etendue des attributions de l'autorité judiciaire.
214. — Restriction.
215. — Ce que doit contenir le jugement d'expropriation.
216. — Nomination d'un magistrat directeur du jury; remplacement; jurisprudence.
217. — Délai accordé au préfet pour poursuivre l'expropriation; renvoi.
218. — Du jugement à rendre quand les propriétaires consentent à la cession, mais où il n'y a point accord sur le prix; renvoi.

186. [Après l'accomplissement des formalités préalables, et losque l'administration a dit son dernier mot sur le tracé des travaux et sur la désignation des terrains, conformément aux règles précédemment exposées, il s'agit d'opérer la *transmission des propriétés privées au domaine public*.

Le préfet (1), alors, fait connaître au propriétaire qu'il doit céder sa maison ou son champ. Celui-ci y consent ou n'y consent pas.

187. S'il y consent, et qu'on soit d'accord sur le prix, la transmission a lieu par contrat amiable. La loi du 3 mai 1841 contient de nombreuses dispositions pour ce cas. Toutefois, comme,

---

(1) Locré, IX, p. 650.

CHAP. V. — DU JUGEMENT D'EXPROPRIATION. 121

d'après l'observation faite par l'Empereur, dans la séance du Conseil d'État du 13 janvier 1810, « *on n'est jamais exproprié de gré à gré* (1), » nous nous occuperons ici, d'abord, de ce qui concerne l'*expropriation* véritable, c'est-à-dire, le privilége conféré à la nation à l'égard du particulier qui ne consent pas à céder sa propriété : tout ce qui concerne les cessions amiables sera l'objet d'un chapitre spécial.

188. Si le propriétaire ne consent pas à la cession, l'intervention de l'autorité judiciaire commence.

189. Le sens politique de la législation moderne est tout entier dans cette innovation due à la loi du 8 mars 1810 : *désormais, on ne sera plus exproprié par la préfecture*. C'est dans l'intérêt des particuliers, et pour garantir l'accomplissement des conditions imposées à l'administration, que l'opération grave de la transmission de la propriété, malgré le propriétaire, a été confiée aux tribunaux. Ainsi, ce n'est plus la préfecture ni aucune autre partie de l'administration, ni le Gouvernement, c'est le tribunal, qui seul dira au propriétaire, après avoir vérifié l'accomplissement des formalités prescrites : Vous êtes exproprié ; vous avez cédé votre propriété à l'État par mon organe ; je veille à la conservation de vos droits en assurant le paiement de l'indemnité qui vous est due, mais vous avez cessé d'être propriétaire, votre propriété est devenue celle de la nation. Voilà ce que signifient dans l'art. 1er de la loi du 8 mars 1810, reproduit par les lois du 7 juillet 1833 et du 3 mai 1841, ces mots : « l'expropriation pour cause d'utilité publique s'opère par au« torité de justice. »

190. Voici, maintenant, comment ce système a été organisé par la loi du 3 mai 1841, dans la pratique :

191. « A défaut de conventions amiables (porte l'art. 13), soit « avec les propriétaires des terrains ou bâtiments dont la ces« sion est reconnue nécessaire, soit avec ceux qui les repré« sentent, le préfet transmet au procureur impérial dans le « ressort duquel les biens sont situés le décret impérial qui au« torise l'exécution des travaux et l'arrêté mentionné en l'art. « 11. »

192. « Dans les trois jours (ajoute l'art. 14), et sur la produc« tion des pièces, constatant que les formalités prescrites par « l'art. 2 du titre 1er, et par le titre 2 de la présente loi, ont été

---

(1) Locré, IX, p. 710.

« remplies, le procureur impérial requiert et le tribunal pro-
« nonce l'expropriation pour cause d'utilité publique des ter-
« rains et bâtiments indiqués dans l'arrêté du préfet. »

193. C'est naturellement au procureur impérial, et par cela même au tribunal *de la situation des biens*, que les pièces doivent être adressées, puisque la matière est purement réelle. Par une conséquence de ce principe, il a été jugé que le tribunal saisi par renvoi après cessation n'a compétence que pour statuer sur la même poursuite d'expropriation qui avait été soumise au premier tribunal, et qu'il ne peut statuer sur une expropriation plus étendue, nécessitée par un supplément de travaux autorisés dans l'intervalle des deux jugements : les difficultés, en ce qui touche l'extension de l'expropriation, dans un tel cas, doivent être portées devant le tribunal de la situation des biens (1).

194. L'art. 13 précité ne désigne que le décret d'autorisation et l'arrêté mentionné en l'art. 11. L'art. 13 de la loi du 8 mars 1810 disait plus exactement : « avec copie des autres pièces. » Toutefois l'art. 13 de la loi du 3 mai 1841 est complété par l'art. 14, qui suppose « la production des pièces constatant que les « formalités prescrites par l'art. 2 du titre 1er et par le titre 2 ont « été remplies. »]

195. Nous croyons que, pour satisfaire au vœu des art. 13 et 14, le préfet doit transmettre au procureur impérial : 1° le décret qui a autorisé les travaux ; 2° l'arrêté qui désigne les localités ou territoires sur lesquels les travaux doivent avoir lieu, lorsque cette désignation ne résulte pas du décret ; 3° le plan parcellaire ; 4° le certificat du maire constatant la publication et l'affiche de l'avertissement relatif au dépôt du plan ; 5° un exemplaire du journal dans lequel cet avertissement a été inséré ; 6° le procès-verbal ouvert par le maire pour recevoir les déclarations et réclamations des parties intéressées ; 7° l'arrêté du préfet désignant les membres de la commission d'enquête ; 8° le procès-verbal de cette commission, ou celui du sous-préfet, si la commission n'a pas voulu terminer ses opérations ; 9° l'arrêté par lequel le préfet a déterminé définitivement les propriétés particulières auxquelles l'expropriation est applicable.

Lorsque la commission aura proposé le changement du tracé, on devra joindre à ces pièces : 1° le certificat du maire constatant qu'un avertissement indiquant la modification proposée

---

(1) Cass., 18 janv. 1837 (S. 37.1.124).

a été publié et affiché dans la commune ; 2° un exemplaire du journal dans lequel ce nouvel avertissement a été inséré ; 3° le certificat du sous-préfet attestant que le procès-verbal de la commission et les autres pièces sont restés déposés à la sous-préfecture pendant huitaine, à compter de cet avertissement ; et 4° la décision de l'administration supérieure, si toutefois elle n'est pas relatée dans l'arrêté du préfet.

196. Les propriétaires qu'il s'agit d'exproprier ne doivent pas être appelés lors du jugement d'expropriation. « Ne cédons pas (disait M. Ribout dans son rapport au Corps législatif sur la loi du 8 mars 1810) à la première impression que peut produire la célérité d'un jugement rendu sans la présence du propriétaire et sans la fixation préalable de l'indemnité. Considérons qu'il s'agit en ce moment de procurer l'exécution de l'art. 545 du Cod. Nap., qui confère un privilége en faveur de l'utilité publique ; que ce premier jugement est rendu sommairement et par défaut ; que le propriétaire condamné peut recourir, et qu'ainsi ses droits sont encore entiers. » Aujourd'hui le propriétaire n'a plus le droit de former opposition au jugement, mais il peut l'attaquer par la voie du recours en cassation.

Par un arrêt du 9 juin 1834, la Cour de cassation a déclaré que, sous l'empire de la loi du 7 juillet 1833, l'on ne devait pas appeler les propriétaires avant le jugement d'expropriation, « l'affaire, porte cet arrêt, ayant été préalablement et contra-« dictoirement instruite conformément à cette loi par la voie « administrative. » Un autre arrêt, du 22 décembre suivant, consacre le même principe.

L'arrêt du 6 janvier 1836 est plus explicite encore : « Attendu, « porte cet arrêt, qu'en matière d'expropriation pour utilité pu-« blique, la procédure toute spéciale et exceptionnelle ne de-« vient judiciairement contradictoire qu'au moment de la noti-« fication du jugement provoqué par le réquisitoire du procureur « du roi, sur l'envoi, fait par le préfet à ce magistrat, de toute « l'instruction administrative tendant à constater et déclarer « l'utilité publique ; — Que, *sans interdire au propriétaire me-« nacé d'expropriation la faculté d'éclairer le tribunal* sur l'affaire « qui lui est ainsi déférée, la loi n'a imposé, ni au préfet, ni au « procureur du roi, le devoir d'appeler ce propriétaire devant le « tribunal ; qu'elle a pourvu, dans l'intérêt du propriétaire, et « suivant la mesure qu'elle a jugée convenable, à ce que ré-« clamait le droit naturel de défense, par le recours en cassa-« tion, qu'elle lui a réservé, dans les trois cas d'incompétence,

« d'excès de pouvoir et de vice de forme dans le jugement. » Les mêmes principes se retrouvent dans l'arrêt du 11 août 1841.

Lorsque l'addition qui forme le § 5 de l'art. 14 de la loi du 3 mai 1841 fut présentée à la Chambre des députés, on y parlait *des parties* qui étaient en cause. M. Renouard fit remarquer que l'on pourrait induire de ces mots qu'il y avait dérogation à la jurisprudence que nous venons de rappeler, et que, pour écarter cette interprétation, il fallait ajouter au § 1er : *sans qu'il soit nécessaire d'appeler en cause les propriétaires sujets à expropriation.* Mais, la chambre ayant prononcé la suppression des mots : *les parties*, M. Renouard retira son amendement (*Monit.* 3 mars 1841, p. 517 et 518).

Le seul droit que le législateur ait réservé aux propriétaires menacés d'expropriation est celui de remettre au tribunal des notes propres à l'éclairer sur les irrégularités commises par l'administration. L'arrêt du 6 janvier 1836, que nous venons de rapporter, est formel à cet égard, et la discussion qui a eu lieu à la Chambre des députés à l'occasion de l'art. 14 de la loi du 3 mai 1841 lève toute espèce de doute sur ce point (*Monit.* 3 mars 1841, p. 518).

En effet, M. Dalloz ayant annoncé qu'il retirait un amendement par lui présenté parce que l'on reconnaissait que les parties intéressées avaient le droit de présenter des observations, M. de Belleyme ajouta : « mais jamais elles n'ont le droit d'être en cause », et M. le président, avant de mettre l'article aux voix, annonça que M. Dalloz retirait son amendement parce que personne ne contestait aux intéressés le droit de produire leurs observations, *à condition que ceux qui l'exercent ne soient pas* PARTIES (*Ibid.*, p. 519) (1). Ainsi les observations que présentent les intéressés ne sont pas soumises aux formes judiciaires et ne rendent pas ceux qui les ont faites parties dans l'instance, qui ne devient pas pour cela contradictoire. Si ces observations étaient rédigées en forme de requête et signées d'un avoué, elles ne changeraient pas de caractère, et le tribunal devrait toujours les considérer comme des notes, qu'il n'y a pas lieu de viser dans le jugement, quoiqu'il convienne d'y avoir égard dans l'examen des pièces produites par l'administration. A plus forte raison les réclamants ne seraient-ils pas admis à faire plaider pour justifier leurs prétendus griefs.

---

(1) Et Duvergier, *Collection des lois*, 1841, p. 141 et suiv.

197. On sent bien que le délai de trois jours, fixé par l'art. 14 au procureur impérial pour présenter son réquisitoire, n'est établi que dans l'intérêt de l'État et pour accélérer la marche des travaux. Ainsi, si le réquisitoire n'était présenté qu'après ce délai, il n'en résulterait aucune déchéance.

198. Ce réquisitoire conclut à ce que le tribunal prononce l'expropriation des terrains compris dans l'arrêté, ou de ceux de ces terrains dont on n'a pu traiter à l'amiable, et désigne un de ses membres pour remplir les fonctions de magistrat directeur du jury. Le procureur impérial joint à son réquisitoire les pièces qui lui ont été transmises par le préfet. Quelquefois, sous l'empire de la loi de 1810, le procureur impérial requérait verbalement à l'audience l'exécution de l'arrêté du préfet. Cette marche n'était pas régulière. Un réquisitoire aussi important doit être rédigé par écrit. Il serait d'ailleurs impossible d'en agir autrement, s'il y avait beaucoup de terrains à exproprier, et surtout si l'expropriation ne devait pas comprendre tous les terrains mentionnés en l'arrêté du préfet.

On demande si le procureur impérial ne doit requérir l'expropriation qu'autant qu'il reconnaît que les pièces à lui adressées constatent l'accomplissement de toutes les formalités indiquées par l'art. 2 du titre Ier, et par le titre II de la loi. Les termes de l'art. 14 autoriseraient jusqu'à un certain point cette prétention du procureur impérial; mais telle n'a pu être la pensé du législateur. Le procureur impérial se constituerait par là le censeur du préfet, tandis qu'il ne doit être que son mandataire, son représentant légal devant le tribunal; c'est aux juges seuls qu'il appartient de vérifier si toutes les formalités ont été ou non remplies. Si le procureur impérial croit remarquer quelque irrégularité dans les pièces qui lui sont transmises par le préfet, il peut et doit sans doute faire part à ce fonctionnaire de ses remarques; mais, dès que le préfet insiste pour que l'affaire soit soumise en cet état au tribunal, le procureur impérial ne doit pas différer de présenter son réquisitoire, sauf à émettre son avis sur ce même réquisitoire, ainsi que nous l'indiquons ci-après.

199. Si quelques-unes des propriétés mentionnées dans l'arrêté du préfet ont été acquises à l'amiable, le préfet doit en informer le procureur impérial, afin que ce magistrat n'en requière pas l'expropriation.

200. Il y a pareillement dispense de jugement d'expropriation, lorsque le consentement à la privation de la propriété ré-

sulte d'un acte antérieur, par exemple, du contrat d'acquisition (1).

201. Si les propriétaires ou quelques-uns d'entre eux ont consenti à la cession, sous la réserve de faire régler leur indemnité par le jury, ces consentements doivent être transmis au procureur impérial, et donnent lieu à un jugement spécial (art. 14, § 5).

202. Lorsque les pièces parviennent au procureur impérial, celui-ci en accuse immédiatement la réception au préfet, et doit, dans les trois jours suivants, requérir du tribunal l'expropriation des terrains et édifices désignés dans l'arrêté du préfet (art. 14, § 1er). C'est toujours le procureur impérial qui doit requérir l'expropriation. On avait prétendu qu'il ne devait pas en être ainsi lorsque l'expropriation était suivie dans un intérêt purement communal. Mais la Cour de cassation ne s'est pas arrêtée à ce moyen (arr. 11 août 1841).

203. La loi n'indique pas le délai dans lequel le tribunal sera tenu de prononcer sur le réquisitoire du procureur impérial. Mais, comme ces sortes d'affaires sont urgentes et qu'elles n'exigent aucune instruction, le tribunal prononcera toujours sans le moindre retard.

204. Le tribunal doit examiner si toutes les formalités prescrites par la loi ont été remplies. Cette vérification, étant un objet de détail, ne peut pas toujours être faite à l'audience, surtout lorsqu'il s'agit d'une expropriation un peu étendue. Ainsi il convient habituellement que le tribunal prononce sur rapport. Lors donc que le procureur impérial remet son réquisitoire au président, celui-ci commet aussitôt un juge pour faire le rapport de l'affaire à l'une des prochaines audiences.

205. Au jour indiqué par l'ordonnance du président, le juge-commissaire fait son rapport. Le procureur impérial est entendu, car l'affaire intéresse l'État. Ainsi le procureur impérial devra émettre son opinion sur le réquisitoire qu'il aura lui-même présenté. Si même il croit que ce réquisitoire ne doit pas être accueilli, il peut déclarer et déduire les motifs de son opinion. On s'étonnera peut-être que le procureur impérial propose de ne pas accueillir un réquisitoire que lui-même a présenté. Mais cela tient à la diversité des fonctions dont le ministère public est chargé, et pareille chose peut se rencontrer dans

---

(1) Décr. cont., 8 juin 1854.

beaucoup d'autres circonstances. En présentant le réquisitoire il agit comme mandataire légal et représentant du préfet; mais il peut ensuite, comme organe de la loi, exprimer avec toute indépendance son opinion sur ce même réquisitoire. Le rapport, les conclusions du procureur impérial et le jugement, ont lieu à l'audience publique (1).

206. [Le tribunal est chargé de vérifier si les conditions et les formalités prescrites par la loi ont été accomplies. Ainsi l'a voulu l'Empereur. Voici, à cet égard, ce que constate le procès-verbal de la séance du Conseil d'État, du 16 novembre 1809 :

« Les tribunaux (avait objecté le ministre de l'intérieur) de-
« viendront les juges de l'utilité publique, si ce sont eux qui
« décident par quelles propriétés les travaux doivent passer.

« Napoléon dit que *ce n'est pas là son idée*. Il n'appartient
« qu'au chef du Gouvernement de juger si les travaux sont né-
« cessaires. La fonction du jury (2) se borne à appliquer le dé-
« cret. Les tribunaux n'interviennent que pour sanctionner la
« décision et *vérifier si toutes les conditions et toutes les formalités*
« *ont été remplies*. Ils examinent s'il y a une décision du jury (3),
« etc. ..... (4). »

Et, plus loin : « Napoléon met aux voix les diverses questions.
« Le conseil arrête en principe : — que nulle expropriation pour
« cause d'utilité publique n'aura lieu, si ce n'est à raison des
« travaux ordonnés par un décret, lequel indiquera les dépar-
« tements et les communes par lesquels passeront les travaux ;
« — que l'application du décret sera faite par un jury (5) aux
« propriétés particulières ;—que l'expropriation sera prononcée
« *par les tribunaux, après qu'ils auront vérifié si les conditions et*
« *les formalités prescrites ont été remplies.....* (6) » — (A).

207. En conséquence, la loi du 8 mars 1810 disait, en termes

---

(1) Cass.; 6 janv. 1836.
(2-3) C'était le nom que l'Empereur donnait à la commission créée par les art. 7 et suiv. de la loi du 8 mars 1810.
(4) Locré, IX, p. 676 ; Cass., 14 juill. 1857 (Dall. 57.1.292).
(5) La commission désignée ci-dessus.
(6) Locré, IX, p. 679, et les discours de M. Berlier et de M. Riboud; Locré, IX, p. 737, 749, 751 et suiv.

Additions.

(A) L'autorité judiciaire n'a pas le droit de contrôler ni d'infirmer la déclaration d'utilité publique : vainement serait-il allégué et soutenu devant le tribunal que l'expropriation est poursuivie non en vue de l'établissement d'un travail d'utilité publique, mais afin de permettre à l'expropriant de remplir des engagements qu'il a pris envers un propriétaire voisin qui a amiablement consenti à céder, en vue de travaux d'utilité publique, une partie de son héritage. Cass. civ., 9 fév. 1863 (*Gaz. trib.*, 9, 23, 24 fév. 1863).

absolus (art. 13) : Le tribunal, *s'il n'aperçoit aucune infraction des règles posées aux titres Ier et II, autorisera...., etc.* Ce renvoi comprenait l'art. 2, qui ne conférait aux tribunaux le pouvoir de prononcer l'expropriation qu'autant que l'utilité en avait été constatée dans les formes établies par la loi, et les articles suivants, relatifs aux garanties accordées à la propriété privée, dans la désignation des terrains dont la cession serait reconnue nécessaire.

La loi du 3 mai 1841 a reproduit ces dispositions dans son art. 14, en ce qui concerne la mission conférée aux tribunaux de prononcer l'expropriation seulement dans les cas où l'utilité en a été constatée dans les formes prescrites par la loi (art. 2 du tit. Ier), et en ce qui concerne les garanties accordées aux propriétés particulières dans la désignation des terrains à occuper. Mais, relativement à l'innovation qui appartient aux lois de 1833 et de 1841, et qui consiste dans l'enquête administrative préalable *sur l'utilité générale*, la loi du 3 mai 1841 n'attribue pas le même pouvoir d'examen aux tribunaux. Cela résulte de l'omission de l'art. 3 du tit. Ier, dans le renvoi déterminé par l'art. 14; et la raison en est que tout ce qui concerne cette enquête tient à des considérations générales, politiques et administratives, essentiellement en dehors de l'organisation judiciaire.]

208. Il nous semble que les points principaux sur lesquels le tribunal devra faire porter son examen sont ceux-ci : Les travaux ont-ils été autorisés par un décret de l'Empereur, rendu dans les formes prescrites pour les règlements d'administration publique (1)? Les territoires où les travaux doivent s'exécuter ont-ils été désignés par le décret de l'Empereur ou par des décisions du préfet? Les propriétaires ont-ils été prévenus du dépôt du plan parcellaire par les publications, affiches et insertions prescrites par la loi? La commission spéciale a-t-elle été convoquée? A-t-elle été régulièrement composée? A-t-elle opéré conformément aux art. 9 et 10 de la loi? Le préfet a-t-il pris un arrêté pour déterminer définitivement les terrains dont la cession est reconnue nécessaire? etc.

Lorsque la commission a proposé un changement dans le tracé, la loi du 3 mai 1841 veut que l'administration remplisse plusieurs formalités que la loi du 7 juillet 1833 n'avait pas prescrites. Le tribunal doit donc maintenant vérifier quel a été

---

(1) Sénatus-consulte interprétatif du 25 déc. 1852, art. 4.

CHAP. V. — DU JUGEMENT D'EXPROPRIATION.   129

l'avis de la commission; et, si elle a proposé une modification au tracé, il doit s'assurer que les formalités établies spécialement pour cette hypothèse ont été remplies.

209. Sur ces questions, la jurisprudence offre les applications suivantes :

La Cour de cassation a décidé qu'aux termes des art. 2 et 14 de la loi du 3 mai 1841, un jugement ne peut prononcer une expropriation pour cause d'utilité publique qu'après vérification, par le tribunal, des formalités prescrites par la loi ; qu'au nombre des vérifications que le tribunal ne peut se dispenser de faire, se trouve celle de savoir *si l'utilité publique a été légalement déclarée*; qu'en prononçant une expropriation sans vérification de la légalité de la déclaration d'utilité publique, un jugement viole formellement les art. 2 et 14 de la loi du 3 mai 1841, et qu'il doit être cassé (1).

Dans un cas inverse, mais par les mêmes principes, un tribunal, qui après avoir constaté que la commission d'enquête, instituée en vertu de l'art. 8, n'a pas tenu son procès-verbal ouvert pendant le temps déterminé par l'art. 9, décide que les opérations de cette commission n'ont point été conformes au vœu de l'art. 9, et refuse de considérer comme accomplies les conditions imposées par cet article, et, par suite de prononcer l'expropriation demandée, loin de violer ce texte de loi, en fait au contraire une juste application (2).

210. La mission de vérifier entraîne nécessairement, de la part du tribunal, l'obligation de *viser*, pour certifier l'accomplissement de la mission, car tout jugement doit contenir la preuve de sa validité. Les pièces constatant que les conditions et les formalités prescrites ont été remplies doivent donc être visées dans le jugement : autrement la vérification est réputée n'avoir été ni pu être faite par le tribunal, les pièces étant censées absentes; et le jugement n'est pas valable] (3).

211. C'est ce que la Cour de cassation a reconnu par un arrêt du 1er juillet 1834 : « Attendu qu'aux termes de l'art. 2 de la
« loi du 7 juillet 1833, les tribunaux ne pouvant prononcer
« l'expropriation pour cause d'utilité publique qu'autant que
« cette utilité a été constatée et déclarée dans les formes pre-

---

(1) 2 janv. 1844.
(2) Cass., 21 juin 1842.
(3) Cass. civ., 30 août 1859 (S. 60.1.

359); Cass., 14 mars 1865 (*Gaz. trib.*, 15 mars 65).

TOME I.   9

« scrites par la loi, et ces formes consistant dans l'accomplis-
« sement des solennités énoncées aux titres Ier et II de ladite
« loi, il est indispensable que le jugement qui constate que les
« formalités prescrites ont été remplies porte avec lui la preuve
« de l'exactitude de cette déclaration ; — Attendu que le juge-
« ment attaqué ne constate en fait aucune production des pièces
« qui, aux termes de l'art. 14 de la loi précitée, ont dû être
« adressées par le préfet au procureur du roi, mais énonce
« simplement qu'il a été rendu sur l'exposé fait au tribunal par
« le juge qui remplaçait le procureur du roi ; — Que d'ailleurs
« ce jugement, tout en énonçant que les formalités prescrites
« par la loi ont été observées, ne contient aucun visa, ni au-
« cune désignation des pièces qui ont dû être produites, seul
« moyen pour le tribunal de constater l'exécution de la loi, et
« pour la Cour de reconnaître, en cas de pourvoi, si le juge-
« ment qui lui est dénoncé n'est pas vicié d'incompétence ou
« d'excès de pouvoir (1)..... »

Mais la Cour de cassation a jugé, le 11 mai 1835, que lorsqu'un jugement porte : « Vu les pièces au nombre de... trans-
« mises au ministère public par le préfet, et constatant que les
« formalités exigées par la loi ont été remplies, » il résulte de
ces termes, dans lesquels le tribunal a motivé sa décision, d'un
côté, que son jugement a été rendu *sur production de pièces*, et
non, comme celui indiqué dans l'arrêt précédent, sur un simple
exposé fait au tribunal ; et, d'un autre côté, que, *vu ces pièces*,
le tribunal a déclaré qu'elles constataient l'accomplissement des
formalités prescrites par la loi ; qu'il eût été, sans doute, à désirer que le tribunal, au lieu de viser collectivement et en masse
les différentes pièces qui lui étaient produites, eût particulièrement énoncé le caractère de chacune, mais que cette énonciation détaillée n'est exigée par aucune disposition législative ;
que, si la loi a voulu donner une garantie à la propriété privée
en statuant par son art. 2 que les tribunaux ne peuvent prononcer l'expropriation qu'autant que l'utilité en a été déclarée et
constatée dans les formes qu'elle prescrit, elle a voulu en même
temps, par son art. 14, donner à l'intérêt général la garantie
que toutes les fois que cette condition aura été accomplie,
l'expropriation sera inévitablement prononcée ; que c'est pour
atteindre ce double but qu'en autorisant par son art. 20 le re-

---

(1) S. 34 1.623.

CHAP. V. — DU JUGEMENT D'EXPROPRIATION. 131

cours en cassation, elle a statué que les pièces seraient adressées dans la quinzaine de l'émission du pourvoi à la chambre civile de la Cour; d'où il suit que la Cour a la mission et les moyens légaux d'apprécier, sur le vu de ces pièces mêmes, la conformité à la loi de la décision attaquée. — Et « *attendu*, ajoute « l'arrêt, *qu'il résulte des pièces transmises au greffe de la Cour, et* « *vérifiées par elle,* que toutes les formalités prescrites par les « art. 4, 5, 6, 7, 8, 9, 10 et 11, du titre II de la loi du 7 juillet, « ont été exactement remplies, etc.....— Rejette (1). »

Depuis, la Cour a jugé que « le vœu de la loi n'est pas rempli par cela seul que le tribunal aura déclaré que toutes les formalités prescrites par la loi du 7 juillet 1833 ont été remplies; que le jugement doit porter avec lui la justification de sa légalité par le visa, ou du moins l'énonciation des pièces constatant l'accomplissement des formalités prescrites » (Cass., 2 février 1836). L'arrêt du 4 août 1841 confirme cette jurisprudence; *Ibid.*, 2 janvier 1844.

[Plus récemment encore, s'est présentée l'espèce suivante : le jugement ne contenait, au sujet des pièces produites au tribunal, que ces seuls mots : « Vu les pièces jointes à l'appui du réquisitoire du ministère public, » et le réquisitoire lui-même, transcrit dans le jugement, ne précisait aucun acte et se réduisait à énoncer que, « le 19 août 1848, Buffault avait donné son « consentement à l'abandon de ses propriétés. » Enfin le réquisitoire ne mentionnait pas l'acte qui aurait contenu cette adhésion, dont l'effet aurait été de dispenser de l'accomplissement des formalités prescrites au titre II de la loi du 3 mai 1841, mais non de celles qui sont ordonnées par le titre Ier. La Cour a décidé : « qu'en violation de l'art. 14 de ladite loi, le jugement ne constatait aucunement le consentement du propriétaire; qu'il ne constatait pas davantage l'accomplissement des formalités ordonnées par les titre Ier et II, lesquelles, à défaut de consentement du propriétaire, sont indispensables pour l'expropriation; en quoi ledit jugement avait, aux termes de l'art. 2, commis un excès de pouvoir, et aux termes de l'art. 20, encouru la cassation... (2). »

212. Tout jugement doit contenir des motifs (3). Mais en se

---

(1) S. 35.1.949.
(2) 29 janv. 1850.

(3) Loi du 20 avril 1810, art. 7.

référant aux pièces qu'il a visées, un jugement d'expropriation est suffisamment motivé (1).

213. Le tribunal des conflits a, comme la Cour de cassation, reconnu la large part faite en matière d'expropriation pour cause d'utilité publique à l'autorité judiciaire ; il a décidé « que « l'accomplissement et la régularité des formalités exigées par « la loi de 1841, et qui donneraient naissance à des moyens de « déchéance des droits revendiqués, doivent, *selon l'esprit de* « *cette loi*, être vérifiés par les tribunaux civils (2). »]

214. Il importe toutefois de remarquer que le tribunal n'est pas appelé à vérifier l'accomplissement de toutes les formalités prescrites par les tit. Ier et II de la loi, mais seulement de celles *prescrites par l'art.* 2 *du titre* Ier *et par le titre* II *de la loi* (3). Cette rédaction a été évidemment employée pour faire connaître que le tribunal ne devait pas s'immiscer dans l'examen des formalités de l'enquête prescrite par l'art. 3 de la loi. Cette enquête ne concerne que l'intérêt général (n° 18), et l'on n'a voulu mettre sous la protection des tribunaux que les dispositions d'intérêt privé. Cette opinion a été sanctionnée par la jurisprudence de la Cour de cassation.

Quand l'utilité publique est déclarée par un acte du chef de l'État (4), qui vise une enquête administrative qui aurait eu lieu antérieurement, l'autorité judiciaire ne pourrait, sans excéder ses pouvoirs et sortir du cercle de ses attributions, examiner le mérite de cet acte ; et ce n'est pas devant l'autorité judiciaire que la voie de l'inscription de faux serait ouverte contre un tel acte, s'il pouvait y avoir lieu de la proposer. (Arrêt de la Cour de cassation, du 22 août 1838. Autre arrêt du 10 août 1841). Enfin la Cour, ayant à se prononcer sur un moyen basé sur la non-production du procès-verbal de la commission d'enquête préalable à la déclaration d'utilité publique, et sur la composition et le mode de délibération de cette commission, a reconnu que l'ordonnance (5) déclarative de l'utilité publique énonçant que les avant-projets avaient été soumis aux formalités d'enquête, en exécution de l'art. 3 de la loi du 7 juill. 1833, il n'appartenait pas aux tribunaux d'examiner le mérite des actes dont l'accomplissement est

---

(1) Cass., 3 juill. 1839 (S. 39.1.748).
(2) 16 déc. 1850.
(3) *Suprà*, p. 127.
(4) Un décret de l'Empereur, rendu dans les formes prescrites pour les règlements d'administration publique (sénatus-consulte interprétatif du 25 déc. 1852, art. 4).
(5) Aujourd'hui, le décret.

confié par la loi à l'administration pour la période antérieure à la déclaration d'utilité publique (Cass. 14 déc. 1842)—(A).

215. « Le tribunal prononce l'expropriation, pour cause d'uti-« lité publique, des terrains ou bâtiments *indiqués dans l'arrêté* « *du préfet* » (art. 14, § 1ᵉʳ).

Il est déjà arrivé qu'un tribunal s'est borné à prononcer l'expropriation de propriétés *désignées en l'arrêté du préfet en date du...*, sans spécifier autrement ces propriétés, ce qui ne remplit certainement pas le vœu de la loi. L'art. 15 veut que le jugement soit publié et affiché, afin que la connaissance en parvienne à toutes les parties intéressées. Or, la publicité d'un jugement aussi laconique serait tout à fait sans objet. Il faudrait alors publier en même temps un extrait de l'arrêté du préfet, ce que la loi ne prescrit pas. Il est donc évident qu'un pareil jugement ne remplit pas complétement le vœu de la loi.

Pour arriver à désigner exactement les propriétés dont il prononce l'expropriation, le jugement doit indiquer la contenance des propriétés et leur nature de *prairies, vignes, bois,* etc. Il pourrait être utile de donner une désignation sommaire de chacune des parcelles, mais la loi ne l'exige pas. Il faut, du reste, indiquer les noms des propriétaires des diverses parcelles, tels qu'ils sont présentés en l'arrêté du préfet. L'art. 15 de la loi, exigeant que l'extrait du jugement d'expropriation contienne les noms des propriétaires, exige par cela même que ces noms soient contenus au jugement dont cet extrait doit être tiré; si ce jugement ne contient pas les noms des propriétaires dont il ordonne l'expropriation, il est dépourvu de la condition la plus substantielle et la plus nécessaire à sa validité (1). Les noms des propriétaires doivent être ceux énoncés sur la matrice des rôles, et reproduits sur le plan

---

(1) Cass., 2 fév. 1836 ; 4 août 1841.

Additions.

(A) Il a été jugé encore que : lorsqu'un décret a déclaré d'utilité publique l'expropriation d'un terrain (spécialement pour la régularisation du boulevard de ceinture du bois de Boulogne), et que le tribunal qui a prononcé l'expropriation a vérifié l'accomplissement de toutes les formalités prescrites par l'art. 2 de la loi du 3 mai 1841, l'exproprié n'est pas recevable à faire reviser par la Cour de cassation la déclaration d'utilité publique, en essayant d'établir que l'utilité publique n'est pas intéressée dans l'expropriation. Cass. civ., 9 fév. 1863 (*Droit*, 11 fév. 63).

Est régulier le jugement qui, en matière d'expropriation, vise l'arrêté de cessibilité, accompagné du plan parcellaire, sans qu'il doive contenir l'indication de la portion nécessaire à la confection du travail public, prise sur un terrain d'une plus grande étendue. Cass. civ., 6 août 1862 (*Droit*, 7 août 62).

parcellaire et dans l'arrêté que le préfet prend en vertu de l'art. 11 de la loi. C'est ce qu'a déclaré M. le rapporteur de la Chambre des pairs—(A).

Une erreur dans la désignation de la contenance pourrait entraîner l'annulation du jugement; par exemple, si le jugement prononçait l'expropriation de 105 hectares 47 ares, quand toutes les pièces de la procédure s'appliquaient à un terrain de 10,547 mètres. Une telle erreur constituerait un excès de pouvoir (1)—(B).

L'art. 11 de la loi dit que l'arrêté définitif du préfet doit indiquer *l'époque à laquelle il sera nécessaire de prendre possession* des terrains ou bâtiments. Comme il importe aux propriétaires d'être informés de cette décision, puisque l'époque de la dépossession est un des éléments de la fixation de l'indemnité qui leur est due, le tribunal doit indiquer dans son jugement l'époque à laquelle l'administration compte prendre possession des diverses propriétés. Toutefois, cette indication n'est que conditionnelle et soumise à la réalisation du paiement préalable de l'indemnité; le tribunal doit donc éviter de consacrer aucune disposition qui serait en opposition avec le principe de l'indemnité *préalable* (2).

Un tribunal avait *envoyé* un concessionnaire *en possession* des propriétés qu'il désignait, *à la charge d'acquitter préalablement entre les mains des ayants droit le montant de l'indemnité qui serait*

---

(1) Cass., 14 mars 1842.
(2) *Suprà*, p. 73, et Cass., 28 janv. 1834 (S. 34.1.206).

Additions.

(A) C'est ce qui a été jugé par l'arrêt suivant, qui a décidé qu'en conséquence, est nul le jugement d'expropriation rendu contre un ancien propriétaire dont le nom n'était plus, lors de ce jugement, inscrit sur la matrice du rôle, et cela bien que le nom du véritable propriétaire ait été déclaré devant la commission d'enquête. Cass., 9 fév. 1858 (Dall., 58.1.127; *Gaz. trib.*, 10 fév. 58).—*Conf.*, 6 janv. et 25 août 1857 (Dall. 57.1.46 et 353).

Est nulle l'expropriation poursuivie contre le mari seul d'un immeuble appartenant à la femme. Cass., 8 fév. 1862 (S. 62.1.890).

La femme est fondée à demander l'annulation de la décision qui fixe l'indemnité due pour l'expropriation d'un immeuble à elle appartenant, alors que, bien que seule inscrite à la matrice des rôles, elle est cependant demeurée étrangère à toute la procédure d'expropriation, et que c'est son mari qui a été appelé et auquel l'indemnité a été accordée. Cass. civ., 4 juill. 1864 (*Gaz. trib.*, 4-5 juill. 64).

(B) Cependant les erreurs matérielles qui se sont glissées dans le jugement d'expropriation relativement aux immeubles expropriés, telles que celle d'y avoir compris une parcelle de terre qui en avait été formellement exclue par l'arrêté de cessibilité, base du jugement, peuvent être rectifiées par voie d'interprétation de ce jugement, à la requête de la partie expropriante. Cass. civ., 6 avril 1859 (S. 59.1.324).

réglé par le jury. Le pourvoi contre ce jugement fut rejeté par arrêt du 11 mai 1835 : « Attendu que, si le tribunal a employé une locution inexacte en prononçant l'*envoi en possession* des concessionnaires, lorsque, suivant l'article 14, il ne devait que *prononcer l'expropriation*, et que c'est au magistrat directeur du jury que, suivant l'art. 14, il appartient de prononcer l'*envoi en possession*, cette inexactitude a été immédiatement réparée, et ne tire pour la demanderesse à aucune espèce de conséquence, au moyen de la disposition qui porte que cet envoi en possession n'est prononcé qu'à la *charge d'acquitter préalablement à toute prise de possession*, et entre les mains de la demoiselle Dumarest, l'*indemnité qui sera réglée par le jury* (1).

216. [« Le jugement d'expropriation commet un des membres « du tribunal pour remplir les fonctions attribuées par le « titre IV, chap. II, au magistrat directeur du jury chargé de « fixer l'indemnité, *et désigne un autre membre pour le remplacer* « *au besoin*. En cas d'absence ou d'empêchement de ces deux « magistrats, il est pourvu *à leur remplacement par une ordon-* « *nance sur requête du président du tribunal civil* (art. **14, § 3** « **et 4**). »

La loi du 7 juillet 1833 disait simplement que le jugement commettrait un des membres du tribunal pour remplir les fonctions attribuées au magistrat directeur du jury.

Les §§ 3 et 4 précités de l'art. 14 de la loi du 3 mai 1841 tranchent, par des dispositions additionnelles, diverses difficultés qui pouvaient s'élever sur les questions de savoir par qui et comment il devrait être procédé au remplacement des magistrats désignés, en cas d'empêchement de leur part.

Il a été jugé :

Que le président de la chambre *des vacations* est compétent pour procéder au remplacement du magistrat directeur du jury empêché (2) ;

Qu'un juge *suppléant* peut être commis par le jugement d'expropriation pour remplacer, au besoin, le magistrat directeur choisi parmi les juges titulaires ; et qu'il a qualité pour

---

(1) S. 35.1.949 ; suite de l'affaire dans laquelle avait été rendu l'arrêt cité, p. 134 (note 2).—Comparez ces deux arrêts.—Le texte de celui du 28 janv. 1834 est transcrit, *infrà*, p. 145.

(2) Cass., 25 janv. 1853.

remplir ces fonctions quand le juge titulaire vient à se trouver empêché (1) ;

Qu'un juge suppléant peut également, au cas d'empêchement du magistrat commis par le jugement d'expropriation pour remplir les fonctions du directeur du jury, être désigné par le président pour le remplacer (2) ;

Que dans l'un comme dans l'autre cas, *il y a présomption* que ce juge suppléant *n'a été désigné qu'à défaut des juges titulaires et suppléants qui devaient être appelés avant lui* (3) ;

Enfin, que le président d'un tribunal désigné pour remplir, en matière d'expropriation pour cause d'utilité publique, les fonctions de magistrat directeur jury, peut pourvoir lui-même, par une ordonnance, à son remplacement en cette qualité. Les motifs sont « que l'art. 14 de la loi du 3 mai 1841 donne au pré-
« sident du tribunal le pouvoir de procéder au remplacement
« du magistrat directeur absent ou empêché ; que, pour avoir
« été spécialement chargé de la mission de directeur du jury,
« le président du tribunal ne se trouve pas accidentellement
« destitué de l'attribution générale qui lui est conférée par la
« disposition précitée ; qu'il n'existe, en effet, aucun motif lé-
« gal d'incompatibilité entre l'exercice de cette attribution et la
« mission de directeur du jury, et que l'on ne voit pas en quoi
« la délégation ainsi faite par le président pourrait vicier des
« opérations régulières d'ailleurs, et sur lesquelles elle est sans
« influence (4). » — (A).

(1-2-3) Cass., même arrêt, et autre du même jour (S. 53.1.285 et 287); Cass., 10 mars 1863 (S. 63.1.347).

(4) Cass., 20 mars 1855 (*Gaz. trib.*, 22 mars 55, et *Droit*, 26 mai 55).

Additions.

(A) Il a été jugé encore que, lorsqu'une cession amiable, ayant transmis à l'exproprianl la propriété d'un immeuble compris dans un décret déclaratif d'utilité publique, il y a lieu ultérieurement, par le locataire de l'immeuble, à poursuivre la fixation d'une indemnité d'expropriation, il n'est pas nécessaire, pour la désignation du magistrat directeur du jury, de s'adresser au tribunal, conformément au § 3 de l'art. 14 de la loi du 3 mai 1844; au président seul appartient de faire cette désignation par une ordonnance sur requête, conformément au § 4 du même article. Cass. civ., 20 juill. 1864 (*Gaz. trib.*, 21 juill. 64) ;

Que l'ordonnance par laquelle le président du tribunal commet un juge pour désigner un jury d'expropriation, en remplacement de celui qu'avait désigné le jugement même d'expropriation, emporte présomption que ce remplacement a été opéré à raison de légitimes empêchements. Ni l'une ni l'autre des parties n'est recevable à contester, devant la Cour de cassation, la réalité de cet empêchement ; celle-là surtout y est irrecevable, qui, comme partie expropriante, a sollicité elle-même du président l'ordonnance de remplacement. Cass. civ., 4 mars 1864 (*Gaz. trib.*, 5 mars 64) ;

SECT. II.—PUBLICATION ET NOTIFICATION DU JUGEMENT.

217. Sous l'empire de la loi de 1833, le préfet, après avoir rendu l'arrêté mentionné en l'art. 11, pouvait attendre aussi longtemps qu'il le voulait avant de saisir le tribunal de la demande en expropriation. Le législateur a voulu que les propriétaires ne restassent pas indéfiniment dans la position fâcheuse que leur créait cette menace d'expropriation. En conséquence, le § 2 de l'art. 14 accorde au préfet, pour former la demande en expropriation, un an à compter de l'arrêté pris en vertu de l'art. 11 ; s'il n'agit pas dans ce délai, le propriétaire peut poursuivre lui-même l'expropriation, ainsi que nous l'expliquerons dans un chapitre particulier.

218. Le législateur a prévu le cas où les propriétaires à exproprier consentiraient à la cession sans qu'il y eût accord sur le prix (art. 14, § 5). Le tribunal doit rendre alors un jugement qui diffère de celui dont nous nous sommes occupé dans cette section. Ce cas sera, aussi, traité dans un chapitre spécial.

SECTION II. — *De la publication et de la notification du jugement d'expropriation.*

219. — Art. 15. Double objet : Publication du jugement, dans l'intérêt de tous ; en outre, notification aux expropriés.
220. — Première opération.
221. — Deuxième opération.
222. — Ce que l'extrait du jugement doit contenir.
223. — Lieu où la notification est faite aux expropriés.
224. — Importance de cette notification.
225. — De l'intitulé et de la formule exécutoire.

Qu'est nul comme entaché d'un excès de pouvoirs, comme rendu en contravention des art. 14 et 20, l'arrêt par lequel une Cour, statuant sur l'appel formé par un procureur impérial contre un jugement refusant de prononcer une expropriation pour cause d'utilité publique, prononce elle-même cette expropriation et désigne le magistrat directeur du jury.

Aux termes de l'art. 14, en effet, c'est le tribunal civil de l'arrondissement qui doit déclarer l'expropriation et désigner le magistrat directeur, et, d'après l'art. 20, les jugements que rendent en cette matière les tribunaux de première instance ne sont susceptibles que d'un seul recours, le pourvoi en cassation. Cass. civ., 21 juin 1864 (*Gaz. trib.*, 22 janv. 64);

Que lorsque, sur la requête à lui présentée à l'effet de prononcer une expropriation pour cause d'utilité publique, le tribunal d'arrondissement a refusé de prononcer ladite expropriation, et lorsque appel de ce jugement a été porté devant la Cour impériale, qui y a statué, et, infirmant, a prononcé l'expropriation et désigné, pour diriger le jury, un magistrat du tribunal d'arrondissement, l'arrêt de

219. [« Le jugement est publié et affiché, par extrait, dans la
« commune de la situation des biens, *de la manière indiquée en*
« *l'art.* 6. Il est, en outre, inséré dans l'un des journaux publiés dans l'arrondissement, ou, s'il n'en existe aucun, dans
« l'un de ceux du département.

« Cet extrait, *contenant les noms des propriétaires, les motifs et*
« *le dispositif du jugement*, leur est notifié *au domicile qu'ils auront*
« *élu dans l'arrondissement de la situation des biens, par une décla-*
« *ration faite à la mairie de la commune où les biens sont situés ;* et,
« *dans le cas où cette élection de domicile n'aurait pas eu lieu*, la no-
« tification de l'extrait sera faite *en double copie au maire et au*
« *fermier, locataire, gardien ou régisseur de la propriété* » (art. 15).

Il y a ici, comme on le voit, une double opération : la *publication*, qui a lieu dans l'intérêt *de tous*, et la notification, qui a lieu, en outre, dans l'intérêt spécial des propriétaires.

220. L'objet de la première opération est celui-ci :]

Le jugement d'expropriation est un acte d'une haute importance, non-seulement pour les propriétaires des terrains frappés d'expropriation, mais aussi pour les usufruitiers, locataires ou fermiers (art. 21), pour tous ceux qui auraient à exercer des actions en revendication ou en rescision ou d'autres actions réelles sur ces mêmes biens (art. 18), pour les créanciers de ces propriétaires ou usufruitiers, dont les privilèges et hypothèques peuvent se trouver détruits (art. 17 et 22), et pour d'autres tiers qui peuvent aussi avoir un grand intérêt à en acquérir la connaissance. Le législateur a donc ordonné que ce jugement recevrait une grande publicité, afin que tous les tiers fussent mis à même de défendre leurs intérêts.

Ce jugement doit être publié et affiché par extrait, dans la commune de la situation des biens, de la manière indiquée en l'art. 6 de la loi, et inséré dans l'un des journaux publiés dans

---

la Cour impériale, tout irrégulier qu'il est, tout contraire qu'il est aux dispositions de la loi du 3 mai 1841, ne peut être attaqué par la voie du recours en cassation après l'expiration des délais du pourvoi, après surtout que les parties ont accepté ledit arrêt, en comparaissant et procédant sans protestation ni réserve, devant le jury appelé à régler les indemnités dues aux expropriés.

Après que ledit arrêt a ainsi été accepté et a acquis autorité de chose jugée, la décision du jury ne saurait non plus, même dans le délai légal, être attaquée par le motif que le jury aurait été dirigé par un magistrat irrégulièrement et incompétemment désigné. Si l'arrêt est considéré comme accepté dans sa disposition principale relative à l'expropriation, il doit être considéré de même comme accepté dans sa disposition accessoire et secondaire relative à la désignation du magistrat directeur. Cass. civ., 11 avril 1864 (*Gaz. trib.*, 11-12 avril 64).

SECT. II.—PUBLICATION ET NOTIFICATION DU JUGEMENT.

l'arrondissement, ou, s'il n'en existe aucun, dans l'un de ceux du département (art. 15, § 1er). La publication doit être faite à son de trompe ou de caisse dans la commune. Les affiches doivent être apposées tant à la principale porte de l'église du lieu qu'à celle de la maison commune. On peut voir ci-dessus (1) les explications que nous avons données au sujet de la publication relative au dépôt du plan parcellaire. L'insertion dans le journal se prouve facilement par la représentation d'un exemplaire de la feuille où elle a eu lieu. Les publications et affiches devront être certifiées par le maire, ainsi que le porte l'art. 7, relativement au dépôt du plan.

221. [Voici maintenant l'objet de la seconde opération:]

D'après un principe général consacré par l'art. 147, Cod. pr., aucun jugement ne doit être mis à exécution qu'après avoir été signifié à partie. Un extrait du jugement d'expropriation doit donc être notifié aux propriétaires. « Cette décision, qui consomme l'expropriation si elle n'est pas attaquée, a dit M. Martin (du Nord) dans son rapport à la Chambre des députés, et qui commence la procédure pour la fixation de l'indemnité, est d'une trop haute importance pour qu'elle ne soit pas notifiée aux propriétaires dont la possession est imminente. Le projet de loi l'a reconnu, et en même temps il a voulu que cette notification leur fût faite individuellement. Ici, en effet, et à la différence des opérations qui ont pour objet de désigner les terrains que les travaux doivent traverser, ici commence une procédure dans laquelle chaque propriétaire exproprié a des droits distincts et séparés; dès lors il est juste qu'ils soient tous, et chacun en particulier, mis en demeure de les faire valoir, et la notification individuelle peut seule, à cet égard, rassurer le législateur » (*Monit.* 27 janv. 1833, p. 210). Nous devons faire remarquer que la loi ne parle que de notifications à faire aux propriétaires, et ne dit pas qu'elles leur seront faites *individuellement*, et, en employant cette expression, M. le rapporteur a voulu distinguer les notifications faites séparément pour chaque propriété, de celles qui ont lieu collectivement par voie de publications et affiches. L'administration ne connaît les propriétaires que d'après les indications de la matrice des rôles; si l'on y indique que la propriété appartient *aux enfants de M. N...* ou *héritiers N...*, l'administration ne sera pas tenue de rechercher quels sont ces

---

(1) Pages 58 et suiv.

héritiers, pour faire à chacun d'eux une notification *individuelle*; une notification collective suffira. Mais si, au contraire, la matrice des rôles désignait plusieurs copropriétaires d'un même immeuble, nous pensons que l'on devrait, pour satisfaire au vœu de la loi, signifier à chacun d'eux un extrait du jugement.

222. L'extrait du jugement pour les notifications, publications, affiches et insertions, doit contenir *les noms des propriétaires, les motifs et le dispositif du jugement* (art. 15, § 2). Les noms des propriétaires seront souvent compris dans le dispositif du jugement, et alors il sera inutile de les mentionner une seconde fois; mais s'ils ne sont pas dans le dispositif, ils doivent au moins se trouver dans le réquisitoire du procureur du roi inséré dans le jugement : en ce cas, il faudra les indiquer dans l'extrait, indépendamment des motifs et du dispositif.

Tous ces extraits doivent être conçus à peu près dans les mêmes termes. Cependant ceux à signifier aux propriétaires sont valables dès qu'ils contiennent les énonciations qui intéressent celui à qui la signification est faite, parce que celui-ci n'a aucun intérêt à connaître les noms des autres propriétaires que l'expropriation atteindra. Un commentateur de la loi du 3 mai 1841 suppose que l'extrait pour les publications, affiches et insertions, pourrait ne pas contenir les motifs et le dispositif du jugement. L'art. 15 n'est pas très-précis à cet égard ; mais il faut que l'extrait contienne tout ce que les tiers ont intérêt à connaître, et ces énonciations leur sont souvent utiles.

223. [La notification est faite aux propriétaires dans le lieu déterminé par l'art. 15, ou à des représentants désignés par le même article, selon que les propriétaires se sont ou non conformés à l'obligation d'élire domicile, qui leur est imposée par la loi (1).]

224. La régularité de cette notification importe beaucoup à la suite des opérations, parce que c'est de sa date que courent le délai de trois jours accordé pour le pourvoi en cassation (art. 20), et celui de huitaine, pendant lequel les propriétaires doivent appeler et faire connaître à l'administration les usufruitiers, fermiers, locataires, etc. (art. 21). Cette notification doit être faite dans les formes indiquées par l'art. 57 de la loi. Une déclaration mise par le maire au bas d'un extrait du jugement, et attestant qu'il l'a notifié au propriétaire y dénommé, ne constate pas suf-

---

(1) Ci-dessus, p. 138.

fisamment que ce jugement a été notifié conformément au vœu de la loi. Cass., 28 janv. 1834 (1).

225. [Mais l'extrait du jugement d'expropriation notifié à l'exproprié remplit suffisamment les conditions exigées par le Code de procédure civile et la loi du 3 mai 1841, lorsqu'il renferme les motifs et le dispositif de ce jugement; il n'est pas nécessaire que cet extrait soit revêtu de l'intitulé et de la formule exécutoire réglés par les art. 146 et 545 du Code de procédure civile, lorsque la notification ne contient ni commandement ni injonction en vertu du jugement. Par suite est non recevable le pourvoi en cassation formé plus de trois mois après cette notification.

C'est ce que la Cour de cassation a jugé dans l'espèce suivante :

« Attendu que l'extrait du jugement d'expropriation du
« 2 juin 1854, notifié le même jour, remplit les conditions vou-
« lues par le Code de procédure civile et par l'art. 5 de la loi
« du 9 mai 1841 ; qu'il n'était aucunement nécessaire de revêtir
« cet extrait de la formule et de l'intitulé réglés par les art. 146
« et 545 du Code de procédure civile, puisque l'exploit de signi-
« fication ne comprenait ni commandement ni injonction en
« vertu du jugement;

« Attendu que le jugement valablement signifié ne pouvait,
« aux termes de l'art. 20 (L. du 3 mai 1841), être attaqué que
« dans les trois jours suivants : mais que c'est seulement le
« 12 août qu'a eu lieu la déclaration de pourvoi ; qu'ainsi la
« demande en déchéance, proposée par la ville de Lyon, est
« fondée ; la Cour déclare le pourvoi de non recevable (2). »]

SECTION III. — *Du recours contre le jugement qui prononce l'expropriation, ou qui refuse de la prononcer.*

226. — Il n'y pas d'autre recours que le pourvoi en cassation.
227. — Nécessité de ce recours.
228. — Des ouvertures à cassation. Jurisprudence.
229. — Quelles personnes ont qualité pour se pourvoir ?
230. — En ce qui concerne l'Etat : Exemples.

---

(1) S. 34.1.206.
(2) 28 fév. 1855 (S. 55.1.456).

231. — En ce qui concerne les particuliers : Exemples.
232. — Contre quels jugements ?
233. — Délai du pourvoi : le pourvoi peut avoir lieu avant la notification du jugement. Il doit avoir lieu, au plus tard, dans les trois jours de cette notification.
234. — Computation du délai. Art. 1033, Cod. proc. civ. : 1re partie; 2e partie.
235. — Quand le délai de trois jours commence à courir.
236. — Comment et où doit être formé le pourvoi ?
237. — Par déclaration au greffe du tribunal. Conséquences.
238. — De la consignation d'amende.
239. — Du cas où le pourvoi a été formé par plusieurs personnes.
240. — Les déchéances ne peuvent être appréciées et prononcées que par la Cour de cassation.
241. — Il n'est pas nécessaire que les moyens de cassation soient énoncés dans la déclaration du pourvoi.
242. — Notification du recours.
243. — L'administration elle-même n'en est pas dispensée à l'égard des propriétaires, bien qu'ils ne soient pas *parties* devant le tribunal : ils deviennent *parties* dans les instances portées devant la Cour de cassation.
244. — Dans quelle *huitaine* le pourvoi doit-il être notifié ?
245. — A quel domicile ?
246. — L'assignation devant la Cour, ni l'indication du nom de l'avocat, ne sont nécessaires.
247. — Transmission des pièces à la Cour de cassation. Instruction de l'affaire. Diverses circulaires ministérielles. Détails.
248. — Le pourvoi n'est pas suspensif.
249. — La cause est portée directement à la chambre civile.
250. — Production des défenses.
251. — Elles peuvent être produites tant que l'arrêt n'est pas rendu.
252. — Délai dans lequel la Cour de cassation doit statuer.
253. — Motifs de l'interdiction de l'opposition aux jugements par défaut rendus *à l'expiration du mois*.
254. — De la condamnation à l'amende.
255. — Des désistements. Amendes et indemnités.
256. — Autorisations nécessaires pour valider le désistement, en matière d'intérêt communal.
257. — En matière de chemins vicinaux de grande communication.
258. — Effets du rejet du pourvoi.
259. — Pourvoi dans l'intérêt de la loi.

226. Le jugement qui prononce l'expropriation peut n'être point en harmonie avec les lois de la matière, ou même être en opposition avec la constitution. Il peut se trouver dans ce jugement quelque disposition qui porte un préjudice plus ou moins

grave aux propriétaires y dénommés ou à quelques-uns d'entre eux. Il est donc juste d'accorder aux parties intéressées un moyen de faire réformer les dispositions qui portent préjudic à leurs droits. La loi du 8 mars 1810 autorisait à former op position au jugement d'expropriation dans la huitaine qu suivait les publications et affiches de ce jugement. Le réclamant pouvait ensuite appeler du jugement intervenu sur son opposition, et même se pourvoir devant la Cour de cassation contre l'arrêt qui aurait rejeté ses moyens d'opposition. En 1833, on a craint les délais que pouvait entraîner toute cette involution de procédures, et l'art. 20 de la loi du 7 juillet porte que « le jugement ne pourra être attaqué que par la voie du recours en cassation. » La loi du 3 mai 1841 reproduit cette disposition. Ainsi, il n'y aura jamais lieu à attaquer ce jugement, ni par opposition, ni par tierce opposition, ni par appel, ni même par requête civile. Un seul recours est autorisé, c'est le pourvoi en cassation (art. 20).

227. On avait même proposé, en 1833, à la Chambre des députés, d'interdire aussi le recours en cassation. « Il n'y a plus rien, en effet, disait-on, après le jugement qui décide que toutes les formalités voulues par la loi ont été remplies » (*Moniteur*, 6 fév. 1833, p. 299). M. Legrand, commissaire du Gouvernement, combattit cette proposition avec force dans l'intérêt même de l'administration. « Je n'examinerai pas, disait-il, si le recours en cassation est utile pour les particuliers; mais ce que je puis affirmer, c'est qu'il est nécessaire, indispensable, dans l'intérêt même des travaux... N'est-il pas possible qu'un tribunal, par des motifs que je n'examine pas, refuse l'expropriation ? N'est-il pas possible qu'en l'accordant il dénature la décision du ministre ? N'est-il pas possible que le dispositif du jugement envoie l'administration en possession de terrains dont elle n'a pas besoin, et qu'il refuse les terrains indiqués au plan parcellaire ? N'est-il pas possible qu'il mette à la prise de possession des conditions que l'administration ne puisse accepter, qu'il indique pour l'entrée en jouissance une époque trop éloignée ? Enfin, pouvons-nous à l'avance prévoir tous les cas d'erreur qui peuvent se présenter ? Dans tous ces cas, quels qu'ils soient, l'utilité du recours est évidente, et il y aurait une imprudence réelle à y renoncer (*Ibid.*, p. 300). »

Quelques autres orateurs réclamèrent le maintien du recours en cassation dans l'intérêt des particuliers. M. Martin (du Nord), rapporteur, dit alors : « Un particulier peut lui-même, en effet, être lésé par le jugement d'expropriation. On a supposé tout à l'heure que le tribunal se refuserait à prononcer l'expropriation; pourquoi ne supposerait-on pas aussi le cas où il comprendrait dans le jugement une plus grande quantité de terrain? Eh bien! c'est là un cas où le particulier peut se pourvoir en cassation. Il faut donc que cette faculté lui soit aussi laissée (*Ibid.*). » Il est vrai que le tribunal est chargé de vérifier, avant de prononcer l'expropriation, si toutes les formalités prescrites par la loi ont été exactement remplies; mais, d'après la multiplicité de ces formalités et le peu de temps que le tribunal peut consacrer à l'examen de la demande en expropriation, il est très-possible que quelque irrégularité lui échappe, surtout si elle ne s'applique qu'à quelques-uns des propriétaires. Il est donc indispensable de permettre à ceux qui éprouvent quelque préjudice de cette violation de la loi de la signaler; sans cela, les propriétaires qui auraient été privés des garanties que le législateur a voulu leur accorder n'auraient aucun moyen d'en réclamer l'accomplissement.

228. L'art. 20, § 1er, n'autorise le pourvoi en cassation que pour *incompétence, excès de pouvoir ou vices de forme du jugement*, ce qui semblerait exclure le cas de contravention expresse à la loi. Mais comment admettre que le législateur ait voulu valider des décisions qui seraient en contravention expresse avec la loi? Il a probablement pensé que, en cette matière, une contravention à la loi constituerait souvent un excès de pouvoir de la part du tribunal. C'est, du reste, ce que la Cour de cassation a déclaré par un arrêt du 6 janvier 1836 : « Attendu que, suivant
« l'art. 2, les tribunaux ne peuvent prononcer l'expropriation
« pour cause d'utilité publique qu'autant que cette utilité a été
« déclarée dans les formes que cette loi prescrit; d'où il suit
« que tout jugement qui prononcerait une expropriation sans
« que ces formes eussent été accomplies *dégénérerait nécessaire-*
« *ment en excès de pouvoir;* que les six derniers moyens du
« pourvoi reposent sur des violations alléguées par le sieur
« Gaullieur-l'Hardy, soit de la loi du 7 juillet 1833, soit même
« de la loi du 1er juin 1834, portant concession au sieur Boyer-
« Fonfrède et en vertu de laquelle il agit; qu'ainsi, et sauf l'ap-
« préciation qui sera ultérieurement faite de ces moyens, la
« proposition en est recevable.... »

[Cette règle avait déjà été établie par un arrêt du 28 janvier 1834. Dans l'espèce, un jugement d'expropriation avait ordonné que les concessionnaires des travaux prendraient *immédiate-*

ment possession des terrains *sauf indemnité ultérieure*. Le demandeur en cassation se fondait sur la violation du principe qui veut que l'indemnité soit payée préalablement à la prise de possession des terrains expropriés. Le défendeur répondait que la disposition du jugement qui ordonnait la dépossession immédiate, fût-elle une *violation* de l'art. 53 de la loi du 7 juillet 1833 (1), *ce ne serait pas un excès de pouvoirs dans le sens de l'art. 20 de la même loi*. L'arrêt de la Cour est ainsi conçu : « *Vu l'art.*
« 53 *de la loi du* 7 *juillet* 1833 : Attendu qu'il résulte d'abord du
« titre Ier de cette loi que si c'est à l'autorité administrative qu'il
« appartient de déterminer les propriétés particulières aux-
« quelles l'expropriation est applicable, cette expropriation ne
« peut être prononcée que par l'autorité judiciaire ; *qu'il résulte*
« *de l'art.* 53 (titre V), *sus-référé*, lequel est conforme à l'art. 545
« du Cod. civ. et à l'art. 9 de la Charte, que l'indemnité, ou
« amiablement convenue, ou réglée par le jury, doit être, *préa-*
« *lablement à la prise de possession*, acquittée entre les mains des
« ayants droit ; qu'il suit de là qu'en ordonnant la dépossession
« *immédiate*, sauf indemnité ultérieure, et avant que le jury eût
« prononcé sur le montant de l'indemnité dont le montant
« n'avait pas été amiablement réglé par les parties, le juge-
« ment attaqué n'a pas seulement méconnu et violé l'art. 53
« sus-référé, il a, de plus, *commis un « excès de pouvoir* en
« dispensant les sieurs Mellet et Henry du paiement préalable
« de l'indemnité, lequel, d'après cet article, était la condi-
« tion indispensable à remplir de leur mise en possession ; —
« Casse. » (2).

229. Quelles personnes ont qualité pour se pourvoir contre les jugements dont il s'agit ?

230. D'abord, en ce qui concerne l'Etat ?]

En matière d'expropriation, c'est le préfet qui est investi des actions judiciaires appartenant à l'administration et qui a qualité à l'effet d'ester pour elle en jugement. En conséquence, un pourvoi serait irrégulièrement formé et notifié par le procureur impérial. Ce pourvoi ne pourrait même être considéré comme formé dans l'intérêt de la loi, parce que le droit de se pourvoir

---

(1) Art. 53 : « Les indemnités réglées par le jury seront, *préalablement à la prise de possession*, acquittées entre les mains des ayants droit. S'ils se refusent à les recevoir, la prise de possession aura lieu *après offres réelles et consignations*. »

(2) S. 34.1.206, et, ci-dessus, p. 434 et 435.

dans l'intérêt de la loi n'appartient qu'au procureur général près la Cour de cassation. Cass., 11 janvier 1836 (1), 13 décembre 1843 (2).

[Le principe de la séparation des pouvoirs ne tolérerait même pas, à cet égard, sous prétexte de délégation, une confusion des deux autorités. « Attendu, a dit la Cour de cassation, que,
« dans tous les cas où la loi autorise les préfets à intenter des
« actions en matière d'expropriation pour cause d'utilité publi-
« que, ils peuvent se faire suppléer par tout agent de l'admi-
« nistration; que les officiers du ministère public près les tri-
« bunaux ne sont point appelés à exercer ces actions, et qu'ils
« ne peuvent se charger de suppléer les préfets par délégation
« de ceux-ci, sans qu'il y ait confusion de l'autorité administra-
« tive et de l'autorité judiciaire, et atteinte portée à la division
« des pouvoirs; attendu, dans l'espèce, qu'il résulte de la dé-
« claration de pourvoi, passée le 24 juin 1847, au greffe du tri-
« bunal civil des Sables-d'Olonne, qu'elle a été faite par le sub-
« stitut du procureur du roi, agissant au nom du préfet et sur sa
« demande; déclare le pourvoi non recevable (3). »

[Mais lorsque, dans la sphère de la hiérarchie administrative, un sous-préfet a déclaré agir en cette qualité, et surabondamment en vertu des pouvoirs qui lui avaient été délégués par le préfet, le pourvoi est valable, surtout si le préfet, « loin de le
« désavouer, a lui-même adhéré à ce pourvoi et l'a même sou-
« tenu par des instructions signées de lui, mises sous les yeux
« de la Cour (4) ».

231. En ce qui concerne les particuliers :]

Lorsqu'un pourvoi a été formé par un avoué, comme mandataire du propriétaire, qui le ratifie ensuite et l'approuve, ce pourvoi ne peut être déclaré non recevable par le motif que la procuration donnée à cet avoué n'était pas enregistrée à l'époque du pourvoi. Le non-enregistrement de la procuration n'altère en rien son existence réelle, quand elle n'est déniée ni par le mandant ni par le mandataire (Cass., 18 janvier 1837).

La déclaration de pourvoi peut même être faite par un tiers qui se présenterait comme ayant un mandat verbal du propriétaire ou du préfet pour former ce pourvoi (5). Le délai accordé

---

(1) S. 36.1.12.
(2) S. 44.1.39.
(3) Cass., 25 août 1847.

(4) Cass., 13 mai 1846.
(5) Cass., 11 fév. 1861 (S. 61.1.793).

pour cette déclaration est tellement court, qu'il convient de ne pas en entraver l'exercice en exigeant des justifications trop rigoureuses. En principe général, et dans les cas où la loi ne dispose pas autrement, le mandat peut n'être que verbal (C. civ., 1985), et la conséquence du mandat, lorsque l'existence n'en est déniée ni par le mandant ni par le mandataire, est que le fait du mandataire devient le fait du mandant. Par suite, lorsque le mandant ne désavoue pas la déclaration de pourvoi qui a été faite en son nom et l'approuve au contraire formellement ou tacitement en poursuivant l'effet de cette déclaration, l'existence du mandat devient constante, et il est impossible de considérer la déclaration du pourvoi comme non avenue ni comme irrégulière. Ces principes sont consacrés par des arrêts de la Cour de cassation des 14 décembre 1842 et 26 avril 1843. Le greffier ne pourrait donc refuser de recevoir la déclaration de pourvoi par le motif que celui qui la fait ne justifie pas qu'il en ait reçu mission du propriétaire au nom duquel il déclare agir.

[Plus récemment, il a été jugé, dans l'espèce d'un mandat général à l'effet de gérer et administrer les intérêts du mandant, notamment les biens et affaires qui dépendaient de la succession de son frère, en cas de difficultés, exercer toutes poursuites, citer et comparaître devant tous tribunaux, former toutes demandes, prendre toutes conclusions, signer tous procès-verbaux, « que, si ce mandat ne comprend pas énonciativement,
« parmi les actions judiciaires, le pourvoi en cassation, la fa-
« culté de diriger un tel pourvoi résulte nécessairement des
« termes généraux et absolus dans lesquels est conçue cette
« partie de la procuration ; qu'ainsi le mandataire avait qualité
« pour faire la déclaration d'un pourvoi contre un jugement
« qui expropriait le mandant de diverses parcelles de terrain
« lui venant de la succession de son frère (1). »

Le jugement qui prononce une expropriation ne peut être attaqué par le pourvoi en cassation pour une des causes admises par l'art. 20 de la loi du 3 mai 1841 que par ceux entre lesquels il a été rendu. En conséquence, une femme est non recevable à se pourvoir contre le jugement d'expropriation prononcé, après accomplissement de toutes les formalités, contre son mari, agissant en son nom personnel et non comme représentant sa femme et en exerçant les droits : dans ce cas,

---

(1) Cass., 29 janv. 1850.

la femme est absolument étrangère au litige vidé par le jugement attaqué (1).

L'art. 20, combiné avec l'art. 15, ne parlant que de la notification au propriétaire, indiqué seul pour l'accomplissement des formalités qui précèdent le jugement d'expropriation, et le propriétaire étant ainsi réputé le représentant légal du locataire, dont les droits, en cas d'expropriation, se résolvent en une indemnité, et dont la loi ne met en cause la personne que lorsqu'il s'agit de la fixation de cette indemnité, il suit de là que le locataire est sans qualité pour se pourvoir contre le jugement d'expropriation pour cause d'utilité publique notifié au propriétaire qui ne s'est pas pourvu dans les délais de la loi : le pourvoi du locataire est donc non recevable (2).

232. Contre quels jugements le recours en cassation est-il ouvert par l'art. 20 de la loi du 3 mai 1841 ?

Contre ceux qui prononcent l'*expropriation*, ou qui refusent de la prononcer.

En conséquence, lorsqu'un jugement, rendu par suite d'arrêtés d'alignements pris antérieurement par le préfet, contient nomination d'un magistrat directeur du jury chargé de fixer l'indemnité, mais qu'il ne prononce point l'expropriation déjà consentie et exécutée entre les parties, lesquelles n'étaient plus divisées que sur la fixation de l'indemnité, la Cour rejette le pourvoi (3) — (A).

[233. Dans quel délai le recours doit-il être déclaré ?]

L'art. 20 de la loi du 7 juill. 1833 portait : Le pourvoi aura lieu *dans les trois jours à dater de la notification du jugement*. On avait prétendu induire de là que le pourvoi ne pouvait avoir lieu avant la notification. Ce système a été rejeté par un arrêt de la Cour de cassation du 6 janv. 1836 : « Attendu que, lors-
« qu'un jugement fait grief à une partie, elle a droit de l'atta-
« quer, par cela seul qu'il existe, et à partir du moment où il
« existe, à moins que la loi ne prescrive quelque délai à l'exer-
« cice de ce droit, comme dans l'art. 449, Cod. proc. civile; que

---

(1) Cass., 12 août 1844 (S. 44.1.785).
(2) Cass., 7 août 1854 (S. 55.1.136).
(3) Cass., 6 fév. 1844 (S. 44.1.328).

Additions.

(A) Ne doit pas être assimilé au *jugement d'expropriation*, le jugement qui, faute par l'administration d'avoir poursuivi, dans les six mois du jugement d'expropriation, la fixation de l'indemnité due à l'exproprié, prescrit les mesures nécessaires pour qu'il soit procédé à cette fixation. En conséquence, le pourvoi dirigé contre ce jugement est assujetti aux formes ordinaires, à peine de déchéance. Cass., 15 avril 1857 (Dall. 57.1.159).

« la loi du 7 juill. 1833 ne contient aucune disposition sem-
« blable; qu'elle statue, à la vérité, que le pourvoi en cassation
« aura lieu dans les trois jours seulement à dater de celui de la
« notification du jugement, mais n'interdit pas de former ce
« pourvoi avant cette notification; qu'il est, au contraire, évi-
« dent qu'en pareil cas l'anticipation du délai rentre dans le
« vœu de la loi même, dont une des principales vues a été l'ac-
« célération de la procédure (1). » Mais, pour faire cesser tout
doute à cet égard, M. Renouard proposa de dire dans la loi nouvelle : dans les trois jours *au plus tard*, ce qui fut admis sans
difficulté. (*Monit.*, 3 mars 1841, p. 521.)

Ce jugement étant rendu uniquement sur une requête présentée par l'administration, personne ne le lui fera signifier.
Elle sera donc en droit de former son pourvoi quand elle le
voudra, pourvu qu'elle n'ait pas acquiescé au jugement. La
signification du jugement que ferait faire le préfet à quelques-
uns des propriétaires y dénommés ne pourrait être considérée
comme un acquiescement à la totalité de ce jugement, et n'empêcherait pas que le préfet ne pût valablement se pourvoir en
cassation à l'égard des autres propriétaires; il n'est même pas
nécessaire qu'il y ait de réserves à cet égard. Les dispositions
du jugement relatives à chaque propriétaire doivent être considérées comme des chefs différents, et c'est le cas d'appliquer la
maxime : *Tot capita, tot sententiæ*. Le préfet pourrait se pourvoir
avant d'avoir pris les ordres du ministre, sauf à se désister si le
ministre n'approuvait pas le pourvoi. Arg. du § 4 de l'art. 36 de
la loi du 10 mai 1838 — (A).

---

(1) S. 36.1.5.

Additions.

(A) Il a été jugé que, lorsqu'un pourvoi a été formé après les trois jours de la notification du jugement d'expropriation, les parties invoquent en vain, pour échapper à la déchéance, le défaut de qualité de la personne à la requête de laquelle l'expropriation a été poursuivie et la notification faite : ce n'est que sur un pourvoi formé régulièrement, et dans les délais, que les parties peuvent contester la qualité en laquelle il a été agi contre elles. Cass., 11 juin 1858 (S. 59.1.939);

Qu'il suffit, pour que la notification du jugement d'expropriation fasse courir le délai du pourvoi en cassation fixé par l'art. 20 de la loi du 3 mai 1841, qu'elle contienne les énonciations prescrites par l'art. 45 de la même loi. Cass., 23 juin 1862 (S. 62.1.1061);

Que cette notification, lorsque le jugement a été rendu à la diligence du préfet, agissant dans un intérêt général et départemental, est valablement faite par ce fonctionnaire, encore bien que des concessionnaires aient été substitués, pour l'exécution des travaux en vue desquels l'expropriation a lieu, aux droits et obligations de l'administration. Cass., 23 juin 1862 (S. 62.1.1061);

Que le jugement qui donne acte à un particulier de la cession amiable d'un

234. | La déclaration de pourvoi doit avoir lieu, *au plus tard*, *dans les trois jours* à dater de la notification du jugement (art. 20 de la loi du 3 mai 1841).

Comment doit se compter ce délai ? Notamment en ce qui concerne l'art. 1033 du Cod. de proc. civ., qui porte : « Le jour « de la signification ni celui de l'échéance ne sont jamais comptés « pour le délai général fixé pour les ajournements, etc... : ce « délai sera augmenté d'un jour à raison de trois myriamètres « de distance, etc... ? »

Dans la discussion de la loi du 7 juillet 1833, le rapporteur, à la Chambre des députés, a déclaré : « que, dans la pensée de la « commission, jamais l'art. 1033 ne recevrait d'application. » (*Monit.*, 3 fév. 1833, p. 281.)

Cependant la Cour de cassation a commencé par juger, relativement à l'art. 42 de la loi du 7 juillet 1833 : « que les prin- « cipes généraux sur la computation des délais doivent être ap- « pliqués aux délais fixés par des lois spéciales, toutes les fois « que ces lois ne contiennent pas de dispositions contraires. » (Arrêt du 11 janv. 1836, S., 36, p. 12). Mais un arrêt postérieur a décidé qu'il n'y a pas lieu d'ajouter au délai de huitaine, fixé par l'art. 31 de la loi du 3 mai 1841, le délai de deux mois accordé par l'art. 74 du Cod. de proc. civ. (3 mai 1843, S., 43, p. 504).

En définitive, pour ce qui concerne la computation des *trois jours*, il existe, indépendamment du Code de procédure civile, une loi spéciale pour la Cour de cassation, c'est celle du 1er frim. an 11. D'après cette loi, le délai pour les pourvois ordinaires est de trois mois *francs*. Cette disposition est naturellement applicable aux trois jours déterminés par la loi du 3 mai 1841 ; ces trois jours doivent être *francs* : c'est d'ailleurs ce qui est constamment admis, en fait.

Quant à l'augmentation à raison des distances, elle était déjà écartée sous la loi du 7 juillet 1833, puisque l'arrêt de la Cour, du 6 janvier 1836 (cité p. 178), tranche la question par les mots : « trois jours *seulement*. » Et cependant la loi du 7 juil-

---

terrain désigné pour être compris dans une expropriation pour cause d'utilité publique, renferme des motifs et un dispositif suffisants, s'il contient mention du consentement à la cession et désignation des terrains cédés. En conséquence, la signification d'un jugement ainsi conçu fait courir les délais du pourvoi en cassation. Cass. civ., 16 janv. 1865 (*Gaz. trib.*, 16-17 janv. 65).

let 1833 (art. 20) se bornait à dire : « dans les trois jours, tandis que, maintenant, la loi du 3 mai 1841 (même article) dit, en termes bien plus restrictifs : « *au plus tard* dans les trois jours. » Par conséquent, les mots « au plus tard » sont limitatifs, et ils excluent l'augmentation à raison des distances (A).

En résumé, le demandeur en cassation a trois jours pleins pour se pourvoir; mais il ne peut avoir quatre jours. Ainsi, dans le cas d'une notification faite le 1er mars, le recours pourra être déclaré le 2, le 3 et le 4, jusqu'à l'heure de la fermeture du greffe.

Est régulière et conforme à l'art. 15 la notification, faite à l'éclusier d'un canal, du jugement d'expropriation prononcé contre la compagnie qui exploite ce canal, lorsque cet éclusier se trouve être, dans la commune, le seul agent de la compagnie chargé de la garde de la propriété expropriée. En conséquence, les formalités exigées par la loi étant remplies, le pourvoi qui n'est pas formé dans les trois jours est nul et la compagnie est déclarée déchue (1).]

235. Même pour les propriétaires qui résident dans l'arrondissement, le délai de trois jours est extrêmement restreint. Aussi la Cour de cassation a-t-elle jugé, le 1er juill. 1834 : « Qu'aux termes de l'art. 15 de la loi du 7 juill. 1833 (2), le ju-« gement doit être affiché, publié et inséré dans un des jour-« naux de l'arrondissement et du chef-lieu du département, et « que la notification n'est complète qu'autant que ces formalités « ont été remplies; que dans une espèce où *il n'était pas jus-« tifié qu'elles l'eussent été*, le délai du pourvoi, *qui ne commence à « courir que du jour de la notification complète*, n'était point ex-« piré lors de la déclaration du pourvoi (3). »

[La raison de cette décision est sans doute que, dans les cas où les copies notifiées au domicile élu, ou remises au maire et au fermier, ne seraient pas parvenues au propriétaire, il aurait pu être averti par les publications et affiches, et insertions dans les journaux, si elles eussent été faites comme le veut la loi.

---

(1) Cass., 26 août 1850.
(2) Article reproduit dans la loi du 3 mai 1841.
(3) S. 34.1.623.

Additions.

(A) Cependant la Cour de cassation a décidé que ce délai est susceptible d'augmentation à raison de la distance entre le domicile de l'exproprié et le chef-lieu du tribunal au greffe duquel le pourvoi doit être déclaré. Cass., 23 juin 1862 (S. 62.1. 1061).

236. Comment et où doit être formé le recours en cassation ?

237. « *Par déclaration au greffe du tribunal*, » repond l'art. 20 de la loi du 3 mai 1841.]

L'art. 20 de la loi de 1833 disait que le pourvoi aurait lieu au greffe du tribunal *qui a rendu le jugement attaqué*. Ces derniers mots n'ont pas été reproduits dans la nouvelle rédaction de l'art. 20. Mais il n'est pas douteux que c'est ainsi que cet article doit être entendu. La partie qui se pourvoit ne pourrait donc faire cette déclaration au greffe du tribunal de son domicile.

[Elle ne pourrait pas davantage la faire au greffe de la Cour de cassation. Est nul même un pourvoi déposé au greffe de la Cour de cassation, au nom de l'État, par un avocat près la Cour, dans un cas où, à raison de la distance, le temps manquait pour faire parvenir utilement l'ordre de déclarer le pourvoi au greffe du tribunal qui avait rendu le jugement (1).

C'est aussi *dans le local du greffe* proprement dit que la déclaration doit être faite, non ailleurs, quand bien même le greffier serait muni de ses registres. La Cour de cassation l'a jugé dans l'espèce suivante : il résultait d'un procès-verbal du greffier d'un tribunal que la déclaration de pourvoi d'un préfet contre une décision de jury, au nom de l'État, avait été reçue à l'hôtel de la préfecture, où le greffier s'était transporté, sur la demande du préfet. La Cour a déclaré : « Que le § 2 de l'art. 20 dit, en
« termes exprès, que le pourvoi aura lieu au greffe du tribunal,
« et est terminé par ces mots : le tout à peine de déchéance;
« d'où il suit que la déchéance, peine de l'inaccomplissement
« de toutes les formalités que le paragraphe contient, est en-
« courue contre le pourvoi qui n'a pas été formé, dans le délai
« de la loi, au greffe du tribunal dans l'arrondissement duquel
« le jury (2) a siégé (3). »]

Il a été jugé, en matière criminelle, que si le greffier, par un motif quelconque, refusait de recevoir le pourvoi, on pouvait, en constatant ce refus, former le pourvoi par une déclaration reçue par un notaire. C. cass., 3 janv. 1812 (*Dal.*, p. 144); et Merlin, *Rép.*, v° *Cassation*, § 3, dit : « Qu'à défaut de notaire, on

---

(1) 20 août 1844.
(2) Il s'agissait d'un pourvoi contre une décision de jury.
(3) 21 juill. 1847.

« peut le faire devant un officier public quelconque. » La même chose pourrait avoir lieu en matière d'expropriation.

238. [L'art. 20 de la loi du 3 mai 1841 ne parle pas de la *consignation d'amende*.

Mais, par cela seul « qu'aucune disposition de loi ne dispense « les demandeurs en cassation, en matière d'expropriation pour « cause d'utilité publique, de l'obligation, imposée aux deman- « deurs en toute autre matière (1), de consigner une amende, » le pourvoi, à défaut de consignation, est déclaré non recevable.

Toutefois, comme « le jugement d'expropriation est, d'après « l'art. 14 de la loi du 7 juill. 1833 (2), rendu, parties non « appelées, ce qui, quant à la détermination de l'amende à con- « signer, assimile cette matière de jugement à celle des juge- « ments par défaut ou par forclusion, dont parlent les art. 5 et « 25 du règlement de 1738, les demandeurs en cassation d'un « jugement d'expropriation ne sont également tenus que de con- « signer une amende de 75 francs, » et lorsqu'ils en ont con- signé une supérieure, ils ont droit à la restitution de l'excé- dant (3).]

L'État est dispensé de toute consignation d'amende (L. 2 brum. an IV, art. 17 ; 14 brum. an V, art. 1 et 2), et cette dispense s'applique aux pourvois relatifs à des routes départementales, ainsi qu'aux chemins vicinaux de grande communication, parce que, en ces matières, les préfets sont les délégués et les repré- sentants de l'administration générale de l'État et agissent dans un but d'utilité publique nationale. Cass., 20 déc. 1842. Mais cette dispense ne s'applique pas à un maire qui se pourvoit en cassation dans l'intérêt de la ville qu'il administre. Cass., 13 oct. 1820 (4).

239. Lorsque plusieurs personnes se pourvoient ensemble contre un jugement, il faut distinguer : un seule consignation suffit pour toutes, quand elles n'ont qu'un seul et même intérêt ; si elles ont des intérêts différents, il faut autant de consignations que de parties (Merlin, *Rép.*, v° *Cassation*, § 3 ; M. Poncet, *des Jugements*, n° 349). Mais il n'est pas facile de déterminer quand les parties qui se pourvoient ont ou non le même intérêt. Ainsi on peut demander si les propriétaires de plusieurs terrains compris

---

(1) Cass., 10 mars 1852 (S.52.1.720, et les renvois).

(2) Aujourd'hui, de la loi du 3 mai 1841.

(3) Cass., 9 janv. 1839 ; 22 juill. 1839.

(4) S., *Coll. nouv.*, VI, p. 347 ; 22 juill. 1839.

dans un même jugement d'expropriation, et qui se pourvoient en même temps en cassation, doivent consigner plusieurs amendes. Il est permis de croire que la Cour considérerait ces propriétaires comme ayant des intérêts distincts.

Au contraire, le nu propriétaire et l'usufruitier du même immeuble ne forment qu'un intérêt commun et indivisible. En conséquence, si deux pourvois ont été déposés et deux amendes consignées, la Cour joint les deux pourvois, statue sur l'un et l'autre par un seul arrêt, et même, en cas de rejet, ordonne la restitution de l'une des amendes (1).

L'amende d'un pourvoi en cassation peut être consignée entre les mains de tous les receveurs d'enregistrement (Cass., 12 août 1831), et la consignation se prouve par la quittance qu'en délivre le receveur de l'enregistrement. Lorsque le pourvoi est formé par une requête signée d'un avocat à la Cour de cassation, la quittance de consignation doit être jointe à la requête; mais, ici, le législateur a adopté un autre mode de pourvoi, et, par suite de la brièveté du délai accordé pour la déclaration de ce pourvoi, on admet qu'il n'est pas nécessaire que la quittance d'amende soit jointe à cette déclaration, et qu'il suffit qu'elle soit produite avant que la Cour procède au jugement de l'affaire, comme en matière criminelle. Cass., 14 déc. 1842 et 2 janv. 1843.

A défaut de consignation d'amende, le demandeur en cassation est déclaré non recevable dans son pourvoi.

240. Dans tous les cas, il n'appartient qu'à la Cour de cassation de déclarer un pourvoi non recevable, faute d'avoir été formé dans les délais, ou faute d'être accompagné de la preuve de la consignation de l'amende (Cass., 26 avril 1811); les greffiers doivent donc toujours recevoir la déclaration de pourvoi, quoiqu'on ne leur justifie pas de la consignation d'amende ou qu'on ne leur paraisse plus être dans les délais du pourvoi — (A).

241. Dans les matières civiles ordinaires, la requête en pourvoi doit indiquer les moyens de cassation. (Règl. 1738, part. 1re,

---

(1) Cass., 29 nov. 1853.

Additions.

(A) Le pourvoi formé par un exproprié contre la décision du jury n'élève pas de fin de non-recevoir contre le pourvoi dirigé contre le jugement d'expropriation à l'égard duquel le délai n'a pas couru faute de notification. Cass., 25 août 1857 (Dall. 57.1.354). Voir dans le même sens, Cass., 6 janv. 1857 (Dall. 57.1.46).

tit. IV). L'exécution de cette formalité est facile, puisque le délai du pourvoi est de trois mois, et que la requête est rédigée par un avocat à la Cour de cassation; mais cette disposition ne saurait être appliquée à un pourvoi qui doit être formé dans les trois jours, et par déclaration au greffe du tribunal qui a rendu le jugement attaqué. C'est ce que la Cour de cassation a jugé le 1ᵉʳ juillet 1834 en rejetant une fin de non-recevoir tirée de ce que la déclaration du pourvoi n'énonçait pas les moyens de cassation. « Attendu, porte l'arrêt, que l'art. 20 de la loi précitée, qui autorise la déclaration de pourvoi au greffe du tribunal qui a rendu le jugement ne prescrit pas que cette déclaration doive être accompagnée de l'exposé des moyens de cassation (1). »

242. [Sur la notification du pourvoi, l'art. 20 s'exprime en ces termes : « Il sera notifié *dans la huitaine*, soit à la *partie*, au do-
« micile indiqué par l'art. 15, soit au préfet ou au maire, sui-
« vant la nature des travaux ; *le tout à peine de déchéance* » (A).

243. Nous avons dit, au sujet de l'art. 14 (2), que les propriétaires ne sont *pas parties* dans le jugement d'expropriation. Cependant l'art. 20, en désignant *la partie*, par opposition au préfet ou au maire, entend certainement parler du propriétaire, quand le tribunal a refusé de prononcer l'expropriation. Voici comment la Cour de cassation a expliqué ces deux situations différentes : « Attendu qu'il résulte de l'art. 14 de la loi du
« 3 mai 1841, que les jugements qui statuent sur les demandes
« d'expropriation pour cause d'utilité publique sont rendus
« sans qu'il y ait lieu à mettre en cause les propriétaires ; mais
« qu'aux termes de l'art. 20, il en est autrement *dans les in-*
« *stances ouvertes contre les jugements devant la Cour de cassation ;*
« que l'art. 20 ne distingue pas entre les jugements qui pro-
« noncent l'expropriation et ceux qui déclarent qu'il n'y a pas
« lieu à la prononcer quant à présent ; que les propriétaires
« dont l'expropriation avait été demandée sont nécessairement
« déterminés et connus par la procédure suivie sur cette de-
« mande ; qu'ainsi rien n'empêche, *devant la Cour de cassation,*

---

(1) S. 34.1.623 ; Cass., 11 fév. 1861 (S. 61.1.793).
(2) *Suprà*, p. 122 et suiv.

Additions.

(A) Le pourvoi dirigé par l'exproprié contre la commune expropriante a pu, sans qu'il en résulte aucune fin de non-recevoir, être signifié, non au maire de la commune, mais au préfet du département, si, en fait, et devant le jury, tous les actes relatifs à l'expropriation avaient été accomplis par le préfet. Cass. civ., 12 août 1863 (*Gaz. trib.*, 13 août 63).

156   CHAP. V. — SECT. III. — DU POURVOI EN CASSATION

« leur mise en cause, à laquelle ils ont évidemment intérêt ;
« que, dans l'espèce, *il n'apparaît d'aucune notification du pour-*
« *voi formé par le demandeur* ; *qu'ainsi ce pourvoi est frappé de*
« *déchéance*, aux termes de l'art. 20 précité, rejette (1). »

Par une circulaire du 31 juillet 1846, le ministre des travaux publics a prescrit aux préfets de se conformer à cette décision.]

244. D'après M. Tarbé (*Lois et règlements de la Cour de cassation*, p. 112 et 113), la notification du pourvoi devrait être faite dans la huitaine de *la notification du jugement*. Mais cette opinion n'a pas été consacrée par la jurisprudence. L'arrêt de la Cour de cassation, du 2 janvier 1843, porte que, « la huitaine indiquée comme délai de la notification du pourvoi doit s'entendre de la huitaine qui s'écoule après que le pourvoi a été formé, sans égard à la notification du jugement, laquelle peut, dans certains cas, ainsi que l'indiquent les mots *au plus tard*, être postérieure au pourvoi (2). Même décision, 1° par arrêt du 4 avril suivant, qui déclare que la loi s'est attachée à la date du pourvoi pour déteminer celle de sa notification, qui en est la conséquence et le complément (3) ; 2° par un autre arrêt du 4 mars 1844 qui reproduit et résume les mêmes motifs »—(A).

245. La notification doit être faite, soit à la partie *au domicile indiqué par l'art*. 15, soit au préfet ou au maire, aussi *à peine de déchéance* (4)—(B).

---

(1) 23 juin 1846.
(2) S. 43.1.20.
(3) S. 43.1.344.
(4) Cass., 26 janv. 1844 (S. 44.1.229).

Additions.

(A) Il a été jugé encore que ce délai de huitaine n'est pas un délai franc dans le sens de l'art. 1033, C. proc. civ. Qu'en conséquence, il comprend, non pas sans doute le jour de la formation du pourvoi, mais bien celui de la notification : il est donc non recevable s'il est notifié le neuvième jour, à partir de celui de la formation inclusivement. Ce délai de huitaine est d'ailleurs susceptible d'augmentation à raison des distances.

(B) La déchéance prononcée par l'art. 20 contre l'exproprié qui n'a pas signifié son pourvoi en cassation dans le délai de huitaine à l'administration expropriante, s'applique tout aussi bien au pourvoi contre la décision du jury, qu'au recours en cassation contre le jugement d'expropriation. En conséquence, doit être déclaré déchu tout exproprié qui n'a pas signifié, dans le délai de huitaine, son recours contre la décision du jury et l'ordonnance d'exequatur. Cass. civ., 26 janv. 1863 (*Droit*, 26-27 janv. 63).

La notification du pourvoi formé contre une décision du jury d'expropriation ne peut être faite aux expropriés par le maire de la commune qui poursuit l'expropriation. Cass. civ., 26 août 1857 (S. 58.1. 79).

Lorsqu'au cas d'expropriation pour l'établissement d'un chemin vicinal, la décision du jury et l'ordonnance du magistrat directeur ont été rendues contradictoirement avec le préfet, c'est contre lui et non contre la commune que doit être dirigé le pourvoi en cassation formé par l'exproprié. Cass. civ., 26 janv. 1857 (S. 58.1.834).

246. Mais « la loi du 3 mai 1841. qui règle la matière spéciale
« de l'expropriation pour cause d'utilité publique, n'exige autre
« chose dans son art. 20, que la signification à la partie, ou au
« préfet, ou au maire, de la déclaration du pourvoi en cassation
« qui aura été faite au greffe du tribunal, et l'envoi des pièces
« à la chambre civile de la Cour; *aucune condition d'assignation
« devant cette Cour et d'indication du nom de l'avocat qui doit re-
« présenter le demandeur n'est imposée par ce même article qui*,
« dans cette matière toute particulière, déroge ainsi à la dispo-
« sition générale de l'art. 2, tit. 1, du règlement du 28 juin 1738
« (2ᵉ partie), qui, reproduisant la disposition de l'art. 1, tit. Iᵉʳ
« du règlement du 17 juin 1687, prononce la nullité de l'assi-
« gnation et punit de 20 liv. d'amende l'huissier, si l'exploit ne
« fait pas connaître l'avocat du demandeur (1). »

247. « Dans la quinzaine de la notification du pourvoi (ajoute
« l'art. 20, § .4), les pièces seront adressées à la chambre civile
« de la Cour de cassation, qui statuera dans le mois suivant. »
Ici, la loi ne répète plus les mots : *à peine de déchéance* (2). »]

Le mode de pourvoi par déclaration au greffe a été adopté
à la Chambre des députés en 1833, sur la proposition de
M. Bernard (de Rennes), conseiller à la Cour de cassation, qui,
pour faire cesser les difficultés où la Chambre paraissait engagée, dit : « Je demanderais alors que le pourvoi fût formé,
comme en matière criminelle, au greffe du tribunal qui a rendu le
jugement attaqué, et qu'il le fût dans les trois jours. » — M. le
ministre du commerce répondit : — « Nous adhérons à cette
proposition. » Personne ne fit d'objection, et, M. le président
ayant alors proposé la rédaction actuelle du § 2 de l'art. 20, elle
fut adoptée sans aucune réclamation (*Monit.* 6 fév. 1833, p. 301).
A la Chambre des pairs, où plusieurs membres de la Cour suprême prirent une part active à la discussion de la loi, l'art. 20
ne fit naître aucun débat. On peut donc admettre que le législateur a voulu autant que possible assimiler ce pourvoi à
celui qui a lieu en matière criminelle.

Nous trouvons dans le Code d'instruction criminelle trois
articles qui se rattachent à la suite du pourvoi fait par déclaration au greffe. L'art. 422 porte : « Le condamné ou la partie civile, soit en faisant sa déclaration, soit dans les dix jours sui-

---

(1) Cass., 29 mars 1852 ; et 3 janv. 1854. 1836 ; Cass., 21 juill. 1862 (S. 62.1. 1069).

(2) V. l'arrêt de la C. de cass.,11 janv.

vants, pourra déposer au greffe de la Cour ou du tribunal qui aura rendu l'arrêt ou le jugement attaqué, une requête contenant les moyens de cassation. Le greffier lui en donnera reconnaissance et remettra sur-le-champ cette requête au magistrat chargé du ministère public. » L'art. 423 ajoute : « Après les dix jours qui suivront la déclaration, ce magistrat fera passer au ministère de la justice les pièces du procès et les requêtes des parties, si elles en ont déposé. » — Enfin l'art. 424 dit : « Dans les vingt-quatre heures de la réception de ces pièces, le ministre de la justice les adressera à la Cour de cassation, et il en donnera avis au magistrat qui les lui aura transmises ; les condamnés pourront aussi transmettre directement au greffe de la Cour de cassation, soit leurs requêtes, soit les expéditions et copies signifiées, tant de l'arrêt ou du jugement que de leurs demandes en cassation. Néanmoins la partie civile ne pourra user du bénéfice de la présente disposition sans le ministère d'un avocat à la Cour de cassation. »

Il est à présumer que le législateur a voulu que ces dispositions, conséquences du mode de pourvoi par déclaration au greffe, fussent aussi, et sauf les différences résultant de la nature des affaires, suivies en matière d'expropriation : car l'art. 20 de la loi du 3 mai se borne à dire que « les pièces seront « adressées dans la quinzaine à la chambre civile de la Cour de « cassation, qui statuera dans le mois suivant. » Pour les formalités antérieures à cet envoi, le législateur s'en est donc tacitement rapporté aux dispositions du Code d'instruction criminelle.

Ainsi la partie qui forme son pourvoi peut joindre à sa déclaration de pourvoi, ou y faire annexer, dans les dix jours suivants, une requête contenant ses moyens de cassation, et cette requête est transmise avec les autres pièces au ministre qui poursuit l'expropriation, puis à la Cour de cassation (art. 422). L'art. 423 porte même que le procureur impérial transmettra les requêtes des parties si elles en ont déposé, ce qui suppose que le défendeur en cassation a pu aussi déposer une requête en réponse ; mais il a dû le faire dans le délai de dix jours. Comme l'art. 424 déclare que *la partie civile* ne peut produire de requête devant la Cour de cassation que par le ministère d'un avocat près cette Cour, et que les parties agissent ici dans des intérêts civils, quand les pièces sont enregistrées à la Cour de cassation, l'on n'admet plus les propriétaires à présenter leurs mémoires ou observations devant la Cour que par le ministère d'un avocat.

L'art. 20 de la loi du 3 mai dit que les pièces seront *adressées à la Cour de cassation*, sans indiquer comment se fera cette transmission. On a donc supposé que l'on adopterait une marche analogue à celle que consacrait l'art. 423, C. instr. crim., avec cette différence que, les affaires d'expropriation n'étant pas suivies par le ministre de la justice, mais par celui des ministres qui fait exécuter les travaux, c'est à ce dernier que les pièces doivent être transmises. Le procureur impérial les adresse donc au préfet, qui, à son tour, les fait passer au ministre que l'affaire concerne. C'est pourquoi une circulaire du ministre des travaux publics, en date du 15 fév. 1842, recommande aux préfets de lui transmettre *directement* les pièces relatives à ces pourvois *dans les vingt-quatre heures* qui suivront la remise des dossiers entre leurs mains. De son côté, le ministre de la justice a écrit le 15 avril suivant aux procureurs généraux pour qu'ils recommandassent aux parquets de leur ressort d'adresser de suite les pièces aux préfets.

Ces mesures n'ayant pas été exécutées d'une manière uniforme, une autre circulaire du ministre des travaux publics, en date du 18 janvier 1845, porte : « On avait pensé, dans la pre-
« mière application de la loi du 7 juillet 1833, que les formes
« prescrites par le Code d'instruction criminelle pouvaient être
« suivies, et qu'ainsi MM. les procureurs du roi auraient à trans-
« mettre les pièces à M. le garde des sceaux, qui les adresse-
« rait à son tour à M. le procureur général près la Cour de cas-
« sation. C'est sur les observations mêmes de la Cour qu'on a
« renoncé à ce mode de transmission. Il est établi maintenant,
« par la circulaire de M. le garde des sceaux, en date du 15 avril
« 1842, que la remise des pièces doit être faite par MM. les pro-
« cureurs du roi à MM. les préfets, et par ceux-ci au ministre
« des travaux publics, qui est seul à même de s'occuper utile-
« ment de ces pourvois, d'examiner si les moyens de cassation
« sont suffisants, s'ils sont bien choisis, si l'intérêt public est
« suffisamment engagé pour soutenir le pourvoi. — Ainsi, mon-
« sieur le préfet, toutes les fois que vous aurez été conduit à
« former une déclaration de pourvoi, veuillez, aussitôt après la
« notification, veiller au prompt envoi des pièces, et rappeler,
« dans chaque circonstance, à M. le procureur du roi du res-
« sort, les instructions émanées du ministère de la justice, afin
« de ne laisser aucun motif à la confusion qui existe encore sous
« ce rapport entre les pourvois en matière criminelle et les

« pourvois relatifs à la matière toute spéciale de l'expro-
« priation pour cause d'utilité publique. — La même marche
« doit être suivie, veuillez le remarquer, soit que vous atta-
« quiez au nom de l'Etat le jugement ou la décision du jury,
« soit que le pourvoi se trouve dirigé contre l'Etat ; c'est
« toujours par votre intermédiaire et par celui de l'administra-
« tion centrale que, dans tous les cas, la Cour de cassation doit
« être saisie du pourvoi et de toutes les pièces nécessaires pour
« qu'elle puisse statuer en connaissance de cause. Si c'est vous
« qui introduisez le pourvoi, vous avez à vous assurer, par
« l'examen attentif de chaque dossier, qu'il contient les élé-
« ments propres à justifier les moyens de cassation que vous
« jugerez à propos d'indiquer. Si le pourvoi est formé contre
« l'administration, vous devez chercher à réfuter les motifs qui
« seraient invoqués contre elle. »

[A la date du 25 septembre 1845, nouvelle circulaire de M. le garde des sceaux, ainsi conçue : « En matière d'expropriation
« pour cause d'utilité publique, les pourvois sont formés par
« déclaration au greffe du tribunal. Les pièces sont adressées à
« la chambre civile de la Cour de cassation dans la quinzaine
« de la notification du pourvoi (art. 20 et 42 de la loi du
« 3 mai 1841). Le mode de transmission n'étant pas fixé par la
« loi, il a été, sur les observations de la Cour de cassation, dé-
« terminé ainsi qu'il suit par M. le ministre des travaux publics,
« d'accord avec mon département : les dossiers relatifs à ces
« affaires doivent être envoyés sans retard, par MM. les procu-
« reurs du roi, aux préfets, et, par ceux-ci, au ministre des tra-
« vaux publics, qui se charge de les faire parvenir à la Cour de
« cassation : ce mode est applicable aux pourvois formés par des
« particuliers, comme à ceux qui sont formés au nom de l'État ; il
« est dans l'intérêt de tous et n'offre que des avantages. L'admi-
« nistration recevant les pièces sous sa responsabilité, toutes les
« garanties désirables sont acquises aux parties, si l'on a soin
« de conserver un double des bordereaux ou inventaires, et d'y
« annexer l'accusé de réception émané du préfet. Les parties
« peuvent, du reste, si elles le jugent convenable, faire par-
« venir directement les pièces à la Cour de cassation, en char-
« geant un avocat près de la Cour d'en effectuer le dépôt
« au greffe. M. le ministre des travaux publics a, par une cir-
« culaire du 18 janvier dernier, indiqué à MM. les préfets les
« pièces à produire, et leur a recommandé de faire sans retard
« l'envoi des dossiers à l'administration centrale. Je désire que,

« de leur côté, MM. les procureurs du roi, de concert avec MM. les
« présidents des tribunaux de première instance, veillent at-
« tentivement à ce que les greffiers déposent au greffe, aus-
« sitôt après la clôture des opérations du jury, les minutes de
« ses décisions avec les autres pièces qui s'y rattachent, et déli-
« vrent, dans les vingt-quatre heures de la demande, les copies
« ou extraits réclamés par les parties. Souvent, il est néces-
« saire de connaître les termes mêmes du procès-verbal pour
« motiver le pourvoi (1). »

Par une instruction en date du 24 octobre, même année, le ministre de l'intérieur a transmis cette circulaire aux préfets, en leur recommandant de se conformer aux dispositions qu'elle contient. L'instruction se termine par l'observation suivante :
« La circulaire du 25 septembre ne mentionne, en fait de pour-
« vois en matière d'expropriation, que ceux qui sont intentés
« au sujet d'affaires *ressortissant au ministère des travaux publics*.
« Voilà pourquoi elle porte que les pourvois de cette nature,
« après avoir été remis aux préfets, seront transmis par eux à
« *M. le ministre de ce département*. Mais il est évident que des
« formes semblables doivent être suivies à l'égard des pourvois
« en matière d'expropriation qui se rattachent à des affaires
« dépendant *du ministère de l'intérieur ;* telles que celles de voirie
« vicinale, de voirie urbaine et de tous autres travaux entrepris
« par les départements ou par les communes. Ainsi, ces pour-
« vois devront m'être transmis (2). »

Cette observation faite par M. le ministre de l'intérieur, en ce qui concerne son département, est nécessairement applicable aux autres départements ministériels. En conséquence, c'est au ministre de la guerre que doivent être adressés, par les préfets, les pourvois qui intéressent le domaine militaire ; au ministre de la marine ceux qui intéressent la portion du domaine affectée à ce département, etc.]

On ne peut jamais transmettre les pièces directement à la Cour de cassation. Son premier président est appelé à juger les pourvois dont la Cour est saisie ; mais il n'a certes pas mission pour la saisir de telle ou telle affaire, et il ne donnerait aucune suite à un dossier qui lui parviendrait par la poste. Le greffier doit recevoir les pièces du pourvoi en dépôt, mais il ne peut être

---

(1) *Lois annotées*, par MM. Deville-neuve et Carette, 1845, p. 443.

(2) Mêmes *Lois annotées*, par MM. Devilleneuve et Carette, *ibid.*

en même temps dépositaire et déposant, et il faut qu'un tiers lui en fasse le dépôt. Or, d'après les règlements de la Cour de cassation, ce tiers ne peut être qu'un des avocats attachés à cette Cour. Ce dépôt, qui remet en question des décisions souveraines, est un acte tellement important, qu'il ne peut être reçu au greffe sans des garanties spéciales qui n'existeraient pas pour un dossier adressé par la poste au greffier.

L'art. 20, § 3, dit que les pièces seront adressées à la Cour de cassation *dans la quinzaine de la notification du pourvoi*. Il est présumable que l'on a voulu accorder aux parties, comme le fait l'art. 442, C. instr. crim., un délai de dix jours pour justifier de la notification du pourvoi et produire respectivement leurs moyens ; mais elles usent rarement de cette faculté. Le onzième jour, les pièces doivent être expédiées au préfet, afin de parvenir à la Cour de cassation dans la quinzaine, comme le veut la loi.

La circulaire du 18 janvier 1843, dont nous venons de parler, dit à ce sujet : « Je n'ai pas besoin de vous rappeler, monsieur
« le préfet, que l'administration doit elle-même user de la plus
« grande célérité dans tout ce qui touche à la matière des pour-
« vois. Peut-être la circulaire du 15 février 1843 a-t-elle indiqué
« un délai trop restreint (24 heures) pour la transmission, par
« vos soins, de pièces remises entre vos mains par le procureur
« du roi, lorsqu'il s'agit de pourvois dirigés contre l'adminis-
« tration. Il est possible que ce délai soit quelquefois incom-
« patible avec la maturité de l'examen auquel vous devez vous
« livrer de concert avec M. l'ingénieur en chef ; mais s'il peut
« être dépassé parfois de quelques jours, veuillez ne pas perdre
« de vue le temps moral qu'on doit laisser à l'administration
« centrale pour l'examen définitif qu'elle se réserve et l'envoi
« qu'elle se charge de faire à la chambre civile de la Cour de
« cassation. Il importe donc de mettre à profit tous les instants,
« et de ne jamais oublier le caractère d'urgence et de rapidité
« que la loi a voulu imprimer à cette procédure spéciale. »

Le délai de quinzaine court, non de la déclaration du pourvoi, qui est toujours connue du greffier, mais de la notification de ce pourvoi. Or, comment le procureur impérial et le greffier connaîtront-ils la date de cette notification ? La partie qui désirera accélérer la décision de l'affaire, soit le demandeur, soit le défendeur, pourra faire connaître l'époque de la notification.

Si le pourvoi n'est pas notifié dans la huitaine, il est frappé de déchéance : l'art. 20, § 2, est formel à cet égard. Le demandeur ne pourra informer le procureur impérial de la date d'une notification qui n'a pas eu lieu. Le défendeur, ne recevant pas de notification, ignorera souvent l'existence du pourvoi. Que devra faire alors le procureur impérial ? La loi veut que la notification ait lieu dans la huitaine, à peine de déchéance, mais n'oblige pas la partie à justifier au procureur impérial de cette notification. Ce magistrat devra donc agir comme si la notification avait eu lieu dans le délai légal, et, trois semaines après la date du pourvoi, il transmettra les pièces au préfet. Le préfet les adressera sans délai, par l'intermédiaire du ministre des travaux publics (1), à la Cour de cassation, qui, s'il y a lieu, prononcera la déchéance encourue par suite du défaut de notification.

Du reste, la partie qui veut obtenir la cassation doit se mettre en mesure de justifier les irrégularités qu'elle allègue, et doit par conséquent veiller à l'envoi des pièces en temps opportun : sans cela, elle s'expose à voir son pourvoi rejeté faute de justification des moyens de cassation. Le préfet de la Vendée s'était pourvu contre un jugement rendu en matière d'expropriation, mais ne s'était pas occupé de faire parvenir les pièces à la Cour. Par arrêt du 9 mai 1843, la Cour a rejeté le pourvoi : « Attendu qu'aux termes de l'art. 20 de la loi du 3 mai 1841, les pièces doivent, dans la quinzaine de la notification du pourvoi, être adressées à la chambre civile de la Cour de cassation, qui statuera dans le mois suivant ; attendu que, dans l'espèce, le pourvoi en cassation a été notifié aux défenderesses le 16 février 1843 ; attendu que des pièces produites jusqu'à ce jour ne résulte aucune justification des moyens de cassation (2). » On voit qu'un délai de quatre-vingts jours s'était écoulé, depuis la notification du pourvoi, sans que les pièces eussent été envoyées à la Cour.

Si le pourvoi était formé par un particulier, et que l'administration négligeât d'envoyer les pièces en temps utile, la Cour de cassation pourrait, par un arrêt préparatoire, ordonner l'apport de ces pièces.

La loi prescrit la transmission des pièces sans indiquer en aucune manière quelles sont les pièces à transmettre. Nous croyons que les pièces dont la transmission d'office est ordonnée

---

(1) [Par l'intermédiaire du ministre compétent, suivant la nature des travaux, *suprà*, p. 161.]
(2) S. 43.1.524.

sont celles qui, en vertu de l'art. 14, ont été présentées au tribunal pour prouver que les formalités prescrites par l'art. 2 du titre Ier et par le titre II de la loi ont été remplies; car ces pièces seront presque toujours indispensables pour mettre la Cour de cassation à même d'apprécier les moyens de cassation sur lesquels elle devra prononcer. Il faut donc qu'on les mette sous ses yeux, comme on les a mises sous les yeux du tribunal. La Cour aura aussi besoin de connaître le jugement attaqué, la déclaration du pourvoi et la notification de ce pourvoi; mais le greffier ne peut évidemment transmettre celles de ces pièces qui n'ont pas été déposées à son greffe. La partie intéressée doit alors produire elle-même à la Cour les pièces qui sont nécessaires pour justifier la régularité de son pourvoi et les moyens de cassation qu'elle invoque.

248. En matière civile, le pourvoi en cassation n'est jamais suspensif (loi du 1er décembre 1790, art. 16); et il a été formellement reconnu, dans le cours de la discussion à la Chambre des députés, qu'il en était ainsi en matière d'expropriation. (*Monit.* 13 décembre 1832, p. 2136; 6 février 1833, p. 300 et 301.) Le pourvoi formé par un propriétaire n'empêcherait donc pas l'administration de poursuivre l'accomplissement des autres formalités prescrites par la loi.

249. [La cause est portée, en raison de l'urgence, directement à la *chambre civile* (art. 20, § 4)].

250. La partie qui est appelée devant la Cour de cassation ne peut présenter ses défenses que par le ministère d'un avocat près cette Cour, à moins que ce ne soit le préfet agissant dans l'intérêt de l'État.

251. Tant que l'arrêt n'est pas prononcé, le défendeur est admis à produire ses défenses. « Attendu que, lorsque la loi prescrit qu'une partie justifiera sa demande ou fournira sa défense dans un délai déterminé, il est assurément loisible à sa partie adverse de se prévaloir de ce délai pour requérir jugement; mais que, si elle ne le fait pas, et si la première, même après le délai, justifie sa demande ou produit sa défense, l'autre n'est pas fondée à prétendre qu'elle doive en être déchue ni que la forclusion lui soit acquise de plein droit. » Cass., 11 janvier 1836.

252. [L'art. 20, § 4, dit que « la Cour de cassation statuera « *dans le mois* qui suivra la réception des pièces : » mais le même paragraphe ajoute : « l'arrêt, s'il est rendu par défaut *à l'expi-* « *ration de ce délai*, ne sera pas susceptible d'opposition. » Il est

donc nécessaire, pour éviter l'opposition, d'attendre que le mois soit accompli, lorsque l'affaire n'est pas instruite contradictoirement. Dans ce cas, la Cour accorde le mois pour l'instruction ; et elle statue *à l'expiration du mois*, c'est-à-dire aussitôt que le mois est expiré — (A).

253. L'interdiction de l'opposition aux arrêts par défaut rendus à l'expiration du mois, en cette matière, me paraît justifiée plutôt par la légitime raison de l'urgence que par les motifs que M. le rapporteur de la commission a exposés à la Chambre des députés en 1833. « Il pourrait se faire, a dit M. le rapporteur,
« que la partie fît défaut... Les difficultés qui s'élèvent devant
« la Cour de cassation sont fort simples. Y a-t-il vice de forme?
« Les formes substantielles ont-elles été observées? Le tribunal
« a-t-il excédé ses pouvoirs? a-t-il refusé justice? Voilà la plu-
« part des questions qui peuvent être soumises à la Cour. Si
« toutes ces difficultés sont simples, il ne faut pas permettre
« aux parties de faire défaut, et ensuite de former opposition. »
(*Monit.* 6 février 1833, p. 300.) Il y a, sans doute, dans la matière de l'expropriation pour cause d'utilité publique, beaucoup de détails. Mais la jurisprudence de la Cour prouve qu'il se présente aussi très-souvent, dans cette partie de ses travaux, des questions très-délicates, et que la combinaison des dispositions de la loi spéciale, soit entre elles, soit avec les lois générales, est quelquefois l'objet de difficultés très-sérieuses.]

254. Dans les autres affaires portées à la chambre civile, si le pourvoi est rejeté, le demandeur en cassation est condamné à 300 fr. d'amende, y compris les 150 fr. consignés, à 150 fr. d'indemnité envers le défendeur (ces deux sommes sont réduites de moitié si le jugement ou arrêt attaqué n'est que par défaut ou par forclusion), et enfin aux dépens de l'instance (*Règl.* de 1738, part. 1re, tit. IV, art. 35). L'amende peut être augmentée, mais non remise ou modérée. (*Ibid.*, art. 36.) En matière d'expropriation, comme le pourvoi est porté directement à la chambre civile, il ne peut y avoir lieu à l'aggravation d'amende et d'indemnité que l'art. 35 du règlement de 1738 prononce dans le cas où le demandeur en cassation succombe *après un arrêt de soit communiqué*. Le jugement d'expropriation, étant rendu par-

---

(A) La Cour de cassation, saisie d'un pourvoi contre le jugement d'expropriation, n'est pas tenue de surseoir à statuer jusqu'à ce que le Conseil d'Etat ait lui-même prononcé sur un recours formé contre le décret déclaratif d'utilité publique Cass., 14 juill 1857 (Dall. 57.1.292).

ties non appelées, ne peut, quant à la détermination de l'amende, être assimilé qu'aux jugements par défaut ou par forclusion dont parlent les art. 5 et 15 du règlement de 1738 ; d'où il suit que le demandeur qui succombe ne peut être condamné qu'à 75 fr. d'amende, et à une indemnité de 37 fr. 50 c. envers la partie adverse : car, dans l'esprit du règlement de 1738, l'indemnité au profit du défendeur, dont on ne peut trouver le germe que dans l'art. 35, n'est que de la moitié de l'amende. Cass., 9 janvier 1839 et 22 juillet 1839. Ce dernier arrêt prononce l'amende de 75 fr. et l'indemnité de 37 fr. 50 c. envers la partie, à l'occasion d'un pourvoi rejeté faute de consignation d'amende, et qui n'avait pas été notifié au défendeur éventuel.

Lorsqu'il y a cassation, l'arrêt ordonne la restitution de l'amende consignée.

255. En matière civile ordinaire, lorsque la Cour donne acte d'un désistement, elle condamne la partie qui s'est désistée à l'amende prononcée par le règlement de 1738 (arr. 24 février 1835) (1), et à l'indemnité allouée à la partie défenderesse (arr. 26 mai 1830). En matière criminelle, au contraire, la Cour ne condamne pas à l'amende la partie qui se désiste (arr. 9 juillet 1830, 27 janv. 1838, *M. Tarbé*, p. 119). Quoique les pourvois en matière d'expropriation soient formés comme en matière criminelle, ils n'en constituent pas moins des contestations civiles. En conséquence, la Cour, en donnant acte du désistement d'un pourvoi formé en matière d'expropriation par les sieurs Pilet et consorts, les a condamnés à l'amende et à l'indemnité envers le préfet de l'Isère, qui était défaillant (2).

Si le désistement est accepté par le défendeur, les pièces peuvent être retirées du greffe par les avocats. Il n'intervient pas alors d'arrêt ; par suite, il n'y a pas de condamnation à l'amende ni à l'indemnité ; mais, si l'amende a été consignée, elle ne peut être retirée.

256. [Lorsqu'un pourvoi en cassation a été formé dans l'intérêt d'une commune autorisée à cet effet, selon le vœu de l'art. 49 de la loi du 18 juillet 1837, par le conseil de préfecture, il n'appartient ni au maire ni au conseil municipal de terminer le procès par une transaction ou par un désistement : « Toute

---

(1) S. 35.1.273 et 276.
(2) V., en outre, les deux arrêts cités par M. Tarbé, même p. 119 ; 2 fév. 1836, et 3 juin 1840.

« transaction consentie par un conseil municipal ne peut (a dit
« la Cour de cassation, par application de l'art. 49 de la loi pré-
« citée) être exécutée qu'après l'homologation faite, suivant les
« cas, ou par ordonnance royale (1) ou par arrêté du préfet en
« conseil du préfecture : » la loi n'a point voulu que le sort des
procès intéressant les communes dépendît exclusivement ni du
maire ni du conseil municipal. Si donc il n'appert d'aucune
autorisation donnée pour ce désistement de la part de l'autorité administrative supérieure, il n'y a pas lieu, par la Cour,
à donner acte du désistement, lequel doit être considéré comme
non avenu (2).

257. Par une raison analogue, un maire n'a point qualité
pour se désister du bénéfice d'une décision intervenue, sur une
instance en expropriation suivie et jugée entre le préfet et les
propriétaires, en matière de chemins vicinaux de grande communication, ces chemins étant placés, par l'art. 9 de la loi du
21 mai 1836, sous l'autorité du préfet (3)].

258. Si le pourvoi est rejeté, le jugement d'expropriation
devient irrévocable, et les pièces envoyées par le procureur impérial lui sont adressées pour être réintégrées au greffe du tribunal qui a rendu le jugement.

259. L'art. 88 de la loi du 27 ventôse an 8 porte : « Si le
« commissaire du Gouvernement apprend qu'il ait été rendu
« en dernier ressort un jugement contraire aux lois et aux
« formes de procéder, ou dans lequel un juge ait excédé ses
« pouvoirs, et contre lequel cependant aucune des parties n'ait
« réclamé dans le délai fixé ; après ce délai expiré, il en don-
« nera connaissance au tribunal de cassation ; si les formes ou
« les lois ont été violées, le jugement sera cassé, *sans que les
« parties puissent se prévaloir de la cassation pour éluder les disposi-
« tions de ce jugement, lequel vaudra transaction pour elles.* » Ce
mode de pourvoi, *dans l'intérêt de la loi*, peut également avoir
lieu en matière d'expropriation ; mais il n'a, comme on le voit,
d'autre effet que de faire annuler, pour l'honneur des principes,
une décision irrégulière ; il ne change nullement les droits et la
position des parties. Deux pourvois formés *dans l'intérêt de la loi*

---

(1) Aujourd'hui, en vertu du décret du 25 mars 1852 sur la décentralisation ad-ministrative, art. 1ᵉʳ, tableau A, nº 43, les préfets statuent sur les transactions concernant toutes sortes de biens, quelle qu'en soit la valeur.
(2) Cass., 5 mars 1845.
(3) Cass., 7 avril 1845 (S. 46.1.462).

par le procureur général ont été jugés par arrêt du 31 décembre 1839.

Section IV. — *Des conséquences de l'arrêt prononçant cassation.*

260. — Nullité de tout ce qui a été fait en vertu du jugement cassé.
261. — Du renvoi devant un autre tribunal.
262. — Comment ce tribunal est saisi.
263. — Du jugement qu'il doit rendre.
264. — Principe de la territorialité des juridictions.
265. — L'attribution de compétence qui résulte de l'arrêt de renvoi est exclusive.
266. — Elle est exceptionnelle.
267. — Diverses applications des pouvoirs du tribunal de renvoi.

260. La cassation d'un jugement qui aurait à tort prononcé l'expropriation entraîne avec elle, et de plein droit, la nullité de tout ce qui a été fait en vertu de ce jugement, mais, bien entendu, à l'égard seulement de la partie qui s'est pourvue en cassation. Ainsi les notifications et offres faites en vertu des art. 21 et 23 de la loi, la désignation du jury spécial, la décision même de ce jury, et l'ordonnance du magistrat directeur qui en aurait été la suite, tout cela serait considéré comme non avenu, sans qu'il soit besoin d'en faire prononcer spécialement la nullité — (A).

261. Au reste, la Cour de cassation ne statue jamais sur le fond de l'affaire. Après avoir cassé le jugement d'expropriation et tout ce qui s'en est suivi, elle renvoie les parties devant un autre tribunal qui est désigné dans l'arrêt. Les pièces qui avaient été adressées à la Cour sont envoyées à ce tribunal, qui statue sur la cause d'après l'état où elle se trouve par suite de la décision de la Cour de cassation.

Additions.

(A) De même la nullité du jugement d'expropriation vis-à-vis un des copropriétaires expropriés entraîne, en ce qui le concerne, la nullité de la décision du jury qui a fixé l'indemnité d'expropriation. Et la décision du jury d'expropriation est également nulle vis-à-vis des autres copropriétaires, bien que régulièrement expropriés, si le jury d'expropriation ayant fixé une indemnité unique pour tous les copropriétaires indivis du même immeuble, il y a impossibilité de déterminer la part afférente à ceux vis-à-vis desquels il a été régulièrement procédé. Cass. civ., 6 janv. 1857 (S. 58.1.623).

262. D'après l'art. 9, titre XIII, du règlement de 1738, et l'art. 147, C. proc., les parties qui ont figuré dans une décision judiciaire doivent être averties de toute procédure et de tous faits d'exécution qui peuvent, à leur égard, être la conséquence de cette décision ; mais, en matière d'expropriation, l'instance peut être suivie devant le tribunal de renvoi sans que l'administration ait fait signifier l'arrêt qui a prononcé la cassation, et sans qu'elle ait assigné la partie qui a obtenu cette cassation devant le tribunal de renvoi. La loi charge le procureur impérial de requérir le jugement d'expropriation sans assignation aux parties intéressées. Dès lors, cette assignation n'est pas plus nécessaire devant le tribunal de renvoi que devant le tribunal primitivement saisi. Cass., 11 août 1841 (1).

263. Le tribunal de renvoi doit, comme le tribunal de la situation de l'immeuble (2), vérifier l'accomplissement des formalités prescrites par l'art. 2 du titre Ier, et par le titre II de la loi, et, s'il en reconnaît la régularité, déclarer l'expropriation des terrains et bâtiments à l'égard desquels la cassation a été prononcée, en indiquant l'époque de la prise de possession, puis nommer un magistrat directeur du jury qui devra être pris parmi les membres du tribunal dans le ressort duquel les biens à évaluer sont situés. En vain on opposerait, relativement à cette nomination, que, d'après les lois organiques de l'ordre judiciaire, le tribunal dont le jugement a été cassé ne peut plus connaître de l'affaire. L'art. 43 de la loi du 3 mai voulant qu'en cas de cassation l'affaire soit renvoyée devant un nouveau jury *choisi dans le même arrondissement,* le magistrat directeur de ce jury ne peut être pris que parmi les membres du tribunal de cet arrondissement ; c'est ce qui résulte d'ailleurs de l'arrêt de la Cour de cassation du 11 mai 1835 (3).

264. [Le tribunal de renvoi ne pourrait pas désigner un de ses propres membres comme directeur du jury de la situation de l'immeuble avec mission de se transporter dans cette localité, parce que les compétences et les juridictions sont essentiellement territoriales. — « Vu l'art. 21 de la loi du 21 vent. an VIII
« (porte un arrêt de cassation du 10 avril 1849) ; attendu que
« tout juge, tout tribunal a son territoire circonscrit, au delà du-
« quel il est incompétent ; que ce principe d'ordre public, écrit

---

(1) S. 41.1.670.
(2) Car il lui est subrogé, par l'effet du renvoi, et il peut dès lors ordonner tout ce qui était dans les attributions du premier tribunal. Cass., 24 janv. 1826.
(3) S. 35.1.949.

« dans la loi romaine, et toujours admis en France, a reçu une
« nouvelle consécration des dispositions de la loi du 27 ventôse
« an VIII, art. 21, qui règle l'organisation des cours et tribu-
« naux, et fait la délimitation de leurs ressorts; que dès lors,
« l'acte fait par un magistrat, en dehors du territoire qui lui
« est attribué comme ressort, ne peut avoir aucun caractère
« légal; qu'aucune dérogation n'est apportée à ce principe
« lorsqu'une Cour d'appel est saisie par renvoi après cassation;
« qu'aucune disposition ne l'autorise à étendre sa juridiction
« territoriale et à instrumenter dans le ressort de la Cour origi-
« nairement saisie, que le renvoi n'a d'autre effet que de donner
« aux parties d'autres juges, sans changer les moyens d'instruc-
« tion auxquels ils peuvent être obligés de recourir ; que si des
« interrogatoires, des enquêtes deviennent nécessaires, et qu'il
« faille y procéder hors de son ressort, la Cour de renvoi doit
« commettre, soit un tribunal, soit un juge de la localité, con-
« formément aux dispositions de l'art. 1035, C. proc. civ. ; qu'en
« maintenant au procès comme régulier l'interrogatoire auquel
« a procédé l'un de ses membres, assisté du greffier et en pré-
« sence du ministère public, en la demeure de la dame Azuni,
« à Marseille, et par conséquent *hors de son ressort*, la Cour de
« Nîmes a méconnu les règles de la compétence, commis un
« excès de pouvoir et violé l'ordre des juridictions établi par l'art.
« 21 de la loi du 27 ventôse an VIII... Casse » (1).

D'un autre côté, le tribunal de renvoi ne pourrait pas, en commettant un de ses membres pour remplir les fonctions attribuées au magistrat directeur du jury, obliger les jurés de la situation de l'immeuble à se transporter sur son propre territoire : car le jury est aussi un corps de juridiction, et sa compétence n'est pas moins essentiellement territoriale que celle des autres corps (2).

C'est donc, dans le cas de renvoi, après cassation d'un jugement d'expropriation, un membre du tribunal de la situation de l'immeuble qui doit être chargé des fonctions de directeur du jury. Les principes sur la territorialité des compétences ne permettraient pas d'agir autrement, et cette mesure est d'ailleurs autorisée par l'art. 1035, C. proc. civ.

265. Quant aux jugements à rendre sur l'expropriation elle-

---

(1) S. 49.1.589.
(2) Cass., 21 mars 1855 (*Gaz. trib.*, 24 mars 55).

même, l'attribution qui résulte du renvoi prononcé par la Cour de cassation est tellement exclusive, que l'administration ne peut plus, après cassation d'un premier jugement d'expropriation, pour violation des formes de l'instruction, et renvoi de la cause devant un autre tribunal, se désister de l'ancienne procédure, et recommencer une procédure entièrement nouvelle, en accomplissant toutes les formalités prescrites par la loi, devant le tribunal de la situation de l'immeuble. — « Vu (a dit la Cour
« de cassation dans un arrêt du 15 mai 1843) la loi du 27 no-
« vembre 1790, art. 3 et 19, et la loi du 27 ventôse an VIII, art.
« 87; attendu que de ces dispositions organiques, modifiées à
« diverses époques, est demeurée la règle fondamentale, qu'a-
« près la cassation d'un jugement en dernier ressort, le tribunal
« qui l'a rendu est dessaisi de l'affaire dont la connaissance au
« fond est renvoyée à un autre tribunal ; que l'arrêt de cassa-
« tion du 5 juillet 1842 a fait au tribunal de Versailles attribu-
« tion de juridiction sur tous les points dont avait été saisi le
« tribunal de la Seine, lequel n'était pas seulement chargé de
« vérifier la forme d'une instruction, mais aussi de déterminer
« l'indemnité provisionnelle et approximative de déposses-
« sion (1); qu'en cet état le préfet de la Seine ne pouvait plus,
« sans égard pour le renvoi prononcé, et au moyen d'un désis-
« tement de la première poursuite, requérir du tribunal dessaisi
« et désormais incompétent une instruction nouvelle, et dé-
« pouiller par là de l'attribution qui lui est conférée sur le fond
« le tribunal de Versailles, qui seul a le pouvoir de procéder,
« s'il y a lieu, par voie de nouvelle instruction, *et de faire*, *à cet*
« *effet*, *toute délégation*, et de déterminer l'indemnité provision-
« nelle, sans préjudice à la fixation de l'indemnité définitive. » }

266. La juridiction du tribunal de renvoi étant exceptionnelle, il ne peut statuer, 1° qu'entre les parties qui avaient été en instance devant le premier tribunal; 2° que sur le litige qui avait été porté devant ce tribunal et devant la Cour de cassation. Si le tribunal de renvoi rend un jugement d'expropriation contre des parties qui ne figuraient pas dans la première instance, ou si, à l'égard des propriétaires figurant déjà dans l'instance, il fait porter l'expropriation sur des terrains destinés à d'autres travaux que ceux primitivement indiqués, il excède ses pouvoirs et la limite de sa compétence ; son jugement doit donc être cassé. (Cass., 18 janv. 1837.)

---

(1) Par application de la loi du 30 mars 1831.

267. Toutefois le tribunal de renvoi est « saisi de la connais-
« sance de tout ce qui peut concerner la demande en expro-
« priation sur laquelle le jugement cassé a été rendu. Les par-
« ties, remises au même et semblable état qu'avant ce jugement,
« ont le droit, soit de prendre des conclusions nouvelles, soit de
« produire des titres, pièces ou documents qui n'auraient pas
« été produits devant le tribunal, et des certificats délivrés à une
« époque postérieure au premier jugement, » et même à la décision de la Cour de cassation (Cass., 11 août 1841) (1).

Le tribunal de renvoi est saisi de la demande en expropriation, comme le tribunal de la situation l'avait été d'abord, en
vertu de l'art. 13 de la loi, et se trouve substitué à celui-ci dans
toutes les attributions qui lui avaient appartenu sur le litige;
d'où il suit qu'il est appelé à prononcer sur le mérite des formalités *renouvelées* par l'administration pour atteindre à l'expropriation. Il a, par suite, le devoir de prononcer l'expropriation
dès qu'il reconnaît que les conditions légales ont été remplies
(Cass., 20 juillet 1841).

Si au contraire le tribunal de renvoi juge que les formalités
prescrites par la loi n'ont pas été régulièrement accomplies, il
déclare qu'il n'y a lieu à prononcer l'expropriation requise.

Mais, lors même que le tribunal de renvoi aurait déclaré par
un premier jugement qu'il n'y avait pas lieu, quant à présent,
malgré les nouvelles formalités remplies, de prononcer l'expropriation, il ne pourrait, sans méconnaître l'étendue de ses pouvoirs, refuser de connaître de la demande en expropriation que
le ministère public reproduirait devant lui, après que, pour la
troisième fois, l'administration aurait renouvelé l'instruction.
Baser cette incompétence sur la considération que l'arrêt de
cassation ne l'aurait investi que du droit de prononcer sur les
procédures administratives dont l'accomplissement serait renouvelé, droit qui se trouverait épuisé par le premier jugement, ce
serait confondre l'instance sur la demande avec l'objet même de
la demande (Même arrêt du 20 juillet 1841) — (A).

---

(1) S.41.1.670. — [Les mots *parties* et *conclusions* doivent être pris dans le sens d'*intéressés* et de production de *pièces* ou d'*observations*; *suprà*, p. 123 et suiv.]

Additions.

(A) Il a été jugé encore que la Cour de renvoi investie, après cassation d'un arrêt qui avait refusé de désigner un jury d'ex-propriation, du droit de faire cette désignation, n'épuise pas ses pouvoirs par une première désignation inutile faite sur une liste tombée en déchéance : elle peut encore faire une seconde désignation sur une liste nouvelle à la requête de la partie poursuivante. Cass. civ., 12 janv. 1860 (S. 60.1.1005).

CHAPITRE VI.

DES EFFETS DU JUGEMENT QUI PRONONCE L'EXPROPRIATION.

268. — Division de ce chapitre.
269. — Les effets du jugement commencent du jour où il est prononcé.

268. Si le jugement qui prononce l'expropriation n'est pas attaqué, ou si le pourvoi en cassation a été rejeté, ce jugement doit recevoir son exécution pleine et entière, et il devient utile d'examiner quels effets il produit. Nous chercherons donc à déterminer les effets du jugement d'expropriation, 1° à l'égard du propriétaire ; 2° à l'égard de ceux qui ont sur l'immeuble des droit d'usufruit, d'habitation, d'usage ou de servitude; 3° à l'égard des locataires et fermiers; 4° à l'égard des actions en résolution ou revendication et de toutes autres actions réelles ou personnelles; et 5° à l'égard des créanciers; ce qui nous amènera à parler de la purge des priviléges et hypothèques en matière d'expropriation.

269. Dès qu'un jugement existe, il confère des droits à la partie qui l'a obtenu. Cet effet ne peut être refusé au jugement d'expropriation, et il doit, comme tout autre, avoir effet dès qu'il est rendu. M. Rossi a dit à la Chambre des pairs, sans que ces principes aient été contestés : « Ne confondons pas la propriété et le fait de la détention de la chose. En effet, *le jugement d'expropriation une fois prononcé,* le particulier dont on a voulu la propriété est-il toujours propriétaire ? En d'autres termes, pourrait-il, *après le jugement d'expropriation,* aliéner la propriété à une autre personne ? Cet acquéreur serait-il un véritable acquéreur de la propriété, ou bien ne serait-il qu'un cessionnaire des droits qu'aurait le cédant à une indemnité ? Le vendeur déjà exproprié peut-il faire autre chose que de mettre une autre personne en son lieu et place comme créancier d'une indemnité à liquider ? On est donc réellement dépouillé de sa propriété *quand le jugement d'expropriation a été prononcé;* autrement on pourrait soutenir qu'on pourrait *vendre* la propriété expropriée à une autre personne. Mais, si cela était possible, il faudrait

alors recommencer toute l'opération vis-à-vis du nouvel acquéreur. » (*Monit.* 12 mai 1840, p. 1014.)

M. Girod (de l'Ain), M. le garde des sceaux, M. Persil, se basèrent sur le même principe, que personne ne combattit. « Il faut, disait ce dernier, remplacer ce qu'on a enlevé au propriétaire, et je me sers à dessein de ce mot *enlevé :* car, au moment où il s'agit de fixer l'indemnité, ce propriétaire, que je qualifie mal, n'est plus propriétaire; il n'est plus que créancier. Le jugement d'expropriation *seul* a fait passer la propriété de la tête de l'ancien propriétaire sur la tête de l'Etat... Je répète donc qu'*immédiatement après le jugement d'expropriation*, c'est l'Etat qui est propriétaire; l'ancien propriétaire n'est plus que créancier avec une garantie : il a le privilége de vendeur sur l'immeuble » (*Ibid.*, p. 1016).

Comme le jugement d'expropriation est rendu sur requête et en l'absence des propriétaires, nous concevrions qu'on soutînt qu'il n'opère transmission de propriété que quand il a été signifié et publié conformément à l'art. 15 de la loi. Des arguments assez puissants auraient pu être invoqués à l'appui de ce système ; mais, si le législateur l'avait admis, il n'aurait donné aux propriétaires le droit de requérir le règlement de l'indemnité qu'autant que le jugement leur aurait été signifié, tandis que l'art. 55, § 1, autorise les propriétaires à poursuivre la fixation de l'indemnité six mois après le jugement d'expropriation, sans considérer si le jugement a été ou non signifié dans cet intervalle. Donc, aux yeux du législateur, c'est le fait même du jugement qui transforme le droit de propriété en un droit à une indemnité, dont le chiffre seulement est incertain.

SECTION Ire. — *Des effets du jugement à l'égard du propriétaire.*

270. — Le jugement opère *translation de propriété* en faveur du domaine public.
271. — Opinion de M. Cotelle, et réponse.
272. — La *possession* reste à l'exproprié.
273. — Il ne peut plus transférer la propriété de l'immeuble.
274. — Ni l'hypothéquer.
275. — En cas de décès, il ne transmet aucun droit immobilier.
276. — Des effets de la possession.
277. — L'administration ne peut plus refuser d'acquérir l'immeuble.

278. — Du cas d'incendie.
279. — Obligation pour le propriétaire d'indiquer les ayants droit à l'indemnité. Renvoi.

270. L'effet du jugement d'expropriation est de transmettre au domaine public la *propriété* des biens expropriés, mais cependant une propriété imparfaite, car elle est séparée de la possession, qui est laissée aux anciens propriétaires comme garantie du paiement de la juste indemnité que la Constitution leur a promise. Cette transmission de propriété a lieu d'une manière absolue, sans qu'il y ait à considérer si l'immeuble appartient à une seule personne ou à plusieurs, si c'est à la personne qui est dénommée au jugement, ou à toute autre ; si les divers attributs de la propriété sont réunis dans la même main, ou s'il a été établi des droits d'usufruit, d'usage, de bail, etc. Ces différentes circonstances doivent être prises en considération lorsqu'il s'agit de régler l'indemnité, mais non lorsqu'il s'agit de prononcer l'expropriation. Le jugement ne s'occupe pas de dépouiller *tel* ou *tel* de ses droits ; il a pour but de constater que tous les droits dépendant de la propriété, en quelques mains qu'ils soient répartis, doivent désormais être attribués au domaine public. Comme nul ne peut mettre obstacle à cette attribution, il est inutile de rechercher rigoureusement qui elle atteint ; elle est prononcée de la manière la plus générale et contre tous ceux qui ont des droits quelconques sur l'immeuble. La personne désignée comme propriétaire à la matrice des rôles est dénommée dans le jugement, parce que le législateur a pensé que c'était la meilleure manière de désigner l'immeuble que l'expropriation frappait ; mais il n'a certes pas voulu restreindre à cette personne l'effet du jugement. L'art. 18 de la loi suffirait seul pour repousser une pareille supposition. D'ailleurs, les intéressés n'étant pas appelés à ces jugements, il n'y aurait aucun motif pour faire rendre autant de jugements qu'il y a d'ayants droit sur l'immeuble : un seul jugement opère à l'égard de tous.

Puisque, à dater du jugement d'expropriation, le domaine public est investi de la propriété des immeubles y mentionnés, les propriétaires en sont dessaisis à compter de cette même époque, car la propriété ne peut résider à la fois en deux mains différentes.

271. Telle avait été aussi, sous la loi du 8 mars 1810, l'opinion de Favard, *Rép.*, v° *Expr. pour util. publ.*, n° 7. Ce prin-

cipe a été admis par tous les orateurs lors de la discussion des lois de 1833 et 1841, et par tous les jurisconsultes qui ont écrit sur la matière, excepté par M. Cotelle. Dans son Cours de droit administratif, cet estimable écrivain convient que le mot *expropriation* exprime assez clairement une résolution du droit de propriété (t. 1er, p. 447), mais il soutient que la *transmission de propriété* n'est pas consommée tant que l'indemnité n'est ni réglée, ni payée ou consignée (*Ibid.*, p. 448), et que jusque-là les droits de propriété demeurent intacts et sont transmissibles comme avant le jugement qui aura prononcé l'expropriation (*Ibid.*, p. 446). Donnant ailleurs de nouveaux développements à son opinion, il croit pouvoir assimiler le jugement d'expropriation à un jugement d'*adjudication préparatoire* par suite de saisie immobilière (t. 3, p. 189, 486 et 766).

Il nous est impossible de nous ranger à cette opinion. En matière de saisie immobilière, le législateur a exigé qu'il intervînt d'abord un jugement d'adjudication préparatoire ou provisoire, puis un jugement d'adjudication définitive; et il résulte clairement des diverses dispositions du Code que l'expropriation, c'est-à-dire la transmission de propriété, ne s'opère que lors de ce dernier jugement. Mais la loi du 3 mai 1841 n'a aucune disposition de ce genre. Elle ne fait mention que d'un seul jugement, qu'elle indique positivement comme opérant l'expropriation (art 14 et 35); vouloir réduire ce jugement à une simple mesure provisoire ou préparatoire, c'est créer une distinction, une restriction qui n'est pas dans la loi. Si le législateur avait considéré le jugement rendu en vertu du § 1er de l'art. 14 comme une simple mesure préparatoire, il aurait indiqué, au moins implicitement, quand s'opérerait la translation définitive de la propriété. Or la loi du 3 mai 1841 ne renferme aucune disposition qui se rattache à un semblable système. Bien loin de là, l'art. 2181, Cod. Nap., veut que, pour purger les priviléges et hypothèques, on fasse transcrire l'acte *translatif de propriété*, et lorsqu'il s'est agi d'appliquer cette disposition à l'expropriation pour cause d'utilité publique, on a décidé que l'on ferait transcrire le jugement rendu en vertu de l'art. 14 (art. 16 et 17 de la loi). L'art. 41 parle de la mise en *possession* de l'administration, mais ne s'occupe pas de la question de la transmission de la *propriété* — (A).

Additions.
(A) C'est en vertu de ces principes qu'il a été jugé que, après un jugement qui a prononcé l'expropriation, en faveur d'une

272. Bien que le jugement d'expropriation transmette à l'administration la propriété, il ne lui transmet pas la possession matérielle de l'immeuble ; la prise de possession ne peut avoir lieu qu'après le paiement de l'indemnité. On ne peut donc jusque-là commencer les travaux sur l'immeuble, et l'administration a le même intérêt qu'avant le jugement d'expropriation à traiter à l'amiable, s'il est possible, du règlement de l'indemnité, et, en cas de dissentiment, à faire régler cette indemnité par le jury spécial. La possession laissée à l'exproprié est donc une garantie très-réelle du paiement de l'indemnité. Comme l'exproprié continue à jouir de son immeuble, il n'éprouve qu'un léger préjudice, surtout d'après la loi du 3 mai 1841, qui lui permet de poursuivre le règlement de l'indemnité, si l'administration n'y a pas fait procéder dans les six mois qui suivent le jugement d'expropriation.

273. L'exproprié, n'ayant plus le droit de disposer de l'immeuble, ne peut plus en faire l'objet d'une vente ni d'une donation dans l'acception légale de ces mots. S'il transmettait ses droits sur l'immeuble, il ne céderait, en réalité, qu'une action en paiement d'indemnité avec le droit de retenir la possession de l'immeuble jusqu'à ce que l'indemnité soit soldée.

L'administration n'aurait aucune formalité à remplir contre le

---

compagnie de chemin de fer, de quatre parcelles de terrain pour l'établissement d'une gare, le propriétaire exproprié n'est pas fondé à intenter contre la compagnie une action en délaissement d'une lisière dépendant de ce terrain, sous le prétexte qu'il en serait resté propriétaire, nonobstant l'expropriation, qui, selon lui, l'aurait laissée en dehors et ne l'aurait point atteinte, s'il est constaté, par les juges du fait, que la lisière revendiquée a été nécessairement comprise dans l'expropriation qui a porté sur les quatre parcelles en bloc et comme corps certain limité par un fossé désigné dans le plan parcellaire. L'indication de cette limite fixe ne permet pas de supposer qu'il soit resté pour le nu propriétaire exproprié une bande de terrain libre entre le fossé et le terrain qui a fait l'objet de l'expropriation. Dire en effet qu'un terrain est bordé immédiatement par un fossé, c'est dire qu'entre ce terrain et le fossé il n'y a aucun intermédiaire possible. En conséquence, c'est avec juste raison que, d'après ces constatations, l'arrêt attaqué a repoussé la demande en délaissement formée contre la compagnie. En cela, loin de violer l'autorité de la chose jugée résultant du jugement d'expropriation, il l'a scrupuleusement respectée.

Les conclusions subsidiaires prises par l'exproprié pour obtenir du moins un supplément de prix, sous prétexte d'excédant de mesure, ont pu, à bon droit, être déclarées tardives, en vertu de l'art. 1622, C. Nap., dont le principe s'applique aux expropriations pour cause d'utilité publique comme aux ventes ordinaires, et qui frappe de déchéance les demandes de cette nature qui n'ont pas été intentées dans l'année à compter du jour du contrat, ou, s'il s'agit, comme dans l'espèce, d'expropriation pour cause d'utilité publique, du jour de la signification du jugement qui l'a prononcée. Cass. req., 24 fév. 1863 (Gaz. trib., 25 fév. 63).

cessionnaire ou acquéreur pour donner effet à l'expropriation ; elle n'aurait à traiter avec lui que de l'indemnité, lorsqu'il aurait fait connaître son titre.

274. Par une autre conséquence du même principe, l'exproprié ne pourrait plus accorder hypothèque sur l'immeuble, et les créanciers du propriétaire qui n'auraient acquis une hypothèque judiciaire que postérieurement au jugement ne pourraient prétendre partager le prix par voie d'ordre (C. Nap., 2218) ; il n'y aurait lieu qu'à contribution (C. pr., 656). Mais ceux qui ont une hypothèque antérieure au jugement d'expropriation peuvent l'inscrire jusqu'à l'expiration de la quinzaine qui suit la transcription du jugement d'expropriation (1).

275. Par la même raison, si l'exproprié venait à mourir, ses héritiers n'auraient pas de droits à payer pour la transmission de la propriété de cet immeuble, puisque cette propriété ne leur serait pas transmise ; elle resterait dans le domaine public après comme avant le décès.

Si l'exproprié avait légué séparément ses meubles et ses immeubles, l'indemnité appartiendrait au légataire du mobilier, et non à celui des immeubles : car l'immeuble n'existerait plus dans la succession de l'exproprié ; il n'y aurait qu'une action pour en recevoir le prix, action qui est meuble par la détermination de la loi (C. Nap., 529). Par la même raison, ce droit à l'indemnité ferait partie de la communauté mobilière de l'exproprié, sauf l'action en reprise, s'il y avait lieu.

276. La possession qui est laissée à l'exproprié n'est pas pour lui sans utilité. D'une part, elle constitue une garantie réelle du paiement de l'indemnité qui lui est due ; d'un autre côté, elle lui assure les divers droits accessoires qui, dans certaines circonstances, peuvent avoir un intérêt positif pour lui.

Ainsi il continue à percevoir les fruits naturels, civils et industriels de l'immeuble. A la vérité l'art. 547, C. Nap., dit que ces fruits appartiennent au *propriétaire ;* mais l'art. 549 prouve que, quand la propriété et la possession ne sont pas réunies dans la même main, les fruits appartiennent au possesseur de bonne foi : or l'on ne peut contester cette qualité à l'exproprié.

L'administration n'ayant pas le droit de jouir, ne saurait prétendre aux fruits de l'immeuble. Elle ne peut même rien faire

---

(1) [A partir du 1er janv. 1856. V. *infrà*, p. 202 et 203].

dans l'immeuble ou sur l'immeuble qui nuise au droit de jouissance réservé à l'ancien propriétaire. Le droit de propriété doit toujours s'exercer de manière à ne pas porter atteinte aux droits d'autrui (Pothier, *Traité de la propriété*, n° 13) ; à plus forte raison, aux droits d'un possesseur légitime.

Le détenteur qui est troublé dans la jouissance d'un immeuble a une action possessoire pour se faire maintenir ou réintégrer dans sa jouissance (Dalloz, v° *Acte possess.*; Roll. de Vill., v° *Possession*). L'exproprié peut donc exercer toutes les actions en complainte, en réintégrande et en dénonciation de nouvel œuvre, qui seraient nécessaires pour lui assurer la libre jouissance de l'immeuble qui a été frappé d'expropriation.

La possession continuée pendant un temps plus ou moins long peut, selon les circonstances, faire acquérir la propriété (C. Nap., 2262, 2265, 2266). La possession qui a lieu postérieurement au jugement d'expropriation a le même effet. Ainsi, le détenteur qui a joui pendant neuf ans et six mois antérieurement au jugement d'expropriation, et qui reste encore en possession pendant les six mois qui suivent, peut opposer une possession de dix ans à celui qui revendiquerait l'immeuble.
vain on voudrait argumenter contre lui du jugement d'expropriation, ce jugement ne lui a pas enlevé la possession qu'il avait antérieurement.

On possède non-seulement par soi-même, mais aussi par ceux qui jouissent en votre nom, ou par suite d'un consentement donné par vous. Ainsi, si vous avez conféré des droits d'usufruit ou de bail, etc., vous jouissez par l'usufruitier et par le fermier ou locataire (Pothier, *Tr. de la possession*, n°s 54, 55 ; Arm. Dalloz, v° *Possession*, n°s 36 et suiv.; Roll. de Vill., *eod. v°*, n° 53). L'exproprié qui aurait consenti à ce que l'administration fit exécuter des travaux sur l'immeuble exproprié n'en conserverait pas moins la possession de cet immeuble, car l'administration ne serait en possesssion qu'en son nom et en vertu de son consentement.

La possession laissée à l'exproprié se transmet de la même manière que toute autre possession, par succession, legs, donation, vente, échange, etc.

[On avait cru pouvoir conclure de ce qui précède, qu'après une expropriation accompagnée de prise de possession effective par l'État avant règlement et paiement de l'indemnité, l'exproprié et l'exproprant pouvaient, pour atteindre contre un tiers la prescription de dix ans, joindre leurs deux possessions, anté-

rieure et postérieure à l'expropriation, par application du principe de la jonction des possessions écrit dans l'art. 2235 du Cod. Nap. Ce système avait été accueilli par la chambre des requêtes, qui avait admis un pourvoi formé en ce sens. Mais il a été rejeté par la chambre civile. Voici les termes de l'arrêt : —
« Attendu que, par l'effet de l'expropriation de l'Haouch-Bordj-
« el-Ahmar, prononcée le 30 déc. 1842, l'État est devenu pro-
« priétaire de ce domaine, à la charge d'en payer le prix ou
« l'indemnité à ceux qui, à cette époque, y avaient droit; que
« cette indemnité est l'unique objet du débat; — Attendu que
« cette indemnité, chose essentiellement mobilière, ne pouvait
« être la matière de la prescription de dix ans exclusivement
« applicable aux biens immeubles, aux termes de l'art. 2265,
« Cod. Nap., et qui aurait continué à courir sur l'indemnité pos-
« térieurement à l'expropriation, comme elle courait antérieu-
« rement sur l'immeuble lui-même; qu'ainsi elle devait être
« attribuée à ceux qui justifieraient avoir été propriétaires dudit
« domaine, au jour même de l'expropriation, par titres ou par
« prescription alors accomplie; — Attendu que Pilaut-Debit et
« Locré, acquéreurs en vertu d'un juste titre du 23 déc. 1833,
« et de bonne foi, du domaine précité, n'avaient pas dix années
« de possession lorsqu'il fut exproprié, le 30 déc. 1842, au profit
« de l'État, et remplacé par l'indemnité sur laquelle se trou-
« vèrent transportés les droits du propriétaire; qu'ainsi lesdits
« Pillaut-Debit et Locré ne pouvaient, à ce titre et en vertu de
« la prescription décennale, alors non accomplie en leur faveur,
« prétendre à cette indemnité; — Attendu, en ce qui concerne
« spécialement le domaine de l'État, que, n'ayant droit à l'in-
« demnité que du chef de Locré, qui lui en a fait cession, il ne
« peut élever, sur cette indemnité, d'autres prétentions que
« celles de Locré lui-même, et qu'il est placé, à cet égard,
« dans la même situation que celui-ci et que Pillaut-Debit; —
« Qu'il suit de là que l'arrêt attaqué, en rejetant la prescription
« décennale dont excipaient les demandeurs, pour se faire attri-
« buer la totalité de l'indemnité, n'a violé ni les art. 2228, 2235,
« 2265, Cod. Nap., ni aucune autre loi; Rejette (1). »] — (A).

(1) Cass., 19 janv. 1854 (S. 54.1.630).

Additions.

(A) En raison de l'effet translatif de propriété produit par le jugement d'expropriation, l'exproprié, alors même qu'il serait resté en possession de l'immeuble, ne peut être tenu de contribuer à la réédification d'un mur mitoyen entre cet immeuble et un édifice voisin. L'action en réédification ne peut être dirigée que contre l'administration. C. Orléans, 13 nov. 1856 (Dall. 56.2.76).

[277. De même que le propriétaire ne peut refuser de céder sa propriété lorsque le jugement d'expropriation est rendu, l'État, de son côté, ne pourrait l'obliger à la reprendre, si des circonstances ultérieures rendaient la cession inutile. Le jugement d'expropriation n'est pas moins obligatoire pour l'administration que pour le particulier exproprié; il représente, pour l'un et pour l'autre, le contrat de vente qui a lieu lorsque l'administration est d'accord avec le propriétaire. « En effet, si l'administration, dit M. Favard, pouvait prétendre qu'elle n'est pas liée par ce jugement, le propriétaire, de son côté, ne serait-il pas fondé à élever la même prétention ? ne dirait-il pas que la loi doit être la même, et pour l'autorité qui exproprie, et pour le propriétaire exproprié ? qu'ainsi le jugement, n'étant pas exécutoire pour l'un ne saurait l'être pour l'autre. Par le résultat de ce système, le but de la loi serait totalement manqué. Il n'y aurait jamais d'expropriation forcée, parce que tout propriétaire qui voudrait conserver sa propriété n'aurait qu'à refuser de passer le contrat de vente, puisque le jugement ne suffirait pas. La loi a voulu le contraire; elle a voulu que, pour cause d'utilité publique tout propriétaire fût obligé de céder sa propriété moyennant une juste indemnité. Mais elle a dû vouloir aussi que l'autorité administrative, qui a poursuivi l'expropriation d'une propriété, ne fût pas admise à la refuser après le jugement d'expropriation. Dès ce moment, le propriétaire a pu la remplacer ou faire d'autres arrangements qui le léseraient, s'il était obligé de reprendre sa propriété. Il serait injuste de le rendre victime de sa soumission. Si des motifs d'intérêt public ont pu déterminer le législateur à disposer de la propriété d'autrui, il n'a pas entendu sans doute que l'administration pût se jouer du propriétaire, en refusant sa propriété, après en avoir provoqué et obtenu l'expropriation » (*Rép.*, v° *Expropriation*, n° 7).

C'est aussi ce qu'a jugé la Cour royale de Bordeaux, par arrêt du 16 janv. 1832 : « Attendu que l'art 1er de la loi du 8 mars 1810 porte que l'expropriation pour cause d'utilité publique s'opère par l'autorité de la justice ; que dans l'économie de la loi deux choses distinctes sont à considérer : l'expropriation qui est à prononcer par le tribunal qui envoie le préfet en possession, et le règlement de l'indemnité qui en est la conséquence ; que si, jusqu'au paiement préalable de l'indemnité la partie expropriée conserve la possession de fait, la propriété n'en est pas moins dévolue à l'administration ; que le défaut de règlement de l'indemnité laisse le prix incertain, mais que l'expropriation est consommée...; que si une partie, pendant le cours d'une instance, peut se désister de sa demande, elle ne le peut plus lorsqu'il est intervenu un jugement souverain qui a établi des droits réciproques entre elle et son adversaire; que par conséquent l'administration est non recevable et mal fondée à priver Gerbeaud, par une renonciation, du droit résultant pour lui des jugements susrappelés (1). »

L'art. 55, § 1er, de la loi du 3 mai 1841, consacre cette opinion en déclarant que, si l'administration ne poursuit pas la fixation de l'indemnité dans les six mois *à compter du jugement d'expropriation*, les parties pourront exiger qu'il soit procédé à cette fixation ; ce qui n'aurait pas été admis, si l'on avait supposé que l'administration était encore maîtresse de prendre ou de ne pas prendre possession de l'immeuble.

M. Cotelle ne partage pas notre opinion. Selon lui, le jugement d'expropriation n'étant qu'une mainmise sur la propriété contre le gré du propriétaire, l'administration ne ferait que faire cesser une violence en se désistant de l'expropriation, quoiqu'elle ait été prononcée par jugement, le changement des vues de l'administration ne pouvant être réputé que la cessation de la violence qui était faite à la propriété (III, p. 487).

Il est certain que le jugement d'expropriation est une violence faite à la volonté du propriétaire. Si ultérieurement l'administration veut faire cesser cette mainmise, et que l'exproprié consente à ce nouvel arrangement, nul doute que la rétrocession ne puisse avoir lieu; l'art. 60 de la loi le reconnaît positivement. Mais, si l'exproprié ne désire pas rentrer dans sa propriété, a-t-on le droit de l'y forcer? Où est la loi qui consacre un pareil droit? De ce qu'on a pu faire violence à un citoyen pour lui enlever sa propriété, s'ensuit-il nécessairement qu'on puisse lui faire violence une seconde fois pour la lui faire reprendre? Evidemment non. Il faudrait qu'une pareille faculté résultât d'un texte formel de loi, et il n'en existe pas. Des dommages-intérêts devraient d'ailleurs être accordés à l'exproprié : M. Cotelle le reconnaît. Or, la loi n'a rien réglé sur ces points accessoires, parce qu'elle n'a pas admis le principe qui aurait nécessité l'examen de ces questions secondaires. La Cour de Colmar a adopté notre opinion par un arrêt du 23 juillet 1841, motivé avec beaucoup de soin (2).

---

(1) S.32.2.337.
(2) S.42.2.449.

[La Cour de Toulouse l'a confirmée, et en a développé les conséquences, dans un arrêt en date du 25 juillet 1846, dont voici les termes : — « Attendu qu'un jugement d'expropriation
« pour cause d'utilité publique fait passer la propriété de l'im-
« meuble exproprié des mains de l'ancien propriétaire en
« celles de l'Etat; que la transmission de propriété est complète
« et définitive même avant le règlement de l'indemnité, et qu'il
« ne peut plus dépendre d'une seule des parties de faire tomber
« ce titre par une renonciation aux droits qu'elle y puiserait ;—
« Attendu qu'aux termes de l'art. 50 de la loi du 3 mai 1841,
« un propriétaire exproprié, pour cause d'utilité publique, d'une
« partie de maison ou autre bâtiment, a le droit de forcer l'Etat à
« prendre et à lui payer la totalité de l'immeuble ;—Attendu que
« l'appelant, en usant de cette faculté à l'égard de la minoterie
« dont l'expropriation partielle était prononcée, loin de contreve-
« nir au jugement qui l'avait dépossédé, ne faisait que l'exécuter
« dans toutes ses conséquences légales ; — Attendu que l'Etat
« n'était plus maître de renoncer par sa seule volonté au béné-
« fice du jugement d'expropriation, et que la signification qu'il
« a faite dans ce sens à Orliac, le 14 mars 1843, ne suffisait pas
« pour faire considérer ce jugement comme non avenu ;— Mais
« attendu que, dès que l'Etat et l'exproprié sont d'accord sur le
« rapport du jugement d'expropriation, et que tous deux con-
« sentent à ce que cet acte judiciaire cesse de produire ses
« effets, la justice elle-même peut l'ordonner ;—Attendu toute-
« fois qu'Orliac, dépossédé par un jugement déposé en minute
« au greffe du tribunal, était en droit de demander que sa réin-
« tégration fût elle-même prononcée par jugement et constatée
« régulièrement par un acte authentique; que son action dans
« ce sens était recevable et fondée;

« Attendu que la résolution du contrat provenant du refus de
« l'Etat d'exécuter le jugement d'expropriation avec ses consé-
« quences donne lieu contre lui à une action en dommages-inté-
« rêts, aux termes généraux du droit ; — Attendu qu'Orliac
« allègue divers préjudices que lui auraient causés l'incertitude
« où il a été pendant près d'un an sur ces droits de propriétés
« et l'obligation où il s'est trouvé de pourvoir éventuellement
« à l'établissement de son commerce dans un autre lieu pour
« le cas où il serait obligé de quitter les bâtiments exproprié ;
« que la fixation de ce préjudice à une somme de 10,000 francs
« est évidemment exagérée et qu'il convient dans l'intérêt de
« toutes les parties, et pour éviter les frais d'un interlocutoire,

« d'en faire dès à présent l'évaluation d'après les éléments de
« la cause qui sont suffisants pour cela;—Par ces motifs, met
« l'appellation et ce dont est appel au néant; émendant et sta-
« tuant par nouveau jugé, déclare résolue, du consentement des
« deux parties, l'expropriation prononcée par Orliac, le 7 mars
« 1842, autant qu'il s'agit de l'établissement de la minoterie;
« prononce le rétablissement de ce dernier dans la propriété
« de cet immeuble; condamne le préfet de Tarn-et-Garonne,
« représentant l'Etat, à payer à Orliac la somme de 600 francs
« à titre de dommages-intérêts » (1).

Déjà, au surplus, la Cour de cassation avait décidé, d'après le même principe, que, lorsque l'expropriation a été prononcée pour la totalité d'une parcelle de terrain, le jury d'expropriation excède ses pouvoirs en n'accordant d'indemnité que pour la valeur d'une partie de cette parcelle sous prétexte que l'administration n'aurait pris possession que de cette partie. La raison de cette décision est que, dans un tel cas, d'une part, le jury n'a pas fixé en son entier le montant de l'indemnité qu'il avait à régler, et que, d'autre part, le propriétaire *se trouve exproprié* d'une quantité de terrain excédant celle pour laquelle une indemnité lui est allouée; que de là résulte une violation formelle de l'art. 38, § 3, de la loi du 3 mai 1841, et de la Constitution (2)]—(A).

---

(1) S.46.2.387.
(2) 28 mai 1845 (S.45.1.414).

Additions.

(A) Après que le jugement d'expropriation a acquis l'autorité de la chose jugée, l'expropriant ne peut, contre le gré de l'exproprié, renoncer à l'expropriation : celui-ci a donc le droit, malgré une telle renonciation, de poursuivre le règlement de l'indemnité et la convocation du jury d'expropriation. En un tel cas, la Cour impériale à laquelle la désignation d'un jury est demandée par l'exproprié, ne peut que vérifier l'accomplissement des formalités préalables à cette désignation; elle excède ses pouvoirs en rejetant la demande à fin de désignation du jury, par appréciation des droits respectifs des parties. Cass., 13 fév. 1861 (S.64.554).

Le locataire d'un immeuble exproprié a, comme le propriétaire, le droit de se prévaloir de la disposition de l'art. 55, et de poursuivre lui-même la fixation de l'indemnité, faute par l'expropriant de l'avoir poursuivie dans les six mois.— Le locataire a ce droit, encore bien qu'il y aurait eu, non à proprement parler, un jugement d'expropriation, mais aux termes du dernier paragraphe de l'art. 14, un jugement donnant acte au propriétaire de son consentement à la cession. Cass., 26 août 1857 ; 27 juill. 1857 (Dall.57.1.287. 353); Cass. civ., 12 juin 1860 (*Gaz. trib.*, 14 juin 60);

Et dans ce cas, la Cour chargée de faire cette désignation ne peut s'y refuser, sous prétexte que le demandeur n'est pas actuellement troublé dans sa jouissance. Cass. civ., 11 juill., 30 août 1859 (S.59. 1.955).

Lorsque le propriétaire exproprié requiert, conformément à l'art. 55, la formation d'un jury d'expropriation, il n'est pas tenu de saisir la Cour ou le tribunal à qui appartient le choix du jury au moyen

278. Si un bâtiment frappé d'expropriation vient à être incendié, la perte est pour l'administration, d'après la maxime *Res perit domino*. L'exproprié peut donc réclamer l'indemnité que la loi lui garantissait, et dont le paiement était seulement différé jusqu'à ce que sa quotité fût fixée. L'exproprié ne conservait que le droit de jouissance jusqu'au paiement du prix : ce droit est tout ce que l'incendie a pu lui enlever. Cette opinion a été formellement émise par M. Persil à la tribune de la Chambre des pairs, sans être combattue par aucun orateur. « L'expropriation, a-t-il dit, résulte du jugement ; ce qui suit n'en est plus que l'exécution. Cela est tellement vrai, que, s'il s'agissait d'une maison, par exemple, et que la maison vînt à être incendiée, elle périrait pour l'État ou la compagnie, parce qu'ils étaient propriétaires du jour de l'expropriation » (*Monit.*, 8 mai 1840, p. 957).

279. Afin de mettre l'administration à même de régler les indemnités revenant à tous ceux qui ont des droits sur l'immeuble, l'exproprié doit lui faire connaître les fermiers, locataires, ceux qui ont des droits d'usufruit, d'habitation, etc. : sinon il resterait seul chargé envers ceux-ci des indemnités qu'ils pourraient réclamer. Nous parlerons de cette obligation en traitant de l'article 21.

---

d'un exploit d'ajournement signifié à l'expropriant ; une simple requête suffit à l'exproprié pour saisir la Cour ou le tribunal, comme elle aurait suffi à l'expropriant si c'eût été lui qui eût poursuivi la désignation du jury. Cass. civ., 12 juin 1860 (*Gaz. trib.*, 14 juin 60).

La question de savoir si le droit d'exiger, après que six mois se sont écoulés depuis le jugement d'expropriation pour cause d'utilité publique, la convocation d'un jury à l'effet de fixer l'indemnité, appartient au locataire aussi bien qu'au propriétaire, n'est pas de la compétence du jury d'expropriation, mais des tribunaux ordinaires. Le locataire qui a obtenu, dans cette situation, la convocation d'un jury, n'est plus fondé à se plaindre de ce que ce jury ne lui a accordé qu'une indemnité hypothétique : en décidant en ces termes, le jury n'a fait que se conformer à la loi (art. 39 et 55 de la loi du 3 mai 1841). Cass. civ., 24 nov. 1862 (*Gaz. trib.*, 24

25 nov. 62).

Le jugement d'expropriation pour cause d'utilité publique a pour effet d'anéantir le bail aussi bien à l'égard du locataire qu'à l'égard de la partie expropriante. En conséquence, le locataire a le droit de demander la liquidation de l'indemnité qui lui est due, après l'expiration du délai de six mois que la loi du 3 mai 1841 donne à l'expropriant pour saisir lui-même ce jury. L'expropriant ne saurait faire écarter cette demande du locataire par l'engagement qu'il prendrait de le laisser en jouissance jusqu'au terme du bail. La jouissance du locataire exproprié n'a plus qu'un caractère précaire ; elle ne se continue désormais qu'à titre de garantie ; elle ne saurait donc impliquer un consentement réciproque ayant pour effet de faire revivre le bail résilié par le jugement d'expropriation. Cass. civ., 20 juin 1864 (*Gaz. trib.*, 22 juin 64).

Section II. — *Des effets du jugement relativement aux droits d'usufruit, d'habitation, d'usage, de servitude et de bail.*

280. — Des droits d'usufruit et d'habitation.
281. — Des droits d'usage et des servitudes.
282. — Des baux.

280. L'art. 624, C. Nap., dit que « la vente de la chose su-« jette à l'usufruit ne fait aucun changement dans le droit de « l'usufruitier, et qu'il continue de jouir de son usufruit, s'il n'y « a pas formellement renoncé. » Comme l'expropriation est une *vente* forcée, il semblerait qu'elle ne dût apporter aucun changement aux droits de l'usufruitier. Mais, le but du jugement étant de faire sortir du commerce la chose expropriée, la disposition de l'art. 624 est inapplicable, et les droits de l'usufruitier sont nécessairement modifiés. Aussi les art. 21 et 39 de la loi du 3 mai prévoient-ils le cas où le bien exproprié est chargé d'un usufruit, d'un droit d'usage, d'habitation ou de servitude.

Le droit d'habitation n'est qu'un droit d'usufruit restreint.

281. L'extinction moyennant indemnité s'appliquerait également à des droits d'usage dans les bois ou forêts frappés d'expropriation. Les usagers n'auraient même droit à une indemnité spéciale qu'autant qu'ils se seraient fait connaître en temps utile, car le propriétaire n'est tenu de signaler à l'administration que ceux qui ont sur l'immeuble des droits d'usage réglés par le Code Napoléon.

La plupart des servitudes qui grèvent les immeubles expropriés ne peuvent plus s'exercer après l'expropriation, parce que l'État doit avoir la libre et entière jouissance de ces immeubles; mais une indemnité est due aux propriétaires qui sont dépouillés du droit de servitude : l'art. 21 de la loi du 3 mai 1841 le reconnaît formellement — (A).

Additions.

(A) La loi du 3 mai 1841 est donc applicable aux simples servitudes ; les formalités de l'expropriation pour cause d'utilité publique doivent être remplies, même lorsque les travaux n'exigent pas le sacrifice de tout ou partie du fonds dominant. Cass. req., 2 déc. 1863 (*Droit*, 3 déc. 63).

Un jugement qui prononce l'expropriation d'un terrain sans parler des servitudes ou droits réels existants sur le terrain au profit d'un tiers, est régulier, encore bien qu'il soit articulé que l'expropriation n'avait pas d'autre objet que l'acquisition desdits droits réels. Cass.civ., 9 fév. 1863 (*Droit*, 14 fév. 63).

L'expropriation d'un immeuble pour cause

282. Lorsque le bien exproprié est loué, le fermier ou locataire ne peut prétendre jouir pendant toute la durée de son bail (1). Le propriétaire n'a pu lui transmettre plus de droits

d'utilité publique a pour conséquence nécessaire l'expropriation des servitudes ou autres droits réels qui grèvent cet immeuble ; il n'est pas nécessaire que le jugement d'expropriation en fasse une mention expresse. Et la partie expropriante n'est pas tenue de poursuivre le règlement de l'indemnité simultanément à l'égard des propriétaires du fonds et à l'égard des ayants droit à la servitude ; elle peut agir séparément envers les uns et les autres. Cass., 9 fév., 12 mai 1863 (S. 63.1.400).

Le jugement de *donner acte* rendu dans les termes de l'art. 14 a le même effet. Trib. Seine, 29 nov. 1863 (*Gaz. trib.*, 6 déc. 63).

Lorsque deux propriétaires s'étant accordé des servitudes sur le fonds l'un de l'autre, l'expropriation de l'un des deux fonds vient à rendre impossible l'exercice des servitudes accordées à l'autre, le propriétaire de ce dernier a droit à être indemnisé à raison de la suppression desdites servitudes (C. Nap., 703 et suiv.). C. Lyon, 11 fév. 1864 (S. 64.2.302).

Une compagnie expropriante qui, avant l'expropriation, mais en vue de la réaliser, a acquis une parcelle de terre soumise à une servitude de passage, ne peut s'affranchir de cette servitude, sous le prétexte que le propriétaire vendeur ne l'aurait pas déclarée dans les délais prescrits par l'art. 21 de la loi du 3 mai 1841. C'était à la compagnie qui, par l'effet de la vente à elle consentie, se trouvait au lieu et place du vendeur, non-seulement avant le jugement d'expropriation, mais encore avant la réunion de la commission d'enquête, à la dénoncer à l'administration ou à se la dénoncer à elle-même qui la représentait en qualité d'expropriante. Cass. req., 11 janv. 1865 (*Gaz. trib.*, 18 janv. 65).

(1) [En ce qui concerne le droit à la jouissance, au point de vue de l'indemnité, MM. Gillon et Stourm pensent que l'indemnité due aux locataires, fermiers, etc., provient du dommage causé, soit par la résiliation des baux, soit par la perte des dépenses faites pour l'exploitation de l'immeuble, soit par la cessation d'un droit de jouissance productive : ils s'appuient sur la discussion qui a eu lieu à la Chambre des députés, le 5 février 1833 (Cod. des Municip., *Expropriat.*, p.444). M. de Belleyme a, en effet, présenté, dans cette séance, les considérations suivantes : « Oui, sans doute, le fermier peut « avoir un immense intérêt à la fixation « de l'indemnité. Tous les jours, la ville « de Paris exproprie une maison où se « trouve le siège d'une industrie considé- « rable, un café, par exemple, dont le « locataire a passé un bail de trente à « quarante ans, afin de s'indemniser de « sa dépense. Eh bien ! la maison où se « trouve cet établissement est expropriée « un an après ; vous sentez que cette pro- « priété, souvent peu intéressante par « elle-même, tire toute sa valeur des dé- « penses faites par le locataire qui a passé « un long bail. Le locataire a donc le « droit de réclamer lui-même une indem- « nité..... » — « Vous avez prévu tout ce « qui concerne les droits des proprié- « taires. Je viens maintenant défendre « les intérêts d'une immense industrie ; « souvent il s'élève, sur des terrains nus, « des édifices, des fabriques d'une grande « valeur, où des capitaux considérables « sont employés. Je ne parle pas seule- « ment d'établissements de luxe, comme « des cafés, théâtres et autres édifices de « ce genre, mais de fabriques et d'usines « qui s'établissent sur tous les points de la « France. Ces industries doivent exercer « aussi leurs droits, et souvent ils sont « supérieurs à ceux des propriétaires.....» (*Monit.*, 6 fév. 1833, p. 299). — Voyez, en ce sens, un arrêt de la Cour de cassation, du 4 mars 1844, par lequel la Cour a maintenu une décision de jury ayant fixé, en faveur d'un locataire, « la juste indemnité *industrielle* » (S. 44.1.374); les deux arrêts rendus dans les affaires du sieur Labbé, et dans lesquelles il s'agissait d'une indemnité réclamée par un fermier pour cessation de la jouissance de

qu'il n'en avait lui-même, et les droits de l'un et de l'autre doivent s'évanouir devant les considérations d'intérêt public. Comme le bien exproprié doit presque toujours être détruit ou subir quelque modification, c'est le cas d'appliquer l'art. 1722 du Code, qui porte que : « Si, pendant la durée du bail, la chose « louée est détruite en totalité, le bail est résilié de plein « droit ; si elle n'est détruite qu'en partie, le preneur peut, « suivant les circonstances, demander ou une diminution de « prix ou la résiliation même du bail. » De même, si le bien loué est exproprié en totalité, le bail est résilié de plein droit ; si l'expropriation ne porte que sur une partie de l'objet loué, il y a lieu, selon les circonstances, à la résiliation du bail ou à une diminution du loyer — (A).

---

son bail (1ᵉʳ mars 1843 et 2 fév. 1847 ; S. 43.1.345, et 47.1.280 ; l'arrêt du 12 juin 1843 ; 43.1.484, etc.).

Additions.

(A) La jurisprudence offre, sur cette question, les applications suivantes :

Le jugement d'expropriation emporte résolution immédiate des baux en cours d'exécution, tant à l'égard et dans l'intérêt des locataires qu'au profit de l'expropriant. En conséquence, le droit à une indemnité est acquis aux locataires par le seul effet du jugement d'expropriation, nonobstant la déclaration à eux notifiée par l'expropriant qu'il entend respecter leurs baux et les laisser jouir paisiblement des lieux loués jusqu'à l'expropriation du temps convenu. Cass., 16 avril 1862 (S.62. 1.721) ; Cass., 9 août 1864 (S. 64.1.465).

Dans cette situation, une Cour impériale n'est pas en droit de se fonder sur ce fait que le locataire est resté en jouissance, même après l'expiration du délai de six mois qui a suivi le règlement de l'indemnité, et qu'il a payé pendant deux ans ses loyers sans protestation ni réserve, pour déclarer que l'expropriant et l'exproprié ont mutuellement renoncé aux effets du jugement, et ont formé un nouveau contrat pour la continuation de l'ancien bail. Elle ne peut, en conséquence, repousser par ces motifs la demande du locataire qui provoque la convocation d'un jury et réclame une indemnité. Cass. req., 11 nov. 1863 (Gaz. trib., 12 nov. 1863) ;

C. Paris, 22 juin 1863 (Gaz. trib., 24 juin 63) ; Trib. civ. Seine, 11, 18 avril 1863 (Gaz. trib., 19 avril 63) ; Cass. req., 8 août 1864 (Gaz. trib., 10 août 64) ; Trib. civ. Seine, 24 juin 1863 (Droit, 28 juin 63). — Contrà, C. Paris, 11 août 1862 (S.62.2.24).

Le propriétaire reste en possession de son immeuble et peut en percevoir les fruits jusqu'au paiement de son indemnité. Le bail est bien résolu par le jugement d'expropriation, mais le congé donné par la partie expropriante aux locataires a seulement pour effet de changer la nature de la redevance que le propriétaire a le droit d'exiger pour l'occupation de son immeuble ; la somme qu'il perçoit peut être qualifiée indemnité de jouissance. Trib. civ. de la Seine, 26 janv., 2 fév. 1864 (Gaz. trib., 5 fév. 64).

Le principe de la résolution de plein droit des baux d'une maison expropriée pour cause d'utilité publique ne s'applique pas aux baux des parties de l'immeuble exproprié qui ne sont pas comprises dans celles retranchables pour l'exécution des travaux publics. C. Paris, 11 août 1862 (Gaz. trib., 13 août 62).

Il appartient au locataire seul de demander cette résolution, aux termes de l'art. 1722, C. Nap. Le propriétaire ne peut réclamer l'exercice de ce droit, lors même que par suite d'accords intervenus en dehors de lui, l'expropriant se trouverait subrogé aux droits du principal locataire sur la partie des lieux non comprise dans l'ex-

Section III. — *Des effets du jugement relativement aux actions en résolution, en revendication, et à toutes autres actions réelles ou personnelle*

283. — Définition de ces actions.
284. — L'exercice des actions réelles n'arrête pas l'expropriation ; le droit des réclamants est transporté sur le prix.
285. — Relativement aux conventions et aux actions personnelles, l'expropriation est un cas de force majeure.

283. On nomme *action* le droit que quelqu'un a de poursuivre en justice ce qui lui est dû, et de demander ce qui lui appartient. Il y a trois sortes d'*actions*, savoir : les actions *personnelles*, *réelles* et *mixtes*. L'action *personnelle* est celle qu'on dirige contre quelqu'un pour le contraindre à payer ce qu'il doit ou à exécuter ce qu'il a promis de faire. L'action *réelle* est celle qui a

---

propriation. Trib. civ. Seine, 24-31 mars 1863 (*Gaz. trib.*, 6 avril 63).

Toutefois, ce principe s'applique aux baux de la partie de l'immeuble qui n'était pas nécessaire à l'exécution des travaux, mais qui a été expropriée sur la réquisition du propriétaire, aux termes de l'art. 50 de la loi du 3 mai 1841. Trib. Seine, 18 avril 1863 (*Gaz. trib.*, 23 avril 63).

Lorsqu'après le jugement d'expropriation le locataire n'est resté dans les lieux que parce que l'expropriant lui contestait le droit d'en sortir, le prix de cette jouissance peut être fixé par le tribunal à une somme inférieure au prix stipulé dans le bail : à ce cas sont inapplicables les principes de la tacite réconduction (C. Nap., 1759). Cass.. 16 avril 1862 (S.62.1.721).

L'acte de cession amiable consentie par un propriétaire à l'expropriant équivaut au jugement d'expropriation, et comme lui, entraîne la résiliation des baux. En conséquence, lorsqu'au bout de six mois l'administration n'a pas convoqué de jury, les locataires ont le droit de demander la fixation de leur indemnité, conformément à l'art. 55. Dans cette situation, leur demande ne peut être écartée par ce motif qu'ils seraient restés dans les lieux loués du consentement de l'expropriant pendant un temps plus ou moins long, et qu'il se serait opéré ainsi une sorte de réconduction tacite. Cass. req., 16 déc. 1863 (*Gaz. trib.*, 17 déc. 63) ; Cass. civ., 20 janv. 1864 (*Gaz. trib.*, 27 janv. 64); Trib. civ. Seine, 2 janv. 1864 (*Gaz. trib.*, 10 janv. 64); C. Paris, 29 juill. 1864 (*Gaz. trib.*, 30 juill. 64). — *Contrà*, Trib. civ. Seine, 6-13 mai 1863 (*Gaz. trib.*, 15 mai 63) ; Trib. civ. Seine, 29 juill. 1865 (*Gaz. trib.*, 9 août 65).

Le bail est résolu par le jugement d'expropriation; ajoutons, toutefois, que le locataire peut rester dans les lieux jusqu'au paiement de son indemnité ; mais il peut aussi renoncer à ce droit et quitter les lieux ; le propriétaire ne peut s'y opposer, sauf son action contre l'expropriant, s'il éprouve un dommage. Le congé donné avant le jugement d'expropriation par l'expropriant au locataire, ne peut motiver la sortie de celui-ci ; mais il y a, à cet égard, titre suffisant dans le jugement d'expropriation, et le juge des référés peut ordonner l'exécution de ce titre en autorisant la sortie. C. Paris, 23-26 janv. 1863 (*Gaz. trib.*, 26-27 janv. 63).

pour objet de nous faire remettre en possession d'une chose qui est détenue par un autre et qui nous appartient. Les actions *mixtes* sont en même temps personnelles et réelles.

L'*action en résolution* est la demande tendant à faire déclarer qu'un contrat (de vente ou d'échange, par exemple) sera résolu ou considéré comme non avenu. L'*action en revendication* est celle par laquelle on demande à être remis en possession d'une chose dont on se prétend propriétaire.

Il est possible que l'immeuble exproprié soit l'objet d'une action en résolution ou en revendication ou de toute autre action réelle. Cette circonstance ne doit pas empêcher l'exercice du droit d'expropriation de la part de l'État. « L'administration, a dit M. Martin (du Nord), rapporteur de la Chambre des députés, ne voit que la chose dont elle veut s'emparer ; il lui importe peu qu'elle appartienne à tel ou tel propriétaire. Il faut donc que l'administration puisse obtenir la propriété et s'y maintenir indépendamment de tous les droits. Mais aussi il est juste que les tiers ne soient pas lésés par cette prise de possession » (*Monit.*, 6 fév. 1833, p. 298). En conséquence, l'art. 18 de la loi du 3 mai porte : « Les actions en résolution, en revendication, « et toutes autres actions réelles, ne pourront arrêter l'expro- « priation, ni en empêcher l'effet. Le droit des réclamants sera « transporté sur le prix, et l'immeuble en demeurera affranchi. »

La disposition de l'art. 18 s'applique, comme on le voit, non-seulement aux actions en revendication ou en résolution, mais encore à *toutes autres actions réelles*, et il faut comprendre sous cette domination les actions *mixtes* : car, bien qu'elles soient en même temps personnelles, ce sont toujours des *actions réelles*. Ainsi les dispositions de l'art. 18 s'appliqueraient aux actions en partage ou en licitation, en bornage, en réméré, etc.

284. L'art. 18, a dit en 1833 M. Dupin, président de la Chambre des députés, a ce but unique de ne pas arrêter l'expropriation. La commission et les auteurs de la loi sont imbus de cette idée que, quand les formalités auront été remplies, la question de l'immeuble sera irrévocablement décidée. Peu importe donc l'opposition de la part des propriétaires, puisque, quelles que soient les réclamations qui pourront s'élever, cette propriété sera irrévocablement acquise à l'État, les formalités une fois remplies. Or, que propose l'article ? Que l'action en résolution ou en revendication, et toutes autres actions réelles, ne puissent pas arrêter l'expropriation ni en empêcher les effets ; en sorte que, si des actions de ce genre existaient, au lieu d'en

attendre le jugement pendant deux ou trois ans, on marcherait à l'expropriation comme à la chose essentielle, et le débat ne s'établirait que sur le prix » (*Monit.*, 6 fév., p. 299). « On sait, ajouta M. le rapporteur, qu'une fois une propriété vendue, un individu quelconque a le droit d'exercer une action en revendication, et que, dès lors, la propriété peut retomber entre les mains du propriétaire primitif. Eh bien! de quoi s'agit-il? c'est de faire un article qui déroge au droit commun » (*Ibid.*).

« L'existence du droit résolutoire, répliqua M. Lherbette, l'impossibilité où l'on est de le purger par aucune formalité hypothécaire, est un des nombreux et grands vices de nos lois en matière de transmission de biens. Ce vice, je ne viens pas vous proposer de le détruire dans toute notre législation..., mais je viens vous demander de ne pas l'introduire dans la loi nouvelle, où il exposerait l'État à payer plusieurs fois le prix d'un bien, et blesserait le principe dominateur de votre loi, celui que, tous les intérêts privés doivent se courber devant la grande et impérieuse loi de l'intérêt public » (*Ibid.*, p. 298). « L'amendement de la commission dit bien, ajouta M. Lherbette, que l'action intentée par l'ancien propriétaire ne pourra pas arrêter la marche de l'expropriation, mais il ne dit pas assez explicitement qu'aucune action en réintégration ne pourra être intentée ensuite par aucun propriétaire » (*Ibid.*, p. 299). C'est alors que M. le rapporteur modifia les derniers mots de l'article proposé, et présenta la rédaction actuelle de l'art. 18 : « *Le droit* « *des réclamants sera transporté sur le prix, et l'immeuble en de-* « *meurera affranchi.* »

L'art. 18 comprend les actions réelles de toute espèce, même l'action d'un précédent vendeur non payé, en résolution de la vente pour défaut de paiement du prix. (Art. 1654, C. Nap.)

Car l'art. 18 est comme un corollaire et une conséquence de l'art. 17, dont il complète et corrobore le principe. Il eût été à peu près inutile de mettre l'immeuble à l'abri des inscriptions relatives au privilége du vendeur, si on avait laissé à ce vendeur la faculté de rentrer dans la propriété de l'immeuble en faisant prononcer la résolution de la vente. L'extinction d'un de ces droits doit entraîner celle de l'autre. Nul n'admettra que l'on puisse forcer l'administration à délaisser un immeuble dont l'expropriation a été prononcée pour cause d'utilité publique, ou à laisser revendre aux enchères un bien incorporé au domaine public.

Mais l'art. 18 ajoute que le droit des réclamants *sera trans-*

porté sur le prix. Or, suffît-il que les réclamants aient formé leur action en résolution, etc., contre celui avec lequel ils avaient traité, pour que leur droit soit transporté sur le prix? Évidemment non, car cette action sera presque toujours inconnue de l'administration, qui serait exposée à payer deux fois le prix de l'immeuble sans avoir aucun moyen de se mettre à l'abri de cet inconvénient. Telle n'a pas été certainement l'intention du législateur en adoptant les dispositions de l'art. 18 ; il a pensé que, par cela seul que ces tiers n'avaient plus d'action sur l'immeuble, ils se trouvaient compris au nombre des tiers intéressés au règlement de l'indemnité, que le § 2 de l'art. 21 oblige à se faire connaître à l'administration dans un délai de huitaine, à peine de déchéance de tout droit contre elle.

Ces principes ont reçu leur application dans l'espèce suivante :

L'État avait acquis, par voie d'expropriation pour cause d'utilité publique, en 1833, une portion d'un immeuble, pour l'exécution de travaux urgents de fortifications à Paris. L'expropriation et le paiement des indemnités avaient été accomplis selon toutes les conditions et formalités prescrites par les lois du 30 mars 1831 et du 7 juillet 1833. Postérieurement, les particuliers, détenteurs des portions restantes du même immeuble, poursuivis, quoiqu'ils eussent déjà payé le prix de leur propre acquisition, par un précédent vendeur non payé, s'étaient soumis à un second paiement pour éviter l'éviction, et s'étaient fait subroger aux droits de ce précédent vendeur contre l'État pour la portion expropriée. Dans cette position, ils prétendaient que l'État était tenu de contribuer, proportionnellement, au paiement qu'ils avaient fait, et ils avaient assigné, à ces fins, l'État devant le tribunal civil de la Seine.

L'instance donna lieu, d'abord, à un conflit d'attribution, sur la compétence, à raison d'une question de déchéance quinquennale, d'après les règles de la législation financière en matière de dettes de l'État. Saisi du conflit, le Conseil d'État décida : « Que, d'après les lois sur la liquidation de la dette publique, il appartenait sans doute à l'autorité administrative seule de statuer sur la question de déchéance quinquennale ; mais que, l'action intentée contre le préfet de la Seine (représentant l'État) ayant pour objet de faire déclarer que l'État serait tenu de contribuer, proportionnellement à l'importance de l'acquisition qu'il avait faite, à toutes les sommes payées au précédent vendeur, dans l'intérêt commun des sous-acquéreurs, et le préfet soutenant que l'État était définitivement libéré de son prix d'acquisition, il y avait lieu, dans ces circonstances, de reconnaître *préalablement* s'il existait une créance contre l'État d'après les causes ci-dessus énoncées, et que l'autorité judiciaire était seule compétente pour prononcer sur cette question *préalable* (1).

En conséquence, les parties revinrent devant l'autorité judiciaire. Et c'est alors qu'après un jugement du tribunal civil de première instance qui avait débouté les particuliers de leur demande contre l'État, la Cour de Paris, dans un arrêt infirmatif, en date du 28 mars 1846, ne se borna pas à statuer sur la question de créance, mais autorisa même les particuliers *à poursuivre contre l'État le déguerpissement* de la portion en question de l'immeuble, si mieux n'aimait l'État payer en proportion du prix de son acquisition ce qui restait dû au précédent vendeur. Ainsi, une portion d'immeuble incorporée dans le domaine public, après l'accomplissement de toutes les conditions et formalités prescrites par les lois sur l'expropriation pour cause d'utilité publique, était distraite de ce domaine, et des particuliers étaient autorisés à en reprendre possession, en exécution d'une décision judiciaire.

Sur le pourvoi formé au nom du Domaine militaire, cet arrêt a été cassé, par les motifs dont voici le texte :

« Vu les art. 11 de la loi du 30 mars 1831, et 21 de la loi du
« 7 juillet 1833...; attendu que, si l'art. 18 de la loi du 7 juil-
« let 1833 (reproduit dans la loi du 3 mai 1841), en décidant
« que les actions en résolution et revendication et toutes autres
« actions réelles ne pourront arrêter l'expropriation ni en em-
« pêcher l'effet, maintient néanmoins le droit des réclamants
« qu'il déclare seulement transporté sur le prix, la loi a dû en
« même temps adopter des dispositions particulières, à l'effet de
« hâter l'affranchissement dans les mains de l'État des immeu-
« bles requis dans un intérêt public, et, par suite, pourvoir à ce
« que l'indemnité due aux ayants droit soit acquittée par lui
« sans qu'il soit exposé à des réclamations ultérieures; que ces
« dispositions sont l'objet de l'art. 11 précité de la loi du
« 30 mars 1831, et des art. 17, 21 et suiv. de la loi du 7 juil-
« let 1833 (reproduits également dans la loi de 1841); attendu
« qu'il résulte desdits art. 21 et suiv., qu'après l'accomplisse-
« ment par l'État des formalités prescrites, tous les intéressés

---

(1) Ord. sur confl., 7 déc. 1844; Lebon, *Rec.*, 1844, p. 629.

« sans exception doivent se faire connaître dans un délai déter-
« miné, passé lequel ils sont déchus; attendu que, d'après les
« qualités de l'arrêt attaqué, les époux Thory, auxquels appar-
« tenait l'action en résolution dont était question au procès, ne
« s'étaient pas fait connaître dans les délais déterminés par la
« loi après les formalités accomplies ; qu'il suit de là qu'ils
« étaient déchus de tous droits et actions envers l'État, et, par
« suite, qu'il en était de même des défendeurs qui agissaient
« comme subrogés desdits époux Thory; attendu, en consé-
« quence, qu'en admettant lesdits défendeurs à exercer par su-
« brogation ladite action en résolution contre l'État demandeur,
« l'arrêt attaqué a expressément violé les articles précités...
« Casse (1). »

285. L'expropriation empêchera souvent que certaines conventions ne reçoivent leur exécution, ou entraînera la nécessité d'y faire des modifications. Toutes les questions que cet événement fera naître devront être résolues d'après cette considération que l'expropriation est un événement de force majeure. Ainsi, si le propriétaire avait traité avec un maçon ou avec un entrepreneur pour des travaux à faire sur un terrain qui serait ensuite frappé d'expropriation, le traité serait résilié de plein droit sans dommages-intérêts pour l'entrepreneur. La résiliation est le résultat d'une force majeure. Telle est l'opinion de Pothier : « Si j'ai fait marché avec un entrepreneur, dit-il, de me construire au printemps prochain un édifice sur un certain terrain, et que peu après j'aie été contraint par des lettres patentes de vendre ce terrain pour servir d'emplacement à une place publique, il est évident que, le marché ne pouvant plus s'exécuter, il se résout et est annulé. L'entrepreneur ne peut, en ce cas, prétendre aucuns dommages et intérêts contre le locateur, puisque ce n'est pas par son fait que le marché ne s'exécute pas, mais par une force majeure dont il ne peut être responsable. Mais au moins, si l'entrepreneur avait fait quelque dépense pour l'approche des matériaux, ne serait-il pas fondé à demander au locateur qu'il l'en indemnisât? Je le pense, car, ayant fait ces frais pour l'affaire du locateur et de son ordre, *et tanquam ejus negotium gerens*, il paraît juste qu'il en soit remboursé (*Tr. du louage*, n° 457) » — (A).

---

(1) Cass., 10 juill. 1850 (*Bulletin, Cour Cass.*, 1850, p. 196; *J. du Pal.*, 1851, 1, p. 197).

Additions.

(A) Il a été jugé que, au cas où un propriétaire, en cédant, avant la loi du 15

Sect. IV. — *Des effets du jugement relativement aux créanciers.*

286. — Art. 16. *Transcription* du jugement d'expropriation.
287. — Comparaison avec la *transcription* selon la loi du 23 mars 1855, au point de vue de la translation de la propriété à l'égard des tiers.
288. — Avec la transcription, selon le Code Napoléon, au point de vue de l'action réelle hypothécaire et de la surenchère.
289. — Au point de vue de l'inscription d'office pour le privilége du vendeur, aux termes de l'art. 2108 du même Code.
290. — Epoque à laquelle la transcription doit être faite. Observations de la Cour des comptes. Circulaires des ministres des travaux publics et de l'intérieur.
291. — Objet de la transcription, dans la loi du 3 mai 1841.
292. — Priviléges et hypothèques judiciaires ou conventionnelles. Inscription dans la quinzaine de la transcription. Question, par suite de l'abrogation des art. 834 et 835, C. proc., par la loi du 23 mars 1855, sur la *transcription*.
293. — Hypothèques légales : diminution, par la loi du 3 mai 1841, de la faveur que leur avait accordée le Code Napoléon.
294. — Art. 17, § 2. Sur les mots : « l'immeuble *sera affranchi*. » —

---

juill. 1845 sur la police des chemins de fer, une portion de terrain pour l'établissement d'un chemin de fer, s'est réservé la faculté d'élever des constructions à la limite de ce chemin et d'y avoir des jours et issues, si ce propriétaire vient à former une demande d'indemnité pour privation des droits dont il s'agit, sa demande ne peut être rejetée par le seul motif qu'il n'est pas justifié d'obstacle à leur exercice, cet obstacle résultant nécessairement des prohibitions portées par l'art. 5 de la loi précitée. Cass., 6 mai 1862 (S. 62. 1.890);

Que, bien que des terrains vendus par une ville et destinés à former un quartier, n'aient été achetés que sur la foi de l'établissement de voies publiques devant les traverser d'après des plans annexés aux actes de vente, la ville ne saurait être déclarée responsable envers les acquéreurs de la non-exécution ou de la suppression de tout ou partie de ces voies publiques, par suite de l'expropriation du sol sur lequel elles étaient ou devaient être établies : cette expropriation constitue un fait de force majeure exclusif de toute garantie; et les acquéreurs ne sauraient même prétendre aucun droit à l'indemnité reçue par la ville à raison de cette expropriation : la seule indemnité qui pût leur être accordée, en supposant qu'ils fussent fondés à en réclamer une, étant une indemnité de dépréciation des terrains achetés par eux, et non une indemnité d'expropriation.

Les changements apportés à l'état de choses projeté doivent être réputés avoir eu lieu par suite d'expropriation pour cause d'utilité publique, bien que le sol des rues projetées ait été, de la part de la ville, l'objet d'une cession amiable, si cette cession a été suivie d'un jugement d'expropriation qui en formait la condition et sans lequel elle ne pouvait avoir un caractère définitif. Cass., 17 fév. 1863 (S.63.1.209).

196 CHAP. VI.— SECT. IV.— DES EFFETS DU JUGEMENT

Sur les mots : « priviléges et hypothèques *de quelque nature qu'ils soient.* »

295. — Art. 17, § 3. Les créanciers inscrits, privés de la faculté de surenchérir. Comment cette faculté est remplacée.

286. [L'art. 16 veut : « Que le jugement soit, immédiatement « après l'accomplissement des formalités prescrites par l'art. « 15 (1), *transcrit* au bureau de la conservation des hypothè-« ques de l'arrondissement, conformément à l'art. 2181, C. « Nap. »—(A).

287. Cette *transcription*, d'après la loi spéciale, ne produit pas les mêmes effets que produira, en droit commun, la récente loi du 23 mars 1855, lorsqu'elle sera exécutoire, c'est-à-dire à partir du 1er janvier 1856. La loi du 23 mars 1855, qui a réalisé le vœu exprimé, il y a plus de vingt ans, par l'éminent auteur du *Droit civil expliqué* (2), a rétabli le principe de l'art. 26 de la loi du 11 brumaire an VII, et subordonné à la transcription l'effet des actes translatifs de propriété, *à l'égard des tiers* (art. 1er et 3) : ainsi, en droit commun, à partir du 1er janvier 1856, si, après une première vente non transcrite, le vendeur fait une seconde vente à un tiers, qui opère la transcription, c'est ce dernier, le premier en date par la transcription, qui sera propriétaire. Il n'en est pas de même d'après la loi spéciale : le jugement d'expropriation, prononcé contre le particulier inscrit sur la matrice des rôles (art. 5), transmet définitivement la propriété au domaine public (art. 1er, 14, 18) : si donc ce particulier vendait l'immeuble à un tiers, postérieurement au jugement d'expropriation, fût-ce même avant la transcription requise par l'art. 16, une telle vente, ne transporterait que le droit à indemnité, elle ne transférerait pas la propriété : par conséquent, l'administration n'aurait pas à faire recommencer l'expropriation à l'égard de ce nouvel acquéreur.

288. D'après le Code Napoléon, la *transcription* est l'acte préliminaire, le premier pas à faire (3), de la part des acquéreurs

---

(1) *Suprà*, p. 137 et suiv.
(2) *Priviléges et Hypothèques*, préface, p. XLIX.
(3) *Droit civil expliqué, priviléges et hypoth.*, IV, n° 899.

Additions.

(A) L'expropriation a pour effet de rendre immédiatement exigibles les créances à terme, pour sûreté desquelles l'immeuble exproprié a été hypothéqué, bien que le débiteur offre à son créancier une autre hypothèque, présentant même plus de garantie que la première. Paris, 13 janv. 1858 (Dall. 58. 2. 57; *Gaz. trib.*, 14 fév. 58).

qui veulent se garantir de l'effet des poursuites en paiement ou délaissement autorisées en vertu de l'action réelle hypothécaire (art. 2183 et 2166 à 2179) : et les notifications qui suivent la transcription ouvrent, en faveur de tout créancier inscrit, le droit de surenchérir (art. 2185).

La *transcription*, d'après la loi du 3 mai 1841, ne procure ni l'un ni l'autre de ces deux résultats. En voici les motifs :

D'abord en ce qui concerne l'action réelle hypothécaire, comme le but que l'expropriation se propose est d'affecter l'immeuble au domaine public, envers et contre tous, et au profit de tous, une telle destination ne permet pas qu'une action en délaissement soit intentée par qui que ce soit. « La transcription « du jugement, disent MM. Gillon et Stourm, n'a point lieu pour « arriver à la purge des priviléges et hypothèques, mais seule- « ment pour donner de la publicité à l'acte qui a consacré l'ex- « propriation, et faire courir le délai dans lequel doivent être « inscrites les hypothèques qui ne le sont pas. La purge des « priviléges et hypothèques est effectuée par le fait seul de l'ex- « propriation prononcée (1). »

Ensuite, en ce qui concerne la faculté de surenchérir : « Les « principes ordinaires, a dit M. le rapporteur de la commission « à la Chambre des députés, veulent que tout créancier qui n'a « pas concouru à la fixation du prix de l'immeuble sur lequel il « a une hypothèque inscrite puisse surenchérir; mais, ici, la « nature même des choses s'oppose à l'exercice d'un droit de « cette nature; la surenchère entraîne nécessairement une ad- « judication nouvelle; et, comme il serait absurde qu'un autre « que l'Etat devînt propriétaire du terrain exproprié, la suren- « chère est impossible ; et le droit de l'exercer doit, par une dis- « position formelle, être dénié aux créanciers. Cependant un « droit aussi utile que la surenchère, mais plus conforme à la « nature des choses, doit leur être réservé : nous vous propo- « sons de les autoriser à ne pas se contenter de la valeur con- « ventionnelle qui serait attribuée à la propriété, et à exiger « que, dans tous les cas, la fixation de l'indemnité soit faite « d'après les règles posées par la loi (2). »

De là, d'une part, l'art. 18, qui déclare : « Que les actions en « résolution, en revendication, et toutes autres actions réelles,

---

(1) *Cod. des municip.; Loi sur l'ex-propr.*, art. 16, p. 74, et p. 74, note *b*, 1°.

(2) Rapport du 26 janv. 1833, *Monit.* du 27, p. 211.

198   CHAP. VI.— SECT. IV. — DES EFFETS DU JUGEMENT

« ne pourront arrêter l'expropriation ni en empêcher l'effet ;
« que le droit des réclamants sera transporté sur le prix, et que
« l'immeuble en demeurera affranchi ; » et d'autre part, l'art.
17, § 3, qui porte : « Que les créanciers inscrits n'auront, dans
« aucun cas, la faculté de surenchérir, mais qu'ils pourront
« exiger que l'indemnité soit fixée conformément au titre IV. »
La loi du 3 mai 1841 diffère donc essentiellement du Code Napoléon, sous ces deux rapports.

289. La *transcription* a, en outre, pour effet, d'après le Code Napoléon, de valoir inscription pour le privilége du vendeur : néanmoins le conservateur des hypothèques est tenu, sous peine de dommages et intérêts envers les tiers, de faire d'office l'inscription sur son registre des créances résultant de l'acte translatif de propriété en faveur du vendeur (art. 2108). Mais cette formalité n'a été ni reproduite ni mentionnée par la loi spéciale; il a été jugé qu'en matière d'expropriation pour cause d'utilité publique les conservateurs des hypothèques ne sont pas autorisés, lors de la transcription du jugement d'expropriation, à faire l'inscription d'office de ce privilége. Un premier arrêt de la Cour de cassation, chambre civile, en date du 13 janvier 1847, l'avait décidé en ces termes : « Attendu que l'expropriation pour
« cause d'utilité publique est régie par une loi spéciale ; — At-
« tendu que, si l'art. 16 de la loi du 3 mai 1841 prescrit la tran-
« scription du jugement d'expropriation, il énonce expressé-
« ment que cette transcription doit avoir lieu conformément à
« l'art. 2181, C. civ., conséquemment pour purger les priviléges
« et les hypothèques, lesquels, aux termes de l'art. 17 de la
« même loi, doivent être inscrits dans la quinzaine de la tran-
« scription, qui ne peut avoir lieu qu'après que les intéressés
« ont été avertis de l'expropriation au moyen de la publicité qui
« lui est donnée conformément à l'art. 15 de ladite loi ; — At-
« tendu que, de la combinaison de ces trois articles résulte que
« la loi du 3 mai accorde à tous les droits hypothécaires et pri-
« vilégiés la faculté de se faire connaître et de se maintenir ; que
« la transcription qui est ordonnée pour les mettre en demeure
« de se révéler suffit, aux termes de la première partie de l'art.
« 2108, C. civ., et sans qu'il soit besoin d'inscription, pour con-
« server le privilége du propriétaire exproprié, dont l'indemnité
« doit en général être acquittée ou consignée préalablement à
« la prise de possession ; — Qu'aucune disposition de la loi du
« 3 mai ne prescrit au conservateur des hypothèques et ne lui
« confère le pouvoir de prendre inscription pour le privilége du

« propriétaire exproprié ;—Qu'aux termes de l'art. 18 de cette
« loi, les actions en résolution, en revendication et autres ac-
« tions réelles, sont converties en droits sur le prix ou l'indem-
« nité ; que le but manifeste de la même loi est de simplifier les
« formes et de diminuer les frais ; qu'une inscription d'office
« pour chacun des nombreux propriétaires expropriés et la ra-
« diation de cette inscription augmenteraient notablement les
« dépenses que l'art. 18 s'est attaché à réduire ; — Attendu que
« de tout ce qui a été dit ci-dessus, il résulte qu'en décidant
« que, en matière d'expropriation pour cause d'utilité publique,
« les conservateurs des hypothèques ne sont pas autorisés à
« prendre inscription d'office, l'arrêt attaqué n'a pas violé la
« dernière disposition de l'art. 2108, C. civ., qui n'est pas ap-
« plicable à la matière spéciale, et a fait une juste application
« des art. 16 et 18 de la loi du 3 mai 1841 ;—Rejette (1). »

Cependant les instructions ministérielles ayant continué d'enjoindre aux conservateurs de prendre inscription, un de ces fonctionnaires présenta de nouveau la question à la chambre des requêtes. Mais cette chambre a rejeté le pourvoi, le 5 avril 1854 (2), en adoptant les motifs exprimés par la chambre civile dans l'arrêt qui précède.

290. L'ordre dans lequel doivent être accomplies les formalités des art. 15 et 16 a attiré l'attention de la Cour des comptes, et a été, par suite, l'objet de plusieurs circulaires des ministres des finances, de l'intérieur et des travaux publics. Celle du ministre des travaux publics, en date du 26 mars 1853, est ainsi conçue : « Monsieur le préfet, aux termes de l'art. 15
« de la loi du 3 mai 1841, le jugement par lequel l'expro-
« priation pour cause d'utilité publique a été prononcée
« doit être publié et affiché par extrait dans la commune de la
« situation des biens, de la manière indiquée dans l'art. 6 de la
« loi ; il est, en outre, inséré dans l'un des journaux publiés
« dans l'arrondissement, ou, s'il n'en existe aucun, dans l'un
« de ceux du département ; l'art. 19 rend d'ailleurs ces dispo-
« sitions applicables aux conventions amiables passées entre
« l'administration et les propriétaires. C'est seulement après
« l'accomplissement des formalités de publication que le juge-
« ment, ou, s'il y a des conditions amiables, l'acte de vente,
« doit être transcrit au bureau de la conservation des hypo-

---

(1) S. 47.1.139.
(2) S. 54.1.733.

« thèques. Il est indispensable que cet ordre, prescrit par l'art. 16
« de la loi, soit toujours exactement observé : s'il arrivait, en
« effet, qu'il fût interverti, et que la transcription précédât, soit
« l'insertion dans les journaux, soit la publication dans la com-
« mune, suivant les formes de l'art. 6, cette violation de la loi
« pourrait, en cas de recours de tiers intéressés, compromettre
« l'acquisition faite par l'État, en donnant ouverture à des
« procès. D'un autre côté, le règlement sur la comptabilité du
« ministère des travaux publics, du 16 septembre 1843, exige
« à l'appui des paiements d'indemnité de terrains, dans le cas
« où les formalités hypothécaires ont été remplies, la pro-
« duction d'un extrait du journal dans lequel le contrat ou le ju-
« gement d'expropriation a été inséré, et celle d'un certificat
« du maire établissant que ce jugement a été publié dans la
« commune de la situation des biens, suivant les formes de
« l'art. 6 de la loi. Le mode et la date de la publication des actes
« et jugements sont des points essentiels au sujet desquels les
« certificats des maires doivent contenir des indications précises.
« Il résulte néanmoins d'observations présentées par la Cour
« des comptes que, dans un grand nombre de départements,
« les certificats dont il s'agit sont rédigés d'une manière qui ne
« permet pas de s'assurer si la publication a bien eu lieu dans
« les formes voulues et antérieurement à la transcription.
« J'ignore, monsieur le préfet, si les observations de la Cour
« des comptes sont applicables à votre département; je dois,
« dans tous les cas, vous inviter à prendre, s'il y a lieu, les me-
« sures nécessaires, d'une part, pour que les formalités de pu-
« blication prescrites par l'art. 15 de la loi du 3 mai 1841 pré-
« cèdent toujours la transcription au bureau de la conservation
« des hypothèques, et, d'autre part, pour que les certificats des
« maires, qui seront produits désormais à l'appui des paiements
« d'indemnités d'expropriation, fassent connaître avec précision
« la forme et la date de la publication faite par les soins de ces
« magistrats » (1).—La circulaire du ministre de l'intérieur, en
date du 30 mars 1853, est conçue en ces termes : « Monsieur le
« préfet, la Cour des comptes, en vérifiant les dépenses de l'État,
« a remarqué, qu'en matière d'expropriations de terrains pour
« cause d'utilité publique, la transcription des actes translatifs
« de propriété avait parfois précédé les formalités de publica-

---

(1) *Bibliothèque municipale*, *Répert. admin.*, 1854, p. 258.

« tion prescrites par le premier paragraphe de l'art. 15 de la
« loi du 3 mai 1841. La Cour a signalé ce fait à M. le ministre
« des finances comme étant de nature à compromettre sérieu-
« sement les intérêts du Trésor et la propre responsabilité des
« comptables. Elle a ajouté que, pour prévenir toute contesta-
« tion, il serait prudent que, désormais, la transcription n'eût
« jamais lieu, conformément à la loi du 3 mai, qu'après les for-
« malités d'annonce, d'affiche et d'insertion, de manière que la
« date de la transcription fût toujours le point de départ certain
« du délai de quinzaine accordé aux créanciers hypothécaires
« pour prendre inscription.—Ces observations ayant paru fon-
« dées à mon collègue, il les a portées à la connaissance des
« payeurs du Trésor public par une instruction du 18 février
« dernier. Je crois devoir, de mon côté, Monsieur le préfet, ap-
« peler votre attention sur ce point. Les départements et les
« communes sont souvent dans la nécessité de recourir à l'expro-
« priation pour réaliser leurs projets d'acquisition : il importe
« donc de les avertir du danger qui pourrait résulter pour eux
« de l'interversion des formalités légales en pareille matière.
« Vous leur ferez observer qu'en n'accomplissant pas ces for-
« malités dans l'ordre prescrit, ils s'exposeraient à des actions
« récursoires de la part de tiers intéressés, et, par suite, à des
« condamnations en dommages et intérêts. Quant aux receveurs
« municipaux, ils devront, s'ils ne veulent engager gravement
« leur responsabilité, apporter un soin particulier dans l'examen
« des pièces justificatives des dépenses, et se refuser à tout
« paiement qu'ils ne pourraient effectuer dans des conditions
« régulières. Dans le cas où la transcription n'aurait pas eu lieu
« en temps utile, ils ne devraient pas hésiter à exiger une tran-
« scription nouvelle et un nouveau certificat du conservateur des
« hypothèques. Je vous invite, en conséquence, à adresser à
« cet égard des recommandations aux autorités locales, soit au
« moyen d'instructions insérées dans le recueil des actes ad-
« ministratifs de votre préfecture, soit par telle autre voie que
« vous jugerez convenable (1). »

291. L'objet de la transcription, dans la loi spéciale du 3 mai
1841, est déterminé par l'art. 17. « Dans la quinzaine de la tran-
« scription, porte cet article, les priviléges et les hypothèques
« conventionnelles, judiciaires ou légales, seront inscrits. »

---

(1) *Bibliothèque municipale; Report. admin.*, 1853, p. 274.

292. Ici, encore, une question se présente, sur la loi du 23 mars 1855. Le principe de la faculté accordée aux créanciers ayant des priviléges ou des hypothèques conventionnelles ou judiciaires, de prendre inscription pendant un délai de quinze jours après la transcription, a été certainement puisé par les auteurs de la loi du 3 mai 1841 dans les art. 834 et 835 du Code de procédure civile (1). Or, la loi de droit commun du 23 mars 1855 abroge ces deux dispositions (art. 6). Ainsi, à l'avenir, ou du moins à dater du 1er janvier 1856, époque à laquelle la nouvelle loi de droit commun deviendra exécutoire, les créanciers ayant des priviléges ou des hypothèques aux termes des art. 2123, 2127 et 2128, C. Nap. (c'est-à-dire des hypothèques judiciaires ou conventionnelles), ne pourront, à partir de la transcription, prendre utilement inscription sur le précédent propriétaire. En sera-t-il de même en matière d'expropriation pour cause d'utilité publique? Dans le sens de la négative, on peut dire que cette expropriation est réglée par une loi spéciale; que cette loi ne se réfère pas, par mode de simple application, aux art. 834 et 835, C. proc. civ.; qu'elle dispose directement; qu'en conséquence, elle devra être exécutée tant qu'elle n'aura pas été rapportée par une loi expresse. Mais on peut répondre que la disposition de l'art. 17 de la loi du 3 mai 1841 a été incontestablement empruntée aux art. 834 et 835, C. proc. civ.; que l'esprit de la loi du 23 mars 1855 a été d'abroger ces articles dans toute leur étendue, sauf les réserves exprimées dans le deuxième paragraphe de l'art. 6; qu'enfin, la loi du 3 mai 1841 elle-même veut (art. 54) que les sommes dues par l'administration soient distribuées ou remises selon les règles du droit commun : or, le droit commun, à partir du 1er janvier 1856, sera la loi du 23 mars 1855. D'ailleurs, quel motif de conserver aux créanciers, en matière d'expropriation pour utilité publique, un délai de grâce qu'ils auront perdu en droit commun ?

293. L'obligation, au contraire, d'inscrire les hypothèques *légales dans la quinzaine de la transcription du jugement* d'expropriation (art. 17, § 1er), est une diminution de la faveur accordée à cette classe des garanties, par le Code Napoléon, dans les rapports des particuliers entre eux. En effet, dans le droit commun, cette obligation ne commence qu'à dater des dépôts, notifications et affiches exigés par l'art. 2194 du Code. Mais, dans

---

(1) MM. Gillon et Stourm, *Cod. des munic.; Exprop.*, p. 72.

l'expropriation pour cause d'utilité publique, il ne s'agit pas seulement des particuliers entre eux, il s'agit de liquider la position de l'État. « La matière d'expropriation pour cause d'utilité pu-
« blique, a dit, à ce sujet, le rapporteur de la commission à la
« Chambre des députés, *n'est pas une matière ordinaire*; et si le
« propriétaire peut être contraint à céder une propriété que,
« dans toute autre circonstance, rien ne pourrait lui enlever,
« pourquoi, de leur côté, les hypothèques légales conser-
« veraient-elles, au détriment de la chose publique, tous les
« priviléges (1) ? »

294. L'art. 17 ajoute, § 2 : « qu'à défaut d'inscription dans le
« délai (de quinzaine) l'immeuble exproprié *sera affranchi* de
« tous priviléges et hypothèques *de quelque nature qu'ils soient*,
« sans préjudice des droits des femmes, mineurs et interdits, sur
« le montant de l'indemnité, tant qu'elle n'a pas été payée ou
« que l'ordre n'a pas été réglé définitivement entre les créan-
« ciers. » — Au sujet des mots « l'immeuble exproprié *sera af-
« franchi* », MM. Gillon et Stourm font remarquer (2) : « que
« ces expressions ne sont pas exactes. Il semblerait en effet que,
« si les hypothèques sont inscrites avant l'expiration du délai de
« quinzaine, l'immeuble n'est pas affranchi, lorsque dans la
« réalité l'affranchissement a lieu, qu'il y ait ou non inscription
« des hypothèques. Le jugement d'expropriation a purgé les
« charges qui grevaient la propriété. L'administration ou ses
« représentants la reçoivent libre de tous droits réels. Ils n'ont
« donc aucune formalité à remplir pour en dégrever les fonds
« expropriés. Aussi les art. 2183 et suiv. et les art. 2194 et suiv.
« du Code civil sont-ils sans application aux ventes par expro-
« priation pour cause d'utilité publique. Les priviléges, hypo-
« thèques et droits réels de toute nature, inscrits ou non inscrits,
« cessant de frapper l'immeuble, sont convertis en opposition
« sur le prix (art. 18), sous condition de se faire connaître au
« magistrat directeur du jury (3) s'il n'y a pas inscription »
(art. 21). — Sur les mots « priviléges et hypothèques *de quelque
« nature qu'ils soient*, » les honorables auteurs donnent également des développements qu'il importe de consulter (4) — (A).

---

(1) Rapp. du 26 janv. 1833; *Monit.* du 27.

(2) *Cod. des municip., Expropriat.*, p. 74.

(3) Aujourd'hui « *à l'administration* » d'après la correction introduite par la loi du 3 mai 1841.

(4) P. 75.

Additions.

(A) Ajoutons avec la jurisprudence : que l'expropriation pour cause d'utilité publique a, vis-à-vis des créanciers inscrits sur l'immeuble exproprié, les effets d'une

295. Enfin, comme nous l'avons déjà annoncé, « les créan-
« ciers inscrits n'ont, dans aucun cas, la faculté de suren-
« chérir, mais ils peuvent exiger que l'indemnité soit fixée con-
« formément au titre IV de la loi » (art. 17, § 3). Les garanties
établies par ce mode de règlement et la nature de la juridiction
remplacent, pour les créanciers inscrits, la faculté de surenchérir (1).]

CHAPITRE VII.

DES DIVERSES INDEMNITÉS QUI PEUVENT ÊTRE RÉCLAMÉES PAR SUITE DE L'EXPROPRIATION.

296. — Division du chapitre.

296. L'expropriation ne peut avoir lieu qu'à la charge de dédommager le propriétaire et les autres personnes qui ont des
droits sur l'immeuble.

Nous aurons donc à examiner d'abord quelles sont les indemnités dues au propriétaire; nous traiterons ensuite de celles qui
peuvent être réclamées par l'usufruitier, par celui qui a un droit
d'usage ou d'habitation, et par les fermiers ou locataires; puis,
de celles dues en cas de bail à rente, d'emphytéose ou de bail à
longues années, de bail à comptant, etc.

Les circonstances particulières de chaque affaire influant sur
la fixation de l'indemnité, les bases indiquées dans ce chapitre
ne peuvent être considérées comme invariables; nous avons
moins voulu donner des règles positives que présenter des exem-

---

vente : l'indemnité constitue un véritable prix, qui doit leur être distribué selon les règles du droit commun; et que le débiteur exproprié n'est pas admis, dans le but de maintenir les délais d'exigibilité des créances, à offrir une autre hypothèque en remplacement de celle qui frappait l'immeuble. C. Paris, 13 fév. 1858 (S.58. 2.170) ;
Que du moment où le jugement d'ex-propriation ou l'acte de cession amiable qui en tient lieu, a été transcrit, les inscriptions hypothécaires frappant l'immeuble sont réputées avoir produit leur effet légal (les droits des créanciers étant transportés sur le prix), et par suite se trouvent dispensées du renouvellement décennal. Cass., 20 janv. 1865 (S.65.1.441).

(1) MM. Gillon et Stourm, p. 75 et 76.

ples, l'équité devant seule servir de règle dans tous les cas qui ne sont pas formellement prévus par la loi — (A).

Section Ire. — *De l'indemnité due au propriétaire.*

297. — Ire Règle : L'indemnité comprend tous les dommages qui sont la *suite de l'expropriation* : valeur du terrain ou du bâtiment exproprié ; morcellement, dépréciation, interruption de communications, exploitation plus difficile, etc., etc.
298. — IIe Règle : Mais l'indemnité d'*expropriation* ne comprend que les dommages qui sont *la suite de l'expropriation*.
299. — Raison de la règle.
300. — Intérêt de la règle.
301. — Exposé de la règle : distinction entre les indemnités qui naissent de l'expropriation, et celles qui ne naîtront que de l'exécution des travaux. Les premières seules sont de la compétence du jury ; les secondes sont de la compétence des conseils de préfecture.
302. — Dans quels cas une indemnité peut-elle être dite indemnité « due *par suite d'expropriation ?* » Quand elle résulte *directement* de l'expropriation elle-même. Développements. Compétence du jury.
303. — *Secùs*, si le dommage ne doit résulter que de l'exécution des travaux, fait intermédiaire. Compétence du conseil de préfecture.
304. — A la raison de droit se joignent d'autres raisons tirées de considérations diverses :
305. — 1° La nature des choses : ces dommages ne sont pas *nés* et *actuels* ; ils n'existeront peut-être jamais ; il n'y a ni lieu de s'en occuper, ni moyen de les évaluer ;
306. — 2° La constitution du jury spécial ne s'y prête pas ;
307. — 3° L'administration conserve le droit de changer ou modifier ses plans, nivellements, devis, etc.
308. — Conclusion.

Additions.

(A) Les parties qui ont des droits distincts sur un même immeuble peuvent se réunir pour demander une indemnité unique. L'acte par lequel diverses personnes ayant des droits distincts sur un immeuble exproprié, réclament collectivement une indemnité unique, n'a pas le caractère d'aliénation, mais d'une simple poursuite de l'indemnité d'expropriation ; en conséquence, cet acte collectif n'exige pas de chaque ayant droit la capacité d'aliéner, et peut être consenti, notamment au nom d'une commune ou d'une administration publique par le maire ou l'administrateur, sans autorisation de l'autorité supérieure. Cass. 20 août 1856 (Dall. 56.1.332). V. avril 1856 (Dall. 56.1.158).

206 CHAP. VII. — SECT. Iʳᵉ. — DE L'INDEMNITÉ

309. — Jurisprudence du Conseil d'Etat : sous la loi du 8 mars 1810; sous la loi du 7 juillet 1833; sous la loi du 3 mai 1841; uniformité.
310. — Tribunal des conflits, dans le même sens.
311. — *Quid*, si le dommage à provenir de l'exécution des travaux est *prévu* devant le jury? Cette prévision, ni le consentement de l'administration elle-même, ne peuvent changer l'ordre des juridictions. Discussion.
312. — Des dommages causés à des terrains ou à des bâtiments plus ou moins indépendants de la parcelle expropriée.
313. — IIIᵉ RÈGLE : L'indemnité consiste dans une *somme d'argent* mise à la disposition du propriétaire. En principe, les éléments autres qu'une somme d'argent, introduits par le jury, vicient la décision. Divers exemples.
314. — Combinaison de cette règle avec celle du paiement préalable de l'indemnité. Jurisprudence.
315. — Du reste, la règle de l'indemnité « en argent » n'est pas d'ordre public. Si le propriétaire a renoncé au bénéfice de la règle devant le jury, il est non recevable à se plaindre.
316. — Les terrains sont estimés d'après leur valeur « *avant* l'entreprise des travaux ».
317. — Les avantages hypothétiques ne peuvent être pris en considération.
318. — De l'état légal de la force motrice combinée avec la valeur des usines à l'époque de l'entreprise des travaux.
319. — Pas d'augmentation du prix d'estimation.
320. — Observations au sujet des estimations *au double* en matière de mines (art. 43 et 44 de la loi du 21 avril 1810).
321. — L'article 50 de la loi du 16 septembre 1807 doit être restreint au cas d'alignement.
322. — Du cas où un acte antérieur a réglé les bases de l'indemnité.
323. — Effets de diverses clauses de ventes nationales. Jurisprudence.
324. — Si on crée un nouveau lit à une rivière, on ne peut donner pour indemnité l'ancien lit.
325. — Pour les moulins et usines, on doit vérifier le titre d'établissement.
326. — Distinction entre la force motrice et les bâtiments, terres et prés ou autres immeubles annexés à l'usine. Compétences différentes.
327. — Terrain. Evaluation des arbres.
328. — Cas d'une pépinière ou d'une collection d'arbres exotiques, d'une vigne, d'un terrain entièrement planté en oliviers.
329. — Des constructions et plantations entreprises à une époque où l'expropriation pouvait être prévue.
330. — Des mines et des carrières qui existeraient sous le terrain exproprié.

331. — Des carrières.
332. — Des mines.
333. — Du droit de pêche.
334. — Des récoltes et fruits.
335. — Plus-value opposée en compensation : la compensation peut-elle avoir lieu pour l'indemnité totale, ou seulement pour les moins-values? Art. 54 de la loi du 16 septembre 1807 ; art. 51 de la loi du 7 juillet 1833, et de la loi du 3 mai 1841. Discussions parlementaires, et arrêt de la Cour de cassation du 28 août 1839. Examen de la question en elle-même. Solution, pour la compensation *intégrale*.
336. — Toutefois, pas de soulte à la charge de l'exproprié.
337. — Des indemnités *d'un franc*.
338. — Il faut que la plus-value soit *immédiate* et *spéciale*.
339. — Dérogation, en vertu d'une loi particulière, au principe général de la compensation ; dispense de subir l'imputation de la plus-value : loi du 22 juin 1854, relative à l'ouverture de *l'avenue de l'Impératrice*. Principes de la plus-value *par exception*. Principes de la plus-value *par action*.
340. — Indemnité pour privation de revenus.
341. — Des intérêts : 1° Quand l'administration a laissé passer six mois sans prendre possession, ni payer ;
342. — 2° Quand l'administration a pris possession avant de payer.
343. — Intérêts des intérêts.
344. — Le jury spécial a-t-il pouvoir de fixer le point de départ des intérêts?
345. — Remboursement des déboursés.
346. — Des frais de remploi.
347. — Des pertes et dommages éprouvés par l'indemnitaire.
348. — Principes du Code Napoléon sur les dommages-intérêts.
349. — Application de ces principes au cas d'expropriation.

297. [La première règle, en matière d'indemnité, c'est que « le propriétaire à qui l'État demande sa propriété doit recevoir « une indemnité *proportionnée au sacrifice qu'il fait* (1). » Ce n'est donc pas seulement la valeur du terrain pris qui est due à l'exproprié ; c'est la réparation de tous les dommages que l'expropriation lui fait éprouver. Autrement, s'il souffrait sans réparation quelqu'un de ces dommages, d'une part il ne serait pas *indemne* ; et, d'autre part, s'il le souffrait *seul* pour le profit de la nation, la nation commettrait envers lui une injustice.

---

(1) Rapport de M. Faure, au Tribunat, sur le *titre de la Propriété*, au Code Napoléon ; Locré, VIII, p. 176.

Lors donc que M. le commissaire du Gouvernement prononçait, en 1833, devant la Chambre des députés, ces paroles, qui semblaient un reproche adressé aux particuliers : « L'indemnité « se présente sous une foule de formes différentes ; on peut dire « qu'elle est un véritable Protée. Indépendamment du prix in- « trinsèque du terrain qui sert d'emplacement aux travaux, on « demande encore indemnité pour le morcellement, indemnité « pour dépréciation, indemnité pour interruption de communi- « cations, indemnité pour exploitations plus difficiles, indemnité « pour déclôture, reclôture, etc. Je n'en finirais pas s'il me « fallait énumérer toutes les causes qu'on allègue ou qu'on in- « vente pour grossir la somme que le trésor se trouve presque « toujours contraint à payer (1) ; » quand M. le commissaire du Gouvernement prononçait ces paroles, il n'exprimait, en réalité, que les très-justes prétentions, les vrais droits des propriétaires.

En effet, qu'on examine, l'une après l'autre, ces diverses causes de dommages : il sera impossible d'en nier une seule.

N'est-ce pas réellement un dommage que le « *morcellement,* » lorsque la partie restante devient impropre au mode de jouissance auquel l'immeuble total était affecté (2); ou lorsque l'héritage entier était arrosé par une source, et que la partie enlevée par l'expropriation est celle où naît la source, ce qui donne au nouveau propriétaire le droit de disposer de l'eau à sa volonté (3), et d'en priver l'autre partie du champ (4)?

N'est-ce pas réellement un dommage que la « *dépréciation* » causée, par exemple, à la partie restante, par l'expropriation partielle d'une maison (5)? A la Chambre des pairs, en 1833, M. le comte d'Argout supposait le cas d'un hôtel : « Si vous « prenez une aile de cet hôtel, disait-il, l'autre partie restante « aura moins de valeur, puisqu'il n'y aura plus d'harmonie « dans la construction, et que les distributions intérieures se « trouvent changées. Alors, dans l'estimation que vous ferez de « la portion que vous prenez, vous êtes obligé d'ajouter à la « valeur intrinsèque une somme pour dommage causé au pro- « priétaire sur ce qui lui reste de son hôtel (6). »

---

(1) *Monit.*, 8 fév. 1833, p. 322.
(2) C. Bourges, 13 fév. 1827.
(3) C. Nap., art. 644.
(4) Ord. sur confl., 24 janv. 1827; Ord. content., 30 juin 1844.

(5) Ord. sur confl., 4 sept. 1844.
(6) *Monit.*, 14 mai 1833, p. 1352. Aussi, M. Dumon, à la Chambre des députés, *Monit.* du 6 mars 1844, p. 556.

Ne sont-ce pas réellement des dommages, que les « *interruptions de communications,* » qui mettent la propriété restante en état d'enclave (1)?

Et les « *exploitations plus difficiles* » qui rendent la culture plus dispendieuse (2)?

Enfin, la « *déclôture, ne nécessite-t-elle pas la reclôture* » lorsque le propriétaire a fait la dépense de se clore, et que l'État de *clôture* disparaît, par l'introduction de l'expropriant dans l'intérieur même de l'héritage (3)?

Si donc, toutes ces circonstances constituent réellement des dommages, indemnité est due pour chacun d'eux.

Et tous ceux d'entre eux qui sont des suites de l'*expropriation* doivent être joints à la valeur intrinsèque du fonds, et faire partie de l'indemnité totale évaluée par le jury. « Les mots de
« l'art. 29 de la loi du 3 mai 1841 : *Indemnités par suite* d'expro-
« priation pour cause d'utilité publique, comprennent, dans leur
« latitude, plein pouvoir d'apprécier, non-seulement la valeur
« intrinsèque du terrain exproprié, mais encore celle des avan-
« tages qui étaient attachés à leur possession et dont la privation
« sera la suite de l'expropriation (4). »

298. Mais une deuxième règle, d'une haute importance aussi, et à laquelle on est conduit par ce qui précède, est que : les lois spéciales, qui se résument aujourd'hui dans la loi du 3 mai 1841, ne régissent que les indemnités dues « *par suite d'expropria-*
« *tion* » — (A).

299. La raison de cette règle est que les lois spéciales sur l'expropriation pour cause d'utilité publique, matière administrative de sa nature, ne sont que des *exceptions*, soit (me sera-t-il permis de le dire?) au principe de la séparation des pouvoirs administratif et judiciaire, soit (comme la jurisprudence le dit) aux lois générales du 28 pluviôse an VIII et du 16 septembre 1807,

---

(1-2-3) Ord. précitée, 24 janv. 1827. Cass., 4 mars 1844.

(4) Cass., 11 janv. 1836; 31 déc. 1838; 23 août 1854.

Additions.

(A) Le jury d'expropriation est incompétent pour connaître d'une demande en réparation de dommages pouvant résulter de travaux à exécuter par l'exproprié, à l'effet d'opérer le raccordement avec le chemin de fer pour l'établissement duquel a eu lieu l'expropriation, d'un embranchement que cet exproprié avait sur l'ancien chemin de fer. Cass., 20 août 1856 (Dall. 56.1.332). Voir 21 avril 1856 (Dall. 56.1.158).

L'indemnité à fixer par le jury ne doit pas porter sur un dommage éventuel subordonné à des travaux ultérieurs : le directeur du jury peut donc refuser de surseoir aux débats jusqu'à l'exécution de ces travaux. Cass., 6 janv. 1862. (S.62.1. 894).

qui avaient chargé l'autorité administrative de prononcer sur les réclamations des particuliers pour tous les torts et dommages résultant de l'exécution des travaux publics, *jusques et y compris l'expropriation des immeubles* (1) : à l'un comme à l'autre point de vue, au surplus, le résultat est le même : *par leur caractère de dispositions exceptionnelles*, les lois spéciales résumées aujourd'hui dans la loi du 3 mai 1841 doivent être strictement renfermées dans le cas prévu, c'est-à-dire dans ce qui est *expropriation ou suite d'expropriation* (art. 29).

300. L'intérêt de la règle est que, les causes des indemnités qui ne naissent pas de l'expropriation elle-même, mais qui ne naîtront que de l'exécution ultérieure des travaux, ne participant pas à la spécialité « des indemnités dues par suite d'expropriation » (art. 29), restent dans la généralité, c'est-à-dire sous l'application des lois du 28 pluviôse an VIII et du 16 septembre 1807 ; et qu'ainsi elles doivent être jugées par les conseils de préfecture (2).

301. Cette règle, qui tient au grand principe de la séparation des pouvoirs et à l'ordre des juridictions, me paraît mériter une attention particulière, parce que je crois qu'elle est méconnue dans la pratique, et que, dans un nombre considérable d'affaires, le jury statue sur des chefs d'indemnité, comme étant une *suite de l'expropriation*, tandis qu'ils ne naîtront, en réalité, que de l'exécution des travaux, et que, dès lors, ils devraient être réservés à l'autorité administrative.

La théorie, à mon sens, est donc celle-ci : outre l'indemnité de dépossession proprement dite, pour le *terrain pris*, sont régies par la loi du 3 mai 1841 et appartiennent à la compétence du jury spécial les indemnités accessoires qui sont *la suite de l'expropriation* (art. 29), c'est-à-dire qui naissent de l'expropriation elle-même.

Quant aux indemnités qui ne naissent pas de l'expropriation, mais qui ne naîtront que de l'exécution ultérieure des travaux, elles sont, non *la suite de l'expropriation* (art. 29), mais *la suite de l'exécution des travaux :* par conséquent, elles ne rentrent pas dans l'exception ; et, dès lors, le principe général de la juridiction administrative pour le jugement des indemnités réclamées à l'occasion de l'exécution des travaux publics continue de régir cette classe de dommages (3).

---

(1) Trib. des confl., 29 mars 1850 et *suprà*, p. 86.

(2) Loi du 28 pluv. an VIII, art. 4, § 4.
(3) *Suprà*, p. 85 et suiv.

302. Maintenant, il s'agit de déterminer, en ce qui concerne l'application pratique, dans quels cas une indemnité pourra être dite indemnité due « *par suite d'expropriation* ». Pour que cela soit possible, il faut, je crois, que le dommage résulte directement (1) de l'expropriation elle-même. Autrement, et si c'est un fait intermédiaire qui a causé le dommage, l'indemnité est due, non *par suite d'expropriation*, mais par suite du fait intermédiaire, lequel est régi par les lois qui lui sont propres : d'où il suit que si le fait intermédiaire est *l'exécution des travaux*, les lois à appliquer sont celles du 28 pluviôse an VIII et du 16 septembre 1807. Cela ne va pas à dire que l'indemnité due *par suite d'expropriation* sera toujours bornée à la simple valeur vénale de la parcelle expropriée : il y a, au contraire, un grand nombre de dommages qui peuvent être causés aux portions de l'immeuble laissées au propriétaire; dommages qui résultent directement de l'expropriation de partie de l'immeuble, et qui, dès lors, constituent des indemnités par *suite d'expropriation*, et rentrent, à ce titre, dans la compétence exceptionnelle du jury spécial. Ainsi, parmi les exemples énumérés ci-dessus (2), le *morcellement* est une *suite de l'expropriation*, parce qu'il résulte directement de l'expropriation elle-même : en effet, aussitôt que le tribunal a prononcé la formule d'expropriation (art. 14), par cela même la division de la propriété a lieu, le morcellement est opéré, et la partie restante est dépréciée; en un mot le dommage existe. Il en est de même de la privation du droit d'irrigation pour la partie restante, lorsque, dans un terrain arrosé par une source, la partie enlevée par l'expropriation est celle où naît la source ; le dommage alors résulte de l'expropriation qui donne au nouveau propriétaire le droit exclusif de disposer désormais de la source et d'en détourner le cours à sa volonté (C. Nap., art. 641). La *déclôture*, aussi, est une *suite de l'expropriation* elle-même, puisque c'est l'expropriation qui introduit, au milieu du terrain clos, un autre propriétaire. Voilà des indemnités accessoires auxquelles s'appliquera justement la qualification d'indemnités dues *par suite d'expropriation*, et qui, comme telles, tomberont dans la compétence du jury spécial.

303. Mais voici d'autres hypothèses : je suppose que dans le cas d'expropriation de partie seulement d'un immeuble, l'exé-

---

(1) Ord. sur confl., du 16 nov. 1832, 25 mai 1832.
(2) P. 180.

cution des travaux doive occasionner des remblais qui, lorsqu'ils existeront, auront pour effet d'obstruer les abords de la partie laissée au propriétaire ; ou que, dans le même cas d'expropriation de partie seulement de l'immeuble, une voie de fer ou une gare de chemin de fer doivent être crusées à certaine profondeur, de sorte que la partie non expropriée se trouvera, après l'exécution des travaux, à plusieurs mètres au-dessus d'une excavation. D'où proviendront, si elles se réalisent, ces deux spécialités de dommages ? *de l'expropriation ?* non : car l'expropriation ne produira ni remblais ni excavation ; ces dommages spéciaux ne seront donc pas la *suite de l'expropriation*. Ils proviendront de l'*exécution des travaux publics,* quand les travaux publics que l'administration aura ordonnés, seront terminés. Par conséquent ces domages, ayant pour cause, non l'expropriation, mais les changements qu'aura produits l'exécution d'un travail public, devront être appréciés, non par le jury spécial, dont la compétence exceptionnelle est limitée aux indemnités dues *par suite d'expropriation,* mais par le conseil de préfecture, qui est chargé, par la loi du 28 pluviôse an VIII, de statuer sur les dommages en matière de travaux publics.

304. A cette raison de droit, tirée des principes sur la division des compétences et du texte précis de la loi (art. 29), me paraissent se joindre des raisons tirées : 1° de la nature des choses ; 2° de la constitution du jury spécial d'expropriation ; 3° enfin de la faculté qui appartient à l'administration, de modifier ses plans, nivellements et devis, en cours d'exécution des travaux.

305. En ce qui concerne, d'abord, la nature des choses : on comprend que les dommages accessoires que l'expropriation cause par elle-même, qui existent avec l'expropriation, à partir du jugement qui la prononce, soient réglés avec l'expropriation. Ces dommages sont *nés* et *actuels*. Par conséquent, une indemnité actuelle aussi pour tous ces dommages est de toute justice. Mais pourquoi assimiler à ce préjudice né et actuel un préjudice qui n'existe pas ? L'action n'est pas née. A chaque jour son œuvre : aujourd'hui l'indemnité d'expropriation avec ses accessoires, parce qu'ils existent ; dans six mois, un an, deux ans (peut-être jamais, si les projets des travaux sont modifiés), dans tous les cas lorsque les travaux existeront, les dommages qui auront été causés par leur exécution pourront être réglés ! En matière ordinaire, on n'hésite pas à décider que des estimateurs ont mal agi, lorsqu'ils ont pris pour base de leurs évaluations

non-seulement les dommages éprouvés, mais encore les dommages qui pourraient résulter *des travaux qui seraient ultérieurement exécutés;* et leur expertise est annulée (1).

306. En deuxième lieu, aucun des éléments de la constitution du jury spécial d'expropriation ne se prête à une évaluation convenable des dommages *à provenir* de l'exécution des travaux. Quand il s'agit d'estimer une maison ou un champ, tout membre du jury spécial, étant plus ou moins propriétaire, ou plus ou moins mêlé à la gestion des propriétés, est en état de se former une idée à peu près exacte de la valeur de l'immeuble. D'ailleurs, tout est jugé par les baux, ou par les produits justifiés. Mais s'il s'agit de l'effet de travaux *à exécuter*, de choses qui n'existent pas, comment fera le jury spécial ? — Il estimera au moyen de plans et de profils ? Des ingénieurs ou des architectes de profession pourraient seuls le faire. Mais les douze membres d'un jury spécial d'expropriation, c'est-à-dire des personnes prises dans toutes les classes de la société ? Charger ces personnes dépourvues d'expérience technique d'apprécier hypothétiquement le résultat de travaux non exécutés, de calculer par supposition l'effet de remblais ou d'excavations, de pentes, de poussée des terres, d'évaluer les dépenses que pourra entraîner la confection d'ouvrages d'art indéterminés ou compliqués : c'est livrer les propriétaires et l'administration à l'inconnu. — Le jury spécial se fera éclairer par des expertises ? mais, en droit, le pourra-t-il ? On le nie. Et, en fait, qui nommerait les experts ? et à quelles conditions ? et les incidents sur les expertises ? et le temps ? On sait ce que sont les expertises ; elles durent des mois entiers. Tout cela est incompatible avec la constitution du jury spécial, dont la magistrature est d'un jour.

307. Enfin, qu'y a-t-il d'arrêté définitivement, dans les plans de l'administration, quand elle se présente devant le jury ? Il n'y a d'arrêté définitivement (art. 2 de la loi du 3 mai 1841) que le projet du travail général, route, canal, chemin de fer, etc., avec désignation des localités ou territoire sur lesquels les travaux doivent avoir lieu, et indication des propriétés particulières auxquelles l'expropriation est applicable. Mais en ce qui concerne les travaux spéciaux à établir sur chaque portion de propriété,

---

(1) Cons. d'Etat, content., 9 fév. 1850, anal., décret content., 28 juill. 1853 ; 9 janv. 1849.

rien ne peut être arrêté définitivement d'une manière absolue ; car beaucoup de circonstances diverses peuvent, en cours d'exécution, nécessiter ou permettre des modifications aux pentes, nivellements et devis : l'administration ne prend aucun engagement à cet égard ; elle reste entièrement libre, et cette liberté lui est indispensable pour la bonne exécution des travaux. Dès lors, si après une fixation d'indemnité d'expropriation dans laquelle le jury aura compris les dommages *à provenir* des travaux, les plans et nivellements, les pentes, les déblais et remblais sont modifiés, et que les dommages ne se réalisent pas, ou qu'ils soient moindres que ceux estimés d'après les projets, l'État, qui a payé, aura donc payé des indemnités sans cause ?

308. Ainsi, les considérations pratiques se joignent à la raison légale pour interdire de confondre, avec l'indemnité d'expropriation et des dommages qui en sont *la suite* directe, celle des dommages à provenir de l'exécution ultérieure des travaux. Les deux premières seules ont été transportées, par dérogation, dans le domaine des tribunaux et du jury par les lois du 8 mars 1810, du 7 juillet 1833 et du 3 mai 1841 ; la troisième est restée dans la compétence générale de l'autorité administrative en vertu du principe de la séparation des pouvoirs, et dans la juridiction des conseils de préfecture, en vertu des lois du 28 pluviôse an VIII et du 16 septembre 1807.

309. La jurisprudence du Conseil d'État nous offre, sur cette question capitale, plusieurs documents :

Dès 1832, sous le régime de la loi du 8 mars 1810, le Conseil d'État posait la règle de la distinction, en ces termes : « Vu les « lois des 8 mars 1810 et 16 septembre 1807 ; vu les ordon-« nances des 1ᵉʳ juin et 12 mars 1831 ; considérant que c'est « aux tribunaux civils qu'il appartient de régler les indemnités « qui peuvent être dues pour les dommages et dépréciations « qui sont une conséquence *directe* des expropriations actuelles « ou antérieures ; — Mais qu'il n'appartient qu'à l'adminis-« tration d'apprécier les effets et les conséquences d'un travail « d'utilité publique exécuté d'après ses ordres, et de déterminer « les indemnités relatives au dommage qui ne résulte pas de « l'expropriation ; — Considérant, dès lors, qu'il *y a lieu de dis-« tinguer, dans l'espèce,* entre les faits qui sont connexes à l'ex-« propriation et doivent être réglés d'après la loi du 8 mars 1810, « et les faits qui en sont indépendants, et doivent être réglés « conformément aux dispositions de la loi du 16 septembre « 1807 ;

« Art. 1er. L'arrêté de *conflit* est *confirmé* en tant qu'il reven-
« dique, *pour l'autorité administrative*, le règlement des indem-
« nités réclamées pour les prétendus dommages causés au
« sieur Blandin-Vallière, soit *par l'effet du nouvel alignement de la
« route*, soit *par suite de l'irruption des eaux de cette route vers les
« bâtiments* du sieur Blandin-Vallière, soit *par la difficulté actuelle
« d'accéder aux cours de la ferme*, à la fontaine de ladite ferme
« ou au chemin d'exploitation des champs Chalaire et de
« Bruyères;

« Art. 2. Le jugement du tribunal de Nevers est considéré
« comme non avenu, seulement en ce qu'il a retenu la décision à
« rendre sur tous les points de contestation spécifiés dans l'ar-
« ticle précédent;

« Art. 3. L'arrêté de conflit est annulé dans le surplus de ses
« dispositions (1). »

Sous le régime de la loi du 7 juillet 1833, le conseil, ayant encore à déterminer *simultanément* les attributions des deux autorités administrative et judiciaire, à l'occasion d'une expropriation consommée, mais non encore payée, et de dommages causés par l'exécution de l'ouvrage public au restant de la propriété, a rendu la décision suivante : « Vu la loi du 28 pluviôse
« an VIII, celle du 16 septembre 1807, celle du 8 mars 1810 et
« celle du 7 juillet 1833; sur la compétence : considérant que,
« aux termes des lois des 8 mars 1810 et 7 juillet 1833, le con-
« seil de préfecture était incompétent pour fixer l'indemnité due
« au sieur Rodet, pour *prix de la parcelle de terrain appartenant
« à ce propriétaire*, et occupée par le talus de la route nouvel-
« lement construite; mais que, aux termes de la loi du 16 sep-
« tembre 1807, c'est aux conseils de préfecture qu'il appartient
« de régler les indemnités dues pour torts et dommages résul-
« tant des travaux publics, et qu'ainsi c'est compétemment
« qu'il a été statué, par l'arrêté attaqué, sur le montant de celle
« à laquelle avait droit le sieur Rodet, *pour le préjudice à lui
« causé par la construction de la nouvelle route;* Art. 1er. L'arrêté
« du conseil de préfecture du département de la Loire, en date
« du 11 juillet 1834, est annulé, pour cause d'incompétence,
« dans la disposition qui fixe l'indemnité due au sieur Rodet,
« pour prix de la parcelle de terrain appartenant à ce proprié-

---

(1) Ord. sur confl., 25 mai 1832. — Anal., 16 nov. 1832; et, antérieurement, 19 oct. 1825.

« taire et occupée par la route nouvellement construite. Le sieur
« Rodet est renvoyé à se pourvoir, ainsi qu'il avisera, pour faire
« fixer par qui de droit ladite indemnité. Art. 3. L'indemnité
« due au sieur Rodet, pour le préjudice causé à sa propriété par
« la construction de la route nouvelle, est et demeure fixée à la
« somme de 2191 fr. 60 c. » (1).

Sous le régime de la loi du 3 mai 1841, dans une espèce où il s'agissait aussi de déclarer *en même temps* : 1° la compétence à l'effet de fixer le prix d'un terrain réuni à une route ; 2° la compétence à l'effet d'apprécier les dommages causés au restant de la propriété *par suite des déblais* opérés pour la rectification de cette route, le Conseil d'État a statué ainsi qu'il suit : « Consi-
« dérant que si, d'après la loi du 3 mai 1841, il appartient à l'au-
« torité judiciaire de statuer sur la question de propriété et de
« régler *le prix du terrain réuni à la route* royale, n° 74, l'autorité
« administrative est seule compétente, aux termes des lois du
« 28 pluviôse an VIII, et du 16 septembre 1807, pour apprécier
« *les dommages causés à la maison* du sieur Landfried, *par suite des*
« *travaux* de rectification de cette route : Art. 1ᵉʳ. L'arrêté de
« conflit, pris par le préfet de la Moselle le 31 août 1843, est
« confirmé, en tant qu'il revendique pour l'autorité adminis-
« trative l'appréciation des dommages causés à la maison du
« sieur Landfried par suite des travaux de rectification de la
« route royale, n° 74. — Art. 2. Sont considérés comme non
« avenus l'exploit introductif d'instance du 13 juin 1843, et le
« jugement rendu, le 18 août suivant, par le tribunal de Sarre-
« guemines, en ce qu'ils ont de contraire à la présente ordon-
« nance » (2).

310. Le tribunal des conflits lui-même paraît avoir consacré cette distinction ; 1° en réservant à l'autorité administrative, en vertu et par application de la loi du 28 pluviôse an VIII, la question des dommages-intérêts pour préjudices éprouvés *par suite de l'exécution* des travaux, quoique la question de l'indemnité due à cause *du terrain pris* pour la confection du canal, objet des travaux, se trouvât portée et *pendante* devant l'autorité judiciaire (3); et 2° en déclarant qu'un tribunal avait, à bon droit, d'une part renvoyé les parties devant le jury spécial d'expropriation pour faire juger les chefs de demande relatifs au règlement des indemnités dues pour les dépossessions d'immeubles et pour les torts

---

(1) Ord. content., 17 janv. 1838.
(2) Ord. sur confl., 12 janv. 1844.
(3) Trib. des confl., 3 juill. 1850.

et dommages *inhérents à cette dépossession*, et, d'autre part, accueilli le déclinatoire relativement à la demande pour dommages causés à la toiture de moulins et autres bâtiments (1).

311. Reste un dernier point à examiner : la circonstance que le dommage *à provenir* de l'exécution des travaux aura été *prévu* devant le jury, aura-t-elle rendu le jury compétent ? L'affirmative semblerait résulter de l'un des considérants d'un décret rendu au contentieux, le 12 mai 1853, dans l'affaire du sieur de Niort. Voici le fait de l'espèce : Le sieur de Niort attaquait devant le Conseil d'État un arrêté du conseil de préfecture de l'Aude, lequel avait rejeté sa réclamation à l'effet d'obtenir, outre l'indemnité qui lui avait été accordée pour l'expropriation d'une parcelle de sa propriété, une nouvelle indemnité pour dommages causés au surplus de cette propriété par la construction d'un chemin de grande communication. Il s'agissait de terrassements et de remblais qui nuisaient à la propriété du réclamant. Ce propriétaire soutenait devant le Conseil d'État : qu'en droit, le jury n'est compétent que pour statuer sur le prix de la chose expropriée, et accessoirement sur la moins-value que, par suite de l'expropriation d'une partie, le reste du terrain peut subir ; mais qu'il n'a qualité, ni principalement, ni accessoirement, pour statuer sur la réparation du préjudice qui résulte de travaux publics, matière qui, aux termes de l'art. 4 de la loi du 28 pluviôse an VIII, est exclusivement réservée aux conseils de préfecture ; qu'en fait, il n'y avait rien, dans la décision du jury, qui fût relatif aux dommages qui seraient causés à la partie de la propriété non expropriée, par suite de l'établissement du chemin et des travaux à venir ; qu'en conséquence, la somme qu'il avait reçue représentait seulement la valeur de la parcelle expropriée, et qu'il était fondé à réclamer une indemnité pour les détériorations que le reste de sa propriété avait subies. M. le ministre de l'intérieur, consulté par le Conseil d'État, avait adopté pleinement ce système ; et il appuyait de ses observations, tant le principe de la séparation tracée entre le jury spécial et le conseil de préfecture, que l'interprétation donnée à la décision du jury, et les conclusions prises par le réclamant, sur ce chef.

D'un autre côté, le motif par lequel le conseil de préfecture avait rejeté la demande du sieur de Niort, était tiré de ce que :

---

(1) Trib. des confl., 28 nov. 1850.

« en fixant à sept mille francs l'indemnité à payer à ce dernier,
« alors que son terrain valait à peine trois mille francs, il était
« évident que le jury d'expropriation avait compris dans ce pre-
« mier chiffre tous les éléments d'indemnité afférents aux di-
« verses espèces de dommages appréciables ou possibles en
« vue des travaux dont il s'agit; que dès lors, il n'y avait pas
« lieu d'accueillir la demande du réclamant quant à ce. »

Dans ces circonstances, le Conseil d'État a statué en ces termes : « Considérant, en droit, que, d'après la loi du 3 mai
« 1841, le jury est chargé de fixer l'indemnité des propriétaires
« dépossédés en raison des préjudices de toute nature qui sont
« la conséquence de l'expropriation; considérant que lesdits
« propriétaires ne sont en droit de réclamer, postérieurement,
« une indemnité supplémentaire que s'il leur est causé, dans
« l'exécution de travaux, un dommage nouveau et *non prévu*
« lors de la décision du jury; considérant, en fait, que le sieur
« de Niort ne se plaint pas d'avoir éprouvé un préjudice de
« cette nature; que, dès lors, le premier chef de sa réclamation
« est mal fondé » (1).

Déjà, par une décision rendue à la date du 22 juillet 1848, le conseil avait jugé : « Que l'indemnité à laquelle des expropriés
« avaient droit avait été réglée dans la forme prescrite par la
« loi du 3 mai 1841; que cette indemnité avait *nécessairement*
« compris les dommages qui pourraient résulter des faits anté-
« rieurs de l'administration et du trouble apporté par elle dans
« la jouissance des requérants; qu'ainsi c'était avec raison que le
« conseil de préfecture avait rejeté la demande d'indemnité des
« requérants » (2). Dans cette espèce, le mot « *nécessairement* » n'est justifié ni en droit ni en fait. Les expropriés, au contraire, pouvaient très-justement avoir compté sur la loi du 28 pluviôse an VIII, et n'avoir pas joint, devant le jury, à leur indemnité d'expropriation, les indemnités dues pour des faits antérieurs autres que l'expropriation elle-même. La première chose à examiner était donc de savoir si, ou non, les réclamations avaient été jointes; et le mot « nécessairement » n'éclaircit rien.

Maintenant, pour revenir à l'espèce de l'affaire de Niort, je crois que la circonstance de dommage *prévu* devant le jury ne change rien au droit, le consentement de l'administration non plus. La raison en est qu'il s'agit, là, de confusion des juridic-

---

(1) 12 mai 1853, Lebon, *Rec.*, 1853, p. 324.
(2) 22 juill. 1848, Lebon, *Rec.*, 1848, p. 441.

tions, question qui est toujours d'ordre public. Ne voit-on pas aussi, dans les *marchés de fournitures*, les administrateurs insérer quelquefois dans les traités, par erreur, les clauses suivantes : Que les contestations, s'il s'en élève entre le Gouvernement et les entrepreneurs, sur l'exécution du traité, seront jugées par le conseil de préfecture, ou qu'elles seront jugées par des arbitres? Là, aussi, le cas est *prévu*, et il y a consentement de la part de l'administration; mais qu'importe ? « *Selon l'ordre des juridic-*
« *tions*, les liquidations des marchés et fournitures, et par con-
« séquent les questions sur l'interprétation et l'exécution des-
« dits marchés sont décidées par les ministres, sauf recours de-
« vant le chef de l'Etat en son conseil; les ministres *ne peuvent*
« *pas changer*, à cet égard, *l'ordre des juridictions;* ainsi la clause
« du traité qui soumet les contestations qui pourraient s'élever
« à un jugement arbitral *doit être réputée non écrite* (1). »

Par le même motif : « que les juridictions sont d'ordre pu-
« blic, » je crois que la circonstance de dommage *prévu* devant le jury spécial d'expropriation, et le consentement même de l'administration, ne changent pas la règle légale de compétence.

Et en résumé sur la question générale : je dis que le texte de la loi est formel, qu'il n'attribue, par dérogation, compétence au tribunal civil et au jury spécial que pour les indemnités dues « *par suite d'expropriation* » (art. 29); que ces mots ne peuvent pas être étendus aux *suites* des travaux qui *suivent* l'expropriation, parce que, en allant ainsi *de suite en suite*, on finirait par absorber les lois du 28 pluviôse an VIII et du 16 septembre 1807 tout entières; je dis que cette règle est conforme à la nature des choses, parce qu'il est naturel que des dommages *à prove-
nir* de l'exécution des travaux ne soient appréciés que lorsqu'ils existeront; je dis enfin que le système opposé est inconciliable avec le défaut de connaissances techniques, de la part du jury spécial d'expropriation, en matière de travaux d'art, et avec le droit, qui appartient à l'administration, de modifier ses plans et projets de détail, selon le besoin des circonstances, pendant tout le cours de l'exécution.

Je pense donc que le jury ne peut comprendre, dans l'indemnité d'expropriation, des dommages qui ne résultent pas de

---

(1) Ord. content., 17 nov. 1824; 17 août 1825, et M. de Cormenin, *Marchés de fournitures*, II, p. 304, 305.

l'expropriation elle-même, qui n'existent pas au moment où il statue, et qui ne proviendront, s'ils se réalisent, que de l'exécution ultérieure d'ouvrages publics ordonnés par l'administration; que l'Etat, ou les concessionnaires qui se trouvent à son lieu et place, sont fondés à s'opposer à ce que ces éléments soient discutés devant le jury, acceptés et appréciés par lui; et qu'en les faisant entrer dans le chiffre de l'indemnité d'expropriation, le jury appliquerait faussement les art. 1, 22 et 38 de la loi du 3 mai 1841, violerait la loi du 28 pluviôse an VIII, art. 4, sortirait des limites de sa compétence, et commettrait un excès de pouvoir —(A).

312. Sur la portée et les limites de la règle : « indemnités dues *par suite d'expropriation*, » en ce qui concerne les dom-

---

Additions.

(A) Le jury d'expropriation a compétence pour fixer *l'indemnité due*, non-seulement à raison de la valeur matérielle du terrain dont l'exproprient s'empare, mais encore *à raison de la dépréciation* qui sera, pour la partie restante de la propriété de l'exproprié, la conséquence immédiate de l'expropriation.

Spécialement, il y a lieu d'annuler l'ordonnance du magistrat directeur qui s'agissant de régler l'indemnité due à un usinier à raison de l'expropriation d'un chemin privé qui servait à l'exploitation de son usine, déclare que l'indemnité qu'il appartient au jury d'allouer doit être uniquement réglée d'après la valeur matérielle du terrain exproprié, et que le jury est incompétent pour statuer sur le chef de conclusions par lequel l'exproprié demande à être indemnisé de la dépréciation que causent à son usine la suppression du chemin privé et l'allongement de parcours que le nouvel état des lieux va lui occasionner. Cass., 6 janv. 1858 (*Gaz. trib.*, 7 janv. 58).

Le jury d'expropriation peut et doit comprendre dans l'indemnité qu'il détermine et la valeur du terrain exproprié et toute espèce de *dommage résultant directement de l'expropriation*. Mais on ne doit pas considérer comme résultant directement de l'expropriation le dommage que le propriétaire d'une usine a pu éprouver de la déviation d'un chemin vicinal rendue nécessaire par la construction du chemin de fer, lorsque d'ailleurs le propriétaire de l'usine n'a subi d'autre expropriation que celle d'un terrain destiné à l'établissement du nouveau chemin et ne formant pas partie intégrante de l'usine.

Dans ces circonstances, le dommage dont se plaint le propriétaire de l'usine, n'est pas la conséquence directe de l'expropriation qu'il a subie, mais le résultat des travaux publics qui ont entraîné la modification des voies vicinales dont il avait coutume de se servir, et l'indemnité, s'il en est dû, ne peut être fixée que par le conseil de préfecture (Art. 4 de la loi du 28 pluviôse an VIII). Cass., 20 janv. 1858 (*Gaz. des trib.* du 21 janv. 1858).

Il a été jugé que, au cas où les étages supérieurs d'une maison ont été démolis pour l'exécution de travaux publics, si le propriétaire requiert l'acquisition totale de son immeuble, ce n'est pas au conseil de préfecture, mais au jury d'expropriation qu'il appartient de fixer l'indemnité due à ce propriétaire. Cons. d'Etat, 27 déc. 1860 (S. 61.2.521);

Que le propriétaire d'un terrain exproprié ne peut réclamer une indemnité à raison de dommages résultant de fouilles opérées dans ce terrain avant l'expropriation, et au sujet desquels il n'a fait aucunes réserves devant le jury, ces dommages ayant nécessairement été compris dans l'indemnité d'expropriation. Cons. d'État, 29 juill. 1859 (S. 59.2.332).

mages causés à des bâtiments ou à des terrains plus ou moins indépendants de la parcelle expropriée, la Cour de cassation a rendu, aux dates des 18 janvier 1854 (1), 14 août 1854 (2), et 22 mai 1855 (3), divers arrêts, dans des espèces dont le fait n'est pas assez positivement déterminé pour qu'il soit possible d'en former une règle générale de jurisprudence. On devra donc consulter chacun de ses arrêts, dans ses rapports avec l'espèce particulière à laquelle on aura à en faire l'application.

313. Une troisième règle, en cette matière, est que : les mots de l'art. 38, § 3, de la loi du 3 mai 1841, « La décision du jury « fixe *le montant de l'indemnité,* » ne peuvent s'entendre que d'une somme d'argent mise à la disposition du propriétaire : d'où il suit que les décisions qui font entrer dans la composition de l'indemnité des matériaux ou des travaux, ou d'autres valeurs, et ne fixent pas en argent la totalité du *montant de l'indemnité* que le jury n'avait mission de déterminer que sous cette forme, sont rendues en violation de la loi précitée et doivent être annulées (4).

La Cour de cassation l'a jugé à l'égard d'indemnités fixées : partie en argent, partie en matériaux de démolition (5) ; partie en argent, partie en nature (6)—(A).

314. La combinaison de cette règle avec celle de l'indemnité *préalable* a fait décider, en outre : « qu'en fixant, indépendam-
« ment de sommes une fois payées, à deux redevances an-
« nuelles l'indemnité due à l'exproprié, un jury spécial avait
« converti partiellement, en de simples annuités, payables à
« des époques successives et *nécessairement postérieures à la dé-*
« *possession du propriétaire*, une indemnité qui, dans le vœu de
« la loi générale (le Code civil) et de la loi spéciale (celle du
« 7 juillet 1833), doit être, préalablement à la prise de posses-
« sion, acquittée entre les mains des ayants droit ; d'où il ré-
« sultait que l'ordonnance qui avait déclaré exécutoire cette
« décision du jury, et envoyé l'expropriant en possession des

---

(1) S. 54.1.735.
(2) S. 55.1.142.
(3) *Droit*, 23 mai 1855.
(4) Cass., 24 déc. 1851, 31 déc. 1838.
(5) Même arrêt, et 2 juin 1845.
(6) Cass., 3 juill. 1843.

Additions.
(A) Mais elle a jugé que la partie à la requête de laquelle l'expropriation a été poursuivie est non recevable, pour défaut d'intérêt, à attaquer la décision du jury qui fixe une indemnité alternative en argent ou en travaux, à son choix, puisqu'il ne dépend que de cette partie d'acquitter l'indemnité entière en argent. Cass. ch. civ., 2 fév. 1858 (S. 58.1.831).

« immeubles expropriés, avait formellement violé l'art. 545, C.
« civ., et l'art. 53 de la loi du 7 juillet 1833 (1). »

Même décision à l'égard d'une indemnité fixée partie en argent, partie en travaux mis à la charge de l'expropriant, avec faculté pour l'exproprié d'extraire d'une carrière la pierre nécessaire à la construction d'un mur (2).

Et à l'égard d'une décision de jury qui avait subordonné le paiement de la somme fixée « au cas où l'administration s'em-
« parant d'un cours d'eau ne le rétablirait pas dans un égal
« avantage pour le moulin de l'exproprié. » Par là, une indemnité, qui doit être d'une somme d'argent, avait été convertie en faculté de faire des travaux après l'expropriation ou dépossession de l'exproprié, et elle avait été soumise à une éventualité pour un paiement qui doit toujours être préalable à toute dépossession : en prononçant ainsi, le jury avait violé les art. 545, C. civ., et 53 de la loi du 7 juillet 1833, et avait commis un excès de pouvoirs (3)—(A).

315. Du reste, la règle n'est pas *d'ordre public;* elle n'est établie qu'en faveur de l'intérêt privé. Lors donc que l'exproprié a renoncé au bénéfice introduit en sa faveur, et qu'il a compris dans sa demande les matériaux, travaux ou autres valeurs, il n'est pas recevable à se plaindre de ce que le jury les a compris dans l'indemnité, puisque le jury n'a fait alors que ce que l'exproprié avait demandé lui-même (4). D'un autre côté, l'administration ne peut davantage être reçue à critiquer ce mode de procéder, puisqu'il n'a pas été établi dans son intérêt (5).

316. L'art. 49 de la loi du 16 septembre 1807 prescrit d'estimer les terrains d'après leur valeur *avant l'entreprise des travaux.* Souvent les travaux exécutés par l'administration donnent une nouvelle valeur aux propriétés au milieu desquelles ils se font; mais il ne serait pas juste de faire payer à l'État cette plus-value dont les propriétaires lui sont redevables. C'est surtout quand les travaux durent plusieurs années qu'il devient important de

---

(1) Cass., 19 déc. 1838.
(2) Cass., 2 janv. 1844 (S. 43.1.153).
(3) Cass., 7 fév. 1837.
(4) V. les arrêts précités.
(5) Cass., 21 août 1843.

Additions.

(A) Mais il a été jugé que l'allocation d'une indemnité attribuée à un fermier et consistant en une somme annuelle à prendre pendant la durée du bail sur l'indemnité accordée au bailleur, est définitive et par conséquent régulière, le chiffre de l'allocation faite au fermier se trouvant clairement déterminé par la durée même du bail. Cass. ch. civ., 7 avril 1853. (S. 59.1.272.)

distinguer la valeur avant l'entreprise des travaux, et la valeur au moment de l'estimation.

Une ordonnance rendue au contentieux, le 24 octobre 1832, a annulé l'expertise de terrains destinés à l'exécution des travaux accessoires du pont de Roanne, par le motif que les experts avaient pris pour base la valeur nouvelle des immeubles, et non leur valeur avant l'entreprise des travaux, ce qui faisait supporter à l'État l'augmentation de valeur provenant de l'exécution de ce pont et des quais, du canal latéral à la Loire, et des chemins de fer de Saint-Étienne et de Roanne (1).

317. En aucune circonstance, on ne doit accorder d'indemnité pour les avantages hypothétiques que le propriétaire aurait pu obtenir en modifiant de quelque manière que ce soit l'état de sa propriété. C'est la valeur au moment de l'entreprise des travaux, et, par suite, l'état des lieux à cette époque, qui doivent seuls être pris en considération. Ainsi on ne peut pas obtenir d'indemnité pour un cours d'eau sur lequel il n'existe pas d'usine, en alléguant la possibilité d'en établir une (2).

318. En matière de chômage ou de diminution temporaire de force motrice des usines par suite de l'exécution de travaux publics, le Conseil d'Etat prescrit aux experts de prendre pour base d'évaluation de l'indemnité la *valeur* de l'usine *au moment du chômage*, combinée avec l'état légal de la force motrice. Si donc, en restant dans les limites de sa concession pour ce qui concerne la force motrice, l'usinier a trouvé le moyen de mieux utiliser cette chute, de tirer un meilleur parti de cette eau, s'il a installé dans l'usine des mécanismes plus parfaits, et qui lui permettent de faire un meilleur emploi de la même concession, il a droit à la valeur existante au moment du chômage (3). Ici, l'augmentation de valeur ne provient pas de dépenses faites par l'État. En outre, dans le cas d'améliorations postérieures à l'entreprise des travaux, l'entreprise elle-même *avertit* les propriétaires ; ils savent qu'ils seront expropriés ; c'est donc à eux de se conduire en conséquence. Or, s'ils font des améliorations, c'est, dès lors, à leurs risques et périls. Tandis qu'en l'absence de projets déterminés de la part de l'État, on ne peut pas prétendre que les usines soient perpétuellement soumises à la servitude de ne pas s'améliorer, sous

---

(1) Add., 30 juin 1844.
(2) Ord. content., 30 juin 1844, 21 août 1840.

(3) Cons. d'Etat, content., 25 janv. 1851.

prétexte qu'il est possible que, dans un temps ou dans un autre, l'administration exécute des travaux sur les rivières, il est, au contraire, de l'intérêt public que les usines s'améliorent le plus possible ; et, pour qu'elles s'améliorent avec sécurité, il est indispensable que l'indemnité soit en raison des améliorations, lorsque les travaux viennent à être ordonnés et exécutés.

319. Bien des personnes pensent qu'il est dû au propriétaire exproprié une indemnité en sus du prix du terrain dont il est privé. Il paraît que cet usage existait autrefois dans le ressort du parlement de Provence. On lit dans le Répertoire de jurisprudence de Merlin, v° *Retrait d'utilité publique :* « Duperrier, avocat au Parlement de Provence, et son annotateur, ajoutent qu'il est d'un usage constant, en pareil cas, d'ordonner que le prix de la vente forcée sera augmenté d'un cinquième en sus de la *valeur réelle* du bien. Cette jurisprudence est pleine d'équité : il est fâcheux pour un particulier d'être seul obligé de s'exproprier pour le bien public ; le juste prix de sa chose ne suffit pas pour l'indemniser ; en y ajoutant un cinquième en sus, on allége sa perte.

Cette jurisprudence ne peut plus être admise aujourd'hui. L'art. 49 de la loi du 16 septembre 1807 portait : « Les terrains « nécessaires pour l'ouverture des canaux et rigoles de dessè-« chement, des canaux de navigation, de routes, de rues, la « formation de places et autres travaux reconnus d'une utilité « générale, seront payés à leurs propriétaires, et à dire d'ex-« perts, d'après leur valeur avant l'entreprise des travaux, et « *sans nulle augmentation du prix d'estimation.* » Les derniers mots de cet article avaient certainement pour but de proscrire la jurisprudence que nous venons de rappeler. Or, cette disposition n'est pas abrogée par la loi de 1810, dont l'art. 27 n'abroge que les articles de la loi de 1807 qui lui sont contraires, ni par les lois de 1833 et 1841, qui n'abrogent point celle de 1807.

320. A ce sujet, on fera une observation sur les art. 43 et 44 de la loi du 21 avril 1810 relative aux *mines*. En vertu de ces articles, « lorsque le propriétaire de la surface le requiert, les « pièces de terre trop endommagées ou dégradées sur une trop « grande partie de leur surface, doivent être achetées en totalité « par le propriétaire de la mine : et le terrain à acquérir doit tou-« jours être estimé *en double* de la valeur qu'il avait avant l'ex-« ploitation de la mine. » La considération qu'il s'agit ici de transmission, non au domaine public, mais de particulier à parti-

culier, ne paraît pas déterminante. Aujourd'hui, l'exploitation des mines répond à des besoins qui n'existaient pas en 1810. Aussi l'exploitation des mines est-elle aujourd'hui assimilée, sous beaucoup de rapports, aux travaux publics; elle jouit d'un grand nombre des mêmes priviléges (1). Et, lorsque l'on compare l'importance des intérêts publics entre eux, on doit reconnaître que la proportion n'est pas gardée, puisque l'expropriation pour un chemin communal est favorisée de l'indemnité *au simple*, tandis que l'acquisition d'un terrain pour l'exploitation d'une mine, qui peut alimenter toute une contrée manufacturière, est grevée de l'indemnité *au double*. D'ailleurs, même de particulier à particulier, est-ce que l'indemnité a été élevée *au double*, en cas d'enclave (C. Nap., art. 682), en cas d'irrigation (loi du 29 avril 1845), en cas de servitude d'appui (loi du 11 juillet 1837), etc. (2)?

321. L'art. 50 de la loi du 16 septembre 1807, qui borne l'indemnité à la valeur du terrain délaissé, dans le cas où le propriétaire d'une maison soumise à reculement pour alignement fait volontairement démolir sa maison, ou est forcé de la démolir pour cause de vétusté, n'est pas applicable au cas où l'expropriation est prononcée pour l'exécution de travaux d'utilité publique (arrêt de la Cour de cassation, du 15 janvier 1844). Les motifs sont : « que l'art. 50 de la loi du 16 septembre « 1807 ne borne à la valeur du terrain délaissé l'indemnité à « allouer au propriétaire de la maison dont on est forcé de re- « culer la construction par suite d'alignement, *que dans les deux* « *cas qu'il spécifie :* 1° lorsque ce propriétaire fait volontaire- « ment démolir sa maison ; 2° lorsqu'il est forcé de démolir « pour cause de vétusté (3). »

322. S'il existait un acte qui, prévoyant le cas d'une expropriation future pour utilité publique, réglât l'indemnité qui serait alors payée, il faudrait nécessairement que les parties contractantes se conformassent à cette convention, lorsque l'expropriation se réaliserait. C'est ce qui a été jugé dans l'espèce suivante. En 1723, le directeur général des fortifications de France concéda au sieur Vasse un terrain situé sur le port de Calais, et stipula que, dans le cas où le Gouvernement viendrait à déposséder le sieur Vasse ou ses descendants, il leur serait

---

(1) *Traité des servitudes d'utilité publique*, II, p. 56, et p. 73 et suiv.

(2) *Ibid.*, II, p. 56, et p. 73 et suiv.
(3) Cass. (S. 44, p. 353).

alloué une indemnité de 46,000 liv., avec intérêts à dater de la dépossession, sans qu'on pût augmenter ni diminuer cette somme. En l'an XI, le sieur Duhamel de Manin, descendant du sieur Vasse, fut dépossédé par le Gouvernement. Il réclama une indemnité, qui fut fixée par le ministre de la guerre à 39,000 fr. Le sieur Duhamel, ayant retrouvé l'acte de 1723, demanda que son indemnité fût portée à 46,000 liv., avec intérêts à dater de la dépossession. Le ministre de la guerre combattit cette réclamation par plusieurs moyens qu'il est inutile de rapporter ici. Mais, par ordonnance rendue au contentieux, le 2 juillet 1823, le sieur Duhamel fut admis à se faire liquider d'après les bases établies par l'acte de 1723 (1).

Les mêmes principes furent appliqués, par une autre ordonnance rendue au contentieux le 7 février 1834, à des terrains avoisinant l'église de la Madeleine, et qui avaient été vendus en 1798 au sieur Châtillon, sous la condition expresse qu'il fournirait au Gouvernement, à la première réquisition qui en serait faite, et *au prix de son acquisition*, tout le terrain bâti et non bâti qui serait jugé nécessaire, tant pour l'exécution des projets d'embellissements de Paris que pour la place nouvelle que pourrait exiger le monument de la Madeleine. Le Conseil d'Etat a repoussé la prétention du sieur Châtillon, que ces terrains devaient lui être payés selon une estimation faite par des experts (2).

323. Une question plus délicate a été jugée par un décret impérial en date du 8 juin 1854, déjà cité sous le rapport de la dispense des conditions ordinaires de l'expropriation (3). Dans un acte de vente nationale, en date du 8 nivôse an VI, le sieur Pavy s'était soumis « à souffrir la privation de la propriété par « démolition ou autrement, si la nécessité publique légalement « constatée, ou des embellissements que projetterait le Gou- « vernement venaient à l'exiger. » Il n'était pas stipulé que cette privation aurait lieu, le cas échéant, sans indemnité. Le Conseil d'Etat a décidé, qu'en vertu de la clause dont il s'agit, l'administration avait pu, pour l'exécution des travaux de restauration du Pont-Neuf, sur lequel était située la boutique, objet du litige, opérer la démolition de cette boutique, sans l'accomplissement des formalités prescrites par la loi du 3 mai

---

(1) Lebon, *Rec.*, 1823, p. 472.
(2) Même *Rec.*, 1834, p. 401.
(3) *Suprà*, p. 140, 141.

1841, et sans le paiement d'une indemnité préalable ; mais il a confirmé l'arrêté du conseil de préfecture de la Seine, qui, par interprétation de l'acte de vente de l'an VI, avait déclaré que ce contrat *n'avait pas imposé à l'acquéreur l'obligation de céder la propriété sans indemnité* (1).

Enfin, le conseil a jugé plusieurs fois que, dans les actes de ventes nationales de maisons à Paris, en l'an VI et en l'an VII, la clause conçue en ces termes : « L'adjudicataire sera tenu, « dès qu'il en sera requis, de se conformer aux alignements « *arrêtés* par la commission des travaux publics, et ce *sans in-* « *demnité*, » se réfère exclusivement aux plans arrêtés lors de la vente, et non à tous les alignements qu'il plairait à l'administration de tracer indéfiniment, à l'avenir (2).

324. Si par des travaux on détournait le lit d'un fleuve ou d'une rivière, on ne pourrait pas donner, pour indemnité, aux propriétaires du terrain servant au nouveau lit, le lit abandonné. A la vérité, l'art. 563, C. Nap., porte que : « Si un fleuve ou « une rivière navigable, flottable ou non, *se forme* un nouveau « cours, en abandonnant son ancien lit, les propriétaires des « fonds nouvellement occupés prennent, à titre d'indemnité, « l'ancien lit abandonné, chacun dans la proportion du terrain « qui lui a été enlevé. » Mais le texte même de cet article prouve que sa disposition n'a lieu que lorsque c'est de lui-même que le fleuve *se forme* un nouveau lit ; alors la perte qu'éprouvent les propriétaires dont les terrains servent au nouveau lit est un événement de force majeure dont ils doivent supporter les conséquences ; l'Etat diminue leur perte, autant que possible, en leur abandonnant l'ancien lit ; mais presque jamais ils ne trouvent dans cet abandon une indemnité complète. Si le nouveau lit était formé par la main de l'homme, on devrait agir comme dans tous les cas d'expropriations, et indemniser entièrement ceux qui céderaient leur terrain — (A).

---

(1) 8 juin 1854 (Lebon, *Rec.*, 1854, p. 547).

(2) Cons. d'État, content., 27 juill. 1850; décr. content., 21 juill. 1853; autre, du même jour.

Additions.

(A) Si une source vient à être expropriée, l'indemnité d'expropriation appartient, non au propriétaire du fonds où cette source jaillit, mais au propriétaire du fonds dans lequel elle prend naissance, alors même que les fouilles qui ont révélé l'existence de la source dans ce fonds sont postérieures au décret qui a déclaré l'utilité publique. Cass., 4 déc. 1860 (S. 61. 1.623.)

Une compagnie de chemin de fer doit à l'État une indemnité d'expropriation à raison du terrain qu'elle prend au domaine public fluvial pour l'établissement d'un pont. Art. 41 de la loi du 16 sept. 1807; art. 537 et 538, C. Nap. (Cass. civ., 8 mai 1865.)

325. D'après l'art. 48 de la loi du 16 septembre 1807, « lors-
« qu'il y a lieu à supprimer un moulin ou autre usine, à les
« déplacer, à modifier ou réduire l'élévation de leurs eaux, la
« nécessité doit en être constatée par les ingénieurs des ponts
« et chaussées, et l'on examinera si l'établissement de ces mou-
« lins et usines est légal, ou si le titre d'établissement ne soumet
« pas les propriétaires à voir démolir leurs établissements sans
« indemnité, dans le cas où l'intérêt public le requerrait. »

326. On a fait connaître la jurisprudence du Conseil d'État, de laquelle il résulte que la suppression partielle ou totale de la force motrice des usines sur cours d'eau, navigables ou non navigables, ne constitue pas une expropriation d'immeuble ni d'objet susceptible de propriété privée (1). Il faut donc distinc-guer, dans la destruction d'un établissement sur cours d'eau, la force motrice et les bâtiments, terres et prés, ou autres pro-priétés immeubles. L'appréciation de l'indemnité pour la force motrice, quand elle est due, est réservée à l'administration. Les indemnités pour la partie immeuble sont réglées dans les formes de l'expropriation ordinaire en matière d'immeubles — (A).

327. L'estimation de la valeur des arbres qui existent sur un terrain est ordinairement comprise dans l'évaluation du terrain même. Cependant le prix de ces arbres doit quelquefois être fixé séparément, soit parce qu'on ne prend qu'une partie de la propriété, soit parce que les arbres ont été plantés depuis l'épo-que de l'acquisition dont le contrat a servi de base pour l'éva-

---

(1) *Suprà*, p. 97 et suiv.

Additions.

(A) Cependant il a été jugé que la sup-pression d'une force motrice (par exem-ple : Eaux d'un canal), opérée pour cause d'utilité publique, donne lieu à indemnité à apprécier par le jury, lorsque cette force motrice appartient, à titre de propriété privée, en vertu d'une loi spéciale, à celui que l'expropriation en dépouille. Un droit semblable appartient aux locataires des usines mises en mouvement par les eaux constituant la force motrice.

Si le décret d'expropriation s'est appli-qué sans distinction à tous les terrains et usines faisant partie de la concession ac-cordée par la loi spéciale, et bordant le canal sur ses deux rives, et si la cession amiable consentie par les propriétaires aux termes de l'art. 43 de la loi du 3 mai 1841, et tenant lieu de l'arrêté de cessi-bilité, s'est appliquée à la totalité de la con-cession, cette cession a ouvert pour les lo-cataires de tous les terrains le droit, écrit en l'art. 55 de ladite loi, d'exiger après six mois la fixation immédiate de l'indemnité. Il en est ainsi encore bien que l'adminis-tration expropriante annoncerait l'inten-tion de respecter les baux d'un grand nom-bre d'usiniers, de tous ceux qui se trou-vent sur l'une des rives du canal. Le droit d'exiger le règlement de l'indemnité est acquis, sans distinction, à tous les loca-taires établis sur les terrains désignés aux actes qui ont opéré l'expropriation. Cass., civ., 2 août 1865 (*Gaz. trib.*, 3 août 65).

luation du terrain. Le propriétaire doit recevoir la valeur de ces arbres, sauf l'administration à les revendre ensuite ou à les employer comme elle le jugera convenable. On ne pourrait obliger le propriétaire à les garder ; l'administration doit acquérir le terrain avec tout ce qui en fait partie.

328. Lorsque le terrain exproprié comprend une pépinière ou une collection d'arbres exotiques, l'indemnité doit être fixée d'après des bases particulières, et non d'après la valeur séparée de chaque arbre. Le Conseil d'Etat a été appelé à fixer l'indemnité due à un pépiniériste lors de travaux de l'aqueduc de ceinture établi autour de Paris, par suite de la construction du canal de l'Ourcq (1).

S'il s'agit d'une vigne, on ne doit pas s'arrêter à la valeur de chacun des ceps qui s'y trouvent, mais on doit rechercher le prix que le propriétaire pourrait obtenir de ce terrain. Le nombre, l'âge et la qualité des ceps doivent influer sur cette valeur ; mais on doit estimer le tout ensemble. Il en serait de même d'un terrain entièrement planté en oliviers.

329. Les constructions et plantations ont souvent donné lieu à des fraudes très-préjudiciables aux intérêts du Trésor. Des propriétaires qui savaient que, d'après la direction adoptée pour les travaux, l'administration serait obligée d'acquérir leur propriété, y commençaient des constructions plus ou moins considérables, en annonçant qu'ils voulaient élever une maison, une usine, un château, ou bien y dessinaient un jardin et en commençaient les plantations. Ces propriétaires réclamaient ensuite une indemnité énorme, sous prétexte qu'on les privait d'un terrain qui allait avoir une grande valeur, et qu'on les empêchait de réaliser leurs spéculations ou leurs vues d'amélioration du surplus de leurs propriétés. « Pour certains canaux, a dit M. Thiers, il est arrivé que des particuliers, ayant appris la direction arrêtée, se sont empressés d'acquérir des terrains qui devraient être soumis à l'expropriation, et d'y faire des plantations et constructions dans le but d'obtenir une indemnité plus élevée » (*Mon.*, 8 fév. 1833, p. 325). Pour empêcher cet abus de se renouveler, l'art. 52 de la loi porte : « Les constructions, plantations et améliorations ne donnent lieu à aucune indemnité lorsque, à raison de l'époque où elles auront été faites, ou de toutes autres circonstances dont l'appréciation lui est abandonnée, le

---

(1) Ord. content., 10 déc. 1817.

jury acquiert la conviction qu'elles ont été faites dans la vue d'obtenir une indemnité plus élevée »—(A).

Le projet présenté, en 1833, par le Gouvernement, portait que les constructions, plantations et améliorations, ne donneraient droit à aucune indemnité lorsqu'elles auraient été commencées depuis la publication prescrite par l'art. 6 de la loi, pourvu qu'il ne se fût pas écoulé plus de deux années entre la date de cette publication et le jugement qui prononce l'expropriation. Cette disposition a été modifiée. En effet, des travaux commencés avant la publication prescrite par l'art. 6 de la loi peuvent également être entrepris dans la seule vue de se faire allouer une indemnité plus élevée, et il convenait de laisser au jury la plus grande latitude à cet égard. Les circonstances de chaque affaire influent nécessairement beaucoup sur le parti auquel l'équité prescrit de s'arrêter (1) — (B).

330. Le propriétaire peut-il réclamer une indemnité pour les mines ou carrières qu'il prétendrait ou même qu'il justifierait exister dans son terrain?

331. Pour les carrières, la loi du 16 septembre 1807 contient une disposition expresse : « Art. 55. Les terrains occupés pour « prendre les matériaux nécessaires aux routes ou aux cons- « tructions publiques pourront être payés aux propriétaires « comme s'ils eussent été pris pour la route même. Il n'y aura « lieu à faire entrer dans l'estimation la *valeur des matériaux à* « *extraire*, que dans le cas où l'on s'emparerait d'une *carrière* « *déjà en exploitation; alors* lesdits matériaux seront évalués

---

(1) Ord. content., 18 mars 1843, et 15 avril 1843.

Additions.

(A) Le propriétaire d'un terrain exproprié qui a employé des artifices coupables pour donner à ce terrain une valeur apparente supérieure à sa valeur réelle, ne peut, dans le cas où ces artifices n'ont été découverts que postérieurement à la décision du jury d'expropriation, être condamné par le tribunal civil à des dommages et intérêts envers la ville qui avait obtenu l'expropriation.

Les fleurs et arbustes que le propriétaire exproprié avait loués et qu'il avait fait placer, le jour de la visite du jury, dans les massifs du jardin exproprié, en dissimulant dans la terre les pots dans lesquels ils étaient plantés, de manière à faire croire qu'ils étaient venus en pleine terre, doivent au moins être déclarés la propriété de la ville. Trib. civ. Niort, 5-12 janv. 1863 (*Gaz. trib.*, 18 janv. 63).

(B) Celui qui, exproprié d'un terrain sous lequel se trouvent des minerais et carrières, n'a formé qu'une demande unique d'indemnité, doit être supposé indemnisé par l'allocation d'un chiffre unique d'indemnité, à raison de l'expropriation de la superficie. Il ne saurait, dans cette situation, se plaindre sans en apporter d'autre preuve que l'insuffisance prétendue de l'indemnité allouée, de ce que le tréfonds n'aurait pas été compris dans cette indemnité. Cass. civ., 11 fév. 1863 (*Gaz. trib.*, 11-12 fév. 63).

« d'après leur prix courant, abstraction faite de l'existence et
« des besoins de la route pour laquelle ils seraient pris, ou des
« constructions auxquelles on les destine. » Lors donc que la
carrière n'était pas *déjà en exploitation*, il n'y a rien à prétendre pour la valeur des matériaux. Quant aux circonstances qui peuvent constituer *l'état antérieur d'exploitation,* le Conseil d'État se montre généralement favorable à la propriété, par une appréciation très-large de ces conditions, dans les questions relatives aux extractions de matériaux, qui sont de sa compétence (1).

332. Pour les mines, je crois qu'avant la concession elles n'appartiennent à aucun particulier. La mine n'est pas une propriété correspondante aux divisions de la propriété de la surface. Une mine ne devient propriété privée que lorsque son existence et son étendue ont été déterminées par des actes du Gouvernement, d'après sa nature, d'après sa conformation et d'après les modes d'exploitation qui lui conviennent, sur des avis émanés des corps savants auxquels est confié l'examen de ces grands intérêts, et lorsque le chef de l'État a fait la concession par un titre solennel. Jusque-là personne ne peut exploiter la mine, personne n'y a de droit. Personne ne peut donc rien réclamer, à titre de propriétaire, avant la concession. Tout ceci tient à l'importante question de la *propriété publique* des mines, d'après le droit naturel et d'après les lois positives (2).

Lorsque la mine a été concédée, si une expropriation de la surface a lieu, le concessionnaire de la mine, qui n'en est point touché, n'a rien à demander pour son compte.

Mais le propriétaire de la surface, qui a un droit sur le produit des mines concédées (art. 6 et 42 de la loi du 21 avril 1810), est fondé, en cas d'expropriation du sol, à faire comprendre dans son indemnité, comme accessoire du sol, la valeur représentative de la redevance qui lui est payée par le propriétaire de la mine — (A).

---

(1) V. les décisions citées dans le *Traité des servitudes d'utilité publique*, II, p. 577.

(2) *Traité des servitudes d'utilité publique*, II, p. 8 et suiv.

Additions.

(A) Le préfet ou le ministre excèdent leurs pouvoirs lorsque, en désignant comme devant être cédée pour cause d'utilité publique une propriété sous laquelle se trouve une mine en exploitation, ils déclarent que l'exploitation ne comprendra que la surface et ne s'étendra pas à la redevance. Le droit à la redevance ne peut être séparé de la surface sans le consentement du propriétaire. Cons. d'État, 19 avril 1859 (S. 60.2.407).

L'indemnité d'expropriation d'un terrain doit comprendre non-seulement la

333. La loi du 15 avril 1829, sur la pêche, porte, art. 2 : « que « dans toutes les rivières et canaux autres que ceux qui sont « désignés dans l'article premier, les propriétaires riverains au- « ront, chacun de son côté, *le droit de pêche* jusqu'au milieu du « cours de l'eau, sans préjudice des droits contraires établis par « possession ou titres ; » et l'art. 3 ajoute que : « dans le cas où « des cours d'eau seraient rendus ou déclarés navigables ou « flottables, les propriétaires *qui seront privés du droit de pêche* « *auront droit à une indemnité préalable*, qui sera réglée selon « les formes prescrites par les art. 16, 17 et 18 de la loi du « 8 mars 1810, compensation faite des avantages qu'ils pour- « raient retirer de la disposition prescrite par le Gouvernement. » Il semble naturel d'en conclure que, dans le cas d'expropriation de l'héritage riverain lui-même, puisque le propriétaire est privé, par la dépossession du fonds, du droit de pêche inhérent au fonds, son indemnité doit comprendre l'évaluation de cet avantage perdu, comme accessoire de la propriété.]

334. Quant aux diverses productions de la terre, si l'administration veut se mettre en possession du terrain avant qu'elles puissent être récoltées, nul doute qu'elle ne doive payer au propriétaire le prix qu'il pourrait en retirer. Le jugement d'expropriation doit indiquer l'époque à laquelle l'administration prendra possession du terrain. Si cette époque est postérieure à celle de la récolte, l'expropriation n'ayant été prononcée qu'avec cette modification, le propriétaire ne pourrait, sous aucun prétexte légitime, demander que l'administration lui payât le prix de cette récolte que rien ne l'empêche de faire lui-même.

335. Mais une question plus grave est celle de savoir si l'augmentation de valeur que, dans le cas d'expropriation partielle, l'exécution des travaux doit procurer au restant de la propriété, peut être admise en compensation, pour la totalité de l'indemnité, ou si la compensation ne peut avoir lieu que pour partie, et pour quelle partie.

L'art. 54 de la loi du 16 septembre 1807 portait : « Lorsqu'il « y aura lieu en même temps à payer une indemnité à un pro- « priétaire pour terrains occupés, et à recevoir de lui une plus- « value pour des avantages acquis à ses propriétés restantes, il « y aura compensation jusqu'à concurrence ; et le surplus seu-

---

valeur de la superficie du sol, mais encore celle du sous-sol ou tréfonds, et spécialement celle des richesses minérales qu'il renferme. C'est au jury d'expropriation qu'il appartient de fixer cette indemnité. Cass.civ., 21 déc. 1858 (S.59.1.522).

« lement, selon les résultats, sera payé au propriétaire ou ac-
« quitté par lui. »

La loi du 7 juill. 1833 a dit, art. 51 : « Si l'exécution des tra-
« vaux doit procurer une augmentation de valeur immédiate et
« spéciale au restant de la propriété, cette augmentation *pourra*
« *être* prise en considération dans l'évaluation de l'indemnité. »

La loi du 3 mai 1841 a converti cette disposition purement facultative de la loi intermédiaire en une obligation de devoir et de conscience, imposée au jury ; elle dit, art. 51 : « Si l'exé-
« cution des travaux doit procurer une augmentation de valeur
« immédiate et spéciale au restant de la propriété, cette aug-
« mentation *sera prise* en considération dans l'évaluation du
« montant de l'indemnité. »

On voit bien par là que la considération de l'augmentation de valeur apportée par les travaux est obligatoire : d'où il résulte que, si la plus-value est reconnue en fait, le jury ne peut la refuser en droit, sans exposer sa décision à la cassation ; mais *avec quoi* l'augmentation doit-elle être compensée ? La compensation peut-elle être totale, ou ne doit-elle être que partielle ? C'est la question à résoudre.

La difficulté n'est peut-être pas dans le texte de la loi du 3 mai 1841, car l'art. 51 de cette loi ne distingue pas ; il parle du montant de l'indemnité, et non de telle ou telle partie de l'indemnité.

La difficulté vient plutôt des discussions législatives modernes, dans lesquelles l'ancien principe de la compensation totale, établi par l'art. 54 de la loi du 16 septembre 1807, a été combattu, et de deux arrêts rendus par la Cour de cassation, l'un dans l'intervalle de la loi du 7 juillet 1833 à celle du 3 mai 1841, le 28 août 1839, et l'autre postérieurement à la loi du 3 mai 1841, le 28 février 1848, arrêts qui se sont séparés de ce même principe.

Voici, en effet, d'abord ce qui résulte des documents législatifs :

Les projets du Gouvernement pour les deux lois de 1833 et de 1841 faisaient explicitement compensation de la plus-value, « *jusqu'à due concurrence* » (1), « *en tout ou en partie* » (2), avec le montant de l'indemnité.

---

(1) Premier projet de la loi du 7 juill. 1833 ; *Monit.*, 13 déc. 1832, p. 2137.
(2) Projet présenté à la Chambre des pairs, pour la révision de la loi du 7 juill. 1833, le 19 fév. 1840 ; *Monit.* du 22, p. 345.

Le système qui a été opposé à l'administration dans les discussions législatives, a consisté à distinguer, dans l'indemnité d'expropriation, deux éléments : d'abord, la prise de la propriété enlevée ; ensuite, selon les circonstances, la réparation du préjudice souffert par suite de la dépossession. Dans ce système, le prix de la propriété cédée, le prix dû préalablement, pour un fait certain et actuel, devait dans tous les cas être payé à l'exproprié ; si une plus-value plus ou moins probable, mais toujours conjecturale, pouvait être compensée avec quelque chose, ce ne pouvait être qu'avec les moins-values, conjecturales aussi, que les expropriés allèguent relativement à la propriété restante. En un mot, « *la compensation ne devait pouvoir* « *s'exercer que sur la moins-value, et non sur la valeur de l'im-* « *meuble* (1). »—Telle est l'opinion nouvelle qui a été présentée et développée par plusieurs orateurs (2).

Dans l'intervalle des deux lois modernes, ainsi qu'on l'a dit ci-dessus, la Cour de cassation a adopté la même distinction. L'arrêt de la Cour de cassation, en date du 28 août 1839, porte : « Attendu qu'aux termes de l'art. 38, § 3, de la loi du 7 juillet « 1833, la mission du jury d'expropriation est de fixer le mon- « tant de la juste et préalable indemnité qui, suivant l'art. 9 de « la Charte, et l'art. 545 C. civ., est due au propriétaire dépos- « sédé pour cause d'utilité publique ; — Que cette indemnité se « compose d'éléments divers, dont les uns sont certains et posi- « tifs, et les autres tombent par leur nature dans le domaine « d'une équitable appréciation ; qu'ainsi, outre la valeur vénale « et intrinsèque de l'immeuble soumis en tout ou en partie à « l'expropriation, outre les dépenses, soit de démolition, soit de « reconstruction, qui sont nécessaires pour coordonner la partie « restante de l'immeuble à la destination future des lieux, ou « pour la rétablir dans un état convenable et utile d'exploita- « tion, le propriétaire dépossédé a le droit de faire entrer dans « sa demande d'indemnité un prix quelconque, soit de conve- « nance, soit d'affection, soit de moins-value, qu'il est naturel- « lement enclin à porter au delà de ses justes limites ; —Attendu « que c'est *uniquement* pour offrir au jury un contre-poids à « l'exagération probable *de cette partie de l'indemnité* que l'art. « 51 a été introduit dans la loi du 7 juillet 1833 ; — Que si, aux

---

(1) **M.** de Cormenin (5ᵉ édit., II, p. 227).
(2) **M.** le comte Portalis, **M.** le président Boyer, M. Villemain ; *Monit.*, 10 mai 1840, p. 990, 994.

« termes de cet article, le jury est autorisé à prendre en consi-
« dération, dans l'évaluation de l'indemnité, l'augmentation de
« valeur immédiate et spéciale que l'exécution des travaux
« pourra procurer au restant de la propriété, il n'est pas pour
« cela dispensé d'évaluer une indemnité qui est la consé-
« quence nécessaire de l'expropriation même, ni autorisé à
« compenser et absorber cette indemnité par le montant arbi-
« traire et indéfini d'une plus plus-value purement conjecturale,
« incertaine, et qui pourra être démentie par l'événement ; — Et
« attendu que, dans l'espèce, le jury spécial du département de
« la Seine, sans même exprimer dans sa décision qu'il eût reconnu
« que l'exécution des travaux dût procurer au reste de la propriété
« une augmentation de valeur immédiate et spéciale, n'a adjugé
« aux dames Hanaire et Appay qu'une indemnité de 6,000 francs,
« « pour le cas où l'autorité les empêcherait d'élever le mur de
« face et les constructions nouvelles à la hauteur et suivant la
« forme des constructions qui existent ; » et qu'il n'a d'ailleurs
« fixé à leur profit le montant *d'aucune indemnité réelle et posi-*
« *tive ;* qu'en cela le jury a fait défaut à sa mission légale, qui
« était de fixer le montant de l'indemnité d'expropriation due
« aux propriétaires expropriés, ce qui constitue une violation
« de l'art. 38, § 3, et une fausse application de l'art. 51 de la loi
« précitée ; Casse » (1) — (A).

A ces hautes autorités, on peut répondre d'abord que d'autres orateurs ont défendu non moins énergiquement le principe, toujours suivi jusque-là, de la compensation totale (2),
et qu'en définitive aucun vote n'a constaté l'adoption de
l'opinion nouvelle. Mais ce qui répond plus directement encore,

---

(1) S. 1839, p. 749.
(2) M. le comte d'Argout, M. le président Girod (de l'Ain), M. Billault; *Monit.*, 13 déc. 1832, p. 2137 ; 14 mai 1833, p. 1351; 10 mai 1840, p. 994 ; 6 mars 1841, p. 556.

Additions.

(A) La Cour de cassation a consacré de nouveau cette doctrine par arrêt du 26 janv. 1857 (S. 58.1.624.) Il ressort encore de cet arrêt, que la règle d'après laquelle *l'indemnité* ne peut être *inférieure aux offres* de l'administration met obstacle à ce que le jury diminue le chiffre de ces offres à raison de la plus-value ré-

sultant des travaux pour la portion d'immeubles non expropriée.

Quoiqu'il soit reconnu qu'en général l'ouverture d'une voie publique a procuré une plus-value aux propriétés riveraines, et que cette plus-value doit se compenser avec les indemnités pour dommages, cependant aucune déduction ne doit être apportée à ces indemnités lorsque les circonstances particulières dans lesquelles est placée une de ces propriétés, lui assurait, dès avant le dommage, une valeur que l'ouverture de la voie nouvelle n'a pas sensiblement augmentée. Cons. d'État, 4 juin 1858 (*Gaz. trib.*, 23 août 58).

c'est le refus, manifesté deux fois par la Chambre des députés dans sa séance du 5 mars 1841, d'adopter la distinction dont il s'agit. En effet, le *Moniteur* constate, en rendant compte de cette séance, que M. Dumon avait présenté un amendement ainsi conçu : « Je demande qu'on ajoute à l'art. 51 : « *Jusqu'à concur-*« *rence de la moins-value* que pourra éprouver le restant de la « propriété. » La discussion s'engage, et, comme elle ne tournait pas en faveur de l'amendement, M. le président dit : « J'annonce « à la Chambre que M. Dumon *déclare renoncer à l'amendement* « qu'il avait présenté. » Toutefois, M. Dumon avait en même temps repris la rédaction de la loi du 7 juillet 1833 (la compensation simplement *facultative*) ; et, de plus, il proposait d'ajouter, à la fin de l'art. 51 tel qu'il était présenté par le Gouvernement et la commission, ces mots : « pour compenser, s'il y a lieu, *la* « *moins-value* du restant de la propriété. » Sur quoi M. le rapporteur de la commission a déclaré ce qui suit : « Je dois dire « que le second ou le troisième amendement de M. Dumon, qui « vient de se transformer si subitement, comme la Chambre a « pu le voir, *ne paraît pas à la commission devoir être ajouté à* « *l'art. 51.* » Puis, le *Moniteur* porte : — « M. Lherbette : l'amen-« dement est-il appuyé ? (Non, non !) — M. Dumon : M. Thil « l'appuie ! (Non, non !) — M. le président : il ne reste plus « maintenant qu'à consulter la Chambre sur la rédaction de « l'article du Gouvernement, etc. » Le résultat de la séance est « donc que l'amendement destiné à limiter *aux moins-values* la compensation de la plus-value, produit une première fois, mais abandonné après discussion, puis reproduit, a été écarté sans avoir pu même être soumis au *vote*, selon le règlement parlementaire, parce qu'il n'était pas *appuyé* (1) !

Au fond, et en examinant la question en elle-même, d'après la disposition légale, je crois, avec M. de Cormenin (2), que le système de la compensation réduite aux *moins-values* « détruit en « partie le bénéfice de l'art. 51 de la loi du 7 juillet 1833 (au-« jourd'hui de celle du 3 mai 1841), et qu'il semble peu en har-« monie avec l'esprit et le texte de cette loi. » Voici les motifs de mon opinion :

Il faut bien remarquer, avant tout, que le principe de la compensation *intégrale* existait dans notre législation, au moins depuis

---

(1) *Moniteur*, 6 mars 1841, p. 555, 556.

(2) II, p. 227, note 8, p. 228.

la loi du 16 septembre 1807. Il était écrit en termes exprès dans l'art. 54 de cette loi(1). Et en 1832 et 1833, à l'époque où a été discutée la première des deux lois modernes, il était constamment appliqué depuis plus de vingt-cinq ans. « Le principe de « la plus-value, a dit M. le président Girod (de l'Ain) à la Cham- « bre des pairs, a été continuellement appliqué par l'adminis- « tration, et je ne sache pas qu'il y ait eu des réclamations à cet « égard. C'est un principe de la plus stricte justice, qu'il importe « de *maintenir* (2). » Voici donc le point d'où l'on est parti : on avait un principe qui permettait, lorsqu'un sacrifice était exigé d'un particulier et que l'État lui apportait en même temps un avantage, de compenser l'un par l'autre. Ce principe, équitable envers le particulier, puisque tout le sacrifice était réparé, et juste envers le public, puisque l'administration n'a pas le droit d'enrichir un particulier aux frais du public, aidait le Gouvernement, en facilitant l'acquittement des charges qu'il contracte, dans l'exécution et le développement des travaux d'utilité générale. Aujourd'hui, l'on prétend qu'une innovation considérable a été introduite en cette matière ; qu'il faut distinguer deux indemnités ; que celle due pour le terrain pris doit être payée dans tous les cas, et que celle due pour les dépréciations causées à la propriété restante est la seule qui soit susceptible d'être compensée par les avantages qu'apporte l'État ! Mais où tant de choses se trouvent-elles ? Pour établir tant et de si grands changements dans une matière aussi importante, il ne suffit pas de montrer des opinions soutenues (et contredites d'ailleurs) dans des discussions législatives. Il faut montrer des votes et des dispositions de loi. Or, il n'y a pas, dans l'art. 51 de la loi du 3 mai 1841, de disposition qui dise tant de choses. Et quant aux votes, sur la question spéciale, il n'y en a qu'un : c'est le refus devant lequel est tombé l'amendement proposé par M. Dumon et rédigé en ces termes : « Pour compenser, s'il y a lieu, la *moins-* « *value* du restant de la propriété. » L'amendement n'est même pas allé jusqu'au vote ; il n'a pas pu être *mis aux voix*, faute d'être *appuyé* (3).

Ce qu'ont dit les votes, et ce que dit la disposition de la loi, c'est que : « L'augmentation de valeur sera prise en considéra- « tion dans l'évaluation du montant de l'indemnité. » Cela si-

---

(1) Ci-dessus, p. 232.
(2) Séance du 13 mai 1833, *Monit.* du 14, p. 1351.
(3) *Suprà*, p. 236.

gnifie-t-il qu'on fera deux parts ; d'un côté, le prix du terrain, comme devant être payé dans tous les cas sans déduction, et de l'autre, le prix des moins-values, comme *unique* objet offert à la compensation ? Il est difficile de reconnaître cette distinction dans la loi. Non-seulement la loi ne l'énonce pas, mais aucune des expressions de la loi ne contient même implicitement une distinction quelconque.

En effet, que signifie le mot *indemnité*? Ce mot a, dans les lois sur l'expropriation, tout à la fois un sens large et un sens restreint. Le sens large, c'est que le mot comprend non uniquement le prix vénal du terrain exproprié, mais encore tous les dommages causés par l'expropriation : cette étendue lui a été attribuée ci-dessus (1). Le sens restreint, c'est que le mot *indemnité* ne comprend que la réparation du sacrifice ; et cette limite ne doit pas être dépassée. La raison en est qu'en rendant l'exproprié *indemne* l'administration s'acquitte envers le particulier, mais que, si elle le rendait *plus riche*, comme c'est toujours le public qui paie, il y aurait une faveur faite à un particulier aux frais du public, par conséquent une injustice commise envers le public. Il n'y a donc pas là d'arbitraire ; c'est « la plus stricte « justice, » comme l'a dit (2), en parlant du principe de la compensation, M. le président Girod (de l'Ain). Dans cet enchaînement d'idées, il n'est donc pas possible que le prix du terrain exproprié soit affranchi de la compensation, lorsque la plus-value dépasse la moins-value, car alors le particulier se trouverait recevoir, outre le prix du terrain exproprié et le dédommagement des moins-values, tout l'excédant de la plus-value, à titre gratuit, et aux frais du public, ce que la loi n'a pas voulu.

Tout ce qui termine la phrase : « Cette augmentation sera « prise en considération *dans l'évaluation du montant de l'indem-« nité*, » prouve aussi que la loi ne fait pas de distinction entre les divers éléments. Si elle avait entendu mettre à part le prix de la vente, et ne faire porter la compensation que sur les dommages, elle aurait dit naturellement : « Sera prise en considé-« ration *dans l'évaluation des dommages*, » puisque les dommages seuls en auraient été susceptibles. Au contraire, en disant : « Sera prise en considération *dans l'évaluation du montant de* « *l'indemnité*, » la loi montre que la comparaison doit être faite

---

(1) P. 207 et suiv.
(2) *Suprà*, p. 237.

en bloc; et, comme la loi ne fixe aucune limite, aucun point où l'on doive s'arrêter, il s'ensuit que la compensation peut avoir lieu pour le total. Si donc le montant de la plus-value égale le montant de l'indemnité, les deux évaluations s'annulent l'une l'autre.

Il faut d'ailleurs, autant que possible, établir l'harmonie dans nos lois, surtout ici où il s'agit de répartir les charges entre les citoyens, et où le but qu'on se propose est de réaliser le principe d'égalité (1), en ne faisant pas payer un citoyen pour d'autres, ni une classe de citoyens pour d'autres. Or que se passe-t-il en matière de dommages sans expropriation ? Le particulier qui éprouve un dommage dans sa propriété n'est pas moins à plaindre que celui qui est obligé de céder une partie de sa propriété ; il est même très-souvent plus à plaindre, parce que la loi ne lui donne pas, en général, la même somme de garanties. Un dommage est quelquefois un événement très-grave. Tantôt le dommage enfouit ou déchausse une maison (2), tantôt il couvre d'eau un champ (3), tantôt même il dénature ou détruit la propriété (4). Dans tous ces cas, la compensation entre la plus-value et les dommages a lieu *pour la totalité*, s'il y échet, parce que la loi du 16 septembre 1807 a continué d'être en vigueur à cet égard; et la jurisprudence y est conforme : « Considérant
« (est-il dit dans les motifs d'un décret rendu au contentieux le
« 27 janvier 1853) qu'en admettant même que les travaux effec-
« tués en 1842 par l'administration des ponts et chaussées, sur
« la rive gauche de la Garonne, aient pu être de nature à causer
« à l'île Saint-Macaire un dommage direct et matériel, il résulte
« de l'instruction que les travaux de défense exécutés, en 1844
« et 1845, par ladite administration, sur la rive droite de ce
« fleuve, devant l'île dont il s'agit, *ont donné à cette propriété une
« plus-value qui compense, et au delà, ce dommage;* la demande
« en indemnité du sieur Berniard est rejetée (5). » Le Conseil d'Etat déclare même : « que la plus-value doit être déterminée
« par l'ensemble des avantages dont profite la totalité de la pro-
« priété, et non pas seulement à raison de ceux qui ne profitent
« qu'à telle ou telle de ses parties (6). » Dès lors, si aucune partie de l'indemnité due n'est mise par la loi à l'abri de la compensation de plus-value en matière de dommages, pourquoi une

---

(1) *Suprà*, p. 45.
(2-3-4) *Suprà*, p. 76 et suiv.

(5) Lebon, *Rec.*, 1853, p. 159.
(6) Cons. d'Etat, content., 9 fév. 1850.

partie de l'indemnité en serait-elle affranchie en matière d'expropriation?

Enfin on se demande si la question est encore susceptible d'être agitée, depuis l'interprétation donnée par le législateur lui-même, dans l'art. 20 de la loi du 16 juin 1841 *sur la constitution de la propriété en Algérie*. Cette loi, on le sait, a eu pour objet d'assimiler l'Algérie à la France, en faisant jouir la colonie des principes qui régissent la propriété française. Cette idée fondamentale de la loi est exprimée dans le rapport de la commission, en ces termes : « Vouloir (y est-il dit) attirer en Algérie
« une émigration importante de cultivateurs et de capitalistes
« européens, de *Français surtout*, avant d'y avoir *affermi la terre*
« *sous leurs pieds*, et de l'avoir *assimilée* par le droit *à celle de*
« *leur pays natal*, c'est tenter l'impossible. L'Algérie, c'est encore
« la France, et *il ne faut pas que*, en entrant dans les mains *de*
« *Français, la propriété y soit moins protégée et moins sûre qu'elle*
« *ne l'est en France*. En pareille matière, ce qui serait injuste et
« funeste en deçà de la Méditerranée ne saurait être juste et
« avantageux au delà. Il est donc de toute raison, comme d'ail-
« leurs il est de l'intérêt bien entendu de tous, *que la règle soit*
« *la même des deux côtés, et que cette règle soit la loi française* (1). »
Or, maintenant, en quels termes et comment la loi nouvelle a-t-elle appliqué à l'Algérie le principe de la plus-value en matière d'indemnité d'expropriation pour cause d'utilité publique, c'est-à-dire dans le cas de l'art. 51 de la loi du 3 mai 1841 ? Voici le texte de l'art. 20 de la loi du 16 juin 1851 : « Il sera *toujours* tenu
« compte, dans le règlement des indemnités, de la plus-value
« résultant de l'exécution des travaux pour la partie de l'immeu-
« ble qui n'aura pas été atteinte par l'expropriation. La plus-
« value pourra être admise *jusqu'à concurrence du montant total*
« *de l'indemnité*, et, dans aucun cas, elle ne pourra motiver le
« paiement d'une soulte par le propriétaire exproprié. » Ainsi la propriété en Algérie est assimilée à la propriété française, et c'est pour réaliser cette assimilation, ou par suite de cette assimilation, que le principe de la compensation *intégrale* est appliqué à l'Algérie. Donc le législateur lui-même a reconnu que le principe de la compensation *intégrale* est celui qui régit la France. Il faut bien en arriver là. Ou alors il faudrait dire que le législateur de 1851 aurait imposé à la propriété en Algérie,

---

(1) *Duvergier*, 1851, p. 227, notes.

par la compensation *intégrale*, une charge qui ne pèserait pas sur la propriété française, à laquelle la compensation ne pourrait être opposée que partiellement; c'est-à-dire que le législateur de 1851 aurait imposé à l'Algérie, qui a besoin d'être *favorisée*, et que, dans tous les cas, le législateur voulait *assimiler*, une *charge financière* dont la France serait exempte! résultat évidemment inconciliable avec les termes précités du rapport de la commission et avec l'idée fondamentale de la loi du 16 juin 1851.

En résumé donc, je crois que rien dans la disposition légale, rien dans la comparaison de nos lois entre elles, ne permet de distinguer, dans l'art. 51 de la loi du 3 mai 1841, d'une part, la valeur réelle de l'immeuble, et, d'autre part, les moins-values, la première comme non susceptible d'être compensée, les secondes comme seules susceptibles de compensation; que cette distinction est surtout devenue inadmissible depuis que la loi du 3 mai 1841 a été interprétée par la loi du 16 juin 1851, précitée—(A).

336. Le deuxième arrêt de la Cour, annoncé ci-dessus (1), et qui est en date du 28 fév. 1848, diffère un peu, dans les termes au moins, de celui du 28 août 1839. Il ne répète pas que c'est « *uniquement* pour offrir au jury un contre-poids à l'exagération « probable des moins-values que l'art. 51 a été introduit dans la « loi sur l'expropriation ». Le deuxième arrêt paraît se borner à dire que le jury ne peut pas refuser *toute* indemnité, et qu'il faudra toujours qu'il accorde *quelque chose*. Voici sa teneur : « Vu « les art. 38, § 3, de la loi du 3 mai 1841, et 545, Cod. civ.;— « Attendu qu'aux termes de l'art. 545, Cod. civ., nul ne peut « être contraint de céder sa propriété, si ce n'est pour cause « d'intérêt public légalement constaté et moyennant une in- « demnité préalable; et qu'aux termes de l'art. 38 de la loi du « 3 mai 1841, la mission du jury est de fixer le montant de l'in- « demnité; attendu que l'art. 51 de ladite loi veut que dans « l'évaluation du montant de l'indemnité, l'augmentation de « valeur immédiate et spéciale que l'exécution des travaux doit « procurer au restant de la propriété soit prise en considéra- « tion; mais qu'il *n'autorise pas le jury à n'allouer aucun chiffre*

---

(1) *Suprà*, p. 233.

Additions.

(A) Ajoutons que la plus-value que l'expropriation doit donner aux biens de l'exproprié ne doit être prise en considération dans la fixation de l'indemnité allouée à l'exproprié, qu'autant que ces biens forment le restant d'immeubles partiellement expropriés et non quand ils constituent des immeubles distincts. Cass. civ., 11 mars 1859 (S. 59.1.955).

« *d'indemnité;* attendu que la décision attaquée, après avoir fixé
« à la somme de 1,250 fr. la valeur des parcelles expropriées,
« a ordonné que l'indemnité serait réduite à néant, à raison de
« la plus-value résultant du passage de la route vicinale pour le
« redressement de laquelle l'expropriation avait été prononcée;
« —Qu'en statuant ainsi, elle a expressément violé les lois pré-
« citées;—Casse » (1).

D'après cela, comme on le voit, la base de l'arrêt est que
« l'art. 51 n'autorise pas le jury *à n'allouer aucun* chiffre d'in-
« demnité. »

Mais, si l'article ne fixe *aucune limite à la prise en considération*
de la plus-value, la plus-value peut être prise en considération
pour le tout. Par conséquent, en la prenant en considération
pour le tout, si le compte se solde par une équation, le jury ne
viole pas la loi.

Au surplus, où est la sanction? La loi, on le suppose, veut
une indemnité; et le jury alloue *un franc!*

Il est vrai que, tout récemment, la Cour a cassé une indemnité *d'un franc,* parce qu'il était constaté par le procès-verbal
des débats que la ville de Paris (expropriante) avait prétendu
qu'elle ne devait rien (2). Mais si *un franc* est alloué sans explications, ou si les jurys spéciaux substituaient à la pratique *d'un
franc* celle de vingt-cinq, de cinquante, de cent francs, malgré
la très-grande disproportion qui pourrait exister entre ces sommes
et la valeur vénale du terrain pris, il serait très-difficile de dire
jusqu'où la Cour de cassation pourrait aller et où elle devrait
s'arrêter, dans l'appréciation des chiffres, à l'effet de déclarer
qu'un chiffre alloué par le jury ne constitue pas une évaluation
réelle et sérieuse du prix de la vente; ainsi dans tous les cas, la
règle est dépourvue de sanction. C'est une raison de plus pour
penser qu'elle n'est pas la vraie règle—(A).

337. On a vu que la loi du 16 septembre 1807, art. 54, appliquait la compensation dans toute son efficacité, puisqu'elle soumettait le propriétaire à l'acquittement du surplus de la plus-value, quand la plus-value excédait le montant de l'indemnité. M. de

---

(1) Cass., 28 fév. 1848 (S. 48.1.403).
(2) Arrêt du 23 avril 1855.

Additions.

(A) L'indemnité offerte par l'expropriant et allouée par le jury n'a pas de
minimum légal, et peut descendre jusqu'au *chiffre de* 1 *fr.,* pourvu que cette
offre n'implique pas la dénégation du droit,
cas où il y aurait lieu à renvoyer devant
les tribunaux ordinaires le litige sur le
droit. Cass., 12 mars 1856 (Dall. 56.1.
169).

Cormenin avait déjà dit, sous la loi du 7 juillet 1833, en parlant du principe de la compensation totale : « Il est évident que le « législateur (de 1833) a entendu transporter ce principe dans la « nouvelle loi d'expropriation, *en écartant seulement la disposition* « *relative au cas de paiement de l'excédant par le propriétaire* » (1). Cette interprétation est confirmée aussi par l'art. 20 précité de la loi du 16 juin 1851 (2).

338. D'après tout ce qui précède, les moyens de défense des propriétaires ne me paraissent pas être dans la résistance au principe de droit de la compensation *intégrale*. Mais ils sont, à mon avis, dans les mots de l'art. 51 : « augmentation de valeur *immédiate et spéciale*. » C'est là le véritable terrain de la défense. La loi du 16 septembre 1807 était trop vague à cet égard ; les lois modernes circonscrivent mieux les limites de la plus-value appréciable. Dans l'organisation nouvelle, avec des citoyens propriétaires pour juges, l'entraînement dans la voie de la plus-value à opposer aux expropriés n'était peut-être pas la chose probable ; mais la disposition de la loi est bonne et saine, parce qu'elle fortifie le jury : elle le fixe sur son devoir, en lui disant de s'arrêter aux choses *certaines*.

Je crois que les mots : « augmentation de valeur *immédiate* » ne désignent que l'augmentation procurée directement par le travail *général*, la route, la rue, le canal. D'après la jurisprudence du Conseil d'État, exposée ci-dessus, les dommages de détail que pourra causer plus tard l'exécution matérielle des travaux doivent être appréciés par le conseil de préfecture (3) : il en résulte que l'appréciation des avantages qu'ils pourront procurer en même temps est nécessairement réservée aussi à ces mêmes conseils. On ne peut donc pas les compter deux fois. C'est pour cela que le mot « *immédiate* » doit être pris dans un sens très-restreint. Il me paraît correspondre, en ce qui concerne la compétence du jury, aux mots « indemnités dues *par suite* d'expropriation » (4). De même que le jury n'est compétent pour accorder l'indemnité que relativement aux dommages qui sont des suites directes de l'expropriation (5), de même il n'est compétent pour compenser qu'en ce qui concerne les plus-values qui sont des suites directes du nouveau travail lui-même, comme route, rue ou canal. Du reste, ces augmentations de valeur

---

(1) II, p. 228, en note.
(2) *Suprà*, p. 240.
(3) *Suprà*, p. 214.

(4) *Suprà*, p. 209.
(5) *Suprà*, p. 214.

sont parfaitement connues. Il est incontestable, par exemple, que, si une route ou un canal viennent à être ouverts le long d'un domaine qui manquait de débouchés pour l'écoulement de ses produits ; si une rue vient à être ouverte au fond d'un jardin ou d'une cour et procure une nouvelle façade, il est incontestable qu'au moment même où le travail général apparaît par le fait des expropriations et du règlement des indemnités, à ce moment même, et sans qu'il soit besoin d'attendre l'exécution matérielle des travaux de détail, l'augmentation de valeur existe pour les terrains que touche l'expropriation. Est-ce que, si le propriétaire touché par l'expropriation vendait, au même moment, le restant de sa propriété à un tiers, il ne lui ferait pas payer l'augmentation de valeur ? Ces augmentations sont donc réellement *immédiates*.

Pour que l'augmentation de valeur soit *spéciale*, comme le veut la loi, il faut, je crois, qu'elle soit particulière aux expropriés. Il ne s'agit pas ici de ces plus-values dont tout le monde profite : celles-là, il serait injuste de les faire payer par les expropriés, puisqu'on en fait jouir même ceux qui n'ont pas contribué aux travaux. Les plus-values générales se paient par les contributions générales. Il faut donc, pour qu'un exproprié ne paie pas sur son propre bien, qu'il soit devenu plus riche, qu'il ait *quelque chose de plus* que les autres citoyens par le fait du nouveau travail. C'est ce *quelque chose de plus* qu'on lui déduit ; l'augmentation de valeur *spéciale* ne peut être que là.

La Cour de cassation a prononcé, dans une affaire jugée le 26 mai 1840, sur une question de plus-value *spéciale et immédiate*. Par le fait d'une expropriation partielle pour le prolongement d'une rue à Paris, la partie restante d'une maison devenait *coin de rue*. La valeur locative en était augmentée, et par suite, la valeur vénale, la valeur de la propriété. Cette augmentation était *immédiate*, puisqu'elle résultait directement de l'expropriation et du travail ordonné par le Gouvernement ; elle était *spéciale*, puisqu'elle constituait un avantage particulier pour le propriétaire, un avantage dont les autres citoyens et même les autres expropriés, ses voisins, ne jouissaient pas. Cependant ce propriétaire se plaignait, devant la Cour de cassation, de ce que le jury avait fait entrer la plus-value dans les éléments de l'indemnité, sans déclarer préalablement qu'elle était *spéciale* à la maison expropriée et *immédiate*. La Cour a jugé : « qu'en spé-
« cifiant la maison des mariés Hanaire et Appay, *laquelle forme*
« *encoignure*, le jury avait suffisamment déclaré que la plus-value

résultant du prolongement de la rue Chabanais jusqu'à la place
« Louvois était spéciale; et qu'en déclarant que la plus-value
« résulterait de la démolition même qui serait effectuée par les
« propriétaires expropriés, suivant l'offre réelle qu'ils en avaient
« faite, le jury avait aussi déclaré suffisamment que la plus-
« value était immédiate » (1).

339. La loi du 3 mai 1841 est la loi générale; mais le législateur peut y déroger par des dispositions spéciales, dans des circonstances particulières.

Ainsi, un décret de l'Empereur, en date du 31 mars 1854, a décidé qu'il serait procédé à la rectification de la route départementale de la Seine n° 4, entre le rond-point de la barrière de l'Étoile et la porte Dauphine au bois de Boulogne, suivant la direction indiquée en un plan, et a autorisé l'administration à faire l'acquisition des terrains et bâtiments nécessaires à l'exécution de cette rectification, en se conformant aux dispositions des titres 2 et suivants de la loi du 3 mai 1841 sur l'expropriation pour cause d'utilité publique. La dépense devait être supportée par le département de la Seine et par la ville de Paris, dans les proportions déterminées par des délibérations du conseil général et de la commission municipale.

Le 22 juin suivant a été rendue une loi qui autorise le ministre des finances à concéder à la ville de Paris des portions de l'ancien promenoir de Chaillot, puis autorise la ville à les aliéner, à la charge par elle de remplacer cet ancien promenoir par des promenades nouvelles établies sur les parties latérales de la route départementale projetée entre la place de l'Étoile et la porte Dauphine du bois de Boulogne. L'art. 3 porte : qu'un décret impérial déterminera les dispositions de constructions et de clôtures qui devront être observées sur les terrains provenant de l'ancien promenoir de Chaillot, et en façade sur la place de l'Étoile; et que le même décret déterminera également les genres d'industrie et de commerce dont l'exploitation sera interdite dans les maisons construites sur ces terrains. L'art. 4 ajoute : que les terrains joignant les parties latérales de la route départementale devront être clos par des grilles en fer établies suivant un modèle uniforme; qu'aucune construction ne pourra être élevée à une distance moindre de 10 mètres de ces grilles; que les prohibitions portées par le décret à intervenir en vertu

---

(1) S. 40.1.712.

du dernier paragraphe de l'art. 3 seront applicables à ces terrains et constructions. Enfin, l'art. 5 est ainsi conçu : « *Aucune plus-value ne pourra être demandée aux propriétaires des terrains qui seront assujettis à ces servitudes.* » Et, aux termes de l'art. 6 : les propriétaires des terrains grevés qui, dans les trois mois de la notification à eux faite par l'administration, n'auront pas déclaré se soumettre aux servitudes créées par la loi, seront expropriés de leurs immeubles dans les formes de droit.

La route alors à ouvrir est ouverte aujourd'hui et porte le nom d'Avenue de l'Impératrice.

Lorsque les expropriations eurent lieu pour l'ouverture de l'Avenue, la question fut élevée, devant le jury appelé à fixer les indemnités dues à des propriétaires frappés d'une expropriation partielle, de savoir s'il serait fait application de l'art. 51 de la loi du 3 mai 1841, qui veut, comme on l'a vu ci-dessus, qu'en cas d'expropriation partielle l'augmentation de valeur de la portion restante de la propriété soit prise en considération dans l'évaluation des indemnités. Le magistrat directeur émit l'opinion, consignée dans une ordonnance par lui rendue, que l'art. 5 de la loi du 22 juin 1854 ne s'opposait pas à ce qu'il fût fait application de l'art. 51 de la loi du 3 mai 1841.

Pourvoi en cassation, de la part des expropriés. Le débat portait sur l'art. 5 de la loi du 22 juin 1854 : « *Aucune plus-value ne* « *pourra être demandée aux propriétaires des terrains qui seront* « *assujettis à ces servitudes.* » Ce texte ne devait-il s'entendre que de la plus-value réglée par les art. 30, 31 et 32 de la loi du 16 septembre 1807 ? Ou bien, les propriétaires étaient-ils fondés à l'invoquer par rapport à la plus-value réglée par l'art. 51 de la loi du 3 mai 1841 ?

A cet égard, il faut savoir que les deux plus-values diffèrent essentiellement entre elles, dans leurs principes et dans leurs conséquences. La plus-value réglée par la loi du 3 mai 1841 n'est qu'un moyen naturel de *défense :* le propriétaire d'un héritage, exproprié d'une partie du fonds, mais à qui le nouveau travail public procure une augmentation de valeur dans le restant de sa propriété, *demande* l'indemnité qui lui est due; pour le rendre indemne, il suffit de réparer le sacrifice qu'il a subi : or, le sacrifice réel ne se compose que de la perte qui subsiste, compensation faite jusqu'à due concurrence entre le dommage éprouvé par le propriétaire et la plus-value créée par l'État; voilà l'hypothèse de la plus-value autorisée par l'art. 51 de la loi du 3 mai 1841, qui remplace, sur ce point, l'art. 54 de la loi du 16 septembre 1807; cette plus-value est une *réponse*, un *moyen de défense* que l'État oppose à la demande du propriétaire ; et comme, dans le langage judiciaire, les moyens de défense ont reçu le nom d'*exceptions*, on dit généralement que la plus-value dont il s'agit a lieu « *par voie d'exception.* »

Mais la plus-value réglée par les art. 30, 31 et 32 de la loi du 16 septembre 1807, articles qu'aucune disposition des lois postérieures n'a remplacés, est tout autre chose. Elle a lieu « *par action directe,* » par demande principale de l'État lui-même, contre des propriétaires qui ne lui disent rien. L'hypothèse est celle-ci : l'État a fait des travaux d'utilité publique qui ont profité à des propriétés privées : l'État n'a aucun débat avec ces propriétaires, de leur part, attendu qu'ils n'ont pas été atteints par les travaux et que, par conséquent, ils n'ont rien à lui demander. Mais, par cela seul que l'État a payé les travaux avec les deniers du public, et qu'il ne serait pas juste d'enrichir un ou plusieurs particuliers des deniers du public, la loi autorise l'État à intenter contre ces particuliers une action qui les force *à contribuer aux dépenses dont ils profitent*. Seulement, comme beaucoup de considérations, en cette circonstance, plaident pour ces propriétaires, *alors défendeurs*, la loi les traite avec ménagement. Ainsi, tandis que la plus-value « *par exception* » est purement et simplement abandonnée au jury; qu'elle peut tout à la fois être opposée pour le plus petit avantage et pour la totalité de l'avantage, la plus-value par action est soumise aux plus hautes garanties de l'ordre social, puisqu'elle est subordonnée à un *acte du Chef de l'État, en son conseil;* en outre, elle ne peut être opposée que lorsqu'elle est *notable;* dans aucun cas, la contribution ne peut dépasser *la moitié* des avantages; et l'acquittement en est facilité par tous les moyens que la loi a pu imaginer, au choix du débiteur (1).

Il est donc d'un grand intérêt, en doctrine et en pratique, de savoir si une disposition de loi sur la plus-value concerne la plus-value *par exception* ou la plus-value *par action*.

En appliquant ces principes à la question soulevée dans l'affaire exposée ci-dessus, comment devait-on interpréter le texte de l'art. 5 de la loi du 22 juin 1854 : « aucune plus-value ne

---

(1) V. les art. 30, 31, 32 de la loi du 16 sept. 1867; et pour les développements, *Traité des servitudes d'utilité publique*, II, p. 594 à 600.

« pourra être demandée aux propriétaires des terrains qui seront
« assujettis à ces servitudes ? »

D'un côté, les mots « ne pourra être *demandée* » indiquaient la seule plus-value *par action* : ce n'était donc qu'à cette dernière qu'il était dérogé, et non à la plus-value « *par exception.* » De plus, la loi du 22 juin 1854 n'est relative qu'à des servitudes : par conséquent, les terrains ne sont pas expropriés : donc encore il ne s'agissait pas du cas prévu par l'art. 5 de la loi du 3 mai 1841, et ce n'était pas à cette plus-value qu'il était dérogé. Enfin, le décret même du 31 mars 1854, qui avait ordonné l'ouverture de la route, avait obligé (art. 3) l'administration « à se « conformer aux dispositions des titres XI et suivants de la loi « du 3 mai 1841, » dans lesquels est compris l'art. 51 ; donc ce n'était pas à cet article que pouvait avoir voulu déroger l'art. 5 de la loi du 22 juin. Ainsi, il y avait des raisons de texte pour soutenir que l'art. 5 de la loi du 22 juin 1854 ne pouvait s'entendre que de la dispense de la plus-value « *par action,* » et que la plus-value « *par exception* » avait continué de pouvoir être opposée.

D'un autre côté, les mots « *aucune* plus-value » donnaient le droit de dire qu'il s'agissait de toutes les plus-values, quelle qu'en fût la nature. Et la loi du 22 juin 1854 n'est pas étrangère aux *expropriations*, puisque, dans les art. 2 et 4, elle mentionne les *parties latérales* de la route départementale qui *devait être ouverte* entre la place de l'Etoile et la porte Dauphine du bois de Boulogne : or, *ces parties latérales* et cette *ouverture de la route* indiquaient des expropriations.

Mais tout se trouvait expliqué par l'exposé des motifs du projet de loi, dans le passage conçu en ces termes : « Les servitudes « imposées par l'art. 3 pourraient paraître onéreuses, si l'on « n'avait la certitude que les terrains qui en seront frappés, et « qui sont aujourd'hui d'une bien faible valeur, obtiendront une « plus-value très-considérable par le seul effet de la création de « la route départementale et des promenades qui la borderont. « La ville de Paris aurait incontestablement le droit, *en vertu de* « *la loi du 3 mai* 1841, ou *de celle du 16 septembre* 1807, *selon les* « *cas*, de demander aux propriétaires le paiement de cette plus-« value. Elle renoncera à l'application de ce droit en compensa-« tion des servitudes qui grèveront les terrains ; c'est l'objet de « l'art. 4 du projet. » Il était démontré par là que l'art. 4 du projet, devenu l'art. 5 de la loi, dérogeait aux deux plus-values, tant à celle établie par l'art. 51 de la loi du 3 mai 1841 qu'à celle établie par les art. 30, 31 et 32 de la loi du 16 septembre 1807 : d'où il résultait que, dans l'espèce du pourvoi porté devant la Cour de cassation, le magistrat directeur du jury avait commis une erreur.

Aussi la Cour a-t-elle cassé, pour violation de l'art. 5 de la loi du 22 juin 1854, l'ordonnance du magistrat directeur et la décision du jury spécial qui l'avait suivie (1).]

340. Le jugement qui prononce l'expropriation doit indiquer l'époque à laquelle l'administration veut prendre possession des terrains qu'elle exproprie. Le propriétaire peut donc à cette époque se considérer comme privé de la possession de l'immeuble; on ne peut exiger de lui qu'il trouve le moyen de tirer un parti utile de la jouissance précaire qu'on lui laisse. On doit par suite lui tenir compte de la perte de revenus qu'il a éprouvée. Quelquefois même la force des choses empêche l'exproprié de prolonger sa jouissance jusqu'à l'époque à laquelle l'administration avait besoin de l'immeuble. Ainsi, si l'administration a réclamé la mise en possession d'une terre en labour pour le 1er janvier ou le 1er avril, comme il y avait impossibilité de tirer un produit de cette terre à cette époque, le propriétaire a dû en abandonner la jouissance après la récolte antérieure. S'il s'agit d'une maison, le propriétaire ne peut pas toujours empêcher ses locataires de la quitter, et trouve rarement à la louer à d'autres. Il éprouve donc une privation de jouissance dont la réparation doit être comprise dans l'indemnité qui lui est accordée (2).

Si cependant il a tiré un parti plus ou moins utile de l'immeuble postérieurement à l'époque indiquée par le jugement d'expropriation comme devant être celle de sa dépossession, ces produits diminueront d'autant l'indemnité à lui allouer pour perte de revenus.

341. [Aux termes de l'art. 55, § 2, « quand l'indemnité aura « été réglée, si elle n'est ni acquittée, ni consignée dans les six « mois de la décision du jury, les intérêts courront de plein « droit à l'expiration de ce délai. » Il faut se bien rendre compte de la situation prévue par cette disposition. La loi suppose que l'indemnité est réglée, mais non payée : par conséquent, l'administration n'a pas pris possession, puisque le paiement doit être préalable : ainsi, le propriétaire détient encore l'immeuble

---

(1) 24 janv. 1855 (S. 55.1.542).
(2) [V. MM. Gillon et Stourm, *C. des municip.*, p. 286.]

et il en perçoit les fruits. C'est dans cette situation que la loi lui accorde, en outre, les intérêts du montant de l'indemnité, de plein droit, à l'expiration du délai de six mois. Ces intérêts sont donc un *bénéfice*, puisque par là le vendeur se trouve avoir tout à la fois l'immeuble, les fruits de l'immeuble et les intérêts du prix. Mais la position du propriétaire est incertaine, entravée, et la loi stimule l'administration par l'aiguillon des intérêts à payer, si le retard se prolonge au delà de six mois.

342. Ce délai de six mois sans intérêts n'est relatif qu'au cas où l'administration n'a pas pris possession. Mais si, par une circonstance quelconque, l'Etat a pris possession avant d'avoir réglé l'indemnité, les intérêts sont dus à dater de la prise de possession. Car l'Etat, acquéreur, ne peut pas avoir à la fois l'immeuble, la jouissance de l'immeuble et la jouissance du prix. En matière de vente volontaire, le Code Napoléon établit (art. 1602) que : « l'acheteur doit l'intérêt du prix de la vente, 1° s'il « a été ainsi convenu lors de la vente; 2° si la chose *vendue et* « *livrée* produit des fruits ou autres revenus. » A plus forte raison doit-il en être de même dans le cas d'expropriation et de dépossession pour cause d'utilité publique sans accomplissement des formalités, puisque le propriétaire a été dans l'impossibilité de se défendre, et que, d'ailleurs, il ne peut pas perdre et les fruits de la chose et les intérêts du prix. En conséquence, le Conseil d'Etat accorde les intérêts à partir du jour de la dépossession, dans les indemnités qu'il est chargé de régler (1).

343. Il accorde même les intérêts des intérêts, lorsque le retard apporté au paiement ne peut être imputé au propriétaire, par exemple, lorsque le pourvoi de ce dernier a été nécessité par l'insuffisance de l'indemnité à lui allouée (2). Toutefois, il faut que les intérêts des intérêts soient dus au moins pour une année entière, et qu'après leur échéance ils aient été demandés (3).

Mais, si la réclamation de l'exproprié relative au chiffre de son indemnité est mal fondée, les retards apportés au paiement des intérêts ou arrérages doivent lui être imputés et ne peuvent donner lieu au paiement d'aucun autre intérêt à la charge de l'Etat (4).

344. En ce qui concerne le jury spécial, je crois qu'il ne peut jamais statuer sur les intérêts, parce que la question des intérêts

---

(1) Décr. content., 24 juill. 1853.
(2-3) Décr. content., 24 juill. 1853.

(4) Décr. content., 30 mars 1853.

contient toujours une question de droit, celle de leur point de départ légal.

La Cour de cassation a jugé deux fois : « Qu'une décision de « jury, en fixant l'indemnité à une valeur de..... en capital, *aug-* « *mentée des intérêts à 5 pour 100 devant courir depuis l'époque de* « *la prise de possession*, a clairement déterminé le montant précis « de l'indemnité ; que l'on ne peut pas tirer grief contre cette « décision de ce qu'elle n'a point assigné une date à la prise de « possession ; qu'en effet, la prise de possession ne doit avoir « lieu que postérieurement au règlement de l'indemnité, et alors « que le jury a cessé d'exister ; que, dans l'hypothèse exception-« nelle d'une prise de possession ultérieure au règlement de « l'indemnité, le litige qui viendrait à s'élever sur la date de « cette prise de possession ne serait pas de nature à être soumis « au jury, puisque le jury n'a mission que pour estimer et al-« louer la véritable valeur de l'immeuble atteint par l'expro-« priation (1). »

Il semble résulter de là que le jury aurait excédé ses pouvoirs, s'il avait statué sur la date de la prise de possession, mais qu'il ne les avait pas excédés en disant : à dater de la prise de possession.

J'inclinerais à penser que, même en disant : « A dater de la « prise de possession, » le jury spécial avait dépassé ses limites, parce que la fixation du point de départ, « à l'époque de la prise de possession, » tranche encore une question de droit. En effet, les intérêts peuvent être dus à partir d'une autre époque, par exemple, dans le cas prévu par l'art. 55, § 2, quand l'administration a laissé écouler plus de six mois sans prendre possession ; alors le cours des intérêts précède la prise de possession. D'un autre côté, le point de départ des intérêts peut tenir à des conventions faites entre l'administration et les expropriés. En un mot, le point de départ du cours des intérêts est toujours une question de droit.

Je crois plus régulière la décision rendue par un jury, dans une espèce sur laquelle la Cour de cassation a statué par l'arrêt suivant : « Attendu que la décision du jury, en allouant au de-« mandeur la somme de... (en capital), conformément aux offres « de l'administration, *a laissé audit demandeur tous ses droits pour* « *réclamer* l'intérêt de ce capital à partir du jour où le terrain a

---

(1) Cass., 1er juill. 1845 ; 16 fév. 1846 (S. 45.1.492, et 46.1.237).

« été livré à la voie publique, droit que l'administration elle-même
« avait reconnu par ses offres; *que le jury n'a mission que pour déter-*
« *miner et allouer la véritable valeur de l'immeuble* atteint par l'ex-
« propriation; mais qu'il ne lui appartient pas de connaître des
« litiges qui peuvent s'élever sur l'époque de la prise de posses-
« sion des terrains, prise de possession qui, dans l'espèce, a été
« indiquée par l'administration comme point de départ des in-
« térêts par elle offerts; qu'il n'entrait donc pas dans la mission
« du jury de déterminer à partir de quelle époque devaient
« courir les intérêts fondés sur cette prise de possession... » (1).]

345. Si l'expropriation a obligé le propriétaire à faire quelques déboursés, la justice veut qu'ils soient compris dans l'indemnité allouée (2). Ainsi on doit lui tenir compte du coût des significations qu'il a dû faire aux fermiers et locataires du bien exproprié ou à l'administration. Il faut toutefois que les déboursés aient pour unique cause l'expropriation, et qu'il y ait eu nécessité de les faire, pour qu'on puisse les comprendre dans l'indemnité. Ainsi, l'exproprié ne pourrait réclamer les frais d'un voyage qu'il dirait avoir fait pour visiter le bien frappé par l'expropriation, parce que ce voyage pourrait avoir eu tout autre motif, et se serait peut-être fait quand même il n'y aurait pas eu d'expropriation.

346. Doit-on accorder au propriétaire exproprié une indemnité pour le couvrir de ce qu'il pourra lui en coûter pour réacquérir une propriété de même nature? Non, dit-on, ce n'est point un remplacement qui est dû au propriétaire dépossédé, mais seulement la valeur réelle de son terrain. On répond qu'en matière d'expropriation pour utilité publique la règle est que l'exproprié doit être indemne; que ce principe, qui avait déjà été proclamé par la loi des 3-14 septembre 1791, se trouve consacré de la manière la plus formelle par l'art. 545, Cod. civ.; qu'on n'est indemne qu'autant qu'on n'éprouve plus aucun dommage. On m'enlève, peut dire l'exproprié, une propriété de 10,000 fr.; mais, pour m'en procurer une semblable, je devrai payer 11,000 fr. au moins : j'éprouverai donc un préjudice par suite de l'expropriation, si l'on ne me donne que 10,000 fr.; ce n'est pas ce que la loi a voulu. Avec les 10,000 fr. que l'on va me donner je ne pourrai acquérir qu'une propriété de 9,000 fr. Si j'étais

---

(1) Cass., 20 mai 1845. (S., 1845, p. 415.)

(2) [V. MM. Gillon et Stourm, *C. des municip., Expropr.*, p. 286.]

encore exproprié de celle-ci, et qu'on ne m'allouât que ces 9,000 fr. pour indemnité, je ne pourrais plus avoir qu'un bien d'environ 8,000 fr., et d'expropriation en expropriation, la valeur de mon premier immeuble se trouverait réduite à rien ; cependant l'on me dirait, chaque fois, que je suis indemnisé. Singulière indemnité qui, en se renouvelant souvent, me ruinerait entièrement !

On oppose que rien n'indique si le propriétaire emploiera effectivement la somme qu'il touchera à racheter un autre immeuble ; qu'il peut avoir des dettes à payer, une dot à faire à ses enfants ; qu'il aurait peut-être été obligé de vendre sans l'expropriation, et que, si on lui accorde des frais de remploi sans que le remploi ait lieu, il jouira d'un bénéfice tout à fait injuste ; qu'il peut placer ses fonds sur l'État, chez un banquier, ou de toute autre manière qui ne lui cause aucuns frais, et que la loi ne pouvant entrer dans l'appréciation de tous ces cas particuliers, a toujours refusé cette allocation pour frais de remploi ; que cela résultait de l'art. 49 de la loi de 1807 et de l'art. 16 de celle de 1810. En effet, l'art. 49 de la loi du 16 septembre 1807 dit que les terrains seront payés d'après leur valeur avant l'entreprise des travaux, *et sans nulle augmentation du prix d'estimation*, ce qui indique clairement que rien ne doit être payé au delà de la valeur estimative des terrains. Cette disposition n'a pas été révoquée par la loi du 8 mars 1810, car l'art. 27 de cette dernière loi ne révoque que les dispositions de la loi de 1807 qui seraient contraires à celle qu'elle proclame ; la loi de 1833 ne la révoque pas non plus, car il n'y a dans cette loi aucune disposition contraire à celle de l'art. 49 de la loi de 1807. On invoque aussi ce qui se passe lors des licitations, et même pour les soultes par suite de partage d'immeubles. Un copropriétaire indivis d'un immeuble de 20,000 fr., s'il ne se rend pas adjudicataire, ne reçoit qu'une somme de 10,000 fr., avec laquelle il ne pourrait acquérir qu'un immeuble de 9,000 fr. ; de même, lorsque, dans un partage entre majeurs, il y a lieu de payer une soulte à l'un des copartageants, on n'accorde jamais à celui-ci un supplément de soulte pour les frais du remploi qu'il pourra faire de la soulte en immeubles. Ainsi le seul but de faire cesser les contestations que l'indivision pourrait occasionner a porté le législateur à décider qu'un copropriétaire d'immeuble pourrait être dépossédé de sa part dans cet immeuble, et ne recevoir en échange qu'une somme avec laquelle il ne pourrait se procurer un autre immeuble de même valeur ni de même produit.

Pourquoi aurait-on décidé autrement relativement aux expropriations pour utilité publique?

On répond à ces divers arguments que l'art. 49 de la loi du 16 septembre avait un autre sens que celui qu'on lui prête; qu'avant la Révolution, certains parlements accordaient aux propriétaires expropriés une crue qu'ils fixaient à un cinquième de la valeur réelle du bien. C'est cette crue que la loi du 16 septembre a voulu abolir; mais, en décidant qu'il ne sera rien payé au delà de la valeur réelle du terrain, elle n'a pas prononcé sur la manière de fixer cette valeur; elle n'a pas dit qu'elle serait inférieure à la perte éprouvée par le propriétaire, et qu'il ne serait pas complétement indemnisé. A l'argument tiré de ce qui se passe en cas de partage ou de licitation on répond que l'hérédité ou l'achat par indivis sont des quasi-contrats, et que chacun doit supporter les conséquences de ses quasi-contrats; que, lors du partage avec soulte, il n'y a pas lieu au paiement des frais du remploi, parce que le tirage des lots est aléatoire. Presque toujours la privation d'un immeuble est pour le propriétaire une contrariété dont il ne sera pas dédommagé par l'indemnité, non plus que des démarches et faux frais que lui occasionnera une nouvelle acquisition. Il est donc juste de l'indemniser au moins de tout le préjudice constant; et certes les frais qu'il aura à faire pour réaliser une nouvelle acquisition sont un préjudice bien réel.

Mais si, pour fixer la valeur du terrain exproprié, on avait joint au prix d'acquisition les frais de contrat, etc., il y aurait double emploi à comprendre encore les frais nécessités par une réacquisition; et l'exproprié pourrait alors acquérir avec l'argent par lui reçu une propriété plus importante que celle qu'il aurait perdue.

Ainsi, si l'on prend pour base de l'indemnité le prix d'acquisition, on y ajoutera tous les accessoires, parmi lesquels doivent figurer les frais d'enregistrement et autres. Le propriétaire, recevant par là tout ce qu'il a déboursé pour l'acquisition de ce même immeuble, pourra certainement en acquérir un autre de même valeur, sans éprouver aucun préjudice. Si au contraire l'on veut baser les évaluations sur les baux de la propriété atteinte par l'expropriation, ou ceux des propriétés voisines, il faudra établir une proportion entre le prix d'acquisition des biens et le revenu. Suivant qu'on aura fait entrer dans les calculs faits pour déterminer ce prix, ou que l'on en aura exclu les frais de toute nature occasionnés par une acquisition, il faudra les ajouter ou non au montant de l'indemnité principale. Un bien est loué 300 fr., et l'on a admis que les placements en immeubles se faisaient à 3 pour 100. La valeur de ce bien est, d'après ce calcul, de 10,000 fr. Si par là on a voulu dire que généralement un bien loué 300 fr. se vend 10,000 fr., il faudra ajouter toutes les dépenses accessoires et, par suite, les frais d'enregistrement et de contrat. Si au contraire on a entendu qu'avec une somme de 10,000 fr. on pourrait toujours acheter une propriété de 300 fr. de revenu, il suffira d'allouer 10,000 fr. à l'exproprié.

En résumé, nous pensons que l'on doit donner à l'exproprié, pour indemnité principale, la somme nécessaire pour acquérir, s'il le veut, une autre propriété de même valeur. C'est le seul moyen de le rendre réellement indemne. Qu'il fasse ou ne fasse pas ensuite le remploi, c'est une circonstance qui doit rester tout à fait étrangère à l'administration. Comme il n'y a de fixe dans cette partie de l'indemnité que les droits d'enregistrement, on ne peut évaluer avec une exactitude rigoureuse ce qui doit être alloué pour frais de remploi ; ces frais se composent des droits d'enregistrement, du timbre de la minute et de l'expédition du contrat, des honoraires du notaire, du coût de la transcription, du certificat négatif du conservateur. Quant aux frais de purge des hypothèques inscrites ou légales, ils se prélèvent souvent sur le prix, et, s'il n'en est pas ainsi, l'acquéreur prend cette charge en considération dans la fixation de ce prix. Nous croyons donc qu'en général on peut évaluer les frais d'acquisition de 7 à 10 pour 100, selon l'importance de l'immeuble. On sent d'ailleurs que ce sont les frais d'une vente volontaire qu'il faut évaluer, car ceux des ventes judiciaires, qui sont plus considérables, diminuent d'autant la somme que l'acquéreur aurait payée au vendeur (1).

347. Au premier aspect, on serait porté à penser que l'exproprié doit être indemnisé des pertes de toute nature que l'expropriation lui cause directement ou indirectement, mais la réflexion fait bientôt reconnaître qu'il n'en peut être ainsi. Un dommage tient souvent à plusieurs causes différentes, et la responsabilité de l'administration s'étend rarement à toutes. Nous allons établir qu'en droit et entre particuliers on est rarement

---

(1) **MM.** Gillon et Stourm n'accordent les frais de remplacement que pour les remplois légaux et obligatoires, non pour les remplois facultatifs et éventuels (*C. des municip.*, *Expropriat.*, p .296).

indemnisé de toutes les pertes que l'on a éprouvées, même quand celui qui les a occasionnées était de mauvaise foi. Cette démonstration suffira pour écarter les plaintes des personnes qui veulent qu'en cas d'expropriation le Gouvernement les indemnise des pertes de toute nature qui peuvent avoir lieu, et qui sont une suite plus ou moins directe de l'expropriation. Ces pertes sont souvent un des inconvénients attachés à l'état de société, et il faut les supporter comme une compensation des avantages que l'état social procure.

348. D'après l'art. 1149, C. Nap., les dommages-intérêts sont, en général, de la perte que l'on a faite et du gain dont on a été privé. L'art. 1150 ajoute que le débiteur n'est tenu que des dommages-intérêts qui ont été prévus ou qu'on a pu prévoir lors du contrat, lorsque ce n'est pas par son *dol* que l'obligation n'est point exécutée. Enfin l'art. 1151 porte que, dans le cas même où l'inexécution de la convention résulte du *dol* du débiteur, les dommages-intérêts ne doivent comprendre, à l'égard de la perte éprouvée par le créancier et du gain dont il a été privé, que ce qui est une suite immédiate et directe de l'inexécution de la convention. On voit par là que les dommages-intérêts ne sont pas toujours de toute la perte que l'individu lésé a éprouvée; que la bonne ou la mauvaise foi de celui qui a occasionné le dommage doit être prise en considération; qu'ils ne peuvent, même en cas de dol, comprendre que ce qui est *une suite immédiate et directe de l'inexécution de l'obligation*. Bien loin qu'il y ait dol à reprocher à l'autorité qui exproprie, il n'y a pas même faute ni négligence de sa part; elle remplit au contraire un devoir : il est donc certain que les dommages-intérêts doivent être aussi restreints que possible.

Il est nécessaire d'éclaircir d'abord par quelques exemples le système du Code Napoléon sur les dommages-intérêts.

Un fait produit souvent une suite d'événements qui occasionnent des dommages de différentes espèces. Entre ces événements, les uns sont la suite immédiate de ce fait, qui peut en être considéré comme la cause précise et unique. Des causes indépendantes de ce fait peuvent aussi avoir concouru à produire d'autres événements qui sont arrivés à sa suite, et dont il a été l'occasion ou la cause éloignée (Toullier, vi, n° 279). Ceci devient plus sensible par des exemples que nous tirons de Domat, liv. III, tit. V, n° 4, sect. 2, et de Toullier, n° 286.

Titius me loue des voitures pour vendanger le 1er octobre dans une vigne éloignée de mon domicile, et où je me suis transporté exprès pour préparer les travaux, louer des vendangeurs, etc. Mais Titius manque d'amener ses voitures, et je suis obligé d'en louer d'autres plus cher. Alors les dommages-intérêts consistent à m'indemniser de la différence entre le prix que j'aurais payé à Titius et celui que j'ai dû payer à un autre.

Mais supposons que je n'aie pu trouver d'autres voitures, et que par suite j'aie été forcé de renvoyer mes vendangeurs et de retarder ma vendange. Quelques jours après, une grêle survient et détruit ma récolte, que j'avais vendue pour payer des créanciers; faute de les payer, mes biens sont saisis; je suis réduit à faire une faillite ruineuse. Titius doit-il m'indemniser du salaire des vendangeurs que j'ai renvoyés et de mes frais de voyage? devra-t-il me payer le prix de ma récolte? devra-t-il m'indemniser de la perte que j'éprouve par la vente de mon bien et par la faillite qui en a été la suite?

Les auteurs décident que cette dernière perte, si elle peut être considérée comme une suite de la faute de Titius, en est une suite trop éloignée pour qu'il doive jamais en répondre, fût-il même de mauvaise foi. La cause immédiate de cette perte est le mauvais état de mes affaires, et la condition de Titius ne doit pas être pire pour avoir manqué de parole à une personne dont les affaires étaient mauvaises, plutôt qu'à une personne dont les affaires étaient en bon état. Quant à la perte de la récolte, on admet que Titius en est tenu, s'il y a mauvaise foi de sa part, par exemple, s'il a loué ses voitures à un autre qui lui en a offert un loyer plus considérable. S'il n'y a pas mauvaise foi de sa part, il n'est pas tenu de m'indemniser de cette perte; il doit seulement payer les frais que j'ai pu faire inutilement pour me préparer à la vendange, et le salaire des ouvriers que j'ai été obligé de renvoyer.

349. Les mêmes principes s'appliquent à l'expropriation pour cause d'utilité publique.

Si un propriétaire a mis dans un terrain des engrais qui devaient durer plusieurs années, et s'en trouve dépouillé peu de mois après, il doit être indemnisé de cette perte, qui est évidemment une conséquence directe de l'expropriation.

Si l'on exproprie un meunier de son usine, sans aucun doute on lui en doit le prix. Mais, ne prévoyant pas cette expropriation, ce meunier avait réuni de grands approvisionnements de grains qu'il ne peut plus employer, et qu'il ne pourra revendre qu'avec une perte tellement grande, qu'elle entraîne sa faillite. L'administration devra-t-elle l'indemniser de cette perte? Non, parce qu'elle n'est pas une suite nécessaire de l'expropriation. C'est comme spéculateur, et non comme propriétaire d'un moulin, que ce particulier éprouve cette perte. L'expropriation n'est donc qu'éventuellement la cause de ce dommage, que mille autres circonstances auraient pu également occasionner. L'État ne doit pas payer le bien plus cher parce qu'il appartient à un spéculateur qu'à un autre individu, à un homme dont les affaires sont mauvaises qu'à un homme dans l'aisance.

Autre espèce : Par suite de l'expropriation, un propriétaire est obligé de changer d'habitation. Ce changement lui occasionne divers déboursés et faux frais dont il doit être indemnisé. Mais, dans le déménagement, des meubles précieux sont brisés. L'administration ne doit pas l'indemniser de cette perte, il doit l'imputer principalement à la négligence ou à la maladresse des ouvriers qu'il a choisis. En vain il alléguera que rien n'aurait été brisé, si l'administration ne l'avait pas contraint à déménager. On lui répondra qu'il pouvait fort bien faire son déménagement sans briser ses meubles. Il n'y a que le préjudice qui peut être entièrement attribué à l'expropriation qui doive être réparé. Sans doute un déménagement amène toujours quelque dégradation dans les objets déplacés, et ce préjudice inévitable peut entrer dans l'évaluation des frais de déménagement. Mais on doit apporter des soins spéciaux au transport des meubles précieux, et leur destruction tient plus à la négligence des ouvriers qu'au fait même du déplacement — (A).

Si le propriétaire exerçait un commerce ou une industrie (1) dans la maison dont il est exproprié, il pourrait réclamer une indemnité pour la perte de sa clientèle, si cette perte était bien constatée, et s'il était prouvé qu'elle est la conséquence nécessaire de l'expropriation. Mais, s'il avait été prévenu de sa dépossession assez longtemps à l'avance pour pouvoir transporter son commerce dans une maison du voisinage, sa perte tiendrait plus à sa négligence qu'à l'expropriation même, et l'indemnité pourrait lui être refusée. Dans la fixation des dommages-intérêts,

---

(1) V. la note, p. 187, et Cass., 5 fév. 1845.

Additions.

(A) Le dommage (lézardes par exemple) causé à une maison par l'ébranlement, résultant du passage des trains d'un chemin de fer, n'a pu être prévu par le jury ; et, en conséquence, le propriétaire de la maison est recevable à réclamer une indemnité pour le dommage qui n'a point été pris en considération dans le règlement de l'indemnité allouée pour expropriation de la maison. Cons. d'État, 24 mars 1862 (Lebou, Rec., 1864, p. 213).

on a toujours égard aux fautes de celui qui les réclame (Toullier, t. 6, n° 290) — (A).

SECTION II. — *De l'indemnité de l'usufruitier et de ceux qui peuvent réclamer un droit d'habitation, ou des droits d'usages, ou des servitudes.*

350. — L'usufruitier a la jouissance de l'indemnité allouée pour la propriété.
351. — Mais, pour la toucher, il est toujours tenu de donner caution.

Additions.

(A) Nous citerons encore les espèces suivantes :

Si l'immeuble exproprié appartient en nue propriété à une personne, en usufruit à une autre, et si l'usufruitier y exerce une industrie, il n'y a pas lieu à application pure et simple du § 2 de l'art. 39 de la loi du 3 mai 1841, à fixation d'une seule indemnité, sur laquelle le nu propriétaire et l'usufruitier exerceront leurs droits ; indépendamment de cette indemnité, représentative de la valeur de l'immeuble, il doit être réglé une seconde indemnité, applicable à l'industrie exercée dans l'immeuble.

L'exproprant, qui, devant le jury, a défendu à la demande en indemnité pour l'industrie, sans exciper de ce que celui qui l'exerce ne se serait pas fait connaître en cette qualité dans le délai prescrit par l'art. 21 du Code Napoléon, ne peut, devant la Cour de cassation, et à l'effet de défendre la décision qui a refusé l'indemnité réclamée de ce chef, se prévaloir pour la première fois de cette prétendue fin de non-recevoir. Cass. civ., 22 mai 1865 (*Gaz. trib.*, 22 mai 65).

Il n'est interdit par aucune loi au jury de tenir compte, pour la fixation de l'indemnité, non-seulement de la valeur actuelle des terrains expropriés, mais aussi de la valeur qu'ils étaient susceptibles d'acquérir dans la suite par toute autre circonstance que les travaux mêmes de l'exproprant. Cass. civ., 22 août 1864 (*Gaz. trib.*, 24 août 64).

Lorsque l'usufruitier d'une partie de l'immeuble exproprié, dans laquelle il habite, a conclu à l'allocation d'une indemnité distincte pour le trouble et le dommage que lui cause le déplacement, ces conclusions ne doivent pas être repoussées, et le magistrat directeur ne doit pas refuser de poser à cet égard une question au jury, sous prétexte que l'indemnité de déplacement rentrerait dans l'indemnité allouée à l'usufruitier, en son titre d'usufruitier, et se confondrait avec elle.

L'indemnité de l'usufruitier telle qu'elle est réglée par l'art. 39 § 2, de la loi du 3 mai 1841, consiste dans la jouissance d'une somme d'argent ; elle ne satisfait pas au dommage actuel et immédiat dont se plaint, dans les conclusions dont s'agit, l'usufruitier exproprié, dommage auquel doit correspondre aussi une indemnité actuelle consistant dans un capital immédiatement versé en ses mains. Cass. civ., 16 mars 1864 (*Gaz. trib.*, 18 mars 64).

Le gérant d'une société en commandite formée pour l'exploitation d'immeubles, ne peut, en cas d'expropriation de ces immeubles entraînant la dissolution de la société, réclamer une indemnité à raison des avantages qu'il avait comme gérant, et dont il se trouve privé par suite de l'expropriation. Dans tous les cas, cette demande est non recevable si le gérant ne fait pas connaître sa présentation dans le délai de huitaine à partir de la notification à la société du jugement d'expropriation. Cass., 16 déc. 1862 (S. 63.1.319).

352. — Même quand il en a déjà fourni une.
353. — Quelquefois l'usufruitier a droit à une indemnité distincte.
354. — Du droit d'habitation et des droits d'usages.
355. — Des servitudes.

350. Dans la première édition de cet ouvrage (n°s 890 et suiv.), il avait été établi que, lorsque le bien exproprié était grevé d'usufruit, le droit de l'usufruitier se bornait à jouir des intérêts de l'indemnité. Cette opinion, admise à la Chambre des députés, ne fut pas d'abord adoptée par la Chambre des pairs en 1833.

M. le commissaire du Gouvernement avait cependant démontré, avec une grande force de logique, les vrais principes de la matière. « Je ne vois pas, disait-il, comment il sera possible à un jury d'établir la ventilation nécessaire pour déterminer la part de l'usufruitier et celle du nu propriétaire. Quel est le droit de l'usufruitier ? L'usufruitier a droit à la jouissance d'un immeuble : la cession de cet immeuble est nécessaire à l'exécution d'un travail d'utilité publique ; le jury en fixe la valeur à un capital déterminé. Eh bien ! l'usufruitier jouira de l'intérêt de ce capital : l'intérêt du capital n'est-il pas la représentation de la jouissance de l'immeuble comme le capital est la réprésentation de l'immeuble lui-même ? A l'usufruitier appartient l'intérêt ; au nu propriétaire appartiendra le capital, lorsque l'usufruit sera éteint. Tel est l'esprit incontestable de l'art. 602, C. civ.

« Si vous voulez que le jury fasse deux parts du capital qui représente la valeur de l'immeuble, l'une pour l'usufruitier, l'autre pour le propriétaire, il faudra qu'il entre dans l'examen de questions qui ne sont pas de son ressort ; il faudra qu'il apprécie des chances aléatoires, qu'il calcule combien l'usufruit peut durer encore, à quelle époque commencera la nue propriété ; il faudra qu'il se rende juge de la vie humaine ; qu'il établisse son verdict sur des calculs de probabilités que l'usufruitier et le nu propriétaire seront l'un et l'autre en droit de contester. Et remarquez que, si vous transformez l'usufruit en un capital dont l'usufruitier pourra disposer, vous irez souvent contre le but de l'institution de l'usufruit. Un usufruit n'est-il pas souvent institué par la prévoyance du père de famille pour prévenir les dilapidations d'un capital, et pour que ce capital arrive entier et intact à celui qu'il désigne comme le nu propriétaire ? Si vous capitalisez l'usufruit, la nue propriété est nécessairement diminuée d'autant (car enfin l'Etat, qui s'empare d'un immeuble pour cause d'utilité publique, ne doit que la valeur de cet immeuble);

si, au lieu de laisser à l'usufruitier l'intérêt du capital entier, vous aimez mieux, dès ce moment, séparer sa cause de celle du nu propriétaire, en divisant entre eux le montant de l'indemnité, vous pouvez, dans certains cas, altérer gravement la condition sous laquelle l'usufruit a été fondé. Il ne faut pas créer pour l'usufruitier un véritable droit nouveau, et qui me paraît en opposition directe avec les principes du Code civil.

« L'usufruit est une propriété, et celui qui en est privé doit recevoir la juste indemnité du dommage qu'il éprouve : mais quelle sera cette indemnité? Cette indemnité sera-t-elle distincte de celle qui doit être attribuée au nu propriétaire? La distinction sera-t-elle établie par le jury?... Pour rendre ma pensée plus nette, plus précise, je supposerai qu'un usufruitier jouit d'un immeuble dont la valeur foncière, largement estimée, s'élève à cent mille écus. Dans le cas où l'immeuble serait acheté pour l'exécution d'un travail public, ou bien l'usufruitier touchera le capital de cent mille écus, s'il peut donner une caution qui garantisse pour le nu propriétaire la remise de ce capital à l'extinction de l'usufruit, ou bien la somme de cent mille écus sera placée, et l'usufruitier en touchera les intérêts. Mais, a-t-on dit, vous dénaturez la position de l'usufruitier. Est-ce que nous ne dénaturons pas aussi la condition du propriétaire? Ce propriétaire avait un immeuble, et nous lui donnons en échange une somme d'argent; l'usufruitier avait la jouissance d'une propriété foncière, et nous lui donnons en échange l'intérêt d'un capital. N'y a-t-il pas identité entre les deux cas? (*Mon.*, 14 mai 1833, p. 1350). De quel droit un jury, un tribunal, viendra-t-il se constituer juge de la durée de la vie humaine, et dire, par exemple, à l'usufruitier, que la valeur de l'usufruit a été fixée à telle somme, parce qu'il n'avait plus que tant d'années à vivre? » (*Ibid.*).

Il est permis de s'étonner que des arguments aussi concluants n'aient pas été accueillis par la Chambre des pairs. Le projet ayant été reporté aux députés, ceux-ci refusèrent d'adopter l'amendement relatif aux usufruitiers, et la Chambre des pairs finit par reconnaître que ce système était réellement plus en harmonie avec les principes du droit commun et avec l'équité. En conséquence, l'art. 39, § 2, de la loi, porte : « Dans le cas
« d'usufruit, une seule indemnité est fixée par le jury, eu égard
« à la valeur totale de l'immeuble; le nu propriétaire et l'usu-
« fruitier exercent leurs droits sur le montant de l'indemnité au
« lieu de l'exercer sur la chose. »

351. Ainsi l'usufruitier aura le droit de toucher le montant de l'indemnité et d'en jouir pendant toute la durée de l'usufruit. Mais, pour garantir la restitution de cette indemnité à la cessation de l'usufruit, il devra donner caution, même quand il en aurait été dispensé par le titre constitutif de l'usufruit.

M. Martin (du Nord), rapporteur de la Chambre des députés en 1833, a exposé en ces termes les motifs de cette disposition : « Le nu propriétaire et l'usufruitier, s'ils ont la capacité légale, pourront toujours régler comme ils l'entendront leurs droits sur l'indemnité. Mais, s'ils ne peuvent ou ne veulent user de cette faculté, il ne faut pas que le nu propriétaire soit exposé à ne plus retrouver, à l'expiration de l'usufruit, le capital dont la jouissance aura été abandonnée à l'usufruitier ; il sera à l'abri de tout danger à cet égard, moyennant l'obligation, que nous vous proposons d'imposer à l'usufruitier, de se conformer aux dispositions des art. 601 et 602, C. civ. » (*Monit.*, 30 mai 1833, p. 1521.) « Il est facile, ajouta-t-il ensuite, de justifier cet amendement. La position du propriétaire est tout à fait changée par l'expropriation. On ne peut méconnaître, en effet, que, lorsque l'usufruit s'exerce sur un immeuble, le nu propriétaire trouve dans la nature même de la chose soumise à l'usufruit une garantie de son droit ; au contraire, une somme d'argent peut être facilement dissipée par l'usufruitier, si aucune précaution n'est prise dans l'intérêt du propriétaire. Il faut donc, dans ce cas, pourvoir à cette position nouvelle. Nous croyons qu'il est juste de déclarer, comme une condition essentielle de l'usufruit, que l'usufruitier sera toujours obligé de donner caution. Nous n'avons admis qu'une seule exception, et pourquoi ? C'est que la loi générale elle-même, le Code civil, l'a admise sans restriction. Lorsque les père et mère ont l'usufruit des biens de leurs enfants, il y a présomption établie par la loi qu'il n'y aura pas détournement ; un sentiment de respect, une raison de pudeur, s'oppose à ce que les père et mère soient tenus de fournir caution à leurs enfants. Ce motif a déterminé l'amendement de la commission. Nous déclarons donc que pour ce cas seul il y aura dispense de fournir caution. » (*Monit.*, 8 juin 1833, p. 1607.)

« Mais, dit-on, si le titre primitif a dispensé l'usufruitier de donner caution, comment pouvez-vous l'y contraindre ? La réponse est facile. Lorsqu'un testateur a donné la propriété à l'un et l'usufruit à l'autre, il a pu dispenser l'usufruitier de donner caution, parce que la nature même de l'immeuble soumis à l'usufruit a pu lui faire penser que les droits du nu propriétaire ne pourraient être compromis. Mais quand, par suite de l'expropriation, une somme d'argent est substituée à l'immeuble, vous sentez que la convention première ne peut plus être suivie. Le cas de l'expropriation n'a pas été prévu : il faut donc poser des règles nouvelles pour ce cas imprévu, et de manière à concilier tous les intérêts. C'est ce but que votre commission croit avoir atteint. On vous a parlé du vendeur et du donateur; la même observation leur est applicable. En résultat, quel doit être le droit de l'usufruitier? C'est de toucher les intérêts de l'indemnité. Si l'usufruitier ne peut pas fournir caution, son droit ne sera pas pour cela anéanti. L'art. 602, que nous ne voulons pas écarter, auquel il est au contraire indispensable de recourir, dispose que dans ce cas le capital sera placé et que les intérêts seront payés à l'usufruitier. Ainsi l'usufruitier a le droit qui lui appartient, et le nu propriétaire n'a pas à craindre le détournement de la somme. » (*Ibid.*)

Le § 3 de l'art. 39, conforme à ces principes, porte : « L'usu« fruitier sera tenu de donner caution; les père et mère ayant « l'usufruit légal des biens de leurs enfants en seront seuls dis« pensés. » Ces solutions avaient aussi été présentées dans la première édition de cet ouvrage, n°s 894 et 895 — (A).

352. Si l'usufruitier avait déjà fourni une caution, il ne devrait pas moins en fournir une nouvelle : car la première, n'ayant pas prévu que cet événement augmenterait sa responsabilité, pourrait soutenir, et avec raison, qu'elle n'est pas tenue de répondre d'un fait extraordinaire qu'elle n'a pu prévoir et qu'elle ne s'est pas obligée à garantir. Je me rends caution d'un usufruitier dont les droits ne doivent s'exercer que sur des terres de labour, ma responsabilité ne peut s'étendre bien loin. Mais combien elle se trouverait aggravée, si une grande partie de ces terres était comprise dans une expropriation, et que je dusse répondre de la somme allouée pour indemnité de cette expropriation! Telle est aussi l'opinion de Proudhon, t. 2, n° 870.

353. Cependant l'usufruitier a quelquefois droit personnellement

---

Additions.

(A) Le nu propriétaire qui a consenti des *hypothèques sur l'immeuble grevé d'usufruit* n'est pas tenu, en cas d'expropriation de cet immeuble, de fournir mainlevée de ces hypothèques afin que l'usufruitier puisse toucher immédiatement l'indemnité dont il a droit de jouir, moyennant caution; mais il doit tenir compte à l'usufruitier de la différence qui existe entre le taux légal de l'intérêt et celui que paie la caisse des consignations. Dijon, 6 juill. 1857 (Dall. 58.2.448).

à une indemnité accessoire indépendante de celle du propriétaire, par exemple, pour pertes de récoltes, d'engrais, indemnité de déménagement, etc. Il peut toucher cette indemnité sans donner caution.

354. Le droit d'*habitation* est un droit d'usufruit restreint (C. Nap., art. 633). Ici il ne suffirait pas, comme dans le cas d'usufruit complet, de fixer une seule indemnité, dont le capital appartiendrait à celui qui avait la nue propriété, et la jouissance, pendant le temps réglé par la loi (C. Nap., art. 625, et 617 et suiv.), à celui qui avait le droit d'habitation. Car ce droit pouvait ne pas absorber la jouissance de l'immeuble total (art. 633). Dans ce cas, il faut que l'indemnité représentative de la jouissance partielle soit déterminée à l'égard de celui qui réclame le droit d'habitation.

Les droits d'usage sont également des droits d'usufruit restreints. Une indemnité est due aux usagers, pour la perte des avantages dont ils sont privés (art. 21 et 39, § 1er, de la loi du 3 mai 1841).

L'art. 21 divise les usagers en deux classes, relativement à l'obligation que la loi impose au propriétaire de faire connaître les droits que des tiers peuvent avoir sur l'immeuble. Cet article, dans son paragraphe 1er, ne déclare le propriétaire tenu de faire connaître, sous peine de rester seul chargé des indemnités, que « ceux qui ont des droits d'usage, *tels qu'ils sont réglés par le Code Napoléon.* » Les autres intéressés (§ 2 du même article), et par conséquent ceux qui ne peuvent réclamer que des droits d'usage d'une autre nature, par exemple, des droit de pacage et de pâturage dans les marais et les forêts, sont tenus de se faire connaître eux-mêmes, et mis en demeure de faire valoir leurs droits par l'avertissement collectif énoncé en l'art. 6. Cette division en deux classes existait déjà dans l'art. 21 de la loi du 7 juillet 1833 (1), et elle a été maintenue dans l'art. 21 de la loi du 3 mai 1841.

Mais en ce qui concerne la mission confiée au jury de fixer des indemnités *distinctes*, le texte de la loi (art. 39) du 3 mai 1841 diffère de celui de la loi du 7 juillet 1833. Celle-ci ne chargeait le jury de prononcer des indemnités distinctes qu'en faveur des usagers « *autres que ceux dont il est parlé au* 1er *paragraphe de* « *l'art.* 21, » c'est-à-dire autres que ceux dont les droits sont réglés par le Code Napoléon. La loi du 3 mai 1841 charge, au

---

(1) V. MM. Gillon et Stourm, p. 89.

contraire, le jury de prononcer des indemnités distinctes en faveur « des usagers ou autres intéressés dont il est parlé à l'art. 21, » ce qui rend la disposition applicable à tous les usagers.

355. Les servitudes donnent lieu à une observation semblable. L'art. 21, § 1er, n'oblige l'exproprié à faire connaître que ceux qui peuvent réclamer des servitudes résultant de ses titres mêmes ou d'autres actes dans lesquels il serait intervenu : « les autres intéressés » (§ 2 du même article), ce qui comprend ceux qui peuvent réclamer des servitudes établies par tous autres modes, sont en demeure de faire valoir eux-mêmes leurs droits par l'avertissement énoncé en l'art. 6. Mais, en ce qui touche les indemnités distinctes, l'art. 39 les prescrit « en faveur de tous les *intéressés* dont il est parlé *à l'art.* 21, » ce qui comprend aussi bien le 2e paragraphe que le premier de cet article.

Au surplus, nous ne nous proposons ici que de constater les droits à indemnité au fond. Tout ce qui concerne la règle des indemnités distinctes sera exposé sous l'art. 39 de la loi du 3 mai 1841.

Section III. — *De l'indemnité des fermiers et locataires.*

356. — Les fermiers ou locataires ont droit à une indemnité distincte.
357. — Bases de l'indemnité des fermiers.
358. — Indemnités pour les locataires de maisons, boutiques, usines, etc.
359. — Peut-on appliquer les art. 1744 et suiv. du Code civil ?
360. — Du cas où le locataire a, dans son bail, renoncé à demander une indemnité. Deux arrêts en sens contraires.
361, 362. — Le propriétaire n'est pas appelé lorsqu'il ne s'agit que de fixer l'indemnité du locataire, et réciproquement.
363. — Des loyers payés d'avance.
364. — Contestations entre les locataires et les propriétaires, dans le cas d'expropriation partielle.

356. Le jugement d'expropriation fait cesser les droits des fermiers et locataires, mais l'art. 21 de la loi du 3 mai reconnaît qu'il leur est dû une indemnité. Cet article charge le propriétaire de les faire connaître à l'administration, sous peine de rester seul chargé envers eux des indemnités qu'ils seraient en droit de réclamer. L'art, 39, § 1er, ajoute que le jury prononce des indemnités *distinctes* en faveur du propriétaire et du fermier ou locataire.

Il importe de remarquer que le fait même de la résiliation du bail ne peut donner lieu à aucune allocation d'indemnité (1). L'expropriation est un événement de force majeure, et il résulte des art. 1148 et 1722, C. Nap., que, quand la résiliation du bail a lieu par force majeure, elle ne donne droit à aucun dédommagement. D'ailleurs quelle pourrait être la cause d'une indemnité? Les bénéfices que le preneur espérait faire sur le bien qu'il a pris à bail. Mais la privation des bénéfices *espérés* n'entre jamais dans l'évaluation de l'indemnité par suite d'expropriation; il ne s'agit jamais que de réparer le préjudice éprouvé. Or on sait que beaucoup d'autres circonstances auraient pu empêcher ces bénéfices de se réaliser. On ne tient pas compte au propriétaire du désagrément qu'il éprouve d'une diminution dans l'étendue des terres qu'il cultivait; on ne doit pas non plus d'indemnité au fermier sous ce rapport. Si la durée du bail, le taux plus ou moins élevé du fermage, et les autres stipulations intervenues entres les parties, avaient dû influer sur le montant de l'indemnité, l'art. 21 ne se serait pas borné à obliger le propriétaire à faire connaître à l'administration l'existence d'un fermier; il aurait prescrit la notification d'une copie du bail, car la connaissance de cet acte eût été nécessaire au préfet pour fixer le montant des offres à faire à ce fermier. Dans le système du législateur, la connaissance du bail n'est pas nécessaire : c'est pourquoi on n'a pas prescrit sa notification.

L'indemnité à accorder aux fermiers et locataires n'a donc d'autre objet que de réparer les pertes réelles et positives que leur cause l'expropriation. Par suite, on doit appliquer en ce cas les principes rappelés n°s 347 et suiv. sur les dommages causés aux propriétaires. Les indemnités des fermiers sont donc généralement minimes; celles des locataires de maisons, et surtout de boutiques ou usines, sont plus considérables. Mais le locataire ni le fermier ne peuvent prétendre à une indemnité pour des objets qui n'y auraient pas donné droit en faveur du propriétaire, s'il se fût trouvé dans la même position. On ne voit nul motif pour qu'un locataire ait plus de droits que

---

(1) *V.* les observations présentées en note, *suprà*, p. 187.

Additions.

Les locataires d'une maison expropriée pour cause d'utilité publique n'ont pas le droit de convoquer le jury et de faire fixer leur indemnité, alors que leurs baux sont expirés et qu'ils sont restés dans les lieux en raison d'un nouveau bail. C. Paris, 12 août 1865 (*Gaz. trib.*, 14 août 65).

le propriétaire; la proposition inverse paraîtrait même plus naturelle (1).

357. Un fermier prend de terres à bail pour neuf ans, et les marne toutes la première année. L'année suivante son bail est résilié par suite d'une expropriation pour cause d'utilité publique. Il a droit nécessairement à une indemnité pour les dépenses occasionnées par le marnage, dont il n'a tiré aucun profit. Le propriétaire qui aurait fait de semblables dépenses dans ses terres recevrait également le dédommagement de cette perte. Il en serait de même pour les engrais et fumures. Mais supposons qu'un fermier voisin, occupant des terres de même nature et aux mêmes conditions, n'ait fait aucune dépense pour l'amélioration de ses terres, il serait injuste de lui accorder la même indemnité qu'au premier, puisque les pertes ne sont pas les mêmes.

358. Un locataire de maison ou appartement peut réclamer une indemnité pour le préjudice que lui cause un déménagement précipité, pour les frais de ce déménagement, pour la nécessité où il a pu se trouver de payer le loyer de sa nouvelle habitation avant l'époque où il y est entré, pour remboursement des frais du bail, etc. Il semble également équitable d'avoir égard aux dépenses que le locataire aurait faites récemment dans le logement qu'on le force à quitter, et qui sont perdues pour lui; aux déboursés qu'entraîne quelquefois la nécessité d'approprier l'ancien mobilier à sa nouvelle destination, etc. Ce sont là, selon nous, des dommages matériels dont on ne peut par conséquent refuser l'indemnité.

On a dit que le locataire pouvait réclamer une indemnité pour la perte que lui causerait la différence du loyer d'un appartement de même condition avec celui de l'appartement qu'il occupe. Nous croyons qu'il serait, sauf quelques cas particuliers, bien difficile d'établir que le nouvel appartement est tout à fait de même nature que l'ancien, et qu'il n'offre pas des avantages qui compensent la différence du loyer. Au surplus, ce dédommagement ne devrait jamais être alloué que pour la durée de l'ancien bail, car il n'est pas certain que le locataire aurait pu en obtenir un nouveau au même taux—(A).

---

(1) Voir p. 44, n° 86.

Additions.
(A) La décision du jury d'expropriation qui alloue *à titre d'indemnité*, aux divers locataires d'une maison expropriée, la *jouissance gratuite des lieux loués*, jus-

L'indemnité pour les boutiques, usines et manufactures dépend absolument des circonstances de chaque affaire et du temps plus ou moins long accordé aux exploitants pour transférer ailleurs leur établissement.

359. On a souvent prétendu que les fermiers et locataires pouvaient réclamer l'application des dispositions des art. 1744 et suiv., C. Nap., relatives au dédommagement à allouer lorsque le bail peut être résilié par suite de la vente de la chose louée. Telle est notamment l'opinion de M. Herson, n° 270. Certes, si cette application avait été convenable, le législateur l'aurait admise formellement, plutôt que de s'abandonner entièrement à l'arbitraire du jury.

Mais l'examen des art. 1744 et suiv., dans leur ensemble, démontre qu'ils règlent une situation toute différente.

En effet, l'art. 1744 porte : « S'il a été convenu, lors du bail, « qu'en cas de vente l'acquéreur pourrait expulser le fermier ou « locataire, et qu'il n'ait été fait aucune stipulation sur les dom- « mages-intérêts, *le bailleur* est tenu d'indemniser le fermier ou « le locataire de la manière suivante. » Cette fixation est l'objet des art. 1745, 1746 et 1747, qui ajoutent (art. 1745) : « S'il « s'agit d'une maison, appartement ou boutique, le bailleur « paie, à titre de dommages-intérêts, au locataire évincé, une « somme égale au prix du loyer, pendant le temps qui, suivant « l'usage des lieux, est accordé entre le congé et la sortie. » Art. 1746 : « S'il s'agit de biens ruraux, l'indemnité que le « bailleur doit payer au fermier est du tiers du prix du bail « pour tout le temps qui reste à courir. » Art. 1747 : « L'indem- « nité se réglera par experts, s'il s'agit de manufactures, usines « ou autres établissements qui exigent de grandes avances. » Enfin, l'art. 1748 dispose en ces termes : « L'acquéreur qui veut « user de la faculté, réservée par le bail, d'expulser le fermier « ou locataire en cas de vente, est, en outre, tenu d'avertir le « locataire au temps d'avance usité dans le lieu pour les congés. « Il doit aussi avertir le fermier des biens ruraux, *au moins un* « *an à l'avance.* »

Or comment ces dispositions seraient-elles applicables en matière d'expropriation pour cause d'utilité publique ?

D'une part, l'administration qui a acheté serait désintéressée

---

qu'à une époque déterminée, bien qu'elle ne désigne pas nominativement les locataires, est régulière. Cass., 11 août 1857 (Dall. 57.1.329).

dans la question, puisque l'art. 1744 ne fait peser la charge des dommages-intérêts que sur le *bailleur;* l'acquéreur reste neutre à cet égard (1).

D'autre part, *le bailleur,* ici, n'a rien à se reprocher, puisqu'il n'a pas vendu volontairement : il a été contraint de céder sa propriété.

Et surtout, comment serait-il possible de se conformer à l'art. 1748, et d'obliger l'administration à avertir les fermiers de biens ruraux, *au moins un an à l'avance?*

Reste le locataire, qui, sans doute, s'il souffre un dommage pour l'avantage du public, doit être indemnisé par le public. Aussi la loi sur l'expropriation l'autorise-t-elle à réclamer une indemnité. Mais, comme on se trouve dans une situation différente, en tous points, de celle prévue par l'art. 1744, ce n'est pas le forfait établi par les art. 1745 et suiv. qui devra servir de règle : il y aura lieu à évaluer le dommage *qui existera;* le jury l'appréciera suivant les circonstances — (A).

360. Lorsque par son bail un locataire a renoncé envers le propriétaire à réclamer aucune indemnité en cas d'expropriation pour cause d'utilité publique, l'administration est fondée à se prévaloir de cette clause pour refuser toute indemnité à ce locataire; elle n'a pas même besoin de justifier d'une subrogation légale ou conventionnelle dans le droit du propriétaire. Ce locataire ayant reconnu que l'expropriation ne lui causerait aucun préjudice, l'administration ne lui doit aucune indemnité — (B).

C'est ce qu'a décidé la Cour de Paris, par un arrêt du 9 avril 1842, rendu sur appel d'un jugement du tribunal civil de la Seine, dont la Cour a adopté les motifs. Mais, comme la Cour de Rouen a jugé le contraire par un arrêt en date du 12 février 1847,

---

(1) *Droit civil expliqué; Louage,* n° 511.

Additions.

(A) Il a été jugé que l'indemnité accordée au locataire d'une maison expropriée pour cause d'utilité publique, laisse entiers les droits que ce locataire peut avoir contre son bailleur ; l'allocation de cette indemnité est à l'encontre du bailleur *res inter alios acta.* Par suite, le locataire conserve, nonobstant l'indemnité qu'il reçoit de l'autorité municipale, le droit de demander la continuation de son bail avec diminution de loyer dans la portion non expropriée. Trib. civ. Seine, 27 juin 1860 (*Gaz. trib.,* 8 août 60).

(B) Le juge ne peut faire résulter la renonciation d'un locataire à l'indemnité que lui ouvre l'expropriation, de cette seule circonstance que postérieurement au jugement d'expropriation, ce locataire est resté en possession et a continué de payer sans protestation ni réserve. Cass. civ., 4 juill. 1864 (*Gaz. trib.*, 4-5 juill. 64).

nous croyons devoir placer ici le texte entier des deux arrêts :

La première décision est conçue en ces termes : « Attendu
« que la question est celle de savoir s'il est dû une indemnité à
« Lachaux, par suite du retranchement qu'a subi la maison dans
« laquelle il est locataire;—Attendu que Lachaux a reconnu lui-
« même, alors qu'il a pris à bail les lieux dont il s'agit, qu'en
« cas de retranchement il n'aurait à réclamer aucune indemnité;
« que la propriétaire serait tenue seulement de rétablir les
« lieux d'une certaine manière et de n'exiger aucun loyer de
« ceux des locaux dont la jouissance ne serait plus possible ; —
« Attendu qu'en cet état attribuer à Lachaux l'indemnité qu'il
« demande, ce serait reconnaître comme lui étant préjudiciable
« et donnant lieu à une réparation un fait qu'il a renoncé lui-
« même à considérer comme tel ; — Que cette circonstance que
« l'indemnité est due par la ville ne saurait changer sa position
« et détruire l'effet de sa reconnaissance ; que la ville, chargée
« par la loi spéciale d'indemniser les locataires, alors qu'ils se
« sont fait connaître au directeur du jury dans les termes de
« l'art. 21 de la loi de 1833, et d'acquitter ainsi la dette du pro-
« priétaire, si dette il y a, ne saurait être privée du droit d'op-
« poser à ces locataires les exceptions que le propriétaire leur
« opposerait lui-même ; que si les locataires peuvent invoquer
« contre elle pour faire grossir leur indemnité les avantages qui
« résultent des stipulations de leurs baux, il est juste que, par
« réciprocité, elle puisse à son tour se prévaloir contre les loca-
« taires des clauses qui sont de nature à diminuer cette indem-
« nité, et même à établir qu'il n'en est dû aucune ; qu'il s'agit
« dans la cause d'un cas tout particulier, conséquence de l'ap-
« plication d'une loi spéciale, et pour lequel il n'est pas néces-
« saire que la ville justifie d'une subrogation conventionnelle
« ou légale dans les termes du droit commun ; qu'il suffit qu'elle
« établisse, comme elle le fait dans la cause, que le prétendant
« à indemnité a avoué lui-même qu'il n'y aurait pas droit ; —
« Attendu que Lachaux prétend à tort que la ville ne peut pas
« lui opposer la clause du bail, parce qu'elle n'offre pas d'ac-
« complir les conditions qui en font partie ; qu'en effet ce n'est
« pas à la ville à accomplir ces conditions, mais à la propriétaire
« qui, par l'expropriation partielle, n'est pas affranchie de l'o-
« bligation de satisfaire à ces conditions, mais au contraire s'y
« trouve formellement soumise, puisque le cas prévu entre elle
« et son locataire est arrivé, et que le bail passé entre eux con-

« serve toute sa force ; — Attendu que la prétention de La-
« chaux est d'autant plus mal fondée, qu'il est constant pour le
« tribunal que la renonciation qu'il a faite à une indemnité en
« cas de retranchement a dû exercer une influence sur la quo-
« tité des loyers, et qu'il a dû s'en prévaloir pour obtenir qu'ils
« fussent moins élevés qu'ils ne l'auraient été, s'il fût demeuré
« dans son droit; qu'il y a eu ainsi entre lui et sa propriétaire
« un forfait dont il doit supporter la conséquence, et qu'il serait
« contraire à l'équité qu'après avoir obtenu, à titre d'indem-
« nité, de la chance qu'il courait, une diminution annuelle de
« loyers, il pût, alors que la chance a tourné contre lui, en ré-
« clamer une autre ; — Déboute Lachaux de sa demande; auto-
« rise le préfet ès nom à retirer de la caisse des consignations
« la somme de 20,000 fr. qu'il y a déposée le 20 décembre der-
« nier, à faire lequel paiement sera M. le directeur de la caisse
« des consignations tenu, quoi faisant déchargé ; — Condamne
« Lachaux aux dépens » (1).

Voici maintenant le texte de l'arrêt de la Cour de Rouen : —
« Attendu qu'aux termes des art. 21 et 29 de la loi du 3 mai
« 1841, le locataire d'une propriété expropriée pour cause d'uti-
« lité publique a droit, aussi bien que le propriétaire, à une
« juste indemnité du tort que lui fait éprouver l'expropriation ;
« que le paiement de cette indemnité est une condition néces-
« saire et absolue de la dépossession de celui à qui le proprié-
« taire a transmis pour un certain laps de temps une partie de
« la jouissance de ses droits ;—Attendu, en fait, que la demande
« par le propriétaire d'une indemnité de 39,900 francs a été ac-
« ceptée par la ville ; que le jury d'expropriation a réduit à
« 2,000 francs celle de 6,000 francs demandée par le locataire ;
« — Que la ville d'Ingouville refuse de payer cette somme de
« 2,000 francs à Ogé, parce que celui-ci, suivant elle, aurait re-
« noncé dans son bail à toute demande en indemnité en cas
« d'expropriation ;—Attendu qu'une renonciation à un droit si
« formellement consacré par la loi ne se présume pas ; — Que,
« si de la clause invoquée par la ville il résulte qu'en effet le cas
« d'expropriation a été prévu entre le locataire et le proprié-
« taire, et s'il a été convenu entre eux que le bail dans ce cas

---

(1) *Gaz. trib.*, 10 avril 1842. Voir aussi Trib. civ. Seine, 31 juill. 1858 (*Gaz. trib.*, 1 août 58). C. Paris, 24 déc. 1859 (S. 60. 2. 311); C. Paris, 24 fév. 1860 (*Gaz. trib.*, 29 fév. 60). La Cour de cassation a confirmé la doctrine de la Cour de Paris, par arrêt du 13 mars 1864 (S. 64. 1. 501).

« serait considéré comme devant expirer de plein droit, et que
« le locataire n'aurait rien à prétendre sur l'indemnité allouée
« au propriétaire, il est évident que cette clause n'avait d'autre
« but que de garantir le propriétaire de tout recours du loca-
« taire contre lui; mais qu'elle ne peut valoir, contre le loca-
« taire, de renonciation à un droit d'indemnité au profit d'un
« expropriant futur, tiers étranger aux conventions des parties;
« —Que des termes sainement entendus de cette clause et de
« l'exécution en fait qui lui a été donnée par les parties, notam-
« ment par la signification faite par les frères Ledan à Ogé, aux
« termes de laquelle ceux-ci avertissaient leur locataire qu'il
« eût à réclamer, s'il le jugeait convenable, l'indemnité à la-
« quelle il croirait avoir droit, il résulte que l'intention des par-
« ties n'était pas, en donnant un surcroît de garantie au pro-
« priétaire, de priver le locataire des droits que lui assurait,
« contre les tiers expropriants, l'expropriation dont on prévoyait
« l'événement dans le contrat;—Que l'expropriant ne peut de-
« venir l'ayant cause de l'exproprié qu'autant qu'il est investi
« du droit complet de propriété, par l'accomplissement des con-
« ditions qui sont de l'essence de l'expropriation pour cause
« d'utilité publique;—Que le paiement de 39,900 francs fait au
« propriétaire ne peut dispenser la ville du paiement de 2,000
« francs à faire au locataire, parce que ces deux indemnités
« sont, l'une et l'autre, une prescription de la loi et que leur
« concours est indispensable; — Qu'admettre la ville à faire va-
« loir contre le locataire la convention stipulée par le proprié-
« taire dans son singulier profit, ce serait lui supposer préma-
« turément un droit de propriété qu'elle ne peut tenir de la loi
« qu'après avoir préalablement indemnisé le locataire; — Ré-
« formant, déclare Ogé propriétaire de l'indemnité de 2,000
« francs consignée le 6 mai 1844, l'autorise à la recevoir direc-
« tement des mains du préposé à la caisse des dépôts et consi-
« gnations, lequel sera tenu d'en faire le versement sur le vu de
« la signification du présent arrêt (1). »] — (A).

---

(1) C. Rouen, 12 fév. 1847 (S.48.2. 594).

Additions.

(A) Il a été jugé : que la stipulation par laquelle un locataire s'est obligé à résilier sans indemnité, en cas de vente par le bailleur de l'immeuble loué, n'est pas applicable au cas d'expropriation. Trib. civ.

Seine, 30 avril 1863 (*Gaz. trib.*, 22 mai 63);

Qu'il en est de même de la clause du bail qui interdit au locataire de récla-mer une indemnité en cas de démolition de la maison louée. C. Paris, 7 mai 1861 (S.64.2.404);

Que les locataires ont droit à une in-

361. Lors du règlement de l'indemnité due aux locataires, il n'y a pas lieu de mettre en cause le propriétaire qui a fait connaître ces locataires, et qui devient dès lors étranger aux contestations qui peuvent s'élever entre eux et l'administration (Cass., 5 février 1840).

L'arrêt statue en ces termes : « Attendu que, lorsqu'un pro« priétaire, dépossédé pour cause d'utilité publique, a satisfait « au vœu de l'art. 21 de la loi du 7 juillet 1833, lorsqu'il a, con« formément à cet article, fait connaître au magistrat directeur « du jury ses locataires ayant droit à une indemnité de dépos« session, les contestations qui, sur le règlement de cette indem« nité, peuvent s'élever soit devant le jury, soit par suite de cette « décision, deviennent étrangères à ce propriétaire, et doivent « s'agiter exclusivement entre les réclamants et l'administra« tion qui, ayant poursuivi l'expropriation, poursuit, par voie « de conséquence, le règlement de l'indemnité dont elle est « seule passible ; que c'est donc frustratoirement que Charnay « a appelé Hébert et Bernard dans les instances qu'il a portées « devant la Cour, en cassation du jugement d'expropriation, de « la décision du jury et de l'ordonnance du magistrat directeur; « —Renvoie Hébert et Bernard des demandes formées contre « eux par Charnay (1). »

362. Lorsque le propriétaire a fait connaître qu'il y a un fermier à indemniser, l'oubli ou le refus fait par l'administration d'appeler ce fermier devant le jury n'autorise pas le propriétaire dont l'indemnité a été réglée par ce jury à demander la nullité de la décision qui la lui accorde. En admettant même que le locataire ait une action à faire valoir sous ce rapport, le propriétaire ne peut exercer les droits d'un tiers (Cass., 27 mars et 26 avril 1843).

Ce dernier arrêt est ainsi conçu : « Attendu, sur le moyen

---

demnité d'expropriation, malgré la déclaration de l'expropriant qu'il entend exécuter leurs baux aux lieu et place du propriétaire exproprié. Cass. req., 4 juill. 1863 (*Droit*, 2 juill. 63) ;

Que les locataires qui, appelés devant le jury d'expropriation, ont déclaré dans leurs conclusions être prêts à renoncer à toute demande d'indemnité, si l'expropriant déclarait de son côté maintenir leurs baux, ne peuvent, après avoir accepté au moins implicitement la déclaration faite par l'expropriant, réclamer, quoi qu'il arrive, la convocation d'un nouveau jury.

L'arrêté de péril pris plus tard par M. le préfet, en qualité de grand voyer, et la démolition de la maison pour cause de sûreté publique, constituent un cas de force majeure, un fait du prince qui ne peut donner ouverture à une action en dommages-intérêts de la part des locataires. Trib. civ. Seine, 24 janv. 1863 (*Droit*, 19 fév. 63).

(1) S. 40.4.162.

« pris de ce que le jugement d'expropriation n'a pas été signifié
« au sieur Briffaud, locataire de la maison expropriée, dénoncé
« en cette qualité à l'administration, et de ce que le jury ne lui
« a alloué aucune indemnité, que, d'une part, le sieur Briffaud,
« présent devant le jury, n'a formé aucune demande en indem-
« nité, sur laquelle, dans ce cas, il eût dû être prononcé d'une
« manière distincte, conformément à l'art. 39 de la loi du
« 3 mai 1841 ; et que, d'un autre côté, si le sieur Briffand peut
« avoir, soit sous ce rapport, soit sous tout autre, des droits et
« exceptions à faire valoir, ce n'est pas aux époux Mouruan
« qu'il appartient de les exercer... » (1) — (A).

363. En cas d'expropriation pour cause d'utilité publique, les loyers payés d'avance au propriétaire pour une jouissance devenue impossible doivent être restitués au locataire. Le tribunal civil de la Seine l'a décidé, par jugement du 7 février 1855, en ces termes : « Attendu qu'il n'est pas établi qu'Hoyos (le loca-
« taire) n'ait pas quitté les lieux le 10 septembre 1853 ; qu'alors
« même qu'il serait resté dans les lieux postérieurement à cette
« époque, ce n'aurait été que par une tolérance de la ville que
« de Weymann (le propriétaire) ne peut invoquer en sa faveur;
« qu'en effet, de Weymann a, à ladite époque (10 septembre
« 1853), perdu tout droit à la chose expropriée par suite de l'or-
« donnance à son profit de l'indemnité à lui accordée par le jury

---

(1) S. 43.1.432, 620.

Additions.

(A) Le locataire ou autre intéressé qui, ayant pris, vis-à-vis du propriétaire exproprié, l'engagement de faire le nécessaire, en ce qui le concerne personnellement, pour l'obtention de l'indemnité, à laquelle il peut avoir droit, et qui, s'étant fait connaître à l'administration dans le délai légal, est cependant déclaré non-recevable dans son intervention devant le jury, par le seul motif que son nom n'a pas été déclaré par le propriétaire, doit s'imputer de ne pas s'être pourvu contre cette décision, et n'est pas recevable à exercer contre le propriétaire un recours en indemnité ou en dommages-intérêts. C. Paris, 24 mars 1864 (*Gaz. trib.*, 3 avril 64).

Au cas d'expropriation de partie d'une maison, si le propriétaire exproprié requiert l'acquisition intégrale de l'immeuble, il doit restituer à l'administration les loyers qu'il a reçus par anticipation des locataires dont les baux ne sont pas atteints par l'expropriation, et cela alors même que ces baux constatant le paiement par anticipation des loyers étaient connus de l'administration et ont été mis sous les yeux du jury. Cass. civ., 8 fév. 1859 (S. 59.4. 861).

La cessation de la jouissance par suite de l'expropriation n'autorise pas le locataire à imputer les termes qu'il a payés d'avance sur ceux dont il est débiteur, au moment où il doit quitter les lieux par suite du congé qui lui a été donné par l'expropriant. Elle autorise seulement à réclamer de qui de droit le remboursement des loyers payés d'avance au moment du règlement de l'indemnité. Trib. civ. Seine, 5 oct. 1860 (*Gaz. trib.*, 20 oct. 60).

« d'expropriation ; dit que, dans le compte à établir entre les
« parties, de Weymann devra restituer à Hoyos les loyers payés
« d'avance, proportionnellement au temps écoulé du 10 septem-
« bre 1853 au 15 octobre de la même année; condamne de
« Weymann aux dépens » — (A).

Additions.

(A) Jugé en ce sens : Cass., 3 mai 1858 (S. 58.1.654).

Le propriétaire exproprié, qui a reçu de son locataire des *loyers d'avance* imputables sur la fin de la jouissance, est *tenu de restituer ces loyers d'avance* à l'expropriant, et ce encore que le bail énonçant ce paiement ait été soumis au jury qui a fixé l'indemnité foncière, et que l'expropriant ait payé cette indemnité sans aucune réserve relative aux loyers. Ainsi décidé par la Cour de Paris, 25 juin 1853 : « Considérant qu'en droit commun, le vendeur d'un immeuble qui a reçu des loyers payés d'avance en doit faire la restitution à l'acquéreur, puisque autrement il se trouverait retenir à la fois le prix de la chose vendue dont il est dépossédé, et les fruits produits par cette chose postérieurement à sa dépossession ;—Considérant que nul n'étant présumé avoir renoncé au droit qui lui appartient, l'acquéreur, à défaut de convention contraire, est fondé à réclamer de son vendeur les loyers reçus à l'avance par celui-ci, alors même qu'avant de traiter il aurait pris ou pu prendre communication du bail faisant mention de ces loyers payés d'avance ;— Considérant que la ville de Paris, en devenant propriétaire d'un immeuble exproprié pour cause d'utilité publique, a les mêmes droits qu'un acquéreur ; que ces mêmes droits lui appartiennent alors surtout qu'obligée, dans les termes de l'art. 50 de la loi du 3 mai 1841, d'acquérir la totalité d'un immeuble qu'elle eût préféré n'exproprier qu'en partie, la ville a déclaré vouloir exécuter les baux existants sur la portion qu'elle a été forcée d'acquérir ;— Considérant que vainement, dans l'espèce, on opposerait à la demande de la ville, d'une part, que le jury, en fixant l'indemnité due à Du Boys, propriétaire exproprié, avait eu sous les yeux le bail fait par celui-ci à Marachand, et qu'il avait rendu une décision souveraine, contre laquelle la ville ne peut revenir par la voie d'une répétition de loyers; d'autre part, que la ville, en ne faisant aucune réserve devant le jury concernant les loyers payés d'avance, avait renoncé à rien réclamer du propriétaire exproprié qui pût diminuer le chiffre de l'indemnité ; qu'elle avait enfin renouvelé cette renonciation le 15 janv. 1856, en payant intégralement et sans réserve l'indemnité fixée par le jury; — Considérant, en effet, relativement au jury que, si le bail a été mis sous ses yeux, rien n'indique dans la procédure que le fait des loyers payés d'avance soit entré pour quoi que ce soit dans son appréciation ; qu'on doit dès lors présumer que l'indemnité a été arbitrée uniquement sur la valeur capitale et foncière de l'immeuble exproprié, les droits des parties demeurant entiers au surplus ; — Considérant, relativement à la ville, qu'elle n'avait aucune réserve à faire pour la répétition de loyers payés d'avance qui , dans les termes du droit commun, lui appartenaient en sa seule qualité de nouveau propriétaire; que Du Boys seul aurait pu stipuler, s'il le jugeait convenable, qu'ils ne lui seraient pas demandés ; — Considérant enfin que, si la ville eût eu le droit, en payant à Du Boys, le 15 janv. 1856, le montant de son indemnité, de retenir par voie de compensation les loyers que celui-ci avait reçus par avance, on ne saurait faire résulter du fait d'un paiement intégral, qui s'explique aisément par les circonstances dans lesquelles ce paiement a eu lieu, une renonciation de la ville à la répétition qu'elle exerce aujourd'hui ; — Infirme; condamne Du Boys à payer la ville de Paris 5,500 fr., montant des loyers d'avance, avec intérêts du jour de la demande, etc. »

— Le bailleur a privilège pour le paiement de ses loyers sur l'indemnité accordée par le jury à son locataire en cas d'expropriation. C. Rouen, 12 juin 1863 (S.63.2.175).

364. Enfin, les expropriations partielles modifient les relations établies par les baux entre les locataires et les propriétaires, et ces modifications donnent lieu à des contestations; nous les examinerons dans le chapitre spécial intitulé : « *Des propriétés morcelées par les travaux,* » qui fait partie du tome second de ce traité.

Section IV. — *Des indemnités dues à divers autres ayants droit.*

365. — De l'indemnité due en cas de bail à rente.
366. — Du bail à locatairie perpétuelle.
367. — Du bail à rente colongère.
368. — Du bail à domaine congéable ou à convenant.
369. — De l'emphytéose.
370. — Du cas où l'emphytéote doit élever des constructions.
371. — Du bail à longues années.
372. — Du bail à vie.
373. — Du bail à complant.
374. — Des droits de champart, terrage ou agrier.

365. Si le bien exproprié avait fait l'objet d'un bail à rente, il serait important de rechercher quelle devrait être la nature de l'indemnité, comment elle devrait être payée. « Le bail à rente simple, dit Pothier, *Traité du contrat de bail à rente*, n° 1, est un contrat par lequel l'une des parties baille et cède à l'autre un héritage ou quelque droit immobilier, et s'oblige de le lui faire avoir à titre de propriétaire, sous la réserve qu'elle fait d'un droit de rente annuelle d'une certaine somme d'argent ou d'une certaine quantité de fruits, qu'elle retient sur ledit héritage, et que l'autre partie s'oblige réciproquement envers elle de lui payer tant qu'elle possédera ledit héritage. » L'art. 530, C. Nap., reconnaît le contrat de bail à rente, et déclare que la rente est essentiellement rachetable. Déjà, d'après la définition de Pothier, il était reconnu que la propriété du bien donné à rente était transférée au preneur (*Ibid.*, n° 111). La chose est encore moins contestable aujourd'hui : d'où il faut conclure que la principale indemnité appartient au preneur à rente. Celui-ci pourrait toutefois, s'il le voulait, délaisser l'immeuble, et alors il deviendrait tout à fait étranger au règlement de l'indemnité due pour cet immeuble, comme il serait dispensé de payer dé-

sormais la rente. Quant au bailleur, on ne voit pas qu'il puisse prétendre à autre chose qu'au rachat de la rente, qui doit être fait sur le montant de l'indemnité. Ce rachat pouvant toujours avoir lieu par la volonté du preneur, il peut avoir lieu également en cas d'expropriation. Si, ce qui n'est guère probable, celui-ci n'offre pas le rachat, l'indemnité doit être placée, et le bailleur prélèvera sa rente sur les intérêts.

Si les clauses et conditions du rachat ont été réglées par les parties, on doit s'y conformer dans la fixation du rachat, sinon, on doit suivre les règles ordinaires pour le remboursement des rentes foncières.

Mais, si une partie seulement de l'héritage donné à rente était comprise dans l'expropriation, quels seraient les droits du bailleur? Pourrait-il exiger le rachat de la rente entière? Pour l'affirmative, on peut dire que la rente est due par chaque partie de l'héritage (Pothier, *ib.*, n° 14), et que, les garanties du bailleur étant diminuées, il peut demander le remboursement de la rente. Mais on oppose que la force majeure qui a mis hors du commerce une partie de l'héritage arrenté ne peut priver le preneur du droit qu'il avait de ne racheter la rente qu'à sa volonté. De son côté, le preneur ne pourrait pas prétendre que la partie restante de l'immeuble présente une garantie suffisante au bailleur pour la sûreté du paiement de la rente ; il doit, si le bailleur l'exige, consentir au rachat d'une quotité de la rente proportionnée à la partie du bien qui a été frappée par l'expropriation, ou offrir de placer l'indemnité, pour servir, au besoin, de garantie supplémentaire au bailleur.

366. Le bail à locatairie perpétuelle ou à culture perpétuelle est une espèce de contrat fort usité dans les anciens pays du droit écrit. Le parlement de Provence envisageait ce contrat comme un vrai bail à rente; mais le parlement de Toulouse paraissait le considérer comme une espèce particulière de contrat, qui approchait de l'emphytéose et du bail à rente foncière, sans pouvoir cependant être confondu avec eux. D'après cette dernière jurisprudence, le preneur par bail à locatairie perpétuelle aurait acquis la possession naturelle et utile ; mais la propriété foncière et la possession civile seraient demeurées dans la main du bailleur (Merlin, *Rép.*, v° *Locatairie perpétuelle*). On doit aujourd'hui assimiler le bail à locatairie perpétuelle au bail à rente (Merlin, *Quest., dr.*, v° *Locatairie;* Dalloz, v° *Féodalité* p. 525) : car c'est ainsi que l'Assemblée constituante l'a considéré dans l'art. 2 du décret du 18 décembre 1790, en autori-

sant le rachat de rentes créées par des baux ainsi qualifiés ; et c'est aussi ce qui résulte des arrêts de la Cour de cassation des 7 nivôse an XII, 5 octobre 1808, 2 mars 1835. Il faut donc appliquer à ce contrat ce que nous venons de dire pour le bail à rente.

367. Le bail à rente colongère, très-usité en Alsace, consistait dans l'aliénation que de grands propriétaires faisaient au profit des habitants du pays ou d'étrangers qu'ils y attiraient, de terrains considérables, et presque toujours incultes, moyennant une redevance annuelle et uniforme. L'une des clauses caractéristiques de ce contrat était la stipulation que tout ce qui concernait l'exécution de l'acte serait soumis à une cour colongère, désignée par l'aliénateur (Dalloz, v° *Féodalité*, p. 523). La rente colongère n'était donc, à proprement parler, qu'une espèce particulière de rente foncière (1) ; il y a, par suite, lieu à appliquer à ces contrats les principes que nous avons émis en parlant du bail à rente foncière.

368. Le bail à domaine congéable ou à convenant est un genre de convention particulier à quelques parties de l'ancienne Bretagne. C'est une espèce de contrat emphytéotique, par lequel les propriétaires ont excité les laboureurs à entreprendre des défrichements et cultures, en leur laissant, soit pour un temps fixé, soit indéfiniment, la jouissance du fonds, à la charge d'une prestation annuelle, et avec la faculté d'y faire des améliorations, mais sous la condition que le détenteur, appelé *domanier*, ne pourrait se dessaisir qu'à la volonté du propriétaire ou bailleur, qui devrait alors lui rembourser la valeur des améliorations à dire d'experts. La prestation payée par le domanier au propriétaire se nomme *rente convenancière*. Si le bail à domaine congéable n'avait pas été fait pour un temps déterminé, le propriétaire pouvait, quand il lui plaisait, exercer le congément ; mais lorsqu'il y avait un terme fixé, c'était seulement à cette époque que ce droit pouvait être exercé, et il ne pouvait l'être que par le propriétaire seulement, car le domanier ne pouvait jamais user de cette faculté. Le droit de congément a été rendu réciproque par la loi des 7 juin-6 août 1791, qui, en maintenant ces baux, les a purgés de tout ce qui paraissait se rattacher à la féodalité.

En cas de bail à domaine congéable, la principale indemnité

---

(1) Merlin, *Répert.*, *Rente colongère*.

est nécessairement celle du bailleur, puisque c'est lui qui est reconnu propriétaire de l'immeuble (1). D'après la loi des 7 juin-6 août 1791, l'indemnité du domanier, en cas de congément, comprend la valeur des édifices et superficies (art. 17), et les labours et engrais (art. 19). L'estimation de ces objets est faite par experts convenus ou nommés d'office par le juge de paix du canton dans le ressort duquel les tenures sont situées (art. 17). Les frais d'expertise sont à la charge du propriétaire (art. 18). Le domanier ne peut être expulsé qu'il n'ait été préalablement remboursé de la valeur des édifices, superficies et améliorations (art. 21). L'expulsion des domaniers doit régulièrement avoir lieu à la Saint-Michel, 29 septembre (art. 22). En cas d'expropriation, l'indemnité du domanier comprendrait nécessairement la valeur des édifices et superficies, celle des labours et engrais, et un dédommagement pour la résiliation précipitée du bail à domaine congéable.

369. Il faut distinguer l'emphytéose perpétuelle et l'emphytéose à temps. L'emphytéose prepétuelle ne diffère plus aujourd'hui du bail à rente, et l'on doit y appliquer ce que nous avons dit ci-dessus. Reste à parler de l'emphytéose à temps. Ferrières, dans son *Dictionnaire de droit*, v° *Emphytéose*, dit que « c'est un bail à longues années d'un héritage, à la charge de le cultiver et améliorer; ou d'un fonds, à la charge d'y bâtir; ou d'une maison, à la charge de la rebâtir, moyennant une certaine pension modique, payable, par chaque an, par le preneur, et à la charge aussi ordinairement de bailler au temps du contrat, par le preneur, une certaine somme. L'emphytéose se fait ordinairement pour vingt, trente, quarante, cinquante, soixante ou quatre-vingt-dix-neuf ans, qui est le terme que le bail emphytéotique ne peut excéder. On peut aussi faire un bail emphytéotique à vie, tant du preneur que de ses enfants, et des enfants de ses enfants, et encore cinquante ans au delà. L'emphytéose, dit le même auteur, est une aliénation de la propriété utile en la personne du preneur pendant tout le temps de la concession, avec une rétention de la propriété directe de la part du bailleur. » En admettant cette définition (2), il faut examiner quels

---

(1) [V., toutefois : Cass., 24 janv. 1849; 3 mai 1848; 18 nov. 1846 (S. 49.1.112; 48.1.713; 47.1.97, et les observations de M. Devilleneuve, *loc. cit.*)].

(2) Les auteurs ne se sont jamais accordés sur les caractères du bail emphytéotique. Nous avons adopté les opinions de Ferrières, parce qu'elles nous ont paru

seront les droits du preneur et du bailleur, si le bien exproprié a été donné à bail emphytéotique.

On ne peut assimiler les droits du preneur à ceux d'un simple locataire : car ce dernier n'a aucun droit de propriété sur l'héritage, tandis que l'emphytéote a les droits utiles de propriété pendant toute la durée du bail. Comme ces droits ne sont que temporaires, il ne peut prétendre à l'entière disposition de l'indemnité qui représente une propriété sur laquelle il n'avait que des droits restreints. On ne peut pas non plus leur accorder à chacun une indemnité séparée, et il serait même fort difficile d'indiquer des bases pour l'évaluation de ces indemnités. Si le bail emphytéotique est seulement commencé depuis peu d'années, et qu'il doive durer quatre-vingts ou quatre-vingt-dix ans, le bailleur paraît n'avoir pas droit à une indemnité plus forte que le bailleur à rente perpétuelle, qui n'a droit qu'au rachat de la rente. Mais, si l'emphytéose est pour un temps plus court, ou si elle a commencé à une époque déjà éloignée, le bailleur a presque autant de droits et une indemnité aussi forte à réclamer que le propriétaire qui a loué son bien par bail ordinaire.

Nous pensons qu'on concilie tous les droits en décidant que l'indemnité représentative de l'immeuble sera placée ; que, sur les intérêts qu'elle produira, le bailleur touchera le montant du canon emphytéotique par lui stipulé, et que le surplus de ces intérêts appartiendra au preneur jusqu'à la fin de l'emphytéose. Le preneur avait le droit de jouir du bien, il jouit de l'indemnité

---

un peu plus claires que celles des autres auteurs.

[D'après trois arrêts de la Cour de cassation, en matière d'enregistrement, « l'ef-
« fet propre au bail emphytéotique est
« d'opérer l'aliénation à temps de la pro-
« priété de l'immeuble donné en emphy-
« téose ; le preneur, devenu ainsi proprié-
« taire pour un temps déterminé, peut,
« pendant la durée du bail emphytéoti-
« que, disposer de l'immeuble qui en fait
« l'objet, le vendre, le céder et même l'hy-
« pothéquer, sauf l'exercice des droits du
« bailleur à l'expiration de l'emphytéose..»
(24 juill. 1843, 1er avril 1840) ; autre, du même jour (S. 43, p. 830, 44, p. 433 et 436).

D'après une autre décision de la même Cour, en matière d'expropriation pour cause d'utilité publique, « l'emphytéose
« se distingue du bail à ferme en ce qu'il
« transmet au preneur un *jus in fundo*,
« un quasi-domaine, bien différent du
« droit dont le simple bail investit le fer-
« mier : et un arrêt, après avoir décidé
« que le preneur était un véritable em-
« phytéote, a pu assimiler son droit
« sous le rapport de l'importance et de
« l'émolument à celui d'un usufruitier,
« sans qu'on soit fondé à lui reprocher
« d'en avoir exagéré l'étendue : » il a donc pu, dans le cas ci-dessus énoncé, assimiler, quant à l'indemnité relative à la propriété, le preneur emphytéotique à l'usufruitier, et, par conséquent, l'admettre à exercer ses droits sur cette indemnité, conformément aux §§ 2 et 3 de l'art. 39 de la loi du 3 mai 1841. 12 mars 1845 (S. 45.1.382)].

qui représente ce bien ; il devait payer un canon sur le produit, et il le paie réellement. Le bailleur touche le canon qu'il s'était réservé ; à la fin du bail il devait rentrer dans son bien, et il rentrera dans l'indemnité qui le représente.

Nous avouerons cependant que les intérêts du bailleur paraissent être légèrement blessés, Si en 1821 on a donné à bail emphytéotique pour quatre-vingt-dix-neuf ans un héritage évalué 1,000 fr., et moyennant un canon de 40 ou 50 fr., le bailleur a sans doute songé qu'en 1920 le bien aura augmenté de valeur par la culture et les améliorations que le preneur y aura faites ; et d'ailleurs, d'après l'augmentation ordinaire du prix des propriétés, sans aucune amélioration, ce même immeuble vaudra probablement, et 1920, 1,200, et peut-être 1,300 fr. Or, si l'expropriation en est prononcée en 1840, et qu'on n'alloue pour indemnité que 1,000 à 1,100 fr., il résultera de là que le propriétaire touchera bien jusqu'en 1920 le canon stipulé, mais à cette époque il n'aura qu'une somme de 1,000 à 1,100 fr., au lieu d'un héritage de 1,200 à 1,300 fr. qu'il pouvait espérer. Il n'en est pas moins vrai que l'Etat a rempli toutes ses obligations envers le propriétaire lorsqu'il lui paie la valeur de son bien à l'instant où ce bien est pris pour les travaux publics. La perte d'une augmentation de valeur qui ne devait avoir lieu que dans un siècle est un dommage trop incertain pour que l'Etat soit tenu de l'en indemniser. Un incendie, une inondation, l'irruption de l'ennemi, une multitude d'autres événements, pourront détériorer l'héritage avant que le propriétaire en reprenne la possession. L'Etat n'est pas tenu de payer au propriétaire les bénéfices qu'il *espérait* retirer d'une spéculation, même légitime. On ne lui doit que le prix qu'il eût obtenu, s'il eût mis son bien en vente. Il serait à désirer que les parties s'entendissent pour acheter une autre propriété, qui serait soumise à l'emphytéose au lieu et place de la première ; mais on ne peut les y obliger. Après beaucoup de méditations, nous nous sommes arrêté aux décisions que nous venons d'indiquer ; cependant nous ne les présentons qu'avec une certaine défiance. La nature du bail emphytéotique est si bizarre, les clauses dont il est susceptible sont si variées, qu'il est bien difficile de tracer des règles générales.

Si les parties présentent des bases différentes sur la nature de l'indemnité, par exemple, si le propriétaire et l'emphytéote réclament chacun une indemnité distincte, tandis que l'administration prétend qu'il n'est dû qu'une seule indemnité sur laquelle le propriétaire et l'emphytéote feront valoir leurs droits respectifs, le jury doit faire un règlement alternatif qui pourvoie à ces deux hypothèses. C'est ce que décide un arrêt de la Cour de cassation, du 19 juillet 1843 (1).

370. Si le bail emphytéotique portait que le preneur construirait des bâtiments sur l'héritage, dans un certain temps, qui ne serait pas encore écoulé lors de l'expropriation, il n'y aurait pas lieu à lui reprocher l'inexécution de cette clause, puisqu'il serait empêché par une force majeure d'exécuter la convention. Si au contraire le délai accordé était écoulé, le bailleur pourrait demander la résolution de l'emphytéose, puisqu'il y aurait impossibilité d'en exécuter les conditions. Lorsque les constructions ont été faites, il faut voir si, à la fin du bail emphytéotique, elles doivent appartenir au propriétaire sans indemnité, ou s'il ne peut les retenir qu'en en payant la valeur. Au premier cas, l'indemnité est générale et unique pour le fonds et pour les constructions; mais, dans l'autre cas, il faut fixer séparément l'indemnité des bâtiments : car, à la fin du bail, il y aurait impossibilité de faire cette ventilation, et cependant la valeur des bâtiments devra revenir à l'emphytéote.

371. Quant au bail à longues années (on appelle ainsi tous ceux qui excèdent neuf ans), beaucoup d'auteurs pensent qu'il ne diffère pas, à proprement parler, du bail emphytéotique, et qu'il est, comme celui-ci, translatif de la propriété utile du fonds qui en est l'objet. S'il en était ainsi, la décision que nous avons donnée n° 369 s'appliquerait sans difficulté au bail à longues années. Mais Merlin, *Rép.*, v° *Bail*, § 4, n° 2, soutient qu'un bail fait pour plus de neuf ans n'est pas d'une autre nature que celui qui est fait pour un temps moins long. Nous partageons cette dernière opinion. L'indemnité due au preneur sera donc réglée comme pour les baux ordinaires. On sent qu'il est impossible de prétendre appliquer ici la disposition de l'art. 1746, C. Nap., d'après laquelle, s'il s'agit de biens ruraux, l'indemnité est du tiers du prix du bail pour tout le temps qui reste à courir. Or, si le bail devait encore durer seulement trente ans, le dédommagement serait égal à dix années de fermage, ce qui serait entre le tiers et la moitié de l'indemnité due au propriétaire. Pour une durée de soixante ans, l'indemnité serait de vingt années de fermage. Le fermier aurait par là des bénéfices énormes, tan-

---

(1) S. 43.1.732.

dis qu'il ne lui est dû qu'un dédommagement des pertes qu'il éprouve.

372. Le bail à vie diffère essentiellement de l'usufruit, ainsi que l'a jugé la Cour de cassation, le 18 janvier 1825 (1). L'indemnité due au preneur à vie devra donc être déterminée d'après les circonstances, car les dispositions du Code civil seraient encore moins applicables que dans le cas de bail à longues années.

373. Les baux *à complant* ou *à devoir de quart, de tiers ou de demi-raisin*, consistaient dans la cession de biens déjà en rapport, ou de terrains destinés à être plantés en vignes, à la charge par les preneurs de faire tous les travaux de plantation et de culture, de fournir les engrais et de donner aux bailleurs la portion de fruits stipulée dans l'acte. L'usage des baux de cette nature est établi depuis longtemps dans nos départements de l'Ouest. Il est assez difficile de déterminer quels sont les effets de ces baux, parce qu'ils ne sont pas les mêmes dans tous les départements.

Un avis du Conseil d'État, des 2-4 thermidor an VIII, établit que, *dans le département de la Loire-Inférieure*, le bail à complant ne transfère au preneur aucun droit sur la propriété des biens qui en sont l'objet; que le preneur, ses héritiers et ses représentants, *ne possèdent qu'au même titre et de la même manière que les fermiers ordinaires, sauf la durée de la jouissance;* que la contribution foncière est due et payée par le bailleur, circonstance qui détermine avec encore plus de force et de précision le caractère de cette tenure (Merlin, *Rép.*, v° *Vigne*, p. 579). Ainsi, dans le département de la Loire-Inférieure, les preneurs à complant doivent être assimilés aux fermiers ordinaires; mais leur indemnité doit varier selon l'importance des travaux par eux exécutés. En l'an X, le ministre des finances soumit au Conseil d'État la question de savoir s'il y avait lieu de déclarer l'avis du Conseil des 2-4 thermidor an VIII commun aux départements de *la Vendée* et de *Maine-et-Loire*. Le Conseil d'État, par un nouvel avis des 23-24 messidor an X, déclara: « Qu'il résulte des lois citées dans l'avis du 4 thermidor que la législation sur cette matière est faite; que dès lors elle est applicable à tous les actes ou baux consentis dans les mêmes cas et avec les mêmes caractères, quelque nom qu'il ait été donné à ces baux, et dans quel-

---

(1) S., *Coll. nouv.*, VIII, p. 48.

que département que soient situés les biens ainsi donnés à bail. — En conséquence, le Conseil est d'avis qu'il n'y a pas lieu à prendre l'arrêté demandé pour rendre l'avis du 4 thermidor an VIII commun aux départements de la Vendée, de Maine-et-Loire, ni à tout autre ; qu'il suffit que les principes aient été établis dans cet arrêté pour recevoir leur application *partout où les clauses des actes caractérisent la réserve de la propriété au bailleur* » (*Ibid.*, p. 583). Ainsi, dans les départements autres que celui de la Loire-Inférieure, où cette espèce de contrat est aussi usitée, les actes peuvent seuls faire connaître si la propriété est restée au bailleur, ou si elle a été transmise au preneur. C'est aussi ce qu'a reconnu l'administration des domaines dans une instruction générale du 5 pluviôse an XI (1).

Les mêmes principes sont admis par la Cour de cassation. La Cour d'appel de Poitiers avait jugé que, dans les principes de l'ancienne coutume de la Rochelle, le bail à complant emportait aliénation, et que les clauses de l'acte dont il s'agissait au procès indiquaient une aliénation de la propriété. On s'est pourvu en cassation; mais le pourvoi a été rejeté par arrêt du 10 octobre 1808, par le motif que la Cour d'appel avait fait une juste appréciation de l'acte dont il s'agissait. On doit donc conclure de cet arrêt que, dans la coutume de la Rochelle, il y avait des baux à complant qui transmettaient la propriété au preneur. Nous croyons qu'on ne peut tirer non plus d'autres conséquences des arrêts de la Cour de cassation des 26 janvier 1826 et 29 juillet 1828 (2), rendus, le premier pour l'arrondissement de Fontenay (Vendée), l'autre pour l'arrondissement de Bressuire (Deux-Sèvres). Ces arrêts se bornent à déclarer que les redevances réclamées à titre de droits de complant ne pouvaient donner lieu à une complainte possessoire ; ce qui était reconnaître que les actes dont il s'agissait avaient transféré la propriété aux preneurs.

Lorsque la propriété a été transférée au preneur, c'est lui qui a droit à la principale indemnité, et le bailleur ne doit être considéré que comme créancier d'une rente foncière. Nous nous en référons donc à ce que nous avons dit n° 365, en parlant du bail à rente.

374. Les droits de champart, terrage ou agrier, ont été assimilés par les lois nouvelles aux rentes foncières : on peut donc

---

(1) S. III, p. 152.
(2) S., *Coll. nouv.*, VIII, p. 259 et 268 ; S., *Coll. nouv.*, IX, p. 444.

appliquer aux propriétaires de droits de cette nature ce que nous avons dit ci-dessus, n° 365.

CHAPITRE VIII.

DU RÈGLEMENT DES INDEMNITÉS PAR LE JURY SPÉCIAL.

375. — Transition.
376. — Inconvénients du système consacré par la loi du 16 septembre 1807 pour le règlement des indemnités.
377. — Intervention des tribunaux admise par la loi du 8 mars 1810.
378. — Création d'un jury spécial pour le règlement des indemnités par les lois de 1833 et de 1841. Observations générales.
379. — Sens du mot *jury*.
380. — Compétence de ce jury. Il est appelé uniquement à régler le montant des indemnités dues par suite d'expropriation.
381. — Dès qu'il s'agit d'expropriation, il peut fixer les indemnités accessoires en même temps que l'indemnité principale.
382. — A cause de la connexité. Développements.
383. — Conclusion, quand la connexité manque. Divers exemples.
384. — Mais que faut-il pour que la connexité existe? A quelle époque prend-elle naissance en matière d'expropriation pour cause d'utilité publique?
385. — Considérations dans le sens de l'opinion qui ne la fait naître que du jugement d'expropriation. Conséquences.
386. — La jurisprudence du Conseil d'Etat la fait naître de la déclaration régulière de l'utilité publique. Conséquences.
387. — Un cas dans lequel le Conseil d'Etat n'admet la connexité, ni en faveur de l'ordre administratif, ni en faveur de l'ordre judiciaire.
388. — Les questions préjudicielles doivent être renvoyées devant la juridiction compétente.
389. — Le jury spécial n'est pas chargé de statuer *sur toutes les questions de fait*.
390. — Divisions de ce chapitre.

375. Lorsque l'administration a obtenu un jugement d'expropriation et l'a rendu public, elle peut encore, ainsi que nous l'indiquerons ci-après, s'entendre avec les propriétaires et autres intéressés pour le règlement amiable des indemnités qui leur

sont dues; mais, lorsqu'elle a perdu cet espoir, elle doit s'occuper de faire régler ces indemnités par le jury, afin de parvenir à la prise de possession des terrains frappés d'expropriation.

L'intervention du jury dans le règlement des indemnités dues par suite d'expropriation pour cause d'utilité publique est bien certainement l'une des innovations les plus graves qui aient été introduites depuis longtemps dans notre système judiciaire. Le législateur ne s'est décidé à y avoir recours qu'après avoir reconnu, par une expérience plus ou moins longue, les inconvénients de tous les autres systèmes.

376. La loi du 16 sept. 1807 avait laissé aux tribunaux administratifs, c'est-à-dire aux conseils de préfecture, et par appel au Conseil d'État, le droit de régler toutes les indemnités dues par suite d'expropriation pour utilité publique (art. 56 et 57). Cette attribution fut l'objet de vives critiques de la part des propriétaires, qui ne croyaient pas trouver dans la juridiction administrative telle qu'elle était organisée alors, l'indépendance et les garanties qu'ils auraient désiré rencontrer dans leurs juges; et cependant l'administration se plaignait, de son côté, de l'exagération des indemnités qui étaient ainsi fixées. L'Empereur disait en 1810 : « Dans les affaires décidées administra-
« tivement, l'indemnité est évaluée par des experts qui presque
« toujours la portent à un taux exorbitant. Les conseils de pré-
« fecture ne se croient pas en droit de réformer ces évaluations
« de leur propre autorité. S'ils les trouvent exagérées, ils pensent
« qu'il ne leur reste qu'à ordonner une expertise nouvelle. »
(*Locré*, IX, p. 677.) Cette observation était une juste critique du mode d'instruction adopté par les conseils de préfecture; mais elle ne prouvait point qu'en modifiant la procédure par eux suivie, ces conseils ne pussent rester chargés de l'évaluation des indemnités dues par suite d'expropriation, comme ils le sont encore de celles dues par suite d'occupation temporaire et de simples dommages. Mais, en présentant la loi du 8 mars 1810 au Corps législatif, Berlier disait officiellement que « de trop nom-
« breux exemples *d'estimation scandaleusement préjudiciables au*
« *Trésor public* se présentaient pour que le législateur ne dût
« pas se tenir en garde contre de tels abus. » Quoi qu'il en soit, les retards qui avaient lieu dans le règlement des indemnités dues par suite d'expropriation étaient souvent tels, qu'il eût été réellement permis de regarder la loi du 16 sept. 1807 comme inexécutable en cette partie, si l'exécution qu'elle reçoit encore aujourd'hui ne repoussait cette induction.

Ainsi, dans une affaire relative aux indemnités dues pour une maison, il y eut quatre expertises, cinq arrêtés du préfet, une décision du ministre de l'intérieur, deux arrêtés du conseil de préfecture, cinq jugements du tribunal de première instance, un arrêt de la Cour d'appel, et cinq arrêts du Conseil d'État. Ajoutons qu'aucune de ces vingt-deux décisions n'était définitive, et qu'après dix ans on a dû terminer les débats par une transaction. Dans une autre affaire il intervint cinq expertises, deux arrêtés du préfet, trois décisions ministérielles, deux jugements et un arrêt du Conseil d'État. Dans une troisième contestation, l'administration, après avoir fait procéder à six expertises différentes, renvoya l'affaire au tribunal de première instance, dont le jugement fut suivi d'un arrêt de la Cour d'appel, après lequel le préfet éleva un conflit et revendiqua l'affaire, dont l'administration elle-même avait saisi l'autorité judiciaire. Le conflit fut maintenu par le Conseil d'État, qui, après sept ans, renvoya l'affaire au conseil de préfecture. Nous ignorons quand et comment elle s'est terminée. On conçoit que les propriétaires eux-mêmes devaient trembler de se voir exposés aux embarras, aux frais et aux lenteurs qu'occasionnaient tant de procédures diverses.

377. [En 1810, l'Empereur ayant fondé le projet de la nouvelle loi sur le principe de l'intervention des tribunaux, auxquels il conférait le pouvoir de vérifier si les formalités imposées à l'administration avaient été exactement remplies, et celui de prononcer l'expropriation, c'était une conséquence nécessaire de ces prémisses de confier aussi à l'autorité judiciaire le règlement des indemnités. Il aurait été contradictoire de retirer à l'administration le contrôle de ses propres actes et la déclaration d'expropriation, et de lui conserver l'évaluation des biens. D'ailleurs, les esprits étaient imbus de cette idée : la garantie de *l'autorité judiciaire*. M. l'archi-chancelier affirmait que : « rien « n'est plus dans les attributions naturelles des tribunaux que « l'évaluation des indemnités (1). » L'Empereur déclarait même que : si l'arbitraire « était inévitable, il préférerait s'en rapporter « à celui des tribunaux (2). » Enfin, Berlier exposait la pensée du législateur en ces termes (3) : « Dans le cours ordinaire des transactions, le vendeur met lui-même sa chose à prix, et cette

---

(1) Cons. d'Etat, séance du 16 nov. 1809; Locré, IX, p. 680.

(2) Séance du 4 janv. 1810; Locré, IX, p. 700.

(3) Locré, IX, p. 730.

volonté devient la base nécessaire du contrat : elle ne saurait ici exercer le même empire, car le privilége auquel la grande cause d'utilité publique a donné naissance cesserait d'exister ou ne serait plus qu'une illusion si le prix de l'objet à céder pouvait dépendre de la seule volonté du propriétaire qui doit faire la cession. Mais le privilége de l'Etat sortirait aussi des bornes légitimes si, quelque équitables que l'on doive présumer des administrateurs, qui ne stipulent pas dans leurs intérêts personnels, ils pouvaient seuls régler le prix ; car ils ne sont pas juges, mais parties. Dans une telle conjoncture, il n'existe qu'une autorité qui puisse exactement tenir la balance entre le public et les particuliers, ou, en d'autres termes, entre l'administration et les propriétaires ; c'est l'autorité judiciaire, protectrice impartiale de leurs droits réciproques. »] Tels étaient les motifs pour lesquels le législateur s'était décidé à remettre aux tribunaux la fixation des indemnités dues en cas d'expropriation.

La juridiction des tribunaux devint à son tour l'objet de très-vives critiques de la part de l'administration.

« Lorsque, pour se soustraire à des prétentions exagérées, disait, en 1832, M. d'Argout, ministre des travaux publics, l'administration invoque la justice des tribunaux, alors l'esprit de chicane développe toutes ses ressources ; il multiplie tous les incidents de la procédure, il provoque une foule d'interlocutoires. La cause est-elle enfin jugée en première instance, on la transporte devant la Cour d'appel. Devant ce nouveau tribunal, les mêmes incidents, les mêmes interlocutoires se renouvellent, et comme aucun délai n'est fixé par la loi, l'administration, traînée de juridiction en juridiction, n'obtient souvent qu'au bout de deux, trois, quatre ou même cinq années, un arrêt définitif. De là, la perte d'un temps précieux, plus précieux même quelquefois que l'argent ; de là, des travaux interrompus et livrés à toutes les chances d'avaries qui accompagnent inévitablement cet état d'abandon ; de là, des frais de procédure qui accroissent dans une proportion déplorable le montant d'une indemnité presque toujours cependant réglée à un taux déjà très-élevé. (*Mon.*, 13 déc. 1832, p. 2135.) Parmi les devoirs que la législation de 1810 impose au tribunal, il en est un à l'accomplissement duquel les juges ordinaires ne paraissent préparés, ni par leurs études premières, ni par leurs connaissances spéciales, ni par la pratique de leurs fonctions : nous voulons parler de l'évaluation des indemnités. (*Ibid.*, p. 2136.) Sans doute, il serait difficile de trouver ailleurs plus de lumières et de conscience que parmi les membres des Cours et tribunaux; mais les qualités qui les distinguent si éminemment sont-elles ici d'une application vraiment spéciale, et la décision qu'on leur demande rentre-t-elle dans le cercle de leurs méditations?

« Un juge qui réside quelquefois loin des lieux, un juge qui ne se déplace pas, et que la loi appelle à décider sur son siège une question qui suppose la connaissance des localités, est-il toujours en état d'établir avec une exactitude suffisante la valeur d'un terrain ou d'un bâtiment, et de bien calculer l'influence des travaux sur la propriété qu'ils traversent et morcèlent? Les études qu'il a faites, le noviciat qu'il a subi, l'exercice ordinaire de ses fonctions, le genre de vie retirée et sédentaire dont il contracte l'habitude, le disposent-ils bien à la mission qui lui est confiée? Il ne s'agit pas, en effet, de résoudre un point de droit, de trancher une question de procédure, d'interpréter et d'appliquer un texte de loi; il s'agit de constater un fait et de mettre un prix à un immeuble dont la valeur peut varier par suite de diverses circonstances locales. Un juge est-il réellement mieux que toute autre personne en position de remplir ici le vœu de la loi? Que si, dans l'incertitude et dans le vague où le jettent des prétentions contraires, des offres et des demandes qui laissent entre elles un immense intervalle, il se borne, ainsi qu'il le fait presque toujours, à homologuer le travail des experts, les experts sont donc alors les véritables juges des indemnités! (*Ibid.*) L'intervention du tribunal entraîne d'ailleurs l'emploi des formes de la procédure, et du moment qu'on entre dans cette carrière, on ne sait comment et à quelle époque on en sortira. Faut-il nommer les experts qui procéderont contradictoirement? une tierce expertise devient-elle indispensable? est-on obligé d'ordonner une enquête, une descente de lieux, une vérification de titres? se trouve-t-on dans le cas de procéder à un compulsoire, d'appeler des témoins, de réclamer l'apport des pièces, etc.?... Chacune de ces opérations exige un jugement : chaque jugement est susceptible d'un appel, voire même d'un recours en cassation. Qu'on suppute tous les délais, qu'on tienne compte de tous les incidents qui peuvent naître à chaque instant dans l'intervalle d'un jugement à un autre, et l'on s'expliquera sans peine comment l'administration a vu des affaires de ce genre traîner en longueur pendant quatre et cinq ans, et donner lieu, en définitive, à des dépenses dix fois plus fortes que la valeur même du terrain qu'elle voulait acquérir.

« Que l'on évalue, d'autre part, la perte de l'intérêt des capitaux engagés dans une opération suspendue pendant des années entières, et la privation des avantages que cette même opération aurait procurés, s'il eût été possible de la conduire à terme beaucoup plus tôt, et l'on se formera une nouvelle idée des pertes immenses et presque incalculables que la société est aujourd'hui condamnée à subir par suite de l'égoïsme et de la cupidité de quelques individus. » (*Ibid.*)

378. Pour remédier à ces abus, le Gouvernement crut devoir proposer de confier le règlement des indemnités à un jury spécial.

« Nous avons cherché, a dit, en 1832, M. le ministre des travaux publics, un remède à un pareil état de choses; pour le trouver, nous avons jeté les yeux sur un royaume voisin (l'Angleterre), où les plus grands travaux s'exécutent avec une merveilleuse célérité, au grand profit du pays. Là, les indemnités sont arbitrées, en dernier ressort, par un jury composé des principaux propriétaires de la contrée. La promptitude des formes ne nuit pas à l'exactitude des résultats. Nous avons pensé qu'il était possible d'introduire chez nous un système analogue; déjà nous appelons les jurés à statuer sur la vie et l'honneur des citoyens : pourquoi hésiterait-on à leur confier l'appréciation d'un immeuble? Des propriétaires qui, tous les jours, réalisent des achats, des ventes, des échanges, ne sont-ils pas aptes éminemment à résoudre une question de cette nature? En définitive, c'est à une assemblée d'experts que nous proposons de nous en référer; mais ces experts sont des gens notables, des propriétaires indépendants qui, comme les experts ordinaires, n'ont pas généralement d'état à conserver, de clientèle à ménager; qui ne sont placés, ni sous l'influence de la crainte, ni sous celle de l'espérance; qui, comme propriétaires, peuvent avoir intérêt à mettre un haut prix à la propriété, mais qui, au même titre, désireront vivement sans doute la prompte exécution des travaux que peut-être ils auront eux-mêmes provoqués, et dont ils sont appelés à recueillir les avantages que leur position leur permet de bien apprécier. Nous insistons sur cette dernière considération, elle est réellement d'une grande importance; c'est elle qui assure en Angleterre le succès du jury; c'est elle qui l'assurera de plus en plus chez nous à mesure que les mœurs publiques se formeront, que les questions générales seront mieux comprises, et que les intérêts individuels chercheront moins à s'isoler des intérêts de la communauté. Au moyen de l'arbitrage du jury, on n'a plus à craindre les nombreux et interminables interlocutoires qui paralysent tous les efforts et déconcertent tous les projets; il n'y a plus ni jugements de première instance, ni jugements d'appel pour le règlement de l'indemnité. L'administration n'a plus à porter ses requêtes de tribunaux en tribunaux. S'il ne lui est pas encore possible de calculer avec précision le prix de l'immeuble qu'elle est dans le cas d'acheter, au moins peut-elle entrevoir avec quelque certitude l'époque où il lui sera permis d'en prendre possession. A l'aide de cette prévision, elle peut organiser ses travaux, préparer les mesures nécessaires à leur succès, et surtout prévenir les fausses manœuvres, toujours si dispendieuses. (*Ibid.*)

« Nous ne vous dissimulons pas qu'il s'agit d'introduire une innovation qui paraîtra considérable; mais nous vous prions de remarquer que le mode nouveau que nous offrons à vos méditations a déjà reçu la sanction de l'expérience en Angleterre et aux États-Unis. Tout en appréciant les différences qui existent entre ce pays et le nôtre, nous avons pensé qu'il y aurait avantage à transporter et à essayer au moins d'acclimater chez nous un système qui a produit ailleurs de si bons effets. En définitive, c'est au jugement du pays que nous remettons des décisions d'où dépendent sa richesse, sa prospérité, son bonheur. C'est aux citoyens à voir, à décider eux-mêmes s'ils veulent que la France prenne dans la carrière de la civilisation le rang que peuvent lui assurer la fertilité de son territoire et l'industrieuse activité de ses habitants. Mais, dira-t-on, nos mœurs publiques ne sont pas encore formées : n'y a-t-il pas quelque danger à s'y fier à ce point dans l'état où elles se trouvent encore? Ne craint-on pas que, dans les premiers temps surtout, l'esprit de la propriété ne prévale sur l'intérêt public? Ces craintes ne nous paraissent pas fondées. Si les propriétaires (et nous l'avons déjà dit) ont intérêt à une évaluation élevée des terrains, ils ont aussi un intérêt plus grand encore à l'exécution prompte, immédiate, de ces entreprises, qui donnent à la propriété une valeur nouvelle, et qui changent en peu de temps la situation agricole et industrielle de toute une contrée. A qui s'en remettre d'ailleurs si l'élite des propriétaires ne répondait pas à cette juste attente? Croyons aux sentiments d'honneur, d'équité, de prudence, de patriotisme, dont ils sont animés; et quand il serait vrai que sur quelques points nos espérances pourraient ne pas se réaliser complétement, nous répondrons encore que les mœurs publiques ne se formeront jamais si on ne leur en offre pas l'occasion et le moyen; nous répondrons que le procédé le plus sûr d'obtenir la confiance du pays, c'est de l'appeler, c'est de s'y livrer même, mais avec de sages précautions. Nous répondrons que, dût l'administration n'obtenir d'abord que de faibles modérations sur les prix exagérés qu'elle est contrainte de payer aujourd'hui, peu à peu les esprits s'éclaireront : on sentira de plus en plus que, dans notre état social, il existe une relation nécessaire entre le prix des travaux et les avantages dont la perspective peut seule décider à les entreprendre, et que, si on veut enfin que les intérêts matériels reçoivent les développements que provoque le vœu universel, il est indispensable avant tout de ne pas grever de dépenses tout à fait exagérées les grandes entreprises destinées à en favoriser les progrès. Enfin un résultat incontestable du projet de loi, c'est que l'administration n'aura plus à supporter des frais onéreux de procédures, c'est qu'elle n'attendra plus la possession des terrains pendant des années entières. Ces deux considérations suffiraient seules pour justifier le projet de loi. » (*Ibid.*, p. 2137.)

« Le jugement des indemnités par un jury spécial, a dit M. Martin (du Nord), au nom de la commission de la Chambre des députés, vous est proposé comme un remède aux abus intolérables de la législation actuelle ; adopterez-vous cette grande innovation, que les uns accueillent avec d'autant plus d'empressement qu'ils voudraient investir le jury du droit de prononcer sur tous nos intérêts privés ; que d'autres repoussent au contraire avec une sorte d'effroi, parce qu'ils sont convaincus que la magistrature peut seule en France assurer le triomphe de la justice? Votre commission ne s'est dirigée ni par ces espérances, qu'elle ne partage pas, ni par ces craintes, qu'elle croit exagérées. Elle n'a vu que la matière spéciale soumise à ses méditations, et la proposition du Gouvernement lui a paru devoir être accueillie, non parce que le succès des mesures nouvelles peut être considéré comme infaillible, mais parce qu'il est difficile de supposer que l'essai que nous allons tenter ait des résultats aussi fâcheux que le maintien de ce qui existe. Dans tous les cas, l'expérience qui sera faite du système proposé pourra indiquer aux législateurs qui nous succéderont des moyens plus simples, plus prompts et mieux appropriés aux besoins qui se manifestent de toutes parts. » (*Mon.*, 27 janv. 1833, p. 211.)

[Lors de la transition de la loi de 1810 à celle de 1833, l'appréciation historique, politique et administrative des lois du 16 septembre 1807 et du 8 mars 1810 a été présentée par M. le baron Mounier, avec une rare sagacité d'observations. Ce discours, prononcé dans la séance de la Chambre des pairs du 3 mai 1833, a été transcrit par MM. Gillon et Stourm dans leur Commentaire sur la loi du 7 juillet 1833 (1).

Au sujet de la révision de cette loi elle-même, M. Duvergier a placé, sous l'art. 1er de la loi du 3 mai 1841, les réflexions suivantes, empruntées aux discussions législatives :

« Après une existence de sept années, la loi du 7 juillet 1833,
« sur l'expropriation pour cause d'utilité publique, est entière-
« ment refondue.

« Elle avait amélioré la législation antérieure ; mais, comme
« celle-ci, elle a fait naître de vives réclamations. Une applica-
« tion journalière, de la part de l'Etat et des compagnies, en a
« signalé les imperfections. En présence du développement
« qu'ont pris de nos jours les travaux publics et du redouble-
« ment d'activité qui se prépare, une révision a paru néces-
« saire.

« Deux sortes de reproches ont été adressés à la loi de 1833 :
« d'une part, on s'est plaint des lenteurs de la procédure ; de
« l'autre, on a soutenu que le jury n'a pas compris sa mission ;
« qu'il n'a pas été un appréciateur indépendant et éclairé des
« prétentions souvent exorbitantes de la propriété. »

« Quant au jury, a dit M. le ministre des travaux publics, tout
« en reconnaissant ce qu'il y a eu de déplorable dans certains
« exemples, heureusement assez rares, nous n'avons pas cru
« que l'ensemble des faits offrît un tel caractère de gravité,
« qu'il fallût, sur ce point, renoncer à l'exécution de la loi de
« 1833. L'institution du jury est entrée dans nos mœurs : elle
« est chère au pays, et désormais il faut plutôt songer à en per-
« fectionner l'action, à l'acclimater de plus en plus parmi nous,
« qu'à restreindre les applications qu'on a commencé à en
« faire. C'est dans cette pensée que, nous abstenant de toute
« modification qui aurait porté atteinte à l'institution elle-même
« et en aurait altéré les éléments, nous nous sommes bornés à
« quelques dispositions de détail, qui assurent au jugement du
« jury toute sa sincérité, ou comblent des lacunes signalées par
« l'expérience. »

« On a essayé de tous les systèmes, observait avec raison

---

(1) Cod. des municip., Introd., p. 4, 5, 6, 7, 8.

« M. le comte Daru, rapporteur à la Chambre des pairs ; on a
« eu recours à l'autorité administrative, à l'autorité judiciaire,
« enfin à la magistrature temporaire que vous venez de consti-
« tuer pour ce règlement difficile des indemnités de déposses-
« sion. Désormais il est impossible de songer à des combinai-
« sons nouvelles ; il faudrait revenir à l'une de celles primitive-
« ment abandonnées, et l'on a réclamé contre toutes. C'est que, il
« faut bien le reconnaître, chacune a ses inconvénients, et l'on
« est ici aux prises avec des intérêts actifs, remuants, qui sa-
« vent élever la voix bien haut pour se plaindre, lorsqu'ils sont
« ou se croient lésés. Peut-être l'expérience amènera-t-elle à re-
« connaître un jour que les tribunaux administratifs ne méri-
« tent pas les préventions dont ils ont été et sont encore l'objet ;
« mais cette expérience n'est pas faite aujourd'hui. Quelques
« abus partiels, quelques actes isolés, ne suffisent pas pour
« justifier le changement d'une institution toute nouvelle et qui
« est à bon droit chère au pays. Cette institution n'est pas assez
« vieille pour s'être naturalisée parmi nous ; elle n'est pas assez
« profondément entrée dans nos mœurs pour pouvoir être en-
« core acceptée de tous. . . . . Sept années n'ont pu
« suffire à l'éducation de notre pays : espérons que les esprits
« se formeront, s'éclaireront peu à peu, et attendons, pour nous
« prononcer définitivement, que le temps nous en ait donné le
« droit (1). »]

379. « On peut dire, faisait observer M. Renouard, que l'expression de *jury* qu'emploie le projet n'est pas parfaitement juste. En effet, les appréciateurs auxquels on donne ainsi le nom de *jurés* n'ont à statuer sur aucune question litigieuse ni en fait ni en droit ; leur mission unique est d'arbitrer un prix (2). Lorsque les parties arrivent devant eux, tout est jugé, et sur la nécessité de l'expropriation, et sur l'obligation d'indemniser ; le contrat est formé, le prix seul demeure incertain ; puisque, de la part des parties intéressées, il y a absence de consentement sur le prix, il faut que la décision en soit remise à l'arbitrage d'un tiers appréciateur. » (*Mon.*, 1ᵉʳ fév. 1833, p. 253.) Nous verrons ci-après comment l'on a réglé la composition de ce jury et le mode de ses opérations.

380. De l'ensemble des dispositions de la loi du 3 mai 1841,

---

(1) Duvergier, *Collect. des lois*, 1844, p. 124.

(2) Aussi, sur ce point, MM. Gillon et Stourm, *Introd.*, p. 10 à 16.

et surtout de son art. 29, il résulte que le jury spécial n'a été établi que pour régler les indemnités dues aux personnes atteintes par une expropriation pour cause d'utilité publique. C'est une juridiction spéciale et exceptionnelle qui doit être exactement restreinte aux attributions que la loi lui a conférées. Cela n'est point contesté, mais il s'élève souvent des débats sur le point de savoir si la partie qui réclame une indemnité a été réellement frappée d'expropriation, et si, par suite, l'indemnité doit être réglée par le jury spécial ou par le conseil de préfecture. Nous avons cherché à préciser les caractères essentiels de l'expropriation, et toutes les fois que ces caractères ne se rencontrent pas, le règlement de l'indemnité ne peut être soumis au jury spécial.

Le jury spécial, dit l'art. 29 de la loi du 3 mai 1841, est appelé, le cas échéant, *à régler des indemnités dues par suite d'expropriation pour cause d'utilité publique*. Ces mots ne veulent pas dire que le jury est appelé à statuer sur toutes les questions qui se rattachent au règlement des indemnités relatives à une expropriation. L'art. 39, § 4, précise l'intention du législateur et la compétence du jury, en déclarant que toutes les questions étrangères à la *fixation du montant de l'indemnité* doivent être renvoyées par le jury devant qui de droit. Ainsi le jury n'a même pas la connaissance de toutes les questions relatives à l'indemnité, mais seulement de celles qui tendent à fixer le *montant de l'indemnité*. L'art. 38 dit également que la décision du jury *fixe le montant de l'indemnité*.

Ainsi, devant un jury convoqué pour régler l'indemnité due pour un terrain que l'hospice de Roubaix avait donné à bail emphytéotique, les administrateurs de l'hospice et l'emphytéote réclamaient chacun une indemnité distincte, tandis que le mandataire du préfet soutenait qu'il y avait lieu à une indemnité unique. Ce débat se rattachait à la fixation de l'indemnité, mais il ne rentrait pas dans la compétence du jury, ainsi que la Cour de cassation l'a reconnu par son arrêt du 19 juillet 1843 : « Attendu qu'un tel débat portait *non pas sur la fixation du montant de l'indemnité*, mais sur la question même de savoir si l'indemnité consisterait ou en une somme unique sur laquelle le propriétaire et l'emphytéote feraient valoir ultérieurement leurs prétentions respectives, ou en deux sommes distinctes dont une pour chacun d'eux ; — Qu'en vue de la solution alternative que ce débat pouvait recevoir des tribunaux ordinaires auxquels le jugement devait en être laissé, le jury était astreint à faire un règlement qui pourvût aux deux hypothèses, c'est-à-dire à déterminer l'indemnité pour le cas où il serait décidé qu'il n'y aurait lieu de n'en accorder qu'une seule sur laquelle le propriétaire et l'emphytéote auraient à faire déterminer plus tard leurs droits, et, d'un autre côté, à fixer deux indemnités distinctes pour le cas où il serait jugé qu'une indemnité spéciale revenait à chacun de ceux-ci ; — Qu'au lieu de procéder dans la prévoyance des deux hypothèses, le jury s'est arrêté à celle de la dette d'une double indemnité, faisant prétérition entière de l'autre hypothèse, et tranchant ainsi la question débattue ; quoi faisant, le jury, qui par sa mission d'expert n'était appelé qu'à fixer le chiffre des indemnités, a excédé ses pouvoirs et manifestement violé le texte de la loi du 3 mai 1841 (1)—(A).

381. Quoique le jury n'ait été d'abord institué que pour fixer la valeur des immeubles frappés d'expropriation, comme le législateur n'ignorait pas que cette mesure entraînait toujours à sa suite la demande d'autres indemnités accessoires, il dut décider si ces indemnités accessoires seraient aussi réglées par le jury, ou si on en renverrait l'examen aux magistrats qui devaient en connaître d'après le droit commun. Comme il y avait une connexité évidente entre toutes ces réclamations, il permit de les déférer toutes au jury. C'est pourquoi l'art. 29 de la loi du 3 mai 1841 ne dit pas que le jury fixera *la valeur du terrain exproprié*, mais qu'il fixera *les indemnités dues par suite de l'ex-*

---

(1) S.43.1.732. On fera connaître, *infrà*, dans le commentaire détaillé des art. 38 et 39 de la loi du 3 mai 1841, beaucoup d'autres conséquences du même principe.

Additions.

(A) Le jury n'est compétent pour fixer les *indemnités* que quand elles sont dues réellement par suite de l'expropriation elle-même, et non celles *dues par suite d'une erreur* de l'expropriant sur l'étendue de l'expropriation. Ainsi, le locataire d'une maison non expropriée, qui a reçu par erreur un congé de la part de l'expropriant, ne peut se présenter devant le jury pour en obtenir une indemnité en réparation du préjudice que lui aurait causé la signification de ce congé ; une telle demande est de la compétence des tribunaux. En pareil cas, le jury ne peut que fixer au profit du propriétaire du terrain exproprié une *indemnité alternative* se référant à l'hypothèse où le bail serait résilié et à celle où le bail serait maintenu. Cass., 18 mars 1857 (Dall. 57.1.118).

Un déclinatoire ne peut être présenté par le préfet, et le conflit ne peut être élevé devant l'autorité judiciaire, dans le but de demander le renvoi de l'affaire non pas devant l'autorité administrative, mais devant le jury d'expropriation institué par la loi du 3 mai 1841. C'est seulement à l'effet de revendiquer pour l'autorité administrative les affaires dont la connaissance lui appartient que les préfets sont autorisés par les lois et règlements à élever le conflit d'attributions devant les tribunaux. Cons. d'État, 12 mars 1863 (Lebon, *Rec.*, 1863, p. 238 ; S.63.2.119).

propriation. Ainsi ce sont toutes les indemnités dues par suite de l'expropriation que le jury doit fixer, sans distinguer si elles sont principales ou accessoires. Toutes lui ont été attribuées *par suite de la connexité.* L'art. 39 déclare notamment que le jury doit fixer les indemnités des fermiers ou locataires en même temps que celle du propriétaire.

Il est du reste reconnu par la Cour de cassation, dans son arrêt du 11 janv. 1836, que ces mots de l'art. 29 : *indemnités dues par suite d'expropriation pour cause d'utilité publique,* comprennent dans leur latitude le pouvoir d'apprécier non-seulement la valeur intrinsèque des terrains expropriés, mais encore celle des avantages attachés à leur possession et dont la privation sera la suite de l'expropriation (1). Le Conseil d'Etat a de son côté, et par décision du 4 sept. 1841, reconnu que le jury chargé d'apprécier l'indemnité due pour cession de partie d'une maison était seul compétent pour fixer l'indemnité réclamée pour dépréciation de la partie restante (2). Il est d'ailleurs universellement admis que, quand l'Etat ne prend que partie d'une propriété, le jury doit comprendre dans l'évaluation de l'indemnité la moins-value du surplus de la propriété morcelée.

Il n'y a pas même, à cet égard, de distinction à établir entre la *nature* des dommages ; c'est uniquement *leur origine* qu'il faut considérer. On a voulu, ainsi que nous l'avons dit (3), établir sous un autre rapport une distinction entre les dommages permanents et les dommages temporaires. Nous avons cru devoir la repousser ; mais, du reste, elle ne pourrait être appliquée dans la circonstance dont nous nous occupons. Qu'un dommage soit en lui-même de nature à être apprécié par une autorité ou par une autre, dès qu'il est *la suite d'une expropriation,* l'indemnité peut être réclamée devant le jury et réglée par lui.

382. Comme il y avait une *connexité* évidente entre ces réclamations, qu'elles prenaient toutes naissance dans le même fait et qu'il était presque impossible de les apprécier séparément, le législateur a voulu qu'elles fussent toutes soumises au jury spécial et appréciées par lui. Il n'a fait en cela qu'appliquer un principe constant de notre législation, que nous avons emprunté au droit romain, et dont on trouve également l'application dans l'art. 171, C. proc. : c'est que l'on ne doit point, autant que pos-

---

(1) S. 36.1.12.
(2) *Rec.*, 1841, p. 496.

(3) *Suprà*, p. 85 et suiv.

sible, saisir deux juridictions différentes de demandes relatives au même fait. Sans cette condition, il n'y aurait pas eu de motifs pour ne pas laisser la connaissance de chaque partie de l'indemnité aux divers magistrats qui devaient en connaître d'après le droit commun.

[C'est, en effet, sur cette condition *sine quâ non* de la connexité que sont fondés :

1° L'ordonnance rendue au contentieux, le 17 mai 1844, dans l'affaire de la société du moulin d'Albarèdes : il s'agissait d'une indemnité réclamée pour diminution de la force motrice d'une usine, par suite de l'exécution de travaux publics. D'une part, ce n'était pas le cas d'une *expropriation*, puisqu'il n'y avait pas transmission d'une propriété immobilière au domaine public. D'autre part, on n'alléguait aucune connexité avec une demande d'indemnité principale d'expropriation. Dans ces circonstances, l'application des lois sur l'expropriation et la compétence du jury ont été écartées par les motifs suivants : qu'aux termes de la loi du 16 septembre 1807, les demandes d'indemnités dues, même pour expropriation totale ou partielle résultant de l'exécution des travaux publics, étaient soumises à l'appréciation des conseils de préfecture ; que les lois sur l'expropriation sont applicables seulement aux biens immobiliers proprement dits ; et « *que si les art. 21 et 39 de la loi du 7 juillet 1833, les « art. 21, 22 et suiv., et l'art. 39 de la loi du 3 mai 1841, règlent le « mode de procéder à l'égard des citoyens pouvant exercer des « droits immobiliers sur les biens-fonds dont l'expropriation est « requise, leur mise en cause et le règlement de l'indemnité à laquelle « ils peuvent avoir droit n'ont lieu qu'accessoirement et comme « conséquence nécessaire de l'acquisition du domaine plein et ab- « solu, tel que l'exige l'utilité publique* (1) ; »

2° L'ordonnance royale en date du 17 déc. 1847 (2), et l'arrêt de la section du contentieux, en date du 13 août 1851 (3), rendus identiquement dans les mêmes termes que l'ordonnance qui précède ;

3° Le décret rendu au contentieux, le 14 sept. 1852, dans l'affaire de la dame Trémery : il s'agissait de la démolition d'un pavillon situé sur le Pont-Neuf à Paris, et dont cette dame était locataire. La question était de savoir si le règlement de son in-

---

(1) Lebon, *Rec.*, 1844, p. 728.
(2) *Id.*, 1847, p. 689.

(3) *Id.*, 1851, p. 635.

demnité appartenait au jury spécial d'expropriation ou au conseil de préfecture. Comme la dame Trémery n'avait transporté aucune propriété immobilière au domaine public, dont faisait déjà partie le Pont-Neuf, et que sa réclamation ne se liait, par la connexité, à aucune demande d'indemnité principale pour expropriation, le conseil a déclaré que les dommages dont elle se plaignait devaient être appréciés par l'autorité administrative. Les motifs sont : « Que, d'après la loi du 3 mai 1841, les tribu-
« naux civils et le jury spécial ne connaissent des dommages
« résultant de l'exécution des travaux publics qu'autant qu'il
« s'agit d'expropriation d'immeubles ; et que, *même dans ce cas,*
« le règlement des indemnités dues aux locataires ne peut avoir
« lieu, devant cette juridiction, *qu'accessoirement à celui des in-*
« *demnités afférentes aux propriétaires expropriés* (1). »

4° C'est également sur cette distinction que sont fondées toutes les décisions du Conseil d'Etat et du tribunal des conflits, déjà citées au sujet de la définition du mot *expropriation* (2), et dans lesquelles il s'agissait d'indemnités réclamées soit pour des servitudes créées, aggravées ou supprimées, soit pour des locations forcées ou des locations supprimées. Dans tous ces cas et autres analogues, les réclamants ne transmettent aucune propriété immobilière : leur demande ne serait susceptible d'être portée devant le jury que si elle pouvait se joindre à une indemnité principale d'expropriation ; toutes les fois que cette connexité manque, et que les réclamants, ayant seulement des droits sur l'immeuble, et non le droit de propriété, se présentent seuls et directement, leur demande est renvoyée au conseil de préfecture, comme dépourvue du caractère propre ou accessoire d'indemnité « *due par suite d'expropriation.* » C'est ce que l'on a vu, dans les décisions déjà citées : — 25 août 1841 (de Brigode), et 2 janv. 1838 (Lerebours), en matière de servitude du chemin de halage (3) ; — 14 sept. 1852 (Saladin), au sujet d'un dommage causé à des terrains sur lesquels les eaux du Rhône avaient été dirigées et maintenues par suite de la construction d'une digue ; 20 avril et 23 oct. 1835 (Nicol), dans le cas d'inondation permanente d'un terrain par suite de la construction d'un canal ; 10 avril 1848 (de Galliffet), dans le cas de déversement d'eaux douces dans un étang salé, déversement qui dénaturait les eaux de l'étang et en paralysait ainsi toute l'utilité entre les mains du

---

(1) *Rec.*, 1852, p. 423.
(2) *Suprà*, p. 73 et suiv.

(3) Lebon, *Rec.*, 1844, p. 473 ; 1838, p. 8.

propriétaire (1) ; — 27 octobre 1819 (Parent), à l'occasion de l'établissement, sous une maison à Paris, d'un aqueduc destiné à un service public (2) ; —28 mai 1851 (Verelst), et 21 déc. 1850 (Chevalier), en matière d'aggravation de la servitude d'écoulement des eaux d'une voie publique sur une propriété riveraine (3) ;—22 janvier 1823 (de Gourgues), 15 juin 1842 (Phalipau), 17 mai 1844 (La Bretonnière), 12 juin 1850 (Guillot), en matière de suppression de servitudes actives (4), et spécialement 16 déc. 1850 (d'Espagnet), affaire dans laquelle le tribunal des conflits a reproduit la doctrine expresse : « que la loi de 1841 « n'a organisé l'expropriation pour cause d'utilité publique des « servitudes actives *qu'accessoirement à l'expropriation de l'im-* « *meuble* (5); »—15 sept. 1843 (Bezuel), 10 mars 1843 (commune de Brienon), 21 août 1840 (commune de Cany) en matière de location forcée des halles anciennes (6) ; etc., etc.

Supposons que l'exécution d'une entreprise d'utilité publique ait causé des dégradations sur un point d'un domaine qui subit ensuite une expropriation sur un autre point. Le propriétaire pourra-t-il demander que le jury fixe non-seulement l'indemnité résultant de cette expropriation, mais aussi celle qui lui est due pour les dégradations causées antérieurement à cette même propriété ? Nous ne le pensons pas. Ces dégradations sont tout à fait indépendantes de l'expropriation, et le jury n'est appelé à régler que les *indemnités dues par suite de l'expropriation*.

De même, lorsque l'administration a pris possession du terrain exproprié avant le règlement de l'indemnité, il arrive quelquefois que l'exécution des travaux cause au surplus de la propriété des dommages plus ou moins considérables. On ne pourrait déférer au jury l'appréciation de l'indemnité relative à ces dommages, car ce n'est pas une indemnité due *par suite de l'expropriation*, mais par suite de l'exécution des travaux. La connaissance en appartient donc au conseil de préfecture. C'est ce que le Conseil d'Etat a jugé par décisions des 12 janv. 1844, aff. *Landfried*, et 17 mai 1844, aff. *des moulins d'Albarèdes* (7).

En résumé, on peut poser en principe : que le règlement des indemnités réclamées par les fermiers, locataires, usagers et

---

(1) Lebon, *Rec.*, 1852, p.424 ; 1835, p. 305 et 595 ; 1848, p. 465.
(2) S., *Coll. nouv.*, VI, p. 147.
(3) Trib. des confl. (Lebon, *Rec.*, 1851, p. 395 ; 1850, p. 964).
(4) Lebon, *Rec.*, 1823, p. 20 ; 1842, p.

301 ; 1844, p. 276 ; 1850, p. 575.
(5) *Id.*, 1850, p. 945.
(6) *Id.*, 1843, p. 538 et 107 ; 1840, p. 327.
(7) *Id.*, 1844, p. 47 et 278.

autres intéressés qui ont des droits sur ou dans l'immeuble, mais qui ne sont pas propriétaires, n'est attribué au jury, par les art. 21, 29 et 39 de la loi du 3 mai 1841, *qu'à raison de la connexité* de ces demandes avec l'indemnité due à l'exproprié, dont elles sont considérées comme *l'accessoire*—(A).

383. Nous devons conclure de là que, quand le motif de connexité n'existe plus, le droit commun reprend son empire. Dès lors, si quelques-unes des causes d'indemnités n'ont pas été soumises au jury au moment où il a été saisi du règlement de l'indemnité principale, on ne pourrait plus l'en saisir ensuite.

Par l'effet du principe constitutif de la compétence du jury, les indemnités principales ou accessoires ne peuvent être appréciées par les jurés qu'autant qu'elles sont la suite *d'une expropriation*. Aussi, lorsque des indemnités sont réclamées pour un même immeuble, si les unes sont dues par suite de l'expropriation, d'autres comme conséquences d'un autre fait, ces dernières ne peuvent être fixées par le jury ; elles seront réglées séparément par qui de droit, mais non par le jury spécial. Une ordonnance, rendue au contentieux, le 25 mai 1832, porte que : « C'est aux tribunaux (aujourd'hui au jury) qu'il appartient de « régler les indemnités qui peuvent être dues pour les dom« mages et dépréciations qui sont une conséquence directe de « l'expropriation ; mais qu'il n'appartient qu'à l'administration « d'apprécier les effets et les conséquences d'un travail d'utilité « publique exécuté d'après ses ordres, et de déterminer les in« demnités relatives au dommage qui ne résulte pas de l'expro« priation ; que, dès lors, il y a lieu de distinguer entre les « faits *qui sont connexes à l'expropriation* et doivent être réglés « d'après la loi du 8 mars 1810 (aujourd'hui, de la loi du 3 mai « 1841), et les faits qui en sont indépendants et doivent être « réglés conformément aux dispositions de la loi du 16 sept. « 1807 (1). »

---

(1) Lebon, *Rec.*, 1832, p. 279, et *suprà*, p. 214 et suiv.

Additions.

(A) Le jury d'expropriation est compétent pour régler l'indemnité due à raison de la cession volontaire d'*immeubles non compris au jugement d'expropriation*, par cela seul qu'il y a *connexité* entre cette cession et l'expropriation à l'occasion de laquelle elle est intervenue.

Ainsi le règlement de l'indemnité due par suite de la réunion volontaire à un immeuble seul exproprié d'une portion de bâtiments y attenant, rentre dans les attributions du jury d'expropriation, qui ne statue point en pareil cas comme tribunal arbitral avec obligation d'observer les règles établies en matière d'arbitrage. Cass., 17 déc. 1857 (Dall. 57.1.45).

384. Mais que faut-il pour que *la connexité* existe au profit des tiers intéressés, désignés dans les art. 21 et 39? Quel est l'acte qui la fait naître? Peut-elle exister sans déclaration d'utilité publique prononcée conformément à la loi du 3 mai 1841? L'acte déclaratif suffit-il pour la faire naître? Ou bien, faut-il que le jugement d'expropriation ait été rendu (art. 14)? Ou que l'administration ait engagé l'instance par la notification des offres (art. 23)? Ou que le jury ait été convoqué (art. 31)? Quelle est celle de ces époques où les tiers intéressés, autres que le propriétaire, auront un droit acquis à la compétence du jury, et à partir de laquelle, quand bien même le propriétaire viendrait à disparaître du débat, la connexité devrait continuer à produire ses effets légaux à l'égard de ces tiers?

385. L'opinion exprimée dans les précédentes éditions de ce traité n'admettait *la connexité* qu'à partir du jugement d'expropriation. Cette opinion peut s'appuyer sur les raisons suivantes :

La déclaration de l'utilité publique ne change rien dans la position des particuliers : elle ne leur enlève aucun droit et ne leur en donne aucun. En effet, d'une part, le propriétaire n'est empêché ni de vendre, ni d'hypothéquer, ni de louer, ni de liciter (1), en un mot, d'exercer aucun des actes qui tiennent à la propriété (2). D'autre part, aucun intéressé ne serait reçu même à réclamer contre l'acte déclaratif, avant d'en avoir été touché directement; jusque-là, l'acte déclaratif n'est qu'une mesure d'intérêt général (3).

Au contraire, le jugement d'expropriation a des effets légaux d'une haute importance sur les intérêts privés. Il a la vertu particulière de résoudre tous les droits (art. 14, 17 et 18), tant ceux du propriétaire que des tiers, et il fait naître, en remplacement de ces droits éteints, des droits nouveaux à des indemnités; en même temps il commet un des membres du tribunal pour remplir les fonctions attribuées par le titre IV, chap. II, au magistrat directeur du jury chargé de régler ces indemnités (art. 14 et 29).

Or, si c'est le jugement d'expropriation qui fait naître ces nouveaux droits, il semble logique d'en conclure que *la connexité* ne peut dater que de cette même époque : car la connexité des droits ne peut avoir lieu avant l'existence des droits.

---

(1) C. Paris, 4 mars 1824 (S. 24.1.350).
(2) *Suprà*, p. 45.
(3) *Suprà*, p. 38, 39.

Cette interprétation paraîtrait, d'ailleurs, conforme aux dispositions de la loi, puisque le dernier paragraphe de l'art. 13 ne charge le préfet de transmettre les pièces au procureur impérial « qu'à défaut de conventions amiables avec *les propriétaires* »; que le deuxième paragraphe de l'art. 14 n'accorde qu'au *propriétaire* la faculté de présenter requête, lorsque le préfet a laissé passer le délai d'un an sans poursuivre l'expropriation; qu'enfin, le cinquième paragraphe du même article ne parle de la désignation d'un magistrat directeur du jury, après consentement du propriétaire à la cession, que pour le cas où la convention n'est pas complète, c'est-à-dire pour le cas où il n'y a point accord sur le prix, et où, par conséquent, l'indemnité *du propriétaire lui-même* est à régler par les voies légales.

Enfin, on peut rappeler en faveur de cette opinion la décision du tribunal des conflits, du 16 décembre 1850, déjà citée (1). On sait que dans cette espèce, où il y avait eu autorisation législative des travaux, et acquisition par voie d'expropriation pour cause d'utilité publique, une réclamation d'indemnité étant survenue, plus tard, au sujet d'une servitude active, et un conflit ayant été élevé sur la question de compétence, le tribunal des conflits a déclaré : « que la loi de 1841 n'a organisé l'expropria-
« tion, pour cause d'utilité publique, des servitudes actives,
« *qu'accessoirement* à l'expropriation de l'immeuble, qui doit être
« livré à l'administration, pour l'exécution des travaux publics,
« purgé de tous droits immobiliers; que si, dans l'espèce, les
« époux d'Espagnet pouvaient encore invoquer un droit quel-
« conque contre la ville de Marseille, l'atteinte portée à ce droit
« par les travaux exécutés ne constituerait qu'un dommage
« permanent, et que l'indemnité qui pourrait être due pour ce
« dommage devait être appréciée par l'autorité administrative,
« aux termes des lois des 28 pluviôse an VIII et 17 septembre
« 1807 » (2).

Le résultat de ces considérations serait que, dans tous les cas où l'intérêt du propriétaire viendrait à disparaître avant le jugement d'expropriation, les tiers désignés dans les art. 21 et 39 de la loi du 3 mai 1841, ne pouvant pas réclamer la connexité avec une cause principale qui n'est pas née, se trouveraient replacés, en ce qui les concerne personnellement, sous le régime du droit

---

(1) *Suprà*, p. 93 et 94.
(2) Lebon, *Rec.*, 1850, p. 945.

commun, c'est-à-dire sous la juridiction du conseil de préfecture, puisqu'il s'agirait de dommages causés par des travaux publics.

386. Mais nous avons déjà reconnu (1) que la jurisprudence du Conseil d'État fait partir *la connexité* de l'acte qui a déclaré l'utilité publique, conformément à la loi du 3 mai 1841.

En effet, dans l'espèce jugée le 18 août 1849 (2), les travaux avaient été autorisés par une loi (3), l'administration avait traité à l'amiable avec le propriétaire, et il s'agissait de l'indemnité réclamée par le locataire qui ne s'accordait pas avec l'administration.

Dans l'affaire jugée le 19 janvier 1850 (4), il y avait eu déclaration formelle d'utilité publique par une ordonnance royale en date du 16 juillet 1845 ; un acte de cession amiable, postérieur à cette ordonnance, avait transporté la propriété des terrains à l'administration de la guerre ; mais il existait sur ces terrains une servitude de passage au profit d'un héritage voisin, et le propriétaire de cet héritage réclamait l'indemnité qui lui était due pour la cessation de la servitude ; à défaut d'arrangement amiable entre lui et l'administration, le règlement devait être fait par les voies légales.

Enfin, dans l'espèce sur laquelle le conseil a statué le 29 mars 1851 (5), il avait aussi été régulièrement déclaré, conformément à la loi du 3 mai 1841, qu'il y avait lieu d'exproprier, pour cause d'utilité publique, les bâtiments, terres et prés dépendants d'une usine ; postérieurement, l'administration les avait acquis par un acte de cession volontaire, et c'était un locataire qui poursuivait la fixation légale de son indemnité.

Dans ces trois affaires, le Conseil d'État a prononcé la décision uniforme, déjà transcrite ci-dessus (6) et portant : qu'après une déclaration régulière d'utilité publique, si l'administration acquiert, par des actes de cession volontaire, la propriété des immeubles sans être obligée d'accomplir, à l'égard des propriétaires, le surplus des formalités d'expropriation, cette circonstance ne saurait la dispenser d'accomplir lesdites formalités à l'égard des locataires, ou des ayants droit à une servitude, qui

---

(1) *Suprà*, p. 94.
(2) Lebon, *Rec.*, 1849, p. 528.
(3) Régime de la loi du 3 mai 1841 (art. 2 et 3), aboli par le sénatus-consulte interpr. du 25 déc. 1852.
(4) Lebon, *Rec.*, 1850, p. 77.
(5) *Id.*, 1851, p. 233.
(6) P. 94.

ne consentiraient pas au règlement amiable des indemnités qui leur sont dues.

Il résulte de ces précédents que, dans la doctrine du Conseil d'Etat, c'est la déclaration d'utilité publique qui fait naître *la connexité* en faveur des tiers auxquels appartiennent quelques-unes des qualités prévues par les art. 21 et 39 de la loi du 3 mai 1841, et qu'à dater du moment où l'acte déclaratif est intervenu, ces tiers ont un droit acquis à la compétence de l'autorité judiciaire et du jury spécial, droit auquel ne peut préjudicier la disparition, pour quelque cause que ce soit, de l'intérêt personnel du propriétaire.

Par une conséquence de la même doctrine, dans le sens opposé, le Conseil d'Etat n'a pas admis que *la connexité* fût née, dans l'affaire du sieur Gaudin, jugée le 15 septembre 1843. Il y avait cependant cession du fonds, de la part des hospices de Lyon, propriétaires, et le sieur Gaudin, qui tenait la propriété à bail, réclamait une indemnité à raison de la destruction, exécutée pour l'élargissement d'un chemin, de hangars et constructions établis par lui sur le terrain loué. Mais il paraît qu'il n'y avait pas eu déclaration régulière d'utilité publique, en vertu de la loi spéciale sur l'expropriation. Aussi le Conseil, dont la décision ne vise même pas la loi du 3 mai 1841, et ne vise que la loi du 28 pluviôse an VIII, art. 4, a prononcé en ces termes : « Considérant que le dommage dont se plaint le sieur Gaudin résultait « de l'élargissement du chemin des Etroits, *prescrit dans l'intérêt* « *de la sûreté publique ;* que, dès lors, aux termes de la loi du « 28 pluviôse an VIII, le conseil de préfecture était compétent « pour statuer sur la demande du sieur Gaudin » (1).

387. On terminera, sur ce qui a rapport à *la connexité*, en faisant remarquer que le Conseil d'Etat n'en reconnaît l'existence ni en faveur de l'ordre judiciaire, ni en faveur de l'ordre administratif, dans la question de suppression des moulins et usines établis sur cours d'eau. Le conseil sépare, d'une manière absolue, la force motrice d'avec les bâtiments, terres et prés dépendants de l'usine. L'évaluation de la force motrice est réservée au conseil de préfecture, et celle des bâtiments et autres immeubles est seule renvoyée à l'autorité judiciaire et au jury spécial (2).

---

(1) 15 sept. 1843 (Lebon, *Rec.*, 1843, p. 539).
(2) 28 mai 1852 et 15 mars 1855 (Lebon, *Rec.*, 1852, p. 196, et 1855, p. 204) ; 29 mars 1851 (*Id.*, p. 233).

388. Dans les débats relatifs au règlement des indemnités, il s'élève souvent des questions préjudicielles dont la solution doit influer, soit sur la fixation des indemnités, soit sur leur attribution ; le jury ne peut juger ni préjuger aucune de ces questions préjudicielles. Les art. 39, § 4, et 49, de la loi du 3 mai, sont formels à cet égard. Il y a plus : en pareil cas, les juridictions permanentes doivent *surseoir à statuer* jusqu'à ce que la question préjudicielle ait été jugée par l'autorité compétente (Arm. Dalloz, v° *Quest. préjud.*, n°s 120 et suiv.) ; mais, comme le jury n'a qu'une existence momentanée, il ne lui est pas permis d'ajourner ainsi sa décision ; il ne peut se séparer, dit l'art. 44, qu'après avoir réglé toutes les indemnités dont la fixation lui a été déférée. En conséquence, l'art. 39 déclare que, dans le cas où l'administration contesterait au détenteur exproprié le droit à une indemnité, le jury, sans s'arrêter à la contestation, dont il renvoie le jugement devant qui de droit, fixe l'indemnité comme si elle était due. Par la même raison, lorsqu'il y a litige sur le fond du droit ou sur la qualité des réclamants, et toutes les fois qu'il s'élève des difficultés *étrangères à la fixation du montant de l'indemnité*, le jury, dit l'art. 39, règle l'indemnité indépendamment de ces litiges et difficultés, sur lesquels les parties sont renvoyées à se pourvoir devant qui de droit. Les occasions d'appliquer ces principes sont très-fréquentes.

Ainsi, lorsque le jugement d'expropriation a été rendu contre la personne qui était considérée comme propriétaire, et qu'un tiers, considéré seulement comme usager, soutient qu'il est en réalité propriétaire de l'immeuble, le jury ne peut évidemment juger ni préjuger cette question de propriété. C'est ce que la Cour de cassation a déclaré par un arrêt du 21 août 1844 : « Attendu qu'*un jury d'expropriation n'a mission que pour décider quel doit être le montant de l'indemnité due pour les terrains* compris dans le jugement qui prononce l'expropriation ;—que, dans l'espèce, les communes d'Einville et Louviot étaient contraires en fait sur la question de savoir à qui appartenait la propriété des parcelles expropriées ; — que le jury a attribué une indemnité à la commune comme propriétaire de quelques-uns des immeubles et usagère d'un autre, et à Louviot comme propriétaire de l'un des terrains et usager de l'autre, sans même déterminer quels étaient ces terrains ; en telle sorte qu'en même temps qu'il décidait incompétemment une question de propriété, il ne faisait pas même connaître relativement à quelles parcelles il la décidait, ni par conséquent si l'indemnité accordée à la commune comme propriétaire d'une partie des terrains et usagère seulement de l'autre était supérieure ou inférieure à la demande ainsi réduite que la commune avait formée comme propriétaire du tout; d'où il suit que la décision attaquée a formellement violé les art. 38 et 39 de la loi du 3 mai 1841, et commis un excès de pouvoir... » (1).

Dans l'affaire dont nous avons parlé n° 380, le jury, appelé à fixer les indemnités dues au propriétaire et à l'emphytéote d'un terrain, alloua au propriétaire une somme d'argent en ajoutant qu'il rentrerait en jouissance du terrain qui n'était pas frappé d'expropriation. La Cour de cassation, par arrêt du 19 juillet 1843, a déclaré que cette rupture du bail emphytéotique, sans que les intéressés en eussent demandé la cessation, constituait un excès de pouvoir, puisque aucun texte de la loi n'attribue au jury une telle faculté (2).

Il n'est donc pas douteux que le jury est appelé uniquement à *régler le montant des indemnités dues par suite d'expropriation pour cause d'utilité publique,* et que, sur toutes les autres questions, il est tenu de renvoyer devant les magistrats compétents — (A).

389. Le jury est-il appelé à statuer *sur toutes les questions de fait?* La loi ne lui a pas donné des attributions aussi étendues; il n'a à statuer que *sur le montant des indemnités;* les questions de fait étrangères à la fixation du montant de l'indemnité ne sont donc pas de sa compétence.

390. Pour parvenir au règlement équitable des indemnités, il faut d'abord connaître toutes les personnes qui ont ou qui

---

(1) S. 45.1.44.
(2) S. 43.1.732.

Additions.

(A) Lorsqu'un terrain porté comme place publique dans le plan général des alignements d'une ville, n'a été compris dans la voirie urbaine par aucun acte administratif antérieur, le préfet excède ses pouvoirs en prescrivant que l'indemnité due au propriétaire sera calculée sur la valeur dudit terrain à une époque antérieure au décret approbatif du plan général d'alignements.

Les titres du droit commun (acte de partage, actes notariés), à l'aide desquels la commune et le particulier prétendraient établir leurs droits antérieurs de propriété sur le terrain dont s'agit, ne peuvent être appréciés que par l'autorité judiciaire. Cons. d'Etat, 25 fév. 1864 (Lebon, *Rec.*, 1864, p. 181).

La question de savoir si un tiers intervenant dans une poursuite d'expropriation est locataire du terrain exproprié, constitue un litige sur la qualité des parties, dans le sens de l'art. 39, § 4. Dès lors, il n'appartient pas au magistrat directeur du jury d'écarter l'intervention comme étant faite sans droit: il doit renvoyer la contestation devant les juges compétents, et faire fixer par le jury une indemnité hypothétique. Cass., 10 mars 1864 (S.64.1.368).

prétendent avoir des droits sur les biens que l'expropriation atteint. Les mesures prises dans ce but seront exposées dans la section 1re. L'administration doit ensuite indiquer d'une manière authentique aux propriétaires et autres intéressés les sommes qu'elle leur offre pour indemnités, et ceux-ci sont tenus d'accepter ces offres, ou de lui faire connaître, dans un bref délai, le montant de leurs prétentions. Nous parlerons donc, dans les deuxième et troisième sections de ce chapitre, de ces formalités préalables au règlement des indemnités. Dans la sect. IV, nous traiterons de la formation annuelle des listes de jurés, et dans la sect. V, nous indiquerons le mode de formation des jurys spéciaux. La sect. VI retracera la marche des opérations des jurys de jugement et les éléments de leurs décisions ; la sect. VII traitera du recours contre les opérations de ces jurys, c'est-à-dire du pourvoi en cassation contre les décisions du jury et les ordonnances du magistrat directeur ; enfin la sect. VIII sera consacrée aux contestations renvoyées devant les tribunaux ordinaires.

Section 1re. — *Indication des ayants droit à l'indemnité.*

391. — Nécessité de connaître tous les ayants droit.
392. — Obligation, pour le propriétaire, d'indiquer les usufruitiers, fermiers et locataires.
393. — Distinction à l'égard des usagers.
394. — Distinction relativement aux servitudes.
395. — Garanties données aux locataires et fermiers.
396. — Si une double obligation est imposée au propriétaire à leur égard ?
397. — Sa responsabilité, s'il ne les fait pas connaître.
398 à 405. — Divers cas d'application de l'art. 21.
406. — *Quid*, si l'administration connaît déjà les fermiers et locataires ?
407. — Ce que doivent contenir les notifications.
408. — A qui elles sont faites.
409. — Obligation imposée à l'usufruitier.
410. — Des tiers intéressés qui sont tenus de se faire connaître à l'administration.
411. — Les créanciers inscrits sont dans cette catégorie ;
412. — Ainsi que ceux qui ont à exercer des actions en revendication, etc.
413. — Forme de l'intervention.

414. — Délai dans lequel elle doit avoir lieu.
415. — Elle peut être formée plus tôt.
416. — Déchéance contre les intéressés qui ne se sont pas fait connaître en temps utile.
417. — Même contre les créanciers inscrits.
418. — Opinion contraire de M. Foucart.
419. — La demande d'acquisition de la totalité d'une propriété morcelée n'a pas besoin d'être formée dans ce délai.

391. Nous avons déjà fait remarquer que l'administration ne peut considérer comme propriétaires des immeubles expropriés que les personnes désignées en cette qualité par la matrice des rôles. Ce sont ces propriétaires que l'on indique sur le plan parcellaire, dans le jugement d'expropriation, et, par suite, dans les publications de ce jugement. Il est certain cependant que les indications de la matrice des rôles sont souvent inexactes. Il faut donc que les véritables intéressés au règlement des indemnités puissent se faire connaître.

D'ailleurs l'expropriation préjudicie, ainsi que nous l'avons indiqué dans le chap. VII, à beaucoup de tiers qui peuvent réclamer des indemnités, et que l'administration n'a aucun moyen de connaître. « La sollicitude des auteurs du projet, a dit M. Mar« tin (du Nord) dans son rapport, ne s'arrête pas aux proprié« taires; elle s'étend aux fermiers, aux locataires et à tous ceux « qui ont des droits d'usage, d'habitation ou de servitude, en « un mot, à tous ceux qui, à un titre quelconque, peuvent « avoir droit à une indemnité. Le projet leur donne le droit de « se présenter devant le juge-commissaire (1), et comme le « propriétaire paraît ne pas pouvoir ignorer les droits qui affec« tent, grèvent ou modifient sa propriété, c'est à lui, selon le « projet, que doit incomber l'obligation de les appeler devant « le juge-commissaire ou de les faire connaître à ce magis« trat » (2). (*Mon.*, 27 janv. 1833, p. 211.)

L'existence d'ayants droit autres que le propriétaire devant nécessairement influer sur la fixation de l'indemnité à offrir à ce dernier, il faut que tous les indemnitaires soient connus de l'administration avant qu'elle puisse faire ses offres : cette connaissance doit donc lui être donnée dans un très-bref délai. La loi du 3 mai 1841 a cherché à pourvoir à toutes ces nécessités.

---

(1) Aujourd'hui ces notifications doivent être faites *à l'administration*.

(2) Aujourd'hui, *à l'administration*.

392. De tous les intéressés au règlement des indemnités, le propriétaire est le seul qui soit personnellement instruit de l'expropriation par la notification du jugement qui la prononce : c'est donc à lui seul qu'on pouvait imposer l'obligation de faire connaître les autres ayants droit. C'est pourquoi l'art. 21 porte :
« Dans la huitaine qui suit la notification prescrite par l'art. 15,
« le propriétaire est tenu d'appeler est de faire connaître à l'ad-
« ministration les fermiers, locataires, ceux qui ont des droits
« d'usufruit, d'habitation ou d'usage, tels qu'ils sont réglés par
« le Code Nap., et ceux qui peuvent réclamer des servitudes
« résultant des titres mêmes du propriétaire, ou d'autres actes
« dans lesquels il serait intervenu; sinon, il restera seul chargé
« envers eux des indemnités que ces derniers pourront récla-
« mer.—Les autres intéressés seront en demeure de faire valoir
« leurs droits par l'avertissement énoncé en l'art. 6, et tenus de
« se faire connaître à l'administration dans le même délai de
« huitaine; à défaut de quoi ils seront déchus de tous droits à
« l'indemnité. »

Nous parlons, dans la sect. IV du chapitre précédent, de l'emphytéose, du bail à vie, et de divers autres contrats qui ont une analogie plus ou moins sensible avec les droits d'usufruit et de bail. Le propriétaire doit donc signaler tous ces intéressés, dont l'existence lui est toujours connue, et même notifier à l'administration les actes dont la connaissance lui est nécessaire pour faire des offres à ces ayants droit—(A).

393. Le propriétaire sait nécessairement quel est le fermier ou locataire du bien dont il est exproprié, ainsi que l'usufruitier, s'il y en a un : on pouvait donc, sans injustice, l'obliger à les faire connaître à l'administration. Quant aux droits d'usage, la loi a fait une distinction, et n'a obligé le propriétaire qu'à indiquer les noms de ceux qui jouissent d'un des droits d'usage

---

Additions.
(A) Si le propriétaire dont la maison doit être expropriée doit déclarer ces locataires à l'administration expropriante, il est dispensé de cette obligation, lorsque le locataire s'est présenté lui-même pour faire valoir ses droits. Cass. req., 7 juill. 1862 (*Gaz. trib.*, 8 juill. 62).

Ajoutons que la cession amiable consentie par le propriétaire à l'expropriant avant le jugement d'expropriation, a pour effet de décharger ce propriétaire de l'obligation de faire connaître ceux qui peuvent réclamer des droits réels, notamment des servitudes sur l'immeuble; c'est à l'expropriant, en pareil cas, qu'incombe l'obligation d'appeler lui-même devant le jury les ayants droit aux servitudes; à défaut de quoi il reste chargé des indemnités qu'ils peuvent réclamer. Cass., 10 janv. 1865 (S. 65.1.443).

dont traite le Code Nap., et qui sont des droits d'usufruit restreints.

La même obligation ne lui a pas été imposée pour les droits de pacage ou de pâturage dans les bois et forêts. « Ces droits d'usage, a dit M. Martin (du Nord) dans son rapport, sont, en général, d'une assez légère importance, et le nombre des individus qui les exercent est presque toujours considérable, quand il ne s'étend pas même à tous les habitants d'une commune. Quels frais n'engendrerait pas l'obligation pour le propriétaire, d'appeler individuellement chaque usager ? Et de quelle utilité pourraient être ces frais, lorsque les usagers résident ordinairement dans la commune de la situation des biens sur lesquels leur droit est assis, que la notoriété la plus incontestable les informe de l'événement qui doit le convertir en une indemnité et que d'ailleurs la réclamation isolée de l'un d'eux avertit le juge-commissaire de l'existence du droit et des conséquences qu'elle peut entraîner? On peut donc déclarer que ceux qui jouissent des droits d'usage que nous venons d'indiquer devront faire valoir leurs prétentions directement et sans provocation, et qu'à défaut par eux de se présenter, non-seulement la propriété sera affranchie du droit, mais le propriétaire sera à l'abri de toute réclamation ultérieure » (*Moniteur*, 27 janvier 1833, p. 214) (1).

Cette solution semblait à quelques personnes peu d'accord avec l'équité. « L'article, disait M. Teste, prononce l'extinction
« des droits d'usage par le seul fait de la non-comparution de
« ceux à qui ils appartiennent. On ne punit pas seulement la
« négligence, mais on accorde encore au propriétaire un lucre
« auquel il n'a aucune espèce de droit. En effet, si le jury ignore
« que la propriété est assujettie à de semblables droits, il l'ap-
« préciera comme si elle était libre, c'est-à-dire lui donnera
« la valeur qu'elle pourrait avoir, si elle était placée dans
« une seule main. Le propriétaire recevra alors l'indemnité
« entière; il recevra non pas seulement ce qui lui est dû, mais
« encore ce qui devait revenir à d'autres » (*Mon.*, 6 fév. 1833, p. 301). « Il faut empêcher, répondit M. le rapporteur, que des
« procès d'une légère importance ne viennent troubler ulté-
« rieurement un propriétaire de bonne foi dans la jouissance
« des droits qu'il aurait obtenus. » (*Ibid.*).

---

(1) Et MM. Gillon et Stourm, p. 89.

Malgré des déclarations aussi formelles, M. Foucart n'admet pas que le propriétaire soit à l'abri des réclamations de ces usagers. « Cette déchéance, dit-il, pourrait-elle être invoquée par le propriétaire? Nous ne le pensons pas. La loi, en repoussant les réclamations des tiers dont il s'agit, quand elles sont formées après le délai de huitaine, a pour but d'éviter les lenteurs qui nuiraient aux travaux d'utilité publique, et non de procurer aux propriétaires un injuste bénéfice. Ces propriétaires reçoivent de l'Etat une indemnité calculée comme si leur fonds était libre; leur permettre d'invoquer la déchéance, ce serait leur attribuer ce qui appartient à autrui. Il faut donc appliquer ici les règles du droit commun, et laisser au tiers intéressés, suivant le principe posé par l'art. 18, la faculté de faire valoir sur le prix les droits qu'ils auraient sur la chose. » (T. Ier, p. 198.) Nous croyons, au contraire, que le législateur n'a pas voulu que le propriétaire restât, pendant trente ans, exposé à un procès pour la revendication d'une indemnité qui devait être très-minime : *De minimis non curat prætor*. Les usagers peuvent se faire connaître à l'administration, s'ils veulent obtenir une indemnité. S'ils négligent de le faire, cette inaction est considérée comme une renonciation tacite à la faible indemnité qu'ils auraient pu réclamer.

Il ne serait pas équitable, d'ailleurs, de soumettre le propriétaire, pour la même expropriation, à deux règlements successifs : à un premier règlement, dans ses rapports avec l'administration devant le jury; et à un deuxième règlement, dans ses rapports avec les usagers devant le tribunal civil. Le propriétaire est assez malheureux par le fait même de l'expropriation, sans qu'on vienne encore ajouter au dérangement causé dans sa fortune les tribulations de procédures interminables : c'est bien le moins que sa position soit nette et liquidée. Ici, d'une part, il n'y a rien à dire au propriétaire, car l'expropriation et le dommage qui en résulte pour le tiers ne sont pas des faits imputables à l'exproprié; et il n'a manqué à aucune obligation, puisque la loi ne lui commandait pas, comme dans le cas du § 1er de l'art. 21, de faire connaître à l'administration les intéressés. D'autre part, ce n'est pas ici, non plus, le cas des art. 39, §§ 4 et 49 de la loi : il ne s'agit pas de questions *de droit*, hors des connaissances et de la compétence du jury spécial; il s'agit d'évaluation de propriété et d'éléments de la propriété, de savoir ce que vaut l'usage dans ses rapports avec la propriété entière. Or, toutes les évaluations doivent être faites par le jury : non-seulement elles sont de sa compétence, mais il serait illogique et contradictoire qu'une partie de ces évaluations lui fût enlevée. Il faut donc que les usagers, avertis par les moyens que la loi a considérés comme suffisants, se présentent. S'ils ne se déclarent pas, s'ils ne mettent pas l'administration dans le cas de leur faire des offres, et de consulter le jury en ce qui les concerne, l'évaluation se consomme, avec les parties présentes, devant le jury, et il n'est pas permis de la faire recommencer ailleurs. Autrement, il dépendrait des usagers d'avoir pour estimateurs, à leur gré, le jury spécial ou le tribunal civil, selon qu'il leur conviendrait, ou non, de se faire connaître à l'administration en temps utile pour le règlement de leur indemnité devant le jury.

394. Relativement aux servitudes, l'on n'a pas obligé le propriétaire à appeler tous ceux qui pourraient en avoir ou en prétendre sur l'immeuble exproprié. En imposant aux propriétaires une sanction pénale, a dit M. le commissaire du Gouvernement, nous avons voulu en limiter l'effet, et nous avons pensé qu'il serait injuste d'astreindre le propriétaire à dénoncer des droits de servitude qui ne seraient point écrits dans ses titres mêmes de propriété, et dont par conséquent il pourrait ignorer l'existence (*Monit.*, 9 mai 1833, p. 1291). « Les servitudes, a fait observer à la Chambre des pairs M. le duc Decaze, peuvent dériver d'autres actes authentiques que des titres de propriété : par exemple, des jugements, des transactions dans lesquelles le propriétaire a pu intervenir, et qu'il doit connaître. On pourrait prévoir tous les cas en ajoutant ces mots : *ou autres actes dans lesquels le propriétaire serait intervenu.* » — « Cette addition, répliqua M. Legrand, rentre parfaitement dans les vues que j'ai eu l'honneur d'exprimer. Tout ce que nous demandons, c'est qu'un propriétaire ne soit pas astreint à faire connaître des droits de servitude dont il peut ignorer l'existence, et que l'ignorance où il se trouve ne puisse pas devenir contre lui l'occasion d'un recours. » En conséquence, l'amendement fut adopté (*Ibid.*). Il existe en effet beaucoup de droits de servitude établis par la prescription ou dont les titres sont fort anciens.

La loi de 1833 disait que le propriétaire devait faire connaître à l'administration ceux qui ont sur l'immeuble frappé d'expropriation des droits de servitude résultant *de ses titres de propriété*, mais ces expressions ne rendaient pas exactement la pensée du législateur. *Les titres de propriété* d'un immeuble sont souvent fort nombreux, et l'on ne voulait pas obliger le propriétaire à les réunir et les étudier tous pour juger si quelque droit de servitude ne s'y trouvait pas énoncé plus ou moins formellement. On ne voulait l'obliger à signaler que les droits de servitude résultant de l'acte qui l'a rendu propriétaire ou d'autres actes dans lesquels il serait intervenu personnellement. En conséquence, la loi de 1841 modifia cette rédaction, et son art. 21 veut que l'on fasse connaître à l'administration ceux qui peuvent réclamer des servitudes résultant *des titres mêmes du propriétaire ou d'autres actes dans lesquels il serait intervenu.*

Ceux qui ont sur l'immeuble des droits de servitude résultant de la prescription ou d'actes passés avec les anciens propriétaires doivent réclamer eux-mêmes les indemnités auxquelles ils croiraient avoir droit, et ils sont mis en demeure de le faire par les publications qui ont lieu en vertu de l'art. 15 de la loi du 3 mai, à défaut de quoi ils sont déchus de tous droits à l'indemnité. M. Foucart, I, p. 198, dit que les intéressés qui ont laissé passer ce délai peuvent agir ensuite contre le propriétaire pour obtenir de lui l'indemnité du préjudice que leur cause la suppression de la servitude. Nous ne pouvons partager cette opinion par les motifs que nous venons d'énoncer n° 393 — (A).

395. La loi a pris de grandes précautions pour que les droits des locataires ne soient pas sacrifiés. Le propriétaire ou l'usufruitier est tenu de dénoncer leurs noms à l'administration, qui, par suite, doit leur faire des offres (art. 23) ; mais ils ont en outre la faculté d'intervenir et de se faire connaître à l'administration. Comme ils résident ordinairement dans la commune où les biens sont situés, ou dans une commune voisine, il est impossible qu'ils ignorent l'expropriation, et, s'ils n'interviennent pas, il y a certainement une grande négligence de leur part. « On a parlé, disait M. le rapporteur de la Chambre des députés,

---

Additions.

(A) La remise faite à l'exproprié de titres de propriété, dans lesquels la servitude serait exprimée, ne peut remplacer les notifications exigées par l'art. 21. Trib. Seine, 26 nov. 1863 (*Gaz. trib.*, 6 déc. 63).

Une compagnie expropriante qui, avant l'expropriation, mais en vue de la réaliser, a acquis une parcelle de terre soumise à une servitude de passage, ne peut s'affranchir de cette servitude, sous le prétexte que le propriétaire vendeur ne l'aurait pas déclarée dans les délais prescrits par l'art. 21 de la loi du 3 mai 1841. C'était à la compagnie, qui, par l'effet de la vente à elle consentie, se trouvait au lieu et place du vendeur, non-seulement avant le jugement d'expropriation, mais encore avant la réunion de la commission d'enquête, à la dénoncer à l'administration ou à se la dénoncer à elle-même, qui la représentait en qualité d'expropriante. Cass. req., 11 janv. 1865 (*Gaz. trib.*, 18 janv. 65).

de l'intérêt du locataire. Je ne vois pas que cet intérêt puisse être compromis. Remarquez, en effet, la double garantie donnée au locataire. Le propriétaire sera tenu de l'appeler, et en même temps il aura la faculté de se présenter pour faire valoir ses droits, et il y aurait *mauvaise foi* de sa part à ne pas le faire, lorsqu'il est instruit de l'expropriation » (*Monit.*, 6 fév. 1833, p. 301).

396. Une double obligation semble imposée au propriétaire : 1° celle d'appeler les usufruitiers, locataires, etc.; et 2° celle de les faire connaître à l'administration (art. 21). L'obligation d'*appeler* les usufruitiers, locataires, etc., avait été établie dans le projet de 1832, parce qu'il devait y avoir, d'après ce projet, une expertise faite sous la direction d'un juge-commissaire, et à laquelle il leur importait d'être *appelés*. Cette expertise fut supprimée par la Chambre des pairs (*Monit.*, 21 avril 1833), de manière qu'il n'y avait plus aucun motif pour que le propriétaire fût tenu de les appeler. Cependant la rédaction de l'art. 21 n'avait pas été modifiée. Elle l'eût été sans doute en 1841, si l'on n'eût alors autorisé le propriétaire, par l'art. 14, § 2, à poursuivre lui-même l'expropriation, ce qui l'oblige à *appeler* dans cette procédure les fermiers, locataires et autres intéressés. Dans tous les autres cas, nous pensons que l'*appel* de ces tiers serait une mesure sans objet et tout à fait frustratoire. Aussi l'art. 2 du tarif du 18 septembre 1833, en taxant les actes auxquels l'art. 21 peut donner lieu, ne contient-il aucune allocation pour l'acte qui tendrait à appeler les usufruitiers, fermiers etc., à intervenir. Dès que le propriétaire a fait connaître les noms des usufruitiers, locataires, etc., à l'administration, celle-ci est tenue, en vertu de l'art. 23, de leur notifier les sommes qu'elle offre pour indemnité : ils ne peuvent donc éprouver aucun préjudice de ce que le propriétaire ne les a pas appelés. Pourquoi le propriétaire serait-il tenu de supporter seul l'indemnité des usufruitiers, locataires, etc., lorsque ceux-ci, indépendamment de la notoriété publique de l'expropriation, ont reçu du préfet une signification qui leur faisait connaître les offres de l'administration et les mettait évidemment à même de faire valoir leurs droits ?

Cependant MM. Gillon et Stourm avaient pensé, du moins sous la loi du 7 juill. 1833 (dans leur Commentaire sur cette loi) (1), que deux obligations étaient imposées au propriétaire :

---

(1) Pages 85 et suiv.

1° celle d'*appeler* les tiers intéressés désignés dans le § 1ᵉʳ de l'art. 21 ; 2° celle de les faire connaître à l'administration. Les honorables auteurs distinguent positivement ces deux obligations, et ils suppléent même par des détails très-précis, à défaut de dispositions expresses dans la loi, à l'organisation de toutes les formalités et conditions qui doivent accompagner le mode d'*appel*, de la part du propriétaire. Mais la Cour de cassation paraît avoir reconnu que l'appel se confond dans un seul et même acte avec la déclaration à l'administration. C'est ce qui résulte de l'arrêt du 5 février 1840, dont les motifs sont conçus en ces termes : « La Cour, statuant sur la mise en cause d'Hé-
« bert et de Bernard :—Attendu que lorsqu'un propriétaire,
« dépossédé pour cause d'utilité publique, *a satisfait au vœu* de
« l'art. 21 de la loi du 7 juillet 1833, lorsqu'il a, *conformément*
« *à cet article, fait connaître* au magistrat directeur du jury ses
« locataires ayant droit à une indemnité de dépossession, les
« contestations qui, sur le règlement de cette indemnité, peu-
« vent s'élever, soit devant le jury, soit par suite de sa décision,
« deviennent étrangères à ce propriétaire, et doivent s'agiter
« exclusivement entre les réclamants et l'administration qui,
« ayant poursuivi l'expropriation, poursuit, par voie de consé-
« quence, le règlement de l'indemnité, dont elle est seule pas-
« sible ; que c'est donc frustratoirement que Charnay a appelé
« Hébert et Bernard dans les instances qu'il a portées devant la
« Cour en cassation du jugement d'expropriation, de la décision
« du jury et de l'ordonnance du magistrat directeur ;—Renvoie
« Hébert et Bernard des demandes formées contre eux par
« Charnay, etc. » (1).

397. Lorsque le propriétaire aura négligé de faire connaître à l'administration les usufruitiers, fermiers, etc., *il restera seul chargé envers eux des indemnités qu'ils pourront réclamer*. Telle est la disposition formelle de l'art. 21. « Un propriétaire, a dit M. le rapporteur de la Chambre des députés, doit connaître et le bail qu'il a consenti, et l'usufruit qui, pendant un temps plus ou moins long, doit le priver de la jouissance de sa chose, et la servitude à laquelle ses propres titres le soumettent. Il est donc juste de punir celui dont la négligence aurait privé ceux qui avaient des réclamations à former à raison de l'un des droits que nous venons de signaler. D'ailleurs, s'il en était autrement, le propriétaire toucherait la valeur de son bien comme s'il en

---

(1) S. 40.1.162.

avait la jouissance libre et dégagée de toute charge, et il lui serait permis de s'enrichir à l'aide d'une réticence coupable ou d'une inexcusable incurie. La loi ne peut sciemment tolérer de semblables résultats » (*Monit.*, 27 janv. 1833, p. 211).

« Supposez, a dit encore M. Martin (du Nord), que le locataire ne se présente pas, et que, néanmoins, au moment de l'expropriation, les récoltes soient sur pied : de quelle manière le jury fixera-t-il l'indemnité ? Le jury la fixera non-seulement en raison du fonds, mais encore en raison des récoltes sur pied. Alors, une partie de cette indemnité sera due en raison des droits du locataire. Maintenant, si l'on ne donne pas au locataire le droit de venir réclamer, dans l'indemnité totale, une certaine portion représentative de cette indemnité qui lui appartient, il arrivera, par suite de cette disposition, que le propriétaire viendra s'enrichir aux dépens d'autrui, et ne sera pas obligé d'indemniser le locataire qui aura souffert tout le préjudice. Il paraît juste de dire que, puisque le propriétaire est averti par la notification énoncée en l'art. 15, il doit mettre le locataire et l'usufruitier à même de se présenter et de stipuler leurs droits ; que, si le propriétaire ne le fait pas, ils pourront, à toute époque, exercer les droits qui leur seront réservés, sans retarder pour cela la prise de possession » (*Monit.*, 6 fév. 1833, p. 301). Cass., 17 juill. 1844 (*Dal.*, p. 372 ; *Devill.*, t. 45, p. 234).

Ces observations étaient justes, d'après le projet de loi de 1832, qui admettait que toutes les notifications seraient faites au domicile réel des propriétaires : mais en est-il de même d'après les lois des 7 juillet 1833 et 3 mai 1841, qui permettent de remettre les notifications au domicile des fermiers et locataires ? L'objection a été prévue par la commission de la Chambre des députés en 1833, et son rapporteur y a répondu en ces termes : « L'art. 21 oblige le propriétaire à désigner à l'administration et à appeler à faire valoir leurs droits les locataires et fermiers, au domicile desquels doit être laissée la notification qui lui est destinée, il rend le propriétaire personnellement responsable de toutes les indemnités qui leur seraient dues, dans le cas où celui-ci ne les appelle pas directement à l'exercice de leurs droits. Ainsi, le projet arrive à cette conséquence bizarre, mais fatale, que des obligations rigoureuses sont imposées, en faveur des locataires ou des fermiers, au propriétaire, qui ne peut les remplir que tout autant qu'il soit averti de l'expropriation à laquelle il est exposé, et que le seul mode d'avertissement indiqué est une signification laissée à ces locataires et fermiers, qui peuvent se dispenser de la transmettre au propriétaire. Ainsi la négligence du fermier ou du locataire peut ne pas permettre au propriétaire d'exercer ses droits personnels, et, bien loin qu'une semblable négligence retombe sur son auteur, c'est lui qui pourra réclamer des dommages-intérêts à la charge de celui qu'il n'aura pas averti... Cependant on ne peut supprimer la responsabilité qui pèse sur les propriétaires, par ce que l'on consacrerait par là, en faveur du propriétaire, une position dont il résulterait pour lui *des avantages injustes* » (*Monit.*, 27 janvier 1833, p. 210) (1).

On ajoute que les locataires et fermiers sont tenus de transmettre les significations au propriétaire, à peine de dommages-intérêts. Cela n'est pas sans difficulté, et d'ailleurs il serait souvent difficile de savoir si cette transmission a eu lieu ou non, et à quelle époque elle a eu lieu. Il est si facile aux fermiers et locataires d'intervenir directement, qu'il est fâcheux que le législateur ne les y ait pas obligés. Mais, s'ils veulent exercer un recours contre leur propriétaire, ils devront nécessairement prouver qu'il a été mis en mesure de les faire connaître à l'administration dans le délai de huitaine : car ils seront demandeurs, et la preuve de la négligence imputée au propriétaire sera à leur charge.

Si le propriétaire n'a pas fait connaître les locataires ou fermiers dans le délai indiqué en l'art. 21, et si ceux-ci ne sont pas intervenus dans ce même délai, l'administration ne leur fait pas d'offres d'indemnités : dès lors, le magistrat directeur ne peut soumettre au jury l'évaluation des indemnités réclamées par ces fermiers postérieurement au délai ci-dessus indiqué (Cass., 10 août 1841 (2) ; 12 janvier 1842 (3). Il en est de même, s'il s'agit d'un tiers obligé d'intervenir directement — (A).

---

(1) Et MM. Gillon et Stourm, p. 91.
(2-3) S. 44.1.692 ; S. 42.1.420.

Additions.

(A) Encore que le propriétaire d'un immeuble compris dans un jugement d'expropriation ait cédé amiablement l'immeuble à lui appartenant, et ait déclaré qu'à l'égard de quelques-unes des personnes occupant ledit immeuble, il n'existait pas de bail ou du moins que le bail existant était sur le point d'expirer, l'une de ces personnes se prétendant locataire en vertu d'un bail qui devait lui laisser encore un long temps de jouissance, peut, pourvu d'ailleurs qu'elle se soit fait connaître à l'administration dans la huitaine de la publication du jugement d'expropriation opérée conformément à l'art. 15 de la loi du 3 mai 1841, se présenter devant le magistrat directeur du jury chargé de régler les indemnités dues à raison des expropriations prononcées par ce jugement, et exiger qu'une indemnité soit éventuellement fixée à son profit. Le magistrat directeur viole la loi s'il repousse les conclusions d'intervention sous prétexte que l'existence du bail, vînt-elle à

DES AYANTS DROIT A L'INDEMNITÉ.   319

398 « Lorsque aucun locataire n'a été mis en cause, confor-
« mément à l'art. 21 de la loi de 1841, soit par appel du proprié-
« taire, soit par intervention personnelle ; que le propriétaire
« s'est borné à faire, en termes généraux, dans un exploit, ré-
« serve de tous les droits et actions des sous-locataires, en un
« tel état il n'y a pas lieu par le jury à fixer une indemnité en
« faveur des locataires ou sous-locataires qui ne sont ni présents
« ni appelés en cause, et au nom ou dans l'intérêt desquels il
« n'apparaît au procès ni d'une demande expresse, ni même
« d'une indication quelconque d'un chiffre d'indemnité » (1).

399. « Dans le cas particulier de l'art. 21 de la loi du 3 mai
« 1841, faute à la partie expropriée d'avoir appelé ou fait con-
« naître à l'administration les fermiers, locataires, ceux qui ont
« des droits d'usufruit, d'habitation, d'usage ou de servitude
« dans le délai qu'il impartit, la loi la déclare seule chargée
« envers eux des indemnités qu'ils pourront réclamer ; ce délai
« une fois passé, les contestations qui peuvent s'élever entre
« le propriétaire et le fermier par suite de l'expropriation du
« premier sont étrangères à l'État, et, par conséquent, en refu-
« sant de soumettre au jury spécial un chef de demande qui
« ne rentrait pas dans ses attributions, le magistrat directeur
« n'a point violé les art. 37 et 39 de la loi du 3 mai 1841 » (2) (A).

400. Mais lorsque, d'après les significations que le préfet et
le locataire s'étaient respectivement faites à la suite du jugement d'expropriation, le locataire devait, aux termes de l'art.
28, être cité devant le jury convoqué pour le règlement des indemnités dues à raison de ladite expropriation, le locataire a,
en l'absence de cette citation, qualité pour intervenir devant le

---

être ultérieurement déclarée par qui de droit, ce ne serait pas l'administration expropriante, mais le propriétaire exproprié qui serait débiteur de l'indemnité due au locataire. Il appartient au contraire au locataire d'intervenir à l'effet d'empêcher que, par le fait du propriétaire et par suite de la déclaration incomplète ou inexacte qu'il a faite, le droit que la loi ouvrait au locataire d'être indemnisé par l'administration ne se convertisse en un recours contre le propriétaire. Cass. civ., 26 déc. 1860 (Gaz. trib., 28 déc. 60).

(1) Cass., 19 mars 1849 (S. 49.1.374).
(2) Cass., 17 juill. 1844 (S. 45.1.234).

Additions.
(A) Le locataire non déclaré par le propriétaire n'est pas recevable à demander une indemnité. Il n'a qu'un recours contre le propriétaire. Cass. civ., 19 août 1856 (S. 59.1.272).

De son côté, le propriétaire qui n'a pas fait connaître son locataire à l'administration ne peut se refuser au paiement de l'indemnité réclamée par ce locataire sous prétexte que le *bail* invoqué par celui-ci n'aurait pas de *date certaine* à l'égard de l'administration expropriante. Lyon, 20 mars 1855 (Dall. 56.5.206). Voir sur les baux non enregistrés l'arrêt. Lyon, 7 août 1855 (Dall.56.2.102).

jury, à l'effet d'y faire valoir les droits prétendus par lui : sa réclamation d'une indemnité fondée sur la nécessité où il est de quitter les lieux par lui occupés et sur la nullité du congé à lui signifié par le préfet, constitue un litige sur le fond du droit : ainsi, suivant les art. 38, 39 et 49, le jury doit fixer l'indemnité comme si elle était due, et le magistrat directeur renvoyer la question de savoir si elle l'est devant qui de droit : il suit de là que le jury, en déclarant, d'après l'art. 44, qu'il n'y pas lieu d'admettre l'intervention du locataire, applique faussement cet article et viole expressément les art. 37, 38 et 39 de la loi du 3 mai 1841 (1).

401. Un propriétaire exproprié avait, devant le jury, demandé acte de sa déclaration d'avoir, conformément à l'art. 21 de la loi du 3 mai 1841, désigné ses fermiers à l'administration, et de ce que celle-ci ne les avait pas appelés en cause, quoiqu'elle dût, aux termes de l'art. 23, leur notifier les sommes qu'elle offrait en indemnité : il avait également demandé acte de ses réserves et protestations contre toute responsabilité que voudraient faire peser sur lui, soit l'Etat, soit les fermiers, à raison de la non-comparution de ceux-ci et du défaut de liquidation de l'indemnité à laquelle ils pouvaient avoir droit. Le magistrat directeur lui avait donné acte de ses déclarations, réserves et protestations. Dans ces circonstances la Cour de cassation a décidé : qu'en se bornant à statuer sur ce qui était demandé, et en ne prononçant pas d'office, en l'absence de conclusions à cet égard, de la part des parties en cause, soit la nullité, soit le sursis de la procédure en règlement d'indemnité, le magistrat directeur n'avait pas commis un excès de pouvoir et n'avait pas violé les art. 21 et 23 de la loi du 3 mai 1841 (2).

402. Un locataire n'est pas fondé à se plaindre de ce que le procès-verbal des débats devant le jury ne constate pas, à son égard, que le tableau des offres et des demandes qui auraient été faites conformément aux art. 23 et 24 de la loi du 3 mai 1841 ait été soumis au jury, comme l'exige l'art. 37, lorsque l'administration n'avait pas fait notifier d'offres au locataire, formalité à laquelle elle n'était obligée, d'après les art. 21 et 23, qu'autant que le droit à une indemnité pour celui-ci lui aurait été signifié à elle-même dans le délai déterminé par l'art. 21 :

---

(1) Cass., 16 août 1852 (S. 53.1.16).
(2) Cass., 22 juill. 1850 (S. 51.1.57).

condition dont l'accomplissement n'était ni justifié ni même allégué par le locataire (1).

403. Le failli a qualité pour réclamer, en son nom, une indemnité à titre de locataire, surtout lorsque le syndic averti n'a pas jugé à propos d'exercer lui-même l'action, et que cette action concerne l'habitation personnelle du failli et de sa famille : l'expropriant contre lequel cette demande est dirigée ne peut tirer, de l'état de faillite, contre la réclamation du failli, une fin de non-recevoir fondée sur le défaut de qualité (2).

404. En matière de dommages provenant de l'exécution de travaux publics, le Conseil d'Etat a jugé que : le propriétaire ayant successivement porté devant le conseil de préfecture et devant le Conseil d'Etat une demande en indemnité pour le dommage causé à sa propriété par les travaux ; les locataires n'étant point intervenus dans lesdites instances ; et un décret rendu au contentieux ayant définitivement statué sur la demande du propriétaire, et une indemnité lui ayant été accordée en réparation de la totalité du dommage causé à sa propriété, les locataires étaient, dans de telles circonstances, non recevables à réclamer postérieurement l'allocation d'une indemnité nouvelle en raison de la portion du préjudice qu'ils prétendaient avoir personnellement éprouvé en qualité de locataires de l'immeuble, sauf à eux, toutefois, à exercer devant qui de droit, s'ils s'y croyaient fondés, leur recours contre le propriétaire (3).

405. En matière d'expropriation, l'accomplissement et la régularité des formalités exigées par la loi du 3 mai 1841, et qui donneraient naissance au moyen de déchéance prévu par l'art. 21, doivent, *selon l'esprit de cette loi*, être vérifiés par les tribunaux civils (4).

406. Le propriétaire n'est tenu de faire connaître à l'administration qu'il existe des fermiers ou locataires qu'autant qu'elle ne les connaît pas déjà. S'ils sont intervenus antérieurement, le propriétaire n'a pas besoin de les faire connaître. De même, lorsque, en vertu de l'art. 15 de la loi du 3 mai, l'administration aura remis les notifications destinées aux propriétaires au domicile du fermier ou locataire, en lui donnant cette qualification, elle ne pourra pas prétendre qu'elle ignorait qu'il y eût

---

(1) Cass., 4 mars 1844 (S. 44.1.375).
(2) Cass., 16 août 1852 (S. 53.1.16).
(3) Décr. content., 15 juill. 1853 (Lebon, *Rec.*, 1853, p. 706).
(4) Décis. du trib. des conflits, 16 déc. 1850.

pour l'immeuble un locataire ou fermier, et elle devra nécessairement lui faire des offres. Obliger, dans ce cas, le propriétaire à faire une notification à l'administration pour lui indiquer les noms des locataires ou fermiers qu'elle connaît déjà, ce serait lui imposer une obligation tout à fait sans objet, et qui n'aurait d'autre résultat que de l'astreindre à une signification dont les frais retomberaient à la charge de l'administration. Le locataire ou fermier ne serait pas en droit de se plaindre de ce que le propriétaire ne lui aurait fait aucune notification, lorsque l'administration lui aura notifié des offres. Le propriétaire sera donc souvent dispensé de faire aucune notification, soit à l'administration, soit à ses fermiers ou locataires, et les inconvénients que nous avons signalés disparaîtront—(A).

Additions.

(A) Il a été jugé : que l'obligation imposée au propriétaire d'un immeuble exproprié de dénoncer à l'expropriant, dans la huitaine de la notification du jugement d'expropriation, les locataires de cet immeuble, n'emporte pas celle de dénoncer aussi les *sous-locataires*. Du reste, la dénonciation du principal locataire suffit pour mettre la demande d'indemnité des sous-locataires à l'abri de toute déchéance. C'est aux sous-locataires, mis en demeure par l'avertissement publié conformément à l'art. 6, de se faire connaître à l'expropriant dans le délai de huitaine à partir de la notification au propriétaire du jugement d'expropriation, ou tout au moins d'intervenir devant le jury et de faire valoir leurs prétentions avant le règlement de l'indemnité pour la jouissance de l'immeuble exproprié.

Mais si cette dénonciation des sous-locataires par le locataire principal a eu lieu cependant, elle a pour effet de conserver leurs droits : ils peuvent dès lors exercer leur action contre la partie expropriante tant que les choses sont encore entières, et jusqu'au règlement de l'indemnité pour la jouissance de l'immeuble exproprié.

Seulement, dès que le principal locataire a reçu les offres de l'expropriant, il doit, sous peine de responsabilité de la perte de l'indemnité des sous-locataires, avertir ceux-ci, pour qu'ils puissent faire valoir personnellement leurs prétentions devant le jury.

Mais lorsque les sous-locataires ainsi avertis ne se sont pas présentés devant le jury pour demander une indemnité, ils ne peuvent exercer aucun recours contre le principal locataire, si d'ailleurs l'indemnité à laquelle ils ont droit n'a point été comprise dans celle qui a été personnellement allouée au locataire principal.

Il appartient à la Cour de cassation d'apprécier l'interprétation donnée par les juges du fond aux actes judiciaires sur lesquels ils ont basé leur décision, et, par exemple, de déclarer, contrairement à cette décision, que l'indemnité accordée au principal locataire ne comprend pas celle à laquelle pouvaient avoir droit les sous-locataires. Cass. civ., 20 avril 1859 (S. 59.1.950) ; C. Paris, 14 août 1862 (S. 62.2.424) ; Cass., 9 mars 1864 (S. 64.1. 192) ; C. Angers, 14 juill. 1864 (S. 64. 2.268) ; Trib. civ. Seine, 16 janv. 1864 (*Gaz. trib.*, 20 janv. 64).

L'obligation imposée aux propriétaires de faire connaître les locataires auxquels une indemnité peut être due ne s'applique pas au *locataire principal*, vis-à-vis de ses *sous-locataires* ; ces derniers sont au nombre des *intéressés* qui, d'après l'art. 24 de la loi du 3 mai 1841, sont tenus de se faire connaître eux-mêmes. En conséquence, les sous-locataires qui, n'ayant pas été dénoncés par le locataire principal, ne se sont pas fait connaître eux-mêmes et par suite sont déchus des droits de réclamer une indemnité à l'ex-

407. La notification faite par le propriétaire à l'administration a évidemment pour objet de la mettre à même de faire à chacun des ayants droit, comme le veut l'art. 23, la notification des sommes qu'elle lui offre pour indemnité. A l'égard de l'usufruitier, l'indication de ses noms et de sa qualité d'usufruitier suffit pour que les offres puissent lui être notifiées. Pour les fermiers, il a été dit (1) que la durée du bail et les stipulations qui y sont insérées ne doivent pas influer sur le montant de l'indemnité qui leur est due. Qu'ils jouissent sans bail ou avec bail, leur position est la même : il suffit donc de faire connaître leur qualité. Il suffit également que l'administration connaisse leur position par la notoriété publique. Toutefois, s'il existait dans un bail quelque clause qui pût donner lieu à une indemnité spéciale, il faudrait que la notification en fît mention ; sans cela on ne pourrait reprocher à l'administration de n'avoir pas eu égard à une circonstance qu'on ne lui aurait pas fait connaître. S'il s'agissait d'un bail à vie, ou de tout autre contrat donnant des droits spéciaux aux preneurs, le propriétaire serait tenu de faire connaître à l'administration les conditions de la jouissance des ayants droit (2).

408. L'art. 21 de la loi du 7 juillet 1833 portait que les notifications dont il faisait mention seraient faites *au magistrat directeur du jury*. Cette énonciation se rattachait à un système que le législateur avait ensuite abandonné. M. Renouard proposa donc de dire que ces notifications seraient faites à *l'administration ;* ce qui fut adopté sans discussion (*Monit.*, 3 mars 1841, p. 521).

409. Les dispositions de la loi du 3 mai 1841 relatives aux propriétaires sont, dit l'art. 22 de la même loi, applicables à l'usufruitier. Ainsi, lorsqu'il y a un usufruitier, c'est à lui qu'incombe l'obligation de faire connaître les fermiers et locataires.

---

propriant, ne peuvent demander une indemnité contre le locataire principal. Lyon, 12 mars 1857 (Dall. 57.2.18).

Toutefois, il en est autrement dans le cas où, depuis la déchéance encourue par les sous-locataires, le *locataire principal* s'est présenté devant le jury comme *garant et responsable* du préjudice que leur faisait éprouver l'expropriation, qu'il a pris des conclusions en leur nom, et s'est ainsi rendu leur *negotiorum gestor*. Lyon, 26 mai 1857 (Dall. 58.2.20).

Contrà, Voir l'arrêt du 12 mars 1857 et les observations de Dalloz.

Ces deux arrêts, déférés à la Cour de cassation, ont été l'objet de deux arrêts d'admission en date du 9 déc. 1857 (*Gaz. trib.*, 9 déc. 57).

(1) *Suprà*, p. 187 et 265. — [V. cependant les observations en note, *ibid*.]

(2) V., au *Formul.* : Acte par lequel le propriétaire ou l'usufruitier fait connaître les noms et qualités des ayants droit à une indemnité.

En effet, l'art. 22 l'assimile sous plusieurs rapports au propriétaire ; et, comme celui-ci peut fort bien ignorer si l'usufruitier jouit par lui-même ou s'il a donné l'immeuble à bail, qu'il peut surtout ne pas savoir exactement les noms des fermiers et locataires, ce que l'usufruitier ne peut ignorer, c'est à ce dernier qu'incombe l'obligation de les faire connaître à l'administration.

410. Il peut se trouver encore d'autres tiers intéressés à concourir au règlement de l'indemnité que ceux dont nous venons de parler ; ceux-là doivent se faire connaître eux-mêmes à l'administration. « Les autres intéressés, dit l'art. 21, § 2, seront en « demeure de faire valoir leurs droits par l'avertissement « énoncé en l'art. 6, et tenus de se faire connaître à l'admi-« nistration dans le même délai de huitaine ; à défaut de quoi, « ils seront déchus de tous droits à l'indemnité (1). » Il faut ranger dans cette catégorie le véritable propriétaire de l'immeuble, s'il n'est pas inscrit comme tel à la matrice des rôles, les créanciers hypothécaires, ceux qui ont à exercer des actions en revendication ou d'autres actions réelles, les preneurs à domaine congéable, les emphytéotes, les sous-locataires que le propriétaire ne connaîtrait pas, et qu'il ne pourrait dès lors indiquer dans sa signification ; les voisins qui réclament des droits de servitude, mais n'ont pas de titre émané du propriétaire ; ceux qui jouissent d'un droit d'usage autre que celui dont parle le Code Napoléon, etc. (2).

L'obligation de faire valoir leurs droits dans la huitaine qui suit l'avertissement donné en vertu de l'art. 15 est donc imposé par l'art. 21 *à tous les intéressés* autres que les fermiers, locataires, usufruitiers, et ceux que désigne le § 1ᵉʳ de cet article. Pour ceux-ci même, le propriétaire est, à la vérité, tenu de les faire connaître à l'administration, *à peine de demeurer seul chargé envers eux des indemnités qu'ils pourraient réclamer ;* mais, comme ce recours serait quelquefois illusoire, et qu'il pourrait donner lieu à des procès, les intéressés peuvent se faire connaître directement, et le plus tôt possible, à l'administration. Ils sont certains alors qu'on ne passera aucun traité qui préjudicierait à leurs droits ou prétentions. Ils peuvent également

---

(1) Cass. civ., 23 déc. 1863 (*Gaz. trib.,* 25 déc. 63).

(2) Les mots du § 2 de l'art. 21 : « *les autres intéressés,* » s'appliquent à tous ceux qui prétendraient exercer un droit quelconque (Ch. des députés, séance du 5 fév. 1833, et MM. Gillon et Stourm, p. 92).

intervenir dans la huitaine qui suit la notification du jugement. L'art. 39 reconnaît qu'une indemnité distincte leur est due ; dès lors ils ont incontestablement le droit de la réclamer auprès de l'administration, sans que l'art. 21 ait besoin de le dire. Aussi les art. 23 et 28 de la loi prévoient-ils le cas où cette intervention a eu lieu (1)—(A).

---

(1) « Bien loin, a dit le rapporteur à la Chambre des députés, que les intérêts des locataires aient été compromis, ils ont une double garantie : ils peuvent, aux termes de l'art. 21, intervenir sans être appelés, et il faut de plus que le propriétaire les appelle. On ne saurait porter plus loin la sollicitude en faveur des locataires » (Séance du 5 fév. 1833, *Monit.* du 6, p. 299).

Additions.

(A) Il a été jugé : que, le délai de huitaine pendant lequel les parties intéressées, notamment les sous-locataires, sont tenues de se faire connaître à l'expropriant, sous peine de déchéance du droit à indemnité, ne court qu'à partir de la notification du jugement d'expropriation au propriétaire ; il ne court pas à partir de l'avertissement publié et affiché conformément à l'art. 6 de la loi du 3 mai 1841. Cass., 9 mars 1864 (S. 64.1.192) ;

Que la déchéance qui atteint les réclamations faites en dehors du délai de huitaine doit être appliquée sans distinction à tous les intéressés quelconques, et spécialement au copropriétaire d'un chemin de service, sans que ce dernier puisse prétendre s'être fait suffisamment connaître à l'administration par une réclamation faite devant la commission d'enquête. Cass. req., 10 août 1865 (*Gaz. trib.*, 13 août 65) ;

Qu'au cas d'expropriation d'un chemin d'exploitation servant exclusivement aux propriétaires riverains, sans mettre en communication des populations voisines, on ne peut opposer à ceux des propriétaires qui n'ont figuré ni dans l'arrêté de cessibilité, ni dans le jugement d'expropriation, la déchéance édictée par l'art. 21 contre les parties intéressées qui ne se sont pas fait connaître dans le délai de huitaine fixé par ces articles... surtout si la partie expropriante a pris possession du chemin comme étant un chemin public et communal. Dès lors, ces propriétaires sont recevables à faire valoir leurs droits, même après la prise de possession et l'incorporation du sol au chemin de fer.

Mais dans ce cas, il ne saurait appartenir au tribunal d'ordonner le rétablissement des lieux dans leur premier état ; il ne peut que reconnaître le droit de propriété des réclamants, et les renvoyer devant le jury d'expropriation pour le règlement de l'indemnité qui leur est due. C. Limoges, 2 juill. 1862 (S.63.2.35).

Au cas d'expropriation d'une carrière, les industriels qui ont fait avec le propriétaire exproprié des marchés pour la livraison des glaises, marnes ou plâtres qui se trouvent dans la carrière, ne sont pas au nombre des parties intéressées dont parle le deuxième paragraphe de l'art. 21.

En conséquence, ils ne peuvent demander leur renvoi devant le jury, pour faire fixer l'indemnité à laquelle donnerait droit la non-exécution de leur marché ; cette indemnité peut seulement, s'il y a lieu, donner ouverture à une action en dommages-intérêts, qui appartient à la compétence des tribunaux ordinaires. Trib. civ. Seine, 10 août 1864 (*Gaz. trib.*, 13 août 64) ;

Que le propriétaire d'un immeuble non exproprié, mais qui se trouve atteint par l'expropriation pour cause d'utilité publique et la démolition d'un immeuble voisin ayant des appartements enchevêtrés, n'a plus d'action contre les expropriants s'il a laissé passer sans réclamation les délais fixés par l'art. 6.

Il est de même sans action contre le propriétaire de la maison voisine expropriée, si ce dernier n'a traité avec les expropriants que dans son intérêt personnel et exclusif, et que l'indemnité par lui reçue

411. Sous le régime de la loi du 7 juillet 1833, tout le monde reconnaissait que l'on ne devait pas comprendre parmi les tiers tenus de se faire connaître à l'administration les créanciers privilégiés ou hypothécaires qui avaient pris inscription, parce que les art. 23 et 28 de cette loi prescrivaient de faire à ces créanciers des notifications qui seules les mettaient dans la nécessité de faire connaître leurs prétentions ; mais aujourd'hui que les art. 23 et 28 ont été modifiés de manière à dispenser

---

n'ait été que la représentation de la valeur de l'immeuble qui lui était propre. C. Rouen, 11 avril 1863 (*Gaz. trib.*, 16 avril 63).

NOTE.— Ainsi donc, la règle est celle-ci : lorsqu'une personne prétend avoir des droits à une indemnité, soit comme locataire, soit comme bénéficiaire d'une servitude, elle doit être dénoncée par le propriétaire à l'administration dans les huit jours qui suivent la notification du jugement d'expropriation. Si le propriétaire venait à oublier cette formalité, il resterait seul responsable, vis-à-vis de ses locataires, de l'indemnité à laquelle ils peuvent avoir droit, et l'administration, rigoureusement, ne leur devrait rien. Ajoutons cependant que, dans ce cas, le propriétaire pourrait, lorsqu'il se présenterait devant le jury, réclamer un supplément d'indemnité en prévision de celles qu'il aurait à payer plus tard à ses locataires repoussés par sa faute, et dont l'intervention ne serait pas admise devant le jury.

Quant aux locataires ou bénéficiaires de servitudes, comme il pourrait se faire que le propriétaire ne fût pas très-solvable, ils feront bien, s'ils s'aperçoivent que l'administration ne leur a signifié aucun acte, congé, jugement, etc., de veiller à ce que le propriétaire fasse la dénonciation obligée, et pour plus de sûreté, de la faire eux-mêmes.

Quant aux *autres intéressés*, qui, n'étant ni locataires ni bénéficiaires de servitudes, prétendent cependant à une indemnité, ils ne doivent pas être dénoncés par le propriétaire, et, s'ils veulent que l'administration puisse leur faire des offres et les appeler devant le jury, ils doivent se faire connaître dans les délais de l'art. 6 de la loi, c'est-à-dire dans les huit jours qui suivent le dépôt du plan parcellaire. Ce dépôt, ou se le rappelle, est affiché et publié à son de caisse. A Paris, cette dernière formalité n'est pas toujours remplie, mais les affiches sont assez nombreuses, et les journaux donnent une publicité très-suffisante. Faute par eux de remplir cette formalité, ils doivent être déchus de tout droit à une indemnité, et le magistrat directeur doit repousser leur intervention devant le jury.

Ceux qui ne se sont pas fait connaître ne peuvent pas, en effet, recevoir les offres voulues, et ne peuvent pas figurer au tableau des affaires soumises au jury. Toute ordonnance qui, contrairement à ces principes, admettrait une intervention devant le jury devrait être cassée sur le pourvoi de l'administration.

Cela a été jugé notamment par trois arrêts de cassation des 10 août 1841, 24 nov. 1846 et 19 août 1856.

Nous devons, cependant, pour être complet, ajouter que la jurisprudence a admis un tempérament à la rigueur de l'art. 21 en ce qui touche le délai. Ainsi il a été jugé que le délai fatal, dans lequel les intéressés doivent se faire connaître, est non pas celui de l'art. 6, comme le dit par erreur le deuxième paragraphe de l'art. 24, mais bien le délai de huitaine de l'art. 15, c'est-à-dire après la notification du jugement d'expropriation et sa publication. Voir notamment un arrêt de cassation du 6 déc. 1842. La jurisprudence a depuis toujours persévéré dans ce sens.

Les intéressés devront donc se mettre en garde. Une notification faite en temps utile ne demande ni grand temps ni beaucoup d'argent, et elle peut pour l'avenir éviter une perte considérable.— *J. Périn.*

l'administration de toute notification à ces créanciers, ils se trouvent nécessairement compris sous cette dénomination de *tous autres intéressés ;* et, s'ils veulent conserver leurs droits, ils sont tenus de se faire connaître par une notification faite à l'administration dans le délai indiqué par l'art. 21. C'est ce que M. Dufaure a énoncé clairement dans son rapport à la Chambre des députés. « Nous avons pensé avec le projet qu'il y avait là une simplification importante à introduire dans la loi (de 1833). Comme tous les autres intéressés, *les créanciers inscrits seront en demeure, par l'avertissement collectif énoncé dans l'art.* 6, *d'intervenir, s'ils le jugent convenable*, devant le magistrat directeur du jury » (*Mon.*, 20 juin 1840, suppl. B) (1). Depuis, l'on a admis que l'intervention serait signifiée à l'administration.

Toutes les dispositions relatives aux créanciers hypothécaires des propriétaires s'appliquent aux créanciers des usufruitiers (art. 22), car l'usufruit est susceptible d'hypothèque (C. Nap., 2118).

412. Le droit commun n'offre (2) aucun moyen de purger les actions réelles, et c'est un des grands vices de notre législation. Mais cet inconvénient n'existe pas pour l'administration en matière d'expropriation pour cause d'utilité publique. N'ayant pas traité avec les tiers réclamants, elle n'est passible d'aucune action *personnelle* de leur part. D'après le droit commun, les tiers agissent, en pareil cas, par action *réelle* contre le détenteur, pour se faire réintégrer dans la propriété et possession de l'immeuble ; mais l'art. 18 de la loi du 3 mai ayant interdit toute action de cette nature envers l'administration, celle-ci ne peut être poursuivie ni par action réelle, ni par action personnelle, et n'est donc jamais exposée à payer deux fois.

Si l'administration n'a rien à craindre des tiers qui ont exercé ou peuvent exercer des actions en résolution, revendication, etc., ceux-ci, dépouillés des actions que leur conférait le droit commun, peuvent se trouver dans une position très-fâcheuse ; ils n'ont plus de droit que sur l'indemnité revenant au détenteur, et, s'ils laissaient payer cette indemnité avant d'agir, ils n'auraient plus de recours ni contre l'administration, ni sur l'immeuble, et n'auraient qu'une action personnelle contre l'ancien détenteur de l'immeuble, lequel peut être insolvable. Ils devront donc

---

(1) V. aussi le rapport fait par M. le comte Daru à la Chambre des pairs, le 6 avril 1841 (*Monit.* du 11).
(2) Cet état de choses va cesser par l'effet de la loi du 23 mars 1855, relative à la *transcription en matière hypothécaire*, qui sera exécutoire à partir du 1er janvier 1856.

s'empresser de former entre les mains de l'administration une opposition au paiement du prix. Cette opposition obligera l'administration à consigner le montant de l'indemnité, lorsqu'elle sera réglée (art. 54), et ils exerceront sur cette indemnité les droits qu'ils auraient exercés sur l'immeuble. S'ils veulent intervenir dans le règlement de l'indemnité par le jury, ils sont tenus de se faire connaître à l'administration dans le délai fixé par l'art. 21 ; ils sont alors certains qu'aucun paiement n'aura lieu à leur préjudice. S'ils n'agissent pas dans ce délai, l'indemnité est réglée sans qu'ils soient appelés; mais, jusqu'à ce que l'administration se soit libérée, ils peuvent former opposition au paiement de l'indemnité qui a été fixée, et leurs droits sont conservés sur le montant de cette indemnité.

413. On s'est demandé quelle devait être la forme des notifications faites en vertu de l'art. 21. « L'art. 57 pourvoit à cette difficulté, a dit M. le rapporteur de la Chambre des députés. Cet article dit que toutes les significations et notifications qui doivent être faites aux termes de la présente loi le seront, soit par huissier, soit par tous autres agents de l'administration dont les actes font foi en justice. Il me semble qu'il est inutile, chaque fois que nous parlons d'appel ou de notification, de dire dans quelles formes, puisqu'il existe une disposition générale. » (*Mon.*, 6 fév. 1833, p. 301.) L'art. 2, §§ 2 et 3, du tarif du 18 sept. 1833, fixe à 1 fr. 50 cent. l'émolument des huissiers pour ces notifications (1). Cependant, dans l'usage, beaucoup de ces notifications se font par lettres adressées au préfet, au sous-préfet ou à l'ingénieur chargé des travaux, surtout lorsqu'il s'agit uniquement de faire connaître des fermiers ou locataires. Mais, lorsqu'elle se rattache à une action en revendication ou à une autre réclamation qui peut amener des débats judiciaires, il convient que la notification soit faite en forme authentique (2).

414. L'art. 21 de la loi du 3 mai 1841 dit très-formellement que le propriétaire doit faire connaître à l'administration les usufruitiers, fermiers, locataires, etc., *dans la huitaine qui suit la notification prescrite par l'art.* 15 *de la même loi* ; mais le § 2 de ce même art. 21 ajoute que « les autres intéressés seront en de-
« meure de faire valoir leurs droits *par l'avertissement énoncé par*
« *l'art.* 6, et tenus de se faire connaître à l'administration *dans*

---

(1) V., au *Formul.* : *Acte d'intervention de la part des tiers intéressés au règlement des indemnités.*

(2) Sur ces notifications, MM. Gillon et Stourm, p. 85 et suiv.

« *le même délai de huitaine*, à défaut de quoi ils seront déchus de « tous droits à l'indemnité. »

Tout le temps que l'expropriation n'est pas prononcée, dit M. Gand, il est incertain que le fonds porté au plan parcellaire doive être cédé : car, indépendamment du mérite des oppositions des intéressés à ce que la chose ne soit pas aliénée pour la destination projetée, l'administration peut renoncer au mode d'exécution qu'elle avait d'abord adopté, changer le tracé, et affranchir ainsi de tout danger d'expropriation les fonds primitivement assignés aux travaux. C'est pour cela qu'avant la prononciation de l'expropriation, il n'était aucunement nécessaire, qu'il eût été, au contraire, tout à fait inutile de prévenir les ayants droit à indemnité seulement. L'art. 6 n'a donc eu réellement d'autre but, dans la pensée du législateur, que celui d'appeler les contredits à l'application du plan parcellaire aux propriétés y désignées ; ce n'est pas ici d'ailleurs par présomption que nous pénétrons son intention, c'est par la déclaration expresse qu'en fait l'art. 2. En effet, le dernier paragraphe porte que les formalités du titre II, dont fait partie l'art. 6, ont pour objet de mettre les parties intéressées en état de fournir leurs contredits contre l'application proposée du plan parcellaire aux propriétés y désignées comme devant être cédées pour l'exécution des travaux.

« Le véritable avertissement, l'avertissement légal et concernant les prétendants droit à indemnité, est celui qui, après l'expropriation prononcée par le tribunal, est donné par la publicité du jugement d'expropriation en la forme que prescrit l'art. 15. C'est là une sommation, faite aux intéressés à l'indemnité, de se présenter à l'administration, de lui faire connaître leurs prétentions ; et ce qui le prouve, c'est qu'aux termes de l'art. 21, c'est cet avertissement qui seul fait encourir contre eux la déchéance que son deuxième paragraphe prononce. » (P. 213.)

M. Cotelle n'hésite pas non plus à faire céder le texte de l'art. 21, § 2, devant l'intention du législateur, qui lui paraît évidente. « Indépendamment, dit-il, de la publication qui fera partie de l'enquête régie par les art. 6, 7 et 8, de la loi, il sera donné encore un autre avertissement aux parties intéressées, par la publication du jugement. Alors le délai de huitaine de la déchéance courra du second avertissement, et non pas du premier seul. D'où il faut conclure que, *par un vice de rédaction* qu'offre le dernier alinéa de l'art. 21, ces mots : *l'avertissement énoncé par l'art.* 6, signifient le second avertissement qui aura lieu en vertu de l'art. 15, *de la manière indiquée en l'art. 6.* » (III, p. 196.)

Il est difficile en effet de préciser le sens du § 2 de l'art. 21, tel qu'il se trouve rédigé. Il faut d'ailleurs remarquer que ce § 2 a été textuellement emprunté au projet présenté par le Gouvernement en 1832, projet qui a été plusieurs fois modifié dans ses principales dispositions. Il n'est donc pas étonnant que, par suite de toutes ces modifications, ce § 2 offre un sens difficile à saisir. Il devait d'abord y avoir une expertise, à laquelle tous les intéressés devaient prendre part, et pour laquelle ils étaient mis en demeure par l'avertissement énoncé en l'art. 6. L'expertise a été repoussée, sans que le § 2 de l'art. 21 ait été modifié. Quoi qu'il en soit, que l'avertissement énoncé en l'art. 6 soit ou non une première mise en demeure pour les tiers intéressés au règlement des indemnités, tout le monde reconnaît aujourd'hui que ceux-ci ont, pour se faire connaître à l'administration, toute la huitaine qui suit les publications prescrites par l'art. 15. Outre les deux auteurs cités ci-dessus, on peut voir MM. Gillon et Stourm, p. 92 ; Caudaveine, p. 135 ; Homberg, p. 61, etc.

415. Les tiers intéressés pourraient d'ailleurs se faire connaître plus tôt à l'administration. C'est ce que déclare un arrêt de la Cour de cassation du 6 déc. 1842, portant que « l'art. 24 de la loi du 3 mai 1841, en imposant aux intéressés non inscrits sur les matrices de rôle, et non désignés par les propriétaires inscrits sur ces matrices, l'obligation de se faire connaître à l'administration, *sous peine de déchéance*, au plus tard dans la huitaine de la notification du jugement d'expropriation, *ne leur interdit pas de se faire connaître auparavant* (1).

416. Lorsque les tiers intéressés auxquels s'applique le § 2 de l'art. 21 n'ont pas fait valoir leurs droits et ne se sont pas fait connaître à l'administration dans le délai de huitaine, déterminé comme on vient de l'indiquer, la loi prononce expressément contre eux : « *la déchéance de tous droits à l'indemnité.* »

Cette déchéance n'est-elle prononcée qu'en faveur de l'État, et laisse-t-elle aux tiers intéressés une action en indemnité contre le propriétaire ?

Il me paraît impossible d'adopter l'affirmative, en présence du texte absolu de la loi. Car, si les tiers intéressés avaient en-

---

(1) S. 43.1.66.

core une action contre le propriétaire, on ne pourrait plus dire, avec la loi, qu'ils sont déchus « de *tous* droits à l'indemnité. »

Ce texte de la loi est même confirmé par les discussions législatives. En effet, le rapporteur de la commission a positivement déclaré, dans les séances de la Chambre des députés, du 26 janvier et du 5 février 1833, que « non-seulement la propriété se« rait affranchie du droit, mais que *le propriétaire* serait à « l'abri de toute réclamation ultérieure...; que, si les intéressés « négligeaient l'exercice des droits qui leur étaient conférés, il « était juste qu'ils supportassent la peine de leur négligence, et « qu'ils perdissent *tout droit* de réclamation non-seulement en« vers l'État, mais même envers les propriétaires » (1). M. Teste avait combattu cette dernière conséquence, et, pour renfermer la déchéance dans les rapports des tiers avec l'État, il avait demandé (modification qui était nécessaire en présence du texte du projet) qu'on *ajoutât* à la fin de l'article les mots limitatifs : « *envers l'État.* » Mais cette discussion et la demande de modification qui l'avait accompagnée ne reçurent aucune suite ; la modification ne fut point mise aux voix (2). Du moment donc que le texte est positif ; qu'il est, en outre, confirmé par les déclarations expresses de ceux qui présentaient le projet, et qu'une modification réclamée n'a été l'objet d'aucun vote, le texte doit être appliqué.

Les partisans du système opposé pensent que l'*intention* de la Chambre des députés a été d'ajouter à la fin de l'article les mots restrictifs : « envers l'État. » Mais il n'existe aucune preuve de cette intention : aucune preuve implicite, puisqu'on ne peut la tirer, par le raisonnement, du texte lui-même, qui est absolu ; aucune preuve explicite, puisque la Chambre des députés, provoquée à introduire dans le texte une modification expresse, indispensable pour changer le sens de la loi, n'a rien introduit, et que la modification n'a pas même été mise aux voix.

Au fond, dans le système opposé (3), l'esprit d'équité envers les tiers se retourne contre le propriétaire. Pourquoi donc ces tiers, à qui la loi commandait de se déclarer (art. 21, § 2), et qui avaient tout pouvoir de faire régler leur indemnité par le jury, seraient-ils autorisés, après avoir négligé cette faculté, ou l'avoir délaissée par calcul, à venir soulever un second procès au

---

(1) Ch. des dép., séance du 5 fév. 1833 (*Monit.* du 6, p. 304).

(2) MM. Gillon et Stourm, p. 93; M. Gand, p. 292.
(3) V. MM. Gillon et Stourm, p. 94.

propriétaire devant les tribunaux pour l'évaluation de leur indemnité? Est-ce que l'expropriation est le fait personnel du propriétaire, un fait dont il soit responsable?

Il en est de même en ce qui concerne le principe « *odia restringenda* » (1), d'après lequel le doute pourrait être interprété en faveur de ces tiers, s'ils ne se trouvaient placés que vis-à-vis d'une disposition d'ordre public : mais il y a, de l'autre côté, un autre intérêt privé, celui de l'exproprié : cet exproprié est en droit d'obtenir sa tranquillité une fois pour toutes, quand on n'a rien à lui reprocher. Ainsi donc, « *odia restringenda* » aussi à l'égard du propriétaire, sur la tête duquel le système accumulerait, pour une seule et même expropriation, les règlements d'indemnités sans fin.

Il reste à combiner la présente disposition de l'art. 21, § 2, qui prononce la déchéance de *tous* droits à l'indemnité, avec l'art. 18 (2) qui déclare : « Que les actions en résolution, en re-
« vendication, et toutes autres actions réelles, ne pourront ar-
« rêter l'expropriation; que *le droit des réclamants sera transporté*
« *sur le prix*, et que l'immeuble en sera affranchi; » et avec l'art. 54, qui dispose : « Qu'il ne sera pas fait d'offres réelles
« toutes les fois qu'il existera des inscriptions sur l'immeuble
« exproprié ou d'autres obstacles au versement des deniers
« entre les mains des ayants droit; que, dans ce cas, il suffira
« que les sommes dues par l'administration soient consignées,
« pour être ultérieurement distribuées ou remises *selon les rè-*
« *gles du droit commun.* » On reconnaît généralement que les tiers désignés par l'art. 18, et ceux désignés par l'art. 54, en un mot, tous les tiers intéressés, et, par conséquent, même ceux qui n'ont, contre l'exproprié, que des actions personnelles (3), sont, aux termes de l'art. 21, § 2, en demeure de faire valoir leurs droits par l'avertissement énoncé en l'art. 6, et tenus de se faire connaître à l'administration, dans le même délai de huitaine; que, lorsqu'ils sont ainsi intervenus, l'administration, de son côté, est tenue de leur notifier ses offres (art. 23); que ces intervenants sont obligés de déclarer, dans un nouveau délai, leur acceptation, ou s'ils n'acceptent pas les offres qui leur sont faites, d'indiquer le montant de leurs prétentions (art. 24); qu'enfin, dans ce dernier cas, ces mêmes intervenants sont cités par l'administration devant le jury qu'elle

---

(1) MM. Gillon et Stourm, p. 94.
(2) V. MM. Gillon et Stourm, p. 95.

(3) MM. Gillon et Stourm, p. 79 et 92.

doit convoquer, pour qu'il soit procédé au règlement des indemnités, de la manière indiquée au chapitre II de la loi (art. 28). La question est de savoir si, lorsque ces tiers ne sont pas intervenus dans le délai fixé par l'art. 21, § 2, on ne peut leur appliquer, à l'égard des indemnités qu'ils réclameraient contre le propriétaire devant les tribunaux civils, « la déchéance de *tous* droits à l'indemnité, » sans mettre l'art. 21, § 2, en contradiction avec l'art. 18, qui transporte sur le prix les droits des actions qu'il désigne, et avec l'art. 54 qui maintient, entre les personnes dont il s'occupe, les règles du droit commun ? Il s'agit donc de combiner et de concilier l'art. 21, § 2, avec les art. 18 et 54.

Voici comment les questions peuvent se présenter :

On suppose soit un usager, soit un ayant droit à une servitude, *classé dans le § 2 de l'art.* 21, qui ne s'étant pas fait connaître à l'administration dans le délai fixé par ce paragraphe, n'a pu et dû, ni recevoir la notification des offres (art. 23), ni accepter ou refuser les offres (art. 24), ni être cité devant le jury (art. 28). Postérieurement à la décision du jury rendue à l'égard de l'exproprié, ce tiers assigne ce dernier devant le tribunal civil, pour que ce tribunal *évalue, règle* son indemnité personnelle (à lui, tiers), de la part et à la charge de l'exproprié. A ce tiers doit s'appliquer la déchéance de *tous* droits à l'indemnité, prononcée par l'art. 21, § 2. Il y en a deux raisons principales, déjà énoncées ci-dessus (1). La première, c'est que l'action en indemnité ne peut rester ouverte contre le propriétaire, sans que la disposition qui déclare le tiers « déchu de *tous* droits à l'indemnité » cesse d'être vraie, sans qu'elle cesse d'exister. La seconde, c'est qu'il s'agit d'une *évaluation, d'un règlement* d'indemnité, en matière d'expropriation pour cause d'utilité publique, et que, dans le système des lois modernes sur cette matière, toute évaluation, tout règlement de ces indemnités appartient a une juridiction exceptionnelle, au jury spécial. C'est là l'esprit des lois actuelles. S'il en est autrement dans certains cas déterminés, c'est par dérogation, en vertu de dispositions expresses : par exemple, dans le cas du § 1er de l'art. 21, la loi commande au propriétaire d'appeler et de faire connaître à l'administration les fermiers, locataires et autres intéressés *qu'il ne peut pas ne pas connaître*, et à l'égard desquels la loi considère son silence comme un acte de mauvaise foi, comme une fraude (2) :

---

(1) *Suprà*, p. 446.
(2) MM. Gillon, et Stourm, p. 90, 94.

si le propriétaire a manqué à cette obligation, la loi déclare qu'il reste seul chargé envers ces tiers des indemnités que ces derniers pourront réclamer; et ces réclamations, à défaut d'accord, seront certainement jugées par les tribunaux civils. Mais c'est parce que la cause, ici, est devenue d'intérêt purement privé. L'action primitive en indemnité, dont la mise en mouvement était confiée par la loi au propriétaire, ayant péri par la faute de ce propriétaire, la loi le punit par où il a péché, en convertissant l'action primitive à fin d'indemnité contre l'administration en une action à fin de dommages et intérêts contre le propriétaire : la vérité est que, dans ce cas, ce n'est plus l'administration qui cause le préjudice, car elle l'aurait réparé, si elle l'avait connu; c'est un nouveau dommage qui est causé par le propriétaire, et dont il est seul responsable : ce litige en dommages et intérêts va naturellement devant les tribunaux civils. Or, rien de tout cela n'est applicable au propriétaire dans les cas du § 2 de l'art. 21, puisque le propriétaire, alors, n'est chargé de rien; il n'est pas prouvé qu'il connaisse ces tiers intéressés ; il est censé, aux yeux de la loi, ne pas les connaître : donc il n'y a pas lieu à dommages et intérêts; donc il n'y a pas lieu à la compétence des tribunaux civils ; et la réclamation qu'on leur transporterait dans ces circonstances ne serait toujours qu'une évaluation, un règlement du montant d'une indemnité pour un dommage résultant d'une expropriation pour cause d'utilité publique, et dont le jury spécial, *seul*, peut connaître.

La déchéance prononcée par les derniers mots du § 2 de l'art. 21 s'applique également aux tiers désignés par l'art. 18, et à ceux désignés par l'art. 54, en ce qui concerne *le règlement des indemnités*. Ainsi la loi admet tous les tiers *intéressés*, même ceux qui n'ont pas d'action pour obtenir une indemnité distincte, et qui sont déjà représentés par le propriétaire, à intervenir dans le règlement de son indemnité (art. 21, § 2, et art. 23, 24, 28), pour la conservation de leurs droits, pour empêcher le propriétaire de colluder, en un mot, pour faire porter à sa véritable valeur l'indemnité du propriétaire (1). Par exemple, les tiers qui ont des actions en résolution, en revendication, en réméré, etc., ceux même qui n'ont que des actions personnelles contre l'exproprié peuvent intervenir dans le règlement de l'indemnité à fixer de son chef, pour surveiller leurs intérêts à côté

---

(1) V. MM. Gillon et Stourm, p. 78, 79 et 92.

du propriétaire lui-même : ils le peuvent, à la condition de former leur intervention selon les prescriptions et dans le délai déterminés par la loi (art. 21, § 2). A défaut de quoi ils ne sont plus recevables à intervenir ultérieurement : ils ne pourraient y être reçus qu'en violation de la disposition de la loi qui les déclare « *déchus de tous droits à l'indemnité.* » L'indemnité du propriétaire est donc, désormais, réglée sans eux.

Mais, lorsque l'indemnité a été réglée vis-à-vis du propriétaire inscrit sur la matrice des rôles (puisque la loi n'en connaît pas d'autres, aux termes de l'art. 5), les actions que des tiers pouvaient avoir à exercer à son lieu et place ou de son chef, ne sont pas perdues parce que ces tiers ne sont pas intervenus dans l'évaluation de l'indemnité. La loi, au contraire, leur conserve ces actions en les transportant sur le prix (art. 18), et en ordonnant que les sommes dues par l'administration seront consignées pour être ultérieurement distribuées ou remises selon les règles du droit commun (art. 54). En effet, d'une part, ces tiers ont été représentés, dans le règlement de l'indemnité sur laquelle portaient leurs actions, par le propriétaire inscrit sur la matrice des rôles, seul représentant de la propriété connu par la loi (art. 5). D'autre part, il ne s'agit plus d'*évaluer*, de *régler* une indemnité due par suite d'expropriation pour cause d'utilité publique, ce qui est l'office du seul jury spécial, mais de statuer sur des questions de droit et sur des rapports purement privés, entre particuliers, ce qui est l'office des tribunaux. C'est à ces tiers que paraissent s'appliquer les art. 18 et 54.

En résumé, ce qui doit préoccuper dans cette question, c'est le principe de la compétence du jury spécial. Sauf les cas exceptionnels déterminés par la loi (comme celui du propriétaire vis-à-vis des locataires, fermiers et autres intéressés désignés dans le § 1er de l'art. 21), le jury est exclusivement compétent pour *évaluer*, pour *fixer le montant* des indemnités d'expropriation ou dues par suite d'expropriation. A plus forte raison, lorsque la loi a même indiqué expressément la compétence du jury spécial (art. 21, § 2, 23, 24, 28), ne peut-il dépendre des intéressés de ne pas se présenter devant le jury et de demander ensuite aux tribunaux civils de *fixer le montant* de leur indemnité. La déchéance écrite dans le § 2 de l'art. 21 doit donc comprendre tout ce qui concerne la *fixation du montant* des indemnités, et les art. 18 et 54 concernent les tiers qui, n'ayant pas droit à une indemnité *distincte*, et, par conséquent, ne réclamant pas une *évaluation* de leur indemnité devant les tribunaux, prétendent seulement que l'indemnité déjà et définitivement réglée en faveur du propriétaire leur appartient, et discutent entre eux, non sur des droits nouveaux créés par une expropriation, mais sur des droits anciens créés par les moyens du droit civil — (A).

417. Nous avons déjà signalé les graves innovations que la loi du 3 mai 1841 a apportées au système hypothécaire consacré par le Code Napoléon, et nous avons établi que les créanciers hypothécaires inscrits étaient au nombre des tiers intéressés, qui étaient tenus de se faire connaître à l'administration dans la huitaine qui suit la publication du jugement d'expropriation.

M. Gand admet comme nous que les créanciers privilégiés ou hypothécaires, quoique ayant pris inscription, doivent se faire connaître à l'administration dans le délai de huitaine à compter de la publication du jugement d'expropriation. (P. 28.) Mais ce jurisconsulte ajoute que sans cela ils sont déchus du droit d'exiger *la notification individuelle des offres*. La déchéance qu'ils encourent par cette omission n'a exlusivement pour objet, selon lui, que la privation de cet avantage, et ils n'en conservent pas moins le droit de requérir le règlement du prix de l'immeuble par le jury, en se conformant pour la réquisition aux règles et délais fixés par la loi. (*Ibid.*)

Nous croyons que la déchéance prononcée par l'art. 21 va plus loin que ne le suppose M. Gand. L'art. 17, § 3, déclare que les créanciers inscrits pourront exiger que l'indemnité soit fixée par le jury. Quand ensuite l'art. 21 les déclare déchus de *tous droits à l'indemnité*, il les prive évidemment du droit de requérir le règlement de cette indemnité par le jury. Soutenir que ce droit leur est conservé, et qu'ils ne sont déchus que du droit d'exiger une notification individuelle des offres, c'est créer arbitrairement une distinction qui ne résulte nullement de l'art. 21. Si

---

Additions.

(A) L'autorité judiciaire est seule compétente pour prononcer sur l'application de la déchéance établie par l'art. 24. Cons. d'Etat, 13 janv. 1859 (S. 59.2.570).

Le locataire qui, dans la huitaine qui a suivi la notification prescrite par l'art. 15, n'a pas été dénoncé par le propriétaire et ne s'est pas fait lui-même connaître, est irrecevable, ultérieurement, à intervenir à l'effet de réclamer le règlement d'une indemnité. Lorsque c'est seulement après ce délai, et au moment de la réunion du jury, que le locataire est intervenu et lorsque l'expropriant s'est, à ce moment, opposé à ce que l'intervention fût admise, le magistrat directeur en admettant la réclamation de l'intervenant et le jury en y statuant ont violé les art. 21, 23, 37, 42 de la loi du 3 mai 1841. Cass. civ., 11 janv. 1865 (*Gaz. trib.*, 12 janv. 65).

aucun créancier inscrit n'est intervenu dans le délai de huitaine, et que l'administration traite avec le propriétaire, nul créancier ne pourra exiger que l'indemnité soit réglée par le jury à un taux plus élevé, car le créancier qui aurait un pareil droit ne serait pas déchu de tout droit à une indemnité.

M. Gand invoque un passage du rapport fait à la Chambre des députés par M. Dufaure, dans lequel on lit : « A ceux-là seulement qui seront intervenus, les offres seront notifiées individuellement ; pour tous les autres il suffira d'une notification collective dans la forme de l'art. 6. » (*Monit.*, 20 juin 1840, suppl. B.) Cette phrase énonce un principe que nous admettons sans difficulté ; mais de ce que, à l'occasion de la signification des offres, M. le rapporteur a dit qu'on n'en signifierait pas aux créanciers qui ne seraient pas intervenus, il est impossible de conclure qu'à ses yeux c'était là le seul effet de la non-intervention. L'art. 21 dit clairement que la déchéance s'étend à tous les droits.

418. M. Foucart se demande si les créanciers inscrits auxquels on ne notifie plus individuellement les offres de l'administration sont déchus du droit de demander le règlement du prix par le jury, lorsqu'ils ne sont pas intervenus dans le délai fixé par la loi. « On trouve pour l'affirmative, dit-il, *le texte même de la loi* et *les paroles du rapporteur que nous venons de citer*. En effet l'art. 24 porte que dans la quinzaine de la publication des offres les propriétaires et *autres intéressés sont tenus* de déclarer leur acceptation, ou, s'ils n'acceptent pas les offres qui leur sont faites, d'indiquer le montant de leurs prétentions ; et M. Dufaure dit positivement : « *Comme les autres intéressés, les créanciers in-*
« *scrits seront en demeure*, par l'avertissement collectif..., d'in-
« tervenir devant le magistrat directeur du jury. » Ces mots : *seront en demeure*, paraissent indiquer que l'intention de la commission a été d'assimiler les créanciers inscrits aux autres intéressés, et d'enlever par conséquent le droit de demander le règlement par jury à tous ceux qui ne se sont pas présentés dans le délai fixé. Nous ne pouvons admettre que tel soit l'esprit de la loi, car elle contiendrait alors une dérogation fort grave aux principes du Code Napoléon, et détruirait l'une des principales conséquences du système hypothécaire. » (3º *édit.*, 1, nº 647.)

L'étendue des développements que l'auteur donne à son opinion nous empêche de les reproduire textuellement. Mais il est facile de remarquer que cet honorable professeur s'est attaché à signaler les inconvénients que la loi peut avoir pour les créanciers inscrits, plutôt qu'à prouver que la loi ne doit pas être entendue dans le sens que lui donnent le texte des art. 21, 23 et 24, et les discours des rapporteurs. Bien certainement la loi du 3 mai 1841 a introduit des innovations très-graves au système hypothécaire consacré par le droit commun ; mais les droits des propriétaires eux-mêmes ont été aussi gravement modifiés.

M. Foucart signale ainsi l'un des inconvénients inhérents à son système : « Que sera-ce donc, si, comme nous le pensons, le créancier inscrit qu'on n'aura pas averti individuellement peut, tant que la prescription ne sera pas acquise contre lui, venir demander à l'Etat la fixation du prix par le jury? Ce droit lui appartiendra lors même qu'un premier règlement aura eu lieu avec le propriétaire, parce que ce règlement ne pourra lui être opposé. Il faudra alors convoquer un jury qui prononcera sur le prix d'un immeuble dénaturé depuis longtemps, et qui par conséquent sera toujours hors d'état de connaître la véritable valeur de la chose, et courra le risque de rendre une décision préjudiciable, soit aux particuliers, soit au trésor. » (*Ibid.*) Comment supposer que le législateur aurait exposé le trésor à de semblables réclamations ?

419. L'art. 50 de la loi du 3 mai 1841 permet aux propriétaires de requérir, dans les cas qui y sont énoncés, l'acquisition de la totalité des bâtiments ou des terrains dont une portion est nécessaire pour les travaux. Il serait important pour l'administration de connaître le parti auquel le propriétaire s'arrête avant de fixer le montant des offres qu'elle doit lui faire. Il aurait donc été dans son intérêt d'obliger également le propriétaire à faire sa déclaration à cet égard *dans le délai fixé dans l'art.* 21. Mais l'art. 50 lui permet de faire cette déclaration *dans les délais énoncés aux art.* 24 *et* 27, c'est-à-dire postérieurement aux offres notifiées par l'administration. L'administration devra alors faire de nouvelles offres (1), car évidemment la somme offerte pour l'indemnité d'une portion de l'immeuble sera insuffisante lorsqu'il s'agira de la totalité.

---

(1) **V.** *infrà*, l'arrêt cité, n° 423.

Section II.—*Des offres à faire par l'administration aux propriétaires et aux autres intéressés.*

420. — Le préfet détermine les sommes à offrir pour indemnités.
421. — Nécessité de diviser et détailler les offres.
422. — L'administration doit notifier ses offres.
423. — Importance de cette notification.
424. — Ses formes.
425. — A qui elle doit être faite.
426. — Quand elle doit être faite aux créanciers inscrits.
427. — Les offres sont, en outre, publiées et affichées.

420. Lorsque, par suite des notifications qui lui ont été faites, l'administration connaît toutes les parties qui sont intéressées au règlement des indemnités, le préfet prend un arrêté par lequel il indique la somme qui sera offerte pour indemnité, tant à chacun des propriétaires qu'à chacun des autres intéressés ou réclamants. Arg. de l'art. 1er, 4°, de l'ord. 18 sept. 1833. Cet arrêté est soumis à l'approbation de l'administration supérieure, à moins qu'elle n'ait elle-même fixé antérieurement le montant des sommes qu'il convient d'offrir (1).

Les offres sont le premier acte de la procédure (2) en règle-

---

(1) V., au *Formul.: Arrêté du préfet fixant les sommes à offrir aux divers intéressés dans les propriétés expropriées.*

(2) [Selon l'esprit de la loi, la notification des offres, et la déclaration d'acceptation ou de refus, de la part des intéressés, avec indication obligée du montant de leurs prétentions (art. 23 et 24), me paraissent constituer un préliminaire de conciliation, et non un commencement de procédure judiciaire. En effet, l'intention des auteurs de la loi, dans les art. 23 et 24, a été de procurer le plus grand nombre possible *d'arrangements amiables.* C'est ce qui résulte des discussions législatives. M. Teste, notamment, a présenté les considérations suivantes : « Avant « *d'aborder le jury*, dont les opérations « sont lentes et dispendieuses, l'adminis- « tration dira ce qu'elle offre. Le proprié- « *taire sera obligé* de répondre et *de dire* « quelles sont ses prétentions. Ce sera « un frein à la cupidité et une mesure « qui amènera beaucoup d'accommode- « ments à l'amiable. Il y aura moins « d'occasions d'assembler le jury pour « faire prononcer sur les réclamations, et « l'exécution de la loi en sera plus facile « et plus douce » (*Monit.* du 6 fév. 1833). Ainsi, la loi prescrit à l'administration de notifier ses offres, et elle donne aux intéressés quinze jours pour réfléchir ; d'autre part, elle veut que les intéressés indiquent le montant de leurs prétentions, sans doute aussi pour que l'administration les examine ; tout cela dans l'espérance qu'on s'éclairera réciproquement, qu'il sortira de ces communications un rapprochement entre l'administration et les particuliers, et que la fixation du prix se terminera par un contrat amiable, *comme si la vente était volontaire*. Pour entrer dans ces vues, il est

ment d'indemnité, et le préfet doit se mettre en mesure de poursuivre le règlement de ces indemnités dans les six mois à compter du jugement d'expropriation. Tel est le vœu du législateur, puisque, si l'administration ne poursuit pas la fixation de l'indemnité dans ce délai, les parties, dit l'art. 55, peuvent exiger qu'il soit procédé à ladite fixation — (A).

421. Dans la discussion qui eut lieu à la Chambre des députés en 1833, M. Charamaule fit remarquer la difficulté qu'il y aurait pour les propriétaires, usufruitiers, créanciers, etc., à s'entendre sur le prix à exiger, surtout dans un délai de quinzaine. M. Teste répondit que l'administration diviserait ses offres, et que chacun des intéressés stipulerait pour son propre compte, sans qu'ils aient besoin de se réunir pour savoir quelle somme devra être demandée en commun. (*Monit.*, 6 fév. 1833, p. 303.) Ce point exige quelques explications. L'indemnité à allouer au propriétaire étant distincte de celle qui peut revenir au fermier ou locataire, les offres qui doivent être faites à l'un sont tout à fait indépendantes de celles relatives à l'autre ; et, bien qu'il s'agisse d'un même immeuble, l'un des deux pourrait accepter les offres qui le concernent, tandis que l'autre refuserait les siennes. Quoique l'usufruitier doive jouir de l'indemnité allouée au propriétaire, il est quelques chefs d'indemnités qui concernent uniquement l'usufruitier, telles que celles dues pour pertes de récoltes, privation de loyer ou revenu, déménagement précipité, etc. Comme lui seul doit accepter ou refuser le dédommagement offert pour ces objets, il faut nécessairement que les offres fassent connaître ce qui est alloué sur ces chefs. Dans les offres à faire aux créanciers qui sont intervenus dans le délai fixé par l'art. 21, il faudrait aussi distinguer ce qui serait alloué pour indemnité mobilière, comme perte de récoltes, etc., car

---

donc indispensable que les offres notifiées par l'administration, en exécution de l'art. 23, soient encore une proposition bienveillante ; que le propriétaire y réponde dans le même sentiment, et que l'administration apporte dans l'examen de cette réponse un sincère désir de terminer par un accord. Autrement, si la notification des offres était un acte de procédure judiciaire, la lutte serait engagée, et le moyen que la loi a voulu employer serait dès ce moment sans objet. }

Additions.

(A) Les offres et les demandes dont l'indemnité d'expropriation doit être l'objet, ne sont pas nécessaires à l'égard *des terrains ajoutés à l'expropriation* du consentement des parties, sauf règlement du prix par le jury. Cass., 24 juin 1857 (Dall. 57.1.292).

La loi ne fixant aucune limite aux offres à faire par l'exproprianı, la modicité des offres (par exemple, un franc) n'en entraîne pas la nullité. Cass., 1er juin 1864 (S. 64.1.508).

sans cela ils seraient induits en erreur sur les sommes qu'ils auront à toucher.

Lors même que l'indemnité doit être remise en totalité au propriétaire, il est encore souvent impossible de l'offrir en bloc et en une seule somme (1). Ainsi, s'il s'agit d'un bien appartenant à un mineur, le tuteur sera tenu de faire emploi de l'indemnité principale, tandis que les indemnités représentatives du revenu doivent servir à l'entretien du mineur. Il faut donc que les offres établissent cette distinction. Il en est de même pour les biens appartenant à une femme mariée, et surtout pour les biens dotaux, dont la valeur doit être remployée, tandis que les indemnités relatives à des pertes de jouissance doivent rester à la disposition du mari.

Les indemnités qui peuvent être réclamées portent toujours sur des chefs qu'il est bien facile de distinguer, tels que : 1° la valeur même du terrain pris pour les travaux ; 2° la moins-value du surplus de la propriété ; 3° la privation des fruits et récoltes ou du revenu ; 4° le remboursement des déboursés faits ou à faire, soit pour le rétablissement des communications ou clôtures, soit pour significations prescrites par la loi, etc. Toutes ces causes d'indemnité sont nécessairement discutées séparément dans le procès-verbal d'évaluation que l'administration a fait faire, et il est très-facile de les distinguer aussi dans l'état des sommes à offrir qui est annexé à l'arrêté du préfet, et dont un extrait doit être notifié à chaque indemnitaire. La loi n'impose pas à l'administration l'obligation de faire ces distinctions, mais nous croyons qu'elle doit suivre cette marche, même dans son propre intérêt, et pour faciliter les opérations subséquentes, notamment la discussion devant le jury spécial.

Si l'on opère autrement, il est presque certain, en effet, qu'en répondant aux offres de l'administration l'indemnitaire se bornera à déclarer qu'il demande *telle somme* pour son indemnité, et, comme rien n'indiquera sur quoi porte le dissentiment, il sera presque toujours impossible de s'accorder ni même de s'éclairer réciproquement. Lorsqu'on arrivera devant le jury, il faudra bien alors décomposer la somme offerte et celle demandée par l'indemnitaire. Les jurés devront, par suite, vérifier quels sont les points sur lesquels on n'est pas d'accord, et, quelque faible que soit le dissentiment sur quelques points, le jury

---

(1) V. MM. Gillon et Stourm, p. 285, 286.

devra en faire un chef de discussion et prononcer une décision. L'indemnitaire pourra toujours facilement savoir comment l'administration a formé la somme totale qu'elle lui offre et se munir de documents relatifs au chef sur lequel il voudra faire porter la discussion. L'administration, au contraire, arrivera devant le jury sans soupçonner sur quoi la discussion va rouler, sans documents pour appuyer son système, et souvent même son représentant manquera des renseignements de faits nécessaires pour repousser les allégations erronées du propriétaire. En indiquant au contraire ce que l'on offre pour chaque chef d'indemnité, on met l'indemnitaire dans la nécessité d'indiquer aussi les points sur lesquels il réclame plus qu'on ne lui offre ; la contestation se simplifie, et l'on parvient même quelquefois à s'éclairer réciproquement sur les chefs litigieux et à les terminer par des concessions réciproques.

L'art. 37 de la loi veut que l'on mette sous les yeux des jurés *le tableau des offres et demandes notifiées en exécution des art.* 23 *et* 24. Ce tableau consiste dans un relevé détaillé des offres et des demandes : car, si l'offre devait être faite en bloc et en une seule somme, et la demande exprimée également par un chiffre, il n'aurait pas été besoin de dresser un tableau pour mettre ces deux chiffres en présence ; mais, comme il s'agit d'indemnités décomposées en plusieurs sommes, un tableau est souvent nécessaire et toujours utile pour l'appréciation des prétentions respectives.

L'art. 49 prévoit le cas où l'administration contesterait au détenteur exproprié *le droit* à une indemnité, et veut que le jury fixe l'indemnité comme si elle était due et renvoie les parties devant le juge compétent. Le jury étant obligé de fixer immédiatement l'indemnité pour le cas où elle serait due, il faut que l'administration se mette en mesure de discuter la quotité de cette indemnité pour ce cas : or, comment son défenseur pourrait-il être préparé sur cette question, s'il ne sait pas même pourquoi l'indemnitaire réclame plus qu'on ne lui offre ?

En 1833, M. le commissaire du Gouvernement avait déclaré à la Chambre des pairs qu'il était à désirer que les propriétaires fussent tenus de *motiver leurs prétentions*, et il avait même indiqué l'amendement à faire à l'art. 24 pour arriver à ce résultat. (*Monit.*, 10 mai 1833, p. 1308.) Cette proposition ne fut pas accueillie ; mais on arrivera à peu près au même but en obligeant les indemnitaires à spécifier leurs divers chefs de demande, puisqu'il sera facile alors de prévoir quels sont les motifs sur lesquels ils comptent appuyer leurs prétentions.

MM. Foucart, t. 1er, p. 199; Herson, nos 138 et 139; Gand, p. 297, déclarent aussi que l'administration doit diviser ses offres. Aucun auteur ne combat ce système; cependant, dans la pratique, on néglige souvent cette formalité, ce qui amène beaucoup de mauvaises décisions de la part du jury.

422. « L'administration, dit l'art. 23, notifie aux proprié-
« taires et à tous autres intéressés qui auront été désignés ou
« qui seront intervenus dans le délai fixé par l'art. 21 les som-
« mes qu'elle offre pour indemnités. » Avant de recourir à l'expropriation, l'administration doit toujours chercher à traiter à l'amiable avec les propriétaires et autres intéressés, et pour cela leur offrir les sommes qu'elle croit pouvoir leur allouer pour indemnité; mais ces offres se font verbalement ou par lettres. Lorsque l'expropriation a été prononcée, les offres de l'administration et l'acceptation ou le refus des propriétaires et autres intéressées ne constituent pas seulement une nouvelle tentative de conciliation; elles deviennent des actes judiciaires (1) et doivent être constatées d'une manière authentique; tel est le vœu formel des art. 23 et 24 de la loi—(A).

423. La Cour de cassation a même jugé que ces offres judiciaires (2) constituaient une formalité substantielle dont il n'était

---

(1-2) [Sur le caractère légal des offres et de leur acceptation ou refus, V. les observations présentées, supra, p. 339, note 2; et, infrà, n° 442.]

Additions.

(A) La notification de l'offre d'indemnité et les autres *notifications* prescrites par la loi du 3 mai 1841, doivent être faites *aux intéressés* qui se sont fait connaître à l'administration dans le délai de huitaine fixé par l'art. 21 de ladite loi.

Parmi les intéressés ayant, aux termes de cet article, le droit d'intervenir, on doit ranger ceux qui, nonobstant les *indications contraires de la matrice des rôles*, se prétendent propriétaires de l'immeuble atteint par l'expropriation. Cass., 15 juin 1858 (*Gaz. trib.*, 16 juin 58).

Lorsqu'une *expropriation est poursuivie dans l'intérêt d'une commune*, c'est par le maire, et non par le préfet,

que les offres d'indemnités doivent être notifiées aux expropriés. Cass., 12 mai 1858 (*Gaz. trib.*, 20 mai 58).

Mais, même en ce cas, c'est le préfet qui seul peut notifier la liste des jurés et l'arrêté indiquant le jour de leurs opérations. Cass., 3 avril 1855 (S. 55. 1. 544).

Les offres sont nulles si elles ont été faites par le préfet, et l'exproprié, alors qu'il n'a pas expressément ou tacitement manifesté l'intention de ne se pas prévaloir du défaut de qualité du préfet, alors surtout qu'il a protesté contre la manière dont ces offres ont été faites, peut tirer de la nullité de ces offres un moyen de cassation contre la décision du jury.

L'art. 42 de la loi du 3 mai 1841 n'indique pas, il est vrai, l'art. 23, relatif à la *notification des offres*, au nombre de ceux dont la violation peut donner *ouverture à cassation;* mais il vise l'art. 37, qui veut que le jury ait sous les yeux la

pas permis à l'administration de s'affranchir. « Attendu, porte l'arrêt du 26 mai 1840, que la notification exigée de l'adminis-

---

tableau des offres et demandes notifiées en exécution des art. 23 et 24, d'où il suit que l'irrégularité de la notification des offres peut donner ouverture à cassation. Cass., 12 mai 1858 (*Gaz. trib.*, 20 mai 58).

Au cas d'expropriation pour travaux intéressant une commune, ces offres ne peuvent être annulées comme ayant été faites sans qualité par le préfet, au lieu d'avoir été faites par le maire, lorsque l'expropriation a été poursuivie au nom de l'État par le préfet, que c'est au préfet que les expropriés ont fait signifier le chiffre de l'indemnité réclamée par eux, et que c'est avec lui que la procédure a été suivie et terminée sans protestations ni réserves. Cass., 4 août 1862 (S. 62.1.1063).

Au cas d'expropriation pour travaux publics intéressant l'État et une ville, la signification faite par le préfet à l'exproprié des offres de la ville en même temps que de celles de l'État, est valable, si elle a lieu sur la demande formelle de la ville, et si l'exproprié a signifié lui-même au préfet sans réserve ni protestation, son refus des offres faites, avec l'indication du chiffre de sa demande soit contre l'État, soit contre la ville, et si devant le jury le débat sur les offres a été accepté et suivi par l'exproprié sans protestation également contre la forme de leur signification. Cass., 23 déc. 1861 (S. 62.1.892).

Le *défaut d'offres* de la part de l'administration, en cas de cession de *terrains non compris dans le jugement d'expropriation*, sauf règlement ultérieur de l'indemnité par le jury, n'est pas une cause de nullité, si l'exproprié qui a consenti cette cession a pris l'initiative, en signifiant sa demande d'indemnité, avec déclaration que la fixation en serait soumise à la décision du jury, et si, après débat contradictoire, le jury a procédé à cette fixation. Cass., 6 août 1856 (Dall., 56.1.334).

Lorsque sur la notification d'un juge-ment d'expropriation, faite à deux époux indiqués comme propriétaires en la matrice des rôles, est intervenue, dans la huitaine, une notification faite à l'expropriant par les héritiers de la femme décédée, notification expliquant que l'immeuble exproprié était un immeuble de communauté, et faisant connaître les noms des différents héritiers, les offres doivent être notifiées à tous les héritiers qui se sont ainsi fait connaître, et il y a nullité si l'expropriant, nonobstant la notification des héritiers, a continué de procéder contre les personnes seulement qu'indiquait la matrice des rôles. Cass. civ., 1er juill. 1861 (*Gaz. trib.*, 4 juill. 64).

Au cas où l'un des copropriétaires d'un immeuble indivis exproprié n'a reçu ni notification d'offres, ni assignation à comparaître devant le jury, alors que cependant tous les copropriétaires étaient inscrits à la matrice cadastrale et désignés au jugement d'expropriation, la décision du jury est nulle pour le tout, même à l'égard de ceux des copropriétaires avec lesquels elle est intervenue. Cass., 26 nov. 1862 (S.63.1.399).

Dans un jugement d'expropriation sont comprises quatre parcelles appartenant au même propriétaire ; des offres n'ont été faites, dans le délai, que pour deux parcelles seulement. Mais, devant le jury, l'exproprié a lui-même demandé que l'indemnité fût réglée aussi bien pour les deux parcelles omises dans les offres que pour celles qui y avaient été comprises ; des offres ont en conséquence été faites à la barre, pour les deux parcelles omises, par l'administration expropriante, et immédiatement débattues. Les choses s'étant ainsi passées, l'exproprié ne saurait plus tard, contre la décision intervenue, se faire un moyen de cassation, de ce que, pour deux des parcelles, il n'y aurait pas eu d'offres préalables : il a été, dans l'espèce, suppléé à l'absence d'offres par un contrat judiciaire. Cass. civ., 1er juin 1864 (*Gaz. trib.*, 3 juin 64).

Au cas où c'est l'exproprié qui pour-

tration par l'art. 23 de la loi du 7 juillet 1833, à l'effet de faire connaître aux indemnitaires les sommes offertes pour indemnité, est une *formalité substantielle* à laquelle *il ne saurait être suppléé par aucun équivalent ;*—Attendu que c'est à partir de cette notification qu'un délai de quinzaine, dont le point de départ doit être certain, est accordé par l'art. 24 aux indemnitaires, à l'effet de déclarer leur acceptation ou d'indiquer le montant de leurs prétentions ;—Attendu que l'art. 37 impose au magistrat directeur l'obligation de mettre sous les yeux du jury le tableau des offres et demandes notifiées en exécution des art. 23 et 24 ; que cette obligation légale ne pourrait être remplie, si la notification prescrite par l'art. 23 n'était pas faite par *acte dûment signifié*, et si l'indemnitaire n'avait pas été mis à portée de jouir de toute l'étendue du délai que l'art. 24 lui accorde ; — Attendu en fait que, dans l'espèce, la seule notification d'offres de laquelle il ait été justifié n'a eu lieu que le jour même de la séance du jury, et que, si d'autres offres antérieures ont été oralement discutées, il n'est nullement prouvé que ces offres aient été *effectuées par une notification régulière, faite conformément à l'art.* 23; d'où il suit que c'est en violation formelle des art. 23, 24 et 37, qu'ont été rendues tant la décision du jury que l'ordonnance du magistrat directeur » (1) — (A).

---

suit le règlement de l'indemnité, il n'y a pas pour l'expropriant obligation de signifier des offres avant l'ouverture des débats, et avec observation des délais indiqués aux art. 24 et 27 de la loi du 3 mai 1841, encore bien que l'intervalle de temps entre l'assignation donnée par l'exproprié et le jour indiqué pour la comparution devant le jury, aurait excédé les délais prescrits par les articles ci-dessus. Il suffit, en ce cas, que les offres et demandes aient été faites devant le jury et à la barre. Cass., 9 janv. 1866 (*Gaz. trib.*, 10 janv. 66).

Cette obligation n'existerait pas pour l'expropriant au cas même où l'exproprié lui aurait fait connaître son intention de poursuivre lui-même le règlement de l'indemnité, et l'aurait mis en demeure de signifier des offres. Cass. civ., 14 fév. 1866 (*Gaz. trib.*, 15 fév. 66).

Est nulle la décision par laquelle le jury a fixé l'indemnité d'expropriation due à un propriétaire, alors que ce propriétaire ayant, conformément à l'art. 50 de la loi du 3 mai 1841 et dans les délais, requis l'acquisition totale, l'expropriant n'avait cependant pas, quinze jours au moins avant la réunion du jury, fait d'offres en vue de l'expropriation totale, et pour le supplément de terrain que la réquisition de l'exproprié a pour objet d'ajouter à l'expropriation indiquée au jugement.

Les expressions écrites par l'exproprié en la notification par laquelle il requiert l'acquisition totale : « moyennant une indemnité qui sera ultérieurement fixée par le jury, » n'impliquent en aucune façon, de la part de l'exproprié, la pensée de dispenser l'expropriant de faire ses offres d'avance. Cass. civ., 13 déc. 1865 (*Gaz. trib.*, 14 déc. 65).

(1) S.40.1.707 ; et, *infrà*, p. 347, 348 et 360. Cass., 4 juill. 1860 (*Gaz. trib.*, 5 juill. 60); Cass., 1er juin 1864 (*Gaz. trib.*, 3 juin 64); Cass., 27 janv. 1863 (*Gaz. trib.*, 28 janv. 63).

Additions.

(A) Les offres supplétives faites à un

424. Ces offres sont faites à la diligence du préfet du département de la situation des biens, par un huissier ou par un des agents de l'administration, dont les procès-verbaux font foi en justice (art. 57). Les offres dont il s'agit ne sont cependant pas des offres *réelles*. L'huissier ou l'agent chargé de les notifier signifie un extrait de l'arrêté du préfet qui a fixé les sommes à offrir pour indemnités, mais il ne doit pas être porteur de cette somme, ni même d'un mandat d'égale valeur, comme dans le cas prévu par l'art. 53 de la loi.

Ces offres sont faites au domicile élu par le propriétaire et par les autres intéressés, dans l'arrondissement de la situation des biens, ou, à défaut d'élection, elles seront faites, en double copie, au maire et au fermier, locataire, gardien ou régisseur de la propriété. Le § 3 de l'art. 15 déclare positivement que ce mode est applicable à toutes les notifications prescrites par la loi du 3 mai 1841—(A).

La loi n'oblige point l'administration à donner, avec les offres, copie d'aucune pièce, mais l'art. 1er de l'ordonnance du 18 septembre 1833 suppose qu'il sera donné copie ou extrait de l'arrêté du préfet dont nous parlons n° 420. C'est

---

propriétaire exproprié partiellement, mais qui demande expropriation totale, doivent à peine de nullité, comme les offres primitives, être suivies d'un délai de quinze jours au moins avant la réunion du jury. Cass. civ., 29 mars 1858 (S.59.1.354).

L'expropriant ne peut se faire un moyen de nullité du défaut de notification d'offres à l'exproprié : celui-ci seul aurait le droit de se plaindre de cette nullité. Cass. civ., 20 avril 1859 (S.59.1.523).

Lorsque l'expropriation n'a eu pour objet que le sol de la propriété expropriée, à l'exclusion des constructions, pour lesquelles la partie expropriante soutenait qu'il n'était dû aucune indemnité à l'exproprié, il n'était pas nécessaire de faire des offres éventuelles relativement à ces constructions ; il a suffi que le jury fixât à cet égard une indemnité éventuelle Cass. civ., 16 déc. 1863 (*Droit*, 17 fév.63).

Additions.

(A) Les offres à faire par l'expropriant à l'exproprié ne sont point assujetties aux conditions des offres réelles ; mais l'exproprié est sans intérêt à se plaindre de ce qu'elles ont eu lieu dans cette forme, lorsqu'il n'en a résulté à son égard, ni augmentation de frais ni obstacle à l'exercice de ses droits, ni préjudice quelconque. Cass. civ., 6 août 1859 (S.59.4. 957).

Le procès-verbal des débats d'un jury d'expropriation, qui constate que le tableau des offres signifiées a été remis au jury, prouve suffisamment que la signification de ces offres a été faite à la partie expropriée, conformément à l'art. 23 de la loi du 3 mai 1841. Cass. civ., 16 déc. 1863 (*Droit*, 17 déc. 63).

L'exproprié ne peut se faire un moyen de cassation de ce que les offres lui auraient été faites à son propre domicile, et non au domicile élu par lui en la forme prescrite en l'art. 15 de la loi du 3 mai 1841, s'il est constant en fait, et s'il résulte des déclarations mêmes de l'exproprié, que ces offres lui sont parvenues plus de quinze jours avant le jour fixé pour la réunion du jury. Cass. civ., 27 fév. 1866 (*Gaz. trib.*, 18 fév. 66).

en effet le mode de signification qui remplit le mieux le vœu de la loi.

Sur le mot « *arrondissement,* » la Cour de cassation vient de juger qu'à Paris ce mot devait s'entendre exclusivement de chaque arrondissement municipal; qu'en conséquence, l'élection de domicile faite en une demeure dépendante d'un de ces arrondissements municipaux n'était pas obligatoire pour la signification des offres, si elle avait été établie en un lieu en dehors de l'arrondissement municipal où est située la maison expropriée (arrêt du 15 mai 1855, de Bonardi du Ménil). Cette solution est susceptible de controverse : car l'arrondissement municipal, à Paris, ne correspond pas à l'arrondissement administratif désigné par l'art. 15 de la loi du 3 mai 1841 (1).

Aussi le même arrêt ajoute-t-il que, *d'ailleurs*, le moyen de forme n'était plus proposable. La partie avait répondu, par un exploit d'huissier, qui contenait refus d'acceptation, sans mention aucune de l'irrégularité reprochée par le pourvoi à la signification des offres, et elle avait gardé le même silence devant le jury : l'arrêt décide que les contradictions opposées dans ces deux circonstances, sur le fond même des offres, sans réserve contre les moyens de forme, rendaient la demanderesse non recevable à produire ceux-ci devant la Cour de cassation (2).

425. Les offres, dit l'art. 23 de la loi du 3 mai 1841, doivent être notifiées *aux propriétaires et à tous autres intéressés* qui *auront été désignés*, ou *qui seront intervenus dans le délai fixé par l'art.* 21. Ainsi, l'administration ne peut se borner à notifier ses offres aux propriétaires : elle doit les notifier en même temps à tous les intéressés qui lui ont été désignés, ou qui sont intervenus dans le délai fixé par la loi. Il leur importe à tous que leurs indemnités respectives soient fixées par un seul et même jury, afin d'éviter tous procès ultérieurs et tous recours de l'un d'eux à l'égard des autres.

Les offres doivent être faites surtout au propriétaire, même à la femme mariée, indépendamment des offres qui auraient été faites à son mari seulement, lorsque c'est la femme qui est seule propriétaire de l'immeuble exproprié. La Cour de cassation l'a

---

(1) V. S.55.1.537, et la note.
(2) [Cette seconde solution elle-même ne doit pas être entendue dans un sens absolu : V. n°s 423, 425 et 443.]

jugé, par son arrêt en date du 24 août 1846, ainsi conçu : — « La
« Cour, vu les art. 37 et 42 de la loi du 3 mai 1841 ; —Attendu
« que l'art. 23 de la loi du 3 mai 1841 impose à l'administration l'o-
« bligation de notifier aux propriétaires les sommes qu'elle offre
« pour indemnité, et que l'art. 24 accorde aux indemnitaires, à
« partir de cette notification, un délai de quinze jours à l'effet de
« déclarer leur acceptation ou d'indiquer le montant de leurs
« prétentions ; —Attendu que c'est seulement après l'expiration
« du délai de quinze jours que l'art. 28 autorise l'administration
« à citer devant le jury le prétendant droit à l'indemnité ; —At-
« tendu que l'art. 37, dont la violation donne, aux termes de
« l'art. 42, ouverture à cassation, exige que le magistrat direc-
« teur mette sous les yeux du jury le tableau des offres et de-
« mandes, notifié en vertu des art. 23 et 24, et que cette obli-
« gation légale ne pourrait pas être remplie, si l'indemnitaire
« n'avait pas, avant de recevoir assignation, été mis à portée de
« jouir de toute l'étendue du délai que l'art. 24 lui accorde ; —
« Attendu, en fait, que la demanderesse, épouse séparée de
« biens de Jean Forest et seule propriétaire de l'immeuble ex-
« proprié, a été, par exploit du 23 mars, citée à comparaître, le
« 2 avril, devant le jury, avant l'expiration du délai de quinzaine,
« et sans qu'il apparaisse d'aucun exploit d'offres à elle notifié
« antérieurement ; qu'elle n'a point comparu devant le jury ;
« que, néanmoins, l'indemnité a été réglée et la dépossession
« ordonnée tant contre elle que contre son mari ; — Attendu
« que l'on ne peut exciper contre la dame Forest, ni des offres
« qui auraient été faites à son mari seulement, ni de la com-
« parution de celui-ci à l'audience, où il s'est présenté et n'a
« conclu qu'en son propre et privé nom, sans aucunement al-
« léguer qu'il exerçât les droits de sa femme : — D'où il suit
« qu'en réglant l'indemnité due à la dame Forest, et en ordon-
« nant sa dépossession, hors de sa présence, et sans qu'elle
« eût été valablement assignée, la décision et l'ordonnance
« attaquées ont expressément violé les lois précitées ; —
« Casse » (1).

Lors même que l'administration croit ne devoir aucune indemnité à l'un des tiers désignés ou intervenus, elle ne doit pas
moins, pour satisfaire à la prescription de l'art. 23, lui notifier
l'extrait de l'arrêté du préfet, sauf à déclarer, si elle le juge

---

(1) S.1846.1.879 ; et, *suprà*, n° 123 ; *infrà*, n° 143.

utile, qu'elle croit ne devoir, à lui réclamant, aucune indemnité. Ce tiers sera appelé devant le jury, qui fixera le montant de l'indemnité qu'on devra lui allouer, si sa prétention est jugée fondée, et le magistrat directeur en ordonnera la consignation (art. 39 et 49), et renverra les parties à faire juger, par qui appartiendra, la question du droit à l'indemnité.

M. Gand admet au contraire que l'administration ne doit pas signifier les offres aux tiers à qui elle ne croit pas devoir d'indemnité. Ceux-ci doivent alors, selon lui, porter devant les tribunaux leur action contre elle en reconnaissance de leur droit à une indemnité, sauf, après le jugement de reconnaissance, à revenir devant le jury pour en faire régler la quotité (P. 296). Cette marche nous paraît en opposition avec le système consacré par les art. 39, § 4, et 49, qui veulent que toutes les indemnités, même celles qui sont l'objet d'un débat, soient réglées par un seul et même jury. Nous croyons aussi que, dans la pratique, l'exécution du mode indiqué par M. Gand offrirait beaucoup de difficulté. Quand l'immeuble est détruit ou a changé de nature, le règlement exact de l'indemnité serait fort difficile et souvent impossible — (A).

426. L'art. 23 de la loi du 7 juill. 1833 prescrivait de notifier les offres à tous les créanciers inscrits, et l'art. 28 ajoutait que

---

Additions.

(A) Les *offres* de l'administration sont irrégulières quand, *relatives à deux immeubles* appartenant à des propriétaires différents, elles ont été faites sans distinction de l'indemnité afférente à chacun d'eux. Cass., 18 août 1857 (Dall. 57.1. 330).

La circonstance que l'exploit de notification des offres s'exprimerait en termes qui paraîtraient limiter les offres au terrain même que frappe l'expropriation, et ne ferait aucune mention des délaissés, n'empêche pas que l'indemnité, comprenant dans un même chiffre le terrain auquel s'applique l'expropriation et les délaissés, ne soit valablement réglée par le jury, s'il résulte et du tableau des offres et demandes mis sous les yeux du jury, et de toutes les circonstances de la cause, que, nonobstant le silence gardé par omission dans l'exploit d'offres sur les délaissés, l'exproprié avait parfaitement su et entendu que ces offres s'appliqueraient à la totalité de son immeuble, aux délaissés aussi bien qu'au terrain compris dans le tracé des travaux en vue desquels se poursuivait l'expropriation. Cass. civ., 27 août 1862 (*Gaz. trib.*, 30 août 62).

Les irrégularités des offres, celles notamment qui résulteraient de ce que l'exploit qui les contient serait irrégulier en la forme, ou de ce que, s'agissant d'offres qui intéressent une hoirie, la signification n'aurait pas été adressée à tous les héritiers, se couvrent par des actes postérieurs impliquant, de la part de tous ceux auxquels ces offres devaient être adressées, connaissance des offres faites. Spécialement, la nullité prétendue des offres ne peut être invoquée, contre la décision rendue depuis par le jury, par les héritiers, qui, par une réponse collective émanant non pas seulement de ceux auxquels les offres ont été signifiées, mais de tous ceux auxquels elles auraient dû

les créanciers seraient tenus de faire connaître, dans la quinzaine de la notification qui leur en serait faite, s'ils ne se contentaient pas de la somme convenue entre le propriétaire et l'administration.

L'art. 23 de la loi du 3 mai 1841 ne parle plus de l'obligation de notifier *aux créanciers inscrits;* ces mots ont été retranchés de la rédaction. L'article prescrit de notifier les offres aux propriétaires *et à tous autres intéressés qui auront été désignés ou qui seront intervenus dans le délai fixé en l'art.* 21. Les créanciers sont compris dans cette expression: *tous autres intéressés*. Mais on voit que, pour que des offres leur soient faites, il faut qu'ils soient intervenus dans le délai fixé par le § 2 de l'art. 21. « A ceux-là seulement qui seront intervenus, a dit M. Dufaure, les offres seront notifiées individuellement. » (*Mon.*, 20 juin 1840, suppl. B.) « Il faut reconnaître, ajouta-t-il, que l'obligation de signifier des notifications individuelles à tous les créanciers inscrits pouvait souvent entraîner à de grandes dépenses et occasionner de longs retards. On sait à quel point la propriété est morcelée dans certaines parties de la France; d'ailleurs ce ne sont pas des propriétés entières qu'on est obligé d'acquérir pour les grands travaux publics, mais un nombre infini de parcelles de propriétés diverses; quelle est dès lors la complication de la procédure, si à chacune de ces dépossessions partielles on doit lever un état d'inscriptions et notifier à tous les créanciers inscrits! Est-ce là

---

l'être, ont déclaré refuser les offres, et ont fait et précisé leurs propres demandes. Cass. civ., 8 avril 1863 (*Gaz. trib.*, 9 avril 63).

Une inexactitude dans l'indication de la profession du locataire auquel les offres ont été faites et contre lequel la procédure d'expropriation a été suivie, ne vicie ni les offres ni la décision du jury, alors qu'il résulte des débats, des pièces soumises au jury et du transport du jury sur les lieux, qu'aucune erreur ne s'est produite sur l'identité du locataire et sur la nature de son exploitation. Cass. civ., 2 déc. 1863 (*Droit*, 3 déc. 63).

Lorsqu'un jugement d'expropriation porte, conformément au rôle de la matrice cadastrale, que l'immeuble exproprié est indivis entre deux propriétaires, les offres faites collectivement, en conséquence, sont régulières et valables; mais si un de ces propriétaires signifie à l'exproprianl qu'il est propriétaire exclusif d'une partie déterminée de l'immeuble, en appuyant son allégation d'un jugement des criées qui établit l'adjudication faite en sa faveur, il y a nécessité pour l'exproprianl de faire des offres distinctes et séparées à chacun des propriétaires ainsi séparément indiqués. Le devoir de l'exproprianl (du préfet de la Seine, dans l'espèce) est de vérifier les droits des parties et de faire des offres distinctes à chacune d'elles, ainsi que le veulent les art. 22, 23 et 27 de la loi du 3 mai 1841; des offres collectives seraient insuffisantes, et des offres distinctes, mais faites à la barre seulement, seraient tardives et les parties fondées à se prévaloir devant la Cour de cassation de l'irrégularité des unes et des autres. Cass. civ., 7 août 1865 (*Gaz. trib.*, 7 août 65).

cependant une formalité nécessaire à la garantie des droits des créanciers ? Quelle fraude y a-t-il à craindre de la part de l'Etat après la publicité qui, à cette phase de la procédure, a déjà éveillé l'attention de tous ceux qui peuvent avoir un intérêt quelconque dans les travaux, et les transactions qu'ils doivent faire naître ? (*Ibid.*)

427. Il pourrait arriver que, soit à cause de son insolvabilité, soit par suite de maladie, absence ou autre cause, le propriétaire ne se présentât pas devant le jury, qui, manquant de documents nécessaires pour l'évaluation, fixerait une indemnité inférieure à celle qu'il eût accordée, s'il avait été nanti de tous les renseignements qu'on aurait dû lui fournir. Le préjudice qui résulterait d'une trop faible évaluation de l'indemnité retomberait indirectement sur les créanciers inscrits. Pour les mettre à même de soumettre au jury les observations et documents qu'ils jugeraient utiles pour l'évaluation de l'indemnité, un paragraphe ajouté à l'art. 23 porte que les offres faites au propriétaire « seront affichées et publiées conformément à l'art. 6 de la loi. »

On sait que la procédure est suivie contre le propriétaire désigné par la matrice des rôles, lequel souvent n'est plus propriétaire au moment où l'expropriation se poursuit. Les significations faites à cet ancien propriétaire peuvent ne pas parvenir au propriétaire actuel ; la publication des offres est un nouvel avertissement indirect donné à ce dernier, ainsi qu'aux créanciers inscrits sur lui ou sur de précédents propriétaires. Cet avertissement profite même à ceux qui auraient à exercer sur l'immeuble, soit des droits d'usufruit, d'usage ou de servitude, soit des actions en résolution, en revendication, en réméré, ou d'autres actions réelles.

Section III. — *Acceptation ou refus des offres.*

428. — Délai pour l'acceptation ou le refus des offres.
429. — Chaque indemnitaire peut accepter ou refuser, sans consulter les autres.
430. — Celui qui ne répond pas aux offres est censé les refuser.
431. — De l'acceptation des offres.
432. — L'acceptation n'est plus notifiée aux créanciers inscrits.
433. — Formalités pour les biens des mineurs, interdits, absents, etc.

434. — On ne soumet pas au tribunal l'intention de refuser les offres.
435. — Formalités pour les biens de l'Etat, des départements, etc.
436. — En cas de refus, l'indemnitaire doit indiquer la somme qu'il demande.
437. — Cette obligation est également imposée aux créanciers inscrits.
438. — Du cas où le propriétaire accepte et l'usufruitier refuse.
439. — Du cas où, le propriétaire acceptant, un créancier inscrit refuse.
440. — L'administration peut acquiescer aux demandes ou augmenter ses offres.
441. — Du cas où les offres ne sont pas acceptées dans les délais prescrits. L'administration cite devant le jury. Ce que la citation doit contenir (art. 28).
442. — Du cas où les offres ont été acceptées. Pas de citation à donner.
443. — Délais à observer par l'administration, avant de citer devant le jury (art. 28).
444. — Application au cas spécial prévu par l'art. 50 ; jurisprudence.

428. L'art. 23 de la loi du 3 mai 1841 exige que les offres de l'administration soient non-seulement notifiées aux indemnitaires, mais en outre affichées et publiées, conformément à l'art. 6 ; puis l'art. 24 déclare que les indemnitaires sont tenus de faire connaître leur acceptation ou leurs prétentions *dans la quinzaine suivante*. Ce délai ne court donc que du jour où les diverses formalités prescrites par l'art. 23 se trouvent avoir été remplies. Si, comme il arrive souvent, les publications, affiches et insertions, n'ont lieu que postérieurement à la notification des offres, les indemnités auront plus de quinze jours pour se prononcer ; mais il ne faut pas oublier que les notifications se font ordinairement à un domicile élu, ou à des fermiers, locataires ou gardiens, qui peuvent ne pas transmettre exactement les notifications aux intéressés. En réalité, le délai sera encore souvent trouvé trop court par les indemnitaires.

Dans les cas prévus par les art. 25 et 26 de la loi, le délai donné aux tuteurs et autres administrateurs pour faire connaître leur acceptation est d'un mois, dit l'art. 27. L'art. 28 de la loi du 3 mai 1841, expliquant ce qu'avait d'obscur l'article correspondant de la loi du 7 juill. 1833, déclare que l'administration doit convoquer le jury, si les offres *ne sont pas acceptées dans les délais prescrits par les art.* 24 et 27. Donc, tant que le délai d'un mois n'est pas écoulé, le tuteur ne peut être cité devant le jury.

429. Aucun article de la loi n'oblige les parties auxquelles des offres sont notifiées de s'entendre pour accepter ou refuser

les sommes offertes : l'une d'elles peut donc accepter quand une autre refuse. S'il s'agit de copropriétaires qui ont dans l'immeuble des droits distincts et déterminés, l'acceptation de l'un d'eux fixe le montant de l'indemnité pour sa part, et le jury n'aura à fixer que l'indemnité revenant à ceux qui ont refusé, en proportion de leurs droits dans l'immeuble. Si les droits des copropriétaires ne sont pas déterminés, l'acceptation de quelques-uns n'empêche pas que l'on ne doive soumettre au jury l'évaluation de l'indemnité totale.

430. Dans la quinzaine suivante, dit l'art. 24, les propriétaires et autres intéressés sont tenus de déclarer leur acceptation, ou, s'ils n'acceptent pas les offres qui leur sont faites, d'indiquer le montant de leurs prétentions. Si la partie à laquelle la notification a été faite n'a pas accepté dans ce délai les offres qui lui ont été faites, elle est censée les refuser, et l'administration peut et doit soumettre l'affaire au jury spécial. Cela résulte de l'art. 28, qui dit que, si les offres de l'administration ne sont pas *acceptées* dans les délais prescrits par les art. 24 et 27, l'administration citera les intéressés devant le jury spécial, et de l'art. 40, § 4, qui prescrit de condamner aux dépens tout indemnitaire qui aura omis de se conformer aux dispositions de l'art. 24. Si cependant l'acceptation de l'indemnitaire avait lieu après l'expiration du délai fixé par l'art. 24, il ne serait pas nécessaire de recourir au jury, et l'on pourrait encore traiter à l'amiable.

431. La partie qui accepte les offres à elle faites par l'administration doit, dans le délai de quinzaine, faire connaître son acceptation, soit par lettres, soit par une notification adressée au préfet, et qui n'est soumise à aucune formalité spéciale.

432. L'art. 28 de la loi du 7 juillet 1833 voulait que, dans le cas où le propriétaire accepterait les offres à lui signifiées, cette acceptation fût dénoncée aux créanciers inscrits qui, dans la quinzaine suivante, pouvaient déclarer qu'ils ne se contentaient pas de la somme acceptée par le propriétaire; cette déclaration obligeait à recourir au jury. Ces dispositions ont disparu de la rédaction de l'art. 28 de la loi du 3 mai 1841.

Aujourd'hui les offres sont notifiées seulement au propriétaire et à ceux des autres intéressés qui ont été désignés ou qui sont intervenus, et, s'ils n'acceptent pas ces offres dans les délais prescrits par les art. 24 et 27, il est procédé au règlement de l'indemnité par le jury. « Une modification apportée à l'art. 28, a dit M. Dufaure dans son rapport, explique nettement qu'il n'y a qu'un seul et même délai de quinzaine accordé pour l'acceptation des offres, soit aux propriétaires, soit aux créanciers inscrits et à tous autres intéressés. Il ne faut pas notifier l'acceptation du propriétaire aux autres parties; elles doivent se décider spontanément à accepter ou à refuser. » (*Mon.*, 20 juin 1840, suppl. B.)

433. La transmission de la propriété au domaine public a été opérée par le jugement d'expropriation, mais il reste à fixer le prix de la cession. Or les tuteurs et autres administrateurs n'ont pas qualité pour fixer eux-mêmes le prix de la cession d'un immeuble, et, s'ils trouvent que l'indemnité offerte est suffisante, ils doivent immédiatement demander au tribunal l'autorisation de l'accepter. L'art. 25 le déclare positivement.

Il en est de même pour les biens appartenant à d'autres incapables. Ainsi, les femmes mariées sous le régime dotal assistées de leurs maris, les tuteurs, ceux qui ont été envoyés en possession provisoire des biens d'un absent, et autres personnes qui représentent les incapables, peuvent valablement accepter les offres énoncées en l'art. 23, s'ils y sont autorisés dans les formes prescrites par l'art. 13 de la loi (art. 25).

434. Lorsque les tuteurs et autres administrateurs sont d'avis de refuser les offres, ils ne doivent ni ne peuvent soumettre leur intention au tribunal, qui ne donne pas d'avis, même pour des mineurs, et sanctionne seulement les actes faits ou à faire dans leur intérêt.

435. Le ministre des finances, les préfets, maires ou administrateurs, peuvent accepter les offres d'indemnité pour expropriation des biens appartenant à l'État, aux départements, communes ou établissements publics, dans les formes et avec les autorisations prescrites par l'art. 13 (L. 3 mai 1841, art. 25).

436. L'indemnitaire qui ne veut pas accepter les offres de l'administration ne doit pas se borner à lui notifier son refus; il doit, dit l'art. 24 de la loi du 3 mai, lui indiquer le montant de ses prétentions, et ce, dans la quinzaine qui suit les offres.

La disposition qui oblige les parties intéressées à indiquer le montant de leurs prétentions avait été repoussée et 1833 par la commission de la Chambre des députés. « Cette obligation, disait « son rapporteur, nous paraît contraire à l'esprit de la Charte, et « en même temps son accomplissement ne nous semble ga- « ranti par aucune sanction. La Charte exige sans doute que, « moyennant une juste et préalable indemnité, un citoyen puisse

« être contraint à abandonner sa propriété; mais là se borne et
« doit se borner le sacrifice qu'elle attend de lui : le bien dont
« il est exproprié, il peut ne l'avoir pas acheté, il peut l'avoir
« recueilli dans la succession de ses pères, il peut en avoir
« changé la nature, il peut enfin lui donner une valeur d'affec-
« tion qui ne lui permette pas d'apprécier le prix qu'il doit équi-
« tablement en retirer; d'ailleurs, et le plus fréquemment,
« l'expropriation ne lui enlève qu'une partie de sa propriété.
« Serait-il juste de le forcer, dans de semblables circonstances,
« à préciser ses prétentions? Et n'est-ce pas déjà assez que de
« lui imposer l'obligation de déclarer s'il accepte ou refuse les
« offres de l'administration? Nous concevons en effet cette der-
« nière obligation, et nous l'admettons avec d'autant plus d'em-
« pressement qu'elle trouve sa sanction dans le § 1er de l'art. 40.
« Si le propriétaire, aveuglé par l'intérêt, refuse une offre qui
« est jugée suffisante, il supportera la peine de son obstination,
« et paiera tous les frais que son refus injuste aura engendrés :
« mais quelle condamnation de cette nature serait-il donc pos-
« sible de prononcer contre celui qui, trouvant avec raison les
« offres de l'administration insuffisantes, refuserait de les ac-
« cepter, et viendrait en même temps déclarer qu'il ne saurait
« fixer le véritable prix de la chose dont il est exproprié? »
(*Mon.*, 26 janv 1833, p. 211.)

Cette opinion ne fut pas partagée par la Chambre. M. Teste présenta les considérations que nous avons déjà fait connaître (1). « Qu'importe, ajouta M. Bernard (de Rennes), le moyen par lequel le propriétaire a acquis sa propriété? Est-ce qu'il ne sait pas quelle est la valeur de son bien? Je veux bien qu'il y attache quelque affection qui le lui fait estimer au delà de sa valeur vénale; mais il fera connaître cette plus grande valeur, et, si l'administration accorde la somme demandée, l'expropriation a lieu à l'instant. » (*Monit.*, 6 fév. 1833, p. 303.) Il est certainement possible au propriétaire de connaître la valeur de l'immeuble dont il est exproprié. Il a pour fixer son évaluation tout au moins autant de documents que pourra en avoir le jury : il ne peut donc être reçu à dire qu'il n'a pas su quelle indemnité il devait réclamer. Si ces prétentions, repoussées par l'administration, sont aussi jugées déraisonnables par le jury, il sera condamné à payer les frais occasionnés par une injuste prétention,

---

(1) *Suprà*, p. 339.

et certes cette peine n'est pas trop forte. Espérons qu'elle suffira pour amener les propriétaires à modérer leurs demandes d'indemnités. Il est à présumer cependant que la crainte du blâme public sera encore plus puissante, pour empêcher un pareil scandale, que la perspective d'une condamnation de dépens nécessairement peu élevés—(A).

437. Les créanciers hypothécaires inscrits intervenus dans le délai fixé par l'art. 21 sont au nombre des intéressés auxquels l'administration doit notifier ses offres : par suite ils doivent, en vertu de l'art. 24, faire connaître leur acceptation ou leur refus dans la quinzaine, et, en cas de refus, indiquer le montant de leurs prétentions. L'art. 17, § 3, dit que les créanciers inscrits n'auront pas la faculté de surenchérir, mais qu'ils pourront *exiger que l'indemnité soit fixée conformément au titre IV.* D'après cela, on avait admis, sous l'empire de la loi du 7 juill. 1833, que les créanciers inscrits n'étaient pas tenus d'indiquer le montant de leurs prétentions, et qu'ils pouvaient se borner à déclarer qu'ils réclamaient le règlement de l'indemnité par le jury. Mais il ne peut plus en être ainsi sous l'empire de la loi du 3 mai 1841. Les art. 23 et 24 de cette loi s'appliquent aux créanciers inscrits, tandis que dans la loi de 1833 ces dispositions ne les concernaient pas. Leurs droits étaient régis par une disposition insérée dans l'art. 28 et qui a été effacée de la loi nouvelle. Ils se trouvent donc aujourd'hui soumis aux prescriptions générales de l'art. 24. D'ailleurs une disposition ajoutée à l'art. 39 défend au jury d'allouer une indemnité supérieure à la demande de la partie intéressée : or, comment le jury pourrait-il se conformer à cette disposition dans le cas où le règlement de l'indemnité est requis par un créancier hypothécaire, si ce créancier n'était pas tenu de préciser le chiffre de sa demande? Cette indication est également nécessaire pour la répartition des dépens.

438. Lorsqu'il y a à la fois un nu propriétaire et un usufrui-

---

Additions.

(A) Lorsque l'expropriant ayant négligé pendant six mois de poursuivre le règlement de l'indemnité, due pour une expropriation d'utilité publique, l'exproprié vient lui-même, aux termes de l'art. 55, réclamer la fixation de cette indemnité, il n'y a pas pour lui obligation de notifier à l'avance sa demande à l'expropriant, de telle sorte que celui-ci ait, pour délibérer sur la demande, le délai que dans les cas ordinaires les art. 23 et suivants accordent à l'expropriée pour délibérer sur les offres. La demande peut, au contraire, n'être formulée par l'exproprié qui poursuit le règlement de l'indemnité, que devant le jury seulement et lorsque les débats s'y ouvrent. Cass. civ., 20 juill. 1864 (*Gaz. trib.*, 21 juill.64(S.65.1.444); Cass., 5 déc. 1865 (*Gaz. trib.*, 6 déc. 65).

tier, si le propriétaire refuse les offres, il y a évidemment nécessité de recourir au jury ; si le propriétaire accepte, mais que l'usufruitier déclare ne pas vouloir se contenter de cette indemnité, il faut aussi recourir au jury. Mais qu'arrivera-t-il, si le jury fixe l'indemnité au-dessus de la somme acceptée par le propriétaire ? Supposons que l'administration ait offert pour indemnité principale 3,000 fr.: le nu propriétaire accepte cette somme, mais l'usufruitier obtient 3,500 fr. : le propriétaire aura-t-il droit à plus de 3,000 fr. ? Non : par son acceptation des offres de l'administration, il y a eu contrat entre lui et l'administration, et son indemnité ne peut pas plus être augmentée que diminuée. Ainsi, à l'égard du propriétaire, l'indemnité reste fixée à 3,000 fr., nonobstant la décision du jury. L'administration sera obligée, à la vérité, d'après la décision du jury, de faire jouir l'usufruitier d'une somme de 3,500 fr.; mais, à la fin de l'usufruit, les 500 fr. qui n'appartiennent pas au nu propriétaire rentreront dans les caisses de l'administration, et la caution donnée par l'usufruitier garantira ce remboursement.

439. Une question semblable peut s'élever à l'occasion des créanciers. Un propriétaire déclare se contenter de 3,000 fr., mais les créanciers ou l'un d'eux font fixer l'indemnité à 4,000 fr. L'administration sera tenue de payer 4,000 fr. à ces créanciers, qui les imputeront nécessairement sur leurs créances, de manière que le propriétaire se trouverait profiter d'une décision intervenue dans un procès auquel il était étranger : ce qui ne peut être admis. En vain le propriétaire dirait que, pour favoriser une entreprise d'utilité publique, il avait consenti à ne recevoir que 3,000 fr.; que ses créanciers n'ayant pas voulu agir de même, le jury a estimé l'immeuble à 4,000 fr., mais qu'au résultat l'administration n'a payé que la vraie valeur de l'immeuble, puisque le jury l'a ainsi fixée. Il n'en est pas moins vrai que le débat intervenu entre l'administration et les créanciers, ainsi que la décision qui en a été la suite, sont choses étrangères au propriétaire, et n'ont pu lui donner plus de droit qu'il n'en avait. On va voir d'ailleurs que la solution que nous proposons ne porte aucun préjudice au propriétaire, et qu'elle le laisse dans la position où lui-même s'est placé ; seulement elle ne le fait pas profiter d'une décision qui est pour lui *res inter alios acta*.

Nous pensons que l'administration, obligée de payer aux créanciers 1,000 fr. de plus qu'il n'avait été convenu avec le propriétaire, sera pour cette somme subrogée aux droits de ces créanciers. L'art. 2178, C. Nap., le reconnaît, et l'art. 1251 déclare que la subrogation a lieu *de plein droit* au profit de l'acquéreur d'un immeuble qui emploie le prix de son acquisition au paiement des créanciers auxquels cet héritage était hypothéqué. Or l'administration se trouve entièrement dans ce cas. D'ailleurs l'action en fixation d'indemnité par le jury remplace pour les créanciers le droit de surenchère : or, lorsque, par l'exercice du droit de surenchère, l'acquéreur est obligé de payer au delà du prix stipulé avec le vendeur, il a son recours, tel que de droit, contre ce vendeur pour cet excédant. Telle est la disposition formelle de l'art. 2191, C. Nap., et, comme la subrogation de l'administration aux droits du créancier n'empêchera pas le propriétaire de jouir des termes et délais dont il jouissait avec le créancier, sa position n'est nullement changée. Seulement, à l'échéance, il paiera à l'administration ce qu'il aurait payé à son créancier originaire. La question fut soulevée en 1833 à la Chambre des députés, mais n'y reçut aucune solution, et M. le président se borna à dire qu'il fallait s'en référer au droit commun (*Monit.*, 8 fév. 1833, p. 325). C'est aussi sur les principes du droit commun que nous basons la solution que nous venons de présenter.

440. Il n'est pas douteux que l'administration peut toujours acquiescer aux demandes formées par les propriétaires et autres intéressés. Elle peut aussi augmenter les offres par elle primitivement faites (1), et si, dans la quinzaine qui suit ces nouvelles offres, les indemnitaires les acceptent, ils n'ont bien certainement à supporter aucuns frais.

Ces nouvelles offres devraient être notifiées à tous les intéressés qui n'ont pas déclaré accepter les premières, car le silence de ceux qui n'ont pas répondu est considéré comme un refus, de manière que la quotité de l'indemnité est certaine à l'égard de tous les ayants droit. Cependant, si l'on ne voulait augmenter que l'indemnité offerte au fermier, il ne serait pas nécessaire de signifier les nouvelles offres au propriétaire.

441. Lorsque, les offres n'ayant pas été acceptées dans les délais prescrits par les art. 24 et 27, l'administration est obligée de citer devant le jury les propriétaires et tous autres intéressés qui auront été désignés ou qui seront intervenus, pour qu'il soit

---

(1) Cass., 18 déc. 1861 (S. 62.1.1066).

procédé au règlement des indemnités de la manière indiquée au chapitre II, la loi veut que « la citation contienne l'énonciation des offres qui auront été refusées » (art. 28, § 2).

442. Mais, si les offres ont été acceptées, la citation devant le jury est sans cause. C'est donc à tort que, dans l'espèce jugée par la Cour de cassation le 20 décembre 1842, l'administration avait cité devant le jury un propriétaire qui avait accepté. L'arrêt constate, en outre, que dans les débats, en présence du jury, l'administration, par ses délégués spéciaux, ne s'était pas opposée à ce que l'avoué du propriétaire réclamât, au nom de son client, une indemnité supérieure aux offres originairement faites, et n'avait pas objecté que ces offres eussent été acceptées par le propriétaire. Dans ces circonstances, la Cour a déclaré mal fondé le moyen de pourvoi que l'administration tirait de ce que le propriétaire, ayant accepté les offres, n'était pas recevable à demander une indemnité supérieure (1).

443. Ce qu'il importe essentiellement de constater, dans l'art. 28, c'est le délai que l'administration est tenue d'observer, avant de pouvoir citer les propriétaires devant le jury. « Si les « offres de l'administration (dit cet article) ne sont pas accep- « tées *dans les délais prescrits par les art.* 24 *et* 27, l'administration « citera devant le jury, qui sera convoqué à cet effet, les pro- « priétaires... » Ainsi la loi qui, dans les art. 24 et 27, a fixé aux propriétaires le délai de quinzaine ou celui d'un mois, pour réfléchir, veut, par l'art. 28, que l'administration les laisse jouir de tout le délai que la disposition légale leur accorde. Il y a là une grande pensée qui ne doit pas être méconnue : c'est la pensée des transactions (2). Le vœu de la loi est, avant tout, avant même l'intérêt de célérité, qu'il intervienne un contrat amiable : les délais fixés par les art. 24, 27 et 28, sont le moyen de temporisation sur lequel le législateur a fondé son espoir d'amener cet accord.

On a voulu éviter la convocation du jury. On l'a voulu par respect pour le principe même de la propriété, et pour le maintien de la bonne harmonie, *de la paix*, entre l'administration et les citoyens.

A ces points de vue, la mesure intéresse l'ordre public.

Si donc l'administration, au lieu d'attendre, durant tout le

---

(1) Cass., 20 déc. 1842 (S. 43.1.70).
(2) *Suprà*, p. 339.

délai fixé par la loi, les propositions amiables du propriétaire, l'assigne prématurément devant le jury, et que, par cette déclaration précipitée *de refus de concours, malgré le vœu de la loi, à la transaction*, elle le contraigne à la résistance, en un mot, si l'administration réalise elle-même directement le mal que la loi l'avait chargée de prévenir, la procédure judiciaire, introduite au moyen d'une pareille infraction aux dispositions légales, est radicalement nulle, et la participation ultérieure de l'exproprié à cette procédure (participation forcée d'ailleurs) ne doit pas faire obstacle à ce qu'il en obtienne l'annulation devant la Cour de cassation.

On peut rappeler, en ce sens, les arrêts, déjà cités, des 26 mai 1840 et 24 août 1846 (1), qu'est venu confirmer, dans une espèce où le préfet n'avait fait connaître son offre que devant le jury, un arrêt du 5 février 1855, conçu en ces termes : « Attendu que par ce retard et ce mode de procéder les proprié-
« taires demandeurs furent privés du bénéfice du délai accordé
« par l'art. 24 pour réfléchir et se concerter sur l'acceptation ou
« le refus des offres; attendu que l'art. 37 de la même loi im-
« pose l'obligation au magistrat directeur du jury de mettre
« sous ses yeux le tableau des offres et demandes *notifiées* en
« exécution des art. 23 et 24 ; que cette obligation ne pourrait
« être légalement accomplie, si la notification prescrite par
« l'art. 23 n'était pas faite par acte dûment signifié, et si l'expro-
« prié était ainsi privé, comme dans l'espèce, du délai que la
« loi lui accorde, et obligé de se décider à l'instant même, sur
« les offres de l'administration ; attendu qu'il importe peu que
« les demandeurs n'aient pas relevé ce moyen devant le jury,
« puisqu'il est fondé sur la violation d'une formalité substan-
« tielle, à laquelle il ne peut être suppléé par aucun équiva-
« lent (2).

Cependant un arrêt du 15 mai 1855 a subordonné la règle à une exception : « Attendu, y est-il dit, qu'il résulte des art. 23,
« 24 et 28 de la loi du 3 mai 1841, que la citation devant le
« jury ne peut être donnée qu'après l'expiration du délai de
« quinzaine, depuis les offres régulièrement notifiées et pu-
« bliées, et que ce mode de procéder est conforme à l'esprit et
« au vœu de la loi, dont le but est d'amener, autant que pos-

---

(1) *Supra*, p. 343, 347 et 348.
(2) *Bull. civil. Cour de cass.*, 1855, p. 39.

« sible, un accord entre l'administration et les propriétaires ex-
« propriés; mais, attendu qu'en fait, depuis la citation préma-
« turée de la ville de Paris, l'exproprié, dans l'espèce, a dé-
« claré, en réponse aux offres de cette ville, qu'il refusait les-
« dites offres, et a formé la demande d'une somme supérieure à
« ces offres; que, par suite de ces déclarations et de cette de-
« mande, il a pu être et il a été satisfait à l'art. 37, le seul dont
« la violation puisse entraîner la cassation de la décision du
« jury; qu'ainsi, l'irrégularité de la procédure suivie par la
« ville de Paris a été couverte par le fait de la partie, etc. » (1).

Il y a une première observation à présenter sur le considérant qui précède. Dans l'espèce dont il s'agit, il n'avait pas été
satisfait complétement à l'art. 37. Car cet article ne parle pas
d'offres et demandes en général, il veut les offres et demandes
notifiées *en exécution des art. 23 et 24*. Or, l'art. 24, auquel l'art.
37 se réfère, n'avait pas été exécuté, puisque le délai qu'il accorde n'avait pas été laissé au propriétaire. Donc « *l'obligation
légale n'avait pas été accomplie*; » c'est ce que déclarent en termes
formels les arrêts précités des 26 mai 1840, 24 août 1846 et
5 février 1855.

Quant à la fin de non-recevoir tirée des demandes ultérieures
de la partie, indépendamment de la question de disposition
d'ordre public et de mesure substantielle, comment punir un
propriétaire d'avoir suivi sur une procédure, bien qu'illégalement engagée par l'adversaire, dans une matière où il n'y a faculté ni d'opposition ni d'appel contre les actes introductifs, et
où la loi n'ouvre que le recours en cassation contre la décision
définitive du jury? (V., n° 461, l'arrêt du 10 avril 1850) — (A).

---

(1) S. 55.1.537.

Additions.

(A) Les *offres rectificatives*, aussi bien que les offres originaires, sont assujetties aux formes et délais prescrits par les art. 23 et 24 de la loi du 3 mai 1841. Cass., 18 août 1857 (Dall. 57.1.330).

Lorsque l'exproprié requiert l'*acquisition intégrale d'un terrain morcelé* par les travaux, et que l'expropriant acquiesce à cette demande devant le jury seulement, en faisant alors offres d'indemnité sur ce chef, ces *offres* sont *tardives*, l'exproprié se trouvant privé du délai que la loi lui accorde pour déli- bérer sur l'acceptation ou le refus des offres.

Le moyen tiré de cette tardiveté peut être proposé pour la première fois devant la Cour de cassation. Cass., 11 fév. 1857 (Dall. 57.1.74, et arrêt précité).

Lorsqu'un propriétaire atteint par une expropriation, usant du droit que lui ouvre l'art. 50 de la loi du 3 mai 1841, requiert l'acquisition par la compagnie expropriante et l'estimation par le jury de l'intégralité de sa propriété, il est nécessaire que, indépendamment de ses offres originaires, la compagnie expropriante fasse des *offres nouvelles* en harmonie avec la nouvelle et plus grande étendue de l'ex-

444. Enfin, au sujet d'un cas spécial, la Cour a fait deux applications corrélatives des art. 24, 27 et 28.

On sait qu'aux termes de l'art. 50 « les bâtiments dont il est propriation, et que ses offres soient mises par le magistrat directeur sous les yeux du jury, comme le prescrit l'art. 37, § 1er de la loi du 3 mai 1841, et l'exproprié doit avoir, pour délibérer sur ces offres, le *délai de quinzaine* fixé par l'art. 24 de la loi du 3 mai 1841.

Spécialement, si le jury appelé à fixer l'indemnité a été réuni et a statué neuf jours seulement après les offres nouvelles, la cassation de la décision rendue par ce jury peut être demandée par l'exproprié. Cass., 29 mars 1858 (*Gaz. trib.*, 31 mars 58).

De simples modifications apportées aux offres primitives, en suite des explications des parties (par exemple, à raison de ce qu'il est reconnu que l'expropriation de l'immeuble doit être seulement partielle et non totale), ne sont pas soumises au délai de quinzaine entre les offres modificatives et le débat devant le jury. Cass. civ., 27 avril 1859 (S.59.1.954); Cass., 6 mars 1861 (S.61.1.655).

L'inobservation du délai accordé à l'exproprié pour délibérer sur les offres à lui faites entraîne la nullité de la décision du jury fixant prématurément l'indemnité due, et cette nullité, tenant au droit de défense, peut être invoquée pour la première fois devant la Cour de cassation, même alors que la partie a comparu devant le jury et a discuté les offres à elle faites. Cass., 12 juin 1860 (S.60.1.1003).

Il en est ainsi particulièrement du délai d'un mois accordé à la femme mariée sous le régime dotal, même alors que la femme n'a pas fait connaître sa qualité, et que l'expropriation a été prononcée contre le mari seul, surtout si l'expropriant a signifié les offres à la femme comme propriétaire de l'immeuble exproprié. Cass. civ., 12 juin 1860 (S.60.1.1003).

L'exproprié auquel les offres ont été faites le 19, avec assignation à comparaître devant le jury le 22, est recevable, nonobstant sa comparution au jour indiqué, à se faire, contre la décision du jury, un moyen de cassation de l'inobservation du délai de quinzaine entre les offres et le règlement de l'indemnité, pourvu d'ailleurs que le procès-verbal ne constate de sa part aucun consentement à ce que le règlement de l'indemnité se fît en l'état de la procédure. Cass. civ., 30 janv. 1861 (*Gaz. trib.*, 1er fév. 61).

L'augmentation des offres primitives faites par l'expropriant devant le jury ne donne pas droit à l'exproprié à un nouveau délai de quinzaine pour accepter ou refuser ces offres nouvelles. Cass., 5 juin 1861 (S.61.1.994).

La déclaration par l'expropriant que les offres qu'il a faites s'appliquent tout à la fois à l'immeuble exproprié et au fonds industriel exploité dans cet immeuble par le propriétaire avec détermination du chiffre pour lequel le fonds industriel est compris dans ces offres, n'est point soumise, alors d'ailleurs qu'elle a été acceptée par l'exproprié, au délai de quinzaine entre les offres et la convocation du jury : une telle déclaration n'ayant le caractère ni d'offres nouvelles, ni de modifications des offres originaires, mais constituant une simple explication des premières offres. Cass., 20 août 1862 (S.62.1.1063).

La nécessité de laisser à l'exproprié un délai de quinzaine pour délibérer sur les offres n'existe que pour les offres originaires ou pour les offres qui portent sur un nouvel objet ; les propositions qui tendent, au contraire, soit à modifier les offres originaires, soit à parvenir au règlement amiable des difficultés soulevées en cours de débat, et à donner satisfaction, sur un ou plusieurs points, aux prétentions de l'exproprié peuvent se produire soit dans des significations faites sans observer le délai de quinze jours, soit même dans des conclusions posées à l'audience et durant les débats qui ont lieu devant le jury. Spécialement, une signification quinze jours à l'avance n'est pas nécessaire pour l'offre faite par l'expropriant de construire un chemin d'accès pour parvenir à la portion restante d'une propriété frap-

« nécessaire d'acquérir une portion pour cause d'utilité publi-
« que doivent être achetés en entier, si les propriétaires le re-
« quièrent par une déclaration formelle adressée au magistrat
« directeur du jury *dans les délais énoncés dans les art. 24 et 27.* Il
« en est de même de toute parcelle de terrain qui, par suite du
« morcellement, se trouve réduite au quart de la contenance
« totale, si toutefois le propriétaire ne possède aucun terrain
« immédiatement contigu, et si la parcelle ainsi réduite est in-
« férieure à dix ares. »

pée d'expropriation partielle : l'exproprié qui a accepté cette offre ne saurait ultérieurement invoquer, comme moyen de cassation, cette circonstance que ladite offre aurait été faite par simples conclusions au cours du débat devant le jury, et sans qu'il eût eu quinzaine pour délibérer. Cass. civ., 8 déc. 1863 (*Gaz. trib.*, 9 déc. 63).

L'exproprié n'est pas fondé à se faire un moyen de cassation de ce que le délai de quinzaine n'aurait pas été observé entre des offres nouvelles faites par l'administration et la décision du jury, lorsque l'administration avait fait les offres nouvelles dans la pensée que l'exproprié, frappé partiellement, réclamait l'expropriation totale, tandisque, en réalité, l'exproprié n'élevait pas cette prétention. En ces circonstances, les offres nouvelles doivent être considérées comme non avenues, et il importe peu qu'elles aient ou non été suivies du délai donné par la loi à l'exproprié pour délibérer. Cass. civ., 24 fév. 1864 (*Gaz. trib.*, 25 fév. 64).

Le locataire d'une partie de maison non atteinte par une expropriation se présente devant le jury chargé de régler les indemnités dues pour ladite expropriation ; son intervention n'est pas contestée par l'expropriant ; les offres et les demandes sont faites, et une indemnité est réglée. Ce locataire, qui n'était pas au nombre des expropriés auxquels des offres devaient être faites, ne peut se faire, contre la décision du jury à son égard, un moyen de cassation de ce que le délai prescrit par l'art. 23 n'a pas été observé entre les offres et la décision. Cass. civ., 24 fév. 64 (*Gaz. trib.*, 25 fév. 64).

L'exproprié qui a poursuivi lui-même,

en vertu de l'art. 55 de la loi du 3 mai 1841, le règlement de l'indemnité, n'est pas recevable à se faire, contre la décision du jury, un grief de ce que l'administration expropriante ne lui a pas fait d'offres quinze jours à l'avance, et ne les a faites que devant le jury et à l'appel de la cause, lorsqu'en fait l'exproprié avait conduit ses poursuites de telle sorte que l'administration s'était trouvée dans l'impossibilité de faire des offres avec observation du délai de quinzaine ; spécialement lorsque l'exproprié avait cité l'administration devant le jury sous le délai de neuf jours seulement. Cass. civ., 5 déc. 1864 (*Gaz. trib.*, 6 déc. 64).

Vainement l'exproprié qui, devant le jury, a combattu et débattu le chiffre de l'indemnité, sans se plaindre d'aucune irrégularité de la procédure antérieure, prétendrait-il se faire, contre la décision du jury, un moyen de cassation de ce que quinzaine pour délibérer ne lui avait pas été laissée entre l'assignation à comparaître devant le jury, assignation portant offres, et le jour fixé pour ladite comparution, s'il est constant en fait, et s'il ressort de l'exploit même d'assignation, que les offres contenues en l'exploit n'y étaient pas faites pour la première fois, mais étaient la reproduction d'offres antérieures ayant précédé de plus de quinzaine le jour de la comparution ; il importerait peu qu'en cet acte d'offres antérieures, une cause de nullité fût relevée devant la Cour de cassation, si la même cause de nullité qui existait aussi dans l'exploit d'assignation n'avait pas été relevée devant le jury par l'exproprié. Cass. civ., 26 déc. 1864 (*Gaz. trib.*, 28 déc. 64).

Sur le cas prévu par cet article, la Cour a jugé, d'une part, que l'administration ne peut, dans aucune circonstance, se dispenser d'observer le délai de quinzaine (art. 24) ou d'un mois (art. 27) que la loi accorde aux expropriés pour délibérer sur les offres de l'administration; et, d'autre part, que c'est dans ces mêmes délais que les intéressés sont tenus d'adresser la déclaration formelle autorisée par l'art. 50.

1° Ainsi, lorsque, sur l'expropriation partielle de son immeuble, un propriétaire a requis l'expropriation totale, avec sommation à l'administration de faire connaître l'indemnité qu'elle entendrait offrir pour cette expropriation totale, si l'administration n'a fait connaître ses offres à cet égard que devant le jury, et si, par cette manière de procéder, elle a privé l'exproprié du délai de quinzaine que lui accordait la loi pour délibérer sur l'acceptation ou sur le refus des offres, la décision du jury sur l'indemnité doit être annulée : c'est l'espèce de l'arrêt du 5 février 1855, transcrit ci-dessus, p. 360.

2° Réciproquement, pour que le jury puisse fixer l'indemnité, non-seulement à raison de la portion de terrain sur laquelle porte l'expropriation, mais encore à raison de la portion restante d'une parcelle que l'expropriation réduirait au quart de sa contenance totale, il faut que la demande d'expropriation totale de cette parcelle ait été formée de la manière et dans les délais déterminés par les art. 50, 24 et 27 de la loi du 3 mai 1841. Si, au contraire, l'exproprié ne requiert l'expropriation totale de la parcelle qu'après l'expiration du délai de quinzaine, à partir des offres de l'administration, c'est à bon droit que le jury s'abstient de statuer, même alternativement, sur une question qui lui est tardivement déférée (1) — (A).

---

(1) Cass., 13 août 1855 (*Gaz. trib.*, 14 août 55); 14 août 1855 (*Droit*, 15 août 55, et *Gaz. trib.*, 16 août 55).

Additions.

Ajoutons que les dispositions de la loi du 3 mai 1841, qui veulent que les expropriés ne puissent être assignés devant le jury que pour un jour postérieur à l'expiration du délai accordé pour délibérer sur les offres, ne s'opposent pas à ce que l'exploit par lequel les expropriés sont cités à comparaître leur soit remis à une date antérieure à l'expiration de ce délai. Cass. civ., 18 fév. 1863 (*Gaz. trib.*, 19 fév. 63).

Section IV. — *De la formation annuelle des listes de jurés.*

445. — Ces listes sont dressées par les conseils généraux.
446. — Elles comprennent, par arrondissement, trente-six à soixante-douze personnes.
447. — Comment se fait la désignation.
448. — Les jurés sont pris parmi les électeurs ayant leur domicile *réel* dans l'arrondissement.
449. — Dispense en faveur des septuagénaires.
450. — Et des jurés qui ont fait le service d'une session.
451. — Des incompatibilités.
452. — Dépôt et transmission des listes.
453. — Durée de ces listes.
454 à 458. — Détails de jurisprudence.

445. Nous avons rappelé ci-dessus (1) les motifs qui ont porté le législateur à confier à des jurys spéciaux (2) la fixation des indemnités dues par suite d'expropriation pour cause d'utilité publique. Nous allons maintenant indiquer comment sont désignées les personnes qui peuvent être appelées à faire partie de ces jurys.

Les listes des jurés spéciaux pour la fixation des indemnités sont dressées chaque année par les conseils généraux de département dans leur session ordinaire (art. 29 de la loi du 3 mai).

Les conseils généraux ne doivent pas perdre de vue, a dit M. le comte d'Argout, que, « dans les règlements d'indemnité, on n'a pas seulement à évaluer des propriétés foncières : il faut, de temps à autre, estimer des établissements industriels ; il faut quelquefois apprécier des troubles, des modifications, apportés à la jouissance de ces mêmes établissements. Il est donc nécessaire que le jury se compose de propriétaires fonciers, de chefs de manufactures, de citoyens voués à des professions diverses. » (*Mon.*, 13 décembre 1832, p. 2136.)

446. Les listes sont faites par arrondissement de sous-préfecture, et comprennent pour chaque arrondissement trente-six personnes au moins et soixante-douze au plus (art. 29) (3). Il

---

(1) P. 290.
(2) [*Arbitrio boni viri* (coutume de La Marche, art. 310) ; *Traité de la Police*, Delamarre, II, p. 796.]
(3) Aujourd'hui, pour l'arrondissement de Lyon (Rhône), 200 personnes (loi du 22 juin 1854). On a voulu prendre pour la ville de Lyon, à raison de son importance, une mesure analogue à celle qui existait déjà pour la ville de Paris (S. 54, 3ᵉ part., p. 133 ; et *Collect*. Duvergier, 1854, p. 370).

n'est dressé qu'une seule liste pour le département de la Seine; elle comprend six cents personnes. (*Ibid.*, § 2.) Le projet de 1832 proposait de faire porter sur la liste de chaque arrondissement soixante noms. La commission de la Chambre des députés avait demandé que le conseil général désignât de soixante à cent vingt personnes. A la Chambre des pairs, au contraire, on pensa qu'il convenait de réduire ce nombre à trente-six au moins et soixante-douze au plus. « L'opération s'exécutera moins difficilement, disait M. le baron de Fréville, si elle porte sur un moindre nombre à désigner, et il sera aussi plus aisé pour le conseil général de ne comprendre dans sa liste que des personnes réellement en état de justifier sa confiance. La loi sera d'autant plus conforme au principe qui l'a dictée, que le conseil général interviendra d'une manière plus efficace. » (*Mon.*, 11 mai 1833, p. 1318.) Cette proposition, adoptée d'abord par la Chambre des pairs, fut ensuite approuvée par la commission de la Chambre des députés. « Nous croyons, avec la Chambre des pairs, disait son rapporteur, que la désignation que la loi confie au conseil général sera faite avec d'autant plus de soin, qu'elle devra porter sur un nombre moins considérable ; nous avouons avec elle qu'un choix plus restreint et par cela même moins abandonné au hasard sera une garantie de plus de la sagesse et de l'impartialité des décisions du jury. » (*Mon.*, 30 mai 1833, p. 1521.)

C'est au conseil général qu'il appartient de décider combien de noms il croit devoir inscrire sur la liste de chaque arrondissement. « Le conseil général, a dit M. le ministre de l'intérieur, « jugera de la convenance de faire la liste nombreuse ou res- « treinte » (*Mon.*, 11 mai 1833, p. 1318); mais c'est au préfet à faire connaître au conseil général les circonstances qui peuvent exiger que la liste d'un arrondissement ne soit pas restreinte au *minimum* indiqué par la loi. Pour chaque session de jury, la Cour ou le tribunal doit désigner vingt jurés, savoir : seize jurés titulaires et quatre supplémentaires. Lorsque la liste ne contiendra que trente-six noms, les magistrats seront nécessairement obligés de désigner, pour la seconde session, quelques-unes des personnes qui ont fait partie de la première. Il est donc à désirer que, pour les arrondissements où il y aura quelques travaux à faire, le conseil général porte sur la liste quarante noms au moins; sans cela, la Cour ou le tribunal chargé de la désignation des jurés n'aurait pas, dans son choix, la latitude que le législateur a voulu lui donner. Si les travaux sont considérables dans l'arrondissement, la liste doit être portée à soixante-douze : car, sans cela, si les sessions se multipliaient, le service du jury pourrait devenir très-pénible pour ceux qui y seraient appelés fréquemment. Le conseil général ne doit d'ailleurs pas perdre de vue que le jury spécial est appelé à régler les indemnités, non-seulement pour les travaux exécutés aux frais de l'État, mais aussi pour ceux qui sont entrepris par le département, par des communes ou par des concessionnaires — (A).

447. En 1833, on avait demandé à la Chambre des pairs comment le conseil général procéderait à la formation de cette liste. M. d'Argout, ministre de l'intérieur, répondit : « C'est précisément pour laisser au conseil général toute la latitude possible d'opérer comme il le jugera le plus convenable, que nous n'avons établi aucune restriction. Dans mon opinion, les instructions qui seront données pour l'exécution de la loi porteront, comme indication au conseil général, la méthode bien simple et bien facile de se diviser en autant de comités qu'il y a d'arrondissements, et là, ensemble et de bon accord, de dresser la liste. Si par hasard, une fois dans dix ans, une contestation s'élève sur l'inscription d'un nom sur la liste, on pourra vider la difficulté en allant au scrutin. » (*Mon.*, 11 mai 1833, p. 1317.)

« Lorsqu'une nouvelle session sera arrivée, a dit M. Martin (du Nord), le conseil général sera obligé de faire une nouvelle liste... Mais très-souvent la liste du jury n'aura pas été épuisée tout entière ; il y aura beaucoup de jurés qui n'auront pas été appelés à remplir les fonctions qui leur sont dévolues par la loi. Rien n'empêchera le conseil général de porter sur la nouvelle liste qu'il formera les jurés qui n'auront pas eu de fonctions à remplir. » (*Mon.*, 7 février 1833, p. 315.)

448. Le conseil général ne peut porter sur ces listes que des personnes qui sont inscrites sur la liste des électeurs ou sur la

---

Additions.

(A) La disposition de l'art. 29 portant que la liste du jury dressée pour chaque arrondissement par le conseil général et sur laquelle, d'après l'art. 30, la Cour impériale choisit le jury spécial d'expropriation, contiendra trente-six noms au moins et soixante-douze au plus, est substantielle et d'ordre public, en sorte qu'il y a nullité de toute décision d'un jury choisi sur une liste où se trouvaient inscrits plus de soixante-douze noms. Cass., 23 janv. 1864 (S.64.1.379).

L'art. 29 ne prescrivant pas pour le département de la Seine, comme pour les autres départements, la subdivision de la liste générale du jury en autant de listes qu'il y a d'arrondissements, il s'ensuit qu'un jury spécial pour des expropriations prononcées dans l'un des arrondissements du département de la Seine, peut être choisi sur la liste générale. Cass., 16 mars 1863 (S.63.1.317).

seconde partie de la liste du jury (1), et qui ont en outre leur domicile *réel* dans l'arrondissement (art. 29). Pour le département de la Seine, il suffit d'avoir son domicile réel dans ce département.

449. Les septuagénaires sont dispensés des fonctions de juré spécial lorsqu'ils le requièrent (art. 30, § 7) : ils ne doivent donc être portés sur les listes que lorsqu'il y a lieu de présumer qu'ils ne se prévaudront pas de leur âge pour se refuser à la convocation qui leur serait adressée (*Circul.*, 17 juill. 1833).

450. Les noms des jurés qui ont fait le service d'une session ne peuvent être portés sur le tableau dressé par le conseil général pour l'année suivante (art. 47). « Cette disposition, a dit M. Thiers, ministre des travaux publics, a pour but de rendre plus légère la charge nouvelle qu'impose l'institution du jury spécial des indemnités. Sous ce rapport, elle ne peut être que salutaire. » (*Mon.*, 16 juin 1833, p. 1690.)

« Il pourra sans doute arriver de là, a dit M. de Vaines, rapporteur de la Chambre des pairs, qu'on se prive des lumières de quelques hommes qui, par cela même qu'ils auront déjà fait partie d'un jury, seraient plus aptes à y siéger de nouveau. Mais d'abord, le nombre des jurés à désigner par le conseil général étant fort restreint pour chaque arrondissement, il y a plus de chances de trouver des remplaçants capables à ceux qui auraient déjà fait le service d'une session. On ne peut ensuite que reconnaître avec l'autre Chambre que les fonctions publiques et gratuites sont remplies avec d'autant plus de zèle qu'elles imposent des obligations moins pénibles, et que c'en serait une fort dure souvent pour des jurés qui, dans le cours d'une même année, auraient pu être appelés plusieurs fois et avoir de longues sessions, d'être encore désignés l'année suivante. Enfin, quand vous ne seriez pas aussi fortement frappés que la commission de l'autre Chambre de la crainte que, si les mêmes hommes étaient choisis plusieurs années de suite pour faire partie du jury spécial, ce jury dégénérât en commission permanente et perdît de la confiance qu'il doit toujours inspirer, par cela même que cette crainte est exprimée, il peut être utile de lui ôter tout prétexte en votant l'article qui rend impossible le danger qu'on redoute. » (*Monit.*, 21 juin 1833, p. 1733.) Il im-

---

(1) [Aujourd'hui, la formation des listes électorales et celle des listes générales et annuelles des jurés sont régies par la loi du 31 mai 1850 et par celle du 4 juin 1853 (*Collect*. Duvergier, 1850, p. 207, et 1853, p. 171).]

porte de remarquer que la prohibition ne concerne que les personnes qui ont *fait* réellement *le service d'une session*, et non celles qui, ayant été désignées pour ce service, s'en seraient fait dispenser.

On doit considérer comme ayant fait le service de la session tous les jurés, même supplémentaires, qui se sont présentés pour remplir leur mission, lors même que, dans le cours de la session, ils n'auraient été appelés à statuer sur aucune des affaires soumises au jury. Ils ont rempli leur mission autant qu'il dépendait d'eux.

Pour que la prohibition de l'art. 47 puisse recevoir son exécution, les magistrats directeurs du jury doivent faire connaître aux préfets, pour chaque session, quels sont les jurés qui ont fait le service de la session, et les préfets doivent mettre ces renseignements sous les yeux du conseil général, lorsque l'on y procède à la formation de la liste annuelle. Si le magistrat directeur n'a pas transmis cette liste, le préfet pourra demander ces renseignements au procureur impérial.

La disposition de l'art. 47 a évidemment pour but d'empêcher de porter sur la liste générale les mêmes jurés pendant plusieurs années de suite. Ainsi, le juré qui était porté sur la liste de 1841, et a fait cette année-là le service d'une session, ne peut être porté sur la liste faite en 1842 ; mais rien ne s'oppose à ce qu'il soit compris sur la liste de 1843. Cependant on a prétendu que, si le jury spécial ne s'était pas réuni en 1842, les jurés qui avaient fait le service en 1841 ne pouvaient être portés sur les listes de 1843. Mais la Cour de cassation a déclaré qu'il ne résultait d'aucune disposition de la loi que, si une année s'était écoulée sans réunion du jury, l'incapacité de siéger dût se reporter sur les personnes qui avaient fait le service pendant l'année antécédente (Arrêt du 28 nov. 1843) (1).

La Cour de cassation a même jugée : « Que la violation de « l'art. 47, non compris en l'énumération de l'art. 42, ne peut « être considérée comme ouverture à cassation » (2).

451. Les art. 32 et 33 de la loi du 3 mai parlent d'*incompatibilités* qui empêcheraient certaines personnes de faire partie du jury spécial, ce qui s'applique d'abord aux personnes énoncées dans le § 2 de l'art. 30 de la même loi. Mais l'art. 384 (3), C.

---

(1) S.44.1.247.
(2) 17 août 1847 (S.48.1.318).
(3) [Abrogé par le décret du 7 août 1848, art. 4, remplacé aujourd'hui par la loi du 4 juin 1853, art. 3].

instr. crim., porte : « Les fonctions de juré sont *incompatibles* « avec celles de ministre, de préfet, de sous-préfet, de juge, de « procureur général, de procureur impérial et de leurs substi- « tuts. Elles sont également *incompatibles* avec celles de ministre « d'un culte quelconque. » Quoique les motifs qui ont fait déclarer l'incompatibilité de ces fonctions avec celle de juré en matière criminelle ne s'appliquent pas tous au jury d'indemnité, il paraît convenable, par d'autres motifs, d'exclure également de ce dernier jury tous les individus désignés dans l'art. 384 (1). On a donc admis implicitement ces *incompatibilités*, sans les spécifier, comme, dans plusieurs autres circonstances, l'on s'en est référé tacitement aux usages suivis pour le jury criminel.

L'art. 392 du même Code porte que nul ne peut être juré dans la même affaire où il a été officier de police judiciaire, témoin, interprète, expert ou partie, à peine de nullité. Cette prohibition ne paraît guère pouvoir s'appliquer, en matière d'expropriation, qu'aux personnes qui auraient eu intérêt dans l'affaire, ou auraient rempli les fonctions d'expert. Nous ne pouvons partager l'opinion de M. Herson, qui croit qu'on ne peut admettre pour juré l'officier de police judiciaire qui serait intervenu, lors de l'opposition par voie de fait, à la levée du plan. La levée du plan et l'évaluation de l'indemnité sont deux opérations tout à fait distinctes.

La circulaire du directeur général des ponts et chaussées du 17 juill. 1833 porte : « Il n'est peut-être pas inutile de remar- « quer que ce serait en réalité restreindre le nombre des jurés « spéciaux que de porter sur la liste des personnes sur lesquelles « la Cour ou le tribunal ne pourrait faire porter son choix : « ainsi, quoique la prohibition énoncée en l'art. 384 (2), C. « instr. crim., n'ait pas été reproduite dans la loi qui nous oc- « cupe, les préfets, sous-préfets, présidents, conseillers, juges, « procureurs généraux, procureurs du roi et leurs substituts, « ayant déjà, en vertu de différents articles de la loi, des fonc- « tions à exercer relativement à l'expropriation, il serait presque « toujours impossible de les appeler à faire partie des jurys « spéciaux, et leur inscription sur la liste formée par le conseil « général serait à peu près sans effet. »

452. Les listes dressées par le conseil général sont déposées dans les archives de la préfecture, et une expédition en est im-

---

(1-2) V. page précédente, note 3.

médiatement adressée au procureur général près la Cour impériale, si cette Cour siége dans le département, sinon, au procureur impérial du chef-lieu judiciaire. La liste relative à chacun des autres arrondissements est en outre transmise au procureur impérial de cet arrondissement, et ces magistrats font déposer ces pièces au greffe de la Cour ou du tribunal auquel ils sont attachés, afin que l'on puisse y avoir recours pour les désignations prescrites par les art. 30 et 33 de la loi. (*Même circulaire.*)

453. Les listes sont faites par les conseils généraux dans leur session annuelle, dit l'art. 29, et servent jusqu'à la session suivante *ordinaire* de ces conseils. Ainsi, les listes ne sont ni renouvelées, ni modifiées dans les sessions extraordinaires, qui peuvent avoir lieu en vertu de l'art. 12 de la loi du 22 juin 1833.

Les préfets ne doivent pas perdre de vue que les pouvoirs des jurés qui ont été désignés par les Cours et tribunaux cessent avec la session du conseil général, de manière que, quand cette session approche, il faut se hâter de réunir le jury. Il ne suffit pas de les convoquer : car, si leurs opérations ne sont pas *commencées* avant la clôture de la session du conseil général, la convocation devient sans effet. Il faut donc que le jour de la réunion du jury précède celui de la clôture de la session du conseil général ; sans cela, les pouvoirs des jurés étant expirés, il faudrait faire nommer un nouveau jury (1).

454. Les listes électorales font foi pour le conseil général, qui, d'ailleurs, n'a pas le droit de les rectifier. En conséquence, il suffit, pour que le jury d'expropriation soit régulièrement composé, qu'il ait été formé sur la liste arrêtée par le conseil général, d'après les listes qui lui ont été soumises ; peu importe qu'un des jurés ayant cessé d'être électeur n'ait pas dû être porté sur cette liste (2).

455. De même, la liste dressée par le conseil général fait foi pour la Cour impériale ou le tribunal qui, d'ailleurs, n'ont pas davantage le droit de la réformer : en conséquence, lorsque le conseil général a compris dans sa liste un individu qui n'aurait pas dû y figurer, la participation de cet individu aux opérations du jury n'est pas une cause de nullité de la décision (3)—(A).

---

(1) V. *infrà*, n° 476.
(2) Cass., 18 août 1851 (S.51.1.784).
(3) Cass., 24 nov. 1846, 17 août 1847 (S.47.1.378 ; 48.1.318).

Additions.

(A) Lorsqu'un ou plusieurs des jurés désignés sur la liste dressée par le conseil

456. Une simple erreur dans les prénoms d'une personne qui a siégé parmi les jurés ne vicie pas la décision du jury, lorsque, malgré cette erreur, il n'a pu y avoir aucun doute sur l'identité de la personne qui a siégé avec celle que le conseil général avait entendu porter sur la liste (1).

457. La même erreur commise, à l'égard du prénom d'un juré, sur la liste dressée par le conseil général du département, et par suite sur la liste arrêtée par la Cour impériale, peut être rectifiée par le magistrat directeur du jury, à l'aide des autres énonciations contenues dans les deux listes (2).

458. L'erreur dans les noms, âge et domicile d'un juré, commise sur la liste dressée par le conseil général, ne suffit pas pour invalider la décision à laquelle ce juré a pris part, lorsqu'il ne peut pas y avoir de doute sur l'identité de son nom patronymique. Dans tous les cas, la nullité qui pourrait résulter de ces irrégularités ne saurait être opposée par la partie qui, sur l'observation qu'en a faite le juré, et sur l'interpellation formelle du magistrat directeur, n'a élevé aucune réclamation à l'égard de l'identité du juré siégeant (3).

Section V. — *De la désignation des jurys spéciaux.*

459. — Chaque jury se compose de seize jurés titulaires et de quatre jurés supplémentaires. Le choix en est fait par l'autorité judiciaire.
460 à 463. — Erreurs dans les désignations : détails de jurisprudence.
464. — Moins de solennité que sous la loi de 1833.
465. — En cas d'empêchement du tribunal du chef-lieu judiciaire, le choix est déféré à la Cour.
466. — De la demande en désignation du jury.
467. — Indication des affaires dont le jury devra connaître.
468. — Nature de la mission de la Cour ou du tribunal du chef-lieu judiciaire.

---

général n'ont pu être trouvés il est légalement pourvu à leur remplacement lors de la formation du jury ; le tribunal ni le magistrat directeur du jury n'ayant le droit de reviser la liste générale. Cass. civ., 16 mai 1859 (S.59 1.864).

(1) Cass., 2 avril 1855 (*Gaz. trib.*, 4 avril 55).
(2) Cass., 7 mars 1855 (*Droit*, 2 juin 55).
(3) Cass., 8 mai 1855 (*Droit*, 9 mai 55) ; et 22 août 55 (*Gaz. trib.*, 23 août 55).

469. — La désignation a lieu en chambre du conseil.
470. — Personnes qui ne peuvent être désignées.
470. — Comment elles sont connues.
472, 473. — La violation du § 2 de l'art. 30 ne donne pas ouverture à cassation. Jurisprudence.
474. — Régularité de la délibération.
475. — Transmission de la liste des jurés au sous-préfet.
476. — Le renouvellement de la liste générale enlève qualité et pouvoir aux jurés portés sur la liste précédente, et même à ceux déjà choisis sur cette liste, à moins que les opérations du jury ne soient commencées. Jurisprudence.
477. — Du recours en cassation.

459. Toutes les fois qu'il y a lieu de recourir à un jury spécial, la Cour impériale, dans les départements qui sont le siège d'une Cour impériale, et dans les autres départements le tribunal du *chef-lieu judiciaire* choisit, sur la liste dressée par le conseil général, seize personnes pour former le jury spécial chargé de fixer définitivement le montant de l'indemnité. La Cour ou le tribunal choisit en outre et en même temps quatre jurés supplémentaires (art. 30, § 1er). — « Ainsi, a dit M. le ministre des travaux publics, la composition du jury est une émanation même de la justice, et de la justice prise à un degré où elle doit réunir plus de lumières, et inspirer, s'il est possible, plus de confiance. » (*Monit.*, 13 déc. 1832, p. 2136.)

« Nous avions d'abord songé à faire désigner le jury par la voie du sort, ajoutait le ministre, mais nous avons cru devoir y renoncer. Le sort est aveugle ; il peut ne pas désigner les personnes qui, pour tel cas donné, auraient des connaissances spéciales ; enfin son choix peut tomber sur des personnes éloignées du lieu des travaux, et qu'une absence prolongée pourrait vivement contrarier dans leurs affaires et dans leurs occupations habituelles. » (*Ibid.*) Le sort peut enfin désigner des personnes décédées ou qui ont intérêt dans la contestation, et il faudrait, par cette dernière considération, accorder aux parties un plus grand nombre de récusations, et augmenter par suite le nombre des jurés appelés à participer aux opérations de la session.

« Indépendamment des seize jurés titulaires, ajoutait le ministre, le tribunal choisit quatre jurés supplémentaires, afin que, par l'effet des empêchements, des exclusions et des incompatibilités prévus par la loi, la liste spéciale des jurés ne descende pas, s'il est possible, au-dessous du nombre de seize, sur lequel chaque partie aura le droit d'exercer deux récusations. » (*Monit.*, 22 mai 1833, p. 1438)—(A).

460. Si, par erreur de copiste ou autrement, la Cour avait mentionné dans sa désignation le nom d'un individu non inscrit sur la liste du conseil général, cette circonstance, dit un arrêt du 22 nov. 1841, constituerait une violation de l'art. 30 de la loi du 3 mai, puisque la Cour royale ne pouvait désigner que des individus portés sur cette liste (1).

Cette nullité étant d'ordre public n'est pas couverte par le silence des parties devant le jury (2).

Et, dans un tel cas, si « le procès-verbal ne contient, « de la « part du demandeur en cassation, aucune renonciation spéciale « aux griefs de nullité par lui invoqués, ni aucune preuve que « la connaissance lui en aurait été révélée, ni aucune renon- « ciation générale et formelle aux nullités qui auraient pu vicier « la composition du jury, le consentement donné par la partie « à accepter le jury, tel qu'il a été composé, ne peut s'entendre « que dans l'état des faits et des circonstances alors authentique- « ment constatés; » sa comparution et son silence ne la rendent pas non recevable à opposer les nullités antérieures relatives à la formation et à la composition du jury (3).

461. A été déclarée nulle, comme prise en violation des art. 30, § 1ᵉʳ et 42 de la loi du 3 mai 1841, la désignation faite par une Cour, le 9 janvier 1850, de citoyens dont les noms avaient figuré sur la liste dressée le 29 novembre 1848, par le conseil général, mais qui n'étaient pas portés sur celle dressée par le même conseil général, dans sa session suivante, le 30 août 1849. Et, comme dans l'affaire précédente, sur la prétendue fin de non-recevoir tirée de la comparution du demandeur devant le jury, la Cour a jugé que la désignation de citoyens qui, n'étant pas portés sur la liste du jury, étaient sans caractère pour remplir les fonctions de jurés, était indépendante du fait du demandeur, lequel n'avait ni qualité ni pouvoir, soit pour intervenir dans cette opération, soit pour réformer; et que la nullité de la décision du jury, résultant du défaut de caractère d'un ou de plusieurs des citoyens qui y ont concouru, tenait au

---

(1) S.42.1.129.
(2) Cass., 26 juin 1861 (S.61.1.996).
(3) Même arrêt.

Additions.

(A) La circonstance que le nombre des jurés supplémentaires aurait été insuffisant ne saurait entraîner aucune nullité, alors qu'en fait, le jury a été composé des seuls jurés titulaires, dont aucun n'a été excusé ni récusé. Cass. civ., 30 janv. 1866 (*Gaz. trib.*, 31 janv. 66).

principe organique des juridictions, et n'avait pu être couverte par la simple comparution ni par le silence des parties (1).

462. Mais une erreur dans le nom d'un juré n'est pas un moyen de nullité, lorsqu'elle « n'a été de nature à amener au-
« cune confusion *de personnes,* et qu'elle n'a ni causé un pré-
« judice au demandeur, ni fait obstacle à l'exercice de ses
« droits » (2) — (A).

463. Le moyen de nullité est encore moins susceptible d'être accueilli, lorsque l'erreur dans le nom d'un juré, commise dans l'arrêt ou le jugement de désignation, « ne s'est reproduite ni dans
« la notification adressée aux parties, ni dans la citation donnée
« au juré, ni dans le procès-verbal des opérations du jury, qu'elle
« n'a été de nature à amener aucune confusion de personnes,
« aucune incertitude sur l'individualité du juré désigné, et qu'elle
« n'a également ni causé préjudice au demandeur, ni fait ob-
« stacle à l'exercice de ses droits » (3).

464. L'art. 30 de la loi du 7 juillet 1833 voulait que la désignation du jury fût faite par la Cour ou par le tribunal du chef-lieu judiciaire, *toutes les chambres réunies.* Dans la pratique, cette disposition occasionnait souvent des retards préjudiciables dans l'exécution des travaux. On ne peut réunir promptement ni fréquemment toutes les chambres d'une Cour, et cette convocation

---

(1) Cass., 10 avril 1850 (S.50.1.355).
(2) Cass., 26 mai 1846 (S.46.1,580).
(3) Cass., 22 juill. 1850 (S.51.1.57).

Additions.

(A) Il en est de même quand cette erreur provient de la liste dressée par la Cour impériale, conforme d'ailleurs aux indications de la liste dressée par le conseil général. Cass. civ., 24 juill. 1860 (S. 60.1.1009).

La Cour impériale, au moment où elle forme la liste du jury, n'est légalement tenue d'en exclure que les jurés dont elle ne saurait ignorer l'incapacité, et, spécialement, elle n'est pas tenue d'avoir sous les yeux l'arrêt par lequel la Cour de cassation, en annulant une décision du jury spécial de l'arrondissement, aurait d'avance déclaré l'incapacité des jurés ayant rendu la décision cassée. La présence de ces jurés sur la liste n'est donc pas, par elle-même, un vice imputable à la composition de la liste. Cass. civ., 19 juin 1861 (*Gaz. trib.*, 21 juin 61).

Encore bien qu'un juré ait été désigné sur la liste par les prénoms de son père, et qu'il ait été admis, malgré la dissemblance des prénoms, à faire partie du jury, la partie expropriée ne saurait s'en prévaloir devant la Cour de cassation, alors que devant le jury, elle a admis l'identité du juré appelé, et que, d'ailleurs, le décès du père, remontant à trente ans, ne pouvait laisser aucun doute sur l'intention qu'avait eue le conseil général d'appeler le fils. Cass. civ., 19 juin 1861 (*Gaz. trib.*, 21 juin 61).

Les irrégularités que contiendrait, dans l'orthographe des noms, la liste des jurés signifiée à l'exproprié n'entraînent pas nullité lorsqu'elles n'ont pas été de nature à induire l'exproprié en erreur sur l'identité des jurés et à nuire à l'exercice de la récusation. Cass. civ., 23 mai 1864 (*Gaz. trib.*, 24 mai 64); Cass. civ., 31 mai 1865 (*Gaz. trib.*, 6 juin 65).

était même impossible pendant les deux mois de vacances, époque qui tombait précisément au moment habituel de la plus grande activité des travaux. En 1840, la commission de la Chambre des pairs pensa à modifier cette disposition. « Nous proposons, disait M. le comte Daru, son rapporteur, de remettre le soin de cette désignation des jurés à une seule chambre, au lieu de réunir toutes les chambres à cet effet. Il y a plus de garanties, selon nous, d'un bon choix, plus de contrôle réel, lorsque cinq membres y concourent, que lorsque vingt personnes sont appelées à le faire. » (*Monit.*, 11 avril 1840, p. 678.) La modification relative à la chambre des vacations ne pouvait souffrir de difficulté. Ces deux amendements furent donc adoptés sans discussion par la Chambre des pairs (*Monit.*, 9 mai 1840, p. 974), puis par la Chambre des députés. Seulement, M. Dusolier proposa la rédaction actuelle du § 1er de l'art. 30, qui fut reconnue rendre avec plus de précision et de netteté les mêmes pensées que les §§ 1 et 2 de la rédaction antérieure. (*Monit.*, 4 mars 1841, p. 526.) Ainsi, aujourd'hui, la désignation du jury est faite en chambre du conseil par la première chambre de la Cour impériale, dans les départements qui sont le siége d'une Cour impériale, et dans les autres départements par la première chambre du tribunal du chef-lieu judiciaire; et pendant les vacances, par la chambre de la Cour ou du tribunal chargée du service des vacations (1)—(A).

465. Lors d'une expropriation relative au chemin de fer de Montbrison à Montron, le tribunal de Montbrison, chef-lieu judiciaire du département de la Loire, ne put parvenir à se composer au nombre voulu par l'art. 11 de la loi du 11 avril 1838 pour les assemblées générales. (Voir l'arrêt de la Cour de cassation du 24 février 1841.) (2) Le procureur général demanda

---

(1) La Cour impériale saisie, par suite de renvoi après cassation, d'une demande en désignation d'un jury d'expropriation, doit statuer en chambre du conseil, conformément à l'art. 30 de la loi du 3 mai 1841, et non en audience solennelle : la désignation dont il s'agit constituant une opération purement administrative, expressément attribuée à la première chambre, et non un litige d'une nature contentieuse tombant sous l'application de l'art. 22 du décret du 20 mars 1808 ; C. Orléans, 17 mars 1864 (S.64.2.236).

(2) S.41.2.229.

Additions.

(A) La Cour ou le tribunal qui, procédant au choix d'un jury spécial d'expropriation, a, par erreur, fait ce choix sur la liste de l'année précédente, n'a pas épuisé par là sa juridiction, et peut, après que l'erreur a été reconnue et lui a été signalée, procéder par délibération nouvelle, et d'après la liste actuellement en vigueur, au choix d'un autre jury. Cass. civ., 11 juin 1860 (*Gaz. trib.*, 14 juin 60).

alors à la Cour de Lyon de procéder elle-même à la désignation du jury spécial, et, par arrêt du 10 mai 1838, la Cour fit droit à ce réquisitoire (1). Cette difficulté ne se serait probablement plus présentée, maintenant qu'il suffit d'une seule chambre pour la désignation du jury; cependant la loi de 1841 a voulu écarter tout doute à cet égard en déclarant « qu'en cas d'abs« tention ou de récusation des membres du tribunal, le choix « du jury serait déféré à la Cour. »

466. La loi n'a pas dit qui requerrait la formation du jury spécial; mais il est évident que l'on a supposé que ce serait le préfet, puisque c'est à lui qu'est confié l'accomplissement de toutes les formalités prescrites par la loi. Lorsque ce magistrat désirera la désignation d'un jury, il devra le faire demander par le procureur général près la Cour impériale, ou par le procureur impérial près le tribunal du chef-lieu judiciaire, et il lui transmettra à cet effet la liste des affaires sur lesquelles le jury aura à statuer. Cette liste devra indiquer, d'une part, la nature des propriétés à évaluer, afin que les magistrats puissent choisir des jurés capables d'apprécier ces propriétés, et, en outre, les noms des propriétaires et autres intéressés au règlement des indemnités, afin que la Cour ou le tribunal puisse ne désigner pour jurés aucun des individus compris dans les exclusions portées par l'art. 30, §§ 2 et suivants.

On peut demander la formation d'un seul jury pour des expropriations prononcées par plusieurs jugements et relatives à des travaux concernant des administrations différentes, pourvu que le magistrat directeur soit le même. C'est au préfet à juger si la session du jury ne sera pas surchargée. Mais la demande ne peut évidemment comprendre que des affaires pour lesquelles il est intervenu un jugement suivi d'offres judiciaires non acceptées (art. 14 et 28).

Lorsqu'une propriété s'étendant sur plusieurs communes a été frappée d'expropriations partielles par différents jugements rendus pour chacune de ces communes, il convient que l'administration se mette en mesure de soumettre à un même jury (2) la fixation des indemnités dues pour les différentes parcelles de cet immeuble qui ont été successivement atteintes par l'expro-

---

(1) S.38.2.440.
(2) Mais si l'immeuble exproprié est situé sur deux *arrondissements*, comme chaque liste dressée en vertu de l'art. 29 est formée pour un arrondissement, et que la compétence est territoriale (*suprà*, p. 169), chaque portion de la propriété devra être évaluée par le jury choisi dans l'arrondissement où elle se trouve (V. MM. Gillon et Stourm, p. 110).

priation. C'est le meilleur moyen d'arriver à une juste appréciation du dommage. Si l'administration ne réunissait pas ces affaires dans la demande en désignation du jury, le magistrat directeur chargé de faire régler l'indemnité relative à une de ces parcelles ne pourrait y réunir les autres, ni surseoir au jugement pour que la jonction ait lieu ultérieurement — (A).

467. L'art. 44 de la loi dit que le jury ne connaît que des affaires dont *il a été saisi au moment de sa convocation*, et l'art. 31 indique que la *convocation* des jurés est faite par le sous-préfet, après que le préfet lui a transmis la liste arrêtée par la Cour ou le tribunal. On pourrait conclure de là qu'il faut attendre, pour désigner les affaires dont le jury connaîtra, que ses membres aient été choisis par la Cour ou par le tribunal. Cette interprétation aurait un très-grave inconvénient, puisqu'elle permettrait à l'administration ou aux concessionnaires de travaux publics de soumettre un plus ou moins grand nombre d'affaires au jury, selon qu'ils espéreraient être plus ou moins favorablement traités par les jurés désignés. Cette marche serait d'ailleurs tout à fait inconciliable avec les dispositions de l'art. 30, qui défend à la Cour ou au tribunal de choisir pour jurés les propriétaires, fermiers ou locataires des immeubles à évaluer, les créanciers ayant inscription sur ces biens et tous autres intéressés, désignés ou intervenus en vertu des actes 21 et 22. Pour pouvoir exécuter ces exclusions, il est indispensable que les magistrats sachent quelles sont les propriétés que le jury aura à évaluer. Il est donc nécessaire de mettre sous les yeux de la Cour ou du tribunal, au moment où la formation d'un jury est requise, l'état des propriétés que ce jury devra évaluer, avec les noms des propriétaires, locataires, usufruitiers, créanciers, etc.

La manière dont ont été introduits dans l'art. 44 les mots que nous venons de rappeler indique que l'on n'a pas voulu leur donner le sens que nous signalions tout à l'heure. Dans la rédaction adoptée par la Chambre des députés en 1833, cet article portait : « Le jury spécial statue successivement et sans interruption sur les affaires *dont l'instruction est terminée au moment de sa convocation...* La Chambre des pairs ayant supprimé cette instruction préparatoire, sa commission dut nécessairement changer quelques mots dans cet article, et proposa la rédaction

---

Additions.

(A) Le jugement portant désignation du jury est valablement rendu à la requête de la partie expropriante. Cass. civ., 6 avril 1859 (S.59.1.957).

actuelle. Si elle avait voulu dire par là que la désignation des affaires à soumettre au jury ne seraient faites qu'après sa désignation et au moment de sa convocation, elle l'eût expliqué formellement, et eût proposé de coordonner l'art. 30 avec ce système, en supprimant la dernière partie de l'art. 30, ou en reportant ses dispositions à l'art. 34. Aucun orateur n'a supposé que la désignation des affaires se ferait comme semblent l'indiquer les expressions citées de l'art. 44. Au contraire, on a toujours supposé qu'en faisant la désignation des jurés la Cour ou le tribunal saurait quelles étaient les affaires sur lesquelles le jury aurait à statuer. « Il faut, disait M. le ministre de l'intérieur à la
« Chambre des pairs, que vous ayez des listes qui, embrassant
« plusieurs natures de capacité, donnent la faculté au tribunal
« de choisir un jury approprié à la nature de la chose à expro-
« prier. » (*Monit.*, 11 mai 1833, p. 1317.)

L'art. 44 indique qu'il ne serait pas permis à l'administration ni aux particuliers de soumettre à un jury chargé de statuer sur une série d'affaires, des réclamations d'indemnités qui ne seraient pas indiquées dans la demande adressée à la Cour ou au tribunal, en exécution de l'art. 30. En réalité, le jury connaît des affaires dont il a été saisi *au moment de sa désignation,* et non au moment de sa convocation.

Dans la discussion qui eut lieu à la Chambre des pairs, l'on avait émis la pensée que la fixation de toutes les indemnités à régler pourrait être confiée à un même jury. « On sent combien il est important, disait M. de Barante, que ce soit dans un même esprit et pour ainsi dire d'après une jurisprudence unanime que le jury procède vis-à-vis les particuliers qui doivent être dépossédés. » (*Ibid.*) M. le comte d'Argout, ministre de l'intérieur, fit de suite sentir les inconvénients de cette mesure. « Dans l'opinion du Gouvernement, plus on peut concentrer dans le même jury l'estimation des propriétés, mieux cela vaut. Mais dans la pratique, l'application de ce principe doit avoir des limites. Ainsi, par exemple, vous ouvrez une route qui doit traverser tout un arrondissement ayant dix lieues dans sa plus grande dimension ; ne prendrez-vous qu'un seul jury pour faire, dans le cours d'une année, successivement et par commune, toutes les estimations, rendre tous les jugements, déterminer la valeur des terrains qu'il faudra prendre ? Dans ce cas, le jury choisi sera en fonctions depuis le mois de janvier jusqu'en décembre. Vous lui imposerez une charge au-dessus de ses forces. Il y a lieu alors à nommer successivement plusieurs jurys dans le cours de la même année, si l'importance des travaux l'exige. L'espace de quinze jours est tout ce qu'on peut exiger d'un jury. Après cet espace de temps, il faut le remplacer sous peine de manquer le but » (*Ibid.*, p. 1318). Cette dernière observation ne doit jamais être perdue de vue lorsqu'il s'agit de déterminer les affaires qui seront soumises à un même jury—(A).

468. Dans deux arrêts du 31 décembre 1839, la Cour de cassation déclare que la mission donnée aux Cours ou tribunaux par l'art. 30 de la loi du 7 juillet 1833 n'a rien de judiciaire ; qu'elle est purement administrative, et consiste dans le choix à faire, tant sur la liste des électeurs que sur la seconde partie de la liste du jury (1), des membres qui doivent composer le jury spécial chargé de régler les indemnités dues par suite d'expropriation pour cause d'utilité publique ; qu'ainsi, pourvu qu'apparaissent à la Cour ou au tribunal : 1° un jugement d'expropriation en forme probante ; 2° un procès-verbal contenant refus des offres faites, leur devoir est d'accomplir, sans délai ni sursis, la mission que la loi leur a confiée (2). » Comme conséquence de ces principes, ces arrêts décidaient que la Cour de Colmar n'avait pu surseoir à la désignation du jury jusqu'à ce que le jugement d'expropriation eût été transcrit, ni jusqu'à ce qu'on lui eût produit un état des créanciers inscrits et les notifications des offres à ces mêmes créanciers. En conséquence, les deux arrêts de la Cour de Colmar avaient été cassés.

En 1840, le Gouvernement proposa d'intercaler dans le § 1er de l'ancien art. 30 ces mots : *sans avoir à vérifier la régularité des procédures*. La commission de la Chambre des pairs jugea cette modification inutile. M. le comte Daru, son rapporteur, disait à cette occasion : « Le Gouvernement a voulu consacrer, par la nouvelle rédaction de l'art. 30, ce principe que la Cour, chargée de former la liste des jurés, n'avait pas le droit de vérifier à cette

---

(1) Ce n'est pas sur la liste des électeurs et sur la seconde partie de la liste du jury (aujourd'hui sur les listes formées en exécution des lois du 31 mars 1850 et du 4 juin 1853, *suprà*, p. 368), que la Cour ou le tribunal doit choisir le jury d'expropriation, c'est sur la liste de trente-six à soixante-douze membres, extraite par le conseil général de ces premières listes.

(2) S.40.1.158.

Additions.

(A) Les attributions et la compétence des jurys d'expropriation sont d'ordre public et ne peuvent être changées par la volonté privée des parties. Dès lors, le jury auquel une affaire a été régulièrement attribuée ne peut, du consentement même des parties, en être dessaisi pour que l'affaire soit soumise à un autre jury : la décision de ce dernier jury est essentiellement nulle pour excès de pouvoirs. Cass. civ., 26 déc. 1859 (S.60.1.1008).

occasion les procédures antérieures, de voir si les notifications, transcriptions, etc., avaient été accomplies. L'idée d'introduire dans la loi cette déclaration expresse est venue de ce qu'une Cour, celle de Colmar, s'est crue autorisée à s'emparer d'office du pouvoir de juger de la validité des formes. La loi certainement ne lui remettait pas ce soin. C'est à l'administration à veiller à la régularité de ses procédures, et aux parties lésées à se pourvoir, si elles le jugent convenable. Les tribunaux ne sont là qu'un instrument chargé exclusivement de choisir quelques noms sur le tableau dressé par le conseil général du département. Ils administreraient, s'ils étendaient au delà leurs attributions. Mais de ce qu'un pareil fait s'est présenté, doit-on en conclure, surtout lorsque la Cour de cassation est là pour établir au besoin et fixer la jurisprudence, qu'il faille réformer la législation ? Nous ne le pensons pas, et nous vous proposons de laisser à cet égard la disposition telle qu'elle était formulée » (*Monit.*, 11 avril 1840, p. 678). La Chambre des députés s'est prononcée dans le même sens (*Monit.*, 4 mars 1841, p. 526 et 527). Ainsi la jurisprudence de la Cour de cassation a été expressément approuvée par les trois branches du pouvoir législatif.

Une disposition de même nature a d'ailleurs été insérée dans le § 3 de l'art. 19, portant : « Le défaut d'accomplissement de
« la purge des hypothèques n'empêche pas l'expropriation
« d'avoir son cours, sauf, par les parties intéressées, à faire
« valoir leurs droits ultérieurement dans les formes déterminées
« par le titre 4 de la présente loi. » M. Persil ayant déclaré à la Chambre des pairs ne pas comprendre le but de cette disposition, M. Legrand, commissaire du Gouvernement, lui répondit : « Je ne sais si l'article rend suffisamment la pensée qui l'a dicté ; mais voici à quelle occasion le Gouvernement l'a demandé. C'est par suite d'un arrêt de la Cour de Colmar, qui a refusé de désigner le jury dont la compagnie du chemin de fer de Bâle à Strasbourg réclamait la formation. Toutes les formalités du titre 2 avaient été accomplies. Le jugement d'expropriation était rendu. La Cour de Colmar voulait que la compagnie justifiât devant elle de toutes les formalités relatives à la purge des hypothèques ; en vain la compagnie alléguait que la purge des hypothèques pouvait être faite plus tard ; que même, si elle voulait courir la chance de payer deux fois, elle pourrait se dispenser de la purge. La Cour de Colmar a refusé de désigner les jurés, et le règlement du prix a été suspendu. C'est pour prévenir de pareils arrêts que ce § 3 a été proposé » (*Moniteur*, 8 mai 1840, p. 958).

469. La désignation se fait en chambre du conseil (1). Il s'agit en effet, a dit M. le ministre de l'intérieur, en 1833, de former la liste des jurés. Cette formation n'ayant pas lieu, comme celle des jurés ordinaires, par la voie du sort, mais en vertu d'une délibération, il a paru plus convenable que la Cour ou le tribunal du chef-lieu judiciaire délibérât dans la chambre du conseil. « Il y a d'ailleurs, a dit M. de Vaines, une véritable délibéra« tion qui, dans la règle ordinaire, doit se passer en chambre « du conseil. » (*Monit.*, 21 juin 1833, p. 1733.) A cause surtout des exclusions et incompatibilités, la désignation du jury exige une connaissance très-exacte et même très-minutieuse des documents produits par l'administration. Plusieurs Cours et tribunaux ont donc adopté l'usage de nommer un rapporteur pour faire l'examen des pièces produites ; ce magistrat peut alors donner immédiatement à ses collègues les renseignements qu'ils désirent, et ce mode abrége beaucoup les délibérations.

470. Le législateur a déclaré que la Cour ou le tribunal ne pourrait choisir pour faire partie du jury spécial : 1° les propriétaires (A), fermiers ou locataires des terrains et bâtiments désignés dans l'arrêté du préfet pris en vertu de l'art. 11, et qui restent à acquérir ; 2° les créanciers ayant inscription sur lesdits immeubles (B) ; 3° tous autres intéressés désignés ou intervenant en vertu des art. 21 et 22 (L. 3 mai, art. 30) : on a voulu, par là, écarter du jury des personnes qui auraient nécessairement intérêt à l'élévation des indemnités. Comme les propriétaires, usufruitiers, locataires, etc., des terrains déjà acquis pour les travaux, n'ont pas d'intérêt à la fixation des

---

(1) Cass., 30 avril 1844 (S.44.1.432).

Additions.

(A) La présence dans le jury d'un propriétaire intéressé à l'expropriation est une cause de nullité. Du moins il en est ainsi lorsque le magistrat directeur du jury a refusé d'opérer la radiation du nom de l'inculpé, demandée par l'exproprié. Peu importe, d'ailleurs, que cet intéressé n'ait pas fait partie du jury, par suite de la récusation péremptoire exercée à son égard en vertu de l'art. 34 ; l'exproprié s'était par là trouvé privé de la faculté de faire porter cette récusation sur une autre personne. Mais un juré n'est point incapable de statuer sur des affaires dans lesquelles il n'est pas intéressé personnellement, alors même qu'elles auraient été réunies dans une seule catégorie avec une affaire qui le concerne. Cass., 3 août 1859 ; 11 juill. 1859 (S.64.1. 380).

(B) A supposer qu'un créancier inscrit doive être considéré comme personnellement intéressé à la fixation de l'indemnité, et par suite incapable de faire partie du jury, il n'en est ainsi qu'à l'égard de l'immeuble grevé de l'hypothèque : l'incapacité du créancier ne saurait être étendue au cas où il s'agit d'un autre immeuble du même débiteur. Cass., 28 mai 1861 (S.61.1.995).

sommes revenant aux autres indemnitaires, l'art. 30 n'exclut que les propriétaires, locataires, etc., des terrains *qui restent à acquérir* (*Monit.*, 12 mai 1833, p. 1326). On avait proposé à la Chambre des pairs, en 1833, d'exclure les propriétaires, fermiers..., *des terrains compris dans la ligne des travaux qui restent à exécuter*. « Si les membres du jury, disait M. le baron Mounier, pouvaient être choisis parmi les personnes à la propriété desquelles l'expropriation pourrait arriver dans la campagne suivante, ou à la fin de la même campagne, elles auraient intérêt à exagérer la valeur des propriétés » (*Ibid.*). Cette proposition aurait beaucoup restreint le nombre des individus qu'on pouvait appeler au jury, et la plupart d'entre eux ne peuvent même pas être encore connus avec certitude (*Ibid.*, p. 1348). L'article se borna donc à parler des propriétaires, fermiers..., des terrains compris dans les arrêtés *pris par le préfet en vertu de l'art.* 11, c'est-à-dire définitivement désignés pour être occupés par les travaux (1).

En 1841, le Gouvernement proposa d'étendre la prohibition à tous ceux « qui pourraient se trouver ultérieurement soumis « à l'expropriation, en vertu des plans parcellaires et confor- « mément à l'avis de la commission. » M. le comte Daru, dans son rapport, combattit cette proposition. « Le principe de la composition d'un jury, disait-il, est que nul intéressé ne peut en faire partie; mais le tribunal ne peut pas connaître tous les intéressés, et c'est pour pour cela que, d'une part, le droit d'exercer des récusations est donné à l'administration; que, de l'autre, si un membre partial dans la cause avait été appelé à se prononcer, l'art. 42 ouvre la voie aux cassations (2). Toutes les garanties existent donc dans la loi. Le Gouvernement a voulu les étendre, les compléter, les formuler en quelque sorte par l'addition du paragraphe nouveau. Mais on n'a pas aperçu que, dans le vague des expressions dont on se sert, il peut arriver qu'un propriétaire, mécontent de la décision du jury, vienne dire : Tel individu qui m'a condamné doit se trouver ultérieurement, dans ma pensée, frappé par l'expropriation; je demande en conséquence la cassation de l'arrêt. » Nous croyons, sous ce rapport, le paragraphe plus dangereux qu'utile, et nous en de-

---

(1) Un arrêt, du 19 août 1846, dit...: « des immeubles désignés dans l'arrêté du préfet, *antérieur au jugement d'expropriation par suite duquel a été con-* *voqué le jury saisi de la cause* (S.46.1. 877).

(2) *Contrà*, *infrà*, p. 383 et 384.

mandons la suppression » (*Monit.*, 11 avril 1841, p. 679). On s'est donc borné à maintenir les exclusions établies par la loi de 1833 — (A).

471. La difficulté d'appliquer les exclusions indiquées par l'art. 30 a été signalée, en 1833, à la Chambre des députés. « Cette disposition, disait M. de Podenas, est impraticable ; plusieurs affaires d'indemnités seront nécessairement soumises au jury spécial. Il aura à statuer sur un nombre considérable de parcelles d'immeubles. Pour chaque parcelle il y aura habituellement plusieurs parties intéressées... Il faudra donc que, pour chacun des seize et même vingt noms qui devront former la liste, la Cour apprécie jusqu'à quel point tel ou tel citoyen, à qui elle accordera sa confiance, a intérêt dans l'une des questions qui seront soumises au jury. Sans doute il existera pour elle un état officiel, pour chaque affaire, de tous ceux qui y auront intérêt ; mais cet état sera le plus souvent extrêmement surchargé. Il faudra le confronter, numéro par numéro, et tour à tour avec chacun des noms appelés au jury, pour déterminer si ce nom présente les caractères d'aptitude voulus. Cette opération se compliquera encore davantage par cette circonstance que, les désignations se faisant par la Cour à la pluralité des voix, il faudra faire la même opération avec les mêmes difficultés pour chacun des noms qui sera honoré des suffrages de quelques membres de la Cour » (*Mon.*, 7 février 1833, p. 315). M. Martin (du Nord), rapporteur, répondit : « Les propriétaires, les locataires, les fermiers, les
« créanciers inscrits, sont connus, puisque l'administration leur a
« notifié divers actes de la procédure. Or, le tableau des noms
« de toutes ces parties intéressées sera mis sous les yeux de la
« Cour, et, par conséquent, elle pourra très-facilement éviter

---

Additions.

(A) L'exproprianten ne peut demander la radiation d'un juré, par le seul motif qu'il se trouve en instance avec ce juré lui-même, relativement à une expropriation subie par celui-ci, lorsque les deux expropriations ont été indiquées dans deux arrêtés préfectoraux différents et prononcés par deux jugements distincts. Cass. civ., 3 fév. 1858 (S.58.1.624).

La présence d'un individu non Français dans le jury d'expropriation n'est pas une cause de nullité si cet individu figurait sur la liste du conseil général. Cass., 1 mai 1864 (S.64.1.994).

Les maires et adjoints des arrondissements de la ville de Paris n'étant pas intéressés dans les expropriations poursuivies par cette ville, peuvent faire partie du jury appelé à fixer les indemnités dues pour ces expropriations. Cass., 6 mars 1864 (S.64.1.655).

De même, la présence dans le jury de personnes qui, aux termes des §§ 2 et 3 de l'art. 30, ne peuvent être choisies pour jurés, ne donne pas ouverture à cassation, à moins qu'il ne s'agisse de parties personnellement intéressées à la fixation de l'indemnité. Cass. 28 mai 1864 (S.64.1. 995).

« de choisir un de ces individus » (*Ibid.*, p. 316). Heureuse-
« ment la disposition de l'art. 30, relative aux exclusions, ne
« peut jamais faire naître un moyen de cassation. Si la Cour ou
« le tribunal a compris parmi les jurés une personne qui aurait
« dû être exclue, le magistrat directeur du jury devra la rayer
« de la liste, en vertu de l'art. 32, § 4, qui dit que le magistrat
« directeur prononce sur les exclusions dont les causes ne se-
« raient survenues ou *n'auraient été connues* que postérieurement
« à la désignation faite en vertu de l'art. 30. »

L'administration n'a pas suivi partout la même marche pour mettre les magistrats à même d'appliquer les exclusions établies par l'art. 30. Quelquefois l'on a transmis à la Cour, ou au tribunal du chef-lieu judiciaire, les plans parcellaires *de toutes les propriétés restant à acquérir*, les arrêtés pris en vertu de l'art. 11 de la loi, les offres, demandes et dénonciations qui avaient eu lieu en vertu des art. 21, 22, 23 et 24 de la loi, laissant aux magistrats le soin de rechercher si dans ces nombreux documents se trouvait mentionnée quelqu'une des personnes portées sur la liste du conseil général, afin de ne pas la comprendre dans la composition du jury spécial.

Dans d'autres départements, le préfet recherchait lui-même si dans la liste dressée par le conseil général il se trouvait des personnes que l'administration eût droit et intérêt d'exclure du jury. S'il voulait provoquer une de ces exclusions, il transmettait à la Cour ou au tribunal les pièces qui prouvaient que la personne signalée se trouvait dans un des cas prévus par l'art. 30 de la loi. Aucune pièce n'était produite lorsque l'administration croyait n'avoir aucune récusation à exercer. Ce dernier mode paraît préférable. Il est certain que l'administration seule a intérêt à exclure du jury les personnes comprises dans les trois catégories de l'art. 30, et qui toutes peuvent avoir un intérêt plus ou moins direct à évaluer très-haut le montant de l'indemnité. C'est une espèce de droit d'exclusion ou de récusation anticipée qu'on lui accorde ; mais c'est à elle à l'invoquer quand elle croit y avoir intérêt. Le dépouillement d'une masse considérable de pièces offrirait d'autant plus de difficulté à la Cour ou au tribunal, qu'il faut souvent vérifier si des désignations qui ont beaucoup d'analogie s'appliquent au même individu. Or, la Cour ou le tribunal n'ont pas le temps de prendre des renseignements à cet égard. Parmi les individus qui ont inscription sur les biens expropriés, il y en a souvent qui auraient un si faible intérêt à élever le montant de l'indemnité, que la seule circonstance qu'ils sont créanciers inscrits ne suffirait pas pour faire suspecter leur impartialité : or, pourquoi obliger l'administration à les exclure? Aujourd'hui, d'ailleurs, que l'administration ne prend plus l'état de tous les créancier inscrits, la Cour ou le tribunal ne trouveront plus dans les pièces la désignation de ces créanciers ; c'est donc au préfet à les faire connaître s'il veut les exclure. Lorsque aucune incompatibilité ne sera signalée aux magistrats, ils devront supposer qu'aux yeux mêmes de l'administration il n'en existe aucune. Leur travail se trouvera dès lors simplifié, et ils pourront porter toute leur attention sur la partie essentielle de leur mission, le choix de jurés ayant les lumières nécessaires pour évaluer convenablement les propriétés expropriées.

472. Du reste, comme nous l'avons déjà fait remarquer (1), la violation du deuxième paragraphe de l'art. 30 ne donne pas ouverture à cassation. La Cour l'a décidé par les motifs suivants : « Attendu, en droit, que l'art. 42 de la loi du 3 mai 1841,
« en énumérant limitativement les seuls articles dont la viola-
« tion donne ouverture à cassation, a indiqué le § 1er de l'art. 30,
« et a, par là, manifesté clairement la volonté de ne point com-
« prendre au nombre des ouvertures à cassation la violation des
« paragraphes subséquents dudit article ; que la disposition par
« laquelle l'art. 30, dans sa seconde partie, défend de choisir
« comme membres du jury spécial les propriétaires, fermiers et
« locataires des terrains et bâtiments désignés par l'arrêté du
« préfet, ainsi que tous autres intéressés, *a sa garantie*, *tant*
« *dans l'exercice du droit de récusation, que dans la faculté de pro-*
« *voquer, pour incompatibilité, l'exclusion du juré ainsi mal à pro-*
« *pos désigné...* » (2).

473. C'est, il est vrai, *indûment* qu'une Cour choisit, même à titre de juré supplémentaire, dans la composition de la liste destinée à former le jury spécial chargé de régler les indemnités dues à une société, *un des membres de cette société :* mais, si cet associé n'a point fait partie du jury de jugement; si ce jury a été entièrement complété sans l'appel de son nom et parmi les jurés qui tous le précédaient sur la liste ; si l'exercice du droit de récusation appartenant à l'administration n'a été gêné ni directement ni indirectement, celle-ci ayant exercé, en récusant deux jurés titulaires, la plénitude du droit de récusation

---

(1) *Suprà*, p. 383 note 2.
(2) 26 mai 1846, 19 août 1846 (S.46. 1.580 et 877), et MM. Gillon et Stourm, p. 121).

péremptoire que l'art. 34 de la loi du 3 mai 1841 lui ouvrait; dans de telles circonstances, l'administration n'est fondée à se plaindre, ni de violation de l'art. 30 de la loi, ni d'excès de pouvoir (1).

474. L'art. 30 exigeant que le choix du jury soit fait par la première chambre de la Cour ou du tribunal, ce choix doit nécessairement émaner des magistrats composant la première chambre, réunis au nombre exigé par l'art. 27 de la loi du 27 vent. an VIII. La décision par laquelle l'autorité judiciaire désignée à cet effet par la loi fait choix d'un jury doit, comme toute autre décision judiciaire, porter avec elle la preuve de sa régularité. Par suite, lorsque le procès-verbal de la délibération contenant nomination du jury ne désigne pas le nom et n'indique pas le nombre des magistrats qui ont participé à la délibération, cette délibération est nulle. Cass., 22 novembre 1841 (2).

Une décision analogue avait déjà eu lieu sous l'empire de la loi du 7 juillet 1833, par arrêt du 24 février 1841 (3). Nous croyons que cette jurisprudence rentre mieux dans l'esprit de la loi que celle qui tendait à admettre que la mission de la Cour ou du tribunal du chef-lieu judiciaire n'avait rien de judiciaire et était purement administrative (4) — (A).

475. La liste des seize jurés titulaires et des quatre jurés supplémentaires est immédiatement transmise par le procureur général ou par le procureur impérial du chef-lieu judiciaire au préfet du département, et par le préfet au sous-préfet (art. 31). La loi charge simplement ces magistrats de la *transmission* de la liste, mais ne les autorise pas à délivrer et certifier des extraits de la délibération qui a nommé les jurés; c'est donc une expédition de cette délibération signée par le greffier qu'ils doivent transmettre. Mais il n'est pas indispensable qu'elle soit revêtue de la formule exécutoire. Cass., 17 juillet 1844 (5) — (B).

---

(1) Cass., 7 avril 1845 (S.45.1.529).
(2) S.42.1.129.
(3) S.41.1.229.
(4) *Suprà*, p. 380.
(5) S.45.1.234.

Additions.

(A) La décision par laquelle sont désignés les jurés d'expropriation n'est pas nulle, bien qu'elle n'énonce pas qu'elle ait été rendue par la première chambre de la Cour impériale ou du tribunal, s'il est d'ailleurs constaté que les magistrats de qui elle est émanée composaient cette première chambre. Cass., 9 janv. 1861 (S.61.1.653).

(B) La *remise*, par l'administration, au magistrat directeur de l'expédition de

476. La liste du jury spécial ne doit servir que jusqu'à la session suivante du conseil général. Cependant l'art. 45 de la loi déclare que « les opérations commencées par un jury et qui ne « sont pas encore terminées au moment du renouvellement « annuel de la liste générale mentionnée à l'art. 29, sont conti- « nuées jusqu'à conclusion définitive par le même jury ; » mais cette exception confirme la règle en vertu de laquelle un jury cesse d'exister lorsque le temps pour lequel il a été nommé est expiré, puisque l'article n'y fait exception que pour le maintien des jurys dont les opérations sont *commencées* à l'époque du renouvellement de la liste.

La Cour de cassation s'est prononcée plusieurs fois en ce sens. Par arrêt du 23 février 1842, elle a jugé que les jurés ne pouvant être investis du caractère public que pour le temps pendant lequel la liste doit servir, si un jury légalement désigné n'avait pas encore commencé ses fonctions lors de la session du conseil général, il cessait alors d'avoir une existence légale (1). Deux arrêts du 15 février 1843 ajoutent que ce défaut de pouvoir dans le jury doit être considéré comme une nullité d'ordre public qui peut être invoquée lors même que la délibération prise par la Cour ou le tribunal du chef-lieu pour la formation du jury n'aurait pas été attaquée, le pourvoi n'étant admis que contre la décision du jury (2).

Ces arrêts déclarent que l'ancienne liste est valable jusqu'au jour de la clôture de la session du conseil général, et que la nouvelle liste prend force et vigueur à compter de ce jour, de manière que, si les jurés déjà désignés et convoqués n'ont pas commencé leurs opérations avant la clôture de la session du conseil général, leurs pouvoirs expirent à cette époque. L'un d'eux explique même que les opérations du jury ne peuvent être considérées comme commencées que lorsque le magistrat directeur a, conformément à l'art. 33, procédé à la désignation définitive des jurés appelés à faire le service de la session (3). La

---

l'arrêt ou du *jugement qui désigne les jurés*, conformément à l'art. 30, § 1er, de la loi du 3 mai 1841, n'est pas exigée à peine de nullité. Il suffit que les noms des jurés aient été portés à la connaissance des parties par la notification prescrite par l'art. 34 de la même loi. Cass.,

29 mars 1858 (S. 58.1.830).

(1) S.42.1.263.
(2) Cass. (S. 43.1.127 et 220 ; 63.1.127).
(3) S. 43.1.220.

Cour a confirmé sa jurisprudence par ses arrêts des 29 avril 1844 et 7 avril 1845 (1) — (A).

477. La violation du premier paragraphe (mais de ce paragraphe *seul*) de l'art. 30 donne ouverture à cassation, d'après l'art. 42 (2) — (B).

Section VI. — *Du jury de jugement et du mode de ses opérations.*

478. — Texte de l'art. 31.
479. — Application des dispositions relatives au jury criminel.
480. — Le sous-préfet convoque les jurés et les parties.
481. — Mode de convocation des jurés.
482. — Convocation des parties intéressées.
483. — Ces convocations doivent-elles indiquer l'heure de la réunion?
484. — Délai entre la convocation et la réunion.
485. — Formes de la convocation.
486. — Conséquences des irrégularités dans les convocations.
487. — Irrégularités dans la convocation des indemnitaires.
488. — Erreurs dans l'indication des jurés.

---

(1) S. 44.1.686 ; 1846, p. 462. [Add. 6 janv. 1846 ; 17 nov. 1847 ; 16 avril 1849 ; S. 46.1.168 ; 48.1.51 ; 49.1.369] ; Cass., 26 déc. 1859 (S. 60.1.479) ; Cass., 2 fév. 1864 (S. 64.1.370) ; Cass., 29 déc. 1863 (*Gaz. trib.*, 30 déc. 63) ; Cass. civ., 25 avril 1864 (*Gaz. trib.*, 27 avril 64) ; Cass. civ., 16 janv. 1865 (*Gaz. trib.*, 16 janv. 65).

(2) *Suprà*, p. 384 et 386.

Additions.

(A) Le jury d'expropriation, constitué à une époque postérieure au *renouvellement annuel de la liste* générale dont ses membres faisaient partie, est sans existence légale, bien que cette liste ne fût point encore renouvelée lors de la désignation, par la Cour impériale ou le tribunal, de seize jurés destinés à le composer. Cass., 10 mars 1858 (S. 58.1.832).

Les opérations du jury d'expropriation choisi sur la liste annuelle existante sont réputées commencées, et dès lors les pouvoirs du jury ne cessent pas par la formation d'une nouvelle liste par le conseil général, lorsque, antérieurement à cette nouvelle liste, les jurés ont prêté serment et qu'un jour a été indiqué pour la visite des lieux et l'audition des parties. Cass. civ., 16 mai 1860 (S. 60.1.912).

Elles sont aussi réputées *commencées* dans leur ensemble à partir du jour où ont eu lieu les premiers règlements d'indemnités ; et, par suite, si ces premiers règlements sont antérieurs au renouvellement de la liste par le conseil général, le jury peut procéder aux autres, même après ce renouvellement. Cass., 13 mars 1864 (S.64.1.653).

(B) Cette *nullité* étant *d'ordre public*, ne saurait être couverte par le silence des parties, lors des opérations du jury, et peut, par conséquent, être invoquée, pour la première fois, devant la Cour de cassation, qui pourrait elle-même la prononcer d'office. Cass., 10 mars 1858 (S. 58.1. 832).

390 CHAP. VIII. — SECT. VI. — DU JURY DE JUGEMENT

489. — Convocations des jurés à un trop court délai.
490. — Juré convoqué pour le lendemain de la réunion du jury.
491. — De l'art. 61 du Code de procédure civile.
492. — Du maire de la commune qui poursuit l'expropriation.
493. — On ne peut se créer à soi-même des causes de nullité dans les actes signifiés.
494. — Si le préfet ne comparaît pas, ni personne pour lui.
495. — Ingénieur convoqué par le sous-préfet moins de huit jours avant celui de la réunion.
496. — De la femme mariée, expropriée de son bien dotal, et convoquée seule, quoique étant sous puissance maritale; nullité.
497. — Du magistrat directeur du jury.
498. — Son remplacement.
499. — Il peut être récusé.
500. — Il est assisté du greffier.
501. — Police des audiences.
502. — Procès-verbal des opérations du jury.
503. — Foi due à ce procès-verbal. Jurisprudence.
504. — Des procès-verbaux imprimés à l'avance.
505. — De l'empêchement des jurés.
506. — Du juré, absent lors de l'ouverture de la session, et qui se présente pendant le cours de la session. Cas divers. Jurisprudence.
507. — Des empêchements qui surviennent pendant le cours de la session.
508. — Amende contre les jurés défaillants.
509. — Opposition par le juré condamné.
510. — Des exclusions et incompatibilités.
511. — Diverses questions d'empêchements, d'exclusions ou d'incompatibilités.
512. — Membre d'un tribunal de commerce, qui avait fait connaître sa qualité et demandé, en conséquence, à ne point faire partie du jury.
513. — Juge de paix et juge à un tribunal de commerce, qui n'avaient pas demandé à être dispensés, et n'avaient pas été récusés.
514. — Des juges suppléants.
515. — Président d'un bureau de bienfaisance intéressé à l'expropriation. Incompatibilité.
516. — Conseillers municipaux de la commune intéressée. L'incompatibilité, quand elle est opposée, doit être admise ; et elle ne nuit pas aux récusations péremptoires.
517. — Conseiller municipal. Incompatibilité non opposée. Pas de nullité.
518. — Membre d'un conseil général de département qui, disait-on, avait voté l'expropriation. Moyen déclaré non justifié en fait.
519. — Actionnaire de la compagnie expropriante. L'usage que fait le

ET DU MODE DE SES OPÉRATIONS. 391

magistrat directeur du droit qu'il tient de l'art. 32 ne donne pas ouverture à cassation.
520. — Parent de l'un des propriétaires écarté par le magistrat directeur.
521. — Si un membre d'une société, à laquelle appartenait le bien exproprié, a été choisi indûment par la Cour comme quatrième juré supplémentaire (art. 30), mais s'est trouvé inutile pour la formation du jury : pas de nullité.
522. — Résumé des règles de cette matière.
523. — Remplacement des jurés excusés ou exclus.
524. — Distinction d'avec le cas d'absence ou d'irrégularité de la notification exigée par l'art. 31.
525. — Du cas où il reste moins de seize jurés.
526. — Mode de désignation des jurés complémentaires.
527. — De leur convocation.
528. — L'art. 33 (jurés complémentaires) n'exige pas que, pendant une même session, les mêmes personnes soient seules appelées pour compléter le jury.
529. — Rang d'inscription des nouveaux jurés.
530. — Décisions de jury dans lesquelles a figuré un juré postérieur d'après l'ordre d'inscription sur la liste, sans que le procès-verbal fasse mention de la cause d'empêchement du juré remplacé. Nullité.
531. — Dispenses momentanées de service.
532. — Des récusations. Elles sont *péremptoires*; c'est-à-dire qu'elles consistent dans la seule allégation de la récusation.
533. — Mais la récusation doit être formelle : une simple observation ne suffit pas.
534-535. — Jurisprudence; espèces diverses.
536. — Un juré récusé est sans caractère pour faire partie du jury. Nullité.
537. — Le jury de jugement est composé de douze jurés.
538. — Mode de sa formation. A défaut de constatation dans le procès-verbal, nullité.
539. — On forme un jury de jugement pour chaque affaire.
540. — Les intéressés peuvent consentir à la réunion de plusieurs affaires, soit de toutes les affaires de la session, ensemble; soit par division en catégories. Diverses règles à cet égard, et divers cas de jurisprudence. Consentement exprès ou implicite. Accord pour les récusations. Acquiescement. Limites des pouvoirs du magistrat directeur, quand il y a opposition de l'un des expropriés; alors le droit commun est seul applicable.
541. — On ne peut réunir que des affaires qui doivent être jugées par les mêmes jurés.
542. — Si la formation du jury a lieu en présence des parties.
543. — Jurisprudence.

544. — Si la formation du jury a lieu en séance publique.
545. — Quand le jury est considéré comme constitué.
546. — Si les parties ont besoin de protester contre la formation du jury pour pouvoir la critiquer devant la Cour de cassation. Question qui tient à l'organisation des juridictions; ordre public.
547. — Publicité des débats.
548. — Cette publicité doit être constatée par le procès-verbal. Détails de jurisprudence.
549. — Serment à prêter par les jurés. Constatation. Jurisprudence.
550. — Ce serment doit être prêté avant que le jury commence ses fonctions. Jurisprudence.
551. — Exposé de l'affaire, et remise des pièces.
552. — Tableau des offres et demandes *notifiées en exécution des art. 23 et 24*. Formalité essentielle; à défaut, nullité.
553. — Remise des plans parcellaires. Aussi, formalité substantielle. Une constatation est nécessaire.
554. — Mais l'administration ne peut invoquer l'inobservation résultant de son fait.
555. — Moment où le tableau et les plans doivent être remis aux jurés.
556. — Comparution des parties ou de leurs représentants.
557. — Si des tiers non compris au tableau des offres et demandes peuvent intervenir dans les débats.
558. — Un maire, comme représentant une commune appelée à contribuer à l'indemnité.
559. — Discussions et débats.
560. — L'indemnitaire qui n'a pas répondu aux offres dans la quinzaine peut-il formuler sa demande pour la première fois en présence du jury?
561. — Des modifications dans les offres ou dans les demandes. Diverses espèces.
562. — L'indemnitaire peut-il présenter de nouveaux chefs d'indemnité devant le jury?
563. — L'administration peut-elle réduire ses offres?
564. — Tout indemnitaire doit préciser sa demande. — Pour la modifier, il faut manifester son intention par des conclusions formelles. — Après renonciation à une première demande et présentation d'une seconde, celle-ci reste seule.
565. — Des changements qui surviennent dans les projets primitifs des travaux.
566. — Mesures préparatoires d'instruction.
567. — Formes des délibération et décision du jury au sujet de ces mesures.
568. — Visite des lieux par le jury. Détails.
569. — Il ne peut ordonner une expertise proprement dite.
570. — L'audition des personnes appelées par le jury ne peut être assimilée à une enquête.

571. — Si les personnes appelées sont tenues de comparaître.
572. — Indemnité allouée aux personnes entendues par le jury.
573. — Après la mesure préparatoire, les débats sont rouverts.
574. — Continuation de l'instruction à une autre séance.
575. — Absence de l'un des jurés. Nombre nécessaire pour juger. Des visites de lieux auxquelles n'ont pas assisté tous les jurés : distinction.
576. — Convient-il de poser des questions aux jurés?
577. — Forme dans laquelle les questions sont posées.
578. — La rédaction des questions est discutée par les parties.
579. — Remise des questions au jury.
580. — Les jurés sont tenus de baser leur décision sur ces questions.
581. — Mission du magistrat directeur. Doit-il ou peut-il faire un résumé? — Avertissements au jury. Obligation de constater le caractère et les circonstances des faits allégués par les parties et qui seraient de nature à vicier les opérations, s'ils avaient eu lieu.

478. L'art. 31 porte : « La liste des seize jurés et des quatre « jurés supplémentaires est transmise par le préfet au sous-« préfet, qui, après s'être concerté avec le magistrat directeur « du jury, convoque les jurés et les parties, en leur indiquant, « au moins huit jours à l'avance, le lieu et le jour de la réu-« nion. La notification aux parties leur fait connaître les noms « des jurés. »

479. Nous devons rappeler ici, comme rège générale, la déclaration faite par M. Martin (du Nord), rapporteur de la Chambre des députés, que « toutes les formalités relatives au jury, et « qui ne sont pas abrogées par la loi nouvelle, doivent être ap-« pliquées à ce jury spécial. » (*Monit.*, 7 février 1833, p. 317.) Ce principe paraît en effet avoir été tacitement admis dans tout le cours de la discussion, à la Chambre des pairs comme à celle des députés, tant en 1833 qu'en 1841 (1).

M. Cotelle, t. Ier, p. 487, dit qu'il est désormais de jurisprudence constante que, dans cette matière civile, le Code d'instruction criminelle ne peut pas être invoqué. Il cite à l'appui de cette opinion l'arrêt de la Cour de cassation du 9 juin 1834 (Dall., p. 337; Devill., t. 35, p. 37). Nous croyons que, dans le silence de la loi du 3 mai 1841, l'on doit, comme l'a dit M. Martin (du Nord), appliquer les règles tracées pour le jury criminel;

---

(1) V. MM. Gillon et Stourm, p. 135, 136, 137, etc.

mais l'inobservation de ces règles ne peut constituer une ouverture à cassation, puisque l'art. 42 de la loi du 3 mai 1841 n'autorise le pourvoi en cassation que pour violation de ceux des articles de la même loi qu'il indique spécialement. Donc la violation de tout autre texte de loi ne peut amener la cassation de la décision du jury. C'est tout ce que juge l'arrêt cité, en disant que les trois derniers moyens reposent sur des dispositions du Code d'instruction criminelle, et que ce Code ne peut être invoqué dans une matière civile, réglée d'ailleurs par une loi spéciale qui circonscrit les ouvertures à cassation qui peuvent être invoquées contre les décisions du jury que cette loi institue. On voulait faire casser la décision du jury, parce que le procès-verbal ne constatait pas qu'on se fût conformé à *tels* articles du Code d'instruction criminelle. L'art. 42 de la loi du 3 mai 1841 repoussait cette prétention. Mais, dans une foule de cas sur lesquels cette loi est muette, les directeurs de jury se conforment au Code d'instruction criminelle, et cette marche est certainement dans l'intention du législateur.

480. C'est au sous-préfet que la loi confie le soin de convoquer les jurés et les parties, mais elle lui enjoint de se concerter à cet égard avec le magistrat directeur du jury. Cela se serait fait naturellement et par esprit de convenance, quand la loi ne l'aurait pas dit formellement. C'est même, en réalité, le magistrat directeur qui fixe le jour et l'heure de la réunion du jury, parce que le sous-préfet ne peut obliger ce magistrat à réunir les jurés un jour où il ne serait pas libre de présider à leurs opérations. Mais, quant au lieu de la réunion, il s'agit de concilier les convenances du magistrat directeur et les besoins de l'administration, et c'est sur ce point surtout que les deux fonctionnaires devront se concerter. La convocation du jury au chef-lieu de l'arrondissement sera presque toujours préférée par le magistrat directeur et par la majorité des jurés. Il faut cependant remarquer que la réunion des jurés sur les lieux offre aussi des avantages réels (1), en ce que les jurés connaissent mieux les propriétés qu'ils ont à évaluer, et obtiennent plus facilement les renseignements qu'ils désirent sur la valeur des propriétés. Souvent les jurés réunis au chef-lieu sont peu disposés à se rendre sur les lieux pour les visiter, et s'en rapportent beaucoup à ceux de leurs collègues qui sont du canton où les travaux s'exé-

---

(1) V. MM. Gillon et Stourm, p. 122.

cutent ; mais l'opinion de ces derniers n'est pas toujours exempte de partialité.

Le magistrat directeur et le greffier ont d'ailleurs droit à une indemnité de transport lorsque les assises spéciales se tiennent ailleurs que dans la ville où siége le tribunal. Les jurés n'ont droit à une indemnité de déplacement que lorsqu'ils se transportent, pour les descentes sur les lieux, à plus de deux kilomètres du lieu où se tiennent ces assises.

Nous croyons que le sous-préfet n'est pas obligé de prendre un arrêté pour la fixation des jour, lieu et heure de la réunion du jury. Il suffit que ces énonciations soient insérées dans les citations pour que personne ne puisse soutenir qu'elles n'ont pas été concertées entre les deux fonctionnaires.

M. Gand suppose que l'administration citera les indemnitaires devant le jury, mais que sa citation ne contiendra pas la mention du jour de la comparution des parties devant le jury, parce qu'elle devra se référer à cet égard à l'indication *ultérieure* de ce jour par le sous-préfet. (P. 35, 307 et 316.) Nous ne voyons pas sur quelle disposition de la loi ce jurisconsulte a pu se fonder pour exiger cette double citation, dont ne parle aucun autre écrivain. Dans son système, la signification faite par l'administration ne serait qu'une réitération fort peu utile des offres notifiées antérieurement en vertu de l'art. 23. L'art. 31 dit que le sous-préfet *convoquera les parties :* c'est comme agent et représentant de l'administration qu'il fera cette convocation, qui suffira pour remplir le vœu de l'art. 28. Aussi M. Gand est-il obligé de reconnaître que, dans son système, l'art. 28 emploierait une expression inexacte en qualifiant de *citation* la déclaration qu'il suppose devoir être faite par l'administration. Nous regardons, au contraire, cette expression comme étant parfaitement en harmonie avec le vœu du législateur. L'art. 1er, 6°, de l'ordonn. 18 septembre 1833, suppose même que les jurés et les parties pourront être convoqués par un seul et même acte.

481. Le sous-préfet convoque les jurés titulaires et supplémentaires au moins huit jours à l'avance. Cette convocation indique le lieu et le jour de la réunion du jury (art. 31). Cette disposition est la reproduction de la première partie de l'art. 389, C. instr. crim.; mais ce dernier article ajoute : « A défaut de « notification à la personne (du juré), elle sera faite à son do- « micile, ainsi qu'à celui du maire ou de l'adjoint du lieu ; « celui-ci est tenu de lui en donner connaissance. » Cette dis-

position doit être appliquée à la convocation du jury spécial par identité de motifs et d'après le principe que l'on doit appliquer aux opérations de ce jury toutes les mesures adoptées pour le jury criminel qui ne sont pas inconciliables avec la nouvelle institution. Le législateur a pensé qu'avec ces précautions la convocation parviendrait nécessairement au juré ; il est donc sage de les appliquer à tous les cas analogues.

Il serait convenable que cette convocation fît connaître aux jurés les peines auxquelles ils s'exposeraient en ne se rendant pas à cette convocation ; il suffirait pour cela de copier, en tête ou en marge de la convocation, l'art. 32 de la loi du 3 mai 1841.

482. Les parties intéressées ont nécessairement besoin d'être informées du lieu, du jour et de l'heure de la réunion du jury ; il est utile également pour elles de connaître à l'avance les noms des membres du jury, afin de pouvoir vérifier si elles ont intérêt à en récuser quelques-uns. L'art. 31 porte que le sous-préfet convoque les parties en leur indiquant le lieu et le jour de la réunion, ainsi que les noms des jurés. C'est pour accomplir cette dernière disposition que l'art. 1er, 6°, de l'ordonn. 18 septembre 1833, dit que l'acte de convocation des parties contiendra notification d'une expédition de l'arrêt par lequel la Cour a formé la liste du jury.

Le sous-préfet doit convoquer non-seulement les propriétaires expropriés, mais aussi les tiers qui ont été désignés par le propriétaire comme ayant droit à une indemnité, ou qui sont intervenus pour réclamer une indemnité, lors même que l'administration croirait ne pas leur en devoir. Le vœu du législateur, consigné dans l'art. 49 de la loi du 3 mai 1841, est qu'en ce cas le jury fixe l'indemnité comme si elle était due, et renvoie le jugement de la contestation devant qui de droit. Mais il est évidemment inutile de convoquer les indemnitaires avec lesquels l'administration a traité à l'amiable — (A).

Additions.

(A) La *convocation des parties et du jury* doit être réputée faite de concert par le préfet et le magistrat directeur, ainsi que le prescrit l'art. 34, quand le procès-verbal constate qu'elle a eu lieu *conformément* à cet article. En tout cas *l'irrégularité* serait *couverte* par la comparution des parties devant le jury sans protestation ni réserves. Cass. 29 juill. 1857 (Dall. 57.1.348). Cass., 16 mai 1859 (S. 59.1.864).

La convocation des jurés et des parties peut, au lieu d'émaner du préfet, être faite à la requête de la partie qui poursuit l'expropriation, et, par exemple, du maire de la commune expropriante ; sauf au préfet à se concerter avec le magistrat

483. L'art. 31 de la loi du 3 mai 1841 veut que les convocations adressées aux jurés et aux parties indiquent le lieu et *le jour* de la réunion du jury, mais ne prescrit pas de leur indiquer l'heure de cette réunion. Cette lacune se trouve aussi dans l'art. 389, C. inst. crim. ; cependant la désignation de l'heure à laquelle les opérations commenceront est une chose essen-

directeur du jury pour indiquer le jour et le lieu de la réunion. Cass. civ., 6 avril 1859 (S.59.1.957).

Au cas où, faute par l'administration d'avoir poursuivi dans les six mois du jugement d'expropriation la fixation de l'indemnité, l'exproprié l'a poursuivie lui-même, conformément à l'art. 55 de la loi du 3 mai 1841, si le sous-préfet refuse de provoquer la convocation du jury, et de se concerter à cet effet avec le magistrat directeur, ainsi que le prescrit l'art. 34 de la même loi, l'exproprié a le droit de provoquer lui-même la convocation et de présenter requête à cet effet au magistrat directeur. Le magistrat directeur méconnaît ses pouvoirs, et son ordonnance doit être cassée, si, se fondant sur ce que la loi n'attribue qu'au sous-préfet seul le droit de provoquer la convocation et de la faire, il refuse de satisfaire à la requête de l'exproprié. Il est bien vrai qu'en règle générale la convocation doit être provoquée et faite par le sous-préfet ; mais si ce magistrat néglige ou refuse d'accomplir ce devoir, sa négligence ou son refus ne sauraient avoir pour conséquence de paralyser et de rendre illusoire le droit reconnu à l'exproprié par l'art. 55. Cass. civ., 21 fév. 1860 (S.60.1.1007).

L'administration procède régulièrement et fait tout ce qu'elle est tenue de faire en convoquant les jurés d'après les désignations de nom, prénoms, âge, profession et demeure portés sur la liste dressée par la Cour impériale. Si un juré ainsi convoqué ne se trouve pas, l'administration n'en est pas responsable ; elle n'a pas, notamment, à rechercher ce juré au domicile qu'il peut occuper dans la même ville. Cass. civ., 23 juill. 1860 (*Gaz. trib.*, 25 juill. 60).

Le propriétaire qui a consenti à céder à l'administration un terrain non compris dans un jugement d'expropriation à la condition que le prix de ce terrain serait fixé par un jury à réunir pour statuer sur des expropriations déterminées, et qui a consenti en même temps à ce que l'administration fût dispensée de l'assigner devant ce jury, ne saurait être admis à se plaindre de ce que la liste du jury ne lui a pas été notifiée. C'est par l'acte même d'assignation qu'aux termes de l'art. 31, les parties connaissent les noms des jurés : dispensée de l'assignation, l'administration doit être par cela même réputée dispensée de la notification des noms des jurés. Cass. civ., 26 nov. 1860 (S.61.1.381).

La décision par laquelle le jury d'expropriation a réglé l'indemnité est nulle lorsqu'elle a été rendue en l'absence de l'exproprié, qui avait été cité à comparaître devant le jury par un exploit irrégulier, notamment par un exploit remis à une personne ou en un domicile autre que ceux auxquels il aurait dû être remis. Spécialement, la femme mariée, commune en biens, qui est munie d'un conseil judiciaire, doit être citée à comparaître au domicile du mari, et non au domicile judiciaire. La décision du jury est nulle si la citation n'avait été donnée qu'au domicile du conseil judiciaire, et si la femme n'a couvert cette nullité ni en comparaissant ni d'aucune autre manière. Cass. civ., 16 août 1864 (*Gaz. trib.*, 17 août 64).

L'arrêt, par lequel la Cour impériale a procédé aux choix des jurés, peut n'être notifié aux expropriés que par extrait, pourvu que cet extrait contienne les noms des jurés : la signification intégrale de cet arrêt n'est pas nécessaire. Cass. civ., 18 fév. 1863 (*Gaz. trib.*, 19 fév. 63).

tielle et qu'il importe de faire connaître tant aux jurés qu'aux parties – (A).

484. La convocation des parties et des jurés doit avoir lieu au moins huit jours à l'avance, et nous rappellerons ici la déclaration, faite par M. le rapporteur de la Chambre des députés, que, dans l'intention de la commission, aucun des délais fixés dans la loi ne doit recevoir l'augmentation prescrite par l'art. 1033, C. proc., à raison des distances (*Monit.*, 3 février 1833, p. 281). Un arrêt de la Cour de cassation du 3 mai 1843 (1) déclare qu'il n'y a pas lieu d'ajouter au délai de huitaine celui de deux mois prescrit par l'art. 73, C. proc., en faveur des individus qui habitent la Belgique ou un autre État limitrophe de la France.

Il résulte des termes de l'art. 31 de la loi que, contrairement à ce qui se pratique en matière criminelle, toutes les parties intéressées au règlement des diverses indemnités sur lesquelles le jury aura à statuer dans le cours de sa session devront être convoquées pour le premier jour de la réunion du jury. Il suit de là que, quand les jurés sont appelés à prononcer sur un grand nombre d'affaires, les parties doivent rester plusieurs jours devant le jury, en attendant qu'il puisse statuer sur l'affaire qui les concerne, à moins que le magistrat directeur ne les congédie en leur indiquant le jour auquel elles devront revenir.

485. La convocation des jurés et des parties peut être faite tant par huissier que par tout agent de l'administration dont les procès-verbaux font foi en justice, conformément à l'art. 57 de la loi du 3 mai 1841. On avait prétendu, devant la Cour de cassation, que ces notifications ne pouvaient être faites que par huissier. Mais si les art. 1er et 4 de l'ordonn. du 18 septembre 1833, contenant le tarif de tous les actes qui seront nécessaires pour l'exécution de la loi du 7 juillet 1833, taxent, au profit des huissiers, les droits, en original et en copie, des actes de cette nature qui seront faits par leur ministère, cette ordonnance, dit l'arrêt du 15 avril 1840, n'a eu en vue que de statuer sur un mode particulier de notification qu'elle a supposé devoir être le plus ordinaire, sans entendre restreindre la latitude laissée à

---

(1) S.43.1.504; et *suprà*, p. 150.

Additions.

(A) Après une première séance du jury d'expropriation dans le lieu désigné à l'avance, conformément à la loi, une séance ultérieure ne peut, à peine de nullité, être tenue dans un autre lieu, si l'indication n'en a pas été faite d'une manière régulière. Cass., 9 avril 1862 (S.62.1. 895).

l'administration par la loi. D'où il suit que les indications et notifications dont il s'agit peuvent être valablement faites, non-seulement par les huissiers, mais encore par les agents de l'administration. (Dall., p. 185 ; Devill., p. 706.)

De cet arrêt et d'un autre du 30 avril 1839 (1), des arrêtistes ont conclu que les jurés et les indemnitaires pouvaient être régulièrement convoqués *par lettres du préfet* remises à leur domicile par le garde champêtre ou le commissaire de police de leur commune, et plusieurs écrivains ont reproduit textuellement ces sommaires. Mais nous croyons que l'on ne peut tirer une pareille induction de ces arrêts, qui ont écarté les moyens de nullité invoqués, l'un parce que, les parties ayant comparu devant le jury au jour de sa réunion, exercé leur droit de récusation et présenté leurs moyens, sans aucune protestation ni réserve, il était évident que l'irrégularité alléguée n'avait pu leur causer aucun préjudice et ne pouvait, dès lors, entraîner la nullité de la décision du jury. L'autre arrêté (celui de 1839) juge que le maire, demandeur en cassation, n'était pas recevable à arguer d'une irrégularité qui aurait été son propre fait, et qui n'avait pu porter aucun préjudice à la commune, puisque tous les jurés s'etaient rendus à la convocation à eux adressée. Ces arrêts se sont donc bornés à admettre des fins de non-recevoir tirées du défaut d'intérêt. Nous croyons même que ni l'art. 31 ni l'art. 57 de la loi du 3 mai 1841 n'autorisent à convoquer les urés et les parties par de simples lettres du préfet. Cette convocation est une formalité fort importante qui doit être constatée par un acte régulier. Si une partie alléguait qu'il n'y a pas eu convocation, quel moyen légal aurait-on de prouver que la convocation a eu lieu dans les délais et avec toutes les formalités prescrites par la loi ?

D'après l'art. 15 de la loi, la citation sera notifiée aux parties, au domicile qu'elles auront élu dans l'arrondissement ; sinon, par double copie, au maire et au fermier, locataire, gardien ou régisseur de la propriété — (A).

486. On doit même apporter un grand soin à l'exécution de ces notifications, car l'art. 42 de la loi du 3 mai 1841 déclare

---

(1) S.1.606.

Additions.

(A) La signification de la liste du jury au cas d'expropriation contre une commune, est régulièrement faite à l'un des membres du conseil municipal, quoique l'empêchement du maire, des adjoints et des conseillers municipaux plus anciens, ne soit pas expressément constaté : cet empêchement est légalement présumé. Cass., 18 mai 1863 (S.63.1.548).

que l'inobservation des dispositions de l'art. 31 de la même loi peut constituer une ouverture à cassation (1). Mais il ne faudrait pas conclure de là que toute irrégularité commise dans l'exécution de ces formalités doit entraîner la nullité de la décision du jury. Si cette irrégularité a pu causer quelque préjudice à la partie qui s'en plaint, la nullité doit être prononcée ; mais si les irrégularités n'ont entraîné aucune espèce de dommage possible pour la partie qui les invoque, le défaut d'intérêt rend celle-ci non recevable à en argumenter. Ce principe est consacré par les arrêts que nous rapportons dans les numéros suivants :

487. La partie qui a comparu devant le jury au jour indiqué, et plaidé sur le montant de l'indemnité sans protestation ni réserve, n'est évidemment pas recevable à demander ensuite la nullité de la décision du jury sur le motif que la citation donnée pour paraître devant le jury ne lui aurait pas été notifiée avec le délai prescrit par l'art. 31 de la loi. Cass., 13 janvier et 15 avril 1840 (Dall., p. 91 et 185 ; Devill., p. 159 et 706) (2)—(A).

488. Lorsqu'un juré est désigné sur la liste des électeurs comme domicilié dans une commune autre que celle de son domicile réel, il doit naturellement être désigné de la même manière sur la liste dressée par la Cour, ou par le tribunal du chef-lieu judiciaire ; dès lors, on ne peut accuser d'irrégularité

---

(1) [Conf. arr. de la C. de cass., des 25 mai 1846 ; 5 janv. 1848 ; 2 avril 1849 (S.46.1.581 ; 48.1.222 ; 49.1.370).]

(2) [Ni à prétendre, pour la première fois devant la Cour de cassation, que la notification doit être considérée comme nulle pour vice de forme (22 juill. 1850 ; S.51.1.57) ; pas même lorsqu'il est expressément reconnu par la Cour que la copie de la notification présente de graves irrégularités (27 déc. 1854 ; S.55.1.453).] Cass., 5 déc. 1865 (*Gaz. trib.*, 6 déc. 65).

Additions.

(A) L'exproprié ne peut se plaindre de n'avoir pas été appelé devant le jury qui a réglé l'indemnité à laquelle il avait droit, alors que l'expropriant produit un exploit d'huissier attestant la remise qui lui a été faite, en temps utile, d'une convocation *parlant à sa personne ainsi déclaré*.

Vainement l'exproprié attaquerait-il cet exploit par la voie de l'inscription de faux, offrant de prouver qu'au jour indiqué, il était absent de la ville dans laquelle se serait opérée la remise de l'exploit. Au cas même où cette preuve serait faite, la nullité de l'exploit ne s'ensuivrait pas, alors que la remise en a été faite en un comptoir dont l'exproprié est le chef et où il a un représentant : l'huissier aurait pu, en effet, remettre la copie à ce représentant, dans la pensée qu'il parlait au chef du comptoir, peut-être même sur la déclaration que le représentant lui aurait faite qu'il était la personne à laquelle l'exploit s'adressait, personne avec laquelle il s'identifiait en effet en quelque sorte, et pour laquelle il pouvait régulièrement recevoir des actes de cette nature. Cass. civ., 9 mars 1864 (*Gaz. trib.*, 15 mars 64).

la notification des noms des jurés dans laquelle on reproduit l'indication de ce domicile, quand même cette indication aurait été le résultat d'une erreur. C'est à tort qu'on prétendrait que cette désignation erronée a entravé l'exercice du droit de récusation. Cass., 30 avril 1839 (Dall., p. 193 ; Devill., p. 606) (1). Ce même arrêt déclare que, si la notification des noms des jurés donne par erreur à l'un d'eux des prénoms différents de ceux qu'il a réellement, cette circonstance ne peut entraîner la nullité de la décision du jury, lorsque l'on n'articule pas qu'il existe un individu auquel les nom et prénoms indiqués seraient applicables, ni même qu'il existe un individu que, par suite de cette erreur de désignation, l'on ait pu confondre avec le juré qui a siégé (2).

L'erreur qui porterait sur le nom même du juré aurait nécessairement une tout autre gravité. Si cette erreur existe dans la notification faite à l'indemnitaire, il y a, a dit la Cour de cassation, violation de l'art. 31, qui veut que la liste des jurés titulaires et supplémentaires soit notifiée aux parties, et la violation de cet article donne ouverture à cassation. Arr. 22 novembre 1841 (Devill., t. 42, p. 129 ; Dall., p. 384). Si la même erreur existe dans la signification au juré qui, par suite, n'a pas comparu, quinze jurés seulement ont été assignés, et les parties ont été privées d'un juré qui leur était acquis (même arrêt (3)—(A).

---

(1) [Décis. anal. : dans un cas où aucune personne portant le même nom n'avait été trouvée au domicile indiqué, 5 fév. 1855 (S. 55.1.434) ; dans le cas d'un juré décédé, 19 mars 1849 (S. 49.1.371) ; dans le cas d'un domicile abandonné, 23 août 1854 ; 20 mars 1855 (S. 55.1.443, et 1.451), etc.]

(2) [Anal., 27 déc. 1854 (S.55.1.453) ; 26 mai 1846 (S.46.1.588). Si l'erreur dans le prénom d'un juré a été rectifiée par le magistrat directeur, à l'aide des autres circonstances ; 7 mars 1855 (S.55. 1.455).]

(3) [Add. : 22 août 1853 (S.53.1.636) ; 31 janv. 1849 (S.49.1.217).]

Additions.

(A) L'erreur commise sur les noms ou prénoms de l'un des jurés dans l'exploit d'assignation qui lui a été adressé est une cause de nullité, quand elle provient du fait de l'expropriant, et qu'elle a eu pour résultat de priver l'exproprié de la présence de ce juré lors de la formation du jury. Il en est ainsi notamment quand les prénoms d'un tiers ayant été substitués sur l'exploit de notification à ceux du juré inscrit sur la liste du jury, l'agent chargé de la signification s'est borné à dresser procès-verbal du refus du tiers de recevoir l'exploit au lieu de le remettre au juré qu'il concernait réellement. Cass., 7 avril 1858 (Dall. 58.1.456).

Il en est autrement quand l'erreur sur les nom ou prénoms du juré provient du fait soit du conseil général, soit de la Cour qui a dressé la liste. Cass., 21 juill. 1858, 28 juill. 1856, 22 août 1855 (Dall.56.4. 292 ; 55.1.395) ; 30 juin 1856 (Dall.56. 4.263) ; 4 juin 1856 (Dall.56.1.496).

Bien que l'identité de l'un des jurés

TOME I.

489. Lorsque la convocation des jurés ou de quelques-uns d'eux n'a pas eu lieu avec le délai indiqué par l'art. 31, si les jurés ont comparu au jour indiqué, ou ont envoyé à cette époque des certificats de maladie, il résulte de ces faits que le retard apporté dans la convocation de ces jurés n'a pu exercer aucune influence sur la composition du jury, de manière que l'indemnitaire n'est pas fondé à tirer de ce retard un moyen de nullité contre la décision du jury. Cass., 27 mars 1843 (Devill., p. 439 ; Dall., p. 189). Par la même raison, et lorsque tous les jurés ont comparu, on ne peut baser la demande en nullité de la décision du jury spécial sur l'allégation d'une irrégularité dans l'acte de convocation des jurés. Cass., 30 avril 1839 (Devill., p. 606 ; Dall., p. 193).

490. Lorsqu'un juré a été convoqué pour le lendemain du jour où le jury devait se réunir et s'est en effet réuni, il doit être relevé de l'amende prononcée par l'art. 32 de la loi ; mais l'irrégularité de cette convocation entraîne la nullité des décisions rendues le premier jour de la réunion du jury, parce que l'impossibilité où le juré a été mis de comparaître a changé la composition du jury, et a privé les parties de la présence d'un des jurés qui étaient appelés à statuer sur le litige et leur était acquis. Cass., 23 juin 1840 (Devill., p. 705 ; Dall., p. 239). Il en est de même si l'un des jurés a été assigné dans une commune autre que celle où il est réellement domicilié, et si, par suite, il n'a pas assisté aux premières opérations du jury. L'art. 31, en exigeant la convocation des jurés et des parties avec indication, au moins huit jours à l'avance, du lieu et du jour de la réunion, et en réglant le mode suivant lequel les récusations devront être exercées, a voulu assurer la composition régulière du jury. Si le seul effet de l'irrégularité d'une assignation délivrée à un juré était de faire appeler, suivant l'ordre d'inscription, un juré qui, au cas où celui qui a été mal assigné eût été présent, ne serait pas entré dans la composition du jury, il dépendrait de la partie chargée de délivrer l'assignation d'écarter indirectement un juré sans recourir au mode de récusation dont la loi a tracé les règles (1). Le mode de remplacement indiqué par l'art. 33

---

supplémentaires qui a été assigné avec un autre du même nom porté sur la liste, ne soit pas établie et qu'il ait pu y avoir erreur, il ne s'ensuit pas que la décision du jury doive être annulée, s'il n'y a eu ni mauvaise foi ni fraude de la part de l'expropriant, et si d'ailleurs le jury s'est trouvé régulièrement formé avec les seuls titulaires. Cass., 19 juin 1861 (S.62.1. 894).

(1) [« L'art. 31 chargé le préfet et le « sous-préfet de faire convoquer les per-

n'est pas applicable aux cas d'irrégularité ou d'absence de la notification exigée par l'art. 31. Cass., 20 juill. 1840 (Devill., p. 705 et 706 ; Dall., p. 267 et 268) (1).

Si cependant le juré à l'égard duquel l'irrégularité a été commise était un des derniers inscrits sur la liste, ou un juré supplémentaire, et que le jury ait été composé de jurés inscrits avant l'absent, il semble que les parties qui ont accepté le jury ainsi composé ne seraient pas en droit de se plaindre, puisque, si toutes les notifications avaient eu lieu régulièrement, le jury aurait été composé des mêmes personnes.

491. Il a été dit ci-dessus (2) que la notification aux parties peut être faite par les agents désignés en l'art. 57, et qu'elle doit être remise au domicile ou aux personnes déterminées par l'art. 15 (§§ 2 et 3). Est-il nécessaire, en outre, qu'elle réunisse toutes les conditions voulues par l'art. 61, C. proc. civ., pour les exploits d'ajournement? La Cour de cassation a rejeté cette prétention. « Attendu (porte un arrêt du 4 avril 1842) que la
« notification, qui est prescrite par l'art. 31 de la loi du 3 mai
« 1841 peut être faite, aux termes de l'art. 57 de la même loi,
« par huissier ou par un agent de l'administration, en se confor-
« mant à l'art. 15 ; attendu qu'alors même que la notification
« est faite par huissier, l'esprit des art. 57 et 31 n'est pas de
« prescrire que l'exploit contienne, sous peine de nullité, toutes
« les conditions voulues par l'art. 61, C. proc. civ., mais seule-
« ment d'exiger qu'il y ait certitude que la copie a été remise
« au domicile indiqué par l'art. 15 ; que, dans l'espèce, cette
« certitude est acquise par les énonciations de l'exploit repré-
« senté ; d'où il suit que la notification a été valablement faite,
« et que l'exproprié a à s'imputer de n'avoir pas formulé son
« pourvoi dans le délai légal de quinzaine ; déclare le pourvoi
« non recevable » (3).

492. Mais la notification de la liste des jurés et de l'arrêté préfectoral indiquant le jour fixé pour leurs opérations ne peut être faite aux expropriés *par le maire même de la commune qui poursuit l'expropriation*. Les expropriés, d'un côté, et la com-

---

« sonnes inscrites sur les deux listes (des
« jurés titulaires et des jurés supplémen-
« taires); et l'art. 42, pour ne pas laisser
« l'administration maîtresse d'écarter ,
« par la simple omission de les convo-
« quer, ceux des jurés dont elle ne vou-
« drait pas, a placé au nombre des causes

« de cassation de la décision du jury,
« l'infraction aux règles de l'art. 31. »
Cass., 31 janv. 1849 (S. 49.1.247).]
(1) [Et, *infrà*, n° 523.]
(2) P. 398.
(3) S.42.1.97.

mune, de l'autre, étant les parties contendantes dans les débats qui vont s'ouvrir sur le règlement de l'indemnité qu'on a vainement tenté de faire à l'amiable, le maire, représentant légal de la commune, ne peut pas dresser et signifier lui-même, aux adversaires de celle-ci, un acte contentieux qui est indispensable à la validité de la décision qui est attendue : en un tel cas, le procès-verbal de notification est nul et comme non avenu ; et le défaut de notification de la liste du jury et de la fixation du jour de ses opérations est, aux termes des art. 31 et 42 combinés, une cause de nullité de la décision du jury. En conséquence, la décision du jury est cassée (1)—(A).

493. On ne peut se créer à soi-même des causes de nullité contre un acte ou une sentence à intervenir. C'est ce qui a été jugé dans une affaire où la ville de Saint-Denis demandait la cassation d'une décision du jury, pour violation de l'art. 31 de la loi du 3 mai 1841, en ce que, dans la notification faite aux jurés, en vertu dudit article, par exploit à sa requête, le nom d'un des jurés n'aurait pas été compris. La Cour a déclaré la ville non recevable à invoquer, comme moyen de cassation, une irrégularité qui, si elle eût existé, aurait été commise dans un exploit délivré à sa requête (2). La Cour avait déjà rejeté un semblable moyen invoqué par la ville de Marseille, dans une instance en expropriation, où cette ville, représentée au procès par le préfet des Bouches-du-Rhône, à la requête duquel les exploits de convocation des jurés avaient été délivrés, prétendait se prévaloir d'irrégularités qu'elle reprochait aux copies d'exploits ainsi délivrés à sa propre requête (3).

---

(1) Arrêt du 3 avril 1855 (S.55.1.544.)
(2) 19 mars 1849 (S. 49.1.370).
(3) 2 fév. 1846 (S.46.1.237).

Additions.

Lorsqu'une expropriation est poursuivie au profit d'une commune, la commune expropriante peut faire prononcer la nullité de la décision qui fixe l'indemnité due aux expropriés, si le préfet a négligé de faire convoquer la commune, en la personne du maire, son représentant légal, conformément à l'art. 31. La nécessité de cette convocation existe aussi bien à l'égard de la partie expropriante qu'à l'égard de la partie expropriée, et la circonstance que le préfet, chargé de faire la convocation, est en même temps le représentant de l'administration expropriante, dispense seule, dans la plupart des cas, de cette convocation. Cass., 30 nov. 1857 (*Gaz. trib.*, 1 déc. 57 ; Dall.58.1.82).

Il a été jugé que les maires ont qualité pour faire les notifications prescrites par la loi du 3 mai 1841, et notamment la notification de la convocation des jurés, encore bien qu'ils seraient personnellement désignés pour faire partie du jury ; alors, d'ailleurs, qu'ils ne sont intéressés dans le litige, ni personnellement, ni comme représentant leur commune. Cass. civ., 6 avril 1859 (S.59.1.957.)

494. L'administration, étant chargée de convoquer les jurés et les parties, en leur indiquant le lieu et le jour de la réunion (art. 31), n'a aucun avertissement à attendre de personne pour les convocations dont elle a elle-même fixé les jours et heures. Si le préfet ne comparaît pas, ni personne pour lui, l'absence du chef de l'administration départementale ou de son délégué ne peut être un obstacle à l'expédition des affaires dont le jury d'expropriation doit connaître, et aucune disposition de loi ne prescrit au magistrat directeur du jury, soit de mettre l'administration en demeure de se présenter, soit de déclarer que les affaires portées devant le jury ne sont pas en état à raison de l'absence du préfet, et de surseoir au jugement : dans un tel cas, le magistrat directeur et le jury, en procédant, malgré l'absence du préfet, aux opérations pour lesquelles ils avaient été régulièrement convoqués et constitués, n'ont contrevenu ni aux art. 31 et 34 de la loi du 3 mai 1841, ni à aucune autre disposition de loi (1).

495. Dans une affaire où l'administration se plaignait de ce que l'ingénieur, qui avait été chargé par le préfet de représenter l'administration devant le jury, n'aurait été convoqué à la réunion, par le sous-préfet, que moins de huit jours avant celui où elle s'est tenue, et sans qu'il eût reçu communication de la liste des jurés, un arrêt du 22 août 1853 décide : « Que, à supposer
« que lesdites deux circonstances auraient constitué une irrégu-
« larité dans le sens de l'art. 31 de la loi du 3 mai 1841, ces
« irrégularités se trouveraient couvertes par le fait du manda-
« taire de l'administration lui-même, qui, sans protestation ni
« réserve, a conclu au fond devant le jury ; qu'un double vice
« de forme de cette espèce, n'étant pas d'ordre public, ne pour-
« rait dès lors être invoqué, pour la première fois, devant la
« Cour de cassation » (2).

496. Aux termes de l'art. 215, C. Nap., la femme ne peut ester en jugement sans l'autorisation de son mari ; et, aux termes de l'art. 1549 du même Code, le mari seul a l'administration des biens dotaux pendant le mariage. Loin d'avoir dérogé, en cas d'expropriation pour cause d'utilité publique, à ces principes fondamentaux, la loi du 3 mai 1841 en a, au contraire, par ses art. 13 et 25, réglé spécialement l'application pour les

---

(1) Arrêt précité, du 19 janv. 1852 (S. 52.2.367).

(2) S. 54.4.64.

cas d'aliénation amiable et d'acceptation des offres d'indemnité, et cette application doit avoir lieu aussi bien lorsque l'administration provoque contre les propriétaires inscrits sur la matrice des rôles l'expropriation et le règlement judiciaire de l'indemnité, que lorsqu'elle traite avec eux à l'amiable, sous les conditions énoncées aux art. 13 et 25 précités. D'après cela, l'art. 31, compris par l'art. 42 au nombre de ceux dont la violation ouvre le recours en cassation, et qui ordonne la convocation des parties, ne peut s'entendre que des parties capables d'ester en justice et pouvant être légalement convoquées. Si donc l'immeuble exproprié était dotal et la propriétaire sous puissance maritale ; si, en outre, la qualité de femme mariée appartenant à cette dame avait été spécialement portée à la connaissance de l'administration par un exploit de refus d'offres signifié tant à la requête de la femme qu'à celle de son mari agissant pour l'autoriser : dans de telles circonstances il est mal procédé contre la femme seule ; et les art. 31 et 42 sont violés (1).

497. « La commission vous propose, a dit en 1833 M. Martin (du Nord), son rapporteur, de placer auprès du jury un magistrat qui en surveille et dirige les opérations ; et cette modification contribuera indubitablement à les abréger. Ce magistrat, qui pourra être appelé *directeur du jury*, est nécessaire à nos yeux pour que les décisions soient convenablement préparées et rendues. C'est lui qui, avant la session, vérifiera si tous les documents propres à éclairer le jury sont réunis ; c'est lui qui, au jour fixé pour la réunion, surveillera l'instruction, écartera les difficultés de procédure, et imprimera aux débats une marche plus prompte. Cette innovation n'a pas besoin d'être autrement justifiée. Une raison d'analogie qui frappera tous les esprits doit faire placer près du jury que nous créons un guide sûr et expérimenté ; c'est à la magistrature que nous devons le demander... Le magistrat ainsi délégué prononcera l'amende contre le juré qui se sera refusé à remplir ses fonctions dans toute leur

---

(1) [Cass., 11 janv. 1848 (S. 48.1.158). — V., pour le cas inverse, en matière de notification des offres, c'est-à-dire pour le cas où les offres n'ont été notifiées qu'au mari seul, et non à la femme propriétaire, l'arrêt du 24 août 1846, *sup.*, p. 347. — Mais lorsqu'un jugement d'expropriation a été prononcé contre le mari seul, après accomplissement de toutes les formalités à son égard, le mari ayant agi en son nom personnel et non comme représentant sa femme et en exerçant les droits ; dans ce dernier cas, la femme est non recevable à attaquer ce jugement devant la Cour de cassation ; elle est étrangère à l'instance ; V. arrêt du 12 août 1854, *suprà*, p. 447.]

étendue ; il statuera sur l'opposition que le juré condamné aura formée à la décision rendue contre lui ; il taxera les dépens ; enfin il déclarera exécutoire la sentence du jury, et enverra l'administration en possession de la propriété. » (*Monit.*, 27 janvier 1833, p. 212.)

498. Le projet adopté par la Chambre des députés en 1833 avait prévu le cas où le magistrat directeur du jury ne pourrait, pour une cause quelconque, remplir la mission qui lui avait été confiée ; et l'art. 14, § 4, de ce projet, disait que le *président du tribunal*, sur le réquisitoire du procureur du roi, commettrait un autre juge pour le remplacer. Cette disposition avait disparu du projet adopté par la Chambre des pairs, sans motifs connus. Cette lacune rendait fort difficile le remplacement du magistrat directeur. Pour obvier à cet inconvénient, la commission de la Chambre des députés, en 1840, demanda que le jugement d'expropriation désignât un autre membre pour remplacer au besoin le magistrat directeur. Pour assurer en tout événement la marche des opérations, l'art. 14, § 4, de la loi du 3 mai 1841, déclare qu'en cas d'absence ou d'empêchement de ces deux magistrats, il sera pourvu à leur remplacement par une ordonnance du président du tribunal civil, rendue sur requête—(A).

499. Les magistrats directeurs pouvant exercer une influence plus ou moins grande sur la décision du jury, et, ayant même souvent des décisions à rendre ou des condamnations à prononcer,

---

Additions.

(A) Lorsque l'ordonnance par laquelle un magistrat directeur a été désigné en remplacement du juge que le jugement d'expropriation avait désigné, a été rendue, non par le président du tribunal, mais par un vice-président, il n'est pas nécessaire que cette ordonnance mentionne l'absence ou l'empêchement du président et des vice-présidents plus anciens que celui qui la rend : l'absence ou l'empêchement se présume, sans qu'il soit besoin d'en faire l'objet d'une mention spéciale. Art. 47 du décret du 30 mars 1808. Cass. civ., 18 févr. 1863 (*Gaz. trib.*, 19 févr. 63) ; Cass. civ., 8 juill. 1863 (*Gaz. trib.*, 9 juill. 63).

Le jury d'expropriation est valablement dirigé par un magistrat désigné à cet effet par une ordonnance spéciale du président du tribunal, en remplacement, est-il dit en cette ordonnance, du magistrat désigné pour diriger le jury par le jugement d'expropriation. Peu importe que l'ordonnance ne mentionne pas l'empêchement du membre désigné au même jugement d'expropriation pour remplacer au besoin le magistrat directeur ; la présomption d'empêchement de ce magistrat résulte suffisamment de la seule intervention de l'ordonnance. Cass. civ., 2 fév. 1864 (*Gaz. trib.*, 4 fév. 64).

A pu être considéré comme empêché, et remplacé par simple ordonnance du président du tribunal, le magistrat qui, juge suppléant au moment du jugement d'expropriation, et désigné par ce jugement pour remplacer au besoin le magistrat directeur, a été nommé depuis juge titulaire au même tribunal. Art. 14, §§ 3 et 4 de la loi du 3 mai 1841. Cass., 5 déc. 1865 (*Gaz. trib.*, 6 déc. 65).

ils peuvent être récusés pour les causes énoncées dans l'art. 378, C. proc. civ. L'exercice de ce droit pourrait offrir quelques difficultés de forme; mais il est à présumer que les magistrats directeurs n'hésiteront pas à s'abstenir lorsqu'ils se trouveront dans un des cas prévus par l'art. 378 — (A).

500. Le magistrat directeur du jury est assisté, auprès du jury spécial, du greffier ou d'un commis greffier du tribunal qui appelle successivement les causes sur lesquelles le jury doit statuer, et tient procès-verbal des opérations (art. 34, § 1er). « L'introduction du directeur du jury, a dit M. Martin (du Nord), rend nécessaire l'assistance du greffier du tribunal, qui, plus habitué qu'aucun autre à l'observation des formes, tiendra plus régulièrement les procès-verbaux des opérations du jury. » (*Monit.*, 27 janvier 1833, p. 212.)

La partie qui, après avoir requis l'adjonction d'un greffier au magistrat directeur, a procédé sans réserves et pris part aux opérations ultérieures, n'est pas fondée à se faire un moyen de nullité de ce que, lors des premières opérations, le magistrat directeur n'avait pas été assisté d'un greffier. Cass., 30 avril 1844 (Dall., p. 252; Devill., p. 432) — (B).

501. La police de l'audience appartient nécessairement au magistrat directeur du jury (C. inst. crim., 267), et les art. 88 et suivants, C. proc. civ., sont applicables à ce cas, comme à tous ceux où un magistrat agit en vertu de la délégation du tribunal. Ainsi, si quelques individus troublent l'ordre, le magistrat directeur pourra les faire retirer de l'audience, et, en cas de résistance, les faire retenir en prison pendant vingt-quatre heures. (C. proc., 89.)

502. « Certaines formalités prévues par quelques articles de la loi sont substantielles, a dit M. de Podenas, et l'absence de leur accomplissement donne ouverture au recours en cassation. Il est donc absolument nécessaire de dresser procès-verbal de

---

Additions.

(A) Un jury chargé du règlement d'une indemnité d'expropriation, poursuivie au nom de l'Etat, peut avoir pour directeur un magistrat en qui existe la qualité de membre du conseil municipal de la commune qu'intéresse à un certain degré l'expropriation que l'Etat poursuit. Dans tous les cas, l'intérêt que le magistrat directeur aurait pu avoir à l'expropriation ne serait qu'une cause de récusation et non un moyen de cassation. Cass. civ., 12 janv. 1864 (*Gaz. trib.*, 13 janv. 64).

(B) En cas d'empêchement du greffier et des commis greffiers, le magistrat directeur du jury est valablement assisté par un simple citoyen désigné par ce magistrat et admis par lui au serment. Et il n'est pas nécessaire que le procès-verbal énonce expressément le fait de l'empêchement : ce fait est légalement présumé. Cass., 8 juill. 1863 (S. 63.1.400).

ce qui se passe dans la session du jury, afin qu'on puisse savoir plus tard d'une manière officielle qu'on a obéi à la loi. Sans cela, comment pourrait-on attaquer les actes devant la Cour de cassation? Cela est incontestable sans doute, mais il faut cependant le dire formellement dans la loi. » (*Monit.*, 7 février 1833, p. 317.) Aujourd'hui l'art. 34 dit que le greffier tient procès-verbal des opérations. Ce procès-verbal doit surtout constater avec soin l'accomplissement des formalités dont l'inobservation pourrait autoriser un recours en cassation; il doit, comme tous les actes de même nature, être signé par le magistrat directeur et par le greffier. C'est dès lors un acte authentique.

De ce que la loi dit que le greffier tient procès-verbal des opérations, on avait conclu que le magistrat directeur n'était pas tenu de signer ce procès-verbal. La Cour de cassation a adopté le système contraire. Arr. 31 décembre 1844 (Devill., t. 45, p. 110). On a prétendu que l'ordonnance d'*exequatur* du magistrat directeur devait être distincte de ce procès-verbal. La loi, qui ne multiplie jamais les actes sans nécessité, a certainement voulu, a dit la Cour de cassation, que le procès-verbal du greffier contînt tout à la fois le compte rendu de toutes les opérations tant du jury que du magistrat directeur, c'est-à-dire le règlement de l'indemnité par le jury, et l'ordonnance par laquelle sa décision est déclarée exécutoire par le magistrat directeur, en même temps qu'il prononce l'envoi en possession, qui est le complément de la poursuite d'expropriation. Ce procès-verbal, destiné à faire partie des minutes du greffe, peut et doit contenir la minute même de l'ordonnance d'*exequatur*, ainsi que celle de l'ordonnance d'envoi en possession. Arr. 15 avril 1840 (Dall., p. 185; Devill., p. 706).

Il n'est pas indispensable que ce procès-verbal renferme toutes les mentions prescrites par l'art. 141, C. proc. Cet article exige que les jugements contiennent les noms des juges, les noms, professions et demeures des parties, leurs conclusions, l'exposition sommaire des points de fait et de droit, les motifs et le dispositif du jugement. Le procès-verbal des opérations du jury doit nécessairement désigner les jurés et les parties; mais les autres mentions (1) n'y sont insérées que par équipollents. A la vérité, l'art. 39 de la loi du 3 mai 1841 trace les règles que le jury doit suivre quand il fixe le montant de l'indemnité en ayant égard à la différence des titres des ayants droit; mais ni cet

---

(1) Et surtout les points de fait et de droit.

article ni aucun autre de la même loi n'impose de forme de rédaction pour le procès-verbal, soit au magistrat directeur, qui est uniquement astreint à rapporter avec exactitude ce qui s'est passé ; soit au jury, qui doit seulement exprimer sa décision d'une manière précise ; en sorte que c'est du rapprochement du procès-verbal avec les offres et les demandes signifiées et dont le tableau est remis au jury, que résulte l'exposé complet des faits, des conclusions et du dispositif, que dans les matières ordinaires l'art. 141, C. proc., oblige de réunir dans le jugement. Cass., 12 juin 1843 (Devill., p. 483 ; Dall., p. 314). Il est seulement essentiel que le procès-verbal du jury constate exactement tous les faits relatifs à la formation du jury, à ses opérations, aux mesures d'instruction qui ont été ordonnées, aux demandes et prétentions des parties, etc.—(A).

503. Par cela même que le procès-verbal des opérations du jury est un acte authentique, tous les faits qui y sont constatés

Additions.

(A) L'erreur matérielle contenue au procès-verbal des opérations d'un jury d'expropriation, erreur consistant en ce que, au lieu où se trouvent mentionnés les débats de l'affaire, un autre nom a été substitué au nom de l'exproprié, n'est pas une cause de nullité des débats et de la décision, lorsqu'en fait il est constant qu'il n'y a eu qu'une simple erreur de plume, suffisamment rectifiée par les autres énonciations du procès-verbal. Cass. civ., 11 déc. 1860 (*Gaz. trib.*, 13 déc. 60).

La décision du jury d'expropriation doit être cassée lorsque le procès-verbal est conçu de telle sorte qu'il ne permet pas de vérifier si le jury a été régulièrement composé, si notamment l'ordre régulier a été suivi pour l'appel des jurés et si, par suite, le remplacement des jurés titulaires ou suppléants absents ou empêchés, par des jurés complémentaires, s'est fait conformément à la loi. Cass. civ., 11 fév. 1861 (*Gaz. trib.*, 12 fév. 61).

La constatation de publicité que renferme le procès-verbal des opérations du jury s'étend à toute la séance, lorsque ce procès-verbal a été rédigé en un seul contexte, sans mention d'aucune interruption ni d'aucun changement dans la direction du débat. Cass., 18 déc. 1861 (S.62. 1.1066).

Bien que le magistrat directeur qui, en matière d'expropriation pour cause d'utilité publique, a constitué autant de jurys distincts qu'il y avait d'affaires à juger, n'ait dressé qu'un seul procès-verbal pour rendre compte des opérations successives de ces jurys, les décisions diverses de chacun de ces jurys n'en demeurent pas moins indépendantes les unes des autres, et chaque partie de l'ensemble du procès-verbal qui s'applique limitativement à une affaire spéciale, constitue, à bien dire, un procès-verbal distinct ; de telle sorte qu'on ne peut pas se prévaloir des prétendues défectuosités inhérentes à l'une des parties du procès-verbal général concernant une seule affaire, pour infirmer les parties de ce même procès-verbal qui concernaient les autres affaires ou l'une d'elles. Cass. civ., 4 août 1862 (*Droit*, 5 août 62).

Le magistrat directeur a pu, sans excéder ses pouvoirs, refuser d'insérer dans le procès-verbal des débats des conclusions prises après la décision du jury, par lesquelles l'une des parties prétendait qu'une visite de lieux irrégulière non mentionnée au procès-verbal avait eu lieu dans la cause. Il suffit que, dans son procès-verbal, le magistrat directeur ait fait mention de cet incident, et de la décision par laquelle il a rejeté les conclusions, par le

doivent être tenus pour vrais, tant que la foi due à cet acte n'a pas été détruite par une inscription en faux. Elle ne peut être écartée par la preuve testimoniale, ni par des présomptions, lors même qu'elles seraient graves, précises et concordantes.

Ainsi, on ne peut avoir égard à l'allégation que les jurés ont prêté serment en masse, et non individuellement, lorsque le procès-verbal énonce que chacun des jurés appelé individuellement a dit, en levant la main : *Je le jure*. Cass., 9 juin 1834 (Dall., p. 337; Devill., t. 35, p. 37). De même, lorsque les énonciations du procès-verbal suffisent pour établir que les jurés ont délibéré en secret et sans désemparer, on n'est pas recevable à prouver le contraire par témoins. Cass., 19 janvier 1835 (Devill., p. 172; Dall., p. 113) (1).

M. Gand dit qu'un arrêt de la Cour de cassation du 23 juin 1840 a jugé que le *silence* du procès-verbal non attaqué par l'inscription de faux suffirait pour rendre *inadmissible* la preuve, rapportée par le demandeur, d'un fait de violation de la loi qui ne résultait pas de ce procès-verbal, et ce jurisconsulte avoue qu'il a de la peine à admettre cette décision (p. 323). Mais il nous semble que ce n'est pas là ce qu'a jugé la Cour de cassation. L'arrêt dit seulement « qu'il ne résulte pas du procès-verbal des opérations du jury que M. . . . ., greffier, soit entré dans la chambre du conseil, et y soit resté pendant la délibération des jurés ; que les documents invoqués par le demandeur pour établir ce fait ne *forment pas un preuve régulière et légale* qui puisse suppléer au silence du procès-verbal, contre lequel il n'a point été fait d'inscription de faux. (Devill., p. 714 ; Dall.,

---

motif que rien de ce qui avait été fait dans la cause ne se trouvait omis au procès-verbal. Cass. civ., 26 nov. 1862 (*Gaz. trib.*, 27 nov. 62).

Il suffit, pour la constatation régulière des opérations du jury, que les procès-verbaux constatant ces opérations, attestent que le compte rendu de chaque affaire, terminé par l'ordonnance du magistrat directeur, porte la signature de ce magistrat et du greffier ; si, en outre, le procès-verbal de chaque jour, relatant tout ce qui s'est passé dans les affaires jugées dans la journée par le jury de la session, porte les mêmes signatures. Cass. civ., 4 août 1863, et autres (*Gaz. trib.*, 5 août 63).

La circonstance que le procès-verbal des opérations du jury n'aurait pas été rédigé dans le délai imparti pour le pourvoi en cassation, n'est pas une cause de nullité desdites opérations et de la décision qui les a suivies. Cass. civ., 23 déc. 1863 (*Gaz. trib.*, 25 déc, 63).

Aucune disposition de loi ne prescrit, à peine de nullité, que le procès-verbal des opérations du jury mentionne le jugement en vertu duquel l'expropriation est poursuivie. Cass. civ., 16 août 1865 (*Gaz. trib.*, 26 août 65).

(1) Voir aussi : Cass., 5 avril 1857 (Dall. 57.1.328); Cass., 21 août 1860 (S. 61.1.385); Cass., 5 mars 1861 (S.61.1.1000); Cass., 26 nov. 1862 (S.63.1.400); Cass., 2 fév. 1864 (S. 64.1.370).

p. 360.) Ainsi l'arrêt juge que la preuve du fait allégué (la présence du greffier à la délibération du jury) ne résultait ni du procès-verbal ni des autres documents produits, et ne décide pas que ce fait (sur lequel le procès-verbal était muet) n'aurait pu être établi par aucune autre voie que l'inscription de faux.

Comme il sera toujours fort difficile de faire ordonner une enquête devant la Cour de cassation, il y aura souvent impossibilité réelle de constater des irrégularités dont le procès-verbal ne fera pas mention. Il est donc important pour les parties qui veulent former un pourvoi de faire constater au procès-verbal des irrégularités dont elles comptent argumenter, et, au besoin, d'y faire consigner leurs conclusions et réquisitions, lors même que le magistrat directeur ne voudrait pas y faire droit. Il n'est pas à supposer que ce magistrat refuse de mentionner ces réquisitions lorsqu'elles lui seront soumises avant la clôture du procès-verbal.

Il ne suffirait même pas, pour détruire la foi due au procès-verbal, de déclarer devant la Cour de cassation que l'on veut s'inscrire en faux. Aux termes des art. 1 et 2, titre X, du règlement du 28 juin 1738, celui qui veut s'inscrire en faux devant la Cour doit en obtenir la permission. Dès lors, pour déterminer l'admission d'une preuve qui tend à invalider la foi due à un acte authentique, il ne suffit pas d'articuler des faits qui entraîneraient, s'ils étaient prouvés, la nullité de la procédure; il faut encore que ces faits se présentent avec des caractères de probabilité et de vraisemblance qui permettent de les déclarer admissibles, et d'en autoriser la preuve. Il serait dangereux de faire toujours dépendre la foi due à un acte judiciaire de souvenirs fugitifs, souvent éloignés et toujours incertains. Lorsqu'elle est saisie d'une inscription de faux, la Cour est donc toujours libre de la rejeter ou de l'admettre suivant les circonstances. C'est ce qui a été jugé en matière criminelle par les arrêts des 13 juin 1838 (Devill., p. 499; Dall., p. 282), 31 juin 1839 et 13 mai 1840 (Devill., t. 40, p. 400 et 416; Dall., p. 223). Un arrêt du 26 avril 1843 applique ces principes au procès-verbal des opérations du jury, et déclare qu'on ne peut admettre contre un pareil acte la voie extraordinaire de l'inscription de faux qu'autant qu'il existerait des indices assez graves et assez nombreux pour qu'on pût les considérer comme susceptibles de prévaloir sur la présomption légale qui protège le procès-verbal du directeur du jury. (Devill., p. 620; Dall., p. 266.)

Lorsque la décision du jury constate que douze de ses membres ont délibéré, on ne peut établir le contraire par des attestations émanées des jurés eux-mêmes (1) — (A).

504. Les procès-verbaux *imprimés à l'avance* sont tout ce qu'il y a de plus irrégulier et de plus dangereux. Puisque la loi exige qu'il *soit tenu* procès-verbal des opérations, c'est nécessairement d'un procès-verbal *dressé* au moment même des opérations, qu'elle entend parler : le texte de la loi proscrit donc les procès-verbaux imprimés à l'avance. Son esprit les proscrit également : car la garantie de la sincérité du procès-verbal est tout entière dans sa confection contemporaine avec les actes mêmes; et les procès-verbaux imprimés à l'avance sont un moyen très-facile de présenter, comme constatées, des formalités qui n'ont pas été accomplies. Cependant la Cour de cassation a déclaré que la nullité du procès-verbal n'est pas encourue de plein droit par cela seul que quelques-unes de ses parties auraient été imprimées à l'avance; mais qu'il y a nullité, lorsque, *nonobstant la mention contraire insérée dans la partie imprimée*, il résulte de la partie manuscrite du procès-verbal que quatorze jurés seulement, au lieu de seize, ont été présents lors de la formation du jury de jugement, et lorsque, d'ailleurs, aucune constatation n'a été faite de la formalité prescrite par le paragraphe final de l'art. 34 de la loi du 3 mai 1841, qui veut que, pour la formation du jury de jugement, le magistrat directeur procède à la réduction des jurés au nombre de douze, en retranchant les derniers noms inscrits sur la liste (2). Sans nul doute, la contradiction matérielle qui existait entre les deux parties du procès-verbal, dans l'espèce, était une anomalie qui ne pouvait manquer d'être condamnée par la Cour de cassation; mais le danger seul de pareilles erreurs, qui pourraient se renouveler sans qu'on eût toujours le moyen d'en procurer la preuve, fait regretter que la jurisprudence ne prononce pas, en principe et d'une manière absolue, la nullité des procès-verbaux imprimés à l'avance.]

505. Au jour indiqué pour la réunion du jury, le magistrat directeur fait procéder à l'appel des jurés titulaires et supplé-

---

(1) Cass., 10 janv. 1855 (*Droit*, 10 janv. 55).

(2) Cass., 22 mai 1855 (*Gaz. trib.*, 24 mai 55 ; S. 55.1.541).

Additions.

(A) Le procès-verbal des opérations du jury d'expropriation, dressé en conformité de l'art. 34, suffit à lui seul pour constater la date de la décision du jury, à ce point que lorsqu'il existe une différence avec la date de la décision, celle qui lui est donnée par le procès-verbal doit prévaloir. Cass. civ., 4 août 1863 (*Gaz. trib.*, 5 août 63).

mentaires, et prononce, dit l'art. 32, sur les causes d'empêchement que les uns et les autres peuvent proposer. D'après l'analogie qui existe entre ce jury spécial et le jury en matière criminelle, nous croyons que le magistrat directeur ne peut s'empêcher de considérer comme valablement empêchés : 1° les sénateurs et les députés au Corps législatif, pendant la durée de la session, pendant les dix jours qui précèdent l'ouverture de la session et les dix jours qui suivent sa clôture ; 2° ceux qui se trouvent atteints de maladies ou d'infirmités qui les empêchent de se rendre au lieu désigné pour la réunion des jurés ou d'en remplir les fonctions.

La maladie ou l'infirmité doit être prouvée par le certificat d'un médecin, chirurgien ou officier de santé. Pour éviter l'abus de ces certificats obtenus si souvent, sans motifs réels, de la complaisance des gens de l'art, les instructions ministérielles ont ordonné aux préfets, en matière criminelle, d'insérer dans la notification aux jurés l'avertissement que les certificats de maladie ne peuvent être admis que lorsque les gens ne l'art en ont affirmé la sincérité, ainsi que la réalité de la maladie, devant le juge de paix du canton, et sous la foi du serment. Il serait à désirer que la même règle fût admise pour les jurys spéciaux. Le médecin qui délivrerait un faux certificat serait alors passible des peines portées par l'art. 160, Cod. pén. (2 à 5 ans de prison, et, s'il y a eu don ou promesse, le bannissement); le juré serait, comme complice, passible des mêmes peines. Si le magistrat directeur jugeait convenable d'admettre une excuse qui ne serait pas justifiée par la production d'un semblable certificat, il n'en résulterait aucune nullité des opérations.

Le magistrat directeur prononce, selon les circonstances, sur les autres causes d'empêchement invoquées par les jurés. Les septuagénaires sont toujours dispensés, lorsqu'ils le requièrent, des fonctions de jurés (art. 30, § 7).

Généralement, l'absence d'un juré de son domicile n'est considérée comme une cause légitime d'empêchement qu'autant qu'il est pouvé que le départ est antérieur à la citation donnée à ce juré, et que l'endroit dans lequel il se trouve est trop éloigné pour qu'il ait pu se rendre à temps au lieu indiqué pour les opérations du jury.

506. Aucune disposition de la loi ne met obstacle à ce que les jurés, qui n'ont pas été présents lors de l'ouverture de la cession et qui n'ont pas été expressément et définitivement rayés, se présentent pendant le cours de la session et soient valable-

ment compris dans les jurys de jugement composés postérieurement à leur comparution (arrêt de la Cour de cassation, du 1ᵉʳ juillet 1845) (1).

La question s'est reproduite à l'occasion de deux pourvois formés contre deux décisions du jury spécial de l'arrondissement de Mâcon, des 25 et 28 janvier 1853, dans les circonstances suivantes :

Le jury avait été convoqué pour une série de trente affaires. A la première séance, qui eut lieu le 24 janvier 1853, le sixième des jurés titulaires de la liste notifiée, le sieur Meunier, n'avait pas comparu ; le magistrat directeur l'avait condamné à l'amende, et l'avait remplacé par le premier juré supplémentaire, pour composer la liste des seize jurés présents et idoines (art. 32 et 33). On s'en était tenu là dans cette séance du 24. Aucune cause n'avait été appelée (art. 34).

Le lendemain, 25, à l'ouverture de la séance, le sieur Meunier s'était présenté ; il avait expliqué et fait admettre les motifs de son absence de la veille ; et une décision expresse du magistrat directeur l'avait relevé de l'amende.

C'est alors, seulement, que la première affaire avait été appelée, puis successivement plusieurs autres, dans la séance du 25.

Mais, dans ces appels des causes, et des jurés présentés aux parties pour l'exercice des récusations péremptoires et pour la constitution du jury de jugement (art. 34 et 35), il n'avait plus été, en aucune manière, question du juré Meunier, malgré son retour ; son nom avait été passé sous silence dans toutes les opérations ultérieures de la session, et il n'était plus désigné dans le procès-verbal.

Ainsi, un juré titulaire, légalement notifié, n'était pas mentionné absent, et sa présence, au contraire, était établie par sa comparution, à la séance du premier appel des causes, par les explications qu'il avait données lui-même sur l'incident qui le concernait, et par la décision qui l'avait relevé de l'amende : d'autre part, aucun empêchement, aucune exclusion ou incompatibilité, ni récusation, ni dispense, n'étaient constatés à son égard. Cependant il n'avait pas fait partie du jury de jugement ; et un juré supplémentaire, qui ne pouvait venir qu'à son défaut, l'y avait remplacé. *Pourquoi ?* Rien ne le disait dans le procès-verbal.

---

(1) S.45.1.492.

En cet état, la dame de Bellevue, veuve du Sordet, dont la cause était du nombre de celles jugées le 25, s'est pourvue devant la Cour de cassation contre la décision du jury, pour violation de l'art. 34, § 4, de la loi du 3 mai 1841 : en ce que, dans le jury de jugement avait figuré un juré supplémentaire, non-seulement sans que le procès-verbal fît mention de la cause d'empêchement du juré titulaire qu'il avait remplacé, mais même alors qu'il était constaté, par le procès-verbal, que ce juré titulaire était présent et qu'il n'avait point été récusé.

La décision a, en effet, été annulée par un arrêt en date du 26 avril 1853 dont voici les motifs : « Vu l'art. 34, § 4, de la loi « du 3 mai 1841 ;... attendu qu'il n'est fait mention (dans le « procès-verbal) d'aucune cause d'empêchement ou d'incompa- « tibilité en la personne de Meunier ; que celui-ci, quoique ab- « sent à la séance du 24 janvier, lorsque, pour le première fois, « il a été procédé à l'appel des jurés, aurait dû être réintégré « au nombre des jurés titulaires, du moment où il comparais- « sait avant l'appel des causes, et, par conséquent, avant la con- « stitution du jury de jugement (1) ;—attendu que le mode de « réduction au nombre de douze jurés, pour constituer le jury « de jugement, tel qu'il est déterminé et prescrit par l'art. 34, « § 4, de la loi du 3 mai 1841, implique la nécessité légale « d'opérer seulement sur la liste des seize jurés titulaires, lors- « que tous se présentent et qu'il n'existe pour aucun d'entre « eux aucune cause d'empêchement ou d'incompatibilité ; — « attendu qu'au lieu de procéder de cette manière, le magistrat « directeur a fait entrer dans le jury de jugement le premier « juré supplémentaire, qui se trouvait sans qualité pour y figu- « rer, et en a exclu le sixième juré titulaire qui aurait dû y être « compris ; qu'ainsi les parties ont été privées d'un juré qui « leur était acquis... ; casse la décision du jury d'expropriation « en date du 25 janvier 1853. »

Dans la même série d'affaires, un deuxième pourvoi avait été formé par la demoiselle Corconnay. Une légère nuance en fait

---

(1) C'était déjà la jurisprudence de la chambre criminelle. Cette chambre paraît avoir admis, dans son arrêt du 27 avril 1820, rendu sous la présidence de M. Barris : « que tout juré absent lors « de l'appel, et qui se représente avant « le tirage au sort pour la formation du « tableau des douze, a droit de concourir « à la formation de ce tableau, et que sa « présence exclut l'un des jurés appelés « en remplacement » (S., *Coll. nouv.*, vi, p. 225). — « Il serait contraire à la nature des choses (dit un arrêt du 7 janv. 1825), que les remplaçants continuassent à siéger à la place de ceux qu'ils n'étaient autorisés à suppléer que pendant leur absence » (S., *Coll. nouv.*, viii, p. 8).

existait à son égard : c'est que, sa cause n'ayant été appelée et jugée que le 28 janvier, la présence effective du juré titulaire Meunier n'était pas expressément constatée par rapport à elle, comme elle l'était par rapport à la dame du Sordet, dont la cause avait été appelée et jugée le 25, jour de l'incident relatif au retour et à la comparution de ce juré. Mais, en droit, les circonstances étaient les mêmes. Il s'agissait également d'un juré titulaire, dûment notifié, qui n'avait été rayé par aucun motif général et définitif, qui, par conséquent, devait être appelé pour chaque cause, et qui, en réalité, n'avait pas été appelé pour la cause de la demoiselle Corconnay, le 28. Il s'agissait d'un juré titulaire qui, absent à la première séance et condamné à l'amende, n'était pas, par cela seul, dispensé pour toute la session ; il devait, au contraire, se présenter à chaque autre séance (art. 32, § 1er), sous peine d'être, de nouveau, condamné à l'amende ; et s'il se présentait, il pouvait et devait être proposé aux parties pour les causes non commencées (1). Il s'agissait enfin d'un juré titulaire, non mentionné absent, ni empêché, ni exclu, ni écarté par incompatibilité, ni récusé, ni dispensé, et qui cependant n'avait pas fait partie du jury de jugement, où il avait été remplacé par un juré supplémentaire, sans que le procès-verbal dît *pourquoi*. Or, il faut que la Cour de cassation *sache pourquoi* un juré titulaire est remplacé dans le jury de jugement par un juré supplémentaire, parce qu'il faut que la Cour puisse apprécier et juger *la légalité du motif :* autrement, la composition du jury serait sans règle et sans contrôle ; et toutes les dispositions énumérées dans l'art. 42 de la loi du 3 mai 1841, comme donnant ouverture à cassation, pourraient être violées impunément. En droit donc, il n'y avait pas à distinguer entre les deux pourvois, et la Cour a cassé, dans le second, par les mêmes motifs que dans le premier, en sa même audience du 26 avril 1853 (2).

Les deux arrêts déclarent, en outre, que « la nullité de la dé-
« cision du jury, résultant de la composition irrégulière de ce
« jury, tient au principe organique des juridictions et n'a pu,
« dès lors, être couverte par la simple comparution, ni par le
« silence des parties. » C'est ce qu'avait déjà jugé, entre autres, un arrêt en date du 17 février 1851 (3) — (A).

---

(1) *Suprà*, p. 417.
(2) S.53.1.720.—Depuis, dans le cas inverse, arrêt *de rejet* en date du 4 juill. 1854 (S.55.1.218).

(3) S.54.1.272 ; et *suprà*, p. 374.
Additions.
(A) Il a été jugé : que le jury constitué avec un juré supplémentaire en remplace-

418   CHAP. VIII. — SECT. VI. — DU JURY DE JUGEMENT

507. Des causes d'empêchement pouvant survenir pendant le cours de la session, le magistrat directeur doit y statuer dans chaque séance, lors de l'appel des jurés—(A).

508. Tout juré qui, sans motifs reconnus légitimes par le magistrat directeur, manque à l'une des séances du jury, ou refuse de prendre part à la délibération, encourt une amende de 100 fr. au moins et de 300 fr. au plus (art. 32, § 1er). Un député avait demandé que l'amende fût de 25 à 100 fr.; autrement, disait-il, on n'appliquera jamais l'amende, et la sanction sera toute comminatoire... M. Martin (du Nord) répondit : « Nous avons élevé le taux de l'amende avec intention, pour que l'on ne préférât pas payer 25 fr. plutôt que de se rendre au jury. » (*Monit.*, 7 février 1833, p. 317.) Il importe de remarquer que l'amende de 100 à 300 fr. doit être prononcée contre celui qui manque *à l'une des séances*, ou refuse de prendre part *à l'une des délibérations*; ainsi, le juré qui manquerait à toutes les séances d'une session un peu longue pourrait encourir un grand nombre de condamnations à l'amende. S'il en était autrement, tout juré qui, ayant manqué à une séance, aurait été condamné à l'amende, n'aurait plus aucun intérêt à prendre part aux autres opérations de la session.

L'amende est prononcée par le magistrat directeur (art. 32, § 2). Les condamnations à l'amende sont ordinairement requises par le ministère public; mais comme il n'y a pas de ministère public près du jury spécial, la condamnation doit être prononcée d'*office*.

509. L'ordonnance du magistrat directeur qui condamne un juré à l'amende doit être notifiée à ce juré, qui peut former op-

---

ment d'un juré titulaire non comparant, est acquis aux parties, et ne peut plus subir aucune modification tant qu'il reste neuf jurés présents; dès lors, bien que le juré titulaire comparaisse ultérieurement, même avant l'ouverture des débats, il n'y a pas lieu de changer, en l'y admettant, la composition du jury qui est définitive. Cass., 28 mai 1861 (S.61.997);

Que la présence dans ce jury d'un juré titulaire qui, absent lors de l'appel général, a été à ce moment remplacé par un juré supplémentaire, n'est pas une cause de nullité, s'il est constaté par le procès-verbal que ce juré s'est présenté avant la formation du jury de jugement. Cass., 10 mars 1862 (S.62.1.893);

Que le juré absent au moment de l'appel général des causes peut, s'il se présente avant la formation du jury spécial, être rétabli sur la liste et faire partie de ce jury. Cass. civ., 10 mars 1862 (*Gaz. trib.*, 11 mars 62).

Additions.

(A) La décision du magistrat directeur du jury sur les excuses des jurés est souveraine, et par suite, la non-présence de l'exproprié lors de cette décision ne saurait donner ouverture à cassation. Cass., 18 déc. 1861 (S.62.1.1066).

position à cette condamnation. Le magistrat directeur statue *en dernier ressort* sur cette opposition (art. 32, § 3).

Pour que le juré condamné puisse former opposition, il faut que la condamnation lui soit connue. Quelquefois il en sera informé par voie indirecte, et rien n'empêchera qu'il y forme opposition immédiatement. Mais, la condamnation ne lui étant légalement connue que par la notification officielle de la décision du magistrat directeur ou de la contrainte décernée en vertu de cette décision, la connaissance qu'il aurait pu acquérir par d'autres voies ne l'oblige pas à former opposition.

La loi n'indiquant même pas de délai pour cette opposition, on paraît fondé à soutenir qu'elle peut avoir lieu tant que l'amende n'a pas été acquittée ; mais il est de l'intérêt du juré de former cette opposition le plus tôt qu'il pourra.

Si le jury est encore en session lorsque l'opposition aura lieu, le magistrat directeur y statuera et mentionnera sa décision sur le procès-verbal de ses opérations. Mais, si la session est finie, la mission temporaire confiée au magistrat directeur paraît terminée, et l'on s'est demandé s'il pouvait tenir de nouvelles séances pour statuer sur cette opposition. Nous le croyons (1). Par cela même que la loi le charge, et ne charge que lui, de statuer sur l'opposition du juré, elle lui donne nécessairement pouvoir de prononcer sur cette opposition, à quelque époque qu'elle ait lieu. On ne peut obliger le juré condamné à attendre, pour faire juger son opposition, la réunion, peut-être fort incertaine, d'un nouveau jury d'expropriation. Le magistrat directeur de ce nouveau jury serait même plus embarrassé pour apprécier la réalité des excuses invoquées par le juré que le magistrat qui a prononcé la condamnation.

Comme tout jugement d'expropriation doit nommer un magistrat directeur et un suppléant, si l'un de ces deux magistrats était mort, démissionnaire ou appelé à un autre siége, l'autre pourrait statuer sur l'opposition.

540. L'art. 30 de la loi indique les individus qui ne peuvent être choisis pour jurés. Si la cause d'exclusion de ces individus n'est survenue ou n'a été connue que postérieurement à la désignation faite par la Cour, ou par le tribunal du chef-lieu judiciaire, le magistrat directeur doit les rayer de la liste pour toute

---

(1) V. MM. Gillon et Stourm, p. 424.

la session (art. 32, § 4). Il en est de même des jurés qui se trouvent dans un cas d'incompatibilité (*Ibid.*)—(A).

511. Diverses questions d'empêchements, d'exclusions ou d'incompatibilités ont reçu les solutions suivantes :

512. Sur un pourvoi formé dans l'intérêt de la loi, il a été décidé : que les juges des tribunaux de commerce ne peuvent être tenus de faire partie du jury d'expropriation, « attendu qu'aux « termes de l'art. 5 de la loi du 27 vent. an VIII, les juges ne « peuvent être requis pour aucun autre service public, et que, « dans cette dénomination générale des juges, se trouvent com- « pris les membres des tribunaux de commerce » (1). Il est à remarquer que, dans cette affaire, il résultait du procès-verbal des opérations du jury, que *le juré avait fait connaître au magistrat directeur sa qualité de juge au tribunal de commerce de la Seine, et avait demandé en conséquence à ne point faire partie du jury ;* mais que le magistrat directeur s'était déclaré *sans droit pour admettre cette réclamation*, et avait jugé, en outre, *qu'elle n'était pas fondée*. « En statuant ainsi (dit l'arrêt de la Cour de « cassation précité), le magistrat directeur a, d'une part, mé- « connu le pouvoir qui lui était conféré par l'art. 32 de la loi « du 3 mai 1841 ; et, en maintenant, par suite, le juré sur la « liste, nonobstant sa qualité de juge au tribunal de commerce, « il a, d'autre part, expressément violé la loi ci-dessus énoncée « du 27 ventôse an VIII » (2).

513. Sur d'autres pourvois formés par des particuliers, il a été déclaré : que la présence, au nombre des membres du jury d'expropriation, d'un juge de paix et d'un juge à un tribunal de commerce, portés sur la liste avec leurs qualités, ne constituait, « si elle n'avait donné lieu à aucune demande de dispense de la « part de ces jurés, ni à aucune récusation ou réclamation de « la part des parties, aucune des violations de la loi auxquelles « l'art. 42 de la loi du 2 mai 1841 a restreint les ouvertures à « cassation contre la décision du jury (3). »

---

(1) Cass., 20 mars 1854 (S.54.1. 638).

(2) *Ibid.*

(3) Cass., 26 déc. 1854, et 5 fév. 1855 (S.55.1.256 et 454) ; Cass. civ., 10 mars 1862 (*Gaz. trib.*, 10 mars 62).

On peut se demander si la disposition de la loi du 27 vent. an VIII, art. 5, a été établie dans l'intérêt du magistrat et des parties, ou si elle a été établie dans l'intérêt de *la fonction* ? Est-ce qu'un juge de paix, ou un membre d'un tribunal de commerce, peuvent se trouver sur leur siège de magistrat, quand ils sont sur celui de juré, quelquefois pour des sessions très-longues, dans les cas où il y a trente affaires d'expropriation à juger ?

Additions.

(A) L'*exclusion* édictée à l'égard des

ET DU MODE DE SES OPÉRATIONS. 421

514. En ce qui concerne les juges suppléants des tribunaux, un arrêt, en date du 6 décembre 1854, porte : qu'aucune loi ne les écarte du jury d'expropriation, leurs fonctions n'étant que passagères et accidentelles ; qu'à la vérité, dans l'espèce, le juge suppléant avait, en remplacement d'un juge titulaire, pris part au jugement qui avait prononcé l'expropriation ; que de cette circonstance résultait contre lui, non pas une incapacité de siéger ultérieurement dans le jury en la même affaire, mais seulement une cause de récusation ; et que ce moyen, faute d'avoir été proposé par la compagnie concessionnaire lors de la formation du jury, n'était pas recevable (1)—(A).

515. Sur l'incompatibilité qui naît du concours de la qualité de juré avec l'intérêt personnel ou avec l'intérêt des êtres moraux qu'on représente, il a été jugé : qu'il y a incompatibilité entre les fonctions de juré et celles de président d'un bureau de bienfaisance (2), intéressé à l'expropriation, et que c'est à bon droit que l'exclusion est appliquée non-seulement à l'affaire qui concerne spécialement le bureau de bienfaisance, mais encore à toutes les affaires comprises dans la même poursuite ;

516. Qu'aux termes du § 3 de l'art. 30 de la loi du 3 mai 1841, les conseillers municipaux de la commune qui est intéressée dans une expropriation pour cause d'utilité publique sont empêchés, par incompatibilité de fonctions, de siéger dans le jury chargé de fixer l'indemnité pour l'immeuble exproprié ; qu'en invoquant *cette règle de justice*, les expropriés, demandeurs en cassation, avaient, lors de l'appel des quatre jurés titu-

---

propriétaires d'immeubles *expropriés* n'est applicable qu'autant que ces immeubles sont situés dans le département même où le jury est réuni, alors même qu'à raison d'immeubles situés dans un département voisin, il résulterait pour un propriétaire compris dans la liste des jurés, un intérêt indirect dans le règlement de l'indemnité. Il n'y a pas d'ailleurs, dans cette circonstance, ouverture à cassation. Cass., 14 juin 1856 (Dall. 56.1.196).

(1) S.55.1.221.
(2) Cass., 14 août 1855 (*Droit*, 15 août 55 ; *Gaz. trib.*, 16 août 55).

Additions.

(A) Un *juré frappé* lui-même *d'expropriation* ne peut être exclu pour cette cause qu'autant que l'arrêté préfectoral qui désigne les immeubles expropriés sur ce juré est le même que celui qui concerne l'expropriation pour laquelle a été formé le jury dont fait partie le juré dont il s'agit. Cass., 3 fév. 1858 (Dall. 58.1.126 ; *Gaz. trib.*, 5 fév. 58).

L'incapacité de l'un des jurés sur la liste dressée par la Cour impériale n'est pas une cause de nullité, si le droit de récusation de l'exproprié qui l'invoque n'a pas été entravé et si le juré incapable, récusé par l'expropriant, n'a pas fait partie du jury de jugement. Cass., 5 mai 1857 (Dall. 57.1.166).

Mais si le juré incapable avait fait partie du jury de jugement, il y aurait *nullité absolue*. Cass., 23 juill. 1856 (Dall. 56.1.293).

laires (1), expressément récusé les trois premiers, à raison de leur qualité de conseillers municipaux de la commune intéressée; qu'en articulant cette récusation comme motivée sur la loi même, ils avaient déclaré qu'ils entendaient qu'elle ne portait pas atteinte au droit qu'ils tenaient de l'art. 16 de la loi du 21 mai 1836, et qu'ils se réservaient, en conséquence, d'exercer une récusation péremptoire au sujet du quatrième juré titulaire ou d'un des trois jurés suppléants; que cette récusation, comme péremptoire, était permise en outre et indépendamment des trois exclusions qui étaient motivées sur la loi; d'où il résultait que le magistrat directeur, en décidant le contraire, et en refusant aux parties l'exercice de ce droit, avait faussement interprété l'art. 16 de la loi du 21 mai 1836, violé ledit article et aussi l'art. 30, § 3, de la loi du 3 mai 1841 (2);

517. Que, dans un procès où une ville était partie, un juré, membre du conseil municipal de cette ville, pouvait être écarté du jury pour cause d'incompatibilité, aux termes de l'art. 30, 3°, de la loi du 3 mai 1841; mais que ce paragraphe n'est pas compris au nombre des dispositions dont la violation donne ouverture à cassation, d'après l'art. 42; que, d'ailleurs, aucune des parties n'ayant, lors de la formation du jury de jugement, opposé l'incompatibilité, et, en outre, la ville, loin d'avoir épuisé son droit de récusation, n'ayant récusé aucun des jurés, la présence du conseiller municipal dans le jury ne pouvait pas être invoquée devant la Cour, comme un grief de cassation (3);

Qu'alors même qu'une ville aurait eu légalement intérêt au règlement de l'indemnité, la présence, dans le jury, d'un membre de son conseil municipal qui n'avait point été récusé, ne donnerait pas ouverture à cassation; que si la seconde partie de l'art. 30 de la loi du 3 mai 1841 dit que les intéressés ne peuvent être choisis comme jurés, et crée ainsi une cause d'incompatibilité en leur personne, l'art. 42, en énumérant limitativement les seuls articles dont la violation donne ouverture à cassation, a indiqué le premier paragraphe de l'art. 30, et a, par là, manifesté la volonté de ne point comprendre au nombre des ouvertures à cassation la violation des paragraphes subséquents... (4)—(A);

---

(1) *Quatre* jurés titulaires, parce qu'il s'agissait d'un chemin vicinal (loi du 21 mai 1836, art. 16)..
(2) Cass., 5 avril 1854 (S.54.1.464).
(3) Cass., 2 fév. 1846 (S.46.1.237).

(4) Cass., 22 mai 1854 (S.55.1.247); 19 août 1846 et 26 mai 1846 (S.46.1.877 et 580); Cass., 2 déc. 1863 (S.64.1.493).
Additions.
(A) Des décisions identiques ont été

518. Que, dans une espèce où le moyen de cassation, tiré de l'incompatibilité, était allégué à l'égard d'un juré, membre d'un conseil général de département qui avait voté l'expropriation, le moyen n'était fondé ni en fait ni en droit, puisqu'il était établi, d'une part, que l'expropriation dont il s'agissait avait été provoquée, non par le conseil général du département dont le juré était membre, mais par l'administration d'une maison de secours d'une ville ; et que, d'autre part, quand il serait vrai que le conseil général eût voté l'expropriation, les membres de ce conseil n'auraient pas été inhabiles à faire partie du jury, puisqu'ils n'étaient point *parties intéressées*, dans le sens des art. 21, 22, 30 et 31 de la loi du 3 mai 1841 ; que, dès lors, ces articles n'avaient pas été violés (1);

549. Dans le cas d'un juré qui était, en même temps, *actionnaire* de la compagnie expropriante : qu'en ce qui concerne l'usage que fait le magistrat directeur, du droit, qu'il tient de l'art. 32, de prononcer sur les exclusions et les incompatibilités, ni cet article, ni le § 2 de l'art. 30, ni les art. 21 et 22, auxquels il se réfère, ne sont compris au nombre de ceux dont la violation, aux termes de l'art. 42, donne ouverture à cassation ; et, qu'en ce qui concerne la violation de l'art. 34, § 2, relatif au droit de récusation, il résultait du procès-verbal des opérations du jury, que les demandeurs en cassation avaient épuisé leur droit dans toute sa plénitude et sa liberté (2) ;

Et, dans une espèce plus récente : « Qu'au moment où dans
« le cours de la formation du jury de jugement, le juré avait,
« pour la première fois, révélé sa position d'*actionnaire* de la
« compagnie expropriante, le magistrat directeur avait épuisé
« les pouvoirs que lui conféraient les art. 32 et 33 de la loi du
« 3 mai 1841, en prononçant sur les causes d'excuse ou de dis-
« pense qui lui avaient été signalées, et en constituant définiti-
« vement la liste des seize jurés qui devaient concourir à la for-
« mation du jury de jugement ; que, d'autre part, les deman-
« deurs en cassation n'avaient pas à se plaindre de ce que le
« magistrat directeur n'aurait pas rapporté son ordonnance sur
« la constitution définitive du jury, pour prononcer ensuite

---

rendues à l'égard des magistrats directeurs qui étaient membres du conseil municipal d'une ville intéressée à l'expropriation. Cass. civ., 2 déc. 1863 (*Gaz. trib.*, 3 déc. 63 ; S.64.1.193). Cass. civ., 12 janv. 1864 (*Gaz. trib.*, 13 janv. 64). Cass. civ., 11 janv. 1865 (*Gaz. trib.*, 12 janv. 65).

(1) Cass., 8 août 1853 (S.53.1.773).
(2) Cass., 9 août 1847 (S.47.1.753).

« d'office l'exclusion du juré, lorsque, sans réclamations ni con-
« clusions à cet effet, ils avaient spontanément exercé et épuisé,
« vis-à-vis de ce même juré, leur droit de récusation péremp-
« toire (1); »

520. A l'égard d'un juré qui était *parent* de l'un des propriétaires expropriés : que le magistrat directeur, en écartant du
jury de jugement l'un des jurés pour incompatibilité résultant
de sa proche parenté avec l'un des propriétaires expropriés,
n'avait fait qu'user d'un droit qui lui était conféré par l'art. 32
de la loi du 3 mai 1841 (2) — (A);

521. Qu'un *associé* avait, il est vrai, été indûment désigné par
une Cour, comme quatrième juré supplémentaire, sur la liste
destinée à former le jury spécial d'expropriation chargé de régler les indemnités dues à des propriétaires desquels faisait
partie la société dont le juré était l'un des membres ; mais que,
cet associé n'étant point entré dans la composition du jury de
jugement, qui avait été entièrement complété sans l'appel de
son nom ; et l'exercice du droit de récusation, qui appartenait
à l'administration d'après l'art. 34, n'ayant été gêné ni directement, ni indirectement, puisqu'elle avait exercé, en récusant
deux jurés titulaires, la plénitude du droit de récusation péremptoire que l'article précité de la loi du 3 mai 1841 lui ouvrait,
il n'y avait eu ni violation de l'art. 30 de ladite loi, ni excès de
pouvoir (3).

522. En résumé, les principales règles, sur la matière des
empêchements, exclusions ou incompatibilités que la loi permet
d'invoquer à l'égard des jurés, sont celles-ci :

1° La disposition par laquelle l'art. 30, dans sa seconde partie,
exclut du jury spécial les propriétaires, fermiers et locataires et
autres intéressés, a une première garantie dans l'intervention
de l'autorité judiciaire, qui est chargée de *choisir* (non de tirer
au sort), sur la liste dressée par le conseil général de départe-

---

(1) Cass., 20 mars 1855 (S.55.1.451).
(2) Cass., 20 mai 1845 (S.45.1.445).
(3) Cass., 7 avril 1845 (S.45.1.529).

Additions.

(A) Au cas où différentes affaires d'expropriation ont été divisées en catégories,
et où l'un des jurés se trouve avoir des
liens de parenté ou une communauté
d'intérêts avec le propriétaire exproprié
dans l'une de ces affaires, ce juré peut
être écarté du jury même pour les affaires de la même catégorie à l'égard desquelles n'existe pas l'incompatibilité ou
incapacité. Cass., 30 mars 1863 (S.63.1.
348).

La parenté d'un juré avec le magistrat directeur ne crée pas en la personne
du juré une cause d'incompatibilité. Cass.,
19 juin 1861 (S.61 1.996).

ment, les seize jurés titulaires et les quatre jurés supplémentaires (art. 30, § 1er);

2° Elle a, le cas échéant, une deuxième garantie dans la faculté de provoquer, devant le magistrat directeur, le remplacement des jurés mal à propos désignés (1);

3° A défaut encore, elle a une troisième garantie dans le droit de récusation péremptoire (2);

4° Le deuxième paragraphe de l'art. 30, n'étant pas compris dans l'énumération limitative contenue en l'art. 42, la violation de ses dispositions ne donne pas, par elle-même, ouverture à cassation (3);

5° D'après cela, un pourvoi en cassation ne pourrait pas être fondé sur l'usage que le magistrat directeur aurait fait de ses pouvoirs, en ce qui concerne l'appréciation de la gravité des motifs d'empêchement, d'exclusion ou d'incompatibilité (4);

6° Mais il y a ouverture à cassation dans les cas où la violation du deuxième paragraphe de l'art. 30 est accompagnée : — ou d'excès de pouvoirs, parce que l'excès de pouvoirs est toujours un moyen légal de cassation; — ou de refus, par erreur de droit, de la part du magistrat directeur, d'exercer les pouvoirs que la loi lui confère (5); ou de fausse interprétation, ou de violation d'une autre loi (6);

7° Ce n'est pas seulement le magistrat directeur qui est chargé de statuer d'office sur les empêchements, exclusions et incompatibilités : les parties ont aussi la faculté de signaler au magistrat directeur toutes les causes d'empêchement légal, quelles qu'elles soient, et de prendre des conclusions pour demander à ce magistrat de rayer de la liste, par application de l'art. 39, § 2, et des art. 32 et 33, les jurés choisis contrairement à ces dispositions (7);

8° L'exercice de cette faculté ne nuit, d'ailleurs, en aucune manière aux récusations *péremptoires* que les parties auront le droit de faire, un moment plus tard, par application de l'art. 34.

(1-2) Cass., 26 mai 1846 (S. 46.1. 580).

(3) *Suprà*, p. 423; arrêts des 22 mai 1854; 18 août et 26 mai 1846.

(4) *Suprà*, p. 423; arrêt du 9 août 1847.—Anal., 2 janv. 1855 (S.55.1 64).

(5) Comme dans l'espèce de l'arrêt du 20 mars 1854, cité *suprà*, p. 420.

(6) Comme dans les espèces du même arrêt du 20 mars 1854, et de celui du 5 avril 1854, cités *suprà*, p. 484 et 586; arrêts qui ont cassé pour violation de la loi du 27 vent. an VIII, art. 5, et pour fausse interprétation et violation de la loi du 21 mai 1836, art. 16.

(7) Même arrêt du 5 avril 1854, *suprà* p. 421 et 422.

Ces deux classes de récusations sont distinctes et indépendantes l'une de l'autre. Les premières sont exercées en vertu de la loi, pour des causes que la loi caractérise et qui ont besoin d'être justifiées, d'être motivées. Les secondes sont exercées en vertu de la seule volonté des parties, elles sont discrétionnaires et non motivées. En conséquence, lorsque le magistrat directeur a confondu, par erreur de droit, ces deux classes de récusations, sa décision est cassée (1);

9° Non-seulement les parties ont la faculté, mais elles sont même dans l'obligation d'adresser au magistrat directeur leurs demandes relatives aux empêchements, exclusions ou incompatibilités, sous peine d'être réputées avoir acquiescé et de voir déclarer leur recours en cassation non recevable, si elles ont gardé le silence lors de la formation du jury (2);

10° Le moment où ces demandes doivent être adressées au magistrat directeur est celui où ce magistrat s'occupe de composer le tableau des *seize* jurés *idoines* (art. 32 et 33), qui doit être ensuite présenté aux parties pour l'exercice des quatre récusations péremptoires et la constitution définitive du jury de jugement (art. 34 et 35). Si les parties laissaient former le tableau des seize jurés *idoines* sans présenter leurs demandes relatives aux empêchements, exclusions ou incompatibilités, elles ne pourraient pas les proposer plus tard. Elles ne pourraient pas les proposer en même temps qu'elles seront appelées à exercer les récusations péremptoires (art. 34) ; parce que, comme il n'y a que seize jurés inscrits sur le tableau formé, seize dont quatre sont réservés pour les récusations péremptoires, s'il était encore permis de faire les éliminations autorisées par l'art. 30, § 2, et par l'art. 32, il ne resterait plus *douze* jurés pour composer le jury de jugement (art. 35). Il faudrait donc, à ce moment, ou que la continuation des opérations devînt impossible, ou que le magistrat directeur recommençât la formation du tableau des *seize* : mais le tableau est formé ; la mission du magistrat directeur sous ce rapport est accomplie. Le magistrat n'a pas été averti ; on ne peut, dès lors, lui faire un reproche de ce qu'il n'a pas statué ; et les parties ne peuvent imputer qu'à elles-mêmes de n'avoir pas parlé en temps utile (3) — (A);

---

(1) Même arrêt.
(2) Arrêts des 6 et 26 déc. 1854, cités *suprà*, p. 420.
(3) *Suprà*, p. 423, 424, arrêt du 20 mars 1855.

Additions.

(A) La demande d'excuse ou d'exclusion d'un juré n'est tardive qu'autant que le jury est définitivement constitué ; mais il ne saurait en être ainsi lorsque, par

11° Si, au contraire, des motifs d'empêchement, d'exclusion ou d'incompatibilité ont été soumis au magistrat directeur, il est nécessaire, pour la conservation des droits des parties devant la Cour de cassation, que ces incidents soient constatés dans le procès-verbal des séances du jury (1). Les parties sont même autorisées à déposer des conclusions formelles, qui devront être annexées au procès-verbal — (A).

523. Les jurés titulaires rayés de la liste pour cause d'empêchement, d'exclusion ou incompatibilité, sont immédiatement remplacés par autant de jurés supplémentaires, d'après l'ordre de leur inscription sur la liste dressée par la Cour ou le tribunal (art. 33, § 1ᵉʳ), de manière qu'il y ait seize jurés en exercice (*Ib.*, § 2). On a demandé si le juré suppléant devait occuper sur la liste la place du juré excusé ; il nous semble que le juré suppléant doit être inscrit le dernier sur la liste des jurés titulaires. Sans cela, un juré suppléant pourrait être appelé à prendre connaissance des affaires, tandis que des jurés titulaires non exemptés ni récusés n'en connaîtraient pas, ce qui serait contraire à sa qualité de *suppléant*, et ne peut avoir été dans l'intention du législateur — (B).

524. L'art. 33, qui confère au magistrat directeur les pouvoirs nécessaires pour compléter le jury, n'est pas applicable au cas d'irrégularité ou d'absence de la notification exigée par l'art. 31, laquelle constitue une formalité substantielle. Lors donc qu'une personne, portant un nom, n'a point reçu la notification pres-

---

l'appel du nom d'un juré, la partie est informée d'une erreur ou d'une inexactitude qui peut vicier la composition de la liste. Cass. civ., 4 août 1863 (*Gaz. trib.*, 5 août 63).

(1) *Suprà*, p. 423 et 424 ; arrêts des 20 mars 1854 et 5 avril 1854.

Additions.

(A) Les parties ne peuvent, devant la Cour de cassation, critiquer l'exercice que le magistrat directeur du jury d'expropriation a fait du pouvoir qui lui appartient d'admettre ou de rejeter les excuses des jurés. Cass., 14 avril 1858 (*Gaz. trib.*, 15 avril 58).

(B) Ce principe a été consacré par la Cour de cassation, 26 août 1856 (Dall. 56.1.330); 1 déc. 1863 (*Gaz. trib.*, 2 déc. 63).

La composition du jury est nulle quand les jurés titulaires étant en nombre plus que suffisant pour composer la liste, il y figure néanmoins des jurés supplémentaires, sans qu'aucune cause d'empêchement des titulaires soit constatée. Cass., 23 juill. 1856 (Dall.56.1.293).

La suppression, sans remplacement, des noms des jurés inscrits par erreur sur la liste des membres du jury d'expropriation, n'est pas une cause de nullité, s'il n'en est résulté aucune atteinte au droit de récusation des parties. Cass., 17 déc. 1856 (Dall. 57.1.45); Cass., 4 août 1863 (*Gaz. trib.*, 5 août 63).

La partie expropriante ne saurait se faire un grief de ce que l'un des jurés, irrégulièrement assigné par elle, n'a pas comparu et a dû être remplacé. Cass. civ., 16 déc. 1863 (*Gaz. trib.*, 17 déc. 63).

crite par l'art. 31, et ne s'est point présentée à la réunion du jury, qu'une autre personne, portant le même nom, s'est présentée à l'appel des jurés, et que le magistrat directeur l'a dispensée de siéger, en considération du doute sur l'identité du juré assigné, la composition du jury n'est pas légale, parce que, en droit, aux termes du § 1er de l'art. 30, le jury spécial doit être formé de seize jurés titulaires et de quatre jurés supplémentaires, et que tous ces jurés doivent être convoqués, aux termes de l'art. 31. Et comme ces articles font partie de ceux énumérés par l'art. 42, leur violation donne ouverture à cassation (1). La nullité est même absolue, et elle n'a pu être couverte par le silence des parties et par l'absence de protestation devant le jury (2) — (A).

525. D'après l'art. 33 de la loi du 7 juillet 1833, lorsqu'il n'y avait pas seize jurés présents et pouvant entrer en fonctions, *le tribunal de l'arrondissement* devait compléter ce nombre; de là, dans la pratique, une cause fréquente de retards et d'embarras. La loi nouvelle a donc décidé que *le magistrat directeur du jury* choisirait lui-même, sur la liste dressée en vertu de l'art. 29, les personnes nécessaires pour régulariser la composition du jury.

La nécessité de compléter le nombre de seize jurés n'a pour but que de permettre à chaque partie d'exercer les deux récusations autorisées par l'art. 34, § 2; de manière que, si l'on n'exerçait pas de récusation, l'appel des jurés complémentaires n'aurait d'autre résultat que de déranger, sans utilité, de nouveaux jurés. En conséquence, il a été jugé que, si, par l'effet des dispenses accordées, le nombre des jurés s'est trouvé réduit à 15, sans que les parties aient exigé, comme chacune en

---

(1) Arrêt du 2 fév. 1846 (S.46.1.315; et *suprà*, n° 490).
(2) Arrêt du 20 août 1853 (S.53.1. 636).

Additions.

(A) Lorsqu'une personne, convoquée pour faire partie d'un jury d'expropriation, a refusé de siéger, se prévalant d'une légère erreur d'orthographe commise sur son nom, dans la liste dressée par le conseil général, il appartient au magistrat directeur de remplacer cette personne par un juré supplémentaire, sauf à la condamner à l'amende, s'il y a lieu. Encore bien que la condamnation à l'amende n'eût pas été prononcée, le remplacement du juré titulaire refusant, par un juré supplémentaire, se serait à bon droit effectué, et le jury aurait été constitué régulièrement. Cass., 21 juill. 1858 (*Gaz. trib.*, 22 juill. 58).

Lorsqu'il y a incertitude pour le magistrat directeur sur l'identité du nom du juré notifié à l'exproprié, il peut excuser le juré qui se présente sous ce nom et fonder l'excuse sur l'irrégularité de la notification qui a pu gêner l'exproprié dans l'exercice de son droit de récusation; le magistrat directeur est souverain pour apprécier les motifs d'excuse des jurés. Cass. civ., 4 août 1863 (*Gaz. trib.*, 5 août 63).

avait le droit, que la liste fût portée au nombre complet de seize avant que l'on formât le jury de jugement, et si, lors de l'appel des jurés, une seule récusation a été proposée par les deux parties à la fois, de manière que les deux jurés supplémentaires inscrits les derniers se sont trouvés inutiles, ce mode de procéder n'a porté préjudice à aucune des parties, et ne peut dès lors entraîner la nullité des opérations. Cass., 3 janvier 1844 (1) — (A).

526. Dans un arrêt du 4 mars 1844 on lit que l'art. 32, § 2, en confiant au magistrat directeur le pouvoir de compléter le nombre de seize jurés, ne lui fait pas un devoir de rendre une ordonnance à ce sujet, en sorte qu'une simple invitation peut suffire. (Dall., p. 185 ; Devill., p. 375.) Il nous semble que le magistrat directeur ne peut prendre aucune décision qu'elle ne soit constatée, motivée, signée par lui et par le greffier, et déposée au greffe du tribunal, afin que les intéressés puissent la consulter au besoin, ces formalités paraissant surtout indispensables lorsqu'il s'agit de conférer à un simple particulier une magistrature, temporaire il est vrai, mais fort importante. Si l'on fait figurer dans le jury une personne qui n'était pas portée sur la liste dressée par la Cour, quel moyen aurait-on plus tard de constater que cette personne y avait été appelée légalement ? Il faut d'ailleurs éviter, s'il est possible,

---

(1) S.44.1.154.

Dans une espèce où, par suite d'abstention, la liste des jurés se trouvait réduite à quinze, le magistrat directeur, ne pouvant pas, faute d'avoir la liste générale à sa disposition, compléter le nombre de seize jurés, avait engagé les parties à n'exercer chacune de son côté qu'une seule récusation : la partie poursuivante, déférant à cette invitation, n'avait exercé qu'une seule récusation, et l'autre partie en avait exercé deux. La partie poursuivante était-elle recevable et fondée à se plaindre ? V. les observations présentées en note (S.54.1.398).

Additions.

(A) La mention faite par erreur au procès-verbal que le nombre des jurés a été réduit à douze par le retranchement des derniers noms portés sur la liste, n'est pas une cause de nullité, s'il résulte du même procès-verbal que cette réduction n'a été que l'effet régulier des récusations exercées. Cass., 9 nov. 1857 (Dall.58.1. 82).

La récusation péremptoire des jurés peut, sans qu'il y ait nullité des opérations du jury, s'exercer sur une liste de jurés réduite à quinze, si les parties ne demandent pas que cette liste soit portée à seize. Cass., 5 août 1857 (Dall. 57.1. 329).

L'appel par le magistrat directeur d'un nombre de jurés complémentaires supérieur au nombre nécessaire pour compléter celui de seize, ne vicie pas les opérations du jury, lorsque d'ailleurs les récusations ont été exercées et les jurés complémentaires ont été introduits dans le jury de jugement conformément aux prescriptions de la loi, et l'appel surabondant et inutile ne cause, en effet, aucun préjudice aux parties. Cass. civ., 21 août 1861 (*Gaz. trib.*, 25 août 61).

que les indemnitaires n'amènent au magistrat directeur des amis disposés à accepter la charge de jurés, mais en même temps à bien traiter les indemnitaires qui les ont indiqués au magistrat. Il n'est sans doute pas nécessaire que la désignation du juré complémentaire soit faite par une *ordonnance*, mais il faut qu'elle soit constatée dans le procès-verbal de la session. La loi de 1833 prescrivait que cette désignation fût faite par un jugement, et il est permis de douter que le législateur de 1841 ait voulu que ce choix fût désormais dépouillé de toute garantie.

Aucun texte de loi, dit ce même arrêt, n'impose non plus ni forme déterminée, ni moment précis, pour porter à la connaissance des parties intéressées les noms de ces jurés nouveaux; par suite, cette connaissance peut leur être donnée alors seulement qu'il va être procédé à la constitution définitive du jury, sans qu'il résulte de là entrave au libre et plein exercice du droit de récusation. Nous pensons que toutes les opérations doivent avoir lieu en audience publique, de manière que les parties sont informées de la nécessité de désigner un juré complémentaire et de sa désignation, au moment même où les faits se passent. Elles ne peuvent dès lors alléguer que la connaissance leur en a été donnée tardivement—(A).

527. Ni l'art. 33, ajoute cet arrêt, ni aucun autre texte de loi, ne règle une forme spéciale pour faire avertir les citoyens qui ont été choisis comme jurés complémentaires, et c'est à la prudence du magistrat directeur à employer le mode de convocation qui, eu égard aux circonstances, lui semble le plus expéditif et le plus sûr.

528. L'art. 33, en prescrivant au magistrat directeur de choisir, sur la liste dressée par le conseil général de département, les personnes nécessaires pour compléter, en cas d'insuffisance, le nombre de seize jurés, n'exige pas que, lorsque le besoin de cette convocation de jurés supplémentaires se manifeste successivement dans plusieurs affaires, pendant une même session, les mêmes personnes soient seules appelées pour compléter le jury (1).

---

(1) Cass., 1 juill. 1845 (S.45.1.492).

Additions.

(A) Lorsque les jurés présents étant en nombre insuffisant, le magistrat directeur appelle un juré complémentaire, il n'est pas nécessaire que le procès-verbal mentionne que la personne appelée à ce titre se trouvait sur la liste dressée, pour le service de l'année, par le conseil général; il suffit qu'en fait il soit constant que cette personne était portée sur ladite liste. Cass. civ., 18 fév. 1863 (*Gaz. trib.*, 19 fév. 63).

529. Le magistrat directeur peut-il arbitrairement intervertir l'ordre indiqué par la loi pour l'appel des jurés, en inscrivant, sur la liste, des jurés supplémentaires ou complémentaires avant des jurés titulaires? La seule raison de douter vient de ce que l'art. 33 n'est pas au nombre des articles dont la violation peut, aux termes de l'art. 42, autoriser un recours en cassation. Mais il nous paraît qu'un jugement est nécessairement nul quand il a été rendu par des personnes à qui la loi n'avait pas donné pouvoir de statuer sur la contestation. Déjà la Cour de cassation a annulé, comme entachées d'excès de pouvoir, des décisions du jury auxquelles certaines personnes avaient pris part mal à propos. Mais, si l'interversion opérée par le magistrat directeur n'a pas eu pour résultat de faire comprendre dans le jury de jugement un autre juré que celui qui devait, d'après la loi, en faire partie, l'irrégularité n'a causé de préjudice à personne, et ne peut dès lors entraîner la nullité de la décision du jury. C'est pourquoi un arrêt du 3 mai 1841 rejette un pourvoi fondé sur la violation de l'art. 33, mais en établissant que la partie qui invoquait ce moyen n'avait éprouvé aucun tort par suite de l'irrégularité signalée (1). Même décision par arrêt du 3 janvier 1844 (2).

Un des premiers pourvois formés sous l'empire de la loi du 7 juillet 1833 était dirigé contre une décision d'un jury spécial d'Abbeville, et basé 1° sur ce que le magistrat directeur avait rayé un juré et lui en avait substitué un autre, en l'absence des parties et de leurs défenseurs; 2° sur ce que le juré suppléant aurait dû être inscrit le dernier sur la liste, au lieu de l'être le troisième à la place qu'occupait matériellement sur cette liste le juré dispensé; et à l'appui de ce dernier moyen on exposait que cette manière de procéder avait fait comprendre ce juré suppléant parmi les douze qui avaient connu de l'affaire, tandis que, s'il avait été le seizième sur la liste, il n'en aurait pas connu, puisqu'il se serait trouvé au nombre de ceux que l'on devait rayer pour réduire la liste à douze. Cette manière d'opérer était évidemment vicieuse; cependant la Cour de cassation, par arrêt du 9 juin 1834, rejeta ces deux moyens, « attendu qu'ils consistent dans une prétendue violation des art. 32 et 33 de la loi du 7 juillet, et que ces articles ne sont pas compris au nombre de ceux dont l'inobservation peut seule, aux termes de

---

(1) S.41.1.694.
(2) S.44.1.154.

l'art. 42 de la même loi, donner ouverture à cassation des décisions du jury spécial chargé de régler les indemnités en cas d'expropriation forcée pour cause d'utilité publique. » (Devill., p. 711 ; Dall., p. 328.) D'après les arrêts intervenus depuis cette époque (1) il est permis de croire que la décision aurait été différente, si, au lieu de baser le pourvoi sur la violation d'articles non compris dans l'énumération de l'art. 42, on avait attaqué la décision du magistrat directeur comme entachée d'*excès de pouvoirs*.

530. Depuis, même, la loi du 3 mai 1841, qui a introduit les deuxième et quatrième paragraphes de l'art. 34 dans le texte du nouvel art. 42, la Cour a cassé, pour violation directe dudit § 4, des substitutions irrégulières de jurés à d'autres jurés qui les précédaient sur la liste notifiée. Aux termes dudit § 4, le magistrat directeur doit procéder à la formation du jury de jugement, en réduisant les jurés au nombre de douze par retranchement des derniers noms inscrits sur la liste. Si donc le magistrat directeur fait entrer dans le jury de jugement un juré supplémentaire à la place d'un juré titulaire, ou un deuxième juré supplémentaire à la place d'un premier supplémentaire, sans empêchement constaté en la personne de ce juré titulaire ou du premier supplémentaire, il prive par là les parties d'un juré qui leur était acquis ; et le jury de jugement est formé en contravention au § 4 de l'art. 34 de la loi du 3 mai 1841, dont la violation, d'après l'art. 42 actuel de la même loi, donne ouverture à cassation. Par ces motifs, la Cour a déclaré nulles plusieurs décisions rendues par des jurys d'expropriation, dans lesquelles avait figuré un juré postérieur d'après l'ordre d'inscription sur la liste, sans que le procès-verbal fît mention de la cause d'empêchement du juré antérieur qui avait été remplacé (2).

Et comme, dans ce cas, le juré qui a participé au jugement était sans caractère légal, et que le consentement des parties n'a pu lui conférer la qualité de juge que la loi ne lui donnait pas et qu'il ne pouvait tenir que d'elle, il s'ensuit que l'absence de protestation et réserve devant le jury n'a pas rendu les demandeurs non recevables dans leur pourvoi (3)—(A).

---

(1) Sur *l'excès de pouvoirs*, comme donnant, en toute matière, ouverture à cassation.

(2) Arrêts des 23 juin 1846, 20 déc. 1847, 17 fév. 1851, 26 avril 1853 (S.46. 1.575 ; 48.4.297 ; 51.4.272 ; 53.4.720).

(3) Mêmes arrêts des 17 fév. 1851 et 26 avril 1853.

Additions.

(A) Est nulle la décision à laquelle a concouru un juré supplémentaire, lorsque

531. A l'ouverture de chaque séance, lors de l'appel des jurés, le magistrat directeur statue sur les causes momentanées d'empêchement que quelques-uns d'entre eux invoqueraient. Ils sont, au besoin, remplacés de la manière que nous venons d'indiquer.

532. Le greffier appelle (1) successivement les causes sur lesquelles le jury doit statuer dans le cours de la séance (art. 34, § 1er). Pour chaque affaire, l'on procède à la formation du jury qui doit en connaître, en appelant les noms des jurés dans l'ordre de leur inscription sur la liste.

Lors de l'appel des noms des jurés, l'administration a le droit d'exercer deux récusations *péremptoires;* la partie adverse a le même droit (*Ibid.*, § 2). Les récusations *motivées* eussent été beaucoup plus désagréables pour les jurés que les récusations péremptoires, et elles auraient pu désorganiser continuellement le jury; on a donc, comme en matière criminelle, admis les récusations péremptoires, et on en a limité le nombre, afin que le jury ne fût jamais réduit au-dessous du nombre nécessaire pour qu'il puisse s'organiser. Par cela même que les récusations sont péremptoires, les parties ne sont pas obligées de les motiver, et le magistrat directeur doit même s'opposer à ce qu'elles fassent connaître leurs motifs. Elles doivent, lors de l'appel du nom du juré, se borner à dire : *récusé*.

---

rien ne constate l'existence d'une cause d'empêchement du juré titulaire remplacé, ni sa récusation. Et cette nullité n'est pas couverte par la comparution des parties et par leur silence. Cass. civ., 11 juill. 1859 (S.59.1.958).

Aucune nullité ne résulte de cette circonstance que le magistrat directeur, averti ou ayant lieu de croire qu'à l'appel des jurés il se présenterait plusieurs excuses ou récusations, aurait, dès la veille du jour fixé pour la réunion du jury, rendu une ordonnance par laquelle il appelait un ou plusieurs jurés suppléants. Cette façon de procéder n'a rien de contraire à la loi, et ne tend au contraire qu'à en faciliter l'application. Cass. civ., 22 mai 1865 (*Gaz. trib.*, 22 mai 65).

(1) [Il y a plusieurs *appels*, qui ont chacun leur objet particulier. Il y a d'abord l'appel pour la formation du tableau des *seize* jurés capables ou *idoines*, des jurés qui doivent être présentés après que le magistrat directeur a statué sur les empêchements, exclusions ou incompatibilités, et après qu'il a, en cas d'insuffisance, choisi sur la liste dressée en vertu de l'art. 29 les personnes nécessaires pour compléter le nombre de *seize* jurés (art. 32, 33). Il y a ensuite un deuxième appel qui a pour objet, dans chaque affaire, les récusations *péremptoires :* il faut bien, en effet, qu'il y ait seize jurés capables ou *idoines* et présents, pour que l'administration et les parties puissent exercer réciproquement deux récusations péremptoires, c'est-à-dire non motivées et indépendantes des empêchements, exclusions ou incompatibilités, précédemment appréciés et jugés par le magistrat directeur. Il y a, en outre, au commencement ou à la reprise de chaque séance, les appels destinés à constater que les jurés sont présents au nombre voulu par la loi (art. 35).]

Lorsque plusieurs intéressés figurent dans la même affaire, ils doivent s'entendre pour l'exercice du droit de récusation; sinon, le sort désigne ceux qui doivent en user (art. 34, § 3). S'il n'y a que deux intéressés, la justice veut que chacun d'eux puisse exercer une récusation. Ce n'est donc que lorsqu'il y a plus de deux intéressés qu'il peut être nécessaire de recourir à la voie du sort (1).

Comme il n'y a pas de tirage au sort des noms des jurés, l'exercice du droit de récusation est beaucoup plus facile que pour le jury criminel. A l'appel de chaque nom, la partie qui veut récuser le juré appelé en fait la déclaration, et la récusation est nécessairement admise tant que la partie qui la fait n'a pas épuisé son droit.

533. Mais lorsque, sur l'observation faite par l'avocat de l'Etat, au moment où le jury allait entrer en délibération, que l'un des jurés était parent de l'exproprié, et à la demande de la partie elle-même, le juré s'est retiré, il ne s'agit pas de l'application des §§ 2 et 3 de l'art. 34 de la loi du 3 mai 1841 combinés avec l'art. 42 de la même loi; ces dispositions ne sont relatives qu'au cas de récusation, auquel on ne peut assimiler l'observation faite par l'avocat de l'Etat, en suite de laquelle le juré crut devoir se retirer; et l'abstention volontaire du juré n'a pas pu être un obstacle à ce qu'il fût passé outre à la délibération, les jurés restant en nombre suffisant, aux termes de l'art. 35 (2) (A).

---

(1) [Le § 3 de l'art. 34, relatif à l'exercice du droit de récusation, dans le cas où plusieurs intéressés figurent dans la même affaire, n'est pas au nombre des dispositions dont la violation donne lieu au recours en cassation d'après l'art. 42 de la loi du 3 mai 1841 : ainsi il n'y a pas lieu d'examiner un moyen fondé sur ce § 3. Cass., 4 juill. 1854 (S.55.1.218).]

(2) Cass., 25 janv. 1853 (S.53.1.285).

Additions.

(A) La *récusation* faite *par l'un des intéressés*, sans réclamation de la part des autres, doit être réputée émanée de l'accord de tous, lorsque les diverses affaires ont été, du consentement de tous les intéressés, réunies dans une même catégorie. Cass., 20 août 1856 (Dall. 56. 1.368).

Si aux termes de l'art. 34, § 2, le magistrat directeur du jury doit avertir les parties du droit de récusation qui leur appartient, cette formalité doit être considérée comme ayant été accomplie, lorsque le procès-verbal constate « il y a eu un second appel des jurés pour l'exercice du droit de récusation », et surtout lorsqu'il résulte du même procès-verbal qu'une récusation a été faite par l'une des parties. Il n'est pas nécessaire que le procès-verbal des opérations mentionne formellement l'avertissement donné aux parties par le magistrat directeur du jury, quand l'accomplissement de la formalité peut et doit ainsi se présumer. Cass. civ., 7 août 1861 (*Gaz. trib.*, 9 août 61).

Le maire de la commune au profit de laquelle s'est poursuivie une expropriation pour cause d'utilité publique ne peut se faire, contre la décision qui règle l'indemnité, un moyen de cassation de ce qu'il

534. La partie qui, loin d'avoir été entravée dans l'exercice de son droit de récusation, n'a pas même usé de ce droit et a formellement accepté le jury de jugement tel qu'il a été composé, ne peut pas invoquer, comme moyen de cassation, la disposition par laquelle l'art. 30, § 2, défend d'inscrire sur la liste du jury spécial divers intéressés (1).

535. Il n'y a pas nullité de la décision d'un jury dont un ou plusieurs membres auraient bu et mangé avec l'une des parties, lorsque l'autre partie n'a proposé aucune récusation contre les jurés qui auraient pris part au repas (2).

536. Mais un juré que le procès-verbal constate avoir été récusé est *sans caractère* pour faire partie du jury. S'il a figuré dans le jury de jugement et signé la décision, il y a nullité, aux termes des §§ 2 et 4 de l'art. 34 et de l'art. 42 (3).

537. Le jury de jugement doit toujours être composé de douze membres, ni plus ni moins, au moment où il entre en fonctions. Cela résulte du § 4 de l'art. 34, portant que : « Si le droit de ré-
« cusation n'est pas exercé, ou s'il ne l'est que partiellement, le
« magistrat directeur du jury procède à la réduction des jurés
« *au nombre de douze*, en retranchant les derniers noms inscrits
« sur la liste, » et du § 1ᵉʳ de l'art. 35, énonçant que : « le jury spécial n'est constitué que *lorsque les douze jurés seront présents*. »

Il convient que le jury de jugement ne soit organisé que pour entrer immédiatement en fonctions. Sans cela il pourrait arriver que l'absence de l'un des jurés, ou toute autre cause d'empêchement, réduisît le jury à dix ou à onze membres, tandis que

---

n'a pas assisté à la constitution du jury, et n'a pu ainsi exercer son droit de récusation, lorsqu'il est constant, en fait, que le maire, survenu au moment où le jury venait d'être constituée, a, soit expressément, soit même tacitement, et en débattant sans protestation ni réserve, les chiffres des indemnités, donné son adhésion à la procédure qui avait précédé sa présence aux débats. Cass. civ., 24 fév. 1864 (*Gaz. trib.*, 25 fév. 64).

Il est accordé aux parties un certain délai moral pour l'exercice de leur droit de récusation : encore bien que le juré appelé aurait momentanément pris place sur le siége, le droit de récusation pourrait être encore exercé, si depuis l'appel du juré, aucun autre acte n'avait été accompli. Spécialement, encore que le douzième juré appelé ait déjà pris place à côté des jurés précédemment choisis, les parties peuvent, si le jury n'a pas encore été déclaré constitué, et n'a pas commencé ses opérations, user utilement, à l'égard de ce dernier juré, de leur droit de récusation. Cass. civ., 30 mars 1864 (*Gaz. trib.*, 31 mars 64).

(1) Cass., 26 mai 1846 (S.46.1.580).
(2) 9 janv. 1855 (*Droit*, 10 janv. 55; et S.55.1.576).
(3) Cass., 17 fév. 1854 (S.54.1.272); Cass., 2 fév. 1864 (*Gaz. trib.*, 4 fév. 64).

la loi veut qu'au commencement des opérations les jurés soient au nombre de douze — (A).

538. Lorsque la liste des seize jurés a été formée de la manière que nous avons indiquée, il en est donné lecture aux parties, qui, comme nous venons de le dire, peuvent exercer deux récusations. Si elles usent de ce droit, la liste se trouve naturellement réduite à douze jurés, qui forment le jury de jugement. Si, au contraire, le droit de récusation n'est point exercé, ou s'il ne l'est que partiellement, le magistrat directeur procède à la réduction des jurés au nombre de douze, *en retranchant les derniers noms inscrits sur la liste* (art. 34, § 4).

Lorsque aucune constatation n'a été faite, dans le procès-verbal, de la formalité prescrite par le paragraphe final de l'art. 34, qui veut que, pour la composition du jury de jugement, le magistrat directeur procède à la réduction des jurés au nombre de douze, en retranchant les derniers noms inscrits sur la liste, les opérations du jury ont été viciées par la violation de la disposition précitée (1).

539. On peut se demander si c'est un seul jury de jugement composé des douze mêmes personnes qui doit prononcer sur toutes les affaires de la session, ou si un jury de jugement doit être organisé pour chacune de ces affaires. Nous pensons qu'il doit y avoir un jury formé pour chaque affaire, c'est-à-dire pour chaque propriété distincte. La faculté donnée aux indemnitaires d'exercer deux récusations serait presque dérisoire, si quinze ou vingt indemnitaires étaient tenus de se concerter pour

---

(1) Cass., 22 mai 1855 (*Droit*, 23 mai 55 ; S. 55.1.544).

Additions.

(A) Est nulle la décision d'un jury d'expropriation à laquelle ont concouru les seize jurés portés sur la liste, sans que le magistrat directeur ait réduit à douze le nombre des jurés, conformément à l'art. 35 de la loi du 3 mai 1841. Cass., 28 avril 1858 (*Gaz. trib.*, 29 avril 58 ; S.59.1.959).

Le consentement donné par les expropriés à ce que la liste du jury, qui, par suite d'empêchements reconnus légitimes, se trouve réduite à moins de seize jurés, ne soit pas complétée au moyen de l'adjonction de jurés supplémentaires, et à ce que leur droit de récusation soit par là restreint, n'est point contraire à la loi, si, d'ailleurs, le jury reste composé du nombre légal de douze jurés.

En pareil cas, le jury se trouve régulièrement formé même vis-à-vis d'une partie qui n'est intervenue dans la procédure qu'après la formation de ce jury ; cette partie est réputée avoir accepté le jury tel qu'il avait été composé hors de sa présence. Cass., 26 nov. 1860 (S.64.1.381).

Après que le jury s'est régulièrement trouvé, au moment de sa constitution, composé de douze jurés, il a pu, ultérieurement, commencer et suivre ses opérations au nombre de onze seulement (art. 35 de la loi du 3 mai 1841). Cass. civ., 29 janv. 1866 (*Gaz. trib.*, 30 janv. 66).

exercer ces deux récusations. D'ailleurs, la récusation ne sera pas toujours fondée sur la présomption de partialité du juré, mais souvent aussi sur son peu de connaissance de la valeur de la propriété à estimer. Or, il peut y avoir lieu, dans la même session, à évaluer des champs, des bois, des maisons, des vignes, des usines, et tel qui a les connaissances nécessaires pour une de ces évaluations serait peut-être peu propre à une autre. Tel juré que l'administration pourrait regarder comme suspect de partialité, s'il avait à statuer sur l'indemnité de l'un des propriétaires assignés, ne ferait souvent naître aucun soupçon relativement aux autres affaires, pour lesquelles même l'administration regretterait peut-être de se priver de ses lumières. Nous croyons d'ailleurs que, dans tout le cours des discussions des Chambres, l'on a considéré chaque affaire comme devant être jugée par un jury distinct. « On n'a pas trouvé le moyen d'éviter « une fixation particulière pour chaque parcelle, » a dit M. Martin (du Nord) dans son rapport à la Chambre des députés. (*Monit.*, 27 janv. 1833, p. 212.)

L'art. 34 dit que le greffier appelle *successivement les causes sur lesquelles* le jury doit statuer, ce qui suppose qu'il y a plusieurs causes portées devant le jury, et que toutes les contestations portées devant le même jury ne forment pas une seule affaire. L'article ajoute que l'administration a le droit d'exercer deux récusations, et que la *partie adverse* a le même droit. Si le législateur eût admis l'opinion que nous combattons, il eût dit nécessairement : *Les parties adverses* ont le même droit. Enfin l'article ajoute : « Dans le cas où plusieurs intéressés figurent « *dans la même affaire*, ils s'entendent pour l'exercice du droit « de récusation. » Ce ne sont donc pas les parties intéressées dans toutes les affaires qui doivent se concerter pour les récusations, ce sont celles intéressées *dans la même affaire*, par exemple, lorsqu'il y a plusieurs copropriétaires, ou des propriétaires et des usufruitiers, etc. Le système contraire rendrait le droit de récusation à peu près illusoire pour les indemnitaires.

540. Lorsque le jury de jugement se trouve composé des mêmes membres pour plusieurs des affaires de la session, toutes les parties intéressées dans ces affaires consentent souvent à ce qu'elles soient instruites simultanément. Aucune disposition de la loi n'est blessée par un tel mode de procéder, qui facilite nécessairement l'expédition des affaires, et, par suite, convient beaucoup aux magistrats directeurs et aux jurés. C'est pourquoi, dans la pratique, on ne néglige rien pour amener les in-

demnitaires à consentir à la réunion de plusieurs affaires dans une même instruction.

Quelquefois, pour arriver à ce résultat, on fait déclarer par les indemnitaires et par l'administration, dès le commencement des opérations, que le jury de douze membres, tel qu'il se trouvera définitivement composé après l'exercice du droit de récusation, procédera à la fixation de toutes les indemnités déférées au jury. Comme la réunion de tous les intéressés ne permet pas que chacun d'eux exerce deux récusations, on les amène à se concerter pour faire, d'intelligence et d'accord, les deux récusations permises par l'art. 34 de la loi.

Un arrêt du 3 mai 1841 déclare que, quand un arrangement de cette nature a été fait par les intéressés, constaté au procès-verbal et exécuté dans toutes ses parties, des indemnitaires ne peuvent attaquer devant la Cour de cassation un mode de procéder qui a été l'ouvrage de leur propre volonté, et qui n'est au surplus interdit par aucun texte de loi, à l'égard d'un plus ou moins grand nombre de propriétaires compris dans un même jugement d'expropriation. (Devill., p. 691 ; Dall., p. 242.)

Ce mode de procéder avait nécessairement modifié le droit de récusation de deux jurés que l'art. 34, § 2, accorde à chaque partie ; mais l'arrêt a été rendu sous l'empire de la loi du 7 juillet 1833, qui n'ouvrait pas le recours en cassation pour violation de cette disposition : il perd donc de son autorité depuis que la loi du 3 mai 1841 a autorisé le pourvoi pour violation du § 2 de l'art. 34. D'ailleurs, cette manière d'opérer avait déjà été, sous la loi de 1833, l'objet de quelques critiques, non en ce qui concerne les parties qui ont la libre jouissance de leurs droits, mais à l'égard des tuteurs et autres administrateurs. On a prétendu qu'accepter à l'avance des modifications indéterminées dans la composition du jury établi par la loi, c'était en réalité signer un compromis ; que les jurés désignés par suite d'une pareille convention ne tenaient plus leurs pouvoirs de la loi, mais de la volonté des parties ; que ce n'étaient plus des jurés, mais des arbitres ; que, dès lors, les représentants des incapables ne pouvaient valablement prendre part à une telle convention (C. proc., 1003) ; qu'un tuteur peut, en réalité, ne pas exercer une récusation que la loi lui donnait le droit de faire, mais qu'il ne peut prendre envers les tiers l'engagement de ne pas user du droit de récusation, etc.

Sans que nous ayons besoin d'apprécier ici la valeur de ces diverses objections, on peut remarquer qu'elles ne portent point sur la faculté de réunir plusieurs affaires pour être instruites et jugées conjointement. Elles ne portent que sur la convention relative au droit de récusation. Or les parties peuvent fort bien s'entendre pour l'exercice du droit de récusation, sans faire mentionner au procès-verbal que ces récusations ont été concertées entre elles ou entre leurs défenseurs. C'est ce qui s'est fait en plusieurs circonstances.

Lorsque, après l'appel des causes, il est établi que dans plusieurs affaires il n'y a pas eu de récusations, ou que les récusations ont porté sur les mêmes jurés, de manière que pour ces affaires le jury se trouve composé des mêmes personnes, les parties peuvent consentir à ce que, par suite de l'analogie de toutes les causes, elles soient instruites et jugées conjointement. Un arrêt de la Cour de cassation du 23 mai 1842 déclare que ce mode de procéder n'est interdit par aucune loi. (Dall., p. 266; Devill., p. 571.)

Quand les affaires portées à une même session du jury sont en grand nombre, les magistrats directeurs forment des catégories de celles qui ont de l'analogie entre elles et les placent à la suite les unes des autres sur le rôle de la session, afin qu'elles soient appelées le même jour et successivement. L'analogie des positions amène alors les indemnitaires à s'entendre pour faire juger toutes ces affaires conjointement.

Depuis que ce qui précède a été écrit, la Cour de cassation a confirmé sa jurisprudence sur la faculté de réunir toutes les affaires d'une session ensemble, ou de les réunir par catégories, pour faire juger l'ensemble ou chaque catégorie en un même débat et par un jury unique : la réunion est valable, lorsque les parties l'ont acceptée, et qu'elles ont consenti, en outre, à s'entendre pour réduire leurs droits de deux récusations dans chaque affaire aux deux seules récusations autorisées, devant chaque jury de jugement, par le § 2 de l'art. 34 ; elle est valable, soit que le consentement ait été donné explicitement ou implicitement (1), et soit que l'accord n'ait été formé qu'après la composition de jurys particuliers qui se sont trouvés tous composés des mêmes membres, soit qu'il ait eu lieu dès la première séance et avant tout commencement des opérations.

Voici le texte des arrêts qui ont consacré ces règles :

« Attendu (porte, entre autres, l'arrêt du 23 août 1854) qu'aux

---

(1) *Secùs*, à défaut de consentement, et à plus forte raison dans le cas de réclamation et de réserves constatées, *infrà*, p. 444.

« termes de l'art. 34 de la loi du 3 mai 1841, les causes dans
« lesquelles le jury doit statuer sont appelées successivement,
« et que plusieurs intéressés *ne sont tenus* de s'entendre pour
« exercer simultanément leurs récusations péremptoires, bor-
« nées à deux pour eux tous, que lorsqu'ils figurent dans la
« même affaire; attendu qu'il suit de là que chaque intéressé a
« le droit d'exiger que, pour le jugement de chaque affaire,
« lorsqu'elle est distincte, il soit procédé à l'information d'un
« jury distinct; *mais que ni cet article, ni aucune autre disposition*
« *de loi, ne s'opposent à ce que, du consentement des parties, plu-*
« *sieurs affaires soient jointes* et soumises à un même débat et au
« jugement d'un même jury; attendu qu'il résulte du procès-
« verbal que le....., jour de la première réunion des jurés, un
« seul jury a été formé pour le jugement de toutes les affaires
« de la session ; que *les parties, loin de réclamer contre cette jonc-*
« *tion ou de s'y opposer, ont, au contraire, procédé en en acceptant*
« *les conséquences;* que, notamment, elles *se sont entendues pour*
« *exercer conjointement leur droit de récusation,* dont elles n'ont
« usé que pour récuser toutes ensemble un seul juré ; qu'il suit
« de ces circonstances que le demandeur en cassation a accepté
« la jonction de son affaire avec celle des autres intéressés;
« qu'il s'est interdit par là le droit de critiquer ultérieurement
« cette jonction, en conséquence de laquelle le droit collectif de
« récusation a été exercé conformément à la loi ; qu'ainsi , il
« n'y a eu ni excès de pouvoir, ni violation des art. 34, 37 et
« 38 de la loi du 3 mai 1841 (1). »

Même décision, dans une espèce où : « Il résultait du procès-
« verbal que tous les propriétaires intéressés aux affaires de la
« session avaient *formellement consenti* à être jugés par un seul
« et même jury; qu'un seul jury avait été constitué, un seul
« serment prêté, et qu'il n'avait été fait ni protestation ni ré-
« serve, soit contre l'avertissement du magistrat directeur que
« la faculté des récusations péremptoires appartenant aux pro-
« priétaires serait bornée à deux récusations pour la totalité des
« affaires, soit contre la réunion de ces affaires en une instruc-
« tion commune... » (2).

Même décision, dans un cas où les affaires de la session, au
lieu d'avoir été réunies toutes ensemble, avaient été classées en
quatre catégories (3).

---

(1) 23 août 1854 (S.55.1.143).   (3) 9 août 1847 (S.47.1.753); Anal., 24
(2) 17 août 1847 (S.48.1.348).   avril 1855 (S.55.1.607).

Dans l'espèce de l'arrêt du 2 janvier 1855, ce mode de classement avait été suivi d'un incident : le jour auquel la troisième catégorie avait été appelée, deux jurés ne s'étaient pas présentés. La Cour de cassation a jugé : « Qu'il appartenait au magis-
« trat directeur d'apprécier souverainement la légitimité de
« cette absence et de condamner les jurés à l'amende ou de les
« en affranchir; que, quelle que fût, à cet égard, sa décision,
« l'absence des deux jurés n'altérait en rien les pouvoirs que le
« jury de la troisième catégorie tenait de sa constitution régu-
« lièrement opérée; que, non-seulement le jury pouvait, mais
« qu'il devait continuer ses opérations, sous la seule condition,
« qui avait été remplie, de délibérer au nombre de neuf au
« moins, déterminée par le deuxième alinéa de l'art. 35 » (1).

Dans l'espèce de l'arrêt du 20 mai 1845, le consentement était loin d'être exprès; mais la Cour a décidé qu'il était implicite : « Attendu, a-t-elle dit, qu'il résulte du procès-verbal qu'une
« grande partie des intéressés étant présents, le magistrat direc-
« teur leur a demandé s'ils consentaient à ce qu'il fût formé
« deux catégories pour connaître des affaires restant; attendu
« que le demandeur allègue n'avoir point été au nombre des
« intéressés présents à ce moment des opérations; mais que,
« d'une part, il avait été dûment appelé; que, d'autre part, il
« résulte du procès-verbal qu'il s'est présenté devant le jury
« sans faire aucune protestation ni réserve contre ce mode de
« procéder et *sans demander que son affaire fût disjointe;* attendu
« que, soit de cette comparution volontaire, soit des consente-
« ments exprimés, soit de l'absence de toute réclamation lors de
« l'exercice du droit collectif de récusation, il est résulté que
« les propriétaires intéressés se sont interdit la faculté de pré-
« tendre ultérieurement qu'il n'existait pas, entre les règlements
« d'indemnité réunis sous une même catégorie de biens, de
« connexité suffisante pour constituer une même affaire... » (2).

Une semblable fin de non-recevoir, relative à l'accord présumé pour l'exercice collectif des deux récusations péremptoires, a été tirée des circonstances relatées dans l'arrêt de la Cour du 11 janvier 1854 (3).

Mais, s'il n'y a eu consentement ni explicite ni implicite de la part de l'un des expropriés, qui a, au contraire, réclamé la for-

---

(1) 2 janv. 1855 (S.55.1.64).
(2) 20 mai 1845 (S.45.1.415).

(3) S.54.1.201.

mation d'un jury spécial pour la fixation de son indemnité, alors le droit commun (1), c'est-à-dire l'art. 34, est seul applicable. Or, d'après cet article (§§ 2 et 3), un jury spécial est appelé à prononcer sur chacune des affaires distinctes portées dans la session. Le magistrat directeur, en déclarant, nonobstant l'opposition de l'un des expropriés, qu'il y a lieu de considérer quatre expropriations comme formant une seule affaire, par cela qu'elles sont comprises dans une même instance administrative et dans une même procédure judiciaire, contrevient donc à des textes de loi dont la violation donne ouverture à cassation. Et dans ce cas, comme l'exproprié n'a pu arrêter la marche d'opérations dans lesquelles le recours en cassation n'est ouvert qu'après la déclaration du jury, il est recevable, quoiqu'il ait présenté sa défense au fond, et surtout s'il a fait la réserve de tous ses moyens de droit et de fait, à proposer devant la Cour de cassation le moyen tiré de ce qu'il n'y a eu qu'un seul jury pour les quatre expropriations portées dans la session (2).]

Les affaires dans lesquelles les intéressés font défaut doivent être jugées séparément; mais on sait que celles-là ne donnent jamais lieu à une longue instruction.

Les magistrats directeurs croient souvent abréger les opérations du jury en invitant les parties à réunir un très-grand nombre d'affaires dans une seule instruction, jusqu'à trente affaires quelquefois. Les jurés ont alors beaucoup de peine à se souvenir de tout ce qui a été plaidé dans chaque cause. La *Gazette des tribunaux* du 25 décembre 1844 rapporte que, dans une session où l'on avait suivi ce mode, les jurés, après la septième affaire, ont demandé au magistrat directeur de suspendre l'audience, afin qu'ils pussent se retirer dans la chambre de leurs délibérations et fixer leurs souvenirs sur les causes qui venaient d'être plaidées, sans toutefois délibérer. N'eût-il pas été plus simple de ne réunir dans cette première opération que ces sept affaires, sur lesquelles le jury eût statué de suite? Qui oserait assurer qu'il n'oubliera rien dans les détails de trente causes plaidées successivement et sans nul intervalle? Lorsque, dans ce cas, les jurés se retirent pour délibérer, l'obligation de statuer *sans désemparer* sur ces trente affaires les oblige à des délibérations excessivement fatigantes et les expose à des erreurs.

---

(1) *Suprà*, p. 439 et 440, arrêt du 23 août 1854.

(2) Cass., 7 juin 1853 (S.54.1.63).

541. Il importe de remarquer que l'on ne peut ainsi réunir que des affaires qui doivent être jugées par les mêmes jurés. S'il y a quelque différence dans la composition des jurys, on est tenu de procéder distinctement à l'instruction et au jugement des affaires qui leur sont respectivemet dévolues. Ils ne peuvent même exercer en commun aucun acte d'instruction. C'est ce que décide d'ailleurs un arrêt du 22 juin 1840 : « Attendu que la loi d'institution de ces jurys, telle qu'elle résulte de la nature des choses, des principes de la matière et de la loi du 7 juillet 1833, s'oppose à ce qu'aucun étranger communique avec les jurés durant l'instruction de l'affaire et les délibérations; qu'elle veut que le jury statue successivement et sans interruption sur chacune des affaires dont il a été saisi, et prononce sans désemparer (art. 38 et 44); attendu qu'il suit de là que si un individu sans caractère et sans mission légale, tel, par exemple, qu'une personne ne faisant partie que d'un autre jury, s'est immiscé dans les actes d'instruction et dans les délibérations concernant des affaires attribuées à un jury constitué et assermenté pour en connaître, après que les parties ont été mises à portée d'exercer leur droit de récusation, la composition du jury est viciée et ses opérations illégales. » (Dall., p. 281; Devill., p. 707.) (1) — (A).

---

(1) Conf., Cass., 2 déc. 1846 (S. 47. 1.284).

Additions.

(A) La jurisprudence fournit des décisions nombreuses sur cette question, nous citerons les plus importantes. Les jurés ainsi constitués en un jury unique pour les affaires de la session, ne sont pas tenus de renouveler leur serment lors du jugement de chacune des affaires. Cass., 26 août 1856 (Dall., 56. 1. 333).

Ils peuvent recevoir en bloc et dès le début des opérations les tableaux d'offres et de demandes applicables à toutes les affaires, procéder d'une même suite à la visite des propriétés comprises dans toutes les affaires. Cette façon de procéder n'a rien d'irrégulier, et les parties n'en peuvent tirer aucune cause d'attaque contre la décision intervenue, alors surtout que, présentes à ces opérations, elles les ont acceptées sans réclamation. Cass. civ., 2 déc. 1863 (Gaz. trib., 3 déc. 63).

Il n'est pas nécessaire, pour la régularité de cette façon de procéder, que les parties aient été interpellées par le juge sur le point de savoir si elles l'acceptent ou non; peu importe que l'acceptation donnée par la partie ait été expresse ou tacite; il suffit que la partie ait pris part aux opérations, sans protester en aucune façon contre la formation des affaires en catégorie, pour qu'elle ne soit plus admise à se faire ultérieurement un moyen de cassation de ladite formation en catégorie et de l'amoindrissement du droit de récusation qui en a été la conséquence. Cass. civ., 11 fév. 1863 (Gaz. trib., 12 fév. 63).

La réunion de plusieurs affaires en une seule catégorie ne saurait être considérée comme ayant apporté obstacle au droit de récusation, alors que les parties, averties, avant l'ouverture des débats, qu'elles seraient jugées ensemble, se sont concertées pour l'exercice de leurs récusations et ont déclaré n'avoir à en exercer aucune. Cass., 19 juin 1861 (S. 62.1.894); Cass., 11 janv. 1865 (Gaz. trib., 12 janv. 65).

542. La loi n'énonce pas que toutes ces opérations auront lieu en présence des parties, parce qu'elle a supposé, soit que toutes les opérations auraient lieu en séance publique, soit au moins que les opérations relatives à la formation de la liste du jury

Lorsque le magistrat directeur, au jour pour lequel les jurés avaient été convoqués, a divisé en deux catégories les affaires qui devaient leur être soumises, formé les jurys de l'une et de l'autre catégorie, ordonné que le jury de la première commencerait immédiatement ses opérations, et indiqué d'avance le jour auquel devraient commencer les opérations du second jury, aucun grief ni aucune nullité ne résultent de ce que, les affaires de la première ayant été expédiées plus promptement que le magistrat directeur ne l'avait présumé, un intervalle de trois ou quatre jours se serait écoulé entre la fin des opérations du premier jury et le commencement des opérations du second. En ces circonstances, il n'y a eu, dans le sens légal, ni interruption des fonctions du jury, ni déplacement arbitraire de l'époque fixée pour la réunion et le fonctionnement de ce jury. L'ajournement prononcé par le magistrat directeur, loin d'être entaché d'aucune irrégularité, doit au contraire être considéré comme nécessité par les besoins de l'instruction et servant à régler l'ordre suivant lequel il y serait procédé. Cass. civ., 4 mars 1861 (*Gaz. trib.*, 5 mars 61).

Lorsque, sans qu'aucune des parties s'y soit opposée, plusieurs affaires ont été réunies en une seule catégorie, l'intérêt qu'un juré peut avoir dans l'une des affaires placées dans la catégorie suffit pour que le magistrat directeur exclue ce juré de la connaissance de toutes les affaires comprises dans ladite catégorie. C'est la conséquence de la formation des affaires en catégorie, et la partie qui a accepté cette manière de procéder ne saurait être admise à se plaindre des conséquences qu'elle entraîne. Cass. civ., 30 mars 1863 (*Gaz. trib.*, 1 avril 63).

Lorsque des affaires d'expropriation ont été divisées en plusieurs catégories, une partie ne peut se faire une arme contre la décision rendue par le jury à son égard, d'une prétendue *irrégularité* de forme qui existerait *dans les opérations d'une catégorie* autre que celle à laquelle appartient son affaire. Cass., 11 mai 1858 (*Gaz. trib.*, 19 mai 58).

Au cas où plusieurs affaires ont été soumises au même jury du consentement des expropriés, les jurés ne sont pas tenus, soit de ne statuer sur toutes ces affaires que par une seule délibération, soit d'ajourner leurs délibérations jusqu'après la discussion des différentes affaires : ils peuvent délibérer sur chaque affaire séparément et successivement. Cass. civ., 4 janv. 1860 (S. 60.1.480).

Au cas de constitution, pour deux séries d'affaires, de deux jurys composés des mêmes membres, il y a nécessité de former le jury distinctement pour chacune des deux affaires; et le second jury ne peut entrer en fonctions après l'épuisement des affaires de la première série, sans annonce du changement de jury, sur les errements de la composition du premier jury, et sans énonciation nouvelle des absences ou empêchements précédemment constatés. Cass., 11 fév. 1861 (S. 61.1.793).

Lorsque plusieurs affaires ont été jointes du consentement des parties, pour ne former qu'une seule et même catégorie, il suffit que le procès-verbal qui contient les décisions successivement rendues pendant plusieurs jours et sur chaque affaire, soit signifié à la fin par le magistrat directeur et le greffier ; il n'est pas nécessaire que ce procès-verbal soit signé chaque jour et après chaque décision. Cass. civ., 28 fév. 1859 (S.59.1.354).

L'exproprié qui ne s'est pas opposé à la réunion de son affaire à d'autres affaires provenant de localités différentes, pour être jugé par un jury commun, si le procès-verbal constate d'ailleurs que les parties se sont entendues pour exercer en commun le droit de récusation, n'est pas recevable à se faire un grief de ce que son

auraient lieu en chambre du conseil, mais en présence des parties, comme cela se pratique en matière criminelle. (C. instr. crim., 399.) La liste du jury de jugement ne peut être arrêtée qu'après l'exercice du droit de récusation, et les parties doivent être présentes pour indiquer leurs récusations. Pourquoi d'ailleurs leur interdire le droit de signaler les exclusions et les incompatibilités ?

On avait argumenté devant la Cour de cassation de ce qu'un magistrat directeur avait rayé un juré de la liste et lui avait substitué un suppléant *en l'absence des parties*. L'arrêt du 9 juin 1834 rejeta ce moyen, parce qu'il consistait en une prétendue violation des art. 32, 33 et 34 de la *loi du 7 juillet* 1833, et que ces articles n'étaient pas compris au nombre de ceux dont l'inobservation pouvait seule, aux termes de l'art. 42 *de la même loi*, donner ouverture à cassation des décisions du jury. (Dall., p. 337 ; Devill., t. 35, p. 37.) M. Gand, en rappelant cette décision, ajoute : « Nous avouerons que, sans la haute considération que nous professons pour les doctrines de la Cour de cassation, nous eussions été disposé, en appliquant à la question les principes du droit, à lui donner une solution contraire, parce que la liste des seize noms indique les juges du procès, et que ces juges ne peuvent changer par des substitutions sans que les parties soient en situation de les contredire. » (Pag. 521.) Il est en effet permis de croire que, d'après les changements apportés par la loi du 3 mai 1841 à la rédaction de l'art. 42, qui autorise

---

affaire n'a pas été soumise à un jury spécial. Cass. civ., 2 déc. 1863 (*Droit*, 3 déc. 63).

Plusieurs affaires ont pu, bien qu'il s'agît d'expropriations différentes, prononcées par des jugements différents et relatives à des immeubles situés dans des rues différentes, être soumises à un seul et même jury, si les parties ou leurs avocats l'ont demandé ou y ont consenti. Cass. civ., 22 mai 1865 (*Gaz. trib.*, 22 mai 65).

Lorsqu'un procès-verbal d'opérations relatives à un certain nombre d'expropriations, après avoir régulièrement et distinctement constaté les décisions successives rendues dans chaque affaire, résume ensuite toutes les décisions rendues, et le fait sous une forme telle qu'on pourrait supposer que les jurés des diverses affaires ont fonctionné simultanément, cette partie finale du procès-verbal ne saurait cependant donner la preuve d'une irrégularité propre à entraîner la nullité des décisions intervenues. La pensée d'irrégularité que fait naître l'examen isolé de cette partie finale est suffisamment contredite et écartée par l'examen de la partie antérieure du procès-verbal, dans laquelle l'accomplissement exact et distinct de toutes les formalités requises est strictement établie. On ne doit, dans ces circonstances, considérer la fin du procès-verbal que comme une récapitulation surabondante, et dont la réduction irrégulière ne détruit ni ne vicie les constatations antérieures. Cass. civ., 14 mars 1865 (*Gaz. trib.*, 15 mars 65).

maintenant le recours pour violation du § 4 de l'art. 34, la Cour de cassation ne repousserait plus par la même fin de non-recevoir un moyen de cette nature.

543. Mais une autre fin de non-recevoir a été tirée de l'acquiescement. Dans l'espèce de l'arrêt du 7 mars 1855, une décision prononcée par le magistrat directeur, en présence de l'agrément de toutes les parties, avait fixé à un jour déterminé l'examen d'une affaire : cependant, la veille de ce jour, sans avertissement donné aux parties et en l'absence de la compagnie demanderesse en cassation, le jury formé pour cette affaire avait prêté serment et avait reçu les pièces et documents des mains du magistrat directeur, qui avait ensuite renvoyé au lendemain la continuation des opérations ; enfin, ledit jour, la compagnie expropriante avait pris part à l'instruction et aux débats, et avait plaidé au fond, sans protester ni réserver ses droits contre les opérations ouvertes la veille. La Cour de cassation a déclaré : « que ce silence absolu couvrait ces opérations contre toutes recherches de la part de la compagnie demanderesse (1). »

544. De ce que l'art. 37, § 7, de la loi du 3 mai 1841, dit que *la discussion est publique*, et non pas que toutes les opérations seront publiques, on a conclu que les opérations relatives à la formation de la liste du jury pouvaient avoir lieu en chambre du conseil. Mais il faut reconnaître que les débats, d'après cet art. 37, doivent avoir lieu publiquement ; que la décision du jury doit être prononcée publiquement ; que les décisions du magistrat directeur doivent aussi être rendues en audience publique, et l'on s'est demandé s'il y avait quelque inconvénient à ce que la formation des jurys eût lieu aussi à l'audience, et si ce dernier mode n'aurait pas, au contraire, quelques avantages. En conséquence, beaucoup de magistrats directeurs ont cru devoir procéder publiquement à la formation des jurys. (*Journal de la Voirie*, t. 1er, p. 131.) Cette marche dispense le magistrat, les jurés et les parties, de se transporter de la salle d'audience en la chambre du conseil, et réciproquement. On évite aussi par là les nullités qui pourraient résulter de ce que le procès-verbal ne mentionnerait pas que telle partie des opérations a eu lieu publiquement. Dès que tout se passe en audience publique, la mention de la publicité n'a besoin d'être énoncée qu'une seule

---

(1) 7 mars 1855 (S. 55.1.455).

fois dans le procès-verbal, ce qui évite bien des chances d'annulation des opérations.

Il faut, du reste, reconnaître que la Cour de cassation admet que toutes les opérations relatives à la formation de la liste du jury *peuvent* avoir lieu en chambre du conseil. Ainsi un arrêt du 16 janvier 1844 décide que la publicité prescrite par l'art. 37 de la loi du 3 mai pour *la discussion* qui s'ouvre après la constitution et le serment du jury ne l'est, par aucune disposition de cette loi, pour le choix que son art. 33 charge le magistrat directeur de faire des personnes appelées à compléter le nombre de seize jurés. (Devill., p. 374 ; Dall., p. 83.) A ce motif un arrêt du 4 mars 1844 ajoute que « c'est en la chambre du conseil qu'est dressée la liste des seize jurés titulaires et des quatre jurés supplémentaires (art. 30), et qu'il n'y avait aucune raison pour qu'à ce huis clos l'art. 33 substituât la publicité, quand il ne s'agit plus de compléter la liste qui est devenue insuffisante par l'absence de quelques-uns des citoyens qui y sont inscrits » (Devill., p. 375 ; Dall., p. 185). Voir aussi l'arrêt du 6 février 1853 (Dall., part. 4e, p. 190).

545. Les formalités dont nous venons de parler ont pour but d'arriver à la composition du jury de jugement qui doit statuer sur chacune des affaires. Lorsque douze (1) jurés présents et non récusés ont été inscrits sur cette liste, le jury est *constitué*, pour cette affaire. On a prétendu que le jury n'était constitué qu'après avoir prêté serment. Cette opinion est en opposition avec l'art. 36 de la loi, portant que, « *lorsque le jury est constitué*, « chaque juré prête serment de remplir ses fonctions avec im-
« partialité. » Le jury est donc constitué avant la prestation de serment (2). Mais il ne peut agir comme jury, exercer aucune attribution, faire aucun acte d'instruction, qu'après la prestation de serment.

Dès l'instant que le magistrat directeur a déclaré qu'un jury

---

(1) [Il n'y a pas nullité par cela seul que, dans un passage du procès-verbal, onze jurés seulement sont dénommés au lieu de douze, « s'il résulte, jusqu'à l'évi-
« dence, de toutes les autres parties du
« procès-verbal que douze jurés ont formé
« le jury dans l'ordre régulier de leur in-
« scription sur la liste, et après une claire
« et complète constatation des diverses
« absences et récusations ; que tous ont
« prêté serment, pris part aux opérations
« et signé la décision ; dans de telles cir-
« constances, réparer par le procès-ver-
« bal lui-même une omission matérielle
« accidentellement commise dans un de
« ses passages, ce n'est nullement infir-
« mer la foi due au procès-verbal ». Cass., 20 mai 1845 (S. 45.1.415).]

(2) Arg. arrêt Cass., 16 janv. 1844 (S. 44.1.374).

est constitué, ce jury est acquis aux parties. En conséquence, si l'un des jurés absents vient à se présenter ensuite, lors même qu'il serait porté un des premiers sur la liste dressée en exécution de l'art. 30, sa comparution tardive ne peut désorganiser un jury légalement constitué ; par suite, il n'y a pas lieu à le faire entrer dans la composition du jury, en excluant le juré qui l'avait remplacé. Voir Cass., 25 fév. 1840 (Devill., p. 212 ; Dall., p. 145). Par la même raison, lorsque le jury a été déclaré constitué, le magistrat directeur ne peut admettre une cause d'empêchement qu'alléguerait l'un des jurés, et le remplacer par un nouveau juré, alors surtout que le droit de récusation ne pourrait plus être exercé, ce serait décomposer un jury régulièrement constitué, et y introduire un membre à l'égard duquel la récusation ne pourrait avoir lieu. Cass., 22 novembre 1843 (Devill., t. 44, p. 246 ; Dall., t. 44, p. 45).

Si, par maladie ou toute autre cause, un des jurés se trouve dans l'impossibilité de continuer ses fonctions, les autres jurés peuvent instruire et juger l'affaire, dès qu'ils ne sont pas en nombre inférieur à neuf. Cass., 6 février 1844 (Dall. p. 165 ; Devill., p. 328). L'art. 35 de la loi du 3 mai 1841 ne laisse aucun doute à cet égard (1).

546. Un arrêt de la Cour de cassation du 25 février 1840 porte que l'indemnitaire qui, sans proposer de récusation, a discuté et débattu devant le jury, tel qu'il avait été constitué, l'indemnité qui lui était offerte, est non recevable à critiquer devant la Cour de cassation la composition de ce même jury (Devill., p. 212 ; Dall., p. 145). Mais la Cour ne tarda pas à modifier ce que ces principes avaient de trop général et de trop rigoureux. L'arrêt du 22 novembre 1841 porte que, si une comparution volontaire, non accompagnée de réserves, couvre nécessairement les nullités qui ne résultent que de l'inobservation des délais impartis par la loi, il n'en est pas de même des nullités relatives à la composition du jury (Dall., p. 385 ; Devill., t. 42, p. 129). Dans cette circonstance, le procès-verbal des opérations du jury constatait que les parties, après avoir exercé leur droit de récusation, après avoir été averties de l'incident relatif à l'absence d'un des jurés, avaient consenti à la formation du jury et plaidé. L'arrêt répond que le procès-verbal ne contient, de la part des demandeurs en cassation, aucune renon-

---

(1) V. *infrà*, p. 456.

ciation *spéciale* aux griefs de nullité par eux invoqués, ni aucune preuve que la connaissance leur en ait été révélée, ni aucune renonciation générale et formelle aux nullités qui auraient pu vicier la composition du jury, et que le consentement donné par les parties à accepter le jury tel qu'il a été composé ne peut s'entendre que dans l'état des faits et des circonstances alors authentiquement constatés (*Ibid.*).

Un autre arrêt, rendu à la date du 22 novembre 1849, a pareillement décidé, en se référant aux circonstances de la cause : « Qu'on ne peut induire d'une récusation exercée par la par-
« tie, qu'elle ait entendu approuver la composition irrégulière
« de la liste des seize jurés, parce qu'il n'y a pas nécessairement
« et forcément incompatibilité entre cet exercice du droit de
« récusation et l'intention de faire valoir plus tard, par un
« pourvoi en cassation, le moyen de nullité » (Sirey, 1849, p. 217).

Mais c'est surtout dans les arrêts postérieurs, notamment dans ceux du 10 avril 1850 (1), du 17 février 1851 (2), du 26 avril 1853 (3), du 8 juin 1853 (4), du 22 août 1853 (5), des 21 mars et 4 juillet 1855 (6), qu'on trouve la vraie raison de décider sur cette importante question. Cette raison remonte à la qualité légale de juge (7), en la personne du juré, et à l'inviolabilité de l'ordre des juridictions : d'une part, la qualité de juge ne peut être conférée *que par la loi*, et quand la loi en a fixé les conditions, il ne saurait dépendre de la volonté des particuliers de les modifier ; d'autre part, *les lois qui règlent l'ordre des juridictions et leur organisation sont d'ordre public*. C'est sur ces grands principes que se fondent les derniers arrêts précités, pour décider que la défense au fond, même sans protestation ni réserve, devant un jury d'expropriation irrégulièrement composé, ne fait pas obstacle à la présentation du moyen de nullité devant la Cour de cassation—(A).

---

(1) S.50.1.355.
(2) S.51.1.272.
(3) S.53.1.720.
(4) S.54.1.63.
(5) S.53.1.636.
(6) *Droit*, 26 mai 1855 ; Bulletin civ. Cass., 1855, p. 157.
(7) V. l'arrêt du 26 mars 1850, qui applique l'art. 7 de la loi du 20 avril 1810, aux jurés comme *juges* (S. 50.1.400); et les décisions du jury assimilées aux *jugements*, dans la discussion de la loi du 7 juill. 1833, à la Chambre des députés, ci-dessus, n° 547.

Additions.

(A) Les *nullités* qui touchent à la *composition illégale du jury* sont des nullités d'ordre public qui ne peuvent être couvertes par le silence des parties, et peuvent être invoquées pour la première fois devant la Cour de cassation. Cass., 7 avril 1858 (Dall.58.1.156). *Conf.*, Cass., 23 juill. 1856 (Dall. 56.1.293).

La comparution de l'exproprié devant

547. En 1833, la Chambre des députés avait admis la publicité des audiences du jury, mais la Chambre des pairs avait décidé que toutes les opérations du jury auraient lieu à huis clos. La Chambre des députés persista à demander la publicité de la discussion. « Il n'est qu'un point, dans cette partie de la loi, disait M. Martin (du Nord) dans son deuxième rapport, sur lequel nous ne saurions partager l'opinion de la Chambre des pairs ; nous vous demandons de rétablir dans l'art. 36 le principe de la publicité de la discussion devant le jury, que cette Chambre a cru devoir écarter. La décision que porte le jury est un véritable jugement ; il prononce entre deux intérêts qui sont en présence. Ce serait méconnaître un besoin de l'époque, éveiller des soupçons, autoriser des récriminations, que de priver les parties de cette publicité, qui, dans nos mœurs, est regardée comme une garantie qu'aucun droit n'a été volontairement sacrifié. Nous ne pensons pas, du reste, que la publicité soit un obstacle à ce que les parties intéressées bannissent l'appareil et les longueurs des plaidoiries, et se bornent, pour établir leurs droits, à présenter quelques courtes observations » (*Monit.*, 30 mai 1833, p. 1521).

« Dans l'art. 37, vous trouverez rétablie la publicité de la discussion, a dit M. le ministre des travaux publics en reportant le projet à la Chambre des pairs. Il est superflu de remarquer que cette publicité ne s'applique qu'aux débats des parties devant le jury, débats qui d'ailleurs, d'après l'esprit et les termes du même article, ne peuvent consister que dans des observations sommaires. Le jury spécial doit d'ailleurs, comme les jurys ordinaires, délibérer dans une chambre à part, hors des regards du public » (*Monit.*, 16 juin 1833, p. 1690).

La commission de la Chambre des pairs se rendit à ces observations. « Nul doute, a dit son rapporteur, que la décision du jury ne soit, comme on l'a dit, un véritable jugement entre deux intérêts opposés. Mais, d'une part, la publicité de la discussion devant le jury ne paraît pas la conséquence nécessaire de ce fait, vrai en lui-même ; de l'autre, peut-être est-il plus à redouter qu'on ne le croit que la publicité n'introduise dans les affaires soumises à ce jury l'appareil et les lenteurs inséparables des plaidoiries. Quoi qu'il en soit, on a exprimé la crainte que

---

le jury n'emporte pas de sa part renonciation d'opposer les nullités de la procédure **antérieure,** alors qu'il a fait des réserves formelles à cet égard. Cass., 30 janv. 1861 (S. 61.1.554).

supprimer la publicité ne soit méconnaître un besoin de l'époque, éveiller des soupçons et priver les parties intéressées de la garantie qu'aucun droit n'a été volontairement sacrifié. Peut-être penserez-vous, comme l'a fait votre commission, qu'il suffit qu'une telle crainte ait pu se manifester pour ne pas hésiter à adopter l'amendement qui rétablit dans la loi le principe de cette publicité » (*Monit.*, 21 juin 1833, p. 1733).

« La discussion est publique, » dit en conséquence l'art. 37, § 7, de la loi, et l'art. 42 déclare que la violation de cet article peut autoriser la cassation de la décision du jury.

548. Le procès-verbal des opérations du jury doit même, à peine de nullité, constater que la discussion a été publique. Cass., 11 août 1841 (Dall., p. 312) (1). Il n'y a toutefois aucuns termes sacramentels pour constater cette publicité; il suffit qu'elle puisse s'induire de la teneur du procès-verbal. Ainsi il y a mention suffisante de la publicité lorsque le procès-verbal se termine par ces mots : *Fait et arrêté le... en la salle d'audience dudit tribunal.* Cass., 15 avril 1840 (Devill., p. 706; Dall., p. 485). De même, lorsque le procès-verbal énonce que telle opération a eu lieu *en séance*, on doit admettre que c'est en séance publique, Cass., 5 mars 1844 (*Gaz. tr.* du 8), 17 fév. 1845 (*Gaz. tr.* du 22).

Lorsque le procès-verbal porte que la séance s'est ouverte dans la grande salle du palais de justice, et qu'il est terminé par ces mots : « Fait et prononcé à Marseille *publiquement*, au palais de justice; » de l'ensemble de ces énonciations et de l'unité du procès-verbal, qui compose un seul contexte, il résulte que la mention précise de la publicité, qui est renfermée dans la déclaration de clôture, ne tombe pas seulement sur l'ordonnance du magistrat directeur, mais qu'embrassant à la fois les débats du jury et cette ordonnance, elle constate que ces opérations successives et immédiates ont toutes eu lieu en public. Cass., 12 juin 1843 (Devill., p. 483). La Cour a également jugé que l'énonciation, dans le procès-verbal, qu'après les débats contradictoires et l'entrée des jurés en délibération, le magistrat directeur, les parties, leurs conseils et *le public*, se sont retirés, constate suffisamment que les débats ont eu lieu publiquement. Arr. 30 avril 1844 (Devill., p. 432).

Lorsque le procès-verbal constate en termes exprès qu'*il a été*

---

(1) *Add.* Cass., 21 fév. 1853 (S. 53.1.430).

procédé en séance publique ; de cette déclaration formelle, consignée dans un acte authentique, résulte la preuve légale et suffisante de la publicité exigée par l'art. 37, et l'on n'est pas admis à alléguer que l'exiguïté de la salle où la séance a été tenue n'aurait pas permis au public de s'y introduire. Cass., 13 janv. 1840 (Devill., p. 159; Dall., p. 91) (1)—(A).

549. Lorsque le jury est constitué, chaque juré prête serment de remplir ses fonctions avec impartialité (art. 36). Ainsi, au commencement de chaque affaire, tous les jurés appelés à en connaître doivent prêter ce serment. Il ne suffirait pas de faire prêter serment aux jurés qui n'ont pas encore siégé. Cass., 23 mai 1842 (Devill., p. 571 ; Dall., p. 266 (2).

Du reste, la loi exige bien que la prestation du serment suive la constitution du jury, mais non qu'elle la suive sans intervalle, surtout lorsque le grand nombre des parcelles expropriées et la distribution du travail obligent à laisser un intervalle entre la composition du jury et le commencement de ses fonctions.

---

(1) [*Add.*, pour le cas où, après la clôture des débats prononcée dans un local d'audience, les débats ont été rouverts dans un autre local, arrêt du 17 déc. 1845 (S. 46.1.165); pour le cas d'une séance employée au jugement de plusieurs catégories, arrêt du 4 juill. 1854 (S.55.1.218); pour le cas où après avoir constaté légalement la publicité de plusieurs séances consécutives, le procès-verbal porte, relativement à celle où l'affaire a été jugée : « Que le magistrat directeur et le « jury ont *pris séance pour continuer* « *les opérations* », arrêt du 6 déc. 1854 (S.55.1.221).— Anal., 24 avril 1855 (S. 55.1.607).

(2) [*Add.*, arrêt du 6 fév. 1854 : « Cha-« que juré doit prêter serment, etc. » (S. 55.1.219).]

Additions.

(A) Il n'est pas nécessaire que la publicité des séances du jury soit constatée en termes formels ; elle peut s'induire des diverses mentions contenues dans le procès-verbal des opérations du jury. Cass. civ., 15 juin 1864 (*Gaz. trib.*, 16 juin 64).

La *publicité d'une séance du jury,* bien qu'elle ne soit expressément constatée ni au commencement ni à la fin du procès-verbal, résulte suffisamment de cette mention, que les jurés se sont retirés dans leur chambre pour délibérer, et pour revenir ensuite à l'audience publique. Cass., 14 avril 1858 (*Gaz. trib.*, 15 avril 58).

La *mention*, au procès-verbal des opérations du jury, *de la rentrée des jurés en séance publique* après une visite des lieux annoncée par le jury en présence des parties, suffit pour faire présumer que les parties ont été également présentes à la reprise des débats et qu'elles ont pu présenter leurs observations. Cass., 11 août 1857 (Dall. 57.1.329).

Lorsqu'un même jury a statué, successivement et sans désemparer, sur un certain nombre d'affaires d'expropriation, la constatation de la publicité des débats, formellement exprimée pour l'une de ces affaires, s'applique, à raison de la continuité des opérations, à toutes les autres affaires, encore que, pour celles-ci, les énonciations du procès-verbal seraient en elles-mêmes insuffisantes pour établir la publicité (Cass. civ., 20 août 1862 (*Gaz. trib.*, 21 août 62 ; S.63.1.318).

Cass., 16 janv. 1844 (Dall., p. 83 ; Devill., p. 374). Voir aussi l'arrêt du 9 juin 1834 (Dall., p. 337 ; Devill., t. 35, p. 37).

La loi n'a pas indiqué le mode et la formule du serment; mais, par analogie avec l'art. 312, C. inst. crim., le magistrat directeur du jury doit prononcer aux jurés la formule suivante : « Vous jurez et promettez, devant Dieu et devant les hommes, de « remplir avec impartialité les fonctions qui vous sont confiées. » Et chacun des jurés, debout et découvert, répondra en levant la main : *Je le jure*. On avait prétendu que les termes du serment indiqués en l'art. 36 ne pouvaient être modifiés par le magistrat directeur. Mais, par arrêt du 7 fév. 1837, il a été jugé que les termes de cet article ne sont pas sacramentels, qu'ils sont simplement énonciatifs du serment que doivent faire les jurés de *remplir leurs fonctions avec impartialité ;* qu'en faisant prêter ce serment avec l'addition : *devant Dieu et devant les hommes*, le magistrat directeur n'en altère point la substance et ne fait qu'employer une formule consacrée par le Code d'instruction criminelle, et qui n'a rien de contraire à l'art. 36 de la loi du 3 mai 1841 (Dall., p. 178 ; Devill., p. 126). Mais la mention que les jurés ont *promis* de juger avec impartialité ne suffirait pas, il faut qu'il soit constaté qu'il y a eu serment prêté.

Le serment exigé des jurés étant une formalité substantielle prescrite, à peine de nullité, par les art. 36 et 42 de la loi du 3 mai 1841, l'accomplissement de cette formalité doit, aussi à peine de nullité, être constaté par le procès-verbal des opérations du jury. Cass., 11 août 1843 (Devill., p. 935) ; 12 mars 1844 (Dall., 4e part., p. 189) (1). L'arrêt du 9 juin 1834 a aussi jugé qu'il y avait mention suffisante de la prestation individuelle du serment dans ces mots du procès-verbal dressé par le magistrat directeur : « Chacun des jurés, appelés individuellement, a dit, en levant la main : Je le jure ; » cette mention prouvant clairement que les jurés n'ont pas prêté serment en masse. L'énonciation du procès-verbal que les jurés ont prêté serment *individuellement* ne pourrait être détruite que par la voie de l'inscription de faux, Cass., 26 avril 1843 (Devill., p. 620 ; Dall., p. 266), si la Cour jugeait qu'il y a lieu de l'admettre (n° 571).

---

(1) *Add.* arrêt du 20 avril 1846 (S.46. 1.384) ; et arrêt précité du 6 fév. 1854 (S.1.55.249) ; Cass. civ., 4 août 1862 (*Gaz. trib.*, 5 août 62) ; Cass. civ., 26 août 1863 (*Gaz. trib.*, 27 août 63) ; Cass. civ., 30 mai 1864 (*Gaz. trib.*, 1 juin 64) ; Cass. civ., 30 mai 1865 (*Gaz. trib.*, 31 mai 65) ; Cass. civ., 21 juin 1865 (*Gaz. trib.*, 22 juin 65).

Lorsqu'il résulte du procès-verbal et de la simultanéité des opérations qu'il constate, que le serment prêté par les jurés s'est appliqué non-seulement à l'affaire première appelée, mais aussi à toutes les affaires qui y ont été jointes, du consentement des parties, et sur l'ensemble desquelles les débats ont porté après leur réunion dans une seule et même catégorie, l'art. 36 n'a point été violé (1)—(A).

550. Les magistrats ne peuvent exercer les fonctions auxquelles ils sont appelés qu'après avoir prêté serment. Il en est de même des jurés en matière criminelle, des experts, etc. (Arm. Dall., v° *Serment*, n°s 2, 44, 47.) Par la même raison, l'art. 36 de la loi du 3 mai 1841 exigeant que les jurés prêtent serment lorsque le jury est constitué, ils doivent prêter ce serment avant de remplir aucune de leurs fonctions. De là il suit que le jury ne peut ni commencer l'instruction, ni procéder à ses opérations, tant que cette formalité substantielle, sans l'accomplissement de laquelle les jurés ne sont point encore investis de leur caractère légal, n'a point été remplie. Cass., 9 mai 1843 (Dall., p. 361 ; Devill., p. 798) (2). En conséquence, il y a violation de cet art. 36 s'il résulte du procès-verbal que les jurés, avant de prêter serment, ont entendu la lecture des offres de l'administration, déclaré qu'ils jugeaient nécessaire de se transporter sur les lieux, effectué ce transport, entendu sur les lieux les observations des parties et de leurs conseils, et que c'est seulement après leur retour de la visite, ainsi opérée, des lieux contentieux, que les jurés ont prêté serment (3). (*Même arrêt.*)

L'arrêt du 9 juin 1834, que nous rappelons dans le numéro précédent, ne nous paraît pas contraire à ces principes. A la vérité, dans cette affaire, les jurés n'avaient prêté serment que le second jour de la session, et on avait *allégué* devant la Cour qu'ils avaient néanmoins siégé le premier jour, et avaient même alors demandé qu'un expert et l'un d'eux vérifiassent les lieux. « Il nous semble difficile d'admettre, dit M. Husson, que la

---

(1) [Cass., 25 juill. 1855 (*Droit*, 22 août 1855]; 2 déc. 1863 ; 12 janv. 1864 (S. 64.1.193).
(2) *Add.*, 24 nov. 1847 (S.48.1.296).
(3) Cass., 30 mai 1864 (S. 64.1.467) ; Cass., 25 mai 1864.

Additions.

(A) Quand, pour la solution de plusieurs affaires d'expropriation pour cause d'utilité publique, le magistrat directeur du jury a rédigé une série de procès-verbaux réunis en un seul, chacun d'eux doit constater, à peine de nullité du verdict dans l'affaire à laquelle il se rapporte, la prestation de serment des jurés. Cass. civ., 4 août 1862 (*Droit*, 5 août 62).

constitution d'un jury ne résulte pas de la mission donnée par tous les jurés à l'un d'eux, et nous croyons que sur ce point la doctrine de la Cour de cassation est entachée d'erreur » (T. 1er, p. 336). Mais il faut remarquer que cette délégation des jurés à l'un d'eux et à un expert n'était pas constatée au procès-verbal ; ce n'était qu'une pure allégation. La Cour a donc pu et dû dire que, comme il résultait du procès-verbal qu'à la première séance les jurés furent seulement désignés, sans être constitués en jury, il n'y avait pas eu lieu de leur faire prêter serment à cette séance.

La Cour a jugé peu de temps après que, les jurés ne pouvant se livrer à aucune opération avant d'avoir prêté serment, s'il était constaté par le procès-verbal qu'avant ce serment, le jury s'est transporté sur les lieux contentieux, à l'effet de compléter, par les documents qu'il pourrait y recueillir, les renseignements qui lui étaient nécessaires, cet examen des lieux, faisant partie de l'instruction, et servant d'élément à l'opinion du jury et à la décision qui en est la suite, il y avait lieu de casser cette décision, parce que le jury avait procédé à une partie de ses opérations sans avoir prêté serment. Arr. 26 sept. 1834 (Devill., t. 35, p. 174; Dall., t. 35, p. 112). Il faut remarquer qu'en cette circonstance le transport sur les lieux avait eu lieu après la constitution du jury, en vertu d'une décision prise par lui et constatée par le procès-verbal.

Dans une autre affaire, il résultait du procès-verbal qu'après le premier appel des jurés, et avant qu'ils fussent constitués en jury de jugement, ils s'étaient tous rendus *spontanément* sur les fonds expropriés; qu'à leur retour, un nouvel appel avait été fait; et, qu'aucune réclamation ni récusation n'ayant été proposée par les indemnitaires, non plus que par l'administration, le magistrat directeur avait déclaré que le jury serait formé des douze premiers noms inscrits sur la liste, et qu'il avait, en conséquence, procédé à la réception du serment de ces douze jurés. Il résultait de cet énoncé que c'est postérieurement à la visite des lieux que le jury avait été constitué et avait eu le caractère nécessaire pour commencer l'opération qui lui était confiée. C'était donc en dehors des fonctions de jurés, et lorsque les citoyens qui devaient former le jury étaient sans qualité, qu'ils avaient été visiter les lieux. Dans ces circonstances, cette visite ne pouvait être considérée que comme une démarche privée, purement officieuse, et non comme un acte d'instruction judiciaire, fait antérieurement à la prestation de serment. Arr. 26 avril 1843 (Devill., p. 620; Dall., p. 266) (1).

[Il a été dit ci-dessus (n° 545) que la *constitution* du jury datait de l'accomplissement des formalités prescrites par les art. 43 et antérieurs, et de la déclaration du magistrat directeur, aux termes de l'art. 35, § 1er : « que le jury est *constitué*. » On en a conclu que c'est à partir de ce moment que le jury est irrévocablement formé et acquis aux parties. On s'est fondé sur le principe des récusations, en faisant remarquer qu'à ce moment elles ne seraient plus possibles : il y aurait donc atteinte portée au droit consacré par le § 2 de l'art. 34 (arrêt du 22 novembre 1843, Sirey, 1843, p. 246). Si cette opinion n'était pas admise, et que la constitution du jury ne fût terminée légalement que par la prestation de serment accomplie, ce serait du moins à dater de ce moment que les excuses ou absences de quelques-uns de jurés n'empêcheraient plus le jury d'instruire l'affaire et de délibérer au nombre de moins de douze, sous la condition de ne pas descendre au-dessous du minimum de neuf membres, déterminé par le deuxième alinéa de l'art. 35 (2)] — (A).

551. En matière criminelle, on donne aux jurés une connaissance générale de l'affaire qu'ils ont à juger, par la lecture de l'acte d'accusation, qui a lieu aussitôt après la prestation de serment (C. instr. crim., 313). Comme les évaluations d'indemnités ne soulèvent que des questions beaucoup moins compliquées de détails, la loi prescrit seulement de mettre sous les yeux du jury en commençant les débats : 1° *le tableau des offres et des demandes notifiées en exécution des art. 23 et 24 de la loi;* 2° *les plans parcellaires;* 3° les titres ou autres documents produits par les parties à l'appui de leurs offres et demandes (Art. 37).

Lorsque le Gouvernement présenta en 1832 le premier projet de loi sur l'expropriation pour cause d'utilité publique, il demandait qu'il y eût, avant qu'on s'adressât aux tribunaux, une instruction administrative et contradictoire sur l'importance des indemnités. Les parties auraient alors produit les

---

(1) [Add. 22 juill. 1846 (S.46.1.695).]
(2) Cass., 2 janv. 1855; 24 déc. 1851; 9 août 1847 (S.55.1.64; 52.1.670; 47.1.753).

Additions.

(A) La décision d'un jury d'expropriation est nulle si les jurés n'ont prêté le serment prescrit par l'art. 36 qu'au moment d'entrer dans la salle de leurs délibérations, postérieurement au transport sur les lieux et à l'audition des parties Cass., 28 avril 1858 (*Gaz. trib.*, 29 avril 58).

titres et documents qui pouvaient justifier leurs offres et leurs demandes, et ces pièces auraient été ensuite mises sous les yeux du jury. Cette instruction préparatoire fut rejetée par la Chambre des pairs, sans que la disposition de l'art. 37 ait été modifiée. Mais en réalité le magistrat directeur, en ouvrant les débats, n'a presque jamais à mettre sous les yeux des jurés que le plan parcellaire et le tableau des offres et demandes. Les autres pièces sont produites par les parties pendant la discussion et à l'appui de leurs allégations respectives.

L'administration, comme demanderesse, expose les circonstances de l'affaire en même temps qu'elle explique ses offres. Les défendeurs complètent cet exposé, et le rectifient, s'il en est besoin, pour justifier leurs demandes et prétentions. Cela suffit certainement pour éclairer le jury, et un exposé préalable fait par le magistrat directeur aurait souvent des inconvénients, selon nous, et jamais d'utilité.

552. *Le tableau des offres et des demandes notifiées en exécution des art. 23 et 24* est ordinairement dressé par l'administration, et ne doit être que le relevé des exploits signifiés en exécution de ces articles. Il ne dispense cependant pas de la production de ces exploits, car on peut avoir besoin de vérifier la conformité du tableau avec les offres et demandes. Mais, s'il ne s'élève aucune difficulté à cet égard, la production des exploits n'est pas nécessaire ni même utile, et l'art. 37 prescrit de ne mettre sous les yeux du jury que les tableau de ces offres et demandes. C'est, selon nous, la seule conséquence que l'on puisse tirer de l'arrêt du 12 janvier 1842, dans lequel on lit : « Attendu que l'art. 37 de la loi exige que le magistrat directeur du jury place sous les yeux des jurés, non les actes de procédure qui justifient des offres faites par l'expropriant, mais le tableau de ces offres, c'est-à-dire l'indication sommaire des propriétaires et des sommes qui ont été proposées à chacun; que, dans l'espèce, il a été satisfait à cette condition, puisque le procès-verbal des opérations du jury constate que le magistrat directeur a remis aux jurés un certificat du maire de la ville d'Apt, attestant qu'une offre de 10,000 fr. avait été notifiée à Méritan fils, le 7 octobre précédent » (Dall., p. 145; Devill., p. 420).

Dans l'arrêt du 15 juillet 1844, la Cour de cassation déclare que la remise au jury du tableau des offres et des demandes est exigée, pour qu'au moment de régler l'indemnité, le jury soit instruit complétement des prétentions successives que les parties ont élevées l'une à l'égard de l'autre; l'arrêt ajoute que, par suite, cette formalité doit être considérée comme essentielle (1).

[Toutefois, un arrêt du 24 novembre 1846 contient, dans ses considérants, ce qui suit : « Que le jury n'étant point obligé de « spécifier les divers éléments dont se compose l'indemnité « qu'il alloue, il suffit que le tableau porte la somme totale de « la demande, afin que le jury ne la dépasse pas dans son allo- « cation ; que la spécification des éléments dont se compose la « demande appartient à la discussion ; etc... » (2). Ce considérant ne détruit pas le caractère de formalité essentielle reconnu, par l'arrêt qui précède, à la communication du tableau des offres et des demandes notifiées en exécution de l'art. 28 ; il restreint seulement les éléments de ce tableau.]

553. Les *plans parcellaires* que la loi prescrit de mettre sous les yeux du jury sont ceux qui ont servi de base au jugement d'expropriation, c'est-à-dire ceux qui ont été dressés en vertu de l'art. 4, ou, s'il y a eu changement dans le tracé, ceux qui ont été dressés pour l'exécution des art. 10 et 11 de la loi (3).

[La remise de ces plans au jury est également une formalité substantielle. Un arrêt, en date du 2 janvier 1844, porte : qu'elle est exigée par la loi comme le moyen le plus sûr d'éclairer le jury sur la situation, la contenance, la nature des parcelles dont l'estimation est confiée à ses soins ; qu'en l'absence d'une énonciation qui constate au procès-verbal la remise d'un document d'une importance si réelle, les opérations du jury sont radicalement vicieuses, et que l'art. 42 en prononce le nullité. L'arrêt juge même que cette constatation ne résulte pas de l'énonciation au procès-verbal : « que les *pièces et documents produits par* « *les parties* » ont été placés sous les yeux des jurés (4).]

Mais quand il est dit, dans le procès-verbal, que l'on a mis sous les yeux des jurés *les plans*, titres et documents, cette énonciation doit s'entendre des plans parcellaires, lors surtout que les indemnitaires n'ont pas réclamé devant le jury contre la non-production, alléguée ensuite, de ces derniers plans (5).

[En résumé, il faut qu'il apparaisse, soit d'une mention expresse dans le procès-verbal des opérations du jury, soit des indications générales contenues en ce procès-verbal, que la formalité a été accomplie (6).

---

(1) S.44.1.607.
(2) S.47.1.249.
(3) *Suprà*, p. 52 et suiv. ; p. 69, 70.
(4) Cass. (S.44.1.153).
(5) Cass., 26 fév. 1840 (S. 40.1.153).

[*Add.*, 24 avril 1855 (S.55.1.607).]
(6) 9 août 1847 ; 27 fév. 1851 ; 13 août 1855 (S.47.1.753 ; 51.1.246 ; *Gaz. trib.*, 14 août 55).

554. Mais l'administration ne peut invoquer le défaut de remise de ces tableau et plans, lorsque c'est par son fait que cette remise n'a pas eu lieu (1).

555. Enfin, le tableau des offres et demandes, et les plans parcellaires doivent être mis sous les yeux du jury dès le commencement de l'instruction : c'est la première mesure que commande la loi, immédiatement après la prestation du serment (art. 36 et art. 37, §1er). D'ailleurs, ces pièces sont indispensables au jury, pour suivre la discussion qui va s'ouvrir. Quant aux titres et documents produits par les parties, et dont elles argumentent dans les débats, un arrêt du 11 janvier 1854 a jugé que le choix du moment où ils seront le plus utilement remis au jury appartient au magistrat chargé de diriger l'instruction, et que l'art. 37 de la loi du 3 mai 1841 n'exige pas qu'ils soient remis au jury avant tout débat (2) — (A).

---

(1) Cass., 19 janv. 1852; 6 fév. 1844 (S.52.1.367; 44.1.328, et autres).
(2) Cass. (S.54.1.201).

Additions.

(A) La décision rendue en matière d'expropriation sans qu'il y ait eu, avant la réunion du jury, offres faites et signifiées par l'administration expropriante, sans que, par suite, un tableau d'offres et demandes ait été mis sous les yeux du jury, est nulle. Cass. civ., 9 déc. 1864 (*Gaz. trib.*, 10 déc. 63).

La disposition du paragraphe 1er de l'art. 37, qui veut que le tableau des offres et demandes soit placé sous les yeux du jury, ne s'applique pas aux conclusions prises par les parties devant le jury seulement et au cours des débats, conclusions qui ne sont pas même soumises à la formalité de l'écriture, et qui pourraient n'être que purement orales. Cass. civ., 28 déc. 1859 (*Gaz. trib.*, 1 janv. 60).

Une légère erreur matérielle, ayant eu pour résultat d'établir une certaine différence entre le chiffre des offres notifiées et celui porté au tableau mis sous les yeux du jury, n'a pas pour effet de vicier les opérations de la décision, alors du moins que devant le jury, l'existence de cette erreur a été reconnue, et n'a donné lieu à aucune réclamation de la part de l'exproprié.

Il en est ainsi, encore bien que, l'erreur ayant élevé les offres notifiées un peu au-dessus de celles portées au tableau, l'indemnité allouée aurait été précisément égale aux offres portées au tableau et se serait ainsi trouvée inférieure aux offres notifiées. Cass. civ., 16 mai 1860 (*Gaz. trib.*, 17 mai 60).

Il suffit, pour la régularité des opérations du jury, que le tableau des offres et demandes mis sous les yeux contienne le chiffre exact et complet de ces offres et demandes; il n'est pas nécessaire que ce tableau énonce, en outre, les causes de chaque demande d'indemnité. Cass., 5 juin 1860 (S.64.1.383); Cass. civ., 23 déc. 1863 (*Gaz. trib.*, 25 déc. 63).

Aucune nullité ne résulte de ce que ce tableau, au lieu de n'être qu'un simple énoncé desdites offres et demandes, serait chargé de notes et d'observations critiques tendant à justifier ces offres et à prouver l'exagération des demandes. Ces notes doivent être considérées comme faisant partie des documents que l'art. 37 prescrit de mettre sous les yeux du jury. Cass., 5 juin 1860 (S. 64.1.383; Cass. civ., 30 mars 1863 (*Gaz. trib.*, 1 avril 63).

La nécessité de produire un tableau d'offres et demandes ne s'applique pas au cas où il s'agit du règlement de l'indemnité due à des locataires qui, non dénon-

556. Les indemnitaires peuvent naturellement se faire représenter par un fondé de pouvoirs. L'administration doit aussi faire défendre les intérêts du Trésor. C'est aux fonctionnaires

cés par le propriétaire, ne se sont pas fait connaître dans le délai de l'art. 21, et se sont présentés seulement au moment de la réunion du jury. L'administration, lorsqu'en fait, elle a accepté au fond le débat avec ces locataires et fait et discuté des offres et demandes formulées seulement en des conclusions à la barre, ne peut ultérieurement se faire, contre la décision qui a réglé l'indemnité, un grief du défaut de production d'un tableau d'offres et demandes dressé et signifié conformément aux règles ordinaires. Cass. civ., 4 mars 1861 (*Gaz. trib.*, 5 mars 61).

Lorsque la partie expropriée, usant du droit ouvert en sa faveur par l'art. 55 de la loi du 3 mai 1841, poursuit elle-même la réunion du jury et le règlement de l'indemnité, l'initiative qu'elle prend de la sorte n'implique nullement l'obligation de prendre aussi l'initiative des formalités aboutissant à la formation du tableau des offres et demandes. Si donc aucune offre n'a été faite par l'expropriant avant la réunion du jury, et si, par conséquent, c'est par son fait que le tableau des offres et demandes n'a pu être remis au jury, il n'est pas fondé à se prévaloir de l'omission de cette formalité, en soutenant que l'exproprié, poursuivant à son lieu et place le règlement de l'indemnité, aurait dû, intervertissant les rôles, commencer par formuler sa demande à laquelle l'offre aurait succédé. Cass. civ., 7 août 1861 (*Gaz. trib.*, 9 août 61).

La loi du 3 mai 1841 ne contient aucune disposition de laquelle on puisse induire que les affaires doivent être appelées devant le jury dans l'ordre où elles ont été indiquées au tableau des offres signifiées à l'exproprié. En conséquence, s'il résulte du procès-verbal des opérations du jury que l'affaire donnant lieu au pourvoi en cassation a été appelée et jugée selon l'ordre, non pas du tableau signifié à l'exproprié, mais du tableau des offres et demandes, le seul qui ait été et dû être mis sous les yeux du jury, cette manière de procéder est parfaitement régulière et ne saurait donner lieu à aucun grief. Cass. civ., 4 juill. 1860 (*Gaz. trib.*, 5 juill. 60).

L'art. 37 ne détermine pas expressément le moment où le magistrat directeur doit mettre sous les yeux du jury le tableau des offres et des demandes, les plans parcellaires et les divers autres documents produits par les parties. Cet article doit être interprété en ce sens qu'il exige seulement que les pièces dont il parle soient remises au jury avant l'ouverture des débats oraux. On ne saurait par conséquent voir une cause de nullité de la procédure dans la circonstance que le tableau des offres et demandes, par exemple, n'aurait été remis au jury qu'après une visite des lieux, si celle-ci a précédé l'ouverture des débats oraux. Cass. civ., 4 août 1862 (*Gaz. trib.*, 6 août 62; S.62. 1.1063).

La partie expropriante ne saurait se prévaloir de ce que le tableau des offres et demandes n'a pas été mis sous les yeux du jury, lorsqu'il résulte du procès-verbal des opérations qu'un ingénieur, son agent, a fait connaître au jury la somme offerte à l'exproprié; que celui-ci a répondu à cette offre par la formule de sa demande, et qu'ainsi le jury a connu, par le fait, ce que lui eût appris la communication du tableau. Si cette manière de procéder n'est point celle prescrite par la loi, l'exproprié doit s'imputer de n'avoir pas agi plus régulièrement. Cass. civ., 16 déc. 1863 (*Gaz. trib.*, 17 déc. 63).

La partie expropriante ne peut se faire un moyen de cassation de ce que le tableau des offres et demandes n'a pas été mis sous les yeux du jury, lorsque cette omission n'est imputable qu'à elle-même, qui, depuis le jugement d'expropriation, n'a pas fait les offres que la loi lui imposait de faire. Vainement dirait-elle qu'elle avait fait des offres à une époque antérieure au jugement d'expropriation : ces prétendues offres ne satisfaisaient pas au vœu de la loi, ce n'étaient pas celles que le magistrat directeur est tenu de mettre

chargés de diriger les expropriations qu'il appartient de désigner la personne qui doit porter la parole dans l'intérêt de l'Etat, et cette mission est assez importante pour qu'aucun agent

sous les yeux du jury. Cass. civ., 3 avril 1865 (*Gaz. trib.*, 4 avril 65).

Lorsqu'il n'est pas contesté que les offres et demandes primitives ont été régulièrement notifiées avant la décision dont la cassation a donné lieu à la réunion d'un nouveau jury, et lorsque, d'une autre part, il résulte des énonciations du procès-verbal, rapprochées des pièces annexées, que les demandes et offres faites en dernier lieu ont passé sous les yeux du second jury, il a été satisfait au vœu de l'art. 37, n° 1. Cass. civ., 16 août 1865 (*Gaz. trib.*, 16 août 65).

La circonstance que des titres et documents, autres que le tableau des offres et demandes, et les plans parcellaires, produits par les parties, n'ont été mis par le magistrat directeur sous les yeux du jury qu'après la clôture de l'instruction, et alors que le jury allait entrer en délibération, n'est pas une cause de nullité; le choix du moment où des titres et documents seront le plus utilement remis au jury, appartient au magistrat directeur. Cass. civ., 13 fév. 1860 (*Gaz. trib.*, 15 fév. 60).

La remise des titres et documents au jury, prescrite par l'art. 37, 2°, est suffisamment constatée par cette mention écrite au procès-verbal, que « les titres et documents produits par les parties ont été remis au magistrat directeur, pour être soumis aux jurés, » alors d'ailleurs qu'il n'existe en aucune autre partie du procès-verbal nul indice tendant à établir que le magistrat directeur n'aurait pas fait des pièces qui lui avaient été remises la communication en vue de laquelle il était constaté qu'il les avait reçues. Cass. civ., 8 avril 1863 (*Gaz. trib.*, 9 avril 63).

Une partie ne peut se plaindre de ce que le magistrat directeur aurait mis sous les yeux du jury les titres et documents produits par son adversaire, sans qu'ils lui eussent été préalablement communiqués à elle-même, s'il est constaté au procès-verbal que ces titres et documents ont été déposés sur le bureau au commencement des opérations ; avertie par ce dépôt, la partie adverse de celui qui l'a opéré, a pu, si bon lui semblait, prendre communication desdits titres et documents. Cass. civ., 26 août 1863 (*Gaz. trib.*, 27 août 63).

Il n'est pas nécessaire que le procès-verbal des débats constate expressément que les pièces et documents produits par l'une des parties ont été, avant d'être remis au jury, communiqués à la partie adverse ; il suffit qu'il soit constaté que le dépôt ou la remise de ces pièces a eu lieu en présence de la partie adverse. Cass. civ., 8 avril 1863 (*Gaz. trib.*, 9 avril 63).

Lorsque le procès-verbal des opérations du jury constate que l'avocat des expropriés a présenté pour eux des observations et *remis des conclusions écrites*, il résulte suffisamment de cette constatation que les conclusions dont s'agit ont été mises sous les yeux du jury. Il n'est pas indispensable, quand le procès-verbal énonce que les pièces ont été déposées, en séance publique, dans le but évident qu'elles fussent remises au jury, que le fait de cette remise au jury se trouve, en une autre partie du procès-verbal, constaté en termes exprès. Cass. civ., 14 avril 1863 (*Gaz. trib.*, 15 avril 63).

La partie expropriée ne peut plus se faire un grief de ce que le jury n'a pas eu sous le yeux l'original du *plan parcellaire*, lorsqu'il en a été produit une *copie* dûment certifiée, ou le tableau des offres et demandes, lorsque les procès-verbaux d'offres et demandes ont été produits et déposés sur le bureau. Cass., 29 mars 1858 (*Gaz. trib.*, 31 mars 58 ; S. 58.1. 830).

La circonstance que le procès-verbal ne mentionne pas la remise du plan des lieux aux jurés, ne peut être invoquée comme base d'un moyen de cassation par la partie expropriante. C'est à elle, en effet, qu'est, dans une certaine mesure, imputable l'omission de cette formalité. Cass. civ., 4 avril 1864 (*Gaz. trib.*, 5 avril 64).

Le magistrat directeur et le jury ne commettent pas d'excès de pouvoir, mais

de l'administration ne regarde comme au-dessous de lui de paraître devant le jury, pour y expliquer les motifs de l'évaluation par lui proposée. Il est des préfets qui se sont présentés eux-mêmes devant les jurés, et ont pris la parole pour exposer les motifs qui les avaient engagés à repousser les prétentions des indemnitaires.

Il paraît que, dans d'autres départements, au contraire, les administrateurs négligeaient de se faire représenter devant le jury. Les conséquences de cette inaction pouvaient être très-fâcheuses pour le Trésor. C'est pourquoi l'administration des travaux publics voulut y porter remède. On lit dans sa circulaire aux préfets, en date du 20 novembre 1844 : « L'art. 37 de la loi du 3 mai 1841 porte que, dans la procédure devant le jury, les parties ou leurs fondés de pouvoirs peuvent présenter sommairement leurs observations. Le législateur, en consacrant cette faculté par une disposition expresse, a voulu mettre le jury à même de rendre ses décisions en pleine connaissance de cause ; il a voulu, de plus, donner aux propriétaires dépossédés, ainsi qu'à l'administration, toutes les garanties possibles d'une bonne justice. — Ce vœu de la loi ne serait pas rempli si la cause de l'intérêt public restait sans défense devant le jury, et si, lorsqu'un droit égal est dévolu à toutes les parties, l'administration n'en usait pas de son côté, en même temps que les propriétaires. Laisser ces derniers profiter de la faculté qui leur est acquise, sans se mettre en mesure de combattre ce que leurs prétentions pourraient avoir d'exagéré, ce serait évidemment exposer le jury à rendre des décisions regrettables; souvent d'ailleurs, il faut le remarquer, les pièces écrites de l'instruction ne sauraient contenir toutes les indications dont il est bon que le jury reçoive connaissance. L'administration a eu occasion de constater que, dans plusieurs circonstances, on n'avait pas assez senti la nécessité de faire défendre les intérêts de l'État ou des départements

---

font au contraire un légitime usage de leur droit, lorsqu'ils rejettent la demande de l'exproprié tendant à ce qu'il soit sursis au règlement de l'indemnité, sous prétexte que le plan produit ne renfermerait pas des indications suffisantes. Cass. civ., 7 janv. 1864 (*Gaz. trib.*, 6 janv. 64).

Le procès-verbal des opérations du jury doit, à peine de nullité, constater que le tableau des offres et demandes et le plan parcellaire ont été mis sous les yeux du jury. A défaut de constatation expresse de l'accomplissement de cette formalité, il y peut être, il est vrai, suppléé par des énonciations équivalentes, mais à condition que les expressions employées auront une signification et une énergie suffisantes, qu'elles fourniront, non une simple induction, mais une véritable certitude. Cass. civ., 21 août 1865 (*Gaz. trib.*, 24 août 65); Cass. civ., 22 août 1865 (*Gaz. trib.*, 23 août 65).

devant les jurys spéciaux ; il arrive encore que des indemnités sont fixées par ces jurys, sans qu'ils aient entendu d'autres observations que celles des indemnitaires. — J'appelle toute votre sollicitude, Monsieur le préfet, sur les conséquences fâcheuses qu'entraîne un tel défaut d'action de la part des agents de l'administration. Il est indispensable que l'ingénieur en chef, ou l'ingénieur ordinaire qui a préparé le travail des acquisitions de terrains, prenne le soin de soutenir devant le jury les éléments des offres faites aux propriétaires, en lui signalant les diverses circonstances qui sont de nature à justifier le montant de ces offres. Toutes les fois que MM. les ingénieurs ont réclamé l'assistance d'avocats, l'administration s'est empressée de l'autoriser ; il n'y a donc jamais de motif valable pour que la cause de l'intérêt public demeure sans organe devant le jury spécial. Si un précédent de ce genre s'était déjà présenté dans votre département, je ne saurais trop insister pour qu'il ne se reproduise plus à l'avenir. MM. les ingénieurs doivent bien se pénétrer du rôle important qu'ils ont à remplir dans les affaires d'expropriation, soit qu'ils soutiennent l'exposé oral devant le jury, soit qu'ils donnent la direction à un mandataire agréé par vous ; il s'agit pour eux de l'accomplissement du devoir le plus sérieux. La procédure devant le jury spécial ne comporte pas de ministère public qui puisse prendre la défense des intérêts généraux et de la fortune publique ; les déterminations du jury ne peuvent être éclairées que par les hommes compétents qui sont à même de réduire à leur juste valeur les exagérations de l'intérêt privé, de bien faire apprécier d'avance l'effet des travaux pour lesquels l'expropriation est poursuivie, d'indiquer sur-le-champ tel précédent, telle analogie qui vient à l'appui des offres de l'administration, et donne la garantie de l'équité de ces offres. Partout où MM. les ingénieurs ont pris à cœur cette partie si importante de leurs attributions, l'administration n'a eu qu'à se féliciter, en général, des décisions rendues, et l'on ne saurait dire quelles économies a values au Trésor public leur participation active aux discussions devant les jurys. » Ainsi, pour les acquisitions suivies par le ministère des travaux publics, les ingénieurs des ponts et chaussées doivent comparaître devant le jury pour expliquer et défendre les évaluations par eux proposées. Ils peuvent, au besoin, demander à se faire assister d'un avocat.

La partie qui veut contester les pouvoirs de la personne qui se présente au nom de son adversaire doit le faire immédiatement : car dès qu'il n'y a pas de contestation sur sa qualité, le mandataire n'est pas obligé d'exhiber ses pouvoirs, et la loi n'oblige pas à les mentionner au procès-verbal, surtout lorsque le mandataire se borne à discuter le montant de l'indemnité. Ce n'est que dans le cas où il s'agirait d'un désistement, d'un abandon, etc., qu'il faudrait établir le droit de la personne qui agit au nom d'une autre. Par suite, lorsque devant le jury le représentant de l'administration n'a pas contesté les pouvoirs de la personne qui se présentait au nom de l'indemnitaire, et ne s'est pas opposé à ce que cette personne réclamât, dans l'intérêt de son mandant, une indemnité supérieure à celle qui était offerte par l'administration, celle-ci ne peut contester, devant la Cour de cassation, la qualité ni les pouvoirs du tiers qui a agi dans l'intérêt de l'indemnitaire, Cass., 20 décembre 1842 (Devill., t. 43, p. 70; Dall., t. 43, p. 158) — (A).

557. Au moment où le jury va s'occuper du règlement d'une indemnité, il faut déterminer les parties qui prendront part à la discussion. L'administration n'assigne devant le jury que les parties auxquelles l'art. 23 l'obligeait à notifier des offres, c'est-à-dire les propriétaires et tous les autres intéressés qui ont été désignés ou sont intervenus dans le délai fixé par l'art. 21. Eux seuls peuvent obtenir des indemnités spéciales, puisqu'il y a déchéance pour tous les autres. Lors donc qu'un individu s'est fait connaître à l'administration dans le délai fixé par l'art. 21, comme se prétendant propriétaire d'un immeuble dont un autre a la possession, tous deux reçoivent notification des offres, tous deux sont assignés devant le jury, tous deux peuvent prendre part à la discussion; mais il n'est fixé qu'une seule indemnité, qui sera ultérieurement remise à qui de droit. L'art. 18 de la loi du 3 mai 1841, a dit la Cour de cassation, ne prive point ceux qui se sont fait connaître en temps utile, du droit de réclamer devant le jury la fixation d'une indemnité éventuelle, pour le cas où les

---

Additions.

(A) Le consentement donné par un mandataire au classement de plusieurs affaires dans une même catégorie est obligatoire pour l'exproprié son mandant. Ce mandat peut être tacite, et réputé avoir été donné à un cointéressé, lorsque celui-ci a constamment agi et figuré aux débats dans l'intérêt collectif des deux expropriés. Cass., 6 août 1856 (Dall. 56. 1.331).

Le mari a pu, sans mandat exprès, représenter sa femme devant le jury d'expropriation, et même requérir pour elle une extension d'acquisition. L'administration qui a admis le mari à procéder et requérir en cette qualité, n'est pas recevable, après décision du jury, à se faire, contre cette décision, un moyen de ce que l'extension d'acquisition aurait été ordonnée sans qu'il apparût d'un mandat exprès de la femme. Cass. civ., 28 déc. 1859 (*Gaz. trib.*, 4 janv. 60).

droits par eux réclamés seraient ultérieurement reconnus ou consacrés devant qui de droit. Arr. 6 déc. 1842 (Devill., t. 43, p. 66; Dall., t. 43, p. 33).

De l'ensemble des art. 15 et 21 il résulte, dit un autre arrêt, que tout prétendant-droit à une indemnité n'a d'action contre l'administration qu'autant que, par lui-même ou par le secours du propriétaire exproprié, il a fait connaître son droit dans la huitaine au plus tard de la notification du jugement qui prononce l'expropriation. C'est à ceux-là seulement qui se trouvent dans cette position que l'art. 23, par une conséquence naturelle, oblige de faire signifier des offres d'indemnité; et d'après la combinaison des art. 37, 38 et 39, c'est aussi sur les prétentions de ceux-là que le jury est appelé à prononcer, puisque le magistrat directeur lui présente, comme liste des indemnitaires, le tableau des offres faites en exécution de l'art. 23, et les demandes qui les auront contredites et qui auront été indiquées, comme l'exige l'art. 24. D'où il suit que le magistrat directeur, en posant la question d'indemnité pour des tiers, des fermiers par exemple, qui ne seraient pas compris dans le tableau des indemnitaires, violerait l'art. 37 de la loi et commettrait un excès de pouvoir, et que le jury, en allouant à ces mêmes fermiers une indemnité, contreviendrait à l'art. 39 et excéderait aussi ses pouvoirs. Cass., 10 août 1841 (Dall., p. 313; Devill., p. 692) (1).

Il faut cependant remarquer aussi que le magistrat directeur n'a aucun pouvoir juridictionnel; de manière que, si le tiers qui se présente pour réclamer une indemnité prétend que, par suite d'une omission dans les formalités prescrites par les art. 15 et 21 de la loi, ou par tout autre motif, il est en droit de se présenter devant le jury pour faire fixer l'indemnité qui lui est due, le magistrat directeur n'a pas qualité pour statuer sur cette prétention. Il doit alors demander au représentant de l'administration s'il s'oppose à l'intervention de ce tiers. S'il n'y a pas d'opposition, le procès-verbal fait mention de ce consentement, et l'irrégularité, si elle existe, se trouve couverte. Si l'administration s'oppose à l'intervention, on se trouve alors dans le cas prévu par l'art. 49 de la loi; le jury fixe l'indemnité comme si elle était due, et le magistrat directeur en ordonne la consignation jusqu'à ce que le litige soit vidé. Il importe de remarquer que,

---

(1) *Add.*, par les mêmes principes, arr. du 19 mars 1849, qui rejette un pourvoi dans le cas inverse (S. 49.1. 374).

dans l'espèce sur laquelle est intervenu l'arrêt que nous venons de rapporter, l'administration se trouvait *condamnée à payer* l'indemnité fixée par le jury, ce qui constituait nécessairement un excès de pouvoir (1).

Il arrive assez fréquemment que des personnes autres que celles qui ont été citées devant le jury se présentent au moment des débats, non pour réclamer une indemnité distincte de celle offerte aux parties assignées, mais comme étant substituées aux droits de ces dernières, à titre de succession, donation, transport, etc. Si ces substitutions existent réellement, les comparants sont les seuls intéressés à débattre le montant de l'indemnité que le jury va fixer d'une manière irrévocable. Mais ont-ils en effet la qualité qu'ils s'attribuent? C'est ce que le magistrat directeur ni le jury ne peuvent décider. Au reste, l'administration n'a guère d'intérêt à empêcher qu'on ne présente des observations qu'elle sera toujours admise à réfuter. C'est pourquoi elle se borne souvent à déclarer qu'elle ne s'oppose pas à l'intervention, pourvu que cette admission n'implique aucune reconnaissance de la qualité que l'intervenant s'attribue ; de manière que, s'il voulait plus tard toucher le montant de l'indemnité, il devrait alors justifier régulièrement de la qualité qu'il s'est donnée devant le jury.

Dans une affaire jugée par la Cour de cassation le 4 mars 1844, le sieur Luys, locataire de l'immeuble exproprié, n'était intervenu qu'au moment de la réunion du jury. Il ne se trouvait donc pas compris dans le tableau des offres et demandes mis sous les yeux du jury. Cependant, bien loin de prononcer comme elle l'avait fait le 10 août 1841, la Cour rejeta le pourvoi par le motif que « du rapprochement et de l'ensemble des énon-
« ciations contenues au procès-verbal des opérations du jury,

---

(1) [Cet alinéa est applicable aux cas où, l'intéressé s'étant régulièrement fait connaître (art. 24), l'administration a commis la faute de ne pas lui faire notifier d'offres (art. 23), ou de ne pas le citer devant le jury (art. 34) : en effet, il ne peut dépendre de l'administration de mettre de côté un intéressé, et d'obtenir néanmoins l'envoi en possession (art. 44), en se dispensant d'accomplir les formalités prescrites par la loi : à cela se rattache l'espèce de l'arrêt cité, *suprà*, p. 377, n° 400. Mais quand un individu, qui ne s'est nullement révélé pendant le cours des formalités préliminaires, vient devant le jury demander, par un motif tel quel, qu'on lui règle une indemnité, il n'y a pas lieu de s'occuper de cette réclamation, pas même pour l'indemnité hypothétique prévue par l'art. 39. Tout ce que pourra faire le magistrat directeur, ce sera de réserver au réclamant ses droits, s'il en a, sur le prix. C'est ce que paraît juger un arrêt du 4 juin 1845 (S.45.1.493).]

« il résulte que les conclusions prises devant lui par le sieur Luys
« et l'État, et dont la rédaction a été annexée à ce procès-verbal,
« ont été communiquées aux jurés dans la séance publique et
« ont fait la base des discussions orales; — Qu'à la vérité, le
« procès-verbal ne constate pas, en ce qui concerne le sieur
« Luys, que le tableau des offres et demandes qui auraient été
« faites conformément aux art. 23 et 24 de la loi du 3 mai 1841
« ait été soumis au jury, comme l'exige l'art. 37, mais qu'il n'y
« a pas lieu, dans l'espèce, d'annuler les opérations du jury
« pour *manque de production de ce tableau*, parce que l'adminis-
« tration n'avait pas fait notifier d'offres au locataire, formalité
« à laquelle elle n'etait obligée, d'après les art. 21 et 23, qu'au-
« tant que le droit à une indemnité pour celui-ci lui aurait été
« signifié à elle-même dans le délai déterminé par l'art. 24 ;
« condition dont l'accomplissement n'est ni justifié, ni même
« allégué par le demandeur » (Devill., p. 374 ; Dall., p. 185) (1).

558. Lorsqu'un maire a été entendu dans le cours de la discussion, non à titre de renseignements ni dans l'usage de la faculté que donne l'art. 37, mais comme représentant une commune appelée à contribuer à l'indemnité, et comme ayant un intérêt légal à la faire réduire, il n'est pas nécessaire que le jury ait demandé à l'entendre à titre de renseignements (2).

559. Chaque partie ou son fondé de pouvoir *présente sommairement ses observations*, dit l'art. 37, § 4. Ces observations sont presque toujours de véritables plaidoiries. La Chambre des pairs avait d'abord désiré qu'il n'en fût pas ainsi ; c'est pourquoi elle avait supprimé la publicité des audiences. Mais cette publi-

---

(1) [Le sieur Luys était *demandeur en cassation*. Il avait obtenu une indemnité : seulement, il n'était pas satisfait du chiffre, et il poursuivait l'annulation de la décision, dans l'espérance d'obtenir, devant un nouveau jury, un chiffre supérieur. Dans cette position, le moyen du pourvoi du sieur Luys était tiré d'une prétendue violation de l'art. 37, en ce que le jury n'avait pas eu sous les yeux le tableau des offres et des demandes. On lui a répondu qu'il n'était pas recevable à se plaindre *du manque de production de ce tableau*, qui ne pouvait être imputé qu'à lui-même, puisque, ne s'étant pas fait connaître à l'administration dans le délai fixé par l'art. 24, il n'avait pas mis l'administration dans l'obligation ni en mesure de lui notifier des offres, aux termes de l'art. 23. A ce point de vue, la solution était très-simple. Mais cette question est distincte de celle qui se serait élevée, si le droit du sieur Luys de se présenter directement devant le jury eût été contesté devant le magistrat directeur, et si un pourvoi, formé contre le sieur Luys, eût été fondé sur la violation des art. 15, 24, 25, 37, 38 et 39, comme dans l'espèce de l'arrêt du 10 août 1844 (ci-dessus, p. 348).]

(2) 30 avril 1844 (S.44.1.432).

cité se trouvant consacrée par la loi, il devint nécessaire d'admettre les plaidoiries, parce que les parties, intimidées par la solennité de l'audience et la présence d'un public plus ou moins nombreux, pourraient se trouver dans l'impossibilité de présenter elles-mêmes leurs observations avec les développements nécessaires. Là, comme dans les tribunaux ordinaires, les avocats n'ont même pas besoin de procuration : leur qualité d'avocat ne permet pas de douter qu'ils ne se présentent avec le consentement de la partie pour laquelle ils parlent. Il doit en être de même des employés de l'administration ; leur qualité justifie suffisamment de l'autorisation qu'ils ont d'intervenir dans la cause.

M. Gand dit, p. 327, que le magistrat directeur est le maître de faire cesser les plaidoiries, lorsqu'il croit la cause suffisamment entendue. Nous croyons que ce droit n'appartient qu'au jury : lui seul peut dire s'il se trouve suffisamment instruit. Mais lorsqu'il a manifesté l'intention d'arrêter la plaidoirie de l'une des parties ou de son mandataire, c'est au magistrat directeur à faire respecter cette disposition, parce que c'est lui qui a la police de l'audience — (A).

560. L'indemnitaire qui n'a pas répondu dans le délai fixé par l'art. 24 aux offres de l'administration est-il recevable à former, devant le jury, la demande de l'indemnité qu'il croit lui être due (1)? Oui ; il n'a, par son silence, encouru d'autre peine que

---

Additions.

(A) Il a été jugé que le magistrat directeur du jury ne peut, sans excès de pouvoirs, interrompre l'avocat de l'exproprié dans sa plaidoirie, par des observations exprimant son opinion personnelle sur l'affaire. Cass., 18 déc. 1861 (S.62.1.434).

Il n'est pas indispensable que des conclusions par écrit soient déposées par les parties pour fixer l'état du litige devant le jury d'expropriation. Ce jury est suffisamment mis à même de statuer par la production des documents et par les explications orales qui, en l'absence de conclusions écrites, lui font connaître avec précision les demandes et prétentions respectives des parties. Cass. civ., 4 août 1862 (*Droit*, 5 août 62).

Lorsque l'expropriation d'un immeuble ayant été prononcée contre les quatre copropriétaires indivis de cet immeuble, le règlement de l'indemnité n'a été fait et l'envoi en possession n'a été prononcé que contre trois seulement de ces copropriétaires, le copropriétaire omis est recevable et fondé à se pourvoir en cassation contre la décision du jury et l'ordonnance d'envoi en possession, qui ont, l'une et l'autre, hors de sa présence et sans qu'il ait été appelé, statué sur l'immeuble sur lequel il a des droits.

La cassation doit, à raison de l'indivision, profiter non-seulement à celui des copropriétaires en l'absence duquel la décision a été rendue, mais aussi aux trois autres copropriétaires, bien qu'il eût été régulièrement procédé à leur égard. Cass. civ., 26 nov. 1862 (*Gaz. trib.*, 27 nov. 62).

(1) (Tout ce qui est écrit dans ce numéro

sa condamnation aux dépens. C'est ce que la Cour de cassation a décidé par arrêt du 21 juin 1842 : « Attendu que l'injonction faite par « l'art. 24 à l'exproprié, ou de déclarer qu'il accepte les offres, ou

et dans les numéros suivants est conforme à la jurisprudence de la Cour de cassation, antérieure et postérieure (V. *infrà*, p. 474).

Il est difficile, cependant, de concilier ces interprétations avec les art. 37, § 1ᵉʳ, et 42 combinés, de la loi du 3 mai 1841, et avec un principe commun à toutes les procédures, celui de l'égalité entre les parties contendantes.

En effet, d'abord, le texte de l'art. 37, § 1ᵉʳ, veut que « le magistrat directeur « mette sous les yeux du jury le tableau « des offres et demandes notifiées en exécution des art. 23 et 24 » ; et l'art. 42 comprend l'art. 37 parmi ceux dont la violation donne ouverture à cassation. D'après ces deux textes, le magistrat ne peut mettre sous les yeux du jury une demande non notifiée en exécution de l'art. 24, sans que la cassation soit encourue. Et l'arrêt du 21 juin 1842 (ci-dessus) essaie vainement d'éviter cette conséquence, en disant que la disposition de l'art. 37, § 1ᵉʳ, « n'est « évidemment que de procédure » : car les arrêts des 26 mai 1840, 24 août 1846 et 5 fév. 1855 (cités *suprà*, p. 343, 348 et 360), répondent que c'est « une formalité « *substantielle*, à laquelle il ne peut être « suppléé par aucun équivalent. » Lors donc qu'une demande non notifiée dans le délai a été mise sous les yeux du jury comme élément de la décision à intervenir, les art. 37, n° 1ᵉʳ, et 42 prescrivent de casser. V., en ce sens, les arrêts des 10 août 1841 et 15 juill. 1844 (S.41.1.692 et 44.1.607 ; et *infrà*, p. 474, note 1).

En deuxième lieu, et indépendamment de ces textes spéciaux, le système qui accorde à l'indemnitaire la faculté de ne préciser ses prétentions qu'à l'audience, au moment où le jury va prononcer, est-il compatible avec le principe général qui veut l'égalité de la défense ? Le résultat du système est celui-ci : d'un côté, l'administration est tenue de faire connaître ses offres dans un délai fixé, et longtemps avant la convocation du jury : de l'autre, au contraire, on autorise l'indemnitaire, bien qu'il ne soit pas simplement *défendeur* aux propositions de l'administration, et qu'il soit *demandeur* pour tous les chefs de réclamation qu'il lui convient de présenter, à ne révéler ses prétentions qu'à l'audience ; et, comme il s'agit d'une juridiction qui est chargée de statuer sans interruption et sans désemparer (art. 44 et 38), l'administration est obligée de répondre sur-le-champ ! Mais elle n'est pas en mesure de se défendre. Comment veut-on qu'elle réponde à des choses qu'elle ne connaît pas ; à des allégations qu'elle n'a pas pu vérifier ; à des actes qui ne lui ont pas été communiqués ? En deux mots, la cause est instruite du côté de l'indemnitaire ; mais elle n'est pas instruite, et elle n'a pas pu l'être, du côté de l'administration : la défense n'est donc pas *égale* ; et un principe fondamental est incontestablement violé.

Toute cette complication vient de la phrase du dernier paragraphe de l'art. 40 : « Sera condamné aux dépens, *quelle que* « *soit l'estimation ultérieure du ju-* « *ry*..... » A ce sujet, il n'est peut-être pas inutile de rappeler que ce paragraphe n'existait pas dans le projet du Gouvernement ; il a été introduit, par l'intermédiaire d'un amendement (Chambre des députés, 6 février), dans la loi du 7 juill. 1833. Sous le régime de cette loi, du moins, le paragraphe concordait avec le principe de l'omnipotence du jury qui, alors, avait le droit de fixer les indemnités d'après sa propre appréciation, même au-dessus des offres et des demandes (ancien art. 40). Dans cet ordre d'idées, les mots « *quelle que soit l'estimation ulté-* « *rieure du jury* » ne supposaient pas nécessairement une demande faite par l'indemnitaire postérieurement à l'expiration du délai ; ils se rapportaient à l'omnipotence du jury, dans le cas, par exemple, où, même sans demande postérieure de la part de l'indemnitaire, le jury lui accordait une indemnité supérieure aux offres. Depuis, c'est-à-dire dans la révision de la loi du 7 juill. 1833, en 1841,

« d'indiquer le montant de ses prétentions, le tout dans le délai
« de quinzaine, ne constitue, ni par le texte ni par l'esprit de la
« loi, une règle à l'exécution de laquelle soit attachée pour l'ex-
« proprié la déchéance du droit de réclamer devant le jury une
« indemnité supérieure à celle qui lui avait été offerte ; qu'une
« telle rigueur n'était aucunement nécessaire à la marche expé-
« ditive que la loi a eu pour but principal d'obtenir dans les
« expropriations qui ont pour cause l'utilité publique ; qu'il a
« suffi, pour assurer l'accélération désirable dans l'accomplis-
« sement des formalités, de fixer un délai dans lequel l'expro-
« prié est tenu de s'expliquer sur les offres : ce à quoi unique-
« ment a entendu pourvoir l'art. 24, sous la sanction pénale
« que renferme la disposition finale de l'art. 40 ; — Que vaine-
« ment on argumente du n° 1 de l'art. 37 pour prétendre que
« la demande de l'exproprié doit précéder la réunion du jury,
« puisque le magistrat directeur est obligé de placer sous les
« yeux de celui-ci le tableau des offres et le tableau des de-
« mandes qui ont été notifiées en conformité des art. 23 et 24 :
« une telle disposition n'est évidemment que de procédure et ne
« touche pas au fond même du droit de l'exproprié ; aussi
« résulte-t-il du rapprochement de l'art. 24 avec le dernier pa-
« ragraphe de l'art. 40, la démonstration complète que l'expro-
« prié qui a gardé le silence durant la quinzaine peut néan-
« moins demander au jury et obtenir de lui une indemnité
« supérieure à celle qui a été offerte ; mais seulement il est sou-
« mis, s'il n'est pas dans le cas des art. 25 et 26, à l'obligation
« de payer tous les dépens, *quelle que soit*, en définitive, *la*
« *somme allouée par le jury* » (Devill., p. 573 ; Dall., p. 272). Ces
derniers mots semblent en effet écarter toute difficulté (1).

564. Un arrêt de la Cour de cassation, du 25 février 1840,

---

on a supprimé, par un paragraphe ajouté dans le nouvel art. 39, l'omnipotence du jury, et l'on n'a peut-être pas songé à mettre d'accord, avec cette réforme, le dernier paragraphe de l'art. 40, qui est resté dans la loi nouvelle. En définitive, aujourd'hui, surtout eu égard aux changements survenus dans les art. 19 et 40, le quatrième paragraphe de ce dernier article n'exprime pas un cas bien déterminé. L'art. 37, § 1er, au contraire, est positif : ce qu'il veut, c'est une demande *notifiée en exécution des art.* 23 et 24, c'est-à-dire notifiée dans les délais : de plus, il est expressément au nombre de ceux dont la violation donne ouverture à cassation ; et, d'ailleurs, il se combine avec tout le système de la loi en faveur des traités amiables, système qui, sans cela, serait dépourvu de sanction sérieuse. Par ces considérations, les art. 37, § 1er, et 42, me paraîtraient devoir être préférés à l'art. 40, § 4, si la jurisprudence n'était pas irrévocablement formée dans le sens des solutions qui font l'objet des numéros ci-dessus.]

(1) [*Add.* 30 janv. 1849 (S.49.1.246) ; 28 déc. 1859 (S.60.1.1004).

porte que « si, dans le cours de la discussion orale, il est fait des offres de nature à influer sur le règlement de l'indemnité, le devoir du magistrat directeur est de les signaler au jury, et *le devoir du jury est d'y coordonner sa décision* » (Devill., p. 274; Dall., p. 145) (1). Nous croyons, en effet, que les parties peuvent devant le jury augmenter ou restreindre leurs offres ou leurs demandes, ou les modifier selon que leurs intérêts paraissent l'exiger. Personne ne conteste, en effet, que devant le jury l'administration, éclairée par les débats, peut augmenter ses offres, comme le propriétaire peut restreindre sa demande — (A).

---

(1) Dans cette affaire, le nom *d'offres* a été donné à une proposition faite *par l'exproprié*, au cours de la discussion orale (V. Sirey, *loc. cit.*). Mais dans une espèce où il s'agissait d'éléments nouveaux annoncés par *l'administration*, c'est le contraire qui a été décidé, par les motifs suivants : « Attendu « que l'art. 37 de la loi du 3 mai 1841 « ne permet aux jurés de fixer les indem- « nités *que dans l'état des offres faites* « *et répondues* ; qu'à la violation de cette « règle, l'art. 42 attache la nullité de la « décision du jury (V. les observations, « *suprà*, p. 468, note); que, dans l'espèce, « l'éventualité de l'établissement d'un se- « cond pont, qui a été annoncée par l'ad- « ministration devant le jury, était un « élément nouveau qui devait entrer dans « l'appréciation de l'indemnité, sur lequel « élément l'administration n'a pas fait con- « naître son chiffre, et sur lequel, par « conséquent, l'exproprié n'avait pas à « exprimer le sien ; d'où la conséquence « aussi que la face nouvelle donnée par « l'administration au débat ne permettait « pas aux jurés de prononcer; et que l'or- « donnance du magistrat directeur qui, « en accueillant l'exception de l'exproprié, « a renvoyé à une session ultérieure l'af- « faire *comme n'étant pas en état*, n'a « violé ni l'art. 44 de la loi du 3 mai 1841, « ni aucune autre loi, rejette » (3 juill. 1850; S.51.1.58).
Toutefois il a été jugé, par un arrêt en date du 31 déc. 1850, que le consentement exprès des parties peut couvrir la nouveauté des propositions faites et acceptées. Dans l'espèce, l'administration avait, devant le jury, ajouté à ses offres une somme pour prix d'une parcelle dont, pour la première fois, elle annonçait avoir besoin d'accroître le terrain qui seul était compris dans le jugement d'expropriation. Les expropriés, loin de contredire cette prétention, en excédant de l'expropriation prononcée, avaient additionné les deux sommes et en avaient réclamé le montant. Dans ces circonstances, la Cour de cassation a déclaré : que ce chef de demande de cession de terrain et l'adhésion qui l'avait suivi étaient formellement énoncés dans le procès-verbal et dans les conclusions y annexées, et, qu'en exécution du contrat judiciaire ainsi formé devant le jury, celui-ci avait pu, sans excéder ses pouvoirs et sans violer ni l'art. 37 de la loi du 3 mai 1841, ni aucune autre loi, procéder à l'estimation de l'ensemble des terrains et allouer l'indemnité pour le total (S.51.1. 364).
Au surplus, dans ces cas de modifications des offres et demandes en présence du jury, il faut, pour constituer un contrat judiciaire, que le procès-verbal constate des acquiescements formels. Cass., 2 fév. 1848 (S.48.1.298).

Additions.

(A) Les offres nouvelles, en portant sur un objet nouveau, sont seules interdites. Cass., 12 mars 1856 (Dall. 56.1.169).
Lorsque l'expropriant a fait une offre définitive, non acceptée par l'exproprié, à l'audience il a pu modifier ses conclusions et soutenir qu'il ne devait être fixé qu'une indemnité éventuelle pour le tout. Si l'ex-

562. Mais l'indemnitaire peut-il devant le jury réclamer une indemnité plus élevée que celle indiquée dans la réponse qu'il avait faite aux offres de l'administration? Oui, sans doute. Dans mille circonstances, l'indemnitaire aura de justes motifs pour augmenter sa demande primitive. Ainsi, lorsqu'il la forme, il n'a le plus souvent pour s'éclairer que le plan parcellaire, qui lui indique bien la contenance du terrain qu'on lui prend, mais ne lui fait pas toujours connaître avec exactitude quel sera le niveau de la nouvelle voie publique que l'on veut établir. Il forme sa demande dans la supposition que le terrain qu'il cède conservera son niveau actuel. Il apprend ultérieurement qu'il s'est trompé ou que l'administration a changé d'avis, et qu'il y aura sur ce point un déblai ou un remblai considérable, qui interrompra toutes ses communications. Lui refusera-t-on le droit d'augmenter sa demande quand il découvre que le préjudice est plus considérable qu'il ne l'avait cru d'abord? Un autre croyait que l'on établirait un pont sur le canal, dans le voisinage de sa propriété; on le lui avait fait espérer. Mais des réclamations interviennent; le pont est reporté plus loin : refusera-t-on à l'indemnitaire le droit d'augmenter une demande qu'il avait formulée d'après un état de choses qui ne se réalisera pas? Il peut se présenter un foule d'autres hypothèses de même nature.

Cette faculté d'augmenter la demande primitive pourra avoir quelques inconvénients pour l'administration ; mais le système contraire aurait aussi pour elle des inconvénients d'une autre nature. L'indemnitaire qui ne répond pas aux offres de l'administration n'encourt d'autre peine qu'une condamnation aux dépens qui, vu la modicité des frais, est presque toujours insignifiante. Il conserve, du reste, le droit de former devant le jury telle demande qu'il juge convenable ; cela est reconnu ; point de limite à ses prétentions. Si le droit de rectifier ses conclusions était refusé à l'indemnitaire qui aurait précisé sa demande, comme le veut l'art. 24 de la loi, il n'y aurait pas à hésiter pour les indemnitaires ; il serait de leur intérêt de ne jamais répondre aux offres de l'administration. Cet usage s'établirait promptement, et les avantages que le législateur a voulu trouver dans la disposition de l'art. 24 s'évanouiraient entièrement.

---

proprié a accepté le débat en ces termes, sans exiger que le jury statuât définitivement sur une partie de la chose comprise dans l'expropriation, et éventuellement sur l'autre partie, l'indemnité fixée éventuellement pour le tout est régulière. Cass. civ., 16 déc. 1863 (*Droit*, 17 déc. 63).

La Cour de cassation ne paraît pas avoir hésité sur cette interprétation : car, dans son arrêt du 11 avril 1843, elle dit « que rien dans la loi du 3 mai 1841 *n'autorise à supposer qu'elle a entendu ôter à l'exproprié qui a fait notifier sa demande d'indemnité* dans la quinzaine qui a suivi les offres de l'administration *la faculté de prendre devant le jury des conclusions*, sauf à supporter les frais, comme le veut l'art. 40, paragraphe dernier, pour n'avoir pas fait connaître *toute l'étendue de ses prétentions* dans ce délai de quinzaine, comme l'exige l'art. 24 ;—que le but unique du § 5 de l'art. 39 est de poser, dans l'intérêt du Trésor public, un *maximum* d'indemnité et, dans l'intérêt de l'exproprié, un *minimum*, qui ne puissent jamais, ni l'un ni l'autre, être franchis par l'appréciation du jury ;—que cette volonté de la loi est pleinement satisfaite, et son objet infailliblement rempli, par cela que les prétentions des parties sont *précisées devant le jury avant la clôture des débats*, puisque le jury trouve dans la quotité des sommes expressément indiquées les limites que la disposition finale de l'art. 39 a entendu poser à son pouvoir d'appréciation ;—que, dans l'espèce, l'ordonnance du magistrat directeur a écarté des débats et refusé de soumettre au jury la deuxième demande d'une autre indemnité, sous le prétexte que cette demande n'avait pas été signifiée et *que les limites des décisions du jury ne pouvaient se trouver que dans les offres que l'administration et les demandes que les expropriés s'étaient fait réciproquement notifier ;*—que le magistrat directeur, en refusant de poser la question nouvelle présentée par les indemnitaires, *a faussement appliqué l'art. 37, § 1er*, de la loi du 3 mai 1841, et, par suite, le jury, en ne statuant pas sur ce chef de demande, *a faussement appliqué l'art. 39, paragraphe dernier*, contrevenu à l'art. 38 de cette loi et commis un excès de pouvoir » (Dall., p. 265 ; Devill., p. 463) (1).

---

(1) [*Add*. 13 mai 1846 (S. 46.1.502).
La faculté, accordée à l'indemnitaire par ces arrêts, d'ajouter devant le jury de nouveaux chefs de réclamations à la demande régulière, présente les mêmes inconvénients que la faculté de préciser pour la première fois toutes les prétentions devant le jury (*suprà*, p 468). Elle est en opposition avec l'art. 37, § 1er, puisque les nouveaux chefs n'ont pas été *notifiés en exécution des art.* 23 *et* 24, et avec l'art. 42 qui prescrit l'accomplissement de l'art. 37, § 1er, à peine de nullité. Elle est en opposition avec le principe de l'égalité de la défense, puisque la cause n'est pas instruite, de la part de l'administration. Cette opposition se fortifie du n° 2 de l'art. 37 dans lequel, après les mots du n° 1 : « offres et demandes « *notifiées en exécution des art.* 23 *et* « 24, » il est parlé immédiatement « des « plans parcellaires et des titres ou au- « tres documents produits à l'appui des « offres et *demandes*, » dernière expres-

563. De son côté, l'administration a souvent des raisons légitimes de restreindre ses offres. Ainsi, supposons qu'elle avait offert 10,000 fr. d'indemnité pour moins-value d'une propriété qu'elle supposait devoir être privée de ses moyens d'irrigation. Le propriétaire porte sa réclamation à 30,000 fr., et appuie ses prétentions de raisons assez plausibles pour faire croire que le

sion qui, par son rapprochement du mot « *offres* » dans le même paragraphe, et des mots « demandes notifiées » dans le paragraphe précédent, ne peut signifier aussi que les demandes notifiées. Enfin, dans le § 3 du même art. 37, la disposition : « Les parties peuvent présenter « *sommairement* leurs *observations* » semble ne se référer qu'à des demandes déjà existantes et instruites.

Des deux arrêts cités ci-dessus, le premier (celui du 11 avril 1843) dit que « rien, dans la loi du 3 mai 1841, n'auto-« rise à supposer qu'elle a entendu ôter à « l'exproprié qui a fait signifier sa de-« mande d'indemnité dans la quinzaine, « la faculté de prendre devant le jury les « conclusions dont il s'agit. » — Mais si l'art. 37, § 1er, le dit, et à peine de nullité (art. 42), puisque les conclusions dont il s'agit n'ont pas été « *notifiées en exécution des art.* 23 *et* 24 ;

Le deuxième arrêt (celui du 13 mai 1846) ajoute « qu'aucune disposition de la « loi du 3 mai 1841 ne déroge à la règle « de droit commun, en vertu de laquelle « toute partie, tant que dure une instance, « peut modifier les conclusions par elle « prises à une autre phase de la procé-« dure. » — Il y a ici une distinction à faire. La règle de droit commun s'applique à toutes les affaires qui s'instruisent selon le droit commun et selon les usages des tribunaux civils, c'est-à-dire dans les affaires où les conclusions additionnelles ne peuvent être présentées aux juges qu'après avoir été dûment signifiées à la partie adverse, et où, toutes les fois que des conclusions nouvelles sont signifiées, les tribunaux accordent à la partie intéressée une *remise* pour instruire sa défense. Mais devant le jury spécial d'expropriation, il n'y a pas de remise pour *instruire*, parce que la mission de cette juridiction est éphémère. On ne peut donc pas argumenter d'une procédure dans laquelle la partie défenderesse a toujours la faculté d'instruire sa cause en réponse aux chefs additionnels, pour en conclure dans une autre procédure où cette faculté n'existe pas. Dans le premier cas, le principe de l'égalité de la défense est observé ; dans le second, il est violé.

On se demande, en outre, comment l'obligation, imposée à l'administration, de se décider *à l'instant même* sur les prétentions formées par l'indemnitaire pour la première fois en présence du jury, peut se combiner avec les règles de la gestion et de la responsabilité, en matière de finances de l'Etat ? Car, parmi les défenseurs ou représentants de l'administration qui assistaient à la séance, personne n'a qualité pour se décider au nom de l'Etat, sur les prétentions nouvelles ; personne n'a qualité pour acquiescer, en tout ou en partie, à une demande nouvelle, par exemple de 20,000 fr., chiffre de celle faite par M. de Joybert, dans l'espèce de l'arrêt du 11 avril 1843. D'après les règles financières, en matière d'expropriation pour cause d'utilité publique, la fixation des éléments et du chiffre des offres a lieu par décisions ministérielles, précédées d'expertises, de formalités et d'avis déterminés, et qui sont les garanties de la fortune de l'Etat ; garanties dont l'Etat ne doit pas être privé, parce qu'il aura convenu à l'indemnitaire de réserver un ou plusieurs chefs de demande pour le jour de la séance du jury.

Dans la même espèce, le préjudice invoqué pour la première fois devant le jury était : « le rejet des eaux sur la rive gau-« che d'un canal, produit par l'enroche-« ment pratiqué à l'autre bord, d'où de-« vaient résulter des affouillements qui « détruiraient une partie de la propriété « sur la rive gauche. » Ce nouveau chef soulevait toute une série de questions : Le

jury lui accordera à peu près cette somme. L'administration se décide alors à construire un aqueduc qui lui coûte une douzaine de mille francs peut-être, et conserve aux eaux leur ancien cours. Par suite aussi elle retire son offre de 10,000 fr. pour moins-value ou la réduit à 4 ou 500 fr. Qui oserait soutenir que cette faculté lui est interdite et que l'allocation de 10,000 fr. est acquise au propriétaire par cela seul qu'elle lui a été offerte? Rien ne serait plus injuste, et par la même raison que la Cour de cassation a reconnu au propriétaire le droit d'augmenter sa demande, elle reconnaîtrait aussi à l'administration le droit de réduire ses offres. Ces deux droits sont corrélatifs, et les motifs donnés par l'arrêt du 11 avril 1843 s'appliqueraient également à la réduction des offres de l'administration.

564. Du reste, aucun indemnitaire ne peut se dispenser de préciser sa demande devant le jury, s'il ne l'a pas fait déjà en exécution de l'art. 24 de la loi du 3 mai. S'il se bornait à s'en rapporter à justice, le jury ne pourrait lui allouer une indemnité supérieure aux offres de l'administration (V. *infrà*, n° 612) (1)—(A).

565. Il arrive quelquefois que, dans l'intervalle qui s'écoule entre le jugement d'expropriation et la réunion du jury, de nouvelles circonstances obligent à modifier les plans primitifs, et, par suite, l'étendue des terrains nécessaires aux travaux. Les

---

travail public devait-il produire ce résultat ? S'il devait le produire, y avait-il lieu, en présence de la demande de 20,000 fr., d'abandonner les travaux, ou de les modifier, ou de les exécuter ailleurs... ? etc. : sur toutes ces questions encore, personne, à l'audience, n'avait qualité pour se décider au nom de l'Etat : c'était l'affaire du ministre des travaux publics.]

(1) [C'est aux parties, lorsqu'elles entendent sérieusement modifier leurs propositions premières, à ne point se borner à quelques paroles fugitives ou équivoques, et à manifester leur intention par des conclusions formelles. Cass., 25 juill. 1855 (*Droit*, 22 août 55).

Lorsqu'une partie a renoncé à faire usage d'une première demande pour s'en tenir uniquement à une seconde, il ne reste plus au procès, en son nom, que celle-ci ; et, en la soumettant au jury, le magistrat directeur a satisfait à la disposition de l'art. 37 qui exige, outre la remise des actes d'offres, celles des *demandes*. Cass., 19 janv. 1852 (S. 52.1.367).]

Additions.

(A) [Le jury n'est tenu de statuer que sur les *demandes des parties*, telles qu'elles ont été formulées par elles et insérées au tableau des offres et demandes. La circonstance qu'une prétention a été élevée par un exproprié, et que des réserves ont été faites par lui dans une signification antérieure à la demande, ne suffit pas pour obliger le jury à fixer deux indemnités alternatives, l'une pour le cas où la prétention serait reconnue fondée, l'autre pour le cas où elle serait repoussée, si, dans la demande qui a suivi la signification susindiquée, cette prétention et ces réserves n'ont pas été reproduites. Cass., 11 mai 1858 (*Gaz. trib.*, 19 mai 58).]

indemnitaires peuvent alors s'opposer à ce que le jury statue sur les indemnités résultant du nouvel état de choses. C'est ce qu'a jugé la Cour de cassation par son arrêt du 8 janv. 1839 (Sirey, p. 129) (1).

566. « Le jury peut entendre toutes les personnes qu'il croit « pouvoir l'éclairer. » (Art. 37, § 5.) « Il peut également se « transporter sur les lieux, ou déléguer, à cet effet, un ou « plusieurs de ses membres. » (*Ibid.*, § 6.) Le but de ces deux dispositions a été de donner au jury tous les moyens possibles de s'éclairer sur les points qu'il lui paraîtrait important de vérifier. S'il s'agit d'une question susceptible d'être éclaircie par l'audition de quelques personnes, le jury peut les entendre. Si la vue des lieux doit lever quelques difficultés, le jury peut s'y transporter, ou les faire visiter par un ou plusieurs de ses membres, qui lui rendent compte de ce qu'ils ont remarqué.

Si les jurés ont besoin de documents qui se trouvent entre les mains des employés des diverses administrations, ils pourront faire appeler ces employés et demander communication de ces pièces. « Rien ne s'oppose, a dit M. Martin (du Nord) dans son rapport, à ce que les jurés réclament et obtiennent des employés de l'enregistrement ou des contributions tous les renseignements qui leur paraîtront nécessaires » (*Monit.*, 27 janv. 1833, p. 212). On sait que les receveurs de l'enregistrement ont, dans leurs registres, tous les renseignements relatifs aux mutations de propriétés situées dans l'arrondissement de leur bureau, quel que soit le lieu où l'acte a été passé. Le jury se trouve donc par là dispensé d'interroger le notaire qui a reçu le contrat, et qui ne peut d'ailleurs le communiquer à des tiers.

567. Aucune mesure d'instruction ne doit être prise par le jury qu'à la suite d'une délibération régulière. C'est le seul moyen de ne pas multiplier indéfiniment les modes d'instruction. Souvent un juré manifeste à l'audience le désir d'obtenir un éclaircissement. Le magistrat directeur ne doit point considérer cette observation comme la proposition d'un interlocutoire, et demander aux autres jurés s'ils veulent ajourner l'affaire pour obtenir le renseignement demandé : car il arriverait souvent que, par égard pour leur collègue, les autres jurés acquiesceraient à cette proposition, sans être bien convaincus de l'utilité de l'interlocutoire. Les jurés ne peuvent d'ailleurs prendre au-

---

(1) *Add.* 3 juill. 1850 (*supra*, p. 471, note 1).

cune décision qu'après une délibération (Cass., 7 fév. 1837, Dall., p. 178 ; Devill., p. 126), et cette décision doit être prononcée par leur président (Cass., 19 janv. 1835, Dall., p. 117 ; Devill., p. 172) (1). Si un des jurés propose un interlocutoire, le magistrat directeur doit renvoyer les jurés dans la chambre de leurs délibérations, et il arrivera souvent que la majorité des jurés reconnaîtra que l'interlocutoire n'est pas nécessaire et que les pièces produites suffisent pour fixer l'indemnité.

Le magistrat directeur n'a le droit ni d'ordonner de lui-même une mesure d'instruction, ni de s'opposer à celle que les jurés ont déclarée utile. C'est *au jury* que l'art. 37 donne le droit de prescrire ces mesures d'instruction, et le magistrat directeur n'a pas, à cet égard, le pouvoir discrétionnaire que le Code d'instruction criminelle confie au président de la Cour d'assises.

Les décisions préparatoires du jury doivent, comme sa décision définitive, être signées par tous les jurés qui y ont concouru. Aucune loi n'a donné à leur président le droit d'attester, par sa seule signature, que tous ont pris part aux décisions. Elles doivent d'ailleurs être prononcées en audience publique, parce que c'est un principe de notre législation que tous les jugements soient rendus publiquement. Ce n'est pas toujours pendant les débats que les jurés déclarent la nécessité de visiter les lieux ou d'entendre certaines personnes. Quelquefois, après la clôture des débats, au lieu de prononcer une décision définitive, ils réclament une mesure préparatoire. Quand la mesure prescrite a été accomplie, les débats sont ouverts de nouveau (2), et le jury statue alors définitivement.

Les décisions du jury n'ont par elles-mêmes aucune force exécutoire. La loi n'a pas donné au jury le droit de contraindre les parties ni les tiers à lui obéir. Mais l'art. 41 de la loi autorise le magistrat directeur à déclarer exécutoire la décision du jury. Dès lors, elle devient un acte judiciaire obligatoire, et peut être expédiée avec la formule exécutoire mentionnée en l'art. 146, C. proc. Cette règle s'applique aux mesures d'instruction

---

(1) [Toutefois, de ce que l'art. 38 de la loi du 3 mai 1841, après avoir dit que la clôture de l'instruction est prononcée par le magistrat directeur, dit ensuite que les jurés se retirent pour délibérer sous la présidence de l'un d'eux, qu'ils désignent à l'instant même, un arrêt en date du 7 avril 1845 a conclu qu'il n'y a pas violation de cet article lorsque le jury, avant la clôture de l'instruction, délibère sur une mesure préparatoire sans avoir préalablement désigné un président (S.45.1.529); 19 août 1846 (S.46.1.877).]

(2) *Add.* Cass., 25 juill. 1855 (*Droit*, 22 août 55).

comme à la décision définitive. Il serait dérisoire d'autoriser le jury à prescrire les mesures d'instruction qu'il juge utiles, et de lui refuser les moyens de faire exécuter ces mesures.

568. L'art. 37, qui autorise le jury à se transporter sur les lieux ou à déléguer à cet effet un ou plusieurs de ses membres, ne prescrit pas que le transport devra être fait avec l'assistance du magistrat directeur et du greffier. Dès lors, cette assistance n'est pas indispensable. Cass., 27 mars 1843 (Devill., p. 343) (1). Mais si le magistrat directeur accompagne les jurés, sa présence ne vicie pas leurs opérations. Il ne contrevient à aucune des dispositions de la loi, et fait, au contraire, un acte qui rentre dans sa mission. Cass., 7 fév. 1837 (Devill., p. 126 ; Dall., p. 178).

Lorsque la délibération du jury, relative à son transport sur les lieux, indique que ce transport se fera dans la matinée de *tel jour*, et que cette délibération a été lue en audience publique, chaque partie ainsi avertie peut, si elle le juge utile à ses intérêts, assister à l'examen et à la visite que doivent faire les jurés. Il n'est pas moins nécessaire qu'il leur soit fait sommation d'y assister (*Même arrêt*).

[En décidant qu'une commission prise dans son sein se transportera sur les lieux litigieux, le jury doit indiquer le jour et l'heure de ce transport. Cependant, à défaut de ces indications, s'il résulte du procès-verbal que, le jour auquel la cause a été continuée, un débat contradictoire a été ouvert, que les parties ont de nouveau été entendues en leurs observations et défenses, et qu'aucune d'elles n'a allégué n'avoir pas pu être présente à la visite des lieux, enfin, s'il n'a été fait ni protestation ni réserve contre le transport, il suit de ces circonstances que le grief tiré d'une prétendue insuffisance de l'avertissement communiqué aux parties, et de la violation des art. 37 de la loi du 3 mai 1841, et 297, C. proc., n'est point recevable (2)] — (A).

---

(1) [*Add.*, 11 janv. 1854 (S. 54.1. 201).]

(2)]Cass., 16 fév. 1846 (S.46.1.223..]

Additions.

(A) La décision rendue par un jury d'expropriation est nulle, si elle a été précédée d'un *transport sur les lieux* dont il n'est aucunement constaté que les parties expropriées eussent été prévenues. Cass., 20 avril 1858 (*Gaz. trib.*, 21 avril 58).

Un jury d'expropriation a pu valablement procéder à la fixation de l'indemnité due pour un immeuble, sans faire la visite des lieux. Vainement alléguerait-on que, si les jurés n'ont pas ordonné une *visite régulière des lieux*, c'est parce qu'ils ont, à une époque antérieure et à la suite de la visite d'une maison voisine, irrégulièrement procédé à la visite desdits

ET DU MODE DE SES OPÉRATIONS. 479

569. Le jury pourrait-il ordonner une expertise proprement dite ? Non. L'art. 37 de la loi trace les règles de la procédure devant le jury, et n'autorise que deux modes d'instruction ; par

---

lieux. Il suffit que le procès-verbal constate que les opérations du jury ont été régulières, sans qu'il soit permis de rechercher les motifs qui ont déterminé le jury à ne pas visiter les lieux. Cass., 21 juill. 1858 (*Gaz. trib.*, 22 juill. 58).

Le jury peut se dispenser de visiter les lieux en raison de la *connaissance extrinsèque* qu'en auraient les jurés ou quelques-uns d'entre eux. Cass., 9 nov. 1857 (Dall.58.1.82).

La *constatation au procès-verbal* des opérations d'une visite de lieux ordonnée par le jury, n'est pas prescrite à peine de nullité. Cass., 14 avril 58 (*Gaz. trib*, 43 avril 58).

La visite des lieux par les jurés est une mesure purement facultative dont il ne doit pas être dressé procès-verbal, et qui dès lors n'entraîne pas nullité, alors même qu'il serait allégué qu'au nombre des jurés qui auraient procédé à cette visite, plusieurs auraient été étrangers à l'affaire. Cass. civ., 4 août 1863 (*Gaz. trib.*, 5 août 63).

Le silence gardé par le procès-verbal sur une visite de lieux ordonnée par le jury n'équivaut pas à la preuve que cette visite n'aurait pas été faite, et n'emporte pas nullité de la décision intervenue. Cass. civ., 23 janv. 1863 (*Gaz. trib.*, 25 janv. 63).

La preuve testimoniale n'est pas admissible pour établir qu'une visite de lieux a été faite par le jury, sans l'observation des formalités légales, lorsque le procès-verbal ne mentionne pas la visite prétendue. Cass., 26 nov. 1862 (S.63.1.400).

La visite des lieux par les jurés n'est assujettie à aucune *formalité particulière* de nature à être constatée au procès-verbal. Elle est régulière du moment où il est constant que les parties ont pu produire leurs observations. Cass., 12 mars 1856 (Dall.56.1.469).

La *non-présence de l'exproprié* à la visite des lieux n'est pas une cause de nullité, si cet exproprié a été dûment averti du jour et de l'heure de la visite. Cass., 24 juin 1857 (Dall.57.4.292).

La visite de divers immeubles compris dans *diverses catégories* peut avoir lieu simultanément sans irrégularité. Cass., 11 juin 1856 (Dall. 56.4.196).

Aucune nullité ne résulte de ce que les jurys appelés à statuer sur des catégories d'affaires différentes et composés en partie des mêmes membres, se sont concertés et ont délibéré en commun à l'effet de déterminer l'ordre, le jour et l'heure des transports sur les lieux jugés nécessaires pour chacune de ces catégories. La force même des choses dicte cette manière de procéder, afin que les opérations se succèdent, et que les personnes qui appartiennent à la fois aux différents jurys ne soient pas dans l'impossibilité d'assister à toutes les visites ordonnées. Cass. civ., 30 janv. 1860 (*Gaz. trib.*, 4 fév. 60).

La visite des lieux expropriés faite en *l'absence d'un ou de plusieurs jurés* qui ont ultérieurement concouru au jugement, sans que le jury ait usé de la faculté de délégation qui lui appartient, est nulle, ainsi que ce qui a suivi.

D'ailleurs, l'obéissance des parties à une ordonnance du magistrat directeur prescrivant qu'il sera passé outre à la procédure, nonobstant les irrégularités commises, n'équivaut pas à une *adhésion tacite des parties* à la procédure telle qu'elle a été suivie. Cass., 8 juill. 1856 (Dall. 56.4. 294).

Tous les jurés doivent, à peine de nullité, assister à la visite des lieux quand il a été ordonné qu'elle serait faite par le jury en corps et non par délégation. Mais l'absence *de quelques-uns des jurés*, pendant une partie de la visite, lorsqu'elle a été causée par un accident de *force majeure* et n'a été l'objet d'aucune réclamation, ne rend pas les jurés incapables de concourir à la délibération du jury. Cass., 9 fév. 1857 (Dall. 57.4.70).

La décision par laquelle le jury a déclaré qu'il serait procédé par tous ses membres à une visite des lieux n'est que préparatoire, et rien ne s'oppose à ce qu'avant son exécution elle soit remplacée par une

cela il interdit tous les autres. D'ailleurs, il résulte formellement de la discussion qui a eu lieu à la Chambre des députés (*Monit.*, 8 juin 1833, p. 1607) que le jury ne peut jamais ordonner une décision nouvelle chargeant quelques-uns seulement des membres du jury de procéder à la visite. Les parties qui ont eu connaissance de cette seconde décision, et l'ont exécutée sans aucune opposition, ne sont ni recevables ni fondées à se prévaloir ultérieurement devant la Cour de cassation de ce qu'il n'aurait pas été procédé conformément à la première décision. Cass., 24 déc. 1860 (S. 64.1.555); Cass. civ., 8 mai 1865 (*Gaz. trib.*, 9 mai 65); Cass. civ., 21 août 1865 (*Gaz. trib.*, 21 août 65).

Lorsqu'un certain nombre de jurés ont été délégués par le jury à l'effet de procéder à la visite des lieux, aucune nullité ne résulte de ce que, à un certain moment, les jurés délégués se seraient divisés, à l'effet de procéder simultanément à la visite de parcelles différentes, s'il n'a été procédé ainsi qu'au su et du consentement des parties intéressées. Cass. civ., 30 mars 1863 (*Gaz. trib.*, 1 avril 63; S. 63.1. 348).

L'irrégularité résultant de l'absence d'un ou plusieurs jurés à la visite des lieux peut être couverte par le consentement, même tacite, des parties : cette irrégularité ne peut donc être invoquée comme moyen de cassation par la partie qui, ni lors de la visite, ni lors de la reprise des débats après la visite, ni à aucun autre moment, avant la délibération du jury, n'a élevé de réclamation relative à l'absence du juré ou des jurés à la visite des lieux. Le silence de la partie doit, en ce cas, être considéré comme une adhésion à la manière dont il a été procédé. Cass. civ., 8 déc. 1863 (*Gaz. trib.*, 9 déc. 63).

Le transport des jurés sur les lieux ne peut être considéré comme n'ayant pas été précédé d'une délibération faite librement par cela seul qu'il a eu lieu sur l'*indication du magistrat directeur*, après une demande expresse des parties. Cass., 5 mai 1857 (Dall. 57.1.466).

La délibération par laquelle le jury d'expropriation a ordonné un transport sur les lieux n'est soumise à aucune forme spéciale; il suffit que son existence soit constante et qu'elle ait été portée à la connaissance des parties en temps utile pour que celles-ci puissent y assister. Les parties sont, dans ce cas, irrecevables à se plaindre du prétendu défaut de constatation de la délibération qui a ordonné ce transport sur les lieux, lorsqu'en fait ce transport a été effectué en leur présence et sans protestation ni réserves de leur part. Cass. civ., 11 fév. 61 (*Gaz. trib.*, 12 fév. 61).

Les irrégularités qui auraient été commises dans une visite de lieux opérée par le jury d'expropriation, par exemple, le *défaut d'assistance de plusieurs jurés* à cette visite, ne peuvent être invoquées devant la Cour de cassation, si elles n'ont été ni relevées lors de la reprise des débats, ni constatées au procès-verbal des opérations du jury. Cass., 5 mai 1856 (Dall. 56.1.302).

Aucune disposition de loi ne s'oppose à ce que les jurés, au retour d'une visite de lieux, se réunissent pour recueillir leurs notes et leurs souvenirs, dans un local mis d'avance à leur disposition par le magistrat directeur du jury, s'il n'est pas établi que cette réunion ait été consacrée à une délibération sur l'affaire à juger avant l'ouverture des débats publics. Cass. civ., 19 juin 1864 (*Gaz. trib.*, 21 juin 64).

Rien ne s'oppose à ce que le jury utilise, pour le règlement d'une indemnité, la visite officieuse qu'il aurait faite des lieux à la suite d'une visite officielle par lui ordonnée dans une autre affaire. Le transport des jurés sur les lieux expropriés avant la constitution du jury de jugement, et pendant l'instruction d'une autre affaire, ne constitue qu'une démarche purement officieuse sans aucun caractère judiciaire, ce qui ne peut par conséquent être une cause de nullité de la décision à intervenir. Cass., 5 mars 1861 (S. 61.1.1000); Cass. civ., 22 mai 1865 (*Gaz. trib.*, 23 mai 65).

Une visite des lieux, ordonnée par le magistrat directeur sur le désir des jurés,

expertise proprement dite, c'est-à-dire commettre des experts chargés spécialement de telle mission, prêtant serment de la remplir fidèlement, dressant procès-verbal de leur opération, et remettant ce procès-verbal sous les yeux du jury. Il y aurait, dans une pareille marche, des frais et des lenteurs que la loi a positivement voulu repousser. Mais si, dans des circonstances tout à fait particulières, les jurés ont besoin d'éclaircissements sur un point qui ne peut être bien apprécié que par quelqu'un qui possède des connaissances spéciales, ils appelleront une personne réunissant ces connaissances, et lui demanderont son avis sur le point contesté, mais jamais sur l'importance de l'indemnité à allouer. Si cette personne ne peut s'expliquer sans avoir vu les lieux, l'audience sera continuée à un autre jour, et, dans l'intervalle, la personne désignée ira sur les lieux, et fournira ensuite aux jurés les renseignements par eux demandés. Ce sera là, si l'on veut, une expertise ; mais, comme elle sera dépouillée des lenteurs et des frais qui résultent de l'accomplissement des formalités établies par les art. 302 à 322, C. proc., elle n'offrira que des avantages sans inconvénients. Nous disons que l'expertise ne pourrait porter sur le montant de l'indemnité,

---

et effectuée par eux avant prestation de serment, constitue un acte d'instruction irrégulière, entraînant nullité de tout ce qui a suivi. Il en est ainsi encore bien qu'au procès-verbal la visite ainsi opérée serait qualifiée de visite officieuse. Cass. civ., 23 mars 1864 (*Gaz. trib.*, 24 mars 64).

Après la constitution d'un jury d'expropriation, mais avant la prestation de serment, la séance a été suspendue, et durant la suspension, en présence des parties ou de quelques-unes d'entre elles, et nonobstant l'opposition de l'un des avocats, le magistrat directeur et les jurés se sont entendus pour procéder officieusement, est-il dit, à un transport sur les lieux. L'avocat ayant demandé acte de son opposition à cette manière de procéder, le magistrat directeur a refusé de lui en donner acte, par le motif que les faits s'étaient passés en dehors de la séance et alors que le jury n'était pas en fonctions; toutefois le magistrat directeur a fait relater cet incident au procès-verbal. Le lendemain, à la reprise de l'audience, le magistrat directeur a interpellé les jurés sur le point

de savoir si, durant le transport officieux auquel ils avaient procédé, ils n'avaient pas reçu les observations verbales des parties. En cet état des faits constatés au procès-verbal, le transport sur les lieux, nonobstant la qualification d'officieux qui lui a été donnée, a, en réalité, constitué un véritable acte d'instruction, et le défaut de prestation de serment par les jurés avant l'accomplissement de cet acte doit entraîner la nullité de la décision qui a suivi. Cass. civ., 25 mai 1864 (*Gaz. trib.*, 26 mai 64).

Un grief ne peut être tiré de ce qu'un transport des jurés sur les lieux aurait eu lieu sans que le procès-verbal constate en aucune façon que les parties en ont été averties, si le procès-verbal est entièrement muet sur la visite des lieux, s'il n'est question de cette visite que dans le texte même de la décision du jury, et si le texte de cette décision mentionne à la fois, et qu'il y a eu visite, et qu'elle a eu lieu en présence des parties. Cass. civ., 14 fév. 1866 (*Gaz. trib.*, 15 fév. 66).

TOME I.

parce que ce serait, de la part des jurés, déléguer leurs pouvoirs à une autre personne, ce que la loi n'a pas autorisé, et ce qui serait tout à fait contraire au vœu du législateur.

D'un arrêt du 9 juin 1834 (Dall., p. 337 ; Devill., t. 35, p. 37) plusieurs jurisconsultes ont conclu que la Cour de cassation avait jugé que le jury pouvait commettre un homme de l'art, un géomètre, par exemple, pour assister à la visite des lieux. Ce n'est pas ce que l'arrêt avait à juger. On prétendait que la décision du jury était nulle parce que l'homme de l'art n'avait pas dressé procès-verbal de son opération. La Cour a déclaré que ce moyen n'était pas fondé, puisque aucun article de la loi ne prescrivait ce rapport ; mais elle n'était pas appelée à examiner si le jury avait pu régulièrement faire accompagner le juré délégué par un géomètre—(A).

570. Quoique le jury puisse entendre toutes les personnes qu'il croira pouvoir lui procurer des renseignements propres à le guider dans sa mission (1), il ne peut jamais ordonner d'*enquête* proprement dite ; il n'y a donc pas lieu à remplir les formalités des art. 252 à 294, C. proc. Les jurés usent d'ailleurs rarement de la faculté d'entendre des tiers.

Des personnes que le jury désire entendre doivent être assignées, à moins que le magistrat directeur n'ait la conviction qu'elles comparaîtront sur une simple invitation de sa part. Il n'est pas possible de leur donner connaissance des faits sur lesquels le jury veut les entendre, car le jury ne doit pas les indiquer dans sa décision ; mais, si l'on désirait qu'elles apportas-

---

(1) [Sur un moyen tiré de ce que l'expert de l'administration aurait pris part aux débats, un arrêt en date du 26 avril 1843 a décidé : qu'il était entièrement libre aux jurés d'entendre l'expert de l'administration et toute autre personne, s'ils le jugeaient utile pour éclairer leur religion. Cass. (S. 43.1.620) ; et *infrà*, p. 483.]

Additions.

(A) Le § 3 de l'art. 37, portant que « le jury pourra entendre toutes les per-« sonnes qu'il croira pouvoir l'éclairer », s'oppose à ce qu'en cette matière des experts puissent être nommés. Mais aucune constitution d'expert ne résulte de la décision du magistrat directeur qui, sur la demande de l'expropriant, et nonobstant l'opposition de l'exproprié, ordonne que deux personnes, que l'expropriant juge aptes à renseigner utilement le jury, pourront accompagner le jury dans son transport sur les lieux. Dans ces circonstances, les tiers autorisés à assister au transport doivent être considérés, non comme des experts, mais bien plutôt comme des auxiliaires et des conseils de l'expropriant. De la décision du magistrat directeur ne résulte aucunement pour le jury l'obligation d'entendre ces tiers à un autre titre que comme mandataires de l'expropriant, et donnant au nom de celui-ci des renseignements et explications. Cass. civ., 11 fév. 1861 (*Gaz. trib.*, 12 fév. 64).

sent quelques pièces, il faudrait nécessairement le leur faire savoir. On doit leur donner, pour comparaître, un délai très-court, mais suffisant pour qu'elles puissent se rendre à la réquisition qui leur est adressée.

La personne appelée doit, avant d'être entendue, déclarer ses noms, profession, âge et demeure ; si elle est parente ou alliée de l'une des parties et à quel degré ; si elle est domestique de l'une d'elles. Ces renseignements sont nécessaires au jury pour le mettre à même d'apprécier le degré de confiance qu'il doit accorder à la personne entendue. Celle-ci doit-elle prêter serment ? Tout témoin dont la déposition doit faire foi en justice prête ordinairement serment de dire la vérité. (C. proc., 262 ; C. crim., 317.) Cependant, comme la loi du 3 mai ne prescrit pas la formalité du serment, il ne pourrait y avoir nullité parce que l'on aurait négligé de faire prêter serment à une personne entendue par le jury. Si cette personne refusait de prêter serment, ce serait au jury à décider s'il veut l'entendre, et il est probable que dans tous les cas il aurait fort peu de confiance à sa déclaration ; mais nous ne croyons pas que l'on puisse, dans le silence de la loi, appliquer aucune peine à la personne qui, appelée par le jury, refuserait de prêter serment. Les parties peuvent demander au magistrat directeur d'adresser à la personne entendue les questions qui leur présenteraient l'espoir d'éclairer l'opinion du jury.

Les causes de reproches indiquées dans l'art. 283, C. proc. civ., étant de nature à diminuer la confiance que doit inspirer la personne qui dépose, peuvent être également proposées devant le jury, et la personne appelée doit s'expliquer sur ces reproches. Après cela, c'est au jury à décider s'il veut ou non l'entendre. Il est probable qu'il s'en dispensera le plus souvent, mais toutefois il ne lui est nullement défendu d'entendre des personnes reprochables. Un arrêt du 26 avril 1843 déclare que les jurés peuvent, s'ils le jugent utile, entendre l'expert de l'administration (Devill., p. 620 ; Dall., p. 266 ; et *suprà*, p. 550).

Le procès-verbal de la séance doit faire mention des personnes appelées et entendues par le jury ; mais il n'est point tenu de notes de leur déposition par le greffier ; les jurés peuvent prendre eux-mêmes toutes les notes qu'ils jugent utiles pour éclairer leur décision.

Il faut toutefois remarquer que l'omission des diverses formalités que nous venons d'indiquer ne pourrait jamais, par elle-même, entraîner la nullité de la décision du jury, à moins qu'elle ne constitue en même temps une violation des dispositions rappelées en l'art. 42 de la loi du 3 mai 1841.

571. Si la personne assignée ne comparaît pas, elle peut être condamnée, par ordonnance du juge-commissaire, à une amende qui ne peut excéder 100 fr., et elle est en outre réassignée à ses frais (C. proc., 263). Cette disposition et celles des art. 264, 265 et 266, du même Code, nous paraissent devoir être appliquées aux personnes appelées devant le jury spécial. M. Herson, n° 209, est d'un avis contraire; il se fonde sur ce que la condamnation à l'amende n'est autorisée dans la circonstance par aucun texte de loi, et sur ce que les dispositions pénales ne se suppléent pas. M. Foucart, t. 1er, p. 208, adopte cette opinion. Mais, en autorisant le jury à entendre toutes les personnes qu'il croit pouvoir l'éclairer, le législateur a nécessairement admis que ces personnes seraient tenues de comparaître. L'ordonnance du magistrat directeur ne doit pas être moins obligatoire pour les tiers que celle du juge-commissaire dans le cas de l'art. 264, C. proc.

572. L'indemnité allouée aux personnes appelées devant le jury est réglée par les art. 17 et suivants de l'ordonnance du 18 septembre 1833. Celles qui reçoivent un traitement quelconque à raison d'un service public n'ont droit qu'à l'indemnité de voyage, s'il y a lieu, et si elles la requièrent (*ibid.*, art. 20). Le greffier doit tenir exactement note des indemnités ainsi allouées (*ibid.*, 30).

573. Lorsque le jury a ordonné qu'il se transporterait sur les lieux, ou déclaré qu'il désirait entendre *telle* personne, cette décision s'exécute, et les débats sont ensuite ouverts de nouveau. Dans une affaire où le magistrat directeur avait ainsi procédé, on a voulu critiquer la marche par lui suivie, sous le prétexte que les débats, qui avaient été déclarés clos, avaient cependant été ensuite ouverts de nouveau. Mais, par arrêt du 7 février 1837, la Cour de cassation a rejeté ce moyen, par le motif « qu'en ouvrant de nouveau les débats après la visite faite par les jurés, le magistrat directeur avait agi dans l'intérêt de la défense et mis ainsi les parties à portée de développer tous leurs moyens » (Dall., p. 178; Devill., p. 126). Puisqu'il est prouvé que les premiers débats n'ont pas suffi pour éclairer complétement le jury, qui a désiré de plus amples renseignements et doit rendre une seconde décision, les parties doivent être admises à présenter de nouvelles observations. Dans tous les tribunaux, quand il y a eu jugement préparatoire ou interlocu-

toire, les parties sont admises à plaider avant le jugement définitif.

574. La discussion peut être continuée à une autre séance (art. 37, §7); mais celle-ci doit être indiquée immédiatement aux parties et désignée dans le procès-verbal des opérations; les parties sont alors tenues de comparaître de nouveau au jour indiqué, sans qu'il soit besoin de les réassigner. C'est ce qui résulte de l'arrêt, déjà cité, du 7 février 1837 (Sirey, 1837, p. 126)—(A).

575. Au jour indiqué, et lors de l'appel de l'affaire, le magistrat directeur prononce sur les motifs d'empêchement invoqués par les jurés ou par un tiers en leur nom (art. 32, § 4). Si l'un des jurés ne comparaît pas au jour auquel la cause avait été renvoyée et ne fait pas constater son empêchement, il encourt une amende de 100 à 300 fr., qui est prononcée par le magistrat

---

Additions.

(A) Bien que l'art. 37 autorise le jury d'expropriation à continuer la discussion à une autre séance lorsque cette mesure est nécessaire, la disposition de cet article doit être combinée et conciliée avec celle de l'art. 44, qui prescrit au jury de statuer successivement et sans interruption sur chacune des affaires qui lui sont soumises. En conséquence, ces articles de loi ont été violés par la décision du jury qui s'est ajourné à deux mois pour procéder à un transport sur les lieux, sans que rien justifie cet ajournement, prononcé nonobstant les observations du magistrat directeur, et alors qu'au contraire le besoin d'ajournement est formellement démenti par la réalité des faits. Le silence des parties et l'absence de protestations et de réserves contre la décision qui prononce l'ajournement, n'emporte pas de leur part acquiescement à cette décision, et ne les rend pas irrecevables à se faire de cette irrégularité un moyen de cassation. Cass., 10 mars 1857 (*Gaz. trib.*, 14 mars 57; Dall. 57.1.448). —Voir Cass., 9 fév. 1857 (Dall. 57.1.71).

L'affaire à l'égard de laquelle il a été sursis à statuer par le jury spécial doit être portée devant un nouveau jury.

En fait, sur une poursuite d'expropriation comprenant plusieurs immeubles appartenant à une même personne, il avait été reconnu, devant le jury, qu'à l'égard d'un de ces immeubles il n'avait pas été fait d'offres régulières; par suite, le magistrat directeur avait déclaré, du consentement de toutes les parties, que le jury retenant la fixation de l'indemnité à l'égard des autres immeubles, il serait sursis quant à l'immeuble qui n'avait pas été l'objet d'offres régulières. Dans de telles circonstances, lorsque plus tard, les offres étant régularisées, il y a lieu de fixer l'indemnité due à raison de l'immeuble à l'égard duquel il avait été précédemment sursis, ce n'est pas devant l'ancien jury, qui a fixé l'indemnité due à raison des autres immeubles, que cette affaire doit être portée, alors surtout qu'un long temps s'est écoulé depuis la décision de ce jury, et que, depuis cette époque, la liste dressée par le conseil général, en exécution de l'art. 29 de la loi du 3 mai 1844, a été renouvelée. C'est le cas de former un nouveau jury, composé de jurés choisis sur la nouvelle liste. L'art. 45 de la loi de 1841 n'est applicable qu'autant qu'il s'agit de la suite des opérations commencées par le jury, et non lorsqu'il s'agit, comme dans l'espèce, de procéder à une opération nouvelle, entièrement distincte des opérations précédentes, et dont l'ancien jury n'avait eu en aucune manière à s'occuper. Cass., 16 juin 1858 (*Gaz. trib.*, 17 juin 58). — Voir p. 499, n° 585.

directeur. Le jury n'en continue pas moins l'instruction de la cause dès qu'il se trouve au moins neuf jurés présents.

Tout juré qui a manqué à l'une des séances consacrées à l'instruction d'une affaire ne peut participer au jugement de cette affaire (L. 20 avril 1810, art. 7). Cette règle est admise dans toutes les juridictions, et toutes les séances d'un jury pour une même cause ne sont considérées que comme une seule et même instruction ; mais il résulte clairement de l'art. 37 de la loi du 3 mai 1841 que la visite des lieux peut n'être faite que par quelques-uns des jurés; le législateur suppose donc que ceux-ci transmettront les lumières qu'ils auront recueillies à leurs collègues, qui pourront dès lors continuer à connaître de l'affaire. Cass., 21 juin 1842 (Dall., p. 271 ; Devill., p. 573) (1).

576. Dans les précédentes éditions de ce traité, nous avons dit que, sous l'empire de la loi du 7 juillet 1833, le magistrat directeur devait, pour faciliter les opérations des jurés, leur poser les questions qu'ils avaient à résoudre, surtout lorsque les débats avaient porté sur plusieurs chefs d'indemnité. Cette loi ne disait pas, il est vrai, qu'il serait posé des questions ; mais M. Martin (du Nord), rapporteur de la Chambre des députés, avait déclaré que « toutes les formalités relatives au jury, et qui n'étaient pas abrogées par la loi nouvelle, devaient être appliquées à ce jury spécial (*Monit.*, 7 février 1833, p. 317). C'est ce qu'avaient admis presque tous les jurisconsultes qui ont commenté la loi du 7 juillet 1833. Cependant il paraît que, dans la pratique, certains magistrats directeurs ont posé des questions au jury, mais que d'autres ne l'ont pas fait (*Monit.*, 4 mars 1841, p. 530). La commission de la Chambre des pairs avait proposé de déclarer que toujours ce magistrat poserait les questions.

---

(1) Il en est autrement lorsque le jury n'a point usé de cette faculté de délégation, et qu'il a décidé, au contraire, qu'il était indispensable que tous les jurés se transportassent sur les lieux. Le principe de droit commun reproduit *par l'art. 7 de la loi du 20 avril* 1810, et qui exige, à peine de nullité du jugement, que les juges aient assisté à toutes les audiences, est applicable à toutes les juridictions et par conséquent aux décisions du jury d'expropriation, lesquelles, en l'absence d'une disposition spéciale et dérogatoire, doivent présenter les garanties substantielles dont la loi a voulu entourer toutes les décisions judiciaires. Une des conditions élémentaires et fondamentales de tout jugement manque donc lorsque la décision a été rendue avec le concours de deux jurés qui n'avaient pas assisté à la visite de lieux à estimer, bien que cette visite, ordonnée comme indispensable par une décision précédente, dût être faite non par délégation, mais par *tous* les membres du jury : de tout quoi résulte la violation *de l'art. 7 de la loi du 20 avril* 1810 et de l'art. 37 de la loi du 3 mai 1841. Cass., 26 mars 1850 (S. 50.4.400).

Cette proposition ayant été rejetée, un commentateur de la loi du 3 mai 1841 dit qu'en maintenant purement et simplement le texte de la loi de 1833 la loi nouvelle reconnaît que le magistrat directeur n'a aucune question à poser au jury. Nous ne croyons pas que l'on puisse tirer une pareille conséquence de la discussion qui a eu lieu dans les chambres à l'occasion de l'art. 38.

Il est d'abord à remarquer que l'art. 38 n'interdit pas au magistrat directeur de poser des questions, et qu'il a toujours été admis que l'on devait, par analogie, adopter les usages consacrés par le jury en matière criminelle. M. Laplagne-Barris, qui, surtout comme avocat général près la chambre civile de la Cour de cassation, a eu beaucoup d'occasions d'étudier la loi de 1833, disait à la Chambre des pairs : « Un bon magistrat directeur pose des questions au jury, et c'est parce qu'il y a eu des magistrats directeurs qui ne l'ont pas fait qu'il s'est présenté des difficultés, et qu'il est intervenu des cassations, dont on voudrait prévenir le retour en écrivant dans la loi l'obligation de poser ces questions » (*Monit.*, 9 mai 1840, p. 975).

A la vérité, l'art. 37 de la loi veut que l'on mette sous les yeux des jurés le tableau des offres et demandes notifiées en exécution des art. 23 et 24 ; mais il arrive très-souvent que ce tableau est loin de présenter l'état réel de la contestation soumise au jury. Quelquefois l'administration subdivise ses offres pour prévoir diverses hypothèses, tandis que le propriétaire ne fixe qu'un chiffre pour sa demande ; d'autres fois, au contraire, c'est le propriétaire qui restreint ou augmente ses offres d'après diverses hypothèses. Il y a quelque doute sur le point de savoir si, devant le jury, l'administration peut réduire les offres qu'elle avait fait signifier en vertu de l'art. 23, et si réciproquement le propriétaire peut élever la demande qu'il avait fait signifier en exécution de l'art. 24 ; mais personne ne conteste à l'administration le droit d'augmenter ses offres, ni au propriétaire la faculté de réduire sa demande. Or, le tableau des offres et demandes primitives ne ferait pas connaître ces modifications, qui doivent cependant servir de base à la décision du jury (art. 39, § 5). L'indemnitaire qui n'avait pas répondu dans la quinzaine aux offres de l'administration peut formuler ses demandes devant le jury, et ces demandes ne figurent pas non plus sur le tableau dressé par l'administration. Dans le cas où l'administration conteste au détenteur exproprié le droit à une indemnité pour l'un des chefs de sa demande, l'art. 49 de la loi veut que le jury règle l'indemnité comme si elle était due, et que le magistrat directeur ordonne la consignation de cette partie de l'indemnité. Le chef contesté doit donc toujours former l'objet d'une question spéciale et d'une décision du jury, parce que les autres indemnités fixées par le jury sont acquises au propriétaire, tandis que celle-là reste en suspens. Le magistrat directeur ne manquerait pas de poser des questions spéciales sur ce point; au besoin, les parties en feraient la demande expresse. Mais les jurés, si on les livre à eux-mêmes, peuvent très-bien oublier de faire cette distinction et ne fixer qu'une seule indemnité, ce qui serait une violation formelle de la loi, mais en même temps une source d'embarras sérieux pour l'administration et les indemnitaires.

MM. les ministres des travaux publics et de la justice, M. le commissaire du Gouvernement, MM. Daru et Dufaure, au nom des commissions dont ils étaient les organes, et presque tous les orateurs qui ont pris part à la discussion, ont reconnu que, dans la pratique, on ne pouvait se dispenser de poser des questions au jury, sans s'exposer à de graves inconvénients. On ne saurait donc admettre que le législateur ait tacitement dispensé d'une formalité que tout le monde indiquait comme nécessaire pour que bonne justice fût rendue à chaque partie. La discussion prouve que, tout en admettant que des questions devaient être posées, on a reconnu les dangers de toutes les rédactions proposées pour inscrire cette disposition dans la loi, et qu'on a, par suite, préféré ne pas l'y mentionner formellement, espérant que les magistrats directeurs, éclairés par cette discussion, s'empresseraient de se conformer au vœu, généralement émis, qu'il fût posé des questions au jury.

Si on avait écrit dans la loi l'obligation de poser des questions, il fallait aussi exprimer en quels termes ces questions seraient posées, comme l'a fait le Code d'instruction criminelle; et certes cela eût été fort difficile, tant il y a de variété dans les affaires d'expropriation. Il fallait ensuite déclarer que les parties pourraient demander des additions ou des modifications aux questions proposées; puis autoriser le magistrat directeur à statuer sur cet incident, indiquer l'effet de sa décision et le recours auquel elle pourrait donner lieu. Les jurés seraient-ils tenus de répondre à toutes les questions qui leur seraient posées? Toute omission de répondre ou irrégularité dans la réponse donnerait-elle ouverture à cassation? Pour résoudre toutes ces difficultés, il eût fallu introduire dans la loi une foule de dispositions nouvelles dont la rédaction eût été fort difficile, et qui eussent multiplié infiniment les chances de cassation. Voilà pourquoi l'on a renoncé à écrire dans la loi l'obligation de poser des questions aux jurés ; mais il n'en a pas moins été reconnu qu'il était toujours à désirer que des questions leur fussent posées, et que dans beaucoup de circonstances cela était indispensable.

Lorsque le projet fut reporté à la Chambre des pairs en 1841, M. le comte Daru s'expliqua en ce sens dans son second rapport. « Les questions qui ressortent des débats peuvent être et sont souvent très-nombreuses ; elles peuvent être aussi très-compliquées. En voici un exemple ; c'est un cas qui se présente très-fréquemment, celui où un propriétaire dit à l'administration : « Je demande *tant*, si vous rétablissez telle communica-
« tion à mon profit ; *tant* dans la supposition contraire. » C'est ce qu'on appelle le cas des indemnités alternatives. Si le jury ne statue pas sur la double hypothèse, sa décision est toujours cassée. C'était pour éviter de pareils inconvénients que vous aviez, dans votre dernière session, attribué au magistrat directeur le droit de poser les questions que les jurés devaient résoudre. Le magistrat directeur ayant plus d'expérience des formes et des obligations légales que de simples citoyens revêtus momentanément des pouvoirs que la loi leur attribue, il était naturel de lui confier ce soin. C'est d'ailleurs ainsi que les choses se passent dans la pratique. Votre amendement n'avait donc réellement pour effet que de transformer en une obligation légale une coutume généralement suivie, et d'introduire dans la loi d'expropriation le système consacré déjà par la législation criminelle. Cette assimilation a justement fourni aux adversaires de l'amendement une objection qui a paru fondée. Le Code d'instruction criminelle, en ordonnant que le président posera les questions, prévoit toutes les difficultés qui peuvent s'élever à cet égard. Si vous transportez, a-t-on dit, dans la loi actuelle le même principe, il faut y transporter aussi, et par une même prévoyance, le règlement des formes qui devront être suivies. Ne serait-ce pas là multiplier les chances de cassation, s'éloigner du but au lieu de l'atteindre, augmenter les embarras au lieu de les aplanir ? Il a paru plus sage de laisser au magistrat directeur le soin... de poser ou de ne pas poser les questions, suivant le besoin des circonstances » (*Monit.*, 20 avril 1841, p. 1043).

Ainsi le législateur désire que les magistrats directeurs posent des questions ; il leur en eût fait une obligation, si l'inscription de cette recommandation dans la loi n'avait présenté de graves inconvénients. Mais, si l'on n'a pas posé de questions, et si cependant la décision du jury est claire et précise, il n'y aura aucune irrégularité, encore moins nullité.

Le jury spécial, comme tout autre tribunal, ne peut prononcer que sur les questions qui lui sont définitivement soumises par les plaideurs, sur celles qui sont résultées des débats. Mais, comme rien n'oblige les parties à prendre des conclusions écrites devant le jury; qu'elles peuvent, du reste, rédiger elles-mêmes ces conclusions, et les rédiger en termes fort vagues ou fort obscurs, il faut que le jury, avant de délibérer, sache positivement sur quelles questions il doit prononcer.

Nous pensons que c'est au magistrat directeur à poser les questions, parce que son titre indique qu'il a pour mission de diriger les opérations du jury, et que rien n'entre plus dans cette attribution que de poser les questions sur lesquelles les jurés ont à prononcer. Ce magistrat, qui a dirigé les débats, qui a l'expérience des affaires, est plus que personne en état de guider utilement le jury, en lui présentant l'analyse des débats, et en dégageant les questions qui peuvent s'y trouver plus ou moins confondues.

Si le magistrat directeur ne pose pas de questions aux jurés, ceux-ci devront se poser les questions à eux-mêmes, car il faut que les jurés disent sur quoi ils ont délibéré : sans cela on verra se renouveler ces verdicts tellement vagues ou tellement obscurs, que, quand ils sont prononcés, les parties sont fort embarrassées pour savoir sur quelle hypothèse les jurés ont basé leur décision : or peut-on admettre que les jurés, qui pour la plupart sont peu familiers avec les formalités de procédure, poseront toujours convenablement les questions que les débats auront soulevées ?

L'arrêt de la Cour de cassation, du 21 août 1838 (1), reconnaît que des questions doivent être posées aux jurés, et indique même en quels termes les questions auraient dû être conçues dans l'espèce dont la Cour s'occupait (2).

577. Ce qui empêche souvent les magistrats directeurs de poser des questions, c'est la difficulté de bien les rédiger. Un sa-

---

(1) S. 38.1.878.
(2) [Depuis, la Cour a déclaré : que le magistrat directeur est chargé de la conduite des débats ; que si la loi ne l'oblige pas à poser des questions, elle ne lui interdit pas non plus la faculté d'en poser. Cass., 1 mars 1843 ; 24 nov. 1846 (S. 43.1.315 ; 47.1.249).]

vant avocat général a fait observer (n° 576) qu'un bon magistrat directeur posait les questions, et nous croyons qu'en effet ce sera généralement une preuve d'un jugement droit et d'une profonde connaissance des lois, de la part d'un magistrat directeur, que d'avoir, pendant le cours d'une session, bien posé toutes les questions qui seront nées des débats de chaque affaire.

Les hypothèses sur lesquelles le jury peut avoir à prononcer sont trop variées pour que nous puissions indiquer toutes les questions qu'il peut être nécessaire de poser. On pourra, selon les circonstances, demander au jury :

1° Quelle est la valeur des... ares de terrain dont le sieur N*** est exproprié ?

2° Combien doit-on allouer au sieur N*** pour les murs de clôture qu'il devra rétablir ?

3° Quelle indemnité est due au sieur V***, locataire de ce même terrain ?

—

Quelle indemnité sera due au sieur X***, si l'administration ne prend possession que des... ares de terrain dont elle a fait prononcer l'expropriation ?

Quelle indemnité sera due audit sieur X***, si l'administration est tenue, comme il le demande, d'acquérir les... ares formant la totalité de sa propriété ?

—

Quelle indemnité sera due au sieur H***, s'il est ultérieurement reconnu qu'il a une servitude de passage sur la propriété du sieur A*** ?

Quelle indemnité sera due audit sieur A***, si son terrain est réellement grevé de cette servitude de passage ?

Quelle indemnité devra-t-on lui allouer, si cette servitude n'existe pas ?

—

Quelle indemnité devra-t-on allouer à celui des sieurs C*** ou D*** qui sera reconnu propriétaire du terrain exproprié ?

—

Quelle indemnité sera due au sieur B***, propriétaire du terrain exproprié, s'il est reconnu que les constructions élevées sur ce terrain lui appartiennent ?

Quelle indemnité sera due en ce cas au sieur M*** (locataire) ?

Quelle indemnité sera due audit sieur B***, si ces constructions sont reconnues appartenir au sieur M*** (locataire)?

Quelle indemnité sera due en ce cas audit sieur M***?

———

Quelle indemnité sera due au sieur O***, si un pont rétablit les communications entre les deux parties de sa propriété?

Quelle indemnité sera due audit sieur sieur O***, si le rétablissement des communications n'a lieu qu'au moyen d'un bac?

Et quelle indemnité lui sera due, s'il n'est établi ni pont ni bac près de sa propriété?

———

Nous croyons que les questions doivent toujours être posées de manière que les jurés puissent y répondre par la fixation d'une somme. Les art. 29, 30, 38, 39, 40, 44, etc., portent que le jury *fixe l'indemnité;* et le montant de l'indemnité, comme celui des offres et des demandes, ne peut être fixé d'une manière bien précise que par l'indication d'une somme déterminée.

Un magistrat directeur avait posé la question à résoudre par le jury en ces termes : *L'indemnité doit-elle être égale à la demande du sieur. . . . ?* Cette rédaction n'était peut-être pas sans inconvénients ; mais la réponse du jury avait été, malgré cela, claire et précise. On voulut se faire de la question ainsi rédigée un moyen de cassation ; mais la Cour, attendu qu'aucune formule sacramentelle n'est imposée par l'art. 38 de la loi du 3 mai 1841 à la décision du jury qui fixe l'indemnité, rejeta le pourvoi. Arr. 21 août 1843 (Dall., p. 450 ; Devill., p. 880).

578. La manière dont les questions sont posées doit nécessairement exercer une grande influence sur la décision du jury. Aussi les magistrats directeurs ont-ils toujours admis que les parties devaient être entendues sur la position de ces questions. Certains magistrats posent eux-mêmes les questions, et demandent si ce sont bien là les points sur lesquels on réclame une décision du jury. Lorsque des observations s'élèvent, le magistrat décide si elles sont fondées, et modifie, au besoin, la rédaction des questions. D'autres magistrats demandent à la partie poursuivante quelles sont les questions qu'elle désire poser au jury ; quand elles ont été indiquées, ils invitent les indemnitaires à s'expliquer sur ces propositions, et à signaler les rectifications et additions qu'ils désireraient. Presque toujours les parties finissent par s'accorder, parce qu'il ne s'agit, en réalité, que de bien indiquer sur quels points portent les débats. Si elles ne

peuvent s'accorder, le magistrat directeur, qui a ainsi entendu leurs observations respectives, détermine les questions qui seront posées. Ce dernier mode nous paraît préférable, en ce qu'il ne soumet pas les propositions du magistrat directeur aux critiques des parties. Le premier serait plus expéditif, surtout si le magistrat directeur avait l'habitude de présider des débats de cette nature.

La rédaction des questions devra être discutée pendant les débats, et en formera souvent un des épisodes les plus importants. Lorsque les parties croiront que cela est nécessaire à la conservation de leurs droits, elles pourront prendre des conclusions écrites pour requérir la position de telle question ; la mention de ces conclusions au procès-verbal suffira pour conserver les droits des réclamants, et la Cour de cassation décidera si, en effet, cette question devait être posée.

579. Le tableau des questions ainsi rédigé est signé par le magistrat directeur *ne varietur*, et devient dès lors un des documents de l'instruction qui doivent être mis sous les yeux du jury. Il est ensuite annexé au procès-verbal de la séance, ainsi que la décision du jury.

580. Le jury doit répondre à toutes les questions qui lui ont été posées par le magistrat directeur, et ne peut ni les modifier ni en poser d'autres. La nécessité de répondre à toutes les questions résulte des art. 37 et 38 de la loi, ainsi que le reconnaît un arrêt de la Cour de cassation, du 25 février 1840 (Devill., p. 274; Dall., p. 145). Le jury doit nécessairement statuer sur tous les points du débat, et il ne remplit pas sa mission, s'il laisse quelques-unes des questions à l'écart. Il commet au contraire un excès de pouvoir, s'il substitue aux questions qui lui ont été soumises d'autres questions qu'il se pose à lui-même.

La commission de la Chambre des pairs, craignant les erreurs ou la partialité du magistrat directeur dans la manière d'établir les questions, avait proposé d'autoriser les jurés à formuler eux-mêmes d'autres questions que celles qui leur étaient présentées par le magistrat directeur (Procès-verbal de la Chambre des pairs, du 8 mai 1840, p. 1261). — Plusieurs orateurs combattirent ce système. M. Rossi notamment dit : « Certes on étonnerait bien les jurisconsultes anglais, si on leur disait que le jury, quand il fonctionne en matière civile, peut se poser toutes les questions que bon lui semble, et prononcer un verdict que personne ne lui a demandé. Mais, dit-on, le magistrat directeur pourra donc renfermer le jury dans certaines questions ? Comment! vous redoutez qu'un jurisconsulte, qu'un magistrat ne pose pas bien les questions ; vous craignez qu'un homme apte, par ses études et sa pratique, à bien démêler, à travers des débats, les conclusions des parties, ne se trompe, et puis vous vous livrez avec une confiance illimitée à des jurés....., qui sont des citoyens éclairés, mais non des jurisconsultes! Donc ils doivent remplir les fonctions que des citoyens éclairés et consciencieux peuvent remplir, mais ils ne doivent pas être chargés de faire ce qui exige des connaissances techniques et la pratique des affaires judiciaires » (*Monit.*, 9 mai 1840, p. 976). Ces observations firent rejeter l'amendement de la commission.

581. Nous avions d'abord pensé que, par analogie avec le jury criminel, et par application de l'art. 336, C. instr. crim., le magistrat directeur devait faire un résumé succinct des débats. Mais nous avons remarqué que, d'après les art. 335 et 336, le résumé ne devait avoir lieu qu'après la clôture des débats. Or, l'art. 38 de la loi du 3 mai 1841 dit que la clôture de l'instruction est prononcée par le magistrat directeur, et que les jurés se retirent *immédiatement* dans leur chambre pour délibérer. Il nous semble que, par cette prescription, le législateur a suffisamment annoncé qu'après la clôture des débats, tout était terminé. Cette faculté de prendre la parole sans que les intéressés puissent répondre, ni même rectifier les erreurs les plus graves, est tout à fait exorbitante du droit commun, et doit être refusée dès qu'elle se trouve en opposition avec une des dispositions de la loi.

Il est souvent nécessaire que le magistrat directeur explique aux jurés la marche qu'ils devront suivre dans leurs délibérations, ainsi que pour la rédaction de leurs décisions, etc. Mais ces observations doivent avoir lieu avant la clôture des débats, afin que les parties puissent, au besoin, réclamer contre les explications données dans cette espèce de résumé (1).

---

(1) [Il a été jugé :
Qu'aucune disposition de la loi n'interdit au magistrat directeur du jury la faculté de faire les observations qu'il croit utiles pour la direction de l'instruction. Cass., 19 août 1846 (S.46.1.877) ;
Que la loi n'interdit pas au magistrat directeur la faculté d'appeler l'attention du jury sur les faits et circonstances indiqués par la procédure et par les débats. Cass., 24 nov. 1846 (S. 47.1.219).
Enfin, le magistrat étant chargé de diriger les opérations du jury, de veiller à leur régularité et d'assurer l'exécution de la loi, il lui appartient, lorsqu'il s'élève un incident qui serait de nature à vicier ces opérations, de procéder immédiatement à la vérification du fait allégué et à la constatation de son caractère et de ses circonstances : s'il laisse dans le doute ce qui a pu se passer, il y a nullité des opérations et de la décision. Cass., 19 fév. 1855 (S. 55.1.456).]

Section VII. — *De la décision à rendre par le jury.*

582. — Tous les jurés de l'affaire, mais eux seuls, doivent participer à la délibération.
583. — Désignation du président du jury.
584. — Les jurés se retirent pour délibérer.
585. — La délibération doit suivre immédiatement la clôture des débats.
586. — Les jurés doivent ne communiquer avec personne et délibérer sans désemparer.
587. — Et en secret.
588. — Pouvoir du jury pour l'appréciation des titres et des faits.
589. — En quels cas le jury doit diviser ses allocations.
590. — La décision du jury est prise à la majorité.
591. — Le jury peut consulter le magistrat directeur sur la forme de sa décision.
592. — Il ne motive pas sa décision.
593. — Il doit toujours fixer le chiffre de l'indemnité. — Eléments de cette fixation. Détails de jurisprudence.
594. — Désignation des expropriés : Erreur, correction.
595. — La règle du jury, pour la fixation de l'indemnité, est dans le jugement d'expropriation. Détails de jurisprudence. Présomption légale de régularité.
596. — L'extension abusive donnée au jugement d'expropriation, dans l'exécution, ne nuit pas à la décision du jury.
597. — Le jury n'a pas à prononcer sur l'époque de la prise de possession.
598. — Si le jury peut décider qu'il n'est rien dû.
599. — L'indemnité doit consister en argent.
600. — Quand on peut y comprendre les matériaux.
601. — Indemnité pour travaux à faire, par l'exproprié, sur le restant de la propriété.
602. — Des travaux en nature qui entrent dans la composition de l'indemnité. Consentement des parties. Détails de jurisprudence.
603. — Des travaux en nature imposés à l'administration sans son consentement.
604. — Incertitude sur le point de savoir si une dépense doit venir en déduction de l'évaluation faite par le jury, ou si elle doit y être ajoutée. Cassation.
605. — Supposition de l'établissement d'un ouvrage public : l'ouvrage non exécuté ; supplément d'indemnité.
606. — Evaluations éventuelles.
607. — Renvoi pour les indemnités relatives aux dommages que pourra occasionner l'exécution des travaux projetés.
608. — Des cas où il y a litige sur quelque partie de l'indemnité.

Evaluation alternative et hypothétique. Détails de jurisprudence.
609. — L'indemnité ne peut être inférieure aux offres ni supérieure à la demande. Jurisprudence.
610. — La disposition ne s'applique qu'au montant total des éléments de la demande.
611. — Preuve résultant de l'instruction.
612. — Du cas où l'indemnitaire ne précise pas ce qu'il demande.
613. — Pas d'acquiescement ni de contrat, sans un consentement exprès, de la part de l'administration, devant le jury.
614. — Décision signée des membres qui y ont concouru.
615. — Si l'on doit y mentionner qu'elle est prise à la majorité. Enonciation de l'unanimité.
616. — La décision est lue publiquement, puis remise au magistrat directeur.
617. — Si ce magistrat peut renvoyer les jurés dans leur chambre pour compléter ou régulariser leur décision.
618. — Annulation d'une décision ambiguë par la Cour de cassation.
619. — De l'interprétation des décisions du jury.

582. Les art. 37, 38 et 41 de la loi du 3 mai, indiquent les règles à suivre par le jury pour ses délibérations ; mais ces dispositions ne sont que l'application du principe qui est la loi universelle de toute réunion délibérante, savoir, que la décision qui en émane ne peut être régulière et valable qu'autant, 1° qu'elle a été prise à la majorité des voix de tous ceux qui ont eu droit d'y concourir ; 2° qu'elle n'a pas été viciée par le concours d'un individu qui n'avait pas le droit d'y participer. Cass., 6 déc. 1837 (Devill., 38, p. 228).

Lorsqu'il résulte du procès-verbal des opérations du jury qu'après la clôture de la discussion prononcée par le magistrat directeur les jurés se sont immédiatement retirés dans la chambre de leurs délibérations, et qu'une personne étrangère, exerçant la profession d'arpenteur et qui avait exprimé une opinion sur la valeur des parcelles expropriées, y est entrée en même temps qu'eux, sur la demande d'un des jurés, y est restée de dix à quinze minutes, et n'en est sortie que sur l'injonction du magistrat directeur, on doit conclure de ces faits que l'instruction, déclarée close, s'est continuée dans la chambre des délibérations des jurés, sans redevenir contradictoire, ce qui constitue une violation des art. 37 et 38 de la loi du 3 mai, et autorise la cassation de la décision du jury. C. cass., 1844 (Dall., p. 186 ; Devill., p. 378).

583. Les fonctions du président du jury sont importantes, non-seulement parce que c'est lui qui dirige les délibérations du jury, mais surtout parce qu'en cas de partage sa voix est prépondérante (art. 38, § 4). Cependant la loi ne s'explique pas clairement sur sa nomination. L'art. 38 dit : « La clôture de « l'instruction est prononcée par le magistrat directeur du jury. « — Les jurés se retirent *immédiatement* dans leur chambre « pour délibérer, sans désemparer, sous la présidence de l'un « d'eux, *qu'ils désignent à l'instant même*. » Un arrêt du 22 juillet 1839 porte que « du texte de cette disposition on peut, à la vérité, induire qu'aussitôt que la clôture de l'instruction a été prononcée les jurés doivent se retirer *immédiatement* dans la chambre de leurs délibérations, et que c'est par conséquent dans cette chambre qu'ils doivent procéder à la désignation de leur président ; que toutefois les mots « *à l'instant même* » qui terminent la disposition, appartenant à toute la phrase qui les précède, se prêtent également à l'interprétation que les jurés puissent désigner leur président *à l'instant même où ils se retirent* dans la chambre de leurs délibérations, c'est-à-dire lorsqu'ils sont encore dans la salle d'audience. » (Devill., p. 801) (1). Nous préférons la première interprétation, parce que, si les jurés, après la clôture de l'instruction, délibèrent en séance sur le choix de leur président, ils ne se retirent pas *immédiatement* dans leur chambre, comme la loi le prescrit (2).

Du reste, cet arrêt et un autre du 24 mars 1841 (Dall., p. 193 ; Devill., p. 344) reconnaissent que, dès qu'il résulte du procès-verbal ou des autres pièces que les jurés ont choisi leur président, il n'y a pas lieu à annuler la décision du jury. La même conséquence résulte des arrêts des 19 février et 5 mars 1845 (*Gaz. trib.*, 22 fév. et 6 mars).

La disposition du § 2 de l'art. 38 ne s'applique littéralement qu'au cas où le jury ne rend d'autre décision que celle qui fixe l'indemnité, et cette décision est rendue *après la clôture de l'instruction* ; mais le jury, si les débats lui avaient fait reconnaître la nécessité d'une mesure d'instruction, pourrait rendre une décision préparatoire pour ordonner l'audition d'une ou de plusieurs personnes, ou le transport d'un de ses membres sur les

---

(1) [*Add.* Cass., 25 juill. 1855 : l'art. 38 de la loi du 3 mai 1841 n'exige pas des jurés qu'ils procèdent à la désignation de leur président avant d'être entrés dans la chambre de leurs délibérations (*Droit*, 22 août 1855).]

(2) Cass., 11 juin 1856 (S. 56.1.196).

lieux. Cette décision doit être l'objet d'une délibération du jury (1), et avant cette délibération le jury doit désigner son président (2), dont la voix sera plus tard prépondérante en cas de partage : c'est ce président qui donnera lecture de la décision préparatoire comme de la décision définitive.

Dans une affaire soumise à la Cour de cassation, on a prétendu que les jurés qui avaient nommé un président lors de leur première délibération, dans laquelle ils avaient ordonné une descente sur les lieux, devaient encore nommer un président lors de la délibération qui avait suivi la descente sur les lieux. La Cour a reconnu que le président nommé lors de la première délibération devait naturellement continuer à présider le jury. Arr. 19 janv. 1835 (Devill., p. 172)—(A).

La loi ne disant pas non plus comment la nomination du président sera constatée, il nous semble qu'il suffit qu'à l'instant même où les jurés rentrent en séance le magistrat directeur commence par leur demander quel est celui d'entre eux qu'ils ont choisi pour président ; et, lorsque leur choix sera connu, le greffier en fera mention, et le magistrat directeur invitera le juré qui aura été signalé comme président à donner lecture de la décision du jury. Si même le magistrat directeur se bornait à dire que le président du jury est prié de donner lecture de la déclaration de MM. les jurés, celui des jurés qui ferait cette lecture en qualité de président, sans réclamation de ses collègues, devrait évidemment être reconnu pour le président choisi par eux. Souvent le juré désigné pour président ajoute cette qualification à la signature que, comme ses collègues, il est tenu d'apposer au bas de leur décision. Quelquefois aussi il est fait mention dans la décision que les jurés ont délibéré sous la présidence de M. ..., qu'ils ont choisi pour président. Tout cela est régulier, puisque la loi est muette sur le mode de constater le choix du président (3).

584. Les jurés se retirent dans leur chambre pour délibérer,

---

(1) [V. cependant les considérants de l'arrêt de la Cour de cassation, 19 août 1846 (S.46.1.877).]

(2) [Le jury n'y est pas obligé, pour délibérer sur une mesure préparatoire, avant la clôture de l'instruction (arrêts du 7 avril 1845 ; du 19 août 1846 ; S.45.1. 529; et 1846.1.877); mais la loi ne le lui interdit pas (arrêt du 5 mars 1845 ; S.45. 1.430).]

(3) [Cass., 25 juill. 1855 (*Droit*, 22 août 55).]

Additions.

(A) Cass., 4 janv. 1860 (S. 60.1.489); Cass., 3 juill. 1865 (*Gaz. trib.*, 4 juill. 65).

Voir dans le même sens : Cass., 4 août 1863 (*Gaz. trib.*, 5 août 63).

dit l'art. 38 de la loi du 3 mai 1841. Mais, s'il n'y avait pas de salle qui pût servir au jury pour ses délibérations, le magistrat directeur ferait retirer le public, et se retirerait lui-même pour laisser délibérer les jurés dans la salle d'audience. Arr., 19 janvier 1835 (Dall., p. 113 ; Devill., p. 172).

Un autre arrêt du 25 février 1840 décide également que la loi n'a défendu et ne pouvait défendre au magistrat directeur d'inviter les jurés, au lieu de se retirer dans une autre salle pour délibérer, à rester dans la salle d'audience comme étant plus convenable à leur délibération, avec les titres, pièces et documents sur lesquels les débats avaient eu lieu, surtout s'il résulte du procès-verbal que le magistrat directeur, en se retirant lui-même, ainsi que le greffier, a préalablement fait évacuer la salle, en a fait fermer les portes, et n'y est rentré ultérieurement, pour rendre de nouveau l'audience publique, qu'après que le jury l'avait fait prévenir que sa délibération était terminée (Devill., p. 212 ; Dall., p. 145) (1).

585. L'art. 38 dit que la clôture de l'instruction est prononcée par le magistrat directeur et que les jurés se retirent *immédiatement* dans leur chambre pour délibérer sans désemparer : d'où l'on peut conclure que la délibération des jurés doit suivre *immédiatement* la clôture des débats et se continuer sans désemparer. Toutefois, dans une affaire où le procès-verbal des opérations du jury constatait que le magistrat directeur avait prononcé la clôture des opérations du jury à onze heures et demie du soir et *remis la délibération au lendemain matin*, la Cour de cassation a décidé, le 7 janvier 1845, qu'il ne résultait pas de ces faits une violation de l'art. 38, qui exige, il est vrai, qu'après la clôture des débats les jurés se retirent immédiatement dans leur chambre pour délibérer, mais qu'il ne suit pas de là qu'il leur ait été interdit, *dans l'espèce*, de prendre un repos que le magistrat directeur a jugé indispensable (Devill., p. 15 ; Dall., p. 84) (2) — (A).

---

(1) [Mais il y a nullité lorsque les jurés se sont retirés, pour délibérer, dans une chambre faisant partie d'un domaine appartenant à l'un d'eux. Cass., 11 août 1845 (S.45.1.762).]

(2) [L'intervalle de repos nécessaire aux jurés peut être placé entre la clôture de l'instruction et l'ouverture de leur délibération. Cass., 18 avril 1854 (S. 54.1. 485).]

Additions.

(A) La *clôture de l'instruction* par le magistrat directeur du jury résulte suffisamment de l'énonciation faite au procès-verbal de l'invitation que le magistrat directeur a adressée au jury de se retirer dans la salle du greffe pour délibérer, sans désemparer, sur l'affaire qui lui était soumise. Cass., 27 nov. 1855 (Dall. 55.1. 456).

586. L'art. 343, C. instr. crim., veut que les *jurés ne puissent sortir de leur chambre qu'après avoir formé leur déclaration*, et que *l'entrée ne puisse en être permise pendant leur délibération*, pour quelque cause que ce soit, que par le président de la Cour d'assises, et par écrit. Des mesures très-sévères sont prescrites par les articles suivants pour assurer l'exécution de cette recommandation. En matière d'expropriation, le vœu du législateur est aussi que la délibération des jurés ait lieu en toute liberté, loin de toute influence, et par conséquent hors la présence du magistrat directeur, du public et des parties; mais la loi du 3 mai 1841 se borne à dire que les jurés doivent délibérer *sans désemparer*, et il est présumable que le législateur a donné à ces mots le même sens qu'à ceux de cet art. 343. Or, malgré la rigueur des termes de cet article, on a toujours reconnu qu'il ne pouvait être exécuté à la lettre; à plus forte raison doit-on être moins rigoureux en matière d'expropriation.

Un arrêt de la Cour de cassation juge qu'il n'y a pas eu violation de l'art. 38 par cela seul que le procès-verbal énonce que pendant leur délibération les jurés sont sortis ensemble de la chambre où ils délibéraient, pour prendre un repas à l'hôtel, si

---

Elle résulte également de la *mention au procès-verbal* de la lecture faite au jury des art. 38 et 51 de la loi de 1841. Cass., 25 juill. 1855 (Dall. 55.1.374).

La décision par laquelle le jury, à raison du grand froid et de la neige qui couvre la terre et ne permet pas actuellement de reconnaître et d'apprécier la nature du sol que frappe l'expropriation, s'ajourne à un temps un peu éloigné (trente-cinq jours dans l'espèce), pour procéder à la visite des lieux, peut être considérée plutôt comme un ajournement nécessité par les besoins de l'instruction, que comme un déplacement capricieusement opéré de l'époque de la cession; aucune nullité n'en doit donc résulter. Cass. civ., 20 août 1862 (*Gaz. trib.*, 21 août 62).

Est nulle la décision rendue par un jury d'expropriation qui a désemparé à sa délibération pour entendre, sans que les débats aient été rouverts et hors la présence des parties, les renseignements qu'une ou plusieurs personnes lui ont donnés sur les immeubles objet de l'expropriation. Cass. civ., 16 déc. 1862 (*Gaz. trib.*, 18 déc. 62).

L'interdiction de procéder, les dimanches et jours fériés, à des actes de juridiction, n'est pas absolue; elle ne s'applique pas notamment en matière d'expropriation. Spécialement, si l'art. 44 de la loi du 3 mai 1841 n'a pas pour sanction inévitable la nullité des opérations interrompues, on ne peut se faire un moyen de cassation de ce que les prescriptions de cet article ont été scrupuleusement appliquées, de ce que des opérations d'expropriation commencées dans le cours de la semaine ont été continuées et mises à fin le dimanche. Cass. civ., 12 janv. 1864 (*Gaz. trib.*, 13 janv. 64).

Aucune nullité ne résulte de ce que, après les débats et avant la délibération, le magistrat directeur aurait résumé et exposé l'affaire et les questions qu'elle présente à décider. Vainement prétendrait-on que le jury a pu être influencé par cet exposé. Cass. civ., 22 mai 1865 (*Gaz. trib.*, 24 mai 65). Voir p. 485, n° 574.

le procès-verbal constate en même temps qu'il n'y a eu alors, de la part du jury, aucune communication avec les parties intéressées, ni leurs conseils. 7 janvier 1845 (Devill., p. 15).

On avait prétendu qu'il y avait infraction à la disposition de l'art. 38 par cela que, pendant la délibération, un juré, venant jusqu'au seuil de la porte qui donnait accès de leur chambre dans l'auditoire, avait demandé à haute voix une pièce que le jury jugeait utile à sa délibération (le contrat d'acquisition). Cette prétention a été repoussée par arrêt du 27 février 1837 (Devill., p. 272). Il n'y aurait non plus aucune irrégularité, si, sur la demande des jurés, le greffier était entré dans leur chambre pour leur remettre un document qu'ils désiraient. Cass., 3 mai 1843 (Devill., p. 504) (1). Un autre arrêt du 26 avril 1843 porte que, tant que la clôture des débats n'a pas été prononcée, les communications entre les jurés et le public ne sont point interdites (Devill., p. 620) (2) — (A).

---

(1) [Le magistrat directeur peut les y accompagner pour fixer les jour et heure d'un transport désiré par eux (Cass., 7 avril 1845 (S.45.1.5.9).]

(2) [Mais l'indue communication d'un des jurés avec des personnes du dehors, pendant le temps qui devait être exclusivement consacré à la délibération secrète du jury, et nonobstant les injonctions du magistrat directeur, vicie essentiellement la décision du jury. Cass., 20 août 1845 (S.45.1.766).

C'est à l'occasion d'incidents de cette nature qu'a été posé, par la Cour de cassation, le principe mentionné ci-dessus, p. 494, en note.]

Additions.

(A) Le jury doit être considéré comme ayant procédé à la *délibération sans désemparer*, quoiqu'un des membres ait quitté la salle des délibérations, si sa sortie a été motivée par une raison n'impliquant aucune communication au dehors. Cass., 5 mars 1856 (Dall.56.1.119).

Le fait, par le jury d'expropriation, d'*appeler dans la salle des délibérations l'une des parties*, pour avoir d'elle quelques renseignements, sans y appeler également l'autre partie, constitue une violation du principe de la publicité des débats et de leur caractère contradictoire, et entraîne la nullité de la décision intervenue. Cass., 9 déc. 1856 (Dall. 56.1. 437).

Cette nullité existe, encore bien que cette irrégularité se serait produite, non dans la délibération par laquelle le jury a fixé le chiffre de l'indemnité, mais dans une délibération antérieure et incidente, lors de laquelle il s'agissait de savoir si et comment s'effectuerait un transport sur les lieux. (Cass. civ., 13 août 1863 (*Gaz. trib.*, 14 août 63).

Le fait, par un juré, d'avoir, pendant le trajet de la salle d'audience à la chambre des délibérations, *communiqué avec l'une des personnes présentes*, ne constitue ni une violation de la disposition qui prescrit de délibérer sans désemparer, disposition qui n'est applicable que lorsque la délibération est commencée, ni une communication à l'extérieur susceptible de modifier les résultats de l'instruction publique et orale, alors du moins qu'il est établi que la communication n'a point été entendue du juré auquel elle s'adressait. Cass., 7 déc. 1857 (Dall. 58.1.84).

L'irrégularité résultant de ce que les *jurés* ou l'un des *jurés*, sans l'autorisation du magistrat directeur et sans nécessité constatée, sont *sortis de la salle de leurs délibérations*, n'emporte

587. Nous avons déjà rappelé la déclaration faite à la Chambre des députés par M. Martin (du Nord), rapporteur, que toutes les formalités relatives au jury ordinaire, et qui n'étaient pas abrogées par la loi du 7 juillet, devaient être appliquées au jury spécial d'expropriation (n° 479) ; comme la loi du 9 septembre

pas nullité de leur décision, s'il est constaté au procès-verbal des débats, et non contredit par les parties, qu'au moment où les jurés sont sortis, leur délibération était complétement terminée et signée, et s'il est également constant qu'après leur sortie, aucune délibération nouvelle n'a eu lieu, et la décision arrêtée et signée n'a été aucunement modifiée. Cass., 16 juin 1858 (*Gaz. trib.*, 17 juin 58) ; Cass. civ., 7 janv. 1862 (S. 62.1.1064).

Le jury a désemparé à sa délibération, et dès lors sa décision est nulle, lorsque le président du jury est momentanément sorti de la salle des délibérations pour venir se mettre en communication avec les agents de l'administration et avec les parties elles-mêmes ; et il importe peu, en présence de la constatation de ce fait par le procès-verbal, qu'il y soit déclaré, en une autre partie, que le jury a délibéré sans désemparer. Cass., 1 déc. 1857 (S. 58.1.830) ; Cass. civ., 28 juill. 1862 (*Gaz. trib.*, 31 juill. 62) ; Cass. civ., 24 nov. 62 ; Cass., 29 juill. 1862 (S.62.1.1064).

Si la décision du jury a été rendue sur plusieurs affaires réunies dans une même catégorie, la nullité peut être opposée par tous les expropriés, alors même que le vice de la délibération n'aurait été constaté que sur la demande d'un seul d'entre eux. Cass., 29 juill. 1862 (S.62.1.1064).

L'introduction dans la chambre des délibérations du jury, après la clôture des débats, d'un agent voyer auquel les jurés ont demandé des renseignements, emporte nullité, surtout alors que la partie expropriée n'a pas été appelée en même temps. Cass. civ., 30 juill. 1860 (S.60.4.1009).

L'introduction du magistrat directeur dans la salle des délibérations du jury n'est pas une cause de nullité de la décision, s'il est dit au procès-verbal que le magistrat directeur a déclaré qu'il n'est entré dans la salle des délibérations que sur la demande des jurés, et pour les éclairer sur la forme qu'ils devaient donner à leur décision. La déclaration du magistrat directeur, consignée au procès-verbal, fait foi de ce qu'elle contient. Cass. civ., 23 déc. 1863 (*Gaz. trib.*, 25 déc. 63).

L'apposition par le magistrat directeur du jury de sa signature au bas de la décision du jury, et à la suite des signatures des jurés, ne vicierait les opérations qu'autant que de la présence de cette signature sortirait la preuve que ce magistrat a pris part à la délibération. Cette signature, apposée, soit par inadvertance, soit *ne varietur*, et pour authentiquer la décision, ne saurait en aucune façon emporter nullité, lorsqu'en fait la participation du magistrat directeur à la décision est contredite et démentie par toutes les énumérations du procès-verbal. Cass. civ., 20 juill. 1864 (*Gaz. trib.*, 21 juill. 64).

La circonstance que les jurés, ayant consacré plusieurs jours successifs à l'examen des lieux, se sont, à la fin de chaque journée, réunis plus ou moins longtemps dans la salle de la mairie ou dans la chambre du conseil du tribunal, n'est pas une cause de nullité, s'il n'est point constaté que ces réunions aient été consacrées à des délibérations, ni qu'en aucun cas les jurés aient délibéré avant l'ouverture des débats. Cass., 19 juin 1864 (S.62.1.894).

La circonstance que les jurés auraient bu ou mangé aux frais de l'une des parties ne saurait, alors même qu'elle serait établie, vicier les opérations du jury, lorsque le fait allégué se serait passé avant la constitution du jury. Cass. civ., 26 août 1863 (*Gaz. trib.*, 27 août 63).

Doit être cassée la décision du jury quand elle a été prise sur le vu d'une *pièce nouvelle*, non communiquée au jury pendant les débats et *remise pendant la délibération* des jurés à leur président. Cass., 1 déc. 1857 (Dall.58.1.82).

1835 (1) oblige les jurés à voter secrètement, on peut demander si cette obligation existe aussi pour le jury spécial aux matières d'expropriation. Nous croyons qu'il y aurait des motifs suffisants pour établir le même mode. Ce serait le plus sûr moyen de laisser aux jurés leur complète indépendance. Les indemnitaires seront souvent dans des rapports de société, d'affaires ou de voisinage, avec les jurés, et il serait très-fâcheux pour ceux-ci qu'un indemnitaire vînt à savoir que tel ou tel juré a été d'avis de ne lui allouer qu'une somme bien inférieure à celle qu'il réclamait. Si les travaux sont exécutés par une compagnie qui peut avoir une grande influence dans le pays, il serait quelquefois également désagréable pour certains jurés que cette compagnie sût comment ils ont voté.

Plusieurs arrêts de la Cour de cassation parlent de la nécessité pour le jury spécial de délibérer *en secret* et *sans désemparer* (19 janv. 1835, 27 mars 1843 : Devill., t. 35, p. 172, et t. 43, p. 439 ; Dall., t. 35, p. 113, et t. 43, p. 189), mais sans exprimer si le secret doit exister seulement des jurés à l'égard du public, ou aussi pour les jurés entre eux.

588 Le législateur n'a pas voulu prescrire aux jurés les bases qu'ils devraient adopter pour la fixation des indemnités (2), mais il a déclaré formellement que jamais les jurés ne seraient contraints d'avoir égard à des actes ou à des faits qui leur paraîtraient avoir pour but d'obtenir des indemnités plus élevées. « Le jury, dit l'art. 48 de la loi du 3 mai, est juge de la since-
« rité des titres et de l'effet des actes qui seraient de nature à
« modifier l'*évaluation* de l'indemnité » (3). L'art. 52 ajoute :

---

(1) Aujourd'hui, la loi du 9 juin 1853 ; *Collection* Duvergier, 1853, p. 491.

(2) [V. les bases qu'indiquait aux tribunaux la loi du 8 mars 1810, art. 16 et 17.]

(3) [Le jury n'est juge de la *sincérité* des titres et de l'effet des actes qu'en tant qu'il s'agit de *l'évaluation du montant* de l'indemnité, *le fond du droit n'étant pas contesté*. La raison en est que l'évaluation du montant des indemnités est le seul objet de la compétence du jury spécial : quant au fond du droit, par cela seul qu'il s'agit *de droit*, le jury spécial n'a aucun des éléments nécessaires pour l'apprécier et le décider.

L'art. 48 permet donc au jury d'écarter pour défaut de *sincérité*, de ne pas prendre en considération dans la fixation du montant de l'indemnité, les titres *même réguliers en la forme*, ou les faits accomplis qui lui paraîtraient n'avoir eu pour objet que d'établir, en faveur des parties, des droits fictifs à une indemnité, ou d'augmenter l'importance de celle qui leur est due. Mais les contestations qui s'élèvent sur la régularité et la validité des actes ou sur la qualité des réclamants dans leurs rapports avec les dispositions légales, n'ont été placées par aucun texte dans la compétence du jury spécial ; elles ne peuvent pas lui appartenir : elles constituent les litiges *sur le fond du droit* dont s'occupent les art. 39 et 49, et que le jury spécial est tenu de réserver. Cass., 4 mars 1843 (S.43.4.345).]

« Les constructions, plantations et améliorations, ne donneront « lieu à aucune indemnité, lorsque, à raison de l'époque où « elles auront été faites, ou de toutes autres circonstances dont « l'appréciation lui est abandonnée, le jury acquiert la convic- « tion qu'elles ont été faites dans la vue d'obtenir une indem- « nité plus élevée » (1). On n'a pas voulu non plus tracer de règles positives aux jurés relativement aux questions de plus-value ; on leur recommande seulement de prendre cette plus-value en considération, et l'art. 51 porte : « Si l'exécution des « travaux doit procurer une augmentation de valeur immédiate « et spéciale au restant de la propriété, cette augmentation sera « prise en considération dans l'évaluation de l'indemnité. » Sur tous les points, le jury doit s'attacher à rechercher quel est le préjudice réel éprouvé par les indemnitaires, et à repousser tout ce qu'il y a d'exagéré dans leurs prétentions. Les jurés devront surtout ne pas oublier que, dans l'état de société, chacun éprouve une foule de contrariétés et de légers préjudices pour lesquels on ne peut réclamer d'indemnité pécuniaire, et dont on trouve un dédommagement indirect dans les avantages de toute nature que la société nous procure.

589. Tous ceux qui ont des droits distincts doivent obtenir des indemnités séparées. Tel est nécessairement le vœu de l'art. 39, lorsqu'il dit que « le jury prononce des indemnités distinctes en « faveur des parties qui les réclament à des titres différents. » C'est pourquoi la Cour de cassation a dit que, de la combinaison des art. 21 et 39, il résulte que tous ceux qui auront droit à des indemnités doivent en être distinctement investis par la décision du jury, *laquelle doit terminer tout débat entre eux, et ne leur laisser aucun droit ultérieur à exercer les uns contre les autres.* Arr., 31 décembre 1838 (Devill., 39, p. 15). Si cette interprétation a été admise sous l'empire de la loi du 7 juillet 1833, qui se bornait à parler d'indemnités distinctes en faveur des propriétaires, fermiers, locataires et usagers, à plus forte raison doit-il en être ainsi sous la loi du 3 mai 1841, qui, après cette énumération, ajoute : *et autres intéressés dont il est parlé à l'art.* 21. Or l'art. 21 parle de tous ceux qui peuvent avoir des droits sur l'immeuble, à quelque titre que ce soit.

Un propriétaire est dépossédé de six parcelles ; les jurés ré-

---

(1) [La question de savoir si des constructions exécutées sur un terrain frappé d'expropriation ont été faites *de bonne foi*, ou au contraire en vue d'obtenir une indemnité plus élevée, et si, par suite, elles peuvent ou non donner lieu à indemnité, est de la compétence du jury. Cass., 2 avril 1855 (*Gaz trib.*, 4 avril 55).

glent ordinairement son indemnité en bloc, car il n'a pas d'intérêt à ce qu'elle soit fixée en détail. L'art. 39 n'oblige le jury à indiquer une indemnité spéciale pour chaque parcelle que si les indemnités sont réclamées à des titres différents, tels que ceux de propriétaires, fermiers, locataires, usagers, etc. Dès lors, on ne peut appliquer cette disposition au cas où une partie a réclamé, en sa seule qualité de propriétaire, des indemnités pour six parcelles de terrain, sans avoir devant le jury demandé la division des évaluations, en la motivant sur quelque intérêt personnel. Peu importe que, dans ses offres, l'administration eût décomposé la somme totale par elle offerte en sommes particulières applicables à chaque parcelle, et que l'exproprié eût aussi, de son côté, fixé un chiffre particulier pour chaque parcelle. Cela n'obligeait pas le jury à donner les mêmes détails. Cass., 3 janvier 1844 (Devill., p. 154) (1).

Mais, quand ces six parcelles appartiennent à une femme mariée sous le régime dotal, les unes comme biens dotaux, les autres comme biens paraphernaux, deux indemnités doivent être fixées, puisque celle relative aux biens dotaux devra être remployée, et que l'autre n'est pas soumise à cette nécessité (C. civ., 1554, 1576). Si le jury accordait une seule indemnité pour le tout, nulle autre autorité n'aurait qualité pour faire la distinction de ce qui est soumis au régime dotal et de ce qui en est affranchi. C'est aux parties intéressées qu'il appartient de réclamer ces distinctions : l'administration n'a pas de motifs pour s'en occuper.

Si une de ces parcelles était grevée d'usufruit, l'indemnité qui s'y appliquerait devrait être établie d'une manière distincte, afin que l'usufruitier sût positivement sur quelle somme il doit exercer son droit, et ne fût pas exposé à un procès avec le nu propriétaire.

Par la même raison, il faudrait fixer une indemnité distincte pour une parcelle qui serait l'objet d'une action en revendication, ou de toute autre action réelle; c'est le seul moyen d'éviter ultérieurement entre les divers prétendants droit des contestations que les tribunaux ne pourraient trancher que d'une manière un peu arbitraire, puisque l'état des lieux serait complétement changé.

---

(1) [Add. 17 juin 1846 (S.46.1.580)] ; Cass. civ., 28 fév. 1866 (*Gaz trib.*, 1 mars 66).

Mais on a été jusqu'à prétendre que le jury devait toujours spécifier chacun des éléments divers qui ont concouru à former l'indemnité qu'il a allouée. La loi ne prescrit rien de semblable. Ainsi, on voulait faire annuler des décisions de jurys parce qu'elles ne fixaient pas des indemnités distinctes 1° pour la dépossession partielle de la propriété; 2° pour la moins-value de la portion restante. Cette prétention a été rejetée par arrêts des 26 mai et 17 août 1840 (Devill., p. 712 et 714). Le premier de ces arrêts déclare que l'on ne devait pas non plus fixer une indemnité distincte pour le coût des constructions nécessitées par le morcellement de la propriété (1). Cela était vrai dans l'espèce jugée; mais il est des cas où l'indemnitaire aurait un intérêt réel à faire fixer cette indemnité séparément (2).

Dans une autre affaire, un locataire demandait une indemnité 1° pour cessation prématurée du bail de la partie de maison qu'il occupait et où était son établissement de pharmacie; 2° pour trouble dans la possession des lieux loués et pour dégradation du mobilier qui y était déposé, et dont il était propriétaire; 3° pour perte de clientèle et ruine de son industrie. En conséquence, il prétendait que le jury aurait dû lui allouer trois indemnités distinctes; mais, par arrêt du 12 juin 1843, la Cour de cassation a repoussé cette prétention (Devill., p. 483) (3).

Si, après avoir fixé l'indemnité due à raison d'une forêt, le jury ajoute que cette indemnité est applicable pour telle somme à la valeur du sol, et pour telle autre à la superficie, ce n'est pas fixer deux indemnités : c'est seulement indiquer le double élément de la décision qui ne cesse pas d'être une. Cass., 4 avril 1838 (Devill., p. 521). — (A).

---

(1) [Anal. : Cass., 26 déc. 1854 (S.55. 1.256); 22 août 1849 (S. 50.1.137).] Cass., 19 avril 1858 (*Gaz. trib.*, 20 avril 58).

(2) [V., pour des cas où il s'agissait d'apprécier si le jury avait, ou non, entendu statuer sur tous les chefs, Cass., 21 mars 1854 ; 4 juill. 1854 (S. 54.1.640, et 55. 1. 249).] [Cass., 10 mai 1858 (*Gaz. trib.*, 11 mai 58); Cass., 13 fév. 1860 (*Gaz. trib.*, 15 fév. 60).]

Et pour l'énonciation : « telle somme pour toutes choses », à laquelle on reprochait de comprendre des dommages temporaires dont l'évaluation ne pouvait, en droit, appartenir au jury spécial, Cass., 23 août 1853 (S. 54.1.64).]

(3) [Un locataire est non recevable à se prévaloir, pour la première fois devant la Cour de cassation, de sa double profession de marchand de vins et de logeur, quand rien n'indique qu'il les ait invoquées devant le jury à l'effet d'obtenir, soit deux indemnités distinctes, soit une indemnité basée sur deux éléments distincts. Cass., 21 fév. 1853 (S.53.1.430)]; Cass., 15 juill. 1861 (S. 61.1.998).

Additions.

(A) La décision du jury doit, à peine de

590. « La décision du jury, dit l'art. 38 de la loi du 3 mai 1841, « fixe le montant de l'indemnité; elle est prise *à la majorité des* « *voix*. — En cas de partage, la voix du président du jury est

nullité, porter sur tous les chefs distincts de la demande : ainsi, quand une demande d'indemnité comprend plusieurs chefs se référant distinctement à la valeur intrinsèque des terrains expropriés, à la dépréciation des terrains restants et à des travaux à faire par suite de l'expropriation, il y a nullité de la décision qui ne statue ni directement, ni indirectement, sur un ou deux de ces chefs. Cass., 10 mars 1858 (Dall. 58.1.128).

Mais il suffit que la décision soit implicite à cet égard et qu'elle comprenne, en termes généraux, l'ensemble des réclamations. Cass., 21 juill. 1858 (*Gaz. trib.*, 22 juill. 58); Cass., 24 juin 1857 (Dall. 57.1.292); Cass., 16 déc. 1861 (S. 62.1. 1068); Cass. civ., 1 juill. 1862 (*Gaz. trib.*, 2 juill. 62); Cass., 9 janv. 1866 (*Gaz. trib.*, 10 janv. 66).

Le jury d'expropriation peut comprendre dans une allocation unique toutes les demandes formées par l'exproprié : il n'est pas nécessaire qu'à chaque chef de demande corresponde une allocation distincte; il suffit qu'il soit constaté que tous les éléments de la demande sont entrés dans la décision. Spécialement, offre a été faite à l'exproprié d'une somme unique, pour toute indemnité, avec mention expresse que dans cette somme est comprise l'offre faite pour la dépréciation de la portion de l'immeuble que n'enlève pas l'expropriation. L'exproprié a d'abord fait une demande d'indemnité se composant de deux chefs : 1° valeur intrinsèque de l'immeuble, 2° dommages-intérêts pour dépréciation du terrain restant ; par exploit ultérieur, l'exproprié a substitué à son second chef de demande deux chefs distincts : 1° indemnité pour suppression d'une chute d'eau ; 2° indemnité pour dépréciation du reste de la propriété. En cet état des faits, le second exploit ne doit être considéré que comme le développement de la demande originaire; il ne contient pas une demande nouvelle; il n'oblige pas l'expropriant à faire, en réponse, des offres nouvelles; il n'oblige pas non plus le jury à statuer, par allocation distincte, sur chacun des chefs de la demande, telle qu'elle a été en dernier lieu formulée. Cass. civ., 20 août 1862 (*Gaz. trib.*, 24 août 62); Cass. civ., 28 janv. 1863 (*Gaz. trib.*, 29 janv. 63) ; Cass. civ., 14 avril 1863 (*Gaz. trib.*, 15 avril 63); Cass. civ., 2 déc. 1863 (*Droit*, 3 déc. 63); Cass. civ., 28 juin 1864 (*Gaz. trib.*, 29 juin 64); Cass. civ., 4 juill. 1864 (*Gaz. trib.*, 5 juill. 64); Cass. civ., 5 juill. 1864 (*Gaz. trib.*, 8 juill. 64); Cass. civ., 3 juill. 1865 (*Gaz. trib.*, 4 juill. 65); Cass., 14 fév. 1866 (*Gaz. trib.*, 15 fév. 66).

Lorsque l'exproprié a relevé à la fois deux causes de dommage, l'éviction de l'immeuble dont il est propriétaire et le déplacement de l'industrie qu'il y exerce, la décision qui, en fixant l'indemnité, indique que la somme comprend et l'indemnité due à la propriété et l'indemnité industrielle, ne peut être accusée d'avoir omis l'un des éléments de l'indemnité réclamée, le *déplacement de l'industrie*. Le dommage résultant de ce déplacement est évidemment ce que le jury a en vue lorsqu'il déclare que la somme qu'il alloue comprend *l'indemnité industrielle*. Cass. civ., 11 fév. 1863 (*Gaz. trib.*, 12 fév. 63).

Les parties qui ont droit, à titres divers, sur un immeuble exproprié, peuvent se réunir pour demander une indemnité collective, au lieu d'agir séparément pour demander chacune une indemnité distincte. Le consentement à cette réunion peut être donné par un maire ou par des hospices, qui l'un et l'autre prétendent un certain droit à l'immeuble exproprié, ce consentement ne pouvant équivaloir à une aliénation. Dans ce cas, les prétendants droit se réunissant pour demander une seule indemnité, il n'y a pas lieu à fixer des alternatives, comme s'il y avait litige, pour le cas où le droit de l'un ou de l'autre cesserait d'être reconnu. Cass. civ., 15 déc. 1856 (S. 58.1.622).

Lorsqu'un immeuble, appartenant à trois

« prépondérante. » Par *majorité des voix* on entend toujours la moitié, plus un, des délibérants. Lorsque les jurés sont au nombre de douze, toute évaluation d'indemnité qui n'est adoptée

copropriétaires par indivis, a été exproprié, que le jugement d'expropriation a été notifié à tous trois, le règlement de l'indemnité doit être poursuivi devant le jury, contradictoirement et simultanément avec les trois intéressés. En conséquence, si la décision du jury et l'ordonnance du magistrat directeur ont fixé l'indemnité et prononcé l'envoi en possession vis-à-vis de deux seulement des trois copropriétaires, la décision et l'ordonnance doivent être cassées à l'égard de tous. Vainement dira-t-on que le pourvoi est non recevable à l'égard des deux copropriétaires mis en cause devant le jury, parce que les formalités ont été remplies vis-à-vis d'eux ; et non recevable à l'égard du troisième, parce qu'il est étranger aux décisions attaquées. Ces fins de non-recevoir doivent être écartées, les effets des décisions attaquées ne pouvant être divisés entre les copropriétaires par indivis. Cass. civ., 26 nov. 1862 (*Droit*, 27 nov. 62) ; Cass., 3 fév. 1858 (S. 58. 1.621).

Est nulle la décision du jury qui alloue une indemnité unique, alors que deux demandes distinctes ont été formées, l'une dans l'intérêt des copropriétaires indivis de l'immeuble exproprié, et l'autre dans l'intérêt particulier de l'un d'eux, par exemple, à raison du déplacement de l'industrie par lui exploitée dans cet immeuble. Cass., 4 juill. 1862 (S.62.1.1069).

Au cas où l'un des copropriétaires d'un immeuble indivis exproprié pour partie seulement, a consenti seul à ce que l'expropriation fût étendue à une autre partie de l'immeuble, la décision du jury qui fixe une indemnité unique, tant pour la partie comprise au jugement d'expropriation que pour celle qui y a été ajoutée, est nulle pour le tout, même à l'égard du propriétaire qui a donné le consentement, cette décision ne permettant pas de déterminer la part de l'indemnité afférente à chacune de ces deux portions de l'immeuble. Cass., 13 fév. 1864 (S. 64.1. 999).

Il y a nullité de la décision si le jury, après s'être conformé à la règle d'indemnité distincte pour la superficie, et avoir, en ce qui la concerne, alloué à des propriétaires différents (deux frères et une sœur) des indemnités distinctes, s'est écarté de cette même règle en ce qui concerne la dépréciation, pour laquelle il a alloué aux expropriés, qui avaient pris cependant des conclusions distinctes, une indemnité unique, sans indiquer ni le mode précis, ni même seulement les bases du partage qui serait fait de cette somme entre les expropriés. Cass. civ., 5 juin 1860 (*Gaz. trib.*, 6 juin 60).

Lorsque, sans dénégation ni contestation aucune de la part de l'expropriant, il a été déclaré, d'une part, par le propriétaire de l'immeuble exproprié, qu'il entendait que le matériel industriel à lui appartenant, et garnissant cet immeuble, serait compris dans l'expropriation ; d'autre part, par le locataire, que le mobilier industriel à lui propre et spécifié en un état détaillé, serait au contraire en dehors de l'expropriation, il n'y a pour le jury ni nécessité de régler une indemnité alternative, comme s'il y avait contestation sur le point de savoir si l'un ou l'autre matériel serait ou non compris dans l'indemnité, ni nécessité d'exprimer dans sa décision l'exclusion du matériel du premier et l'exclusion du second. En l'état des demandes et dans le silence de l'expropriant, l'accord des parties sur ce point apparaît suffisamment, et la décision du jury n'a besoin, pour être précise et certaine, d'entrer sur ce point dans aucune explication. Cass. civ., 4 mars 1861 (*Gaz. trib.*, 5 mars 61).

L'exproprié n'est pas fondé à se plaindre de ce que le jury ne lui a pas alloué une indemnité spéciale, pour la dépréciation que l'expropriation fait subir aux parcelles de la propriété qu'elle n'atteint pas, s'il n'a pas pris de conclusion à ce sujet, si le procès-verbal constate que le préjudice causé aux portions non atteintes a été invoqué et plaidé par l'exproprié, mais

que par un, deux, trois, quatre ou cinq jurés, a nécessairement contre elle le plus grand nombre des voix. Quand il y a six voix pour une indemnité, six pour une autre, il y a partage. Il faut

dans le but seulement d'expliquer et de faire admettre le chiffre de sa demande pour les parcelles atteintes. Cass. civ., 25 mars 1863 (Gaz. trib., 28 mars 63).

L'indemnité réclamée par l'usufruitier occupant les lieux expropriés, à raison de son déplacement, ne peut entrer comme élément dans l'évaluation de l'immeuble ; elle doit, à peine de nullité, faire l'objet d'une décision spéciale. Cass, 16 mars 1864 (S.64.1.369).

L'exproprié qui, dans sa demande, a réclamé indemnité pour la totalité d'un terrain, ne peut, ultérieurement, se plaindre de ce qu'à tort il n'aurait été réglé qu'un chiffre unique d'indemnité, alors que, sur partie du terrain ses droits s'exerçaient indivisément avec un tiers. Il eût été mieux, sans doute, si telle était la situation, de fixer deux indemnités distinctes, l'une pour le terrain dont l'exproprié avait la propriété exclusive, l'autre pour le terrain indivis ; mais l'exproprié ne peut se faire un grief d'une confusion qui se trouvait dans ses propres conclusions. Cass. civ., 1 juin 1864 (Gaz. trib., 3 juin 64).

L'indemnité accordée pour expropriation d'un moulin s'applique naturellement, et à moins d'expressions limitatives, à tout ce qui constitue ce moulin, et notamment au barrage nécessaire à sa mise en mouvement. L'exproprié ne peut se plaindre de ce que l'indemnité à lui allouée serait insuffisante comme ne s'appliquant qu'au moulin, sans mentionner le barrage. Cass. civ., 30 mai 1865 (Gaz. trib., 31 mai 65).

L'indemnité fixée à tant par are pour ce terrain exproprié et pour tous dommages et dépréciations, doit être réputée comprendre une allocation pour chemins, passage et travaux à faire : il n'est pas nécessaire que ces chefs de dommages soient l'objet d'indemnités séparées. Cass., 15 juill. 1861 (S.64.1.998).

Le propriétaire de l'immeuble exproprié qui habite lui-même cet immeuble n'est pas fondé à réclamer, indépendamment de l'indemnité qui lui est due comme propriétaire, une autre indemnité comme locataire. Cass., 18 déc. 1861 (S.62.1. 1066).

Bien que l'exproprié eût demandé, et pour l'expropriation originaire et pour l'extension d'acquisition qu'il a requise, une somme unique, le jury a pu, dans le règlement de l'indemnité, fixer deux sommes distinctes, afférentes l'une à l'expropriation originaire, l'autre à la portion acquise en vertu de la réquisition. Il suffit qu'il soit constant, en fait, que nonobstant ce mode de fixation, l'indemnité n'a été ni inférieure aux offres, ni supérieure à la demande. Cass. civ., 28 déc. 1859 (Gaz. trib., 4 janv. 60).

L'indemnité allouée avec cette explication, qu'elle comprend, non-seulement la valeur du terrain exproprié, mais encore toutes les indemnités accessoires, notamment celle due pour dépréciation des terrains restants, s'applique au chef d'indemnité relatif à la nécessité de construire un chemin nouveau. Cass., 5 juin 1860 (S.64.1.383).

Si, devant le jury, l'exproprié prétend que le terrain frappé d'expropriation a une contenance supérieure à celle portée au jugement d'expropriation, et s'il conclut, par suite, à ce que, indépendamment de l'indemnité réglée d'après la contenance indiquée au jugement, il soit fixé une indemnité de tant par mètre, pour ce dont il serait ultérieurement reconnu que la contenance réelle excède la contenance indiquée au jugement, la décision du jury, qui, fixant l'indemnité seulement pour la contenance qu'indique le jugement, a omis de statuer sur les conclusions tendant à la détermination d'une indemnité hypothétique, doit être annulée pour violation de l'art. 39, § 4, de la loi du 3 mai 1841. Cass., 13 déc. 1865 (Gaz. trib., 14 déc. 65).

donc que sept votants adoptent la même indemnité pour qu'elle ait pour elle la majorité (A).

591. Le magistrat directeur ne peut, pas plus que tout autre individu étranger au jury de l'affaire, prendre part à la délibération des jurés; mais, s'il était appelé par eux dans la salle de leurs délibérations, pour les éclairer *sur la forme* de la décision qu'ils ont à rendre, il pourrait acquiescer à cette demande, sans violer aucune disposition de loi. Cass., 2 janvier 1837 (Dall., p. 177; Devill., p. 20) et 27 mars 1843 (Dall., p. 189; Devill., p. 439).

592. Deux arrêts de la Cour de cassation des 26 mai et 17 août 1840 (V. n° 589) décident avec raison qu'aucune disposition de la loi n'impose au jury l'obligation de motiver sa décision.

593. Fixer le montant d'une indemnité, c'est indiquer *la somme* qui sera payée pour réparation du préjudice. Par conséquent, lorsque l'art. 38 de la loi dit que « la décision du jury fixe le montant de l'indemnité », il indique suffisamment que la décision du jury doit toujours fixer *la somme, le chiffre* de l'indemnité. Par suite, le jury ne remplit pas le vœu de la loi, lorsqu'au lieu de fixer le chiffre de l'indemnité, il se borne à donner des bases pour cette fixation, surtout lorsque l'application de ces bases peut laisser encore matière à discussion, parce que le magistrat directeur, ni aucune autre autorité, ne peut résoudre les doutes que ferait naître l'application de ces bases. La fixation de l'indemnité pourrait résulter d'un chiffre monétaire multiplié par un certain nombre d'ares, pourvu que ces deux bases soient hors de toute incertitude. Cass., 15 janvier 1844 (Dall., p. 121; Devill., p. 353) (1). Mais, si la décision du jury ni le procès-verbal de ses opérations ne déterminaient d'une manière positive l'étendue du terrain auquel s'appliquerait l'indemnité, l'indemnité ne se trouverait pas fixée. Cass., 3 août 1840 (Devill., p. 711) (2). Il en serait de même pour une indemnité fixée à *tant* par pied d'arbres, si le nombre des arbres n'était pas indiqué. Arr. 10 août 1841 (Devill., p. 692).

---

(1) [*Add*. Cass., 2 déc. 1851 (S. 52.1. 462).]

(2) [*Add*. 29 août 1843 (S. 43.1.817).]

Additions.

(A) La déclaration faite par le jury que sa décision a été rendue *à la majorité* satisfait au vœu de la loi, sans qu'il soit nécessaire que ladite décision porte qu'elle a été délibérée en chambre du conseil, si l'observation de cette règle, et des autres règles à observer en cette matière, est d'ailleurs suffisamment constatée au procès-verbal. Cass. civ., 11 janv. 1865 (*Gaz. trib.*, 12 janv. 65).

[Toutefois, ce principe n'est pas d'ordre public ; et les parties contendantes peuvent y déroger par une convention formelle, constatée dans le procès-verbal des opérations du jury. Lorsque l'administration et les expropriés, après avoir déclaré qu'il y avait doute sur la quotité pouvant appartenir, soit à l'État, soit aux indemnitaires, sont tombés d'accord que le jury fixerait la valeur à *tant l'are*, sauf aux parties à se régler entre elles quant à leurs droits respectifs dans la propriété, le jury qui, en conséquence de cette convention constatée dans le procès-verbal, a procédé à l'évaluation des terrains à raison de 40 fr. l'are, n'a violé ni le § 3 de l'art. 38, ni le § 1er de l'art. 39 (1). Même solution, dans une espèce où il avait été stipulé par un accord exprès entre les parties, constaté dans le procès-verbal et dans des conclusions y annexées, que : si le réarpentage était réclamé, l'indemnité pourrait être augmentée ou diminuée suivant l'étendue qui résulterait du mesurage contradictoire (2).

D'un autre côté, il a été jugé, dans un cas où les parties, en désaccord sur la contenance réelle, étaient convenues que l'indemnité serait fixée d'après une certaine étendue, que, la contenance évaluée par les jurés étant exactement celle portée au tableau, le jury n'avait violé aucune loi (3).

Il a même été jugé que les observations relatives à la contenance du terrain exproprié sont de celles qui, conformément aux art. 7, 11 et 12 de la loi du 3 mai 1841, doivent être consignées sur le procès-verbal ouvert par le maire de la commune et transmises par lui au préfet ; que le magistrat directeur n'est pas tenu de remettre de telles observations au jury, qui doit continuer à opérer sur les indications du jugement d'expropriation pour arriver à la fixation de l'indemnité (4) — (A).

---

(1) Cass., 31 déc. 1850 (S. 51.1.364); Cass., 9 août 1858 (S. 64.1.384).
(2) Cass., 26 juin 1855.
(3) Cass., 9 août 1847 (S. 47.1.753).
(4) Cass., 9 fév. 1846 (S. 46.1.224).

Additions.

(A) Le jury d'expropriation est incompétent pour fixer, même du consentement des parties, l'indemnité afférente à d'autres immeubles que ceux compris dans le jugement d'expropriation.

L'abandon que, postérieurement à la décision du jury, la compagnie expropriante, sans prétendre rien retenir de l'indemnité allouée, a déclaré faire à l'exproprié, qui ne l'a pas accepté, du terrain excédant celui porté au jugement d'expropriation, ne peut être pris en considération par la Cour de cassation, saisie du pourvoi de l'exproprié contre la décision du jury, et ne rend pas ledit exproprié irrecevable dans son pourvoi. Cass., 29 juin 1858 (*Gaz. trib.*, 2 juill. 58) ; Cass. civ., 27 août 1856 (S. 59.1.271).

Le jury peut allouer une indemnité fixée à tant par mètre de terrain, lorsqu'il n'est pas appelé à s'expliquer sur l'étendue de ce terrain, et que cet élément d'indemnité n'est même l'objet d'aucun chef

594. La décision du jury doit désigner exactement les expropriés. Cependant une erreur de désignation dans cette décision

de demande. Cass., 27 fév. 1860 (S. 61. 1.384).

Le jury peut également, s'il s'agit d'une plantation d'arbres sur le nombre desquels les parties sont divisées, fixer l'indemnité à tant par chaque pied d'arbre, alors surtout que ce mode d'évaluation est accepté par les parties : et cela encore bien que l'indemnité ainsi fixée devrait se trouver inférieure aux offres de l'administration expropriante, l'évaluation du jury cessant d'être limitée par ces offres en présence du consentement donné par les parties au mode d'appréciation dont il s'agit. Cass., 27 fév. 1860 (S. 61.1.384).

La décision du jury, encore bien qu'elle contiendrait quelques expressions inexactes, qui sembleraient, au premier abord, restreindre l'indemnité à une partie seulement de la chose demandée, échappe à la censure de la Cour de cassation, s'il résulte d'autres expressions de la même décision, comme aussi de toutes les circonstances de la cause, qu'en fait, l'indemnité a été réglée d'une manière générale et complète. Cass. civ., 8 août 1860 (*Gaz. trib.*, 9 août 60).

Est nulle la décision du jury qui, au cas où une indemnité de tant par mètre est demandée, alloue une indemnité fixe, alors que la contenance du terrain exproprié est incertaine ; une indemnité ainsi fixée, pouvant être supérieure au chiffre de la demande. Cass. civ., 24 mai 1860 (S. 60.1.943).

Ne contient aucune équivoque, mais est bonne et valable dans les limites dans lesquelles elle se renferme, la décision par laquelle un jury d'expropriation, se conformant en cela au jugement d'expropriation et aux conclusions des parties, fixe l'indemnité d'expropriation, non pour la propriété tout entière d'un immeuble, mais pour les deux tiers indivis de la propriété dont sont investies dans cet immeuble deux personnes déterminées, sans aucunement s'expliquer sur le dernier tiers indivis, appartenant à une troisième personne, à l'égard de laquelle il ne paraît pas qu'il y ait eu expropriation prononcée.

Cass. civ., 26 janv. 1863 (*Gaz. trib.*, 27 janv. 63).

Lorsqu'aucune contestation ne s'est élevée sur la désignation et la contenance de l'immeuble exproprié, c'est avec raison que le jury a fixé l'indemnité en un seul chiffre et en bloc pour la totalité de l'immeuble : l'exproprié ne serait nullement fondé à se plaindre de ce que l'indemnité n'a pas été fixée à tant par mètre. Cass. civ., 11 fév. 1863 (*Gaz. trib.*, 12 fév. 63).

Est nulle la décision par laquelle le jury fixe l'indemnité, non suivant l'état de choses résultant du jugement d'expropriation, mais suivant des modifications proposées par l'exproprié, et dont l'acceptation par l'exproprié n'est pas suffisamment établie. Cass. civ., 11 juill. 1863 (*Gaz. trib.*, 15 juill. 63).

L'autorité judiciaire est seule compétente sur une action intentée par un propriétaire ayant pour objet d'obtenir, par interprétation d'une décision d'un jury d'expropriation, la réparation d'une erreur de contenance qu'il prétend avoir été commise à son préjudice, lors de la prise de possession de sa propriété partiellement expropriée, et de faire décider que l'administration ou ses ayants droit sont tenus de lui faire restitution d'une certaine étendue de terrain qu'il soutient avoir été occupée en sus de celle dont il y a eu envoi en possession par jugement. Cons. d'État, 7 août 1863 (Lebon, *Rec.*, 1863, p. 660).

En présence d'une contestation non encore vidée sur l'étendue de la propriété expropriée, il suffit que l'indemnité soit fixée à tant par mètre pour qu'elle doive être considérée comme alternativement réglée. Ce mode de fixation de l'indemnité satisfait, en effet, à toutes les éventualités. Cass. civ., 4 juill. 1864 (*Gaz. trib.*, 5 juill. 64).

Un litige sur la contenance du terrain exproprié ne résulte pas de cette seule circonstance que l'exproprié a demandé une indemnité de tant par mètre. Si la contenance n'a pas été contestée, l'indemnité a pu, nonobstant cette manière de formuler la demande, consister en une

peut être corrigée par les autres actes de la procédure (1). Il n'y a pas nullité, non plus, lorsque le magistrat directeur a posé la question d'une indemnité unique au profit de l'exproprié désigné seul dans le jugement d'expropriation, si, ni ce jugement, ni aucun acte émané, soit de l'administration, soit de l'exproprié, n'a fait connaître au directeur du jury que la propriété appartenait à cet exproprié seulement pour les trois quarts, l'autre part étant à sa mère (2).

595. La règle du jury, pour la fixation de l'indemnité due, est dans le jugement qui a prononcé l'expropriation. C'est ce jugement qui détermine la mission légale du jury (3). Il suit de là, qu'en l'absence d'un consentement exprès, le simple silence du propriétaire ou de ceux qui le représentent ne suffit pas pour autoriser contre lui la dépossession de terrains *non compris* dans le jugement d'expropriation (4). Et lorsque l'exproprié est représenté devant le jury par un mandataire, et qu'il n'est pas justifié que ce mandataire eût, conformément à l'art. 1988, C. Nap., pouvoir exprès de consentir à l'aliénation des terrains non compris dans l'expropriation, la décision du jury qui comprend dans le montant de l'indemnité l'évaluation d'une parcelle prise en dehors est nulle (5) — (A). Réciproquement, lorsque, par le

---

somme unique allouée pour la totalité du terrain. Cass. civ., 5 juill. 1864 (*Gaz. trib.*, 8 juill. 64).

Le jury d'expropriation a pour mission seulement de statuer sur l'indemnité tout entière suivant le périmètre indiqué au plan ; peu importe donc que la légende contienne une erreur dans l'évaluation de la contenance du terrain exproprié. Les parties intéressées qui n'ont pas, devant le jury, demandé une vérification préalable, une descente de lieux, ont à s'imputer à faute de n'avoir pas requis une des mesures d'approfondissement conseillées par l'art. 37 de la loi du 3 mai 1841. Trib. Seine, 18 nov. 1864 (*Gaz. trib.*, 26 nov. 64).

En cas de désaccord sur la contenance du terrain exproprié, que l'exproprié prétend supérieure à celle admise par l'expropriant, le jury statue avec une parfaite régularité lorsque, allouant une somme fixe pour la contenance admise par l'expropriant, il ajoute que cette somme sera augmentée de tant par mètre, dont il serait ultérieurement reconnu que la contenance réelle excède la contenance alléguée par l'expropriant. Cass. civ., 22 mai 1865 (*Gaz. trib.*, 23 mai 65).

Est nulle la décision par laquelle un jury a fixé une indemnité d'expropriation sans que le propriétaire actuel, autre il est vrai que celui qu'indiquait la matrice cadastrale, mais qui s'était fait connaître en temps utile à l'administration expropriante, ait été appelé devant le jury. Cass., 13 déc. 1865 (*Gaz. trib.*, 14 déc. 65).

(1) Cass., 8 août 1853 (S. 53.1.773).
(2) Cass., 12 janv. 1842 (S. 42.1.120).
(3) Cass., 25 janv. 1848 (S. 48.1.207).
(4) Même arrêt.
(5) Cass. civ., 3 janv. 1848 ; 15 janv. 1849 (S.48.1.674; 1849.1.217).

Additions.

(A) Le mari, notamment, qui s'est présenté devant le jury, pour débattre le montant de l'indemnité due à raison de l'expropriation d'un terrain appartenant

jugement, le propriétaire a été exproprié d'un terrain, si le jury ne fixe l'indemnité que pour une partie, par le motif que l'administration n'a pris possession que de cette partie, et si, en même temps, l'ordonnance du magistrat directeur envoie l'administration en possession du terrain dont l'expropriation avait été prononcée par le jugement, cette double manière de procéder viole l'art. 38, § 3, de la loi du 3 mai 1841 (1).

Mais, dans toutes ces questions de contenance, la présomption est pour la régularité. Quelque générales, donc, que soient les expressions d'une décision de jury, cette décision est réputée, à moins que le contraire ne résulte expressément de ses termes, ne comprendre que les terrains désignés dans le jugement d'expropriation (3)—(A).

conjointement à sa femme et à lui, n'a pu valablement consentir à une extension d'acquisition, s'il n'est justifié, ni ne résulte d'aucun des documents de la cause que sa femme lui eût donné mandat de consentir à une telle extension. La décision par laquelle le jury a, dans ces circonstances, fixé l'indemnité en vue de la cession indûment consentie par le mari, doit être cassée pour violation de l'art. 38, § 3, de la loi du 3 mai 1841, et des règles du mandat.

La cassation doit même frapper la décision entière non-seulement à l'égard de la femme, mais encore à l'égard du mari, si une indemnité unique ayant été fixée pour l'expropriation subie par les deux époux, rien dans la décision ne permet de discerner l'étendue de la part de chacun d'eux dans l'immeuble exproprié ou cédé, ni la portion d'indemnité qui s'y réfère. Cass. civ., 13 fév. 1861 (*Gaz. trib.*, 14 fév. 61).

(1) Cass., 28 mai 1845 (S.45,1.414., et *suprà*, p. 484.

(2) Cass., 13 août 1855 (*Gaz. trib.*, 14 août 55.)

Additions.

(A) Lorsqu'une *contenance erronée* donnée à l'immeuble exproprié *dans le jugement* d'expropriation, est rectifiée dans l'assignation devant le jury, cette *rectification* est réputée acceptée par l'exproprié, si elle n'a été l'objet d'aucune réclamation dans le cours des débats, et la décision du jury, qui statue sur la contenance ainsi rectifiée, est valable. Cass., 12 août 1857 (Dall. 57.1.330).

La décision du jury est nulle quand elle porte sur une contenance de terrain supérieure à celle mentionnée au jugement d'expropriation, s'il n'est pas établi que devant le jury, l'exproprié ait accepté cette *extension de contenance*. Cass., 19 nov. 1856 (Dall.56.1.396). Voir 21 avril 1856, et 27 août 1856 (Dall.56.1.458 et 334).

La compétence du jury est limitée aux immeubles ou portions d'immeubles désignés dans le jugement d'expropriation. En conséquence, est nulle la décision par laquelle le jury statue sur une *demande d'indemnité* formée à *raison d'un immeuble non compris au jugement* d'expropriation, ou à raison des dommages que l'établissement d'un chemin de fer aurait causés en interceptant une rue à des propriétés non expropriées.

Cette *nullité* est *radicale*, et ne saurait être couverte par le consentement des parties à ce que l'affaire soit portée devant le jury. Cass., 27 août 1856 (Dall. 56.1.334) ; 24 avril 1856 (Dall.56.1.458).

L'expropriation ne peut valablement être étendue au delà ou restreinte en deçà des termes du jugement qui la prononce qu'autant qu'il apparaît d'un consentement exprès de l'exproprié : le silence de l'exproprié ne suffit pas pour permettre de supposer, de sa part, l'acceptation de l'extension ou de la restriction d'expropriation.

Est nulle la décision du jury qui, alors

596. Enfin, la décision du jury ne doit être considérée qu'en elle-même, et dans ses rapports avec le jugement d'expropriation : s'il y avait eu, par le fait, extension abusive de ce jugement en ce qu'elle aurait été poussée, dans l'exécution, au delà que le jugement d'expropriation s'appliquait, entre autres choses, à un puits existant sur le terrain frappé d'expropriation, n'a pas compris ce puits dans l'indemnité, déclarant que l'exproprié le conserverait, mais sans que rien, dans la décision ni au procès-verbal, constate le consentement de l'exproprié à ce qu'il fût ainsi procédé. Cass. civ., 23 déc. 1861 (*Gaz. trib.*, 1 janv. 62).

Aucun grief ne résulte, contre la décision d'un jury d'expropriation, de ce que, dans l'indemnité par lui allouée, ce jury n'aurait pas compris la valeur d'une des parcelles expropriées, si, en fait, cette parcelle n'a été l'objet d'aucune offre, ni d'aucune demande, et si le procès-verbal des opérations du jury ne contient à son sujet aucun dire ni aucune observation. Le jury n'avait pouvoir que pour régler les indemnités qui lui étaient soumises, et ne pouvait, dans le silence des parties, régler l'indemnité due pour une parcelle omise par elles. Si, d'ailleurs, l'omission existe, la prise de possession de la parcelle omise ne peut pas avoir lieu, et le propriétaire conserve, en ce qui touche cette parcelle, la faculté écrite en l'art. 55 de la loi du 3 mai 1841. Cass. civ., 11 juin 1860 (*Gaz. trib.*, 13 juin 60).

Encore que les offres et demandes notifiées n'aient porté que sur l'une des parcelles comprises au jugement d'expropriation, le jury a pu régler valablement l'indemnité due pour une seconde parcelle, contenue au jugement, mais aussi omise dans les offres, si, devant le jury, les parties sont tombées d'accord de soumettre au jury le règlement de l'indemnité de cette seconde parcelle, l'exproprié renonçant en termes exprès à exciper ultérieurement de la tardiveté des offres relatives à la seconde parcelle ; offres qui ne lui ont été faites que devant le jury même et au moment où elles allaient être discutées. Cette renonciation à exciper la tardiveté des offres a pu résulter suffisamment de conclusions signifiées seulement de l'avoué de l'exproprié non muni de pouvoirs spéciaux à cet égard, s'il résulte des énonciations du procès-verbal que les opérations se sont suivies en la présence de l'exproprié, qui a constamment assisté son avoué, et doit ainsi être présumé avoir tacitement donné mandat à celui-ci à l'effet de faire ladite renonciation. Cass. civ., 20 août 1860 (*Gaz. trib.*, 20-21 août 60).

L'indemnité à fixer par le jury doit nécessairement porter sur tous les objets compris dans le jugement d'expropriation, même sur ceux auxquels l'expropriant déclare renoncer, si l'exproprié n'accepte pas cette nomination. Cass., 23 déc. 1861 (S.62.1.894).

L'exproprié ne peut être admis à se faire un moyen de cassation de ce que le jury aurait fait porter l'indemnité, et l'ordonnance du magistrat directeur l'envoi en possession sur une plus grande étendue de terrain que celle qu'indiquait le jugement d'expropriation, si ce procès-verbal constate en termes formel que l'obtention a eu lieu du consentement des parties. Il n'y a pas lieu d'admettre l'inscription de faux dirigée contre le procès-verbal en ce qui concerne la constatation du consentement des parties à l'extension, lorsque la demande en inscription de faux ne s'appuie que sur des documents et certificats qui, bien que tendant peut-être en certaine mesure à jeter du doute sur l'exactitude des constatations du procès-verbal, n'arriveraient cependant pas, même en les supposant fondés dans tout ce qu'ils contiennent, à contredire absolument ledit procès-verbal. Cass.civ., 5 mars 1862 (*Gaz. trib.*, 6 mars 62).

Il n'y a pas lieu à renvoi devant un nouveau jury sous prétexte que l'emprise nécessitée par l'expropriation est supérieure à celle qui a pu être indiquée dans la décision du jury, alors que cette emprise est conforme au plan sur lequel a été rendu le jugement d'expropriation. C. Paris, 13 fév. 1866 (*Gaz. trib.*, 23 fév. 66).

des lignes du plan, cette circonstance pourrait être, pour l'intéressé, un motif d'action en dommages-intérêts contre qui il appartiendrait ; mais elle ne pourrait donner ouverture à un moyen de cassation contre la décision, si cette dernière est en harmonie avec le jugement (1).

597. Le jury ne peut déclarer que les indemnités qu'il alloue à des fermiers partiront du jour *indéterminé* où les travaux commenceront sur le terrain exproprié : c'est l'administration qui doit, aux termes de l'art. 11 de la loi, déterminer l'époque de la prise de possession, et par conséquent celle de l'exigibilité de l'indemnité. Décider que ces indemnités partiront du jour où les travaux commenceront, c'est, de la part du jury, se mettre en opposition avec l'arrêté du préfet et excéder ses pouvoirs. Cass., 31 déc. 1838 (Devill., t. 39, p. 19).

598. Quand un individu réclame une indemnité et que l'administration refuse de lui rien allouer, ce refus peut tenir à deux causes différentes. Si l'administration refuse toute indemnité uniquement parce qu'elle croit que le réclamant n'a éprouvé aucun dommage, le débat roule sur la fixation du montant d'une indemnité, question qui rentre entièrement dans les attributions du jury. En ce cas, si les jurés croient qu'en effet le réclamant n'a éprouvé aucun dommage, ils le déclarent, en fixant l'indemnité à zéro, quelquefois à 25 centimes, ou autre somme insignifiante (2). Mais, si le refus de l'administration tient à ce que, par une cause quelconque, elle croit que le réclamant n'est pas au nombre de ceux à qui la loi permet de réclamer une indemnité, la demande d'indemnité formée par l'une des parties et le refus de l'autre constituent un litige sur le fond du droit, et le jury ne peut décider si cet individu est ou n'est pas en droit de réclamer une indemnité, sans violer les art. 38, 39 et 49, de la loi du 7 juillet 1833. Cass., 9 juill. 1839 (Devill., p. 801). Le jury doit alors fixer l'indemnité qu'il conviendra d'allouer au réclamant, si sa prétention est admise, et le magistrat directeur doit en ordonner la consignation jusqu'à ce que ce litige soit vidé (*Ibid.*) (3)—(A)

---

(1) Cass., 5 fév. 1840 (S.40.2.462).
(2) V. *suprà*, nos 335 et 337.
(3) V. *infrà*, n° 608.

Additions.

(A) Il a été jugé que lorsque l'expropriant, tout en prétendant que l'indemnité réclamée par un locataire n'est pas due en ce que le bail n'est pas sincère, fait cependant offre d'une indemnité qui ne peut être considérée comme sérieuse (un franc), la décision du jury qui alloue cette indemnité doit être cassée comme s'attribuant par là le jugement d'une con-

599. Par arrêt du 31 décembre 1838, la Cour de cassation déclare que l'indemnité due par suite d'expropriation pour cause d'utilité publique consiste dans le paiement d'une *somme d'argent* mise à la disposition immédiate du propriétaire dépossédé (Devill., t. 39, p. 19). Un autre arrêt du 19 du même mois décide également que, pour être préalable à la dépossession, cette indemnité ne saurait consister que dans la prestation d'une somme d'argent (Devill., t. 39, p. 255). L'arrêt du 21 janvier 1844 développe ces principes (1)—(A).

600. Nous avons établi que l'on ne pouvait obliger le propriétaire à garder les matériaux qui proviendront de la destruction de ses bâtiments. Le jury doit se conformer à cette règle (2).

[Mais, comme elle n'a été introduite qu'en faveur de l'exproprié, l'expropriant est non recevable à s'en prévaloir (3)]—(B).

601. Souvent l'exécution des travaux entrepris par l'administration en nécessite d'autres sur les parties de la propriété qui

---

testation sur le fond du droit qu'il devait renvoyer devant les juges compétents, tout en fixant l'indemnité sérieuse qui serait due dans le cas où le droit du locataire viendrait à être reconnu. Cass., 27 janv. 1863 (S.64.4.314).

(1) V. *suprà*, p. 221, 222.
(2) V. *suprà*, p. 221.
(3) *Suprà*, p. 222 ; et 13 juill. 1852 (S. 52.1.668).

Additions.

(A) L'indemnité accordée à l'exproprié doit être uniquement en une somme d'argent, à moins que celui-ci, d'accord avec l'expropriant, n'ait consenti à être payé en d'autres valeurs. Ainsi est nulle la décision du jury qui, en l'absence d'un tel consentement, réserve à l'exproprié des bois et récoltes, ou impose à l'expropriant l'obligation de faire certains travaux ayant pour objet la réparation en tout ou partie du préjudice causé par l'expropriation... ou attribue à l'exproprié, à titre d'indemnité, des matériaux de démolition. Cass., 16 avril, 23 juin, 8 juill., 24 juill., 29 juill. 1862 (S. 63.4.4089).

Le moyen de cassation dont il s'agit ici peut être proposé par l'expropriant aussi bien que par l'exproprié. (Cass. civ., 28 juill. 1862 (*Gaz. trib.*, 31 juill. 62) ; Cass. civ., 13 août 1862 (*Gaz. trib.*, 20 août 62) ; Cass. civ., 7 fév. 1865 (*Gaz. trib.*, 8 fév. 65) ; Cass. civ., 3 avril 1865 (*Gaz. trib.*, 4 avril 65).

(B) La déclaration faite par l'expropriant, au début des opérations du jury, que, sans changer ni diminuer le chiffre des offres signifiées, il entend laisser à l'exproprié les matériaux à provenir de la démolition de son immeuble, n'a pas pour effet d'ôter à l'indemnité son caractère purement pécuniaire, quand le jury, sans se préoccuper de cette déclaration dont l'absence d'observation de la part de l'exproprié, semblait d'ailleurs indiquer l'acceptation, a réglé l'indemnité en dehors de cette déclaration comme si elle n'avait pas été faite. Cass. civ., 26 août 1864 (*Gaz. trib.*, 3 sept. 64) ; Cass. civ., 31 mai 1865 *Gaz. trib.*, 6 juin 65).

Aucune atteinte n'est portée à ce principe de l'art. 3s de la loi du 3 mai 1841, que l'indemnité doit être exclusivement fixée en argent, par la décision d'un jury, qui, ayant déterminé une indemnité purement pécuniaire, ajoute que, si certains travaux qu'elle indique, sont faits par l'expropriant sur le terrain de l'exproprié, l'indemnité allouée à celui-ci sera diminuée

restent à l'exproprié. La dépense présumée de ces derniers travaux doit être comprise dans l'indemnité à allouer au propriétaire ; l'administration ne peut se charger d'exécuter elle-même ces travaux, à moins que l'exproprié n'y consente, parce qu'aucune loi ne donne à l'administration le droit d'aller faire des travaux sur la propriété d'un particulier. C'est d'ailleurs ce qu'a reconnu un arrêt de la Cour de cassation du 31 décembre 1838 (Devill., t. 39, p. 19).

602. [La loi attribuant à l'exproprié une indemnité en argent, si des travaux en nature entrent dans la composition de l'indemnité, ce ne peut être que du commun consentement des parties (1) ; si les expropriés refusent formellement les ouvrages à eux offerts par l'expropr:ant, le jury n'a pas à statuer sur l'éventualité d'une offre additionnelle et hypothétique que les expropriés n'acceptent pas (2). Les travaux demandés par l'exproprié et consentis par l'expropriant, ou réciproquement les travaux proposés par l'expropriant et acceptés par l'exproprié, ne peuvent entrer dans la composition de l'indemnité qu'autant que ces demandes ou ces offres ont été agréées purement et simplement, sans conditions ni modifications, par l'expropriant et par l'exproprié (3.) — (A).

d'une somme de 500 fr. Dans ces circonstances, en effet, si l'indemnité vient à cesser d'être en entier pécuniaire, ce ne sera que du consentement de l'exproprié, qui peut, s'il le juge préférable, refuser de laisser faire les travaux, et réclamer uniquement l'indemnité purement pécuniaire qui a été réglée en premier ordre. Cass. civ., 29 janv. 1866 (*Gaz. trib.*, 30 janv. 66).

(1) Cass., 6 déc. 1854 (S. 55.1.221).

(2) Même arrêt. — Anal., 4 mars 1844 (S. 44.1.374).

(3) Cass., 14 août 1855 (*Gaz. trib.*, 17 août 55 ; *Droit*, 15 août 55).

Additions.

(A) L'*option* laissée à l'expropriant, sans que l'acceptation de l'exproprié ait été constatée, *de fournir l'indemnité en argent ou en travaux*, entraîne la nullité de la décision du jury. Cass., 7 avril 1858 (Dall. 58.1.174). Conf., Cass., 18 janv. 57 (Dall. 57.1.71 et la note). Cass. civ., 7 avril 1858 (S. 59.1.273).

Jugé, toutefois, que l'allocation, n'ayant pas pour objet une somme d'argent, est valable, si la proposition qui en a été faite par l'expropriant est indépendante de l'offre d'indemnité. Cass., 4 juin 1856 (Dall. 56.1.496).

L'expropriant est non recevable, pour *défaut d'intérêt*, à se plaindre de la décision du jury, qui, après avoir réglé en argent l'indemnité par lui due, lui laisse la faculté de se libérer pour partie en exécutant certains travaux. Cass., 2 fév. 1858 (*Gaz. trib.*, 3 fév. 58).

Lorsque après expropriation de terrain pour l'*élargissement d'une route*, la décision du jury a réservé au propriétaire les *matériaux des constructions* couvrant le terrain, celui-ci commet une contravention punie par l'ordonnance du 4 août 1731, s'il n'obtempère pas à un arrêté préfectoral qui, après réunion du terrain à la voie publique, met le propriétaire en demeure d'enlever les matériaux. Cons. d'État, 17 avril 1856 (Lebon, *Rec.*, 1856, p. 312).

Lorsque, parmi les personnes qui pré-

603. L'art. 38, § 3, de la loi du 3 mai 1841, est violé, lorsque la décision du jury, au lieu de se borner à fixer avec précision, en une somme d'argent, le montant de l'indemnité, impose, en outre, à l'administration, par voie alternative et en des termes pouvant donner lieu à des contestations ultérieures, l'obligation de faire en nature certains travaux confortatifs que le jury n'avait pas la mission et le pouvoir de déterminer (1).

604. Le jury qui déclare qu'il fixe à telle somme l'indemnité due aux expropriés, à raison d'une avance prétendue faite par eux pour frais de percement, et n'explique pas si le montant de cette avance, en la supposant faite, doit venir en déduction de son évaluation, ou si elle doit y être ajoutée, a rendu une décision incertaine : en conséquence, cette décision est annulée (2).

605. Enfin la Cour de Caen a jugé : que, lorsque l'indemnité représentative d'un préjudice, suite d'expropriation, n'a été liquidée que dans la supposition de l'établissement d'un ouvrage public, cette indemnité doit être complétée, si l'ouvrage n'est pas établi ; et que le supplément d'indemnité, comme l'indemnité totale, doit être réglé par un jury spécial (3).]

606. Nous croyons qu'en général le jury ne doit pas fixer des indemnités hypothétiques, variant selon tel ou tel événement *encore incertain*. Sans cela, il s'élève souvent dans la suite, et l'expérience l'a prouvé, des débats sur le point de savoir laquelle de ces diverses hypothèses s'est réalisée, et même si l'une d'elles s'est réalisée complétement. Presque toujours ces hypothèses

---

tendent avoir droit à une indemnité par suite d'expropriation pour cause d'utilité publique, se trouve un *locataire qui a élevé* sur le terrain loué *des constructions* dont, aux termes du bail, le propriétaire aurait eu droit, à l'expiration dudit bail, de faire l'acquisition ou d'exiger l'enlèvement, si l'administration expropriante a expressément déclaré consentir à *l'enlèvement des constructions*, le jury a pu considérer ces constructions comme mises par une semblable déclaration en dehors de l'expropriation. Sa décision ne viole pas la règle qui veut que l'indemnité soit uniquement fixée en argent, si, en même temps qu'elle fixe une indemnité pécuniaire à raison du préjudice que l'expropriation peut, à d'autres points de vue, causer au locataire, elle se borne, au sujet des constructions, à reconnaître au locataire le droit de les enlever.

Le locataire soutiendrait en vain, devant la Cour de cassation, que la reprise des constructions, facultative pour son bailleur, était obligatoire pour l'administration expropriante. S'il voulait élever cette prétention, c'était devant le jury qu'il devait le faire, et par des conclusions écrites. Cass., 30 août 1858 (*Gaz. trib.*, 31 août 58).

(1) Cass., 16 fév. 1846 (S. 46.1.236).
(2) Cass., 9 fév. 1846 (S. 46.1.236). Mais, pour un cas dans lequel la Cour a jugé qu'il n'y avait pas d'incertitude. V. 19 janv. 1852 (S. 52.1.368).
(3) Arrêt du 10 août 1844 (S. 45.2. 302).

ne devraient se réaliser qu'après l'exécution des travaux, tandis que l'indemnité doit être payée et, par conséquent, connue avant la prise de possession des terrains (Cour de cass., 16 juill. 1844, et 7 fév. 1837 ; Sirey, 1844, p. 780 ; 1837, p. 126).

[Beaucoup d'arrêts postérieurs ont confirmé ceux qui précèdent. Voici, comme résumé substantiel des principes, les motifs de l'un des plus récents : « Attendu que le jury n'a mission que
« pour évaluer les indemnités dues à raison des expropriations
« judiciairement prononcées, ou dues par suite de faits actuels
« résultant de ces expropriations et susceptibles d'une appréciation
« tion définitive, mais non à raison de la possibilité d'un dommage
« mage futur, à naître d'un événement ultérieur et incertain ;
« que, dans ce dernier cas, les bases d'une appréciation légale
« ne se recontrent pas ; attendu qu'on ne peut considérer
« comme un litige sur le fond du droit, pouvant donner lieu à la
« fixation d'une indemnité éventuelle, l'allégation de la possibilité
« lité d'un dommage futur et incertain ; attendu que, dans la
« cause, l'indemnité conditionnelle de 20,000 fr., accordée aux
« époux Leroy de Beaulieu, pour le cas où le passage de la
« voie ferrée rendrait impossible la continuation de l'exploitation
« tion de leur blanchisserie, n'avait pas pour objet la dépréciation
« tion *certaine* et *immédiate* de la portion de leur propriété non
« atteinte par l'expropriation ; que dans ces circonstances il y
« avait incertitude sur l'étendue du dommage et même sur son
« existence ; et qu'en allouant alors une indemnité pour ce chef,
« le jury a excédé ses pouvoirs et violé les art. 38 et 39 de la loi
« du 3 mai 1841... Casse » (1).

607. Ces mêmes principes viennent à l'appui de la théorie exposée ci-dessus, en ce qui concerne les dommages qui, s'ils se réalisent, auront pour cause, non l'expropriation, mais l'*exécution ultérieure des travaux* (2)]---(A).

---

(1) 3 janv. 1853, *Bull. civ. C. cass.*, 1855, p. 6.—Add. 6 fév. 1854, 2 déc. 1846, 17 déc. 18.5, 7 avril 1843 ; S. 53.1.220 ; 47.1.249 ; 46.1.466 ; 45.1.529).

(2) P. 241 et 242.

Additions.

(A) La *destination future de l'immeuble* exproprié est un des éléments d'*appréciation de la valeur* actuelle de cet immeuble. En conséquence, lorsque le jury prend cette destination en considération, que, par exemple, il tient compte de la valeur qu'eût pu avoir l'immeuble exproprié lors de la réalisation d'un plan municipal qui devait convertir ce terrain en rue, il n'est pas tenu de fixer deux chiffres différents d'indemnité se référant, l'un à la situation actuelle des lieux, l'autre à cette situation éventuelle ; il peut, à la différence des cas où il s'élèverait un litige sur le fond

608. Suivant les art. 38 et 39 de la loi, l'unique mission du jury est de *fixer le montant de l'indemnité*. L'art. 39 ajoute que, lorsqu'il y a litige sur le fond du droit, le jury doit régler l'in-

du droit, fixer un chiffre unique d'indemnité. Cass., 9 juill. 1853 (Dall 53.1.2-3).

La décision du jury qui accorde une *indemnité dont l'allocation peut donner lieu à un litige* ultérieur est nulle. Par exemple, quand l'expropriation comprend tout à la fois un immeuble indivis entre plusieurs expropriés et des immeubles appartenant exclusivement à chacun d'eux, l'indemnité afférente au premier immeuble doit être distincte de celle allouée pour les derniers. Cass., 3 fév. 1858 (Dall.58. 1.126). Mais l'exp opriant n'a pas qualité pour se faire un grief de ce que l'indemnité peut donner lieu à un *litige* ultérieur, *entre l'exproprié et un tiers*, si, quant à lui, le chiffre de l'indemnité est certain et définitif. Cass., 3 fév. 1858 (Dall. 58.1.127).

Ne doit pas être considérée comme *indemnité* purement *éventuelle*, mais doit être réputée définitive l'indemnité d'expropriation, consistant dans l'allocation à un fermier d'une *somme* déterminée, à *prendre annuellement*, pendant la durée du bail, sur l'indemnité allouée au bailleur. Cass., 7 avril 1858 (Dall.58.1.174).

Le jury chargé de régler l'indemnité d'expropriation a compétence pour allouer une certaine somme à titre *d'indemnité éventuelle*, pour le cas où les travaux en vue desquels l'expropriation est prononcée, indépendamment du terrain qu'ils enlèvent au domaine, déprécieraient ce qui reste de ce domaine, en rendant plus difficile la communication entre les diverses parties dudit domaine non comprises dans l'expropriation. Cass., 22 déc. 1857 (*Gaz. trib.*, 24 déc. 57). Voir n°° 302 et suiv.

Le jury d'expropriation n'a mission que pour régler l'indemnité à raison de faits actuels susceptibles d'une appréciation actuelle, et non à raison d'un dommage futur et éventuel, dont les bases ne sauraient être dès à présent connues. Spécialement c'est à bon droit que le jury refuse de fixer l'indemnité réclamée à raison de la possibilité d'un dommage futur subordonné à un événement incertain, à raison, par exemple, de la suppression d'une prise d'eau, qui paraît être la suite des travaux en vue desquels l'expropriation est poursuivie. Cass. civ., 26 janv. 1863 (*Gaz. trib.*, 27 janv. 63); Voir aussi, Cass. civ., 3 mars 1863 (*Gaz. trib.*, 4 mars 63; S.63.4.349); Cass. civ., 8 avril 1863 (*Gaz. trib.*, 9 avril 63; Cass. civ., 20 avril 1863 (*Gaz. trib.*, 21 avril 63); Cass. civ., 8 juill. 1862 (*Gaz. trib.*, 14 juill. 62); Cass. civ., 23 janv. 1863 (*Droit*, 26 janv. 63); Cass. civ., 30 janv. 1863 (*Gaz. trib.*, 31 janv. 63).

Dans tous les cas, lorsque le procès-verbal constate que les droits des parties sont réservés à cet égard, cette réserve implique nécessairement que l'exproprié n'a pas insisté pour que ledit dommage entrât dans l'appréciation du jury, et rend, en conséquence, l'exproprié irrecevable à se plaindre du silence gardé à cet égard par le jury. Cass. civ., 25 mars 1863 (*Gaz. trib.*, 28 mars 63).

Une *indemnité* peut être *conditionnelle* et subordonnée à un événement incertain, si d'ailleurs le chiffre de cette indemnité se rapporte au dommage directement subi par l'exproprié.

Ainsi le jury peut allouer à l'exproprié, indépendamment d'une première indemnité pure et simple, une seconde indemnité pour le cas où un terrain, indiqué sur les plans comme devant donner accès à la gare du chemin de fer, dans l'intérêt duquel l'expropriation a eu lieu, ne serait pas une voie publique. Cass., 9 juill. 1855 (Dall.56.1.293).

Il ne peut être alloué d'indemnité que pour un dommage certain causé par le fait même de l'expropriation. Ainsi, l'*interdiction* faite à un particulier *d'ouvrir à l'avenir*, sans l'autorisation de l'administration, *une carrière* nouvelle dans une zone déterminée autour de la ligne d'un chemin de fer ne peut donner lieu à une indemnité au profit de ce particulier, le refus de cette autorisation étant un fait éventuel et incertain. Cass., 28 janv. 1857 (Dall.57.1.47).

demnité indépendamment de ce litige, sur lequel les parties sont renvoyées à se pourvoir.

A la Chambre des députés, en 1841, M. Renouard proposa d'ajouter au § 4 de l'art. 39 : « S'il y a lieu, le jury établit hy-« pothétiquement des indemnités correspondant à l'éventualité « des décisions à intervenir sur les points contestés. » M. Dufaure, rapporteur, répondit : « La Cour de cassation a décidé que le jury devait régler l'indemnité pour tous les cas qui pouvaient résulter de la décision au fond que les tribunaux rendraient. Nous croyons que cela est indispensable ; nous croyons que le jury n'aurait pas rempli l'obligation que lui impose notre article, si, en réalité, il n'avait pas prévu toutes les décisions qui peuvent être rendues, et réglé pour chacune une indemnité. Il ne faut pas qu'en aucun cas on soit obligé de revenir devant le jury; mais nous croyons que cela résulte suffisamment des

---

Le jury n'a pas compétence pour régler l'indemnité due à raison d'un dommage éventuel, subordonné à la manière dont seront exécutés les travaux en vue desquels se poursuit l'expropriation. Si ce dommage vient ultérieurement à se réaliser, l'indemnité sera alors réglée, conformément aux règles du droit commun, par les tribunaux ordinaires. Il en est spécialement ainsi à l'égard des changements que les travaux en vue desquels s'effectue l'expropriation pourraient apporter dans les conditions hydrauliques d'un moulin. Cass. civ., 6 janv. 1864 (*Gaz. trib.*, 7 janv. 64).

Est définitive et régulière l'indemnité alternativement fixée de deux sommes d'argent, l'une pour le cas où l'administration ne ferait pas exécuter certains travaux non contestés, et l'autre pour le cas où elle les ferait exécuter. Cass., 18 juin 1864 (S.64.1.887).

La décision d'un jury d'expropriation ne peut être attaquée, sous prétexte qu'elle aurait pris en considération des dommages éventuels, et qu'elle ferait obstacle à ce qu'ultérieurement la réparation de ces dommages fût, si elle se produisait, demandée à l'autorité compétente, alors que rien ne démontre qu'en fixant l'indemnité comme il l'a fait, le jury ait excédé les limites de sa compétence, qu'il ait fait autre chose que prendre en considération :

1° la valeur du terrain enlevé par l'expropriation ; 2° la dépréciation du terrain restant, conséquence immédiate et nécessaire de l'expropriation. Cass. civ., 4 juin 1864 (*Gaz. trib.*, 3 juin 64).

L'indemnité accordée pour perte de clientèle ne doit pas être considérée comme répondant à un dommage futur et incertain, comme accordée en compensation d'espérances purement éventuelles; elle est, au contraire, la compensation d'un dommage actuel. Cass. civ., 4 juill. 1864 (*Gaz. trib.*, 5 juill. 64).

La décision du jury qui fixe une indemnité hypothétique est indivisible et forme un contrat judiciaire en dehors des termes desquels les tribunaux ne peuvent être appelés à statuer. Trib. civ. Seine, 15 mars 1865 (*Gaz. trib.*, 16 mars 65).

Le jury appelé à fixer éventuellement les indemnités qui pourront être dues dans quatre hypothèses distinctes posées par l'expropriant, est seulement tenu de fixer distinctement l'indemnité en vue de chacune de ces hypothèses.

On ne saurait se faire un grief contre sa décision de ce que l'indemnité y serait fixée au même chiffre pour les quatre hypothèses, si celles-ci contenaient toutes des éléments d'indemnité, dont l'appréciation a, dès lors, été faite souverainement. Cass. civ., 16 août 1865 (*Gaz. trib.*, 16 août 65).

termes généraux de l'article, et la jurisprudence l'a compris ainsi. Il n'est pas nécessaire de mettre dans la loi tout ce que la jurisprudence a reconnu. La commission partage donc complétement les idées de M. Renouard; mais elle croit que son amendement ne doit pas être admis, uniquement parce qu'il est inutile et que la loi suffit » (*Monit.*, 4 mars 1841, p. 532). Satisfait de cette déclaration, M. Renouard retira son amendement (*Ibid.*). En conséquence, lorsqu'il peut y avoir litige sur quelques parties de l'indemnité, le jury doit rendre des décisions distinctes sur les points en discussion, afin de pourvoir éventuellement aux solutions que peut recevoir le litige devant l'autorité compétente (1).

Ainsi, lorsqu'une partie du terrain exproprié est revendiquée par l'administration qui poursuit l'expropriation, le magistrat directeur, pour procéder régulièrement, doit demander au jury 1° quelle est l'indemnité qui doit être allouée pour la totalité du terrain; 2° quelle est l'indemnité qui doit être allouée pour la partie que n'atteint pas la revendication. En faisant délibérer le jury sur l'une et sur l'autre de ces questions, sa décision, sans rien préjuger, pourvoit éventuellement à toutes les solutions possibles des questions qui s'agitent entre le possesseur et l'administration. Cass., 21 août 1838 (Devill., p. 787); 5 mars 1844 (Devill., p. 383).

De même, lorsque le propriétaire prétend avoir le droit d'exiger (2) que l'expropriation comprenne l'immeuble entier, cette prétention ne pouvant être jugée par le jury, il y a nécessité de poser des questions alternatives, et le magistrat directeur excède ses pouvoirs en refusant de procéder ainsi (3).

Lorsqu'il s'agit de l'indemnité due pour une usine mue par l'eau, il est indispensable que le propriétaire justifie qu'il n'est pas soumis à voir démolir son établissement sans indemnité. Le

---

(1) [En se bornant à réserver sur ces chefs, aux expropriés, leurs droits à venir, le jury violerait les art. 38, § 3, et 39, § 4, de la loi du 3 mai 1841. Cass., 17 déc. 1845 (S.46.1.466).

Mêmes violations de la part du jury qui, en pareil cas, se récuse, et du magistrat qui renvoie les parties à se pourvoir ainsi qu'elles aviseront. Cass., 22 juin 1852 (S.52.1.754).]

(2) En vertu de l'art. 50 de la loi.

(3) Cass., 25 mars 1839; 15 mai 1843 (S.39.1.323; 43.1.622).—[*Add.* 22 mars 1847; 19 mars 1849 (S.47.1.304; 49.1. 374).

Mais, pour que la question alternative, ici, puisse être posée au jury, il faut que le propriétaire ait requis l'expropriation totale, de la manière et dans les délais déterminés par les art. 50, 21 et 27 de la loi (V. *suprà*, p. 362, 364).]

jury ne peut le dispenser de cette justification, ni apprécier le mérite des titres produits. En conséquence, le possesseur d'une usine établie sur une rivière navigable ne peut obtenir une indemnité qu'autant que sa possession et les titres qui la fondent sont conformes aux lois. L'examen de cette question, préjudicielle à toute allocation d'indemnité, constitue une question de droit qui ne peut être portée devant le jury, ni complétement résolue par lui. Si, au lieu de renvoyer les parties devant qui de droit, il la résout éventuellement d'une manière affirmative, il excède ses pouvoirs, et sa décision doit être cassée. Cass., 16 juill. 1844 (Devill., p. 780).

Lorsqu'un individu réclame devant le jury une indemnité à titre de locataire, et que l'administration lui conteste cette qualité, ces prétentions opposées constituent un état de litige sur le fond du droit ; et, en rejetant la prétention du réclamant, le jury commet un excès de pouvoir, ainsi que le magistrat directeur, en déclarant cette décision exécutoire. Cass., 9 juill. 1839 (Devill., p. 801). Le jury doit, en ce cas, fixer l'indemnité comme si le droit n'était pas contesté. Cass., 1er mars 1843 (Devill., p. 315). Si toutefois le jury croyait que l'indemnitaire n'a éprouvé aucune perte, il pourrait le déclarer.

En cas d'expropriation de partie seulement d'une maison louée, le jury peut déterminer deux indemnités alternatives dans l'intérêt du locataire : l'une pour le cas où il serait jugé que le retranchement de partie des lieux loués autorise le locataire à résilier le bail ; l'autre pour le cas où le locataire pourrait rester dans les lieux, moyennant une diminution du prix du bail. Cass., 3 avril 1839 (Devill., p. 398). Le jury doit même procéder de cette manière, si le locataire prétend qu'il peut conserver le surplus des bâtiments, et si ce droit lui est dénié. Voir trois arrêts de la Cour de cassation du 5 fév. 1840 (Devill., p. 162, 163, 166). En déclarant qu'il avait reconnu l'impossibilité de conserver aux locataires les lieux par eux loués, le jury avait tout à la fois déserté sa mission légale, et statué sur le fond du droit par empiétement sur la juridiction des tribunaux auxquels seuls appartient le pouvoir d'appliquer, le cas échéant, entre le bailleur et le preneur, les dispositions de l'art. 1722, C. civ. (*Ibid.*) (1).

Le sicur Vaissier, appelé devant le jury comme ayant un

---

(1) [V. anal. : Cass., 27 fév. 1854 (S. 55.1.137).]

droit de servitude sur la source d'Arcier, renouvela la prétention, qu'il avait déjà émise, d'être propriétaire de cette source. La décision du jury accorda au sieur Vaissier une indemnité pour un droit de servitude seulement, et non pour un droit de propriété. Cette décision fut cassée par un arrêt du 6 déc. 1842 (Devill., t. 43, p. 33) (1).

Du reste, dans les divers cas prévus par les art. 38, § 3, et 39, § 4, lorsque le jury a fixé, pour le chef contesté, une indemnité distincte, sa décision ne peut être cassée par le motif qu'elle ne mentionnerait pas expressément que l'indemnité allouée n'est à cet égard que conditionnelle et hypothétique. Par cela seul que la décision du jury sur le chef contesté est distincte, et qu'un chiffre spécial est fixé de ce chef, les parties ont le droit de faire juger par l'autorité compétente la question sur laquelle s'est élevée la contestation (2)—(A).

---

(1) [V., pour la question de propriété, contestée entre celui que l'administration offre d'indemniser comme propriétaire, et celui qu'elle offre d'indemniser comme usager, Cass., 24 août 1844 (S.45.1.41).

Pour la qualité de propriétaire de la surface et du tréfonds, ou seulement de la surface, contestée entre l'administration et l'indemnitaire, Cass., 22 juin 1852 (S.52.1.751).

Pour la question de savoir si un préjudice est la suite, non de l'expropriation, mais du mauvais état antérieur de la maison, Cass., 27 juin 1854 (S.54.1.398).]

(2) [Cass., 22 août 1855 (*Gaz. trib.*, 23 août 55.)]

Additions.

(A) Le jury d'expropriation n'a le droit d'apprécier la *sincérité des titres* produits devant lui que lorsque cette appréciation peut influer sur la *quotité de l'indemnité*, mais non quand elle intéresse le droit même à l'indemnité. En conséquence, lorsque la sincérité d'une prolongation de bail est contestée par l'administration, qui dénie par suite au locataire tout droit à indemnité, le jury est incompétent pour statuer sur la contestation qui présente en ce cas les caractères d'un litige sur le fond du droit, et allouer une indemnité définitive.

Le jury doit, en pareil cas, allouer une *indemnité alternative*, dans la double hypothèse de la sincérité et de la non-sincérité du bail, et renvoyer le litige devant les tribunaux. Cass., 28 janv. 1857 (Dall. 57.4.47).

Jugé dans le même sens que le jury est incompétent pour apprécier la sincérité des titres, quand la *contestation* porte *sur l'existence* même *de ces titres* et le principe du droit à indemnité. Cass., 14 avril 1857 (Dall. 57.1.466 et 467).

Lorsque, devant le jury chargé de fixer l'indemnité due à un propriétaire exproprié, l'exproprié a contesté que la *contenance du terrain* exproprié fût aussi étendue que l'indiquaient le jugement d'expropriation et les autres actes faits pour parvenir à l'expropriation, il résulte de là une *contestation sur le fond du droit*, et il y a lieu de faire fixer par le jury, conformément à l'art. 39, § 4, deux indemnités alternatives, l'une pour le cas où la contenance serait telle que le jugement d'expropriation l'indique, l'autre pour le cas où elle serait moindre et telle que le soutient l'exproprié.

L'article précité a été violé si, sans égard pour la contestation soulevée, une indemnité unique a été fixée par le jury. Cass., 16 août 1858 (*Gaz. trib.*, 17 août 58); Cass. civ., 1er août 1830 (*Gaz. trib.*, 2 août 60).

609. « L'indemnité allouée par le jury ne peut, en aucun
« cas, être inférieure aux offres de l'administration, ni supé-

Lorsque, devant le jury d'expropriation et au sujet de la fixation de l'indemnité, il existe une *contestation sur la durée d'un bail*, c'est le cas, conformément à l'art. 39, § 4, de la loi du 3 mai 1841, de poser au jury deux questions alternatives : l'une pour le cas où le bail n'aurait que la durée prétendue par l'expropriant, l'autre pour le cas où ce bail devrait avoir la durée la plus longue que lui assigne l'exproprié. Il n'appartient pas au jury de résoudre cette question, ni explicitement ni implicitement. Cass., 16 août 1858 (*Gaz. trib.*, 17 août 58).

Voir n° 564 pour le cas où la prétention de l'exproprié ne résulterait que d'une signification antérieure à la demande.

Le point de savoir si le *délai pour la réquisition d'acquisition intégrale* d'un immeuble exproprié était ou non expiré lorsque cette réquisition a eu lieu, constitue un litige sur le fond du droit qui devra être soumis au tribunal, et qui oblige le jury à fixer deux indemnités alternatives se référant hypothétiquement aux solutions que donnera le tribunal.

Jugé par le même arrêt que la *réquisition* de l'acquisition intégrale d'un immeuble partiellement exproprié peut être *notifiée* directement à l'*expropriant* à l'effet d'être ensuite par le magistrat directeur sous la garde du jury sans qu'il soit nécessaire qu'elle ait été adressée au magistrat directeur lui-même.

La réquisition doit d'ailleurs être faite, à peine de déchéance, dans la quinzaine de la notification du jugement d'expropriation. Cass., 25 août 1856 (Dall. 56. 1.333).

L'exproprié qui requiert l'acquisition totale de l'immeuble compris en partie seulement dans l'expropriation, n'est pas tenu, lorsque sa réquisition n'est pas contestée, de demander une indemnité alternative, pour la partie expropriée et pour la totalité de l'immeuble.

Toutefois, il ne résulte aucune nullité de ce que le jury a alloué deux indemnités distinctes, alors que le total de ces deux indemnités est inférieur à la somme demandée. Cass. civ., 28 déc. 1859 (S. 60.1.1004).

On ne peut considérer comme une solution donnée par le jury à un litige, contrairement à l'art. 39, l'*allocation* à l'indemnitaire, *en cas de cession amiable, des intérêts de l'indemnité*, à partir du jugement qui a donné acte de cette cession, lorsque aucun débat ne s'est élevé devant le jury sur ce point. C'est là un simple complément de l'indemnité due à l'exproprié. Cass., 30 juin 1856 (Dall. 56.1. 263).

L'existence d'un litige sur le fond du droit donne lieu à la fixation d'une *indemnité alternative*, alors même que ce *litige* existerait *avec un tiers* non partie à l'expropriation.

Le litige sur le fond du droit subsiste d'ailleurs malgré la décision intervenue en appel, s'il y a pourvoi en cassation. Cass., 22 avril 1856 (Dall. 56.1.158).

Le jury ne doit fixer une indemnité éventuelle, pour le cas de litige sur le droit à raison duquel l'indemnité est réclamée, que lorsque le litige se produit effectivement devant le jury ; il ne suffit pas que l'exproprié signale la *possibilité ultérieure de ce litige*. Cass., 15 déc. 1856 (Dall. 57.1.44).

En cas de contestation sur le point de savoir si l'exproprié est recevable à demander l'acquisition totale d'un terrain partiellement exproprié, le jury doit fixer deux indemnités alternatives, l'une pour le cas d'acquisition totale, l'autre pour le cas d'acquisition partielle. Cass., 1 juill. 1863 (S. 63.1.549).

Encore bien qu'au commencement du débat il y aurait eu contestation sur le point de savoir si, à raison d'une propriété que l'expropriation ne touchait qu'en partie, il y avait lieu, par le jury, de fixer une indemnité pour la totalité de la propriété atteinte, ou seulement pour la partie que doivent enlever les travaux en vue desquels se poursuit l'exploitation, la

« rieure à la demande de la partie intéressée, » dit l'art. 39, § 5, de la loi du 3 mai 1841 (1).

Cette disposition, qui n'existait pas dans la loi du 7 juill. 1833, a été introduite dans la loi du 3 mai 1841, pour abroger le § 2 de l'art. 40 de la loi précédente, qui accordait au jury la faculté d'allouer des indemnités *supérieures à la demande des parties.*

La disposition nouvelle répond, dans ses rapports avec l'exposé des motifs présenté à la Chambre des pairs, le 19 fév. 1840, à ces paroles de M. le ministre des travaux publics : « Quant « au jury, tout en reconnaissant ce qu'il y a eu de déplorable « dans certains exemples, heureusement assez rares... etc; » et plus loin : « Nous nous sommes bornés à quelques disposi-« tions de détail, qui assurent au jugement du jury toute sa « sincérité *ou comblent des lacunes signalées par l'expérience.* »

Dans ses rapports avec la discussion législative, elle répond à ces paroles de M. le baron Mounier : « Vous éviterez ce scan-« dale (on peut se servir du mot) qui a éclaté dans plusieurs « cas, que le jury vienne déclarer qu'un particulier s'était telle-« ment trompé dans l'appréciation de sa propriété, qu'il lui « accordait un prix double de celui qu'il avait demandé » (*Monit.* du 9 mai 1840, p. 977).

---

décision du jury, qui a fixé non les deux indemnités alternativement, mais l'indemnité partielle seulement, ne peut donner lieu à aucune plainte, lorsqu'il est constant qu'un contrat judiciaire est intervenu par lequel la prétention, originairement élevée, de faire porter l'expropriation sur le tout a été abandonnée. Cass. civ., 8 juill. 1863 (*Gaz. trib.*, 9 juill. 63).

Est nulle la décision par laquelle un jury, duquel une indemnité est réclamée pour dépossession de portion d'un terrain à usage d'avenue et pour dépréciation, par voie de conséquence, d'une maison ayant vue et accès sur cette avenue, accorde à l'exproprié l'intégralité de l'indemnité demandée par lui à tous ces chefs, mais en s'exprimant de telle sorte que le jury paraît n'allouer, que pour le terrain seul de l'avenue, l'indemnité demandée et pour le terrain et pour la dépréciation de la maison, accordant à l'exproprié, qu'en fait, cependant, il indemnise, pour le tout, des réserves à l'effet de faire valoir, devant l'autorité compétente, les droits à indemnité qu'il pourrait avoir encore à raison des travaux faits sur ou à proximité de son immeuble. Cass. civ., 8 fév. 1865 (*Droit*, 9 fév. 65).

Lorsque l'indemnité d'expropriation a été réglée en vue de deux hypothèses : 1° en vue de l'expropriation partielle; 2° en vue de l'expropriation totale, et que la décision du jury se trouve nulle, en tant qu'elle règle l'indemnité totale, à raison de ce qu'il n'y aurait pas eu observation du délai de quinzaine dont la loi veut que l'exproprié jouisse pour délibérer sur les offres; la cassation de la décision en cette partie doit nécessairement entraîner la cassation de la décision en tant qu'elle règle l'indemnité d'expropriation partielle, les deux parties de la décision étant unies par un lien continu. Cass. civ., 21 déc. 1864 (*Gaz. trib.*, 22 déc. 64).

(1) Cass., 24 juill. 1857 (Dall. 57.1. 305). V. Cass., 15 avril 1857 (Dall. 57.1. 159).

Maintenant, de quelles offres et demandes s'agit-il dans la disposition nouvelle ? S'agit-il des offres et demandes « *notifiées en exécution des art.* 23 *et* 24, » expressions qui se trouvaient déjà dans le 1er paragraphe de l'ancien art. 37, et qui ont été conservées dans la loi du 3 mai 1841, ou de toutes offres et demandes, à quelque époque qu'elles aient été formées ?

Il a été reconnu (1) que, d'après une jurisprudence constante, et relativement à l'art. 37, § 1er, lui-même, les mots « *notifiées en exécution des art.* 23 *et* 24, » qui y sont insérés, ne font pas obstacle à ce que les indemnitaires produisent pour la première fois leurs prétentions en présence du jury. A plus forte raison est-on obligé d'admettre que l'art. 39, § 5, qui ne répète pas les mêmes expressions, doit être censé avoir entendu parler de toutes les offres et demandes, à quelque époque qu'elles se soient produites (2).

La disposition est violée, lorsque la décision du jury alloue à l'exproprié, outre l'indemnité à laquelle il a conclu, les matériaux de démolition qu'il n'avait jamais compris dans sa demande. En un tel cas, l'indemnité accordée dépasse, de la valeur des matériaux, l'indemnité qui avait été réclamée (3).

Même lorsque l'exproprié a réclamé, indépendamment de l'indemnité en argent pour la valeur du sol, une indemnité accessoire en nature (la construction d'un mur aux frais de l'expropriant), si le jury accorde une indemnité en argent supérieure à celle réclamée, et qu'il garde le silence sur la construction du mur dont il n'alloue pas expressément la dépense, il viole la disposition de l'art. 39, § 5 (4) — (A).

---

(1) *Suprà*, p. 468.
(2) V. les observations, en note, *suprà*, p. 468-469.
J'ajoute ici que le résultat de la discussion législative, sur le § 5 de l'art. 39, n'est pas dans le sens de la jurisprudence. En effet, le paragraphe était, dans le projet présenté par le Gouvernement, tel qu'il existe dans la loi. La commission de la Chambre des pairs l'attaquait, parce qu'il tendait à circonscrire l'action du jury entre les offres de l'administration et la demande des parties ; et, par ces mots *offres et demandes*, M. le rapporteur de la commission entendait bien que le projet parlait des offres et demandes *notifiées*, puisqu'il combattait le paragraphe en soutenant qu'il fallait conserver toute liberté aux parties et à l'administration devant le jury (Voir le rapport de M. le comte Daru, séance du 6 avril 1810). Or, l'opposition de la commission n'a amené aucun changement, et le paragraphe a été adopté tel qu'il était présenté dans le projet. Le paragraphe n'a donc pas été approprié au sens de la commission, qui est le sens de la jurisprudence.
(3) Cass., 2 juin 1845, S. 45.1.493.
(4) Cass., 15 juill. 1844.

Additions.

(A) Le jury ne peut allouer une indemnité inférieure aux offres sous prétexte de *plus-value* du surplus de l'immeuble.

610. Mais la disposition n'est pas violée, lorsque les indemnités allouées expressément par les jurés ne dépassent pas le montant total des éléments de demande.]

Ainsi, dans le cas où l'exproprié, tout en acceptant l'offre qui lui est faite par l'administration pour la valeur intrinsèque de partie d'un immeuble, demande en outre une indemnité pour la dépréciation du surplus, le jury qui accorde une indemnité supérieure à l'offre acceptée, mais inférieure au total de cette offre et de la demande de l'indemnité de dépréciation, ne contrevient pas à la disposition qui défend d'accorder une indemnité supérieure à la demande. Cass., 29 avril 1844 (Devill., p. 428; Dall., p. 189; 4 mars 1844; Dall., p. 185; Devill., p. 446).

611. [Si, à tort, le chiffre auquel une demande s'est élevée ne se trouve pas énoncé dans l'instruction, mais qu'il demeure du moins constaté que ce chiffre a été soumis au jury, et qu'il est resté supérieur à l'indemnité réglée, alors la preuve est acquise par l'instruction que l'indemnité accordée n'a pas dépassé les demandes; et le jury n'a pas contrevenu à l'art. 39, § 5 (1).

612. Lorsque l'exproprié, tout en prétendant que les offres de l'administration sont insuffisantes, n'a formé la demande d'aucun chiffre précis d'indemnité supérieur aux offres de l'administration, le jury, qui, en cet état, alloue une indemnité supérieure à ces offres, seule somme dont le chiffre ait été constaté et exprimé, viole l'article précité (2) — (A).

613. La déclaration faite devant le jury, par l'agent d'une compagnie substituée à l'Etat, que la prétention de l'exproprié pouvait être fondée et qu'il n'y avait pas lieu de s'opposer à ce

---

Cass., 26 janv. 1857 (Dall. 57.1.44). Cass. civ., 30 mars 1863 (*Gaz. trib.*, 1 avril 63).
La circonstance que l'indemnité allouée serait inférieure aux offres signifiées, n'est pas une cause de nullité, lorsqu'il est constant, en fait, que l'exploit de signification des offres contenait une erreur matérielle, qui se révélait d'elle-même, et qui d'ailleurs a été depuis rectifiée par le tableau des offres. Cass. civ., 8 avril 1863 (*Gaz. trib.*, 9 avril 63).
(1) Cass., 16 août 1854 (S. 55.1.141).
(2) Cass., 31 juill. 1854; 22 août 1853; 2 déc. 1851; 2 janv. 1849, etc. (S. 55.1.140; 54.1.48; 52.1.462; 49.1.216).

Additions.
(A) Les *offres* de l'administration ne peuvent pas être considérées comme ayant été l'objet d'une augmentation qui n'aurait pas permis l'allocation d'une indemnité inférieure, par le seul effet d'une promesse de vente que l'exproprié aurait faite à la commune expropriante, moyennant le chiffre nouveau allégué et dans les conditions de laquelle le conseil municipal autorise le maire à traiter avec cet exproprié : il ne saurait résulter de là la preuve d'un changement apporté aux offres inférieures notifiées à l'exproprié. Cass., 25 juill. 1855 (Dall. 55.1.374).

qu'elle fût accueillie par le jury, n'a formé ni un acquiescement ni un contrat, si l'administration, loin d'élever son offre jusqu'à la somme demandée, l'a renouvelée telle qu'elle l'avait notifiée, et a répondu qu'il n'y en avait pas d'autre : en un tel cas, la différence entre l'offre et la demande notifiée, et, par conséquent, la nécessité du règlement de l'indemnité par le jury, subsistent: et le jury remplit la mission qu'il tenait de la loi et du jugement d'expropriation, en statuant d'après les offres et la demande notifiées (1).]

614. La décision du jury, *signée des membres qui y ont concouru*, est remise par le président au magistrat directeur (art. 41)—(A).

615. L'art. 38, § 3, veut que la décision du jury soit prise à la majorité, sans exiger positivement que la déclaration rédigée par le jury énonce formellement qu'elle a été prise *à la majorité*. Mais M. Gand fait observer avec raison que, si cette mention n'existe pas, rien ne prouve que le jury s'est conformé à la prescription de la loi (p. 337). Cependant la Cour de cassation, par arrêt du 19 janvier 1835, a jugé que la loi du 7 juillet 1833 n'exigeait pas qu'il fût fait mention, dans la décision du jury, qu'elle a été prise à la majorité, et que, dans l'espèce, on pouvait d'autant moins douter de l'existence de cette majorité, que la décision avait été signée par tous les jurés (Devill., p. 172; Dall., p. 113). Cette dernière raison nous paraît bien faible, car tous les jurés auraient pu signer la décision, quoiqu'elle n'eût pas été approuvée par la majorité des signataires. Il est facile, en cette matière, de confondre la pluralité des suffrages avec la majorité des voix.

La question fut soulevée de nouveau quelque temps après; mais, comme la décision du jury se terminait par ces mots:

---

(1) Cass., 2 fév. 1848 (S. 48.1.298).

Additions.

(A) L'absence de la signature d'un juré sur le procès-verbal d'une opération à laquelle il a d'ailleurs réellement pris part, ne figure point parmi les causes de nullité et les ouvertures à cassation déterminées par la loi du 3 mai 1841. On ne saurait donc fonder sur cette irrégularité un moyen de pourvoi devant la Cour de cassation. Cass. civ., 23 juill. 1860 (*Gaz. trib.*, 25 juill. 60 ; S. 60.1.1009); Cass. civ., 23 déc. 1863 (*Gaz. trib.*, 25 déc. 63).

Il en est de même quand il est constaté au procès-verbal que le juré ne savait pas signer. Cass., 4 juin 1856 (Dall. 56.1. 496).

Aucun grief ne résulte de ce que l'un des jurés indiqués sur la liste aurait, en signant la décision, ajouté un second nom au nom unique sous lequel il était désigné sur la liste, si d'ailleurs cette addition n'a été de nature à jeter aucun doute sur l'identité du juré. Cass. civ., 9 avril 1861 (*Gaz. trib.*, 10 avril 61).

Cette décision prise à la majorité des suffrages, la Cour se borna à juger que, la décision du jury se composant de tous les chefs de contestation sur lesquels il a prononcé, l'énonciation de la majorité s'appliquait à la décision tout entière, et non à la dernière de ses parties seulement. Arr. 7 fév. 1837 (Devill., p. 126; Dall., p. 178) (1).

Au reste, la décision ne doit pas indiquer à quelle majorité elle a été prise; encore moins doit-elle énoncer qu'elle a été adoptée *à l'unanimité*. Mais, tout en blâmant cette dernière énonciation, la Cour de cassation a jugé avec raison qu'elle ne pouvait entraîner la nullité de la décision du jury. Arr. 26 avril 1843 (Dall., p. 266; Devill., p. 620) (2).

616. La loi du 3 mai 1841 se borne à déclarer que la *discussion sera publique* (art. 37, § 7), sans exiger que les décisions soient rendues *publiquement*. Mais la publicité des jugements est parmi nous une condition essentielle pour toutes les décisions judiciaires, en matière civile, commerciale, correctionnelle et criminelle (L. 16 août 1790; 20 avril 1810, art. 7; C. instr. crim., art. 153, 190; Arm. Dall., v° *Publicité des jugements*). Si le législateur avait voulu déroger à ce principe pour les décisions en matière d'expropriation, il l'eût exprimé formellement. Les jurés rentrent donc en séance publique (3), et leur décision est lue par leur président, puis remise au magistrat directeur, qui la signe, ainsi que le greffier (C. instr., 349), pour lui donner l'authenticité que la loi n'a pas fait résulter de la signature des jurés (A).

---

(1) Voir Cass., 23 déc. 1862 (S. 62.1. 892).

(2) [La mention, dans la délibération du jury d'expropriation, qu'elle a été prise à l'unanimité, n'est pas une cause de nullité de cette décision. Cass., 2 avril 1855 (*Gaz. trib.*, 4 avril 55).]

(3) [Cass., 11 août 1845 (S.45.1.762).]

Additions.

(A) La décision du jury d'expropriation, rendue dans un lieu autre que celui dont la désignation a été arrêtée publiquement et à l'avance, entre le préfet et le sous-préfet et le magistrat directeur, est nulle par défaut de publicité, bien que l'accès de ce lieu ait été momentanément ouvert au public. Cass., 20 août 1856 (Dall. 56.1.332).

Le lien intime qui unit les opérations du jury et les actes du magistrat directeur permet de considérer la mention de publicité, écrite en l'ordonnance du magistrat directeur, comme une constatation suffisante du prononcé, en audience publique, de la décision du jury qui fixe les indemnités. Cass. civ., 8 mai 1865 (*Gaz. trib.*, 9 mai 65).

La loi (art. 41) n'a pas indiqué, à peine de nullité, le président du jury comme devant nécessairement donner lecture de la déclaration du jury; cette lecture peut également être donnée par le magistrat directeur. D'ailleurs, l'art. 41 n'est pas au nombre de ceux qui peuvent donner ouverture à cassation. Cass. civ., 3 juill. 1865 (*Gaz. trib.*, 4 juill. 65).

617. Si cependant cette déclaration est irrégulière, obscure ou incomplète, le magistrat directeur, après avoir entendu, s'il y a lieu, les observations des parties, renvoie le jury dans la salle de ses délibérations pour rectifier, expliquer ou compléter sa déclaration. Un amendement contenant ces dispositions fut présenté en 1833 à la Chambre des députés par M. de Bérigny, et retiré sur l'observation faite par M. Martin (du Nord), rapporteur, que « toutes les formalités relatives au jury, et qui n'étaient pas abrogées par la nouvelle loi, devaient être appliquées à ce jury spécial » (*Monit.*, 7 fév. 1833, p. 317).

Il importe toutefois de remarquer que, sous aucun prétexte, le magistrat directeur ne peut faire modifier la décision du jury, et qu'il peut uniquement faire réparer les irrégularités de forme. Par cela même qu'en pareil cas le magistrat directeur statue seul, et que la loi ne lui a cependant conféré aucune juridiction, il doit constater dans son procès-verbal (1) tous les faits qui ont motivé la décision qu'il a cru devoir prendre. S'il ne le faisait pas, il s'attribuerait une omnipotence que la loi n'a pas voulu lui conférer, et mettrait la Cour de cassation dans l'impossibilité d'apprécier ses décisions, et par conséquent d'annuler celles qui seraient entachées d'excès de pouvoir. Sa mission est de servir de guide au jury, et non d'apprécier ni de modifier le fond de ses décisions. Si, par exemple, la décision du jury n'est signée que par son président, le magistrat directeur doit constater cette circonstance, et renvoyer les jurés dans leur chambre pour que tous apposent leur signature sur la décision. Si le jury avait omis de répondre à l'une des questions, le magistrat constaterait cette omission et renverrait également les jurés dans leur chambre pour compléter leur déclaration.

Il est naturel, selon nous, que le magistrat directeur entende les observations des parties avant de prendre aucune de ces décisions. Au reste, lorsque la nouvelle délibération du jury a été prise sur la demande de l'indemnitaire et pour l'éclaircissement d'une partie de la décision qu'il ne considérait pas comme suffisamment explicite, cet indemnitaire ne peut signaler cette circonstance comme un excès de pouvoir, puisqu'elle résulte de son propre fait et n'intéresse pas l'ordre public. Cass., 7 fév. 1837 (Devill., p. 126; Dall., p. 178).

618. Un jugement qui ne juge rien ou ne fait pas connaître

---

(1) V. *suprà*, p. 494 et 505, en note.

clairement ce qu'il décide ne remplit certainement pas le vœu de la loi. Il doit donc être cassé. Il en est de même d'une décision de jury (1).

619. Le législateur n'a pas supposé que les décisions du jury pourraient avoir besoin d'être interprétées. En effet, le vœu de la loi étant que le jury détermine, par une somme fixe, l'indemnité qu'il est d'avis d'allouer, il semblerait qu'une pareille décision ne dût jamais offrir d'incertitude. Mais cette décision est la réponse à une question qui a été adressée au jury, et, si cette question est obscure ou complexe, la réponse peut elle-même manquer de clarté ; chaque partie l'interprétera dans le sens qui lui sera le plus favorable. Quelle autorité tranchera ce débat ? Ce ne peut être le jury, car le législateur n'a pas admis qu'un jury pourrait être réuni de nouveau après que la clôture de la session a été prononcée par le magistrat directeur (2).

La Cour de cassation annule les décisions du jury qui ne règlent pas clairement la quotité de l'indemnité (n° 618), selon les diverses hypothèses que l'affaire présente ; ce qui met cette Cour à même de fixer le sens des décisions qui lui sont déférées et qu'elle ne croit pas devoir casser (3). Mais le pourvoi ne peut avoir lieu que dans les quinze jours qui suivent ces décisions (art. 42), et, si le dissentiment ne se manifeste qu'après cette quinzaine, aucune des parties ne pourra former de pourvoi. Dès lors, à quelle autorité s'adressera-t-on pour faire cesser le dissentiment ?

Un tribunal de première instance, une Cour impériale, un conseil de préfecture, ne peuvent être appelés directement à interpréter une décision du jury à laquelle ils n'ont pris aucune part. En réalité, une décision ne peut être interprétée que par l'autorité qui l'a rendue ; et, si cette autorité n'a qu'une existence momentanée, il faut reconnaître qu'on ne pourra jamais lui demander l'interprétation de sa décision. On ne fait interpréter ni par l'autorité judiciaire, ni par aucune autre autorité, les décisions du jury en matière criminelle : le législateur n'a donc pas supposé qu'il y aurait lieu à interpréter les décisions du jury spécial d'expropriation. En conséquence, il n'y a pas possibilité de former une action directe en interprétation de la décision du jury. Le jury a statué ; aucune des parties n'a atta-

---

(1) Cass., 15 mai 1843 (S. 43.1.622).
(2) V., cependant, *infrà*, le cas cité (n° 639).
(3) 4 mars 1844 ; 19 janv. 1852 (S.44. 1.446 ; 52.1.367).

qué sa décision comme incomplète ou obscure : elle doit donc légalement être considérée comme réglant définitivement et clairement le montant de l'indemnité.

A l'occasion d'une réclamation portée plus tard devant l'autorité administrative ou l'autorité judiciaire, l'une des parties pourra opposer cette décision du jury pour en faire résulter l'autorité de la chose jugée, ou toute autre exception. Mais, comme le juge de l'action est nécessairement le juge de l'exception, lorsque la décision de la question soulevée par l'exception n'est pas dévolue expressément à un autre pouvoir, l'autorité saisie de l'action statuera en même temps sur l'exception, et donnera indirectement l'interprétation de la décision du jury.

C'est ainsi que la Cour de cassation, devant qui on demanderait la cassation d'une décision du jury, parce que le jury n'aurait pas statué sur une des questions que soulevaient les débats, pourrait rejeter le pourvoi en déclarant que d'après telle ou telle expression employée par le jury, on voit qu'il a voulu statuer sur l'hypothèse signalée. La Cour pourrait également casser la décision en déclarant qu'en effet le jury n'a pas statué sur tous les cas que présentait l'affaire. Dans ces deux circonstances, la Cour interpréterait la décision du jury, non pas d'une manière directe, et par suite d'une demande principale en interprétation, mais par voie indirecte et à cause de la nécessité où elle se trouverait d'apprécier cette décision pour pouvoir prononcer sur le débat qui lui est soumis.

Si, dans une affaire dévolue au Conseil d'État, on excipait d'une décision du jury, le Conseil devrait examiner également si, en effet, le jury a statué sur cette question, et comment il y a statué; il admettrait ou repousserait ensuite l'exception de chose jugée. Mais il ne serait nullement tenu de renvoyer devant les tribunaux ordinaires pour faire interpréter la décision du jury. Les conseils de préfecture devraient agir de même.

Par la même raison, lorsque, dans une affaire de la compétence des tribunaux ordinaires, les parties seront en désaccord sur le sens d'une décision du jury, les magistrats devront déterminer la portée de cette décision, si cela est nécessaire pour statuer sur la question principale qui leur est soumise.

D'après cela, il n'y aura jamais lieu à faire porter la question de compétence uniquement sur l'interprétation d'une décision du jury. Si la demande principale n'est pas de la compétence du tribunal civil, c'est contre cette demande principale qu'il faut élever le conflit; s'il est admis, l'autorité judiciaire se trouvera dessaisie de l'interprétation de la décision du jury comme des autres points de la contestation. Si, au contraire, la demande principale est de la compétence des tribunaux civils, ceux-ci peuvent statuer sur le moyen tiré de la décision du jury, comme sur tous les autres moyens invoqués par les parties. C'est tout ce qu'il est possible d'induire des arrêts du Conseil d'Etat des 29 juin et 16 juillet 1842, affaire *Pruvost* et *Defontette* (Lebon, *Rec.*, p. 323 et 385; *Ann. Ponts et ch.*, p. 331 et 383). Dans ces deux affaires, on admettait que la demande principale était de la compétence de l'autorité judiciaire : dès lors, c'était à elle aussi qu'il appartenait de statuer sur le moyen tiré de la décision du jury d'expropriation. Mais on ne doit pas induire de ces arrêts que l'interprétation des décisions des jurys spéciaux appartiendrait toujours à l'autorité judiciaire (1) — (A).

---

(1) [Il y a une grave difficulté à reconnaître aux juridictions administratives le droit d'interpréter une décision de jury qui a fixé une indemnité d'expropriation pour cause d'utilité publique. Cela tient à l'essence même du sujet. L'esprit des lois spéciales est que tout ce qui concerne le règlement de ces indemnités soit réputé *judiciaire*. Cette idée était fondamentale dans la loi du 8 mars 1810; elle a passé dans les lois de 1833 et de 1841 ; et c'est, sans doute, sous son influence que le tribunal des conflits a décidé, relativement aux questions de déchéance de l'action en indemnité : « que l'accomplissement et la « régularité des formalités exigées par la « loi du 3 mai 1841, et qui donneraient « naissance au moyen de déchéance, doi- « vent, selon *l'esprit* de cette loi, être vé- « rifiés par les tribunaux civils ». 16 déc. 1850 (Lebon, *Rec.*, 1850, p. 945). La même idée paraît avoir inspiré le décret impérial rendu au contentieux le 22 août 1853, en matière de cession amiable pour utilité publique (Lebon, *Rec.*, 1853, p. 848). En un mot, les lois spéciales ont voulu, pour donner une garantie à la propriété, et en plaçant les particuliers sous la protection des tribunaux, séparer entièrement de l'administration le règlement des indemnités d'expropriation, qu'elle avait possédé et exercé jusque-là. Ces mêmes lois ont-elles pu entendre qu'il serait permis à l'administration de prononcer, par la voie indirecte de l'interprétation, sur des droits et des intérêts qu'elles lui ont interdit de juger directement?]

Additions.

(A) L'autorité administrative est incompétente pour statuer sur la *demande d'indemnité* formée contre l'administration par un propriétaire exproprié partiellement, à *raison du non-accomplissement* de certains travaux que l'administration aurait, devant le jury d'expropriation, promis d'exécuter et en considération desquels le jury aurait accordé à ce propriétaire une indemnité moindre.

Une telle demande nécessite *l'interprétation de la décision du jury*, soulève des questions relatives à l'exécution de la loi du 3 mai 1841 et est par là même de la compétence de l'autorité judiciaire. Cons. d'Etat, 7 fév. 1856 (Lebon, *Rec.*, à la date; Dall. 56.3.70).

L'autorité judiciaire est seule compétente pour connaître de la demande de l'exproprié tendante à faire constater l'usurpation par l'expropriation d'une parcelle de terrain en dehors de celle expropriée, et à faire fixer l'indemnité nouvelle à laquelle donne lieu cette usurpation.

Cette demande n'est soumise qu'à la prescription de 30 ans : ici est inapplicable la prescription annale établie par l'art. 1622, Cod. Nap., contre l'action en supplément de prix formée par le vendeur

Section VIII. — *Ordonnance d'exécution à rendre par le magistrat directeur.*

620. — De l'ordonnance d'exécution que rend le magistrat directeur.
621. — Elle est prononcée immédiatement.
622-623. — Pouvoirs de ce magistrat.
624. — Quand il doit ordonner la consignation, au lieu du paiement, de l'indemnité.
625. — Il ne peut décider à qui le paiement sera fait.
626. — Il précise les sommes à payer et à consigner.
627. — S'il peut ordonner des mesures de conservation ou de remploi.
628. — Il indique l'époque où l'administration pourra prendre possession.
629. — Fixation du montant des dépens.
630. — Quelle est la partie qui supporte les dépens.
631. — L'ordonnance du magistrat directeur statue sur les dépens.
632. — Du cas où les dépens sont supportés proportionnellement par les parties.
633. — Du cas où il y a litige sur un point.
634. — De la contestation élevée par un créancier inscrit.
635. — De la taxe des dépens.
636. — Des décisions rendues par le magistrat directeur pendant le cours des débats.
637. — La décision du jury et l'ordonnance d'exécution doivent être notifiées.

620. Nous avons indiqué les motifs qui ont fait confier à un magistrat la direction des opérations du jury (n° 497). Lorsque la décision du jury est remise à ce magistrat, et par lui reconnue régulière, il doit la revêtir de son ordonnance d'exécution. (*Ord.*, 18 sept. 1833, art. 1ᵉʳ, 8°.) Cette ordonnance doit : 1° déclarer la décision du jury exécutoire ; 2° envoyer l'administration en possession de la propriété, à la charge par elle de se conformer aux dispositions des art. 53 et 54 de la loi du 3 mai 1841 ; 3° statuer sur les dépens. (Même loi, art. 41.)

La décision du jury revêtue de l'ordonnance du magistrat directeur est donc une décision judiciaire exécutoire comme tous les autres actes de même nature. Elle peut, en conséquence, si

---

pour excédant de terrain livré. Cass., 2 mai 1860 (S. 61.1.796).

L'expropriation pour cause d'utilité publique s'opérant par autorité de justice, c'est aux tribunaux civils qu'il appartient d'interpréter les décisions du jury. Cons. d'Etat, 7 août 1863 (Dall. 65.3.6).

cela devient nécessaire, être délivrée avec la formule exécutoire prescrite par les art. 146 et 545, C. proc. (1). Les art. 547, 554 et 555, du même Code, seront applicables à l'exécution de cette ordonnance. C'est, du reste, ce que reconnaît un arrêt de la Cour de Colmar, du 23 juillet 1841, par le motif notamment que l'art. 41, en conférant au magistrat directeur le pouvoir et en lui imposant l'obligation de déclarer exécutoire la décision du jury aussitôt qu'elle lui est remise, édicte virtuellement que, dès qu'il a prononcé son ordonnance d'*exequatur*, il a, à l'instant même, conféré le droit et le devoir au dépositaire de la minute d'en délivrer l'expédition avec l'intitulé et le mandement dont parlent les art. 146 et 545, C. proc. civ. : car, s'il n'en devait pas être ainsi, si l'intervention du magistrat directeur n'était pas à ces fins, l'art. 41 serait une superfluité et offrirait un non-sens, injure qui ne peut être faite au législateur (Devill., t. 42, p. 449 ; Dall., p. 218).

Cet arrêt reconnaît qu'en vertu d'une grosse de la décision du jury suivie de l'ordonnance du magistrat directeur, et revêtue de la formule exécutoire, le propriétaire peut poursuivre contre un concessionnaire, par voie de saisies, le paiement de l'indemnité qui lui a été allouée.

621. Cette ordonnance, n'étant que le complément de la décision du jury, doit, comme l'arrêt de la Cour d'assises en matière criminelle, être rendue immédiatement, en présence du public, des parties et du jury, qui ne peut se séparer avant que cette formalité ait été remplie. En ajournant la prononciation de cette ordonnance, sans laquelle la déclaration du jury n'aurait aucun effet, le magistrat directeur aurait pu, bien qu'involontairement sans doute, annuler cette décision, si, par exemple, une circonstance imprévue l'avait empêché plus tard de prononcer son ordonnance. L'art. 42 de la loi suppose que les délais pour attaquer, soit la décision du jury, soit l'ordonnance du magistrat directeur, courront du même moment, parce que ces deux actes doivent se suivre sans aucun intervalle.

622. « De ces trois attributions du magistrat directeur, a dit la Cour de cassation, il n'y en a qu'une seule qui constitue, à proprement parler, un acte de juridiction : c'est la mission de statuer sur les dépens, mission qui, en thèse générale, n'appartient qu'au tribunal entier. Quant à la première, elle n'a d'autre

---

(1) [La formule est réglée par le décret du 13 mars 1852.]

but que d'imprimer, par le ministère du magistrat directeur (comme, dans d'autres cas analogues, par le ministère du président du tribunal), le sceau de l'autorité judiciaire et, par suite, la force d'exécution à la décision du jury, qui sans cela ne serait que l'œuvre d'hommes privés. La deuxième attribution n'est en soi que le complément du jugement même d'expropriation, qui a été prononcé par le tribunal entier, et non par un seul juge; de sorte que, ni dans l'une ni dans l'autre de ces deux dernières missions, le magistrat directeur n'exerce aucun pouvoir juridictionnel qui lui soit propre. » Cass., 2 janvier 1837 (Devill., p. 20; Dall., p. 177.) Mais pendant les débats, et pour tout ce qui tient à l'instruction de l'affaire, le magistrat directeur est souvent appelé à rendre de véritables décisions, quelquefois fort importantes (n° 497).

623. « La juridiction attribuée dans un seul cas au magistrat directeur (véritable exception introduite en matière civile par les lois tout exceptionnelles des 7 juillet 1833 et 3 mai 1841) doit être rigoureusement circonscrite dans les limites que cette loi lui a assignées. En lui conférant un pouvoir juridictionnel pour statuer sur la condamnation aux dépens, *la loi le laisse sans pouvoir quant à tout autre litige qui pourrait s'élever accessoirement au règlement de l'indemnité;* et, s'il juge ce litige, il commet un excès de pouvoir, et viole, par cela seul, la loi même de son institution. » (Même arrêt.)

624. Il est des cas où le magistrat directeur doit ordonner que l'indemnité sera consignée en totalité ou en partie, au lieu d'être payée à l'indemnitaire : c'est lorsque les débats qui ont lieu devant lui signalent des circonstances qui s'opposent à ce que l'indemnité soit payée au propriétaire désigné au jugement d'expropriation. Le magistrat directeur doit constater ces circonstances et ordonner que l'indemnité sera consignée jusqu'à ce que ces obstacles aient été levés.

Lorsqu'il y a litige sur le fond du droit ou sur la qualité des réclamants, et toutes les fois qu'il s'élève des difficultés étrangères à la fixation du montant de l'indemnité, le jury règle l'indemnité indépendamment de ces litiges et difficultés, sur lesquels les parties sont renvoyées à se pourvoir devant qui de droit (art. 39, § 4). Le jury ne peut donc trancher ces débats ; le magistrat directeur ne le peut pas non plus : dès lors, il ne peut ordonner le paiement des allocations éventuelles fixées en exécution de l'art. 39. Il doit nécessairement considérer ces débats comme des obstacles au versement des deniers entre les mains des réclamants, et les faire consigner, comme le prescrit l'art. 54, pour être ultérieurement remis à qui il sera par justice ordonné. Les débats qui ont eu lieu lui ont fait connaître l'existence de ces contestations ; si, malgré cela, il ordonnait le paiement de l'indemnité, il jugerait ou préjugerait la question soulevée, ou au moins accorderait la possession provisoire à l'un ou à l'autre des contestants : il rendrait donc une décision, quand la loi ne l'autorise à en rendre aucune ; cette décision pourrait même compromettre gravement les droits de la partie contre laquelle elle serait rendue.

De même, lorsque l'administration conteste au détenteur exproprié le droit à une indemnité, le jury, sans s'arrêter à cette contestation, fixe l'indemnité comme si elle était due ; le magistrat directeur du jury renvoie le jugement de la contestation devant qui de droit, et, par provision, ordonne la consignation de l'indemnité allouée sur ce chef par le jury (art. 49), puis autorise l'administration à prendre possession de l'immeuble après qu'elle aura effectué ladite consignation. Les sommes consignées restent déposées jusqu'à ce que les parties se soient entendues, ou que le litige soit vidé (*ibid.*). Presque toujours l'administration reconnaîtra que l'indemnitaire a droit à une indemnité quelconque, et il ne s'élèvera de contestation que sur un ou deux des chefs d'indemnité. Le magistrat directeur ordonnera alors le paiement des chefs d'indemnité non contestés, et ne fera consigner que les autres.

L'art. 18 de la loi déclare que les actions en résolution, en revendication, et toutes autres actions réelles, ne pourront arrêter l'expropriation, et que le droit des réclamants sera transporté sur le prix (n° 284). Lorsque l'indemnité fixée se rattache à une propriété qui est l'objet d'une action de ce genre, le magistrat directeur doit de même ordonner que l'indemnité sera consignée, pour être ultérieurement remise à qui il sera ordonné.

Les bâtiments dont il est nécessaire d'acquérir une portion pour cause d'utilité publique sont achetés en entier, si le propriétaire l'exige (art. 50) ; mais nous avons déjà vu que cette disposition peut donner lieu à plusieurs difficultés (n° 608, p. 000). S'il s'élève un débat de ce genre, le jury doit fixer l'indemnité pour la portion expropriée seulement, puis pour le bâtiment entier, afin de pourvoir au cas où l'administration serait condamnée à acheter la totalité. Le magistrat directeur ordonne alors le paiement de l'indemnité fixée pour la partie expropriée et la consignation de la somme nécessaire pour compléter, au besoin, l'indemnité fixée pour le bâtiment entier — (A).

625. Par cela même que le jury est appelé uniquement à régler le montant de l'indemnité, le magistrat directeur, en donnant force exécutoire à la décision, ne doit faire porter son or-

Additions.

(A) L'indemnité allouée éventuellement par le jury d'expropriation à un locataire dont le bail était contesté, et pour le cas où son droit serait reconnu par les juges compétents, est acquise au locataire dans son intégralité, si l'existence du bail vient à être constatée, quoique la durée soit moindre que celle alléguée dans l'origine, alors d'ailleurs que le jury n'a pas exprimé d'après quelles bases il fixait l'indemnité qu'il allouait. Cass. civ., 22 août 1858 (S.60.1.378).

Lorsque, devant le jury chargé de régler les indemnités dues à raison d'une expropriation pour cause d'utilité publique, intervient une personne qui, ayant fait avec le propriétaire du sol exproprié un traité pour l'extraction des marnes et glaises qui y sont renfermées, réclame, soit à titre de locataire, soit comme puisant en son traité un droit à la copropriété, ou tout au moins à la jouissance en nature du sol, une indemnité d'expropriation, le magistrat directeur excède la limite de ses pouvoirs en appréciant les causes de l'intervention et en en prononçant le rejet.

Encore que, dans une certaine mesure, le magistrat directeur ait compétence pour écarter les interventions oiseuses et sans portée qui, sans articuler aucun droit sérieux ou aucun droit de la nature de ceux dont l'appréciation appartient au jury, prétendraient arbitrairement s'introduire aux débats de l'affaire d'expropriation, ce magistrat commet un excès de pouvoir quand il écarte par sa propre décision, une intervention basée sur une qualité dont le caractère fait entre l'intervenant et l'administration expropriante l'objet d'une contestation, mais qui, si elle était reconnue à l'intervenant, avec le caractère qu'il y attache, devrait lui assurer une indemnité d'expropriation.

Il y a alors litige sur la qualité de l'intervenant dans le sens de l'art. 39, § 4, et c'est le cas, pour le magistrat directeur, de réserver la contestation pour être tranchée par qui de droit et de faire fixer une indemnité éventuelle. Cass. civ., 10 mai 1864 (*Gaz. trib.*, 18 mai et 24 juin 64).

En offrant à l'exproprié une somme égale au prix d'une année de loyer des lieux occupés par lui, et en déclarant en outre, par une mention insérée au tableau des offres mis sous les yeux du jury, qu'il conteste ou la validité du bail que l'exproprié invoquait ou sa demande d'une indemnité beaucoup plus élevée, l'expropriant met par cela même en contestation devant le jury le droit que l'exproprié, en tant que locataire, aurait à cette indemnité plus considérable ; il engage un litige que le jury n'est pas compétent pour juger.

Est nulle, en conséquence, la déclaration par laquelle, dans ces circonstances, le jury fixe purement et simplement l'indemnité à la somme offerte sans régler une indemnité hypothétique pour le cas où la validité du bail serait reconnue par l'autorité judiciaire. Cass. civ., 28 juin 1864 (*Gaz. trib.*, 29 juin 64).

Une décision du jury prononce deux indemnités distinctes, l'une applicable aux immeubles désignés dans le jugement d'expropriation, l'autre devant être appliquée à un caveau situé sous l'un des immeubles voisins et également expropriés, pour le cas où, conformément à la demande de l'exproprié, ce caveau serait compris dans l'expropriation.

En procédant ainsi, le jury, loin de statuer sur le point de savoir si l'expropriation sera totale ou partielle, si elle comprendra ou ne comprendra pas le caveau, réserve au contraire le litige engagé à ce sujet, et le magistrat directeur, en rendant exécutoire la décision du jury, ne méconnaît non plus aucune des dispositions de la loi du 3 mai 1841. Cass. civ., 28 juin 1864 (*Gaz. trib.*, 29 juin 64).

donnance que sur la fixation de l'indemnité. Il n'a pas plus que le jury le droit de décider à qui cette indemnité devra être payée. Il pourra désigner dans son ordonnance le propriétaire porté à la matrice des rôles, parce que c'est la désignation qui a été employée dans tout le cours de la procédure. Mais, si un tiers était intervenu devant le jury et avait prouvé de la manière la plus satisfaisante, selon le magistrat directeur, qu'il est aux droits du propriétaire indiqué par la matrice des rôles, l'ordonnance d'exécution ne devrait pas désigner ce tiers comme l'ayant droit à l'indemnité. On devrait seulement y faire mention de la prétention qu'il élève, comme d'un obstacle au paiement. Le magistrat directeur n'a pas qualité pour reconnaître les droits des réclamants, qui devront justifier plus tard, et devant une autre autorité, que c'est à eux réellement que cette indemnité doit être payée.

Les inscriptions hypothécaires et les oppositions forment d'autres obstacles au paiement, dont le magistrat directeur n'a pas connaissance, de manière que, lors même qu'il aurait ordonné le paiement entre les mains de l'ayant droit, l'administration pourrait encore, en vertu de l'art. 54, consigner l'indemnité au lieu de la payer. Le magistrat directeur ne peut être censé avoir voulu donner mainlevée de ces inscriptions ou oppositions, à l'égard desquelles la loi ne lui confère aucune juridiction.

626. Le magistrat directeur doit indiquer dans son ordonnance le chiffre de l'indemnité que l'administration aura à payer avant la prise de possession, et, s'il y a lieu à consignation, le chiffre de la somme à consigner. Ces indications ne seront qu'un relevé de la décision du jury, mais, dès l'instant ou l'ordonnance portera qu'en payant ou consignant *telle* somme l'administration est autorisée à prendre possession de l'immeuble, rien ne pourra empêcher cette prise de possession. Si le magistrat directeur se bornait à employer des expressions générales, à reproduire, par exemple, le texte de l'art. 41, à déclarer qu'*il envoie l'administration en possession de la propriété, à la charge par elle de se conformer aux dispositions des art. 53, 54 et suivants*, l'exproprié pourrait toujours élever des difficultés sur le montant de la somme à payer, sur le droit de consigner, ou sur la quotité de la consignation ; et, comme il n'existerait aucune décision judiciaire sur ce point, la prise de la possession se trouverait ajournée, pour longtemps peut-être. Si, au contraire, l'ordonnance précise les sommes à payer et à consigner,

elle doit recevoir son exécution nonobstant toute opposition, et sauf le résultat du pourvoi en cassation, qui n'est pas suspensif.

627. L'expropriation ayant substitué à une propriété immobilière une somme d'argent, il serait souvent nécessaire, pour ne léser les droits d'aucun des intéressés, de prescrire des mesures de conservation ou de remploi. En cas de traité amiable, ces mesures sont indiquées par le tribunal (art. 13, § 2). Nous avions pensé qu'en cas d'expropriation le magistrat directeur, qui a connu par les débats la position des indemnitaires, pouvait prescrire, au moins provisoirement, les mesures de conservation ou de remploi que les circonstances pouvaient nécessiter. M. Gand, p. 357, refuse ce droit au magistrat directeur. En effet, dès qu'il est reconnu que le magistrat est sans pouvoir pour statuer sur des points autres que ceux formellement énoncés dans les art. 41 et 49 de la loi, il ne peut, contre le gré de l'une des parties, prescrire aucune mesure de remploi, puisque la loi ne lui confère pas expressément cette mission. Si les débats lui ont appris qu'il s'agit d'un immeuble dotal, ou grevé de substitution, etc., comme il n'existe pas de ministère public à côté du jury pour veiller aux droits des intéressés, le magistrat directeur doit d'office mentionner cette circonstance dans son ordonnance. Au moment du paiement, les parties intéressées feront ordonner, par qui de droit, les mesures spéciales de remploi que les circonstances pourront nécessiter.

628. L'époque où la prise de possession est autorisée doit être indiquée par le magistrat directeur ; c'est celle qui a été déterminée par le préfet en exécution de l'art. 11 de la loi (n° 137), à moins que, depuis, le préfet n'ait fait connaître que cette prise de possession pouvait être ajournée à une époque plus éloignée. Si l'époque indiquée par le préfet est déjà passée, le magistrat directeur doit déclarer que la prise de possession aura lieu immédiatement après le paiement ou la consignation de l'indemnité déterminée par le jury. Lorsque le propriétaire a consenti à ce qu'il fût pris possession de son terrain avant le règlement de l'indemnité, le magistrat directeur n'en doit pas moins envoyer l'administration en possession. Cette disposition est nécessaire pour donner à la possession de l'administration un caractère légal et définitif, la possession de fait qu'elle avait antérieurement n'étant que provisoire, et quelquefois précaire.

Il peut arriver que le propriétaire allègue que l'administration a déjà pris possession des terrains expropriés, et que celle-ci dénie ce fait. En ce cas, si le magistrat directeur, au lieu d'*envoyer*, conformément à la loi, l'administration en possession des terrains expropriés, la *maintient* dans cette possession et la *condamne aux intérêts* à partir de tel jour, *par lui assigné à l'occupation de ces mêmes terrains par l'administration*, il y a excès de pouvoir. Le fait de cette occupation, allégué par le propriétaire et nié par l'administration, en admettant qu'il donne ouverture à une action excentrique de l'instance en règlement de l'indemnité due pour l'expropriation des terrains, constitue un litige que le magistrat directeur n'a pas le pouvoir de juger, et qu'il doit renvoyer devant qui de droit. En statuant seul sur ce litige, le magistrat directeur s'arroge une juridiction qui ne lui appartient, ni en vertu de la loi générale de son institution, ni en vertu de la loi spéciale de la matière, et viole, par excès de pouvoir, l'art. 41 de la loi. Cass., 2 janv. 1837 (Devill., p. 20 ; Dall., p. 177).

629. Pour les affaires jugées dans une même session du jury, il y a des frais communs qui doivent naturellement être répartis entre toutes les affaires auxquelles ils ont profité. Ainsi l'allocation de 15 fr. par jour au greffier, pour la rédaction du procès-verbal des opérations du jury, doit être *répartie également* entre chacune des affaires terminées ce jour-là, dit l'art. 11 de l'ord. du 18 sept. 1833. Le coût de l'arrêt qui désigne le jury et les frais d'assignation aux jurés doivent, par la même raison, être répartis également sur toutes les affaires jugées dans la session.

Quand on a fixé la part proportionnelle de chaque affaire dans les frais communs, on y ajoute les frais particuliers à l'affaire, tels que l'assignation à la partie, les frais de transport des jurés, les allocations aux personnes appelées devant le jury, etc. Parmi ces frais, il y en a encore souvent qui se rattachent à plusieurs contestations. Ainsi, lorsque, pour un même immeuble il y a renvoi devant le jury sur l'indemnité du propriétaire et sur celle du fermier, si le jury s'est transporté sur les lieux sur la demande du propriétaire seulement, les frais de transport doivent être comptés entièrement dans les dépens de sa contestation; mais, si ce transport a été requis à la fois par le propriétaire et par le fermier, les frais de la descente sur les lieux doivent être appliqués pour moitié à la contestation du propriétaire, et pour l'autre moitié à celle du fermier.

Le greffier doit tenir exactement note des indemnités allouées aux jurés et aux personnes appelées pour éclairer le jury, afin d'en porter le montant dans l'état de liquidation des dépens (Ord. 18 sept. 1833, art. 30).

Le § 3 de l'art. 41 porte que « la taxe ne comprendra que les actes faits postérieurement à l'offre de l'administration, les frais des actes antérieurs demeurant dans tous les cas à la charge de l'administration. »

Lorsque les dépens applicables à chaque contestation ont été ainsi fixés, il reste à déterminer par qui ils seront supportés.

630. Par son ordonnance, le magistrat directeur statue sur les dépens (art. 41, § 1er). « Dans les procès ordinaires, a dit M. Martin (du Nord) dans le rapport qu'il a fait en 1833 à la Chambre des députés, la condamnation aux dépens n'est souvent qu'un accessoire qui n'a pas une grande importance. Il n'en est pas de même dans la matière qui nous occupe; les routes et les canaux traversent, à la vérité, une grande étendue de terrains, mais ils ne rendent nécessaire que l'expropriation d'une largeur fort peu considérable : or, comme on n'a pas trouvé le moyen d'éviter une fixation particulière pour chaque parcelle, il pourra arriver souvent que les frais, tout réduits qu'ils sont, soient égaux à l'indemnité, et quelquefois même plus élevés. Ces considérations suffisent pour vous montrer que ce n'est pas sans y avoir mûrement réfléchi que nous vous proposons de déclarer comme règle fixe et immuable que, toutes les fois que l'indemnité fixée par le jury sera inférieure ou égale à l'offre faite par l'administration, la partie adverse sera condamnée à tous les dépens : mais que, dans le cas contraire, c'est l'administration qui les supportera aussi en entier... Cette disposition peut avoir des résultats moraux inappréciables. L'administration ne négligera rien pour faire un offre suffisante, parce qu'elle saura quelle condamnation lui ferait encourir une erreur. De son côté, la partie se gardera bien de refuser une offre que tout lui annoncerait devoir être accueillie par le jury, parce qu'elle ne voudra pas s'exposer à employer tout ou partie de son indemnité à payer les frais d'un litige que la bonne foi peut lui épargner » (*Monit.*, 27 janv. 1833, p. 212). Nous n'avons jamais partagé cet espoir (V. les 2e et 3e édit. de cet ouvrage, n° 609). Ces dépens sont très-peu considérables, et les indemnitaires ne s'inquiètent guère s'ils devront ou non les payer.

L'art. 40 de la loi du 3 mai 1841 indique comment les dépens devront être supportés : « Si l'indemnité réglée par le jury ne « dépasse pas l'offre de l'administration, les parties qui l'au- « ront refusée seront condamnées aux dépens. Si l'indemnité

À RENDRE PAR LE MAGISTRAT DIRECTEUR. 545

« est égale à la demande des parties, l'administration sera con-
« damnée aux dépens. — Si l'indemnité est à la fois supérieure
« à l'offre de l'administration et inférieure à la demande des
« parties, les dépens seront compensés de manière à être sup-
« portés par les parties et l'administration, dans les proportions
« de leur offre ou de leur demande avec la décision du jury.
« — Tout indemnitaire qui ne se trouvera pas dans le cas des
« art. 25 et 26 sera condamné aux dépens, quelle que soit l'esti-
« mation ultérieure du jury, s'il a omis de se conformer aux dis-
« positions de l'art. 24. »

631. Un arrêt de la Cour de cassation, du 21 juin 1842, dit que, quand l'indemnitaire n'a pas contesté les offres de l'administration ni fait connaître le montant de sa demande, il doit toujours être condamné aux dépens (Devill., p. 574; Dall., p. 271). Cette décision n'est qu'une application textuelle du § 4 de l'art. 40, et l'on aurait tort de vouloir en tirer la conséquence d'aucun autre principe (1).

[Lorsque l'administration n'a aucunement allégué que la demande lui eût été notifiée tardivement, ni que la communication à elle précédemment donnée des prétentions du propriétaire n'ait pas eu lieu dans les formes légales; qu'elle n'a fait à cet égard ni protestations, ni réserves, ni observations, le magistrat directeur, en ordonnant que les dépens seront supportés par les parties dans la proportion de l'offre et de la demande, fait une juste application de l'art. 40 (Cour de cass., 6 juin 1844, préfet des Basses-Alpes; Sirey, 1844, p. 508).]

Un arrêt du 30 avril 1844 porte qu'en condamnant l'exproprié qui succombe aux dépens, le magistrat directeur peut, sans violer aucune loi, autoriser l'administration à retenir ces dépens sur le montant de l'indemnité dont elle est redevable (Devill., p. 452; Dall., p. 252) (2).

---

(1) [C'est encore la question de l'effet légal « des offres et demandes *notifiées en exécution des art.* 23 et 24 (art. 37, § 1). V. *suprà*, p. 468 et 469.
Les incapables eux-mêmes sont condamnés aux dépens lorsque l'indemnité qui leur est accordée ne dépasse pas la somme qui avait été offerte par l'administration. L'exception contenue dans le paragraphe final de l'art. 40 ne les dispense que des dépens que la loi laisse à la charge des autres intéressés qui ont omis de se conformer aux dispositions de l'art. 24, quelle que soit l'estimation ultérieure du jury. Cass., 24 août 1846 (S.46.1. 878).]

(2) [Mais le Conseil d'Etat a refusé d'admettre la compensation dans un cas où la dette de l'exproprié n'avait pas pour cause la même expropriation. Décret, 7 juill. 1853 (Lebon, *Rec.*, 1853, p. 663).

TOME I.

632. Si l'indemnité est à la fois supérieure à l'offre de l'administration et inférieure à la demande des parties, les dépens sont supportés par les parties et l'administration, dans les proportions de leur offre ou de leur demande avec la décision du jury. En 1833, la commission de la Chambre des pairs proposa de modifier le § 3 de l'art. 40, et de décider qu'en ce cas les dépens seraient seulement compensés. Elle avait pensé que ce serait donner un travail immense au jury que de lui laisser le soin de régler cette proportion. Cet inconvénient n'était plus à craindre lorsque l'on eut décidé que ce serait le magistrat directeur qui statuerait sur les dépens. M. le commissaire du Gouvernement insista donc pour le maintien de la disposition : « C'est dans un but salutaire, dit-il, qu'a été proposé cet amendement, et pour imposer un frein à l'exagération des prétentions. » « Cela est conforme à toute justice, ajouta M. le comte d'Argout ; je suppose que l'administration offre 3,000 fr. et que le propriétaire demande 12,000 fr. : si le jury estime à 3,100 fr. d'après la rédaction de la commission, les dépens seraient compensés. Cependant il semble plus juste, comme le veut le Gouvernement, que, dans un pareil cas, la partie qui se serait le plus écartée de la fixation dût supporter les dépens » (*Monit.*, 12 mai 1833, p. 1328) — (A).

633. Lorsque le dissentiment provient de ce que le propriétaire réclame une indemnité sur un chef pour lequel l'administration prétend qu'il ne lui est rien dû, le jury ne prononce pas sur cette question, et fixe seulement le montant de l'indemnité pour le cas où les tribunaux décideraient qu'elle est due (n° 608). On ignore dans ce cas quelle est la partie qui succombe, et nous croyons que le magistrat directeur doit réserver, soit la totalité, soit une part proportionnelle des dépens, selon les circonstances, pour être supportée par la partie qui succombera en définitive dans sa prétention ; et c'est alors le tribu-

---

Additions.

(A) Il a été jugé : que l'allocation d'une indemnité inférieure à celle demandée autorise la condamnation de l'exproprié aux dépens, dans le cas même où cette allocation aurait eu pour cause la plus-value acquise par suite de l'expropriation, au terrain restant à l'exproprié. Cass., 9 nov. 1857 (Dall. 58.1.82).

La disposition du dernier paragraphe de l'art. 40 de la loi du 3 mai 1841 n'est pas opposable à l'exproprié, qui poursuit lui-même devant le jury la fixation de l'indemnité, et, en conséquence, les dépens peuvent être compensés, si l'indemnité a été fixée à un chiffre intermédiaire entre les prétentions de l'expropriant et celles de l'exproprié. Cass., 5 déc. 1865 (*Gaz. trib.*, 6 déc. 65).

nai devant lequel la contestation sera portée qui décidera par qui ces dépens seront payés (1).

634. Si c'est un créancier hypothécaire qui a demandé, en vertu de l'art. 17, § 3, de la loi, que l'indemnité fût fixée par le jury, c'est ce créancier qui supportera les dépens. « Comme il est du devoir du législateur, a dit M. Martin (du Nord) dans son rapport, d'encourager les cessions amiables qui épargnent tout à la fois des frais et des lenteurs, il vous paraîtra juste de déclarer que, si l'estimation n'est pas plus élevée que le prix convenu entre l'administration et le propriétaire, tous les frais qu'aura entraînés l'opération du jury resteront à la charge du créancier imprudent qui les aura provoqués » (*Monit.*, 27 janv. 1833, p. 211) — (A).

635. Le magistrat directeur taxe ensuite les dépens (art. 41, § 2); mais la taxe ne peut comprendre que les actes faits postérieurement à l'offre de l'administration; les frais des actes antérieurs demeurent dans tous les cas à la charge de l'administration (*Ibid.*, § 3; et *Monit.*, 27 janv. 1833, p. 212).

L'état des dépens est rédigé par le greffier. Celle des parties qui requiert la taxe doit, dans les trois jours qui suivent la décision du jury, remettre toutes les pièces justificatives, et le greffier paraphe chaque pièce admise en taxe avant de la remettre à la partie (Ordonn., 18 sept. 1833, art. 12). L'ordonnance d'exécution du magistrat directeur indique la somme des dépens taxés et la proportion dans laquelle chaque partie devra les supporter (*Ibid.*, art. 14). Si la remise des pièces n'a pas

---

(1) [Cass., 7 avril 1845; 17 juin 1846 (S. 45.1.529; 46.1.580).]

Additions.

(A) Il a été jugé : que la totalité des dépens doit être mise à la charge de l'exproprié, encore bien que l'indemnité allouée excéderait les offres de l'expropriant, encore bien qu'elle se rapprocherait beaucoup de la demande de l'exproprié, ou viendrait même à l'atteindre, si cette demande n'a pas été formulée dans le délai prescrit par l'art. 24 de la loi du 3 mai 1841. Cass. civ., 20 août 1860 (*Gaz. trib.*, 21 août 60);

Que cette condamnation doit être encourue, même au cas où l'expropriant aurait modifié, pendant les débats, le chiffre de ses offres primitives. Cass., 6 mars 1864 (S. 64.1.656);

Que, au cas où une indemnité alternative a été fixée, la liquidation des dépens faite par rapport à l'une des hypothèses de l'alternative, est réputée s'étendre à l'autre, la même base de liquidation s'appliquant aux deux hypothèses. Cass., 18 juin 1864 (S. 64.1.887);

Que, s'il y a contestation sur le droit à une servitude, et si, en conséquence, le jury n'a eu à régler et n'a réglé en effet l'indemnité que d'une manière éventuelle, le magistrat directeur a pu réserver les dépens, jusqu'à ce qu'il eût été statué par qui de droit sur la contestation relative à l'existence de la servitude. Cass. civ., 23 juin 1863 (*Gaz. trib.*, 24 juin 63).

lieu dans les trois jours, le greffier laisse le chiffre des dépens en blanc jusqu'à ce qu'elles lui soient produites. L'état des dépens est ultérieurement taxé par le magistrat directeur, qui indique la proportion dans laquelle chaque partie devra les supporter (*Ibid.*, art. 14)—(A).

636. Par cela même que le magistrat directeur est chargé de régler les débats et l'instruction de l'affaire, il est souvent dans la nécessité de rendre, pendant le cours de ces opérations, des ordonnances préparatoires ou interlocutoires (n° 497). Ces décisions doivent être exécutées provisoirement et ne peuvent être attaquées que par la voie du recours en cassation, en même temps que la décision qui a fixé l'indemnité. Il importe qu'elles soient toujours conformes à la loi et motivées avec soin, car, si le magistrat directeur avait outre-passé ses pouvoirs ou violé quelque disposition de loi, son ordonnance devrait être annulée, et cette annulation pourrait entraîner celle de la décision définitive du jury, ainsi que cela a eu lieu dans l'espèce de l'arrêt rendu par la Cour de cassation le 21 août 1838 (Devill., p. 878; Dall., p. 366) (1).

637. Les auteurs du *Code des municipalités* disent, p. 150, que la décision du jury ne doit pas être notifiée; nous ne pouvons partager cette opinion. On peut obliger le détenteur de l'immeuble à en délaisser la possession sans lui faire connaître la décision qui l'y oblige. Aucun article de la loi ne dispense de cette notification, tandis que l'art. 1er, § 8, de l'ordonnance du 18 sept. 1833, règle l'émolument alloué aux huissiers pour la signification de la décision du jury, revêtue de l'ordonnance d'exécution. MM. Gand, p. 360, et Herson, n° 245, admettent aussi la nécessité de cette notification.

Section IX. — *De la clôture des opérations du jury.*

638. — Le jury statue sans interruption sur les affaires qui lui sont soumises.

---

(1) V. aussi, *supra*, n°^{s} 512, 516; et *infra*, n° 644.

Additions.

(A) L'erreur commise par le magistrat directeur, dans la partie de son ordonnance relative à la taxe des dépens, ne peut donner lieu qu'à une opposition à la taxe, mais elle ne peut créer une ouverture à cassation. Cass., 30 juill. 1856 (Dall. 56. 1.295).

639. — Il ne peut se séparer qu'après les avoir jugées toutes.
640. — Les pièces sont déposées au greffe du tribunal.
641. — Renseignements à transmettre par le magistrat directeur au préfet.

638. Le jury statue successivement *et sans interruption* sur chacune des affaires dont il a été saisi au moment de sa convocation (art. 44). Ces mots *sans interruption* nous paraissent signifier uniquement que la session du jury doit continuer, sans intervalle, jusqu'à ce que toutes les affaires soient jugées. C'est ainsi qu'ils ont été entendus dans la pratique. Par conséquent, le jury ne pourrait décider qu'il ne tiendra de séances que de huitaine en huitaine, ou deux fois par semaine, etc. Ce ne serait pas juger sans interruption. Mais le législateur n'a pu vouloir que, quand un jury aurait ordonné un transport sur les lieux, l'audition d'une tierce personne, ou toute autre mesure qui ne pourrait s'exécuter immédiatement, toutes les opérations du jury demeurassent suspendues. Une pareille interprétation prolongerait, sans aucune utilité, la durée des sessions et empêcherait souvent les jurés d'ordonner des mesures préparatoires (1)—(A).

639. La loi déclare en outre (art. 44) que le jury ne peut se séparer qu'après avoir réglé toutes les indemnités dont la fixation lui a été déférée au moment de sa convocation (2). Il peut arriver cependant que le magistrat directeur oublie de faire statuer sur quelqu'une de ces affaires, notamment à l'égard d'indemnitaires qui font défaut. Cette erreur doit être réparée ; mais nous croyons qu'il n'est pas nécessaire pour cela de se

---

(1) [L'art. 44 ne figure pas au nombre des dispositions dont la violation donne lieu au recours en cassation d'après l'art. 42 de la même loi. Cass., 16 fév. 1846 ; 4 juill. 1854 (S.46.1.223 ; 55.1.218).]

(2) [Un jury n'est pas compétent pour statuer sur les litiges qui n'ont pris naissance qu'après que la clôture de la session, pour laquelle il avait été convoqué, a mis fin à ses pouvoirs. 14 janv. 1854 (S.54.1. 363).]

Additions.

(A) Le jury qui remet à un autre jour la *continuation d'une affaire* appelée ou d'une instruction commencée, peut, dans l'*intervalle* de temps laissé libre par cet ajournement, procéder à l'examen d'autres affaires. Cass., 11 juin 1856 (Dall.56. 1.196).

Il n'y a pas interruption abusive des opérations du jury, lorsque le jury s'est ajourné à quinze jours, alors que cet ajournement s'explique, d'une part, par la survenance de la semaine sainte, d'autre part, par la fatigue des jurés, qui venaient déjà de statuer, sans interruption, sur un grand nombre d'affaires. Cass. civ., 23 déc. 1863 (*Gaz. trib.*, 25 déc. 63).

L'interdiction de procéder les jours fériés à des actes de juridiction, ne s'applique pas au jury en matière d'expropriation pour cause d'utilité publique. Cass., 12 janv. 1864 (S.64.1.493).

pourvoir en cassation. La déclaration du magistrat directeur que toutes les affaires sont jugées et que la session est close ne constitue pas un jugement contre lequel la partie lésée ait besoin de se pourvoir auprès d'une autorité supérieure. C'est une simple mesure d'administration judiciaire, qui ne confère à personne des droits acquis, et qui peut dès lors être révoquée par le magistrat qui l'a prise, lorsqu'il s'aperçoit qu'elle est le résultat d'une erreur. Sans doute, il sera désagréable pour les jurés d'être dérangés de leurs affaires une seconde fois, mais cette seconde session sera probablement fort courte.

On a proposé de faire nommer, en pareils cas, un nouveau jury pour statuer sur les affaires oubliées. Mais, la Cour ou le tribunal du chef-lieu judiciaire ayant déjà désigné les juges qui doivent connaître de ces affaires, ce sont des juges acquis aux intéressés, et dont il ne semble pas qu'on puisse les priver par cela seul que le magistrat directeur aurait oublié de faire statuer le jury sur ces affaires en même temps que sur les autres. On procéderait du reste, pour cette seconde réunion du jury, comme pour la première (n°s 480 et suiv.) — (A).

640. Après la clôture des opérations du jury, les minutes de ces décisions, et les *autres pièces qui se rattachent auxdites opérations*, sont déposées au greffe du tribunal civil de l'arrondissement (art. 46). Quelles sont, outre les décisions du jury, les *autres pièces* qui doivent être déposées au greffe du tribunal? Ce sont toutes celles qui peuvent servir à interpréter la décision du jury, qui, isolée, serait souvent fort obscure; puis celles qui constatent que cette décision a été prise avec toutes les formalités prescrites par la loi. En cas de pourvoi, ces pièces doivent être transmises à la Cour de cassation, qui doit y trouver tous les documents nécessaires pour vérifier si les prescriptions de la loi ont été exécutées.

Ainsi, on doit déposer au greffe : 1° l'expédition de la délibération de la Cour ou du tribunal du chef-lieu judiciaire qui a désigné les jurés; 2° les actes de convocation des jurés et des parties; 3° le procès-verbal des opérations du jury; 4° le tableau

Additions.

(A) On ne saurait exciper de la violation de la chose jugée et de l'excès de pouvoir qu'aurait commis le magistrat directeur en soumettant au jury une affaire sur laquelle il avait précédemment décidé qu'il n'y avait pas lieu de statuer, lorsqu'il résulte des constatations du procès-verbal qu'il y a eu accord des parties pour remettre cette affaire à l'ordre du jour du jury, qu'un contrat judiciaire s'est formé entre elles à ce sujet. Cass. civ., 15 juin 1864 (*Gaz. trib.*, 16 juin 64).

des offres et des demandes ; 5° le tableau des questions soumises au jury, etc.

Une circulaire du ministre des travaux publics du 18 janv. 1845 dit : « L'art. 46 de la loi porte qu'après la clôture des opérations du jury, les minutes de ces décisions et les autres pièces qui s'y rattachent sont déposées au greffe du tribunal civil de l'arrondissement. Le greffier chargé de ce soin ne saurait mettre trop de diligence à l'accomplissement du dépôt. Souvent le pourvoi ne peut être motivé que sur le texte même du procès-verbal : les parties ont donc besoin, pour mettre à profit le délai du pourvoi, d'obtenir immédiatement copie ou extrait de la décision du jury; cependant on a déjà signalé à l'administration que ces copies ou extraits n'avaient été mis à la disposition des intéressés que peu de jours avant l'expiration du délai de quinzaine. L'attention de M. le garde des sceaux a été appelée sur ce point ; je ne doute pas que, sur ses instructions, les recommandations les plus positives ne soient adressées aux greffiers par les présidents des Cours et des tribunaux, pour que le bénéfice du délai fixé par la loi ne soit pas rendu illusoire à raison des lenteurs apportées à la délivrance des copies. »

641. Comme les jurés qui ont fait le service d'une session ne peuvent être portés sur le tableau dressé par le conseil général pour l'année suivante (n° 450), le magistrat directeur doit, à la fin de la session, adresser au préfet un état contenant les noms des jurés qui ont fait réellement le service de cette session. Mais cet état ne doit pas comprendre les personnes désignées pour faire partie du jury et qui se sont fait dispenser (*Ibid.*).

Section X. — *Du pourvoi en cassation.*

642. — La décision du jury ne peut être attaquée qu'en cassation.
643. — Le pourvoi est autorisé contre la décision du jury et contre l'ordonnance du magistrat directeur.
644. — *Quid* des ordonnances et autres décisions intervenues antérieurement ?
645. — Le pourvoi n'est pas suspensif.
646. — Il n'empêche pas toujours la prise de possession.
647. — De la *qualité* pour se pourvoir.
648. — Délai pour le pourvoi.
649. — Des parties qui n'ont point comparu. Distinction.

650. — Des ouvertures à cassation.
651. — Comment le pourvoi est formé.
652. — Fin de non-recevoir tirée de l'autorité de la chose jugée.
653. — Le pourvoi doit être notifié. Jurisprudence.
654. — Transmission des pièces à la Cour de cassation.
655. — Arrêt de la Cour de cassation.
656. — Rejet du pourvoi, ou non-recevabilité, ou désistement.
657. — Arrêt de cassation.
658. — Renvoi devant *un nouveau jury*.
659. — Renvoi à un jury choisi dans un des arrondissements voisins.
660. — Il est prononcé d'office.
661. — Sur le renvoi, territorialité des juridictions.
662. — Du pourvoi dans l'intérêt de la loi.

642. Pour faire disparaître toutes les causes de retard qui entravaient l'exécution des travaux d'utilité publique, le législateur n'a voulu admettre d'autre voie de recours, contre les décisions du jury et les ordonnances des magistrats directeurs, que le pourvoi en cassation (art. 42, § 1er). Ainsi, la partie qui n'aurait pas comparu devant le jury ne serait pas reçue à former opposition à sa décision, puisque l'art. 42 déclare formellement que cette décision ne pourra être *attaquée* que par la *voie du recours en cassation*. Par la même raison, il n'y a jamais lieu à appel, ni à tierce opposition, ni à requête civile (1).

643. L'art. 42 de la loi du 7 juillet 1833 autorisait le pourvoi en cassation contre la *décision du jury*. Dans nos précédentes éditions, nous avions dit que, sous cette dénomination, il fallait comprendre non-seulement la déclaration d'indemnité faite par les jurés, mais aussi l'ordonnance par laquelle le magistrat directeur rend cette déclaration exécutoire. Un arrêt de la Cour de Paris du 3 octobre 1838 avait adopté cette opinion (Devill., p. 513). Lors de la révision de la loi, M. Renouard proposa à la Chambre des députés un amendement qui avait pour but de lever tout doute à cet égard, et qui fut adopté sans difficulté (*Monit.*, 4 mars 1841, p. 532). En conséquence, l'art. 42 de la loi du 3 mai 1841 reconnaît formellement que la décision du jury et l'ordonnance du magistrat directeur peuvent être attaquées par la voie du recours en cassation, et ne peuvent l'être que de cette manière. Mais, à l'occasion d'un pourvoi contre la décision du jury, on ne peut argumenter d'une irrégularité qui au-

---

(1) Cass., 21 juin 1864.—*Contrà*, C. Metz, 15 janv. 1863 (S.63.2.43).

rait eu lieu dans le jugement qui a prononcé l'expropriation, ni alléguer, par exemple, que le magistrat directeur a été irrégulièrement nommé. Cass., 19 février 1845 (*Gaz. trib.* du 22).

Lorsqu'une décision du jury est entachée d'illégalité, l'ordonnance du magistrat directeur qui la déclare exécutoire participe à la même illégalité. Cass., 6 déc. 1837 (Dall., t. 38, p. 39 ; Devill., p. 228). En conséquence, l'annulation de la déclaration du jury entraîne toujours avec elle l'annulation de l'ordonnance du magistrat directeur. Mais, quand l'illégalité n'atteint que l'ordonnance du magistrat directeur qui rendait exécutoire la décision du jury, cette décision continue à subsister, et l'ordonnance seule est cassée. On ne peut admettre, en effet, que l'erreur commise par le magistrat directeur, relativement, par exemple, à la répartition des dépens ou à l'époque de la prise de possession, puisse entraîner l'annulation de la fixation d'indemnité faite régulièrement par le jury.

[Dans ce cas, l'arrêt renvoie devant un *autre* magistrat directeur, qui sera commis par *le même* tribunal, conformément à l'art. 14 de la loi du 3 mai 1841 (1).]

644. Quoique l'art. 42 n'autorise le pourvoi que contre la décision du jury, les irrégularités qui motivent ce pourvoi peuvent ne pas se trouver dans cette décision, mais dans des actes antérieurs. Ainsi ce n'est pas la décision définitive du jury qui peut se trouver en opposition avec le § 1ᵉʳ de l'art. 30, avec l'art. 31, avec les §§ 2 et 4 de l'art. 34, etc. Le législateur a voulu exprimer, 1° qu'il ne serait pas nécessaire de former un pourvoi spécial contre chacun des actes qui constitueraient une violation des articles qu'il énumérait, et qu'il suffirait de diriger le pourvoi contre la décision du jury ; 2° que les illégalités dont seraient entachés ces actes antérieurs pourraient entraîner l'annulation de la décision du jury.

[On ne peut donc *diriger le pourvoi* que contre la décision définitive du jury et contre l'ordonnance définitive du magistrat directeur. Quant aux ordonnances préparatoires et d'instruction rendues dans le cours des débats par ce magistrat, ou aux décisions de même nature rendues par les jurés, elles ne peuvent être par elles-mêmes l'objet d'un pourvoi ; ce qui n'empêchera pas que, si elles sont irrégulières, cette irrégularité n'entraîne l'annulation de *tout l'ensuivi*, par l'effet du pourvoi qui aura été

---

(1) 22 août 1855 (*Bull. civ.*, 4855, p. 492).

dirigé contre la décision définitive du jury et contre l'ordonnance définitive du magistrat directeur. En un mot, c'est le pourvoi dirigé contre ces deux actes définitifs qui défère à la Cour de cassation tout l'ensemble de la procédure devant le jury.

Par cela même, et puisqu'il ne peut pas être formé de recours préalable contre les actes intermédiaires, le délai du pourvoi commence à courir non du jour où ces ordonnances ou décisions intermédiaires sont rendues, mais du jour de la décision et de l'ordonnance définitives (1).

D'après ces principes, la Cour a cassé un grand nombre de décisions définitives, par suite de l'irrégularité d'ordonnances ou de décisions préparatoires ou d'instruction, émanées du magistrat directeur ou des jurés (2).]

645. Le pourvoi est-il suspensif? Quoique la décision sur la fixation des indemnités soit rendue par un jury spécial, c'est toujours, malgré cela, dans une matière civile ; c'est pourquoi nous croyons que le pourvoi n'est pas suspensif. « *En matière* « *civile*, dit l'art. 16 de la loi des 27 novembre-1er décembre « 1790, la demande en cassation n'arrêtera pas l'exécution du « jugement ; et, dans aucun cas et sous aucun prétexte, il ne « pourra être accordé de surséance. » C'est aussi l'opinion qu'a émise M. Martin (du Nord), rapporteur à la Chambre des députés (*Monit.*, 8 fév. 1833, p. 321), et celle qu'adoptent les auteurs du *Code des municipalités*, p. 150.

Ajoutons toutefois que la loi des 16-19 juillet 1793 déclare : « Qu'il ne sera fait par la trésorerie nationale, et par les caisses « des diverses administrations de la République, aucun paie-« ment en vertu de jugements qui seront attaqués par la voie de « la cassation, dans les termes prescrits par la loi, qu'au préa-« lable ceux au profit desquels lesdits jugements auraient été « rendus n'aient donné bonne et suffisante caution pour la sû-« reté des sommes à eux adjugées. » Cette disposition, qui s'applique aux indemnités allouées en matière d'expropriation, garantit les intérêts du Trésor contre l'insolvabilité des indemnitaires.

646. Par arrêt du 22 juin 1840, la Cour de cassation a jugé que, quand des concessionnaires se sont pourvus en cassation contre la décision du jury, si, en prenant ensuite possession des terrains expropriés, ils ont déclaré n'agir que pour obéir à la

---

(1) Cass., 24 nov. 1847 ; 2 fév. 1846 (S.48.1.296 ; 46.1.315).

(2) Arrêts ci-dessus ; et *suprà*, p. 420, 421, etc.

nécessité d'exécuter la loi de concession, s'ils ont accompagné leurs offres de réserves expresses, et les ont subordonnées à la dation d'une caution, ces circonstances excluent formellement toute intention d'acquiescement de la part de ces concessionnaires, qui ne peuvent dès lors être déclarés non recevables dans leur pourvoi (Devill., p. 707; Dall., p. 281). L'administration peut agir de même. Cette marche n'a aucun inconvénient quand le pourvoi n'est dirigé que contre l'ordonnance du magistrat directeur; mais lorsque le pourvoi est formé contre la décision du jury, il ne faut pas perdre de vue que, si elle est cassée, l'affaire est renvoyée devant un autre jury : or, si la prise de possession a été suivie d'un changement dans l'état des terrains, le nouveau jury sera souvent embarrassé pour apprécier l'ancien état de la propriété, et par conséquent l'indemnité à laquelle elle devait donner lieu. L'administration doit donc, autant que possible, ne faire que des travaux indispensables et urgents dans les terrains à l'occasion desquels il y a pourvoi en cassation —(A).

647. Lorsque l'indemnité revenant à une femme séparée de biens, comme locataire d'un immeuble, a été réglée avec cette femme, son mari est sans droit, sans intérêt et sans qualité pour attaquer la décision du jury, qui ne lui porte aucun préjudice et ne le concerne pas. Il ne peut exercer seul les actions, même mobilières, qui appartiennent à sa femme; car, aux termes de l'art. 1449, C. civ., la femme séparée reprend la libre administration de ses biens. Cass., 5 mars 1844 (Devill., p. 352; Dall., p. 173) (1) — (B).

648. Le délai pour le pourvoi en cassation contre la décision du jury et contre l'ordonnance du magistrat directeur est de

---

(1) [Et *suprà*, p. 148, pour le cas inverse.

Lorsque le bien exproprié est dépendant d'une succession indivise, l'un des cohéritiers a pu, en son nom et comme agissant pour les autres cohéritiers, défendre la cause commune devant le jury et déclarer le pourvoi en cassation : ce pourvoi est recevable en la forme. Cass., 31 déc. 1850 (S.51.1.364).]

Additions.

(A) La partie qui n'a pas été mise en cause lors du jugement d'expropriation, et qui n'y est pas intervenue, est receva- ble à attaquer ce jugement bien qu'elle se soit pourvue contre la décision du jury d'expropriation rendue en conséquence : ce pourvoi ne peut être considéré comme un acquiescement au jugement antérieur. Cass. civ., 25 août 1857 (S.58.1.224).

(B) Une personne qui n'était pas au nombre des expropriés, qui n'a pas été appelée aux opérations d'expropriation et n'y est pas intervenue, *n'est pas recevable à se pourvoir en cassation* contre la décision du jury qui a fixé les indemnités. Cass., 12 mai 1858 (*Gaz. trib.*, 20 mai 58).

quinze jours *à partir du jour de la décision* (art. 42, § 2). Pour éviter toute déchéance, les indemnitaires feront bien de donner, à l'avance, à la personne qui les représentera devant le jury, pouvoir de se pourvoir en cassation dans le cas où la décision du jury ne lui paraîtrait pas conforme à la loi. Les préfets aussi, lorsqu'ils croiront qu'un pourvoi est nécessaire, devront le former tout de suite, sans attendre l'autorisation de l'administration supérieure, et sauf à s'en désister, si le ministre ne croit pas le pourvoi utile. On voit que le délai est le même pour le pourvoi contre la décision du jury et contre l'ordonnance du magistrat directeur ; le législateur a supposé que cette ordonnance serait toujours rendue immédiatement après la prononciation de la décision du jury (n° 621).

L'art. 1033, §1er, C. proc., porte que le jour de la signification ni celui de l'échéance ne sont jamais comptés dans le délai général pour les ajournements, les citations, sommations et autres actes faits à personne ou domicile. Cette disposition est applicable au délai des pourvois (L. 1er frim. an II, art. 1er), et même de ceux qui ont lieu en matière d'expropriation. C'est du moins ce que la Cour de cassation a reconnu dans son arrêt du 11 janvier 1836, portant : « Attendu que les principes généraux de la procédure sur la computation des délais doivent être appliqués aux délais fixés par des lois spéciales, toutes les fois que ces lois ne contiennent pas de dispositions contraires ; — Qu'ainsi l'art. 42 de la loi spéciale du 7 juillet 1833 statuant que le délai du recours en cassation contre les décisions du jury spécial en matière d'indemnité d'expropriation pour utilité publique sera de quinze jours, et partira du jour de la décision, il faut, *en appliquant à cette disposition la règle établie par l'art.* 1033, *C. proc.*, reconnaître que, dans l'espèce, la décision étant du 7 juillet, la déclaration de pourvoi a été légalement faite le 23 du même mois (Devill., p. 12 ; Dall., p. 54) (1).

---

(1) [On ne doit peut-être pas se fier absolument à ce quantième du 23, admis par l'arrêt cité. Il a fallu, pour déclarer bon le pourvoi formé le 23, dans l'espèce, éliminer deux jours, et placer quinze jours pleins dans l'intervalle : le 23 est le seizième jour, après et non compris le jour de la décision du jury. Or, il peut y avoir des motifs pour dire : que tout cela dépasse les quinze jours que la loi fait courir à partir du jour de la décision ; et que, s'il ne serait pas rationnel, malgré la tendance littérale du texte, de comprendre dans le délai le jour même de la décision, parce que, alors, le demandeur n'aurait pas réellement quinze jours entiers, cependant la plus longue computation des quinze jours ne peut pas dépasser quinze jours *francs*, aux termes de la loi du 1er frimaire an II. Si ce système venait à être présenté et à prévaloir, le délai pour former un pourvoi contre une décision du 7

649. [La disposition de l'art. 42, relative au délai, est générale; elle ne fait aucune distinction à l'égard des parties qui n'auraient pas comparu devant le jury. Le délai fixé s'applique donc à ces parties, du moins lorsqu'elles ne peuvent imputer qu'à elles-mêmes de ne s'être pas présentées à la réunion.

Mais, si l'art. 42 fait courir, à partir du jour où la décision du jury a été prononcée, le délai de quinzaine dans lequel cette décision peut être attaquée par le pourvoi en cassation, c'est dans la supposition que, par l'accomplissement des diverses formalités que la loi prescrit, l'exproprié a été averti de veiller à la défense de ses intérêts. Lors donc qu'il n'apparaît aucune preuve que l'administration ait fait notifier au demandeur en cassation que le jury se réunirait tel jour et en tel lieu, le délai de quinzaine n'a pas pu courir; il ne pourrait courir dans ce cas qu'à dater d'une notification régulière de la décision du jury (1) — (A).

650. Après avoir déclaré que la décision du jury et l'ordonnance du magistrat directeur ne peuvent être attaquées que par la voie du recours en cassation, l'art. 42 ajoute: «et seulement « pour violation du premier paragraphe de l'art. 30, de l'art. 31, « des deuxième et quatrième paragraphes de l'art. 34, et des art. « 35, 36, 37, 38, 39 et 40. »

Cette disposition est, sans doute, limitative (2): mais dans

---

expirerait au plus tard le 22 au soir: le 23, le pourvoi ne serait pas valable. V., pour les recours contre le jugement d'expropriation, *supra*, p. 148; et, pour le délai ordinaire de trois mois *francs*, d'après la loi du 1er frim. an II, l'arrêt de la Cour de cassation, du 24 nov. 1823 (S. *Collect. nouv.*, VII, p. 343), qui décide que, dans le cas d'un jugement ou arrêt signifié le 4 juin, le pourvoi formé le 6 sept. suivant est non recevable.

(1) Cass., 5 janv. 1848; 2 avril 1849 (S. 48.1.222; 49.1.370).

(2) Cass., 26 déc. 1854 (S.55.1.256).

Additions.

(A) Aux termes de l'art. 42, le délai de quinzaine pour le pourvoi contre la décision d'un jury d'expropriation court du prononcé même de la décision, sans qu'il y ait eu signification. Cette disposition s'applique même aux décisions rendues par défaut, pourvu que l'exproprié y ait été régulièrement appelé. Pour en écarter l'appellation, l'exproprié qui a comparu devant le jury soutiendrait vainement que la décision n'a pas été rendue publique. Cass. civ., 7 fév. 1865 (*Gaz. trib.*, 8 fév. 65).

Encore que la notification du jugement d'expropriation, faite à l'exproprié, aurait été incomplète, n'aurait pas contenu le visa des pièces qui justifient l'expropriation, et, à raison de cette circonstance, aurait été insuffisante pour faire courir le délai du pourvoi, l'exproprié cesse d'être recevable à se pourvoir en cassation contre ce jugement après qu'il a comparu, sans protestation ni réserve, devant le jury chargé de régler l'indemnité. Cass. civ., 30 janv. 1866 (*Gaz. trib.*, 31 janv. 66).

quel cercle est-elle limitative ? C'est ce qu'il s'agit de déterminer.

Elle n'est pas limitative par rapport à tous les moyens de cassation en général.

Elle n'est limitative du pourvoi en cassation que par rapport aux formalités et règles établies par la loi spéciale et non mentionnées dans l'art. 42 (1).

Elle n'est même limitative du pourvoi en cassation que par rapport aux formalités et règles faisant partie du ch. 2, tit. IV, puisque celles établies dans le ch. 3 du même titre (art. 48, 49, 50, 51, 52) sont, chaque jour, l'objet de pourvois sur lesquels la Cour statue au fond et sur lesquels elle casse, quand il y échet, pour violation de ces articles, bien qu'ils ne soient pas mentionnés dans l'art. 42 parmi ceux dont la violation donne ouverture à cassation (2).

En résumé donc, la limitation consiste en ce qu'on n'est pas recevable à se pourvoir en cassation pour la simple violation de celles des formalités et règles du chap. 2, tit. IV, de la loi du 3 mai 1841, qui ne sont pas mentionnées dans l'art. 42, § 1er, de la loi spéciale.

De là il suit, en premier lieu : que la disposition n'exclut pas le pourvoi en cassation pour excès de pouvoir, incompétence, ou refus d'accomplissement de la mission légale ; ces trois griefs sont, en toute matière, des causes de cassation ou plutôt d'*annulation*. Ainsi, l'art. 42 ne met pas obstacle au pourvoi en ce qui les concerne (3); et, dans le cas de dispositions dont la simple violation ne donne pas, par elle-même, ouverture à cassation (art. 42), si, par le fait des circonstances, la violation revêt le caractère d'un excès de pouvoir, d'une incompétence ou d'un refus d'accomplissement de la mission légale, la décision attaquée est cassée (4).

En deuxième lieu, la disposition n'exclut pas le pourvoi en cassation pour violation des lois autres que la loi du 3 mai 1841 (5).

---

(1) Cass., 21 fév. 1849 (S.49.1 279).
(2) V. *suprà*, p. 362, 364, 503.
(3) Cass., 31 déc. 1838 (S.39.1.19).
(4) V., pour l'art. 32 et pour l'art. 30, n° 3, non mentionnés dans l'art. 42, mais accompagnés de refus d'accomplissement de la mission légale, les arrêts cités *suprà*, p. 420 et 421, — pour l'art. 44, non mentionné dans l'art. 42, mais accompagné d'excès de pouvoir, l'arrêt du 2 janv.

1837 (S.37.1.20).
(5) V., pour la loi du 16 sept. 1807 (art. 50) ; arrêt du 21 fév. 1849 (S.49.1. 279) ; — pour la loi du 27 vent. an VIII, art. 5, l'arrêt cité, *suprà*, p. 420 ; — pour la loi du 21 mai 1836, l'arrêt cité, *suprà*, p. 422 ; — pour la loi du 20 avril 1810, art. 7, l'arrêt cité, *suprà*, p. 449, n° 7.

En troisième lieu, les articles auxquels se réfèrent ceux désignés dans l'art. 42 doivent être réputés compris, implicitement, dans cet article, et leur violation donne ouverture à cassation (1).]

651. Le pourvoi en cassation contre la décision du jury est formé comme il est dit en l'art. 20 de la loi du 3 mai 1841 (art. 42, § 2, de la même loi), c'est-à-dire comme le pourvoi relatif au jugement d'expropriation. Pour éviter des répétitions sans objet, nous renverrons donc aux développements que nous avons donnés (n°s 228 et suiv.).

Le pourvoi a lieu par déclaration au greffe du tribunal où la décision du jury et l'ordonnance du magistrat directeur sont déposées — (A).

L'amende à consiger est de 150 fr. lorsque la décision du jury a été rendue contradictoirement, et de 75 fr. lorsqu'elle est par défaut (2).

652. Lorsque la décision du jury a évalué l'indemnité pour l'étendue de terrain déterminée par le jugement d'expropriation et par l'arrêté du préfet pris en exécution de l'art. 2, n° 3, de la loi 3 mai 1841, et, qu'en outre, les expropriés, loin d'attaquer, soit le jugement d'expropriation, soit la décision du jury, les ont volontairement exécutés, en recevant le montant de l'indemnité qui leur avait été allouée avec expression de la même étendue de la quittance, ces décisions ont acquis l'autorité de la chose jugée. En conséquence, les expropriés ne sont pas recevables à fonder un moyen de cassation sur la prétendue violation de l'ordonnance déclarative de l'utilité publique, en ce qu'un arrêt aurait reconnu qu'il résultait de l'ensemble des faits et de l'inspection des plans que, lors de la demande et du jugement d'expropriation et de la fixation de l'indemnité, on supposait que l'étendue à exproprier était inférieure à celle sur laquelle a porté l'expropriation (3).

---

(1) V., pour les art. 23 et 24 auxquels se réfère expressément l'art. 37 mentionné dans l'art. 42, les arrêts cités *suprà*, p. 343 et suiv., 360, 368.

(2) Plus le décime pour franc, et le décime supplémentaire (Loi du 14 juill. 1855).

(3) Cass., 23 juin 1852 (S.55.1.138).

Additions.

(A) Les *pourvois* formés contre les décisions de jurys diversement composés et statuant à l'égard de différentes catégories d'indemnitaires doivent être *distincts* pour chacune de ces décisions, bien qu'il n'y ait eu qu'un seul jugement d'expropriation.

Mais ces pourvois peuvent être formés par un seul et même acte. Cass., 20 août 1856 (Dall.56.1.368).

653. De la combinaison des art. 20 et 42 de la loi du 3 mai 1841 il résulte clairement que le pourvoi doit être *notifié* dans la huitaine, soit à l'indemnitaire, soit à l'administration, à peine de déchéance. Cette signification est une formalité indispensable à la validité du pourvoi. Bien qu'un pourvoi ait été formé dans la quinzaine de la décision du jury, il devient non recevable, s'il n'a pas été notifié dans la huitaine suivante : « Attendu, porte l'arrêt du 26 janv. 1841, qu'en fixant les délais du pourvoi et ceux de la notification, la loi a voulu que le sort de toutes les parties en cause fût promptement fixé, et qu'elle a eu essentiellement pour objet la prompte expédition de ces sortes d'affaires » (Devill., p. 229 ; Dall., p. 93).

[La compagnie concessionnaire, qui a réellement agi sur les poursuites et diligences de la ville concédante et par son représentant légal, est sans motif pour repousser un demandeur en cassation qui, en notifiant son pourvoi à cette ville, dans la personne de son représentant légal, n'a fait que se conformer au mode de procéder pratiqué par la compagnie elle-même, et ne saurait avoir, par là, encouru aucune déchéance (1).

Mais, si une compagnie, bien que subrogée aux droits de l'Etat, a procédé en son nom propre, le pourvoi formé par son adversaire, contre la décision du jury, doit être notifié à la compagnie, en son domicile élu ou réel, et non au préfet du département où a lieu l'expropriation. Il en est ainsi, alors même que la convocation des jurés et l'assignation donnée aux parties expropriées auraient été faites par le préfet; de pareils actes constituent des actes de l'autorité publique, et n'impliquent point une immixtion dans la procédure autorisant la notification du pourvoi à ce magistrat. Dans ce cas, la déchéance est encourue (2)] — (A).

654. Dans la quinzaine de la notification du pourvoi, les pièces sont adressées à la chambre civile de la Cour de cassation (art. 20 et 42). Les pièces à envoyer sont : 1° celles que nous avons indiquées (n° 640) comme devant rester déposées au

---

(1) Cass., 20 mars 1855 (S.55.1.451).
(2) Cass., 4 juin 1855 (*Droit*, 5 juin 55).

Additions.

(A) Sur le *délai de huitaine*, voir n° 214.
Est nulle la *notifiation* du pourvoi faite *par le maire* de la commune même que le pourvoi intéresse. Cass., 26 août 1857 (Dall.57.1.354).

La *signification* de la décision du jury et de l'ordonnance d'exécution n'est pas nécessaire pour la *validité du pourvoi* formé contre cette décision. Cass., 30 juin 1856 (Dall. 56.1.263).

greffe à l'appui de la décision du jury ; 2° cette décision et l'ordonnance du magistrat directeur ; 3° la déclaration de pourvoi ; et 4° le mémoire qui aurait été produit à l'appui. Ces pièces mettront presque toujours la Cour à même de statuer sur le pourvoi ; ce sera aux parties intéressées à produire les autres pièces, notamment la notification du pourvoi, si elle n'a pas été déposée au greffe pour être annexée à la déclaration.

655. Le pourvoi est porté directement devant la chambre civile de la Cour de cassation, qui doit statuer dans le mois suivant. Si l'affaire est jugée par défaut à l'expiration de ce délai, l'arrêt n'est pas susceptible d'opposition — (A).

656. Si le pourvoi en cassation est rejeté, la partie qui l'a formé est condamnée à 150 fr. d'amende et à une indemnité de 75 fr. envers le défendeur, si la décision du jury a été contradictoire. (Règl. 1738, art. 5, 25 et 35.) L'amende et l'indemnité ne sont que de la moitié de ces sommes quand la décision du jury a été rendue par défaut. La condamnation à l'amende, et même à l'indemnité, est également prononcée lorsque la partie est déclarée non recevable dans son pourvoi pour vice de formes, défaut de consignation de l'amende, etc., et lorsqu'elle s'est bornée à faire la déclaration de pourvoi sans y donner aucune suite.

657. L'arrêt qui prononce la cassation déclare que les parties sont remises au même et semblable état qu'avant la décision cassée. Par conséquent, si l'administration n'avait pas encore pris possession du terrain, elle n'aurait plus aucun titre à invoquer pour légitimer cette prise de possession, et devrait dès lors s'abstenir de faire aucun acte de propriété sur ce terrain. Si elle avait pris possession, le propriétaire pourrait, au contraire, rentrer en jouissance de son immeuble.

La cassation de la décision du jury ne s'applique évidemment pas aux intéressés qui n'ont pas formé de pourvoi. Mais, relativement à la partie qui s'est pourvue, la décision est ordinairement cassée en totalité. Ainsi, dans l'affaire dont nous parlons

---

Additions.

(A) La cassation d'un jugement d'expropriation emporte la *nullité intégrale de la décision du jury* réglant l'indemnité, quoique le jugement n'ait été annulé qu'à l'égard d'un des copropriétaires de l'immeuble exproprié, s'il n'est pas possible de distinguer la part d'indemnité afférente au copropriétaire sur le pourvoi duquel le jugement a été cassé, l'indemnité de tous les copropriétaires ayant été fixée en bloc. Cass., 6 janv. 1857 (Dall. 57.1.47).

Dans le même sens, Cass., 19 nov. 1856 (Dall. 1.56.396).

(n° 593), l'arrêt du 10 août 1841 a reconnu que le jury n'avait pas fixé le montant de l'indemnité due pour les arbres, et, par suite, a cassé toute la décision du jury, bien que la Cour ait admis et déclaré que l'indemnité avait été régulièrement fixée pour le fonds de l'immeuble. Dans l'affaire jugée le 11 avril 1843, la cassation a été prononcée parce que le magistrat directeur avait refusé de soumettre au jury une nouvelle réclamation d'indemnité pour dommage; la Cour a annulé la décision du jury dans son ensemble, sans doute parce qu'elle a pensé que, quelles que fussent les subdivisions établies par les parties dans leurs offres et demandes, l'indemnité formait un ensemble qui devait être fixé par un même jury, et non une réunion de prétentions qui pouvaient être soumises par fractions à des jurys différents.

La nomination du premier jury et tous les actes postérieurs à cette nomination se trouvent par là mis au néant; mais les actes antérieurs ne sont pas annulés de plein droit, car l'art. 43 se borne à dire qu'il sera procédé conformément à l'art. 30, c'est-à-dire à une nouvelle désignation du jury. Les actes antérieurs à la désignation du premier jury subsistent donc, s'ils n'ont pas été formellement annulés par la Cour de cassation. C'est pourquoi un arrêt du 26 mai 1840 a déclaré qu'un précédent arrêt de cassation avait laissé subsister des offres faites en vertu de l'art. 23, et dont la nullité n'avait pas été demandée dans le premier procès (Dall., p. 215; Devill., p. 712).

658. Lorsque la Cour annule un jugement ou un arrêt, elle ne juge pas le fond de l'affaire; elle en renvoie la décision à un autre tribunal ou à une autre Cour. Il en est de même en matière d'expropriation. Lorsqu'une décision de jury a été cassée, l'affaire est renvoyée *devant un nouveau jury*, choisi dans le même arrondissement; et il est procédé à cet effet conformément à l'art. 30 de la loi (art. 43).

[Par les mots « *un nouveau jury*, » l'art. 43 a évidemment entendu un jury composé de jurés *autres* que ceux qui avaient fait partie du premier (1). Il y a donc nullité lorsque deux mêmes jurés ont siégé dans les deux jurys et ont participé à la seconde décision, comme ils l'avaient fait à la première. Et ce vice de la composition du jury, par incapacité de deux de ses membres,

---

(1) Anal., pour la nomination de nouveaux magistrats directeurs : *suprà*, p. 553; et *infrà*, p. 564; et, en matière criminelle, arrêt de la Cour de cassation du 6 mai 1824 (S. *Collect. nouv.*, VII, p. 454).

n'a pas pu être couvert par le silence des intéressés et par leur comparution sans protestations ni réserves (1)—(A).

659. Il arrive quelquefois, par suite de circonstances diverses, que les jurés de l'arrondissement de la situation des biens se trouvent soumis à des influences locales, qui ne leur laissent pas une entière impartialité. Dans le projet présenté en 1840, le Gouvernement avait demandé que, sur la réquisition des parties, et pour cause de suspicion légitime, la Cour de cassation pût, soit avant que la décision du premier jury ait été rendue, soit lorsqu'une première décision aurait été cassée, renvoyer l'affaire au jury d'un arrondissement voisin (*Monit.*, 22 fév. 1840, p. 345).

La commission de la Chambre des députés modifia cette proposition, et n'autorisa le renvoi au jury d'un autre arrondissement qu'après cassation d'une première décision du jury de la localité.

« Si la décision d'un jury a été soumise à la Cour de cassation, a dit M. Dufaure, cette Cour a pu prendre connaissance de l'affaire. Elle peut alors très-bien, à raison de circonstances qui lui sont connues, juger opportun de renvoyer au jury d'un arrondissement voisin. Mais, lorsqu'une demande en renvoi est portée devant elle de prime abord, sans instruction antérieure, sans documents, lorsque ce sont des circonstances vagues, des calomnies de petite localité que l'on invoque pour demander le renvoi à un autre jury, il nous paraît que la Cour de cassation ne peut pas être mise en situation de renvoyer devant un jury d'un arrondissement voisin ; que, par conséquent, ce droit ne doit pas lui être accordé » (*Monit.*, 5 mars 1841, p. 538). Le § 2 de l'art. 43 fut donc adopté en ces termes : « Néanmoins, la « Cour de cassation pourra, suivant les circonstances, renvoyer « l'appréciation de l'indemnité à un jury choisi dans un des ar- « rondissements voisins, quand même il appartiendrait à un « autre département. »

La disposition du § 2 de l'art. 43 a de l'analogie avec les *ren-*

---

(1) [Cass., 8 juin 1853 (S.54.1.63).]

Additions.

(A) Les jurés ayant concouru à une décision dont la cassation a été prononcée ne peuvent sans doute, sous peine de nullité, faire partie du nouveau jury appelé à prononcer ; mais il en est autrement des jurés qui ont concouru à une autre décision précédemment cassée dans la même affaire : ces jurés peuvent figurer dans le nouveau jury. Cass., 19 juin 1861 (S.61. 1.996).

En un mot, les jurés dont la décision a été cassée ne peuvent connaître, comme jurés de renvoi, de *l'espèce* qui a donné lieu à la cassation.

vois pour cause de suspicion légitime dont il est parlé dans les art. 542 et suiv., Cod. d'instr. crim.; mais elle en diffère sous plusieurs rapports. Ainsi on a évité d'employer les expressions de *suspicion légitime,* et le renvoi doit être ordonné *suivant les circonstances,* expressions vagues qui dispensent la Cour de motiver le renvoi dans les cas où elle se décide à le prononcer, et de jeter un blâme sur qui que ce soit.

660. C'est avec intention aussi que l'on a retranché de la rédaction adoptée les mots *sur la réquisition des parties,* afin que le renvoi, quand il aurait lieu, fût prononcé d'office par la Cour. Nul doute que la partie qui désirera le renvoi devant le jury d'un autre arrondissement signalera les circonstances qui lui paraîtront justifier cette mesure ; mais elle ne devrait prendre aucune conclusion à cet égard. Par suite, lorsque la Cour ne jugera pas convenable d'ordonner le renvoi à un autre jury, elle n'aura pas à rejeter cette partie des conclusions, et il n'existera pas, dans l'arrêt, de traces de cette demande en renvoi.

661. Lorsqu'au contraire, la Cour aura cru devoir user du droit qui lui est conféré par le § 2 de l'art. 43, de renvoyer l'appréciation de l'indemnité à un jury choisi dans un *des arrondissements voisins,* les principes sur la territorialité des juridictions doivent être observés et ils s'appliquent aussi bien aux jurés, qui constituent un véritable corps de juridiction, qu'aux juges eux-mêmes. En conséquence, ni le magistrat qui a dirigé le jury dont la décision a été cassée ne peut se transporter dans l'arrondissement voisin désigné par le renvoi, pour y réunir les jurés, ni les jurés de l'arrondissement voisin désigné par le renvoi ne peuvent être appelés au siége du magistrat directeur du premier jury, situé hors du territoire. En un mot, les deux compétences, et du magistrat directeur et des jurés, qui ne forment qu'une seule et même juridiction spéciale, doivent coexister sur le même territoire. Dans ce cas, d'ailleurs, placer le nouveau jury sous la présidence et la direction du magistrat qui dirigeait le jury dont la décision a été cassée, ce serait, en violation de la loi, rendre à un juge dont l'ordonnance a été annulée le pouvoir de connaître une seconde fois de la même affaire. Enfin, toutes ces violations sont d'ordre public, comme tenant à l'organisation des juridictions, et le silence gardé devant le jury ne fait pas obstacle à ce que le moyen soit présenté devant la Cour de cassation (1).

---

(1) 24 mars 1855 (S. 55.1.449 ; et *suprà,* p. 169, 170 : et p. 553).

C'est le sous-préfet de l'arrondissement dans lequel le jury se réunira qui doit, d'accord avec le magistrat directeur, convoquer les nouveaux jurés, et leur indiquer le lieu, le jour et l'heure de la réunion —(A).

662. Le pourvoi *dans l'intérêt de la loi* pourrait avoir lieu contre la décision du jury spécial, par l'organe du procureur général près la Cour de cassation, et sans influer en rien sur les droits et les obligations des parties ni de l'administration (n° 259).

SECTION XI. — *Des contestations renvoyées devant les tribunaux ordinaires.*

663. — De la manière dont ces contestations sont instruites et jugées. — Questions diverses. — Entre autres, question de la *date certaine* dans les baux, vis-à-vis de l'administration. — Comparaison avec la question de la *sincérité* des titres et actes, d'après l'art. 48.

663. Nous avons dit que, dans les cas où l'administration contestait le droit à une indemnité réclamée, le jury fixait l'indemnité comme si elle était due, et le magistrat directeur ordonnait la consignation de la somme fixée, puis renvoyait (1) les parties devant qui de droit (n° 624). C'est alors la partie la plus diligente qui porte l'affaire devant le tribunal compétent, où elle est instruite *d'après les règles ordinaires* (2).

Ces contestations offriront souvent un grand intérêt. Nous en avons déjà indiqué un certain nombre (3).

On peut citer, en outre, les questions ou solutions suivantes :

1° Le renvoi relatif à la question de savoir si les communes

---

(1) [Cass., 25 juill. 1855 (*Droit*, 22 août 55).]

(2) C. Toulouse, 31 août 1837 (S.37.2.489.—[Cass., 2 fév. 1847 (S.47.1.280).]

(3) *Suprà*, p. 520 à 525.

Additions.

(A) Après cassation d'un jugement d'expropriation, le tribunal de renvoi est seul compétent pour désigner le magistrat directeur, lequel doit nécessairement être choisi parmi ses membres, et c'est par le jury de l'arrondissement de ce tribunal que doit être réglée l'indemnité due à l'exproprié : le tribunal et le jury de la situation des biens se trouvent dépouillés de tout pouvoir en ce cas. Cass., 17 déc.1860 (S.64.1.378).

ont droit à une indemnité pour les chemins, rues et places sur lesquels viennent s'établir les chemins de fer (1);

2° Le renvoi relatif au litige sur le point de savoir si un propriétaire sera admis, aux termes de l'art. 2, § 3, du décret législatif du 26 mars 1852, à acquérir la parcelle voisine de sa maison (2);

3° L'arrêt de la Cour impériale de Paris, du 16 fév. 1855, qui sur un renvoi prononcé en exécution de l'art. 39 de la loi du 3 mai 1841, décide : qu'en matière d'expropriation pour cause d'utilité publique, l'Etat, substitué au propriétaire exproprié, peut, en vertu du droit commun, et en se conformant aux usages, signifier des congés aux locataires, sans être tenu à aucune indemnité à cet égard (3);

4° Mais la question qui a soulevé le plus de dissentiments est celle de savoir si l'expropriant peut, en vertu du même droit commun opposer au locataire qui réclame une indemnité, le défaut de *date certaine* de son bail.

Cette question remonte à un arrêt de la Cour de cassation, en date du 2 fév. 1847 (4), et même celui du 1ᵉʳ mars 1843 (5), tous deux rendus dans une affaire entre le domaine militaire et le sieur Labbé, et dont voici l'espèce :

L'établissement des fortifications de Paris ayant nécessité l'expropriation de 18 hectares, sur une ferme et sur d'autres pièces de terre voisines de cette ferme, le sieur Labbé avait réclamé une indemnité, comme locataire de tous ces immeubles en vertu de baux qui devaient durer 18 ans pour la ferme, et 20 ans pour les terres voisines. Il se fondait sur des *conventions verbales*, auxquelle l'Etat était complétement étranger. Devant le jury, l'administration ayant dénié la qualité de locataire, l'art. 39 de la loi du 3 mai 1841 avait été appliqué : le litige sur la qualité du réclamant avait été réservé, et le jury s'était borné, sur ce chef, à fixer une indemnité conditionnelle, montant à 10,000 fr., pour l'hypothèse où la qualité alléguée par le sieur Labbé serait reconnue par les tribunaux ordinaires, déjà saisis, d'ailleurs de la contestation. Le sieur Labbé s'est pourvu devant la Cour de cassation contre cette décision du jury; et l'un de ses moyens était tiré de ce que le jury aurait dû statuer sur l'existence du bail, en vertu de l'art. 48 de la loi du 3 mai

---

(1) Cass., 22 août 1855 (*Gaz. trib.*, 23 août 55); *Bull. civ.*, 1855, p. 192; et *suprà*, n° 182.

(2) Cass., 20 mars 1855 (S. 55.1.544).

(3) *Gaz. trib.*, 17 fév. 55; *Droit*, 17 fév. 55.

(4) S. 47.1.280.

(5) S. 43.1.345.

1841, qui constitue le jury juge *de la sincérité* des titres et de l'effet des actes. Mais il été répondu à ce moyen : « Que si l'art. 48 de la loi du 3 mai 1841 rend le jury juge de la sincérité des titres et de l'effet des actes, c'est seulement lorsqu'ils seraient de nature à modifier l'*évaluation* de l'indemnité, et non lorsque le litige sur les titres et actes porte sur le fond même du droit et sur la qualité des réclamants. En conséquence, le pourvoi a été rejeté par le premier arrêt en date du 1er mars 1843.

C'est alors que, le débat ayant été repris sur le fond, la Cour de Paris a déclaré, par un arrêt en date du 3 mai 1845 : que les formalités prescrites par la loi du 3 mai 1841 avaient été remplies.....; que les principes généraux sur la date certaine des baux ne peuvent être appliqués à une matière spéciale et qui est réglée par des dispositions exceptionnelles ; et que, par suite, il y avait lieu de faire attribution au sieur Labbé de l'indemnité de 10,000 fr., évaluée par le jury éventuellement.

Mais, sur le pourvoi en cassation formé au nom du domaine militaire, et sur la violation invoquée des art. 1315 et 1328, C. civ., cette décision a été cassée par un deuxième arrêt de la Cour, à la date du 2 fév. 1847. Cet arrêt, qu'il est nécessaire de consulter dans son texte même pour en connaître toute la force, se résume néanmoins en ceci : « Qu'en attribuant au sieur
« Labbé, définitivement, l'indemnité de 10,000 fr. fixée dans le
« cas où l'existence des baux tels qu'il les articulait serait éta-
« blie, sous le prétexte que les principes généraux du droit sur
« la date certaine des baux ne pouvaient être appliqués à une
« matière spéciale et qui était réglée par les dispositions excep-
« tionnelles, l'arrêt attaqué *avait admis une exception au droit*
« *commun qui n'a pas été créée par la loi*, et, par suite, *avait violé*
« *les dispositions du Code civil précitées* » (art. 1315 et 1328).

La cause a été renvoyée devant la Cour de Rouen qui, par un arrêt en date du 2 fév. 1848, s'est conformée à la doctrine de la Cour de cassation.

Pendant quelques années, la question a cessé d'être débattue; mais elle a été relevée avec énergie par M. le premier avocat général près la Cour impériale de Paris, qui a soutenu le système contraire, dans l'affaire du sieur Pignot, à l'audience du 10 mai 1854. Cependant la Cour impériale de Paris s'est, comme la Cour de Rouen en 1848, prononcée pour la thèse de la date certaine, par son arrêt rendu le 16 mai 1854 (1).

---

(1) *Gaz. trib.*, 17 mai 1854 : S.54.2.345.

Peu de temps après, le tribunal civil et la Cour impériale de Lyon eurent de fréquentes occasions de statuer sur ce débat au sujet des expropriations auxquelles a donné lieu l'ouverture de la rue Impériale. Le tribunal civil n'a pas admis la théorie de la date certaine (1). A la Cour impériale, la théorie a triomphé devant la 2e chambre (2), mais la 4e chambre l'a condamnée (3).

La question va, ainsi, revenir devant la Cour de cassation. La sagesse de la Cour décidera s'il importe qu'un nouvel arrêt, confirmant celui du 2 février 1847, mette fin à des dissentiments qui autorisent la résistance des deux parties à la fois.

Enfin l'arrêt précité (de la Cour de Lyon), du 7 août 1855, après avoir combattu en thèse la nécessité de la date certaine, tire un subsidiaire de ce que, dans l'espèce, le bail avait, d'ailleurs, été enregistré avant le jugement d'expropriation, et que par là il avait acquis date certaine en temps utile (4).

Ce subsidiaire nous ramène à l'art. 48 de la loi du 3 mai 1841, aux termes duquel « le jury est juge *de la sincérité* des titres et « de l'effet des actes qui seraient de nature à modifier l'évalua- « tion de l'indemnité » (5). Dans cet article, l'acte est supposé régulier et inattaquable en la forme : ce n'est donc pas le cas, pour l'administration, de demander un renvoi en vertu de l'art. 39, puisque ce renvoi n'aboutirait qu'à un résultat négatif. Mais, si l'acte n'est *pas sincère;* si le bail prétendu, par exemple, n'a pas d'existence, ou s'il n'a qu'une existence moindre que celle qui est alléguée ; s'il a été concerté dans le but de *modifier l'évaluation de l'indemnité?* Alors c'est au jury, directement et immédiatement, qu'il faut s'adresser, en vertu de l'art. 48. Le jury, puisqu'il en a reçu l'attribution, jugera *la sincérité*, indépendamment de la régularité extérieure ; et, bien que les actes aient été revêtus de toutes les apparences de la légalité, il pourra les délaisser comme non sincères, et se dispenser de les prendre en considération dans l'évaluation du montant de l'indemnité. A cet effet même, toutes les preuves possibles seront admises devant le jury ; les jurés ne seront tenus ni au commencement de preuve par écrit, ni aux preuves par titres et par témoins, ni à des enquêtes. Le jury jugera suivant sa conscience, sans formalités, sans frais, et sans recours. C'est

---

(1) S. 55.2.236.
(2) *Ibid.*, arrêt du 16 mars 1855.
(3) Arrêt du 7 août 1855 (S.55.2.637).

(4) Voir dans le sens de la validité des baux sans date certaine. C. Grenoble, 30 août 1855 (Dall. 58.2.83).
(5) *Suprà*. p. 503.

par ces caractère que se distingue de l'art. 39, § 4, le privilége éminent, que l'art. 48 confère au jury, d'écarter du règlement des indemnités les titres et actes *réguliers en la forme*, mais *simulés dans le fond*] — (A).

Additions.

(A) Lorsque, devant un jury d'expropriation, s'est élevée, entre l'administration expropriante et une personne occupant les lieux expropriés, la question de savoir si celle-ci avait ou non la qualité de locataire, et si elle avait droit, à ce titre, à une indemnité, et lorsque le jury conformément à l'art. 39, § 3, de la loi, du 3 mai 1841, a alloué hypothétiquement une indemnité, pour le cas où la qualité de locataire serait reconnue par l'autorité compétente, sans subordonner en aucune manière cette allocation à la circonstance que le bail aurait un temps plus ou moins long à courir, les tribunaux, saisis de la contestation réservée par la réponse du jury, ont, avec raison, attribué l'*indemnité* au réclamant, par cela seul que la qualité de *locataire* lui a été reconnue, encore bien qu'il ne fût locataire qu'en vertu d'un bail ancien continué par *tacite réconduction*, et qu'il n'eût plus le droit d'occuper les lieux que pendant un temps fort court. Il n'est pas permis d'ajouter à la décision du jury, et de distinguer là où elle n'a fait aucune distinction. Cass., 24 août 1858 (*Gaz. trib.*, 25 août 58).

Il n'est point permis aux tribunaux de contrôler les éléments de l'*indemnité fixée par le jury*. Dès lors, l'indemnité allouée à un locataire dont la demande était basée sur un bail, devant avoir encore une certaine durée, ne peut être *réduite par les tribunaux*, bien qu'ils limitent à un temps beaucoup moindre la durée de ce bail, si d'ailleurs rien n'établit quelle durée le jury a prise pour base de son évaluation. C. Grenoble, 30 août 1856 (Dall. 58.2.83).

La *promesse de bail*, qui n'a pas date certaine antérieure au jour de l'expropriation pour cause d'utilité publique, n'est pas opposable à la ville de Paris, expropriante, et doit être, à son égard, considérée comme nulle au point de vue de la fixation de l'indemnité du prétendu locataire. Paris, 20 juill. 1858 (*Gaz. trib.*, 21 juill. 58).

Lorsque des locataires, dont les baux sont expirés, restent en raison d'un nouveau bail dans les lieux expropriés, les tribunaux sont compétents pour décider que ces locataires dans cette situation n'ont pas le droit de faire convoquer le jury, et ils ne sont point obligés, avant de résoudre cette question, d'attendre que le jury ait fixé une indemnité hypothétique.

En d'autres termes, cette décision sur le fond du droit, peut intervenir avant la décision du jury. C. Paris, 12 août 1865 (*Gaz. trib.*, 14 août 65).

FIN DU TOME PREMIER.

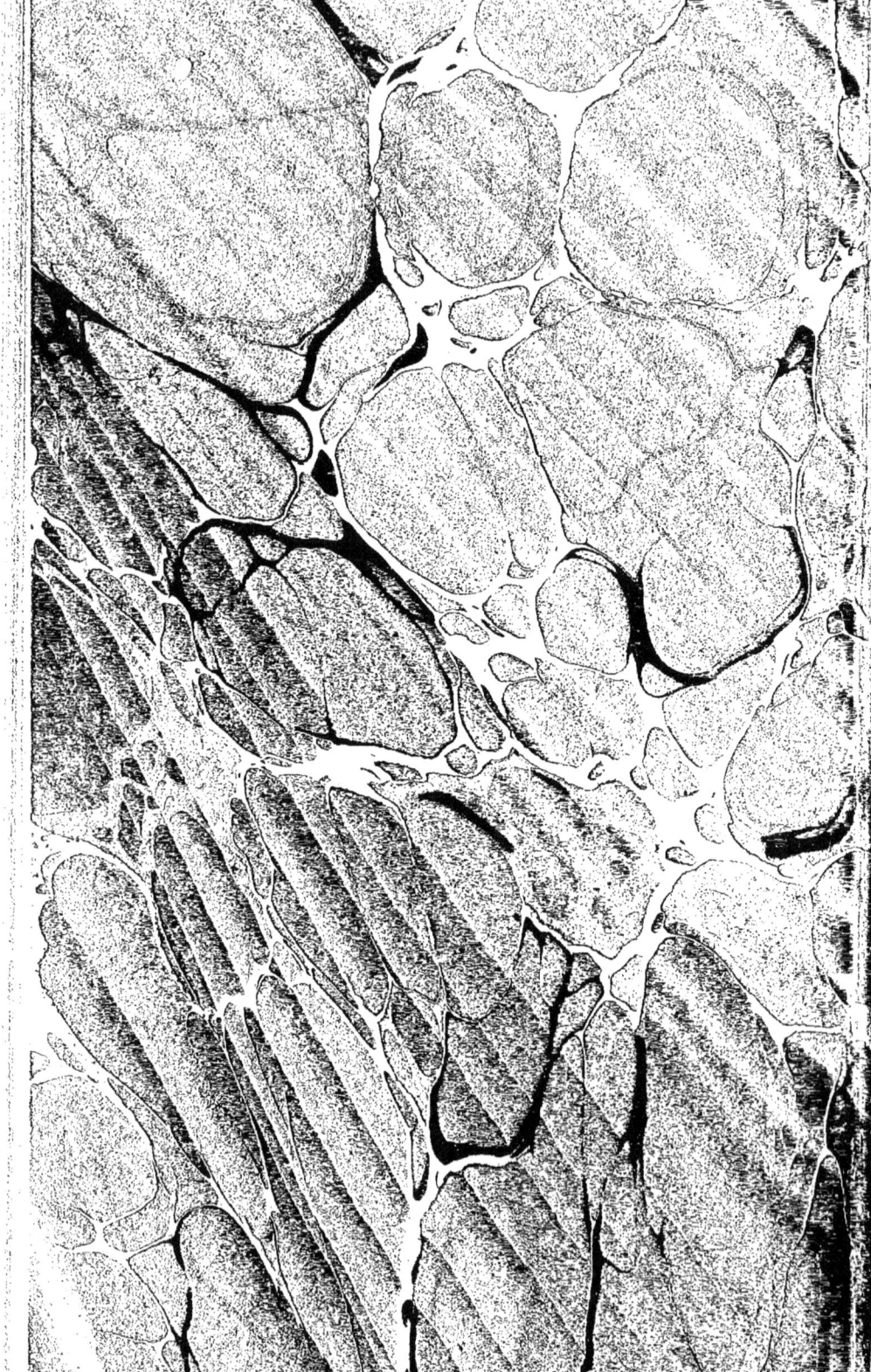

www.ingramcontent.com/pod-product-compliance
Lightning Source LLC
Chambersburg PA
CBHW050419240426
43661CB00055B/2200